Das Insolvenzplanverfahren

Europäische Hochschulschriften
Publications Universitaires Européennes
European University Studies

Reihe II
Rechtswissenschaft

Série II Series II
Droit
Law

Bd./Vol. 3113

PETER LANG
Frankfurt am Main · Berlin · Bern · Bruxelles · New York · Oxford · Wien

Dirk Herzig

Das Insolvenzplanverfahren

Eine schwerpunktmäßige Untersuchung aus praktischer Sicht unter dem Gesichtspunkt der Zeitkomponente mit rechtsvergleichender Betrachtung des Reorganisationsverfahrens nach Chapter 11 des Bankruptcy Code

PETER LANG
Europäischer Verlag der Wissenschaften

Die Deutsche Bibliothek - CIP-Einheitsaufnahme

Herzig, Dirk:

Das Insolvenzplanverfahren : Eine schwerpunktmäßige Untersuchung aus praktischer Sicht unter dem Gesichtspunkt der Zeitkomponente mit rechtsvergleichender Betrachtung des Reorganisationsverfahrens nach Chapter 11 des Bankruptcy Code / Dirk Herzig. - Frankfurt am Main ; Berlin ; Bern ; Bruxelles ; New York ; Oxford ; Wien : Lang, 2001
(Europäische Hochschulschriften : Reihe 2, Rechtswissenschaft ; Bd. 3113)
Zugl.: Regensburg, Univ., Diss., 2000
ISBN 3-631-37548-4

D 355
ISSN 0531-7312
ISBN 3-631-37548-4

Meiner Frau

INHALTSVERZEICHNIS

2. TEIL:

DAS PLANINITIATIVRECHT DES INSOLVENZVERWALTERS

3. TEIL:

DIE GRUPPENBILDUNG ALS STRATEGISCHE MEHRHEITSBILDUNG AUCH UNTER BERÜCKSICHTIGUNG DES OBSTRUKTIONSVERBOTES

ABKÜRZUNGSVERZEICHNIS

a.a.O.	am angegebenen Ort
a.E.	am Ende
a.F.	alte Fassung
Abs.	Absatz
AcP	Archiv für die civilistische Praxis
AFG	Arbeitsförderungsgesetz
AFRG	Arbeitsförderungsreformgesetz
AG	Aktiengesellschaft
AktG	Aktiengesetz
Allg. Begrdg. RegE	Allgemeine Begründung zum Regierungsentwurf
Alt.	Alternative
AmBLJ	American Bankruptcy Law Journal
ÄndG-AFG	Gesetz zur Änderung des Arbeitsförderungsgesetz
Anm.	Anmerkung
AO	Abgabenordnung
ArbGG	Arbeitsgerichtsgesetz
Art.	Artikel
Aufl.	Auflage
Az.	Aktenzeichen
BAG	Bundesarbeitsgericht
BB	Der Betriebsberater
BC 11	Chapter 11 des Bankruptcy Code
Begrdg.	Begründung
BetrAVG	Gesetz zur Verbesserung der betrieblichen Altersversorgung
BfA	Bundesanstalt für Arbeit
BFH	Bundesfinanzhof
BFuP	Betriebswirtschaftliche Forschung und Praxis
BGB	Bürgerliches Gesetzbuch
BGBl. I, II, III	Bundesgesetzblatt Teil I, Teil II oder Teil III
BGH	Bundesgerichtshof
BGHZ	Bundesgerichtshof, Entscheidungen in Zivilsachen
BR	Bundesrat
BSG	Bundessozialgericht
BStBl.	Bundessteuerblatt
BT-Drucks.	Bundestagsdrucksache
bzw.	beziehungsweise
d.h.	das heißt
DA BfA	Durchführungsanweisung der Bundesanstalt für Arbeit
DB	Der Betrieb
ders.	derselbe
Diss.	Dissertation
DStR	Deutsches Steuerrecht
DZWIR	Deutsche Zeitschrift für Wirtschaft und Recht

E.B.	Erster Bericht der Kommission für Insolvenzrecht
e.V.	eingetragener Verein
EGInsO	Einführungsgesetz zur Insolvenzordnung
EStG	Einkommensteuergesetz
etc.	et cetera
EuGH	Europäischer Gerichtshof
EWG	Europäische Wirtschaftsgemeinschaft
EWIR	Entscheidungen zum Wirtschaftsrecht
FA des IDW	Fachausschuß des Instituts der Wirtschaftsprüfer
ff.	fortfolgende
Fn.	Fußnote
FS	Festschrift
GBO	Grundbuchordnung
GenG	Gesetz betreffend die Erwerbs- und Wirtschaftsgenossenschaften
GesO	Gesamtvollstreckungsordnung
GG	Grundgesetz
ggf.	gegebenenfalls
GK-AFG	Gemeinschaftskommentar zum Arbeitsförderungsgesetz
GmbH	Gesellschaft mit beschränkter Haftung
GmbHG	Gesetz betreffend die Gesellschaften mit beschränkter Haftung
GmbHR	GmbH-Rundschau
HGB	Handelsgesetzbuch
Hrsg.	Herausgeber
i.d.S.	in diesem Sinn
i.S.v.	im Sinne von
i.V.m.	in Verbindung mit
IDW	Institut der Wirtschaftsprüfer
IHK	Industrie- und Handelskammer
Inc.	Incorporation
InsO	Insolvenzordnung
InsR-Hdb.	Insolvenzrechtshandbuch
InVo	Insolvenz und Vollstreckung
JZ	Juristen-Zeitung
Kaug	Konkursausfallgeld
KG	Kommanditgesellschaft
KO	Konkursordnung
KTS	Zeitschrift für Konkurs-, Treuhand- und Schiedsgerichtswesen
Law Rev.	Law Review
LS	Leitsatz
m.w.N.	mit weiteren Nachweisen
MDR	Monatsschrift für Deutsches Recht
n.F.	neue Fassung
NJW	Neue Juristische Wochenschrift
NJW-RR	Neue Juristische Wochenschrift-Rechtsprechungsreport

No.	Number
Nr.	Nummer
OHG	Offene Handelsgesellschaft
OLG	Oberlandesgericht
ProdHaftG	Produkthaftungsgesetz
RA BT	Rechtsausschuß des Bundestages
Rdnr.	Randnummer
RE	Runderlaß
RegE	Regierungsentwurf
RG	Reichsgericht
RWS	Kommunikationsforum Recht-Wirtschaft-Steuern
S.	Seite
s.	siehe
SEC	Security Exchange Commission
SGB III	Sozialgesetzbuch III
StGB	Strafgesetzbuch
u.a.	und andere
U.S.C.	United States Code
u.U.	unter Umständen
UmeltHG	Umwelthaftungsgesetz
Urt.	Urteil
VerbrKG	Verbraucherkreditgesetz
vgl.	vergleiche
VglO	Vergleichsordnung
WM	Wertpapiermitteilung
WPg.	Die Wirtschaftsprüfung
WPK	Wirtschaftsprüferkammer
WPK-Mitt.	Wirtschaftsprüferkammer-Mitteilungen
WPO	Wirtschaftsprüferordnung
z.B.	zum Beispiel
ZBB	Zeitschrift für Bankrecht und Bankwirtschaft
ZfB	Zeitschrift für Betriebswirtschaft
ZHR	Zeitschrift für das gesamte Handels- und Wirtschaftsrecht
Ziff.	Ziffer
ZIP	Zeitschrift für Wirtschaftsrecht (und Insolvenzpraxis)
zitt.	zitiert
ZPO	Zivilprozeßordnung
ZVG	Zwangsversteigerungsgesetz

Einleitung:

A. Vom "Konkurs des Konkurses" zur Insolvenzordnung

Anfang der 70-er Jahre gerieten viele Unternehmen im Zuge der Ölpreiskrise von 1973 in wirtschaftliche Schwierigkeiten. Die Folge dieser Rezession war ein drastischer Anstieg der Vergleichs- und Konkursanträge. Während 1972 erst 4.575 Unternehmen einen entsprechenden Antrag stellen mußten, stieg die Zahl bereits 1975 mit 9.195 um mehr als das Doppelte.[1] Führende Insolvenzrechtspraktiker nahmen diese statistischen Zahlen zum Anlaß, um auf den "Konkurs des Konkurses"[2] bzw. die "Krise des Insolvenzrechts"[3] hinzuweisen. Mit ihren Formeln wollten sie zum Ausdruck bringen, daß das geltenden Konkurs- und Vergleichsrecht weitgehend funktionsuntüchtig geworden war.[4] Das sprunghafte Ansteigen der Insolvenzanträge und die Massearmut der Verfahren belebten wieder die Reformdiskussion nach Schaffung eines modernen Insolvenzrechts und führten 1978 zur Einsetzung der Kommission für Insolvenzrecht durch den damaligen Bundesminister der Justiz, Dr. Hans-Jochen Vogel.

Am Ende der Reformbemühungen steht nunmehr die am 21. April 1994 durch den Deutschen Bundestag verabschiedete und am 05. Oktober 1994 im Bundesgesetzblatt verkündete "Insolvenzordnung"[5], die am 1. Januar 1999 in Kraft getreten ist (Art. 110 EGInsO).

Für alle nach dem 31. Dezember 1998 beantragten Insolvenzverfahren werden gem. Artt. 103, 104 EGInsO die Vorschriften der Insolvenzordnung und des Einführungsgesetzes zur Insolvenzordnung Anwendung finden. Für alle davor beantragten Konkurs-, Vergleichs- und Gesamtvollstreckungsverfahren gelten weiter die bisherigen gesetzlichen Vorschriften. Die vorliegende Arbeit geht von der Insolvenzordnung und ihrem Einführungsgesetz sowie den damit im Zusammenhang stehenden veränderten Rechtsnormen aus anderen Gesetzten als dem nunmehr geltenden Recht aus. Soweit die Vorschriften der Konkurs-, Vergleichs- und Gesamtvollstreckungsordnung weiter Anwendung finden, geht der Verfasser von dem bislang geltenden Recht aus.

Auch die bis zum Inkrafttreten der Insolvenzordnung vorherrschende Rechtspraxis war durch einen Anstieg der Insolvenzanträge, die hohe Anzahl der mangels Masse abgelehnten Eröffnungsanträge, geringe Konkursquoten für die Gläubiger und die Bedeutungslosigkeit des Vergleichsverfahrens und des Zwangsvergleichs nach der Konkursordnung geprägt.

Während statistischen Erhebungen zufolge im Jahr 1985 mit 18 876 Insolvenzfällen die bis dahin höchste Zahl an Insolvenzen in der Nachkriegszeit verzeichnet wurde, setzte bereits ab

---

[1] Einleitung Erster Bericht der Kommission für Insolvenzrecht (E.B.) S. 5; vgl. auch Statistisches Bundesamt in: ZIP 1997 S. 1768.

[2] Kilger in: KTS 1975, S. 142 ff, 165.

[3] Uhlenbruck in: NJW 1975, S. 897 ff, 897; vgl. auch Einleitung E.B. S. 5 m.w.N. zur Literatur.

[4] Eine Zusammenfassung der Ergebnisse der Analysen von Uhlenbruck und Kilger zu den wichtigsten Ursachen für den Funktionsverlust des Insolvenzrechts gibt Landfermann in: Beiträge zum neuen Insolvenzrecht, S. 1 ff, 4.

[5] Insolvenzordnung (InsO) vom 05.10.1994, BGBl. I, S. 2866; vgl. auch Einführungsgesetz zur Insolvenzordnung (EGInsO) vom 05.10.1994, BGBl. I, 2911.

Mitte Mai 1986 eine rückläufige Entwicklung ein. Der vorläufiger Tiefstand von 12 992 Verfahren wurde im Jahr 1991 erreicht. Seit 1992 ist nunmehr wieder ein jährlicher Zuwachs der beantragten Verfahren festzustellen. In den alten Bundesländern wurden 1992: 14.117, 1993: 17.537, 1994: 20.092, 1995: 21.714, 1996: 23.078 und 1997: 24.212 Verfahren gezählt. In den neuen Bundesländern einschließlich Ost-Berlins lagen die Steigerungsraten, jeweils auf das Vorjahr bezogen, 1992 bei 195,5 % und auch 1993 noch bei über 100 % (130,0 %). 1994 wurde hier erstmals ein Wert unter 100 % festgestellt, der sich zwar in den Folgejahren weiter verringerte. Die Zahl der Insolvenzen stieg jedoch weiter kontinuierlich an. Dieser Trend hat sich auch im Jahr 1997 fortgesetzt. Insgesamt waren in der Bundesrepublik Deutschland 33.398 Insolvenzanträge zu verzeichnen, die in 27.474 Fällen Unternehmen betrafen.[6] Auf die alten Bundesländer entfielen hiervon 24.212 (19.348) Insolvenzen, was einer Steigerungsrate gegenüber dem Vorjahr von 4,9 % bzw. 6,8 % entspricht. Für die neuen Bundesländer belief sich die Zunahme gegenüber dem Vorjahreszeitraum auf 9,4 % bzw. 9,5 % für Unternehmensinsolvenzen, so daß für das gesamte Bundesgebiet von einem Durchschnittswert von 7,15 % bzw. 8,15 % auszugehen ist.

Ein ähnliches Bild ergibt sich bei der Betrachtung der nicht eröffneten Verfahren. Alleine in den Jahren 1985 bis 1990 wurden über 75 % der Konkursanträge mangels Masse abgewiesen.[7] Für die Jahre 1991 bis 1994, 1996 und 1997 betrug der durchschnittliche Wert in den alten Bundesländern ca. 74 %. Das Jahr 1995 wurde hierbei ausgeblendet, da die Zahl der nicht eröffneten Verfahren bei knapp 94 %! lag.[8] Bei den neuen Bundesländern mußte seit 1991 ein stetiger Anstieg der mangels Masse abgewiesenen Gesamtvollstreckungsverfahren konstatiert werden. Während 1991 nur 18,2 % der beantragten Verfahren nicht eröffnet werden konnten, waren es 1996 bereits 69,5 % und 1997 71,3 %. Auch im Jahr 1998 erfolgte eine noch weitere Annäherung gegenüber den alten Bundesländern.

Das gerichtliche Vergleichsverfahren war zudem weitgehend bedeutungslos geworden. Seit 1983 wurde in weniger als 1 % der Insolvenzen ein gerichtlicher Vergleich bestätigt.

Auch das Zwangsvergleichsverfahren nach den §§ 173 ff KO konnte dem Verlangen nach "Marktkonformität" der Insolvenzbewältigung nicht gerecht werden. Die rechtliche Ordnung des Marktaustritts oder des finanziellen Umbaus am Markt versagender Wirtschaftseinheiten soll nunmehr mit dem Institut des neu geschaffenen Insolvenzplans gem. §§ 217 ff InsO gewährleistet werden. Dem liegt der Gedanke zugrunde, daß es eben nicht der Markt ist, der versagt hat, wenn es zur Insolvenz kommt.[9] Balz hat insoweit auch deutlich gemacht, daß einem funktionsfähigen Insolvenzrecht nicht die Aufgabe einer Korrektur des Zivilrechtes zukommen kann. Die aus der Kriegswirtschaft/Wirtschaftskrise, und damit vormarktwirtschaftlichen Verhältnissen hervorgegangene Vergleichsordnung von 1935, kann mit ihrer Zielsetzung des Schutzes der Schuldner/Eigentümer vor Haftungsverwirklichung und des Er-

---

6 Statistisches Bundesamt, Konjunktur aktuell, Heft 12/97, S. 68 ff.

7 Vgl. Allgemeine Begründung Regierungsentwurf zur Insolvenzordnung (allg. Begrdg. RegE), abgdr. in: Balz/Landfermann, Die neuen Insolvenzgesetze, S. 4; Landfermann in: BB 1995, S. 1649 ff, 1649; Arnold in: Gottwald, InsR-Hdb., § 1 Rdnr. 24 ff.

8 Statistisches Bundesamt in: ZIP 1997, S. 1768 und 1998, S. 1981 f; Statistisches Bundesamt in: Statistisches Jahrbuch 1996, S. 136.

9 Schmidt-Räntsch, Insolvenzordnung, § 1 Rdnr. 16; allg. Begrdg. RegE, abgedr. in: Balz/Landfermann, Die neuen Insolvenzgesetze, S. 8 f.

haltes von Unternehmensträgern marktwirtschaftlichen Anforderungen nicht entsprechen.[10] In der allgemeinen Begründung zum Regierungsentwurf der Insolvenzordnung findet sich dieser Ansatz wieder.[11]

Nicht zuletzt erwies sich das bislang geltende Insolvenzrecht aufgrund des Verfahrensdualismus von Konkurs- und Vergleichs- sowie Gesamtvollstreckungsordnung als untauglich.[12] Mit dem Vergleichs-, bzw. Konkursverfahren standen dem Schuldner zur Insolvenzbewältigung zwei vollkommen unterschiedliche Verfahren, ausgerichtet am jeweiligen Verfahrensziel, zur Verfügung.

Vergleich und Zwangsvergleich waren dabei auf eine einvernehmliche Schuldenbereinigung zwischen den insolventen Schuldnern und den am Verfahren beteiligten Gläubigern ausgerichtet. Mit der Möglichkeit eines Stundungs-, Quoten- bzw. Liquidationsvergleiches (vgl. § 7 Abs. 4 VerglO) waren beide Rechtsinstitute jedoch vordringlich darauf angelegt, mittels Moratoriumsvereinbarungen und/oder Forderungsnachlässen den Erhalt des gemeinschuldnerischen Unternehmens zu ermöglichen und damit seine Zerschlagung im Rahmen eines Konkursverfahrens abzuwenden.[13]

In diesem Sinne wurden sowohl der Vergleich als auch der Zwangsvergleich als materieller Vergleich i.S.d. § 779 BGB angesehen, da die Verhinderung des Vermögensverfalls des Schuldners nur durch eine einvernehmliche Regelung im Sinne eines Geben und Nehmen mit sämtlichen Gläubigern zu verwirklichen war.[14] Ausgerichtet am Grundsatz der Haftungsverwirklichung zielte das Konkursverfahren hingegen auf die gleichmäßige Befriedigung der Gläubiger durch Verwertung und Verteilung des Schuldnervermögens.

Diese dargestellte Zweispurigkeit des bislang geltenden Insolvenzrechtes beeinträchtigte die effiziente Verwertung oder Weiternutzung des Schuldnervermögens. Dem Interesse der Gläubiger nach bestmöglicher Befriedigung ihrer Forderungen widersprachen die zahlreichen Einfluß- und Mitwirkungsrechte des Schuldners im Rahmen eines Vergleichsverfahrens. Nachrangige Gläubiger, die im Falle eines Konkursverfahrens aufgrund der bestehenden Konkursvorrechte lediglich marginale Befriedigungsaussichten haben, sind regelmäßig allein an einem Unternehmenserhalt interessiert. Der Fortführungswert des Schuldnervermögens kann dabei jedoch nur unter Mitwirkung des Schuldners realisiert werden, woraus sich zahlreiche Einflußmöglichkeiten für den Schuldner gegenüber seinen Gläubigern ergeben haben. Die Praxis machte deutlich, daß dieses Einflußpotential des Schuldners auch beim Zustandekommen eines Vergleiches zu einer suboptimalen Gläubigerbefriedigung geführt hat.[15] Während dem Schuldner im Fall eines Konkursverfahrens die Möglichkeit einer Restschuld-

---

10 Balz in: RWS-Forum 3, S. 1 ff, 17.

11 Vgl. a.a.O., abgdr. in: Balz/Landfermann, Die neuen Insolvenzgesetze, S. 6.

12 Allg. Begrdg. RegE, abgdr. in: Balz/Landfermann, Die neuen Insolvenzgesetze, S. 9; Gottwald in: KTS 1984, S. 1 ff, 23 ff, 25; Bley/Mohrbutter, VglO, Einleitung, Rdnr. 2; Uhlenbruck in: BFuP 1983, S. 96 ff, 110; Burger in: Seicht, S. 363 ff, 363 f.

13 So auch § 1 VerglO: "Der Konkurs kann ... durch ein gerichtliches Vergleichsverfahren abgewendet werden."

14 Vgl. Bley/Mohrbutter, VerglO, § 8 Rdnr. 5; Jäger/Weber, KO, § 173 Anm. 3 f; Häsemeyer, Insolvenzrecht (1.Aufl.), S. 639; Uhlenbruck in: Gottwald, InsR-Hdb., § 69 Rdnr. 2; Gottwald in: KTS 1984, S. 1 ff, 22 ff.

15 Vgl. allg. Begrdg. RegE., abgdr. in: Balz/Landfermann, Die neuen Insolvenzgesetze, S. 6.

befreiung vom Gesetzgeber nicht eingeräumt wurde[16], konnte er über einen gerichtlich bestätigten Vergleich eine Restschuldbefreiung erreichen. War der Schuldner jedoch zu einer Sanierung unter Berücksichtigung der Vorstellungen der Gläubiger nicht bereit, führte dies in der Regel zu einem Anschlußkonkursverfahren, womit dann weitere wirtschaftliche Verluste der Gläubiger verbunden waren. Durch den eingetretenen Zeitverlust und die während dieser Zeit gegebene Möglichkeit der Fortführung des Geschäftsbetriebes durch den Schuldner, mußten nicht zuletzt auch die gesicherten Gläubiger eine geringere Befriedigungsquote aus der Verwertung ihrer Absonderungsrechte hinnehmen. Einer marktgerechten Abwicklung des Schuldnerunternehmens standen zudem die auf eine subjektive Vergleichswürdigkeit des Schuldners abzielenden Regelungen der §§ 17, 18 VerglO, die fehlende Einbeziehung gesicherter Gläubiger[17] sowie die Vergleichsquotenregelung in § 7 VerglO entgegen.[18]

Den dargestellten Mißständen des noch geltenden Konkurs- und Vergleichsrechtes will der Gesetzgeber mit der am 01. Januar 1999 in Kraft getretenen Insolvenzordnung begegnen. Der die bisherige Praxis der Insolvenzabwicklung prägende Dualismus von (Zwangs-)Vergleichs- und Konkursverfahren wird durch ein einheitliches Insolvenzverfahren ersetzt. Schließlich wird mit der für das gesamte Bundesgebiet geltenden Insolvenzordnung dem Bedürfnis Rechnung getragen, die auf dem Gebiet des Insolvenzrechts bislang bestehende Rechtsspaltung zu überwinden. In Ostdeutschland galt noch an Stelle der Konkurs- und Vergleichsordnung die aus dem Recht der DDR hervorgegangene Gesamtvollstreckungsordnung (GesO). Auf noch anhängige Verfahren werden diese Gesetze allerdings weiterhin anwendbar sein (Art. 103 EGInsO).

Als eine der bedeutendsten Neuerungen bezeichnet der Gesetzgeber dabei den an die Stelle des Vergleichs und Zwangsvergleichs tretenden Insolvenzplan (§§ 217 - 269 InsO). Als ein universelles Instrument der Masseverwertung sollen die Gläubiger mit ihm in die Lage versetzt werden, eine von den allgemeinen gesetzlichen Normen abweichende Regelung in Bezug auf die Verwertung des haftenden Schuldnervermögens im Wege von Verhandlungen und Austauschprozessen zu erkennen und umzusetzen.[19]

Während das allgemeine Insolvenzverfahren auf eine Verwertung und Verteilung des Vermögens ausgerichtet ist, dient das Insolvenzplanverfahren insbesondere *auch* dem Erhalt des Unternehmens (§ 1 Satz 1 InsO).[20] Darüber hinaus wird dem redlichen Schuldner Gelegenheit zu einer Restschuldbefreiung gegeben (§ 1 Satz 2 InsO).

---

16 Die nach § 18 Abs. 2 Satz 3 GesO mögliche Beschränkung der Haftung des Gemeinschuldners nach Abschluß des Gesamtvollstreckungsverfahrens soll hier außer Betracht bleiben.

17 Vgl. Häsemeyer, Insolvenzrecht (1. Aufl.), S. 640 f; so auch Balz in: ZIP 1988, S. 273 ff, 276.

18 Allg. Begrdg. RegE, abgdr. in: Balz/Landfermann, Die neuen Insolvenzgesetze, S. 6 f.

19 Allg. Begrdg. RegE, abgdr. in: Balz/Landfermann, Die neuen Insolvenzgesetze, S. 30 f.

20 Eidenmüller weist zutreffend daraufhin, daß sich der Wortlaut des § 1 Abs. 1 InsO allgemein auf den Erhalt des Unternehmens bezieht und nicht nur des Unternehmensträgers, so daß die Vorschrift gleichermaßen auf eine übertragende Sanierung und Reorganisation im Sinne einer Eigensanierung anwendbar ist. In der Begrdg. RegE zu § 1 RegE InsO ist klargestellt, daß neben dem Erhalt des Unternehmens als organisatorische Einheit auch die Reorganisation des Unternehmensträgers Regelungsgegenstand sein kann (Begrdg. RegE zu § 1 RegE InsO, abgdr. in: Balz/Landfermann, Die neuen Insolvenzgesetze, S. 71 f).

B. Problemstellung und Ziel der Untersuchung

I. Konflikt zwischen den Zielen der InsO und den gesetzlichen Vorgaben

Die Ziele, die der Gesetzgeber mit der Schaffung und Einführung der Insolvenzordnung und dem Einführungsgesetz zur Insolvenzordnung verfolgt, sind hoch gesteckt. Es stellt sich daher die Frage, ob die Insolvenzordnung, und insbesondere auch das neue Institut des Insolvenzplans, diesen Anforderungen gerecht werden kann.

Bedenken wurden hierzu unter anderem von Grub, dem Gravenbrucher Kreis, Henckel und vor allem auch Smid erhoben. Während Grub[21] und mit ihm der Gravenbrucher Kreis[22] dem Gesetz Überjustitialisierung, Detailperfektionismus und Sanierungsfeindlichkeit vorwerfen, nimmt Henckel[23] bereits an dem Grundprinzip der Marktkonformität Anstoß. Ein Insolvenzverfahren, dessen rechtspolitische Aufgabe es ist, die Vermögenshaftung des Schuldners zu verwirklichen, müsse auch die Interessengegensätze der Gläubiger untereinander und zum Schuldner in einen angemessenen Ausgleich bringen. Für die Bewältigung dieser Konfliktsituation gebe es jedoch keinen Markt, der insoweit regulierend eingreifen könne. Sofern es im Insolvenzverfahren dennoch marktabhängige Entscheidungen zu treffen gilt, kann die Kernfrage der Verfahrensgestaltung nur sein, wer in welcher Weise am Zustandekommen dieser Entscheidungen beteiligt ist. Da der Ausgleich der verschiedenen Interessen nur selten durch marktwirtschaftlich rationale Verwertungsentscheidungen in freien Verhandlungen gelänge, kann ein hierauf basierendes Verfahrensrecht nicht zur Beilegung der bestehenden Konflikte beitragen.

Anders jedoch der Gesetzgeber.[24] Er sieht marktkonforme Insolvenzabwicklung als eine unabdingbare Voraussetzung für ein funktionierendes modernes Insolvenzrecht an. Ein nicht an den Gesetzmäßigkeiten des Marktes orientiertes Insolvenzgesetz könne nicht dem Anliegen gerecht werden, die dem bislang geltenden Recht innewohnende Tendenz zur Zerschlagung schuldnerischer Unternehmen zu beseitigen. Dabei gehe es nicht darum, die Eigensanierung insolventer Unternehmen gegenüber anderen Verwertungsformen zu privilegieren. Ziel muß es jedoch sein, eine optimale Allokation der im gemeinschuldnerischen Unternehmen gebundenen wirtschaftlichen Ressourcen zu erreichen, um eine bessere Haftungsverwirklichung realisieren zu können.

Smid hat sich vor allem zum Insolvenzplanverfahren gem. §§ 217 ff InsO kritisch geäußert. Er wendet ein, daß die vom Gesetzgeber in § 222 InsO vorgegebenen Kriterien für die Bildung der Abstimmungsgruppen dem Planersteller vielfältige Mißbrauchsmöglichkeiten eröffnen. In Kenntnis dieser Tatsache seien vom Gesetzgeber dennoch keine ausdifferenzierten Kontrollmechanismen eingerichtet worden.[25] Die Regelung zum Obstruktionsverbot in § 245 InsO würde sogar eine "Kehrtwende im mitteleuropäischen Recht" darstellen. Es drohe,

---

[21] Grub in: WM 1994, S. 880 f; ders. in: ZIP 1993, S. 393 ff; ders. mit Uhlenbruck/Brandenburg/Schaaf/Wellensiek in: BB 1992, S. 1734 ff.

[22] Gravenbrucher Kreis in: ZIP 1992, S. 657 ff.

[23] Henckel in: KTS 1989, S. 477 ff, 483 ff.

[24] Vgl. allg. Begrdg. RegE, abgdr. in: Balz/Landfermann, Die neuen Insolvenzgesetze, S. 11.

[25] Smid in: InVo 1997, S. 169 ff, 172; Smid /Rattunde, Der Insolvenzplan, Rdnr. 452 ff.

eine längst überwunden geglaubte Vorherrschaft des obrigkeitlich entscheidenden Richters, wieder eingeführt zu werden. Schließlich werde mit der Aufhebung der Mitwirkungsmöglichkeit der Gläubiger zugleich in deren Verfahrensteilnahmerechte eingegriffen. Damit seien jedoch Rechtspositionen, die über Art. 14 und 103 Abs. 1 GG Grundrechtsschutz genießen, tangiert, was Anlaß gebe, über Korrekturen nachzudenken.[26] Smid sieht dann auch mit dem neuen Gesetz mehr Schwierigkeiten verbunden, als es bestehende Probleme zu lösen vermag.[27]

Die vorgebrachten kritischen Äußerungen zur Insolvenzordnung und insbesondere zum Insolvenzplanverfahren ließen sich nahtlos fortsetzen. In der Auseinandersetzung mit dem Planverfahren wurde auch immer wieder darauf hingewiesen, daß die im Rahmen der Prüfung des Minderheitenschutzes nach § 251 InsO und des Obstruktionsverbotes durchzuführenden Vergleichsrechnungen zwischen Liquidations- und Planwert kaum zu praktizieren seien. Die hiermit verbundenen Schwierigkeiten werden zu teuren "Sachverständigenschlachten" bzw. einem "Labyrinth von Bewertungstheorien" führen, was erhebliche Verfahrensverzögerungen zur Folge habe.[28]

Diese wenigen Anmerkungen zum Diskussionsstand in der Literatur zeigen bereits, mit welchen Problemen sich die Praxis der Insolvenzabwicklung auseinanderzusetzen haben wird.

Im Ergebnis resultieren praktischen Anwendungsprobleme aus dem *Konflikt zwischen den Zielen*, die der Gesetzgeber mit der Reform des Insolvenzrechts anstrebt, *und den gesetzlichen Vorgaben* in der Insolvenzordnung und seinem Einführungsgesetz.

Im Rahmen einer rechtspraktischen Untersuchung sollen Teilaspekte der neuen Regelung zum Insolvenzplanverfahren herausgegriffen und untersucht werden, inwieweit die gesetzlichen Normen dazu beitragen, den Zielsetzungen der Insolvenzordnung in der Rechtspraxis zum Erfolg zu verhelfen bzw. an welchen Stellen des Insolvenzplanverfahrens sich durch die gesetzlichen Vorgaben Anwendungsprobleme auftun werden.

Für die sich aus dem Konflikt zwischen den Zielsetzungen der Insolvenzordnung und den normativen Regelungen ergebenden praktischen Probleme bei der künftigen Rechtsanwendung wird die vorliegende Arbeit Lösungsvorschläge unterbreiten.

Ziel des Gesetzgebers ist dabei die Herstellung *marktwirtschaftlicher Rahmenbedingungen*, innerhalb derer die Gläubiger privatautonom über die Form und die Art der Verwertung des Schuldnervermögens entscheiden sollen.[29] Allein die hoheitliche Regulierung wirtschaftlicher Abläufe kann nicht als Garant angesehen werden, um das "pareto optimum" der Haftungsverwirklichung zu erreichen. Ein modernes Insolvenzrecht muß sich vielmehr in die vorhandene Rechts- und Wirtschaftsordnung einfügen. Kennzeichnend für sie ist jedoch, daß einzelwirtschaftliche Dispositionen nicht durch richterliche Entscheidungen ersetzt werden dürfen.[30]

---

26 Smid in: FS Pawlowski, S. 387 ff, 400 ff; Smid /Rattunde, Der Insolvenzplan, Rdnr. 532 ff.
27 Smid in: DZWir 1994, S. 278 ff, 286.
28 Stürner in: Leipold, S. 41 ff, 47; Uhlenbruck in: KTS 1994, S. 499 ff, 510 m.w.N.
29 Allg. Begrdg. RegE, abgdr. in: Balz/Landfermann, Die neuen Insolvenzgesetze, S. 11.
30 Allg. Begrdg. RegE, abgdr. in: Balz/Landfermann, Die neuen Insolvenzgesetze, S. 12.

Unabhängig davon, ob es zum Insolvenzeintritt gekommen ist oder nicht, muß daher die Entscheidung über die Verwertung des haftenden Vermögens von den Beteiligten getroffen werden, deren Vermögenswerte auf dem Spiel stehen. Entscheiden sich die Gläubiger am Ende von privatautonomen Verhandlungen und Austauschvorgängen für eine plangemäße Eigensanierung des Schuldners, so hat ein die Gesetze des Marktes beachtendes Insolvenzrecht diese Entscheidung der Verfahrensabwicklung zugrunde zu legen. "Flexible Insolvenzabwicklung durch Deregulierung"[31] ist das Leitbild, dem sich die Insolvenzordnung und insbesondere das Insolvenzplanverfahren verschrieben hat. Die Beteiligten sollen in eigener Verantwortung Verwertungskonzepte entwickeln und in Form eines Insolvenzplans zur Abstimmung durch alle Gläubiger stellen.

Mit dieser gesetzgeberischen Intention korrespondiert dann auch ein "Wettbewerb um die beste Verwertungsart"[32]. Dementsprechend sah der Regierungsentwurf zur Insolvenzordnung noch ein originäres Planvorlagerecht von fünf Absonderungsberechtigten oder nicht nachrangigen Gläubigern, die nach der Schätzung des Gericht zusammen ein Fünftel der Stimmen in der Gläubigerversammlung erreichten und der Personen, die, wenn der Schuldner keine natürliche Person war, am Kapital mit mindestens einem Fünftel beteiligt waren sowie jedes persönlich haftenden Gesellschafters vor (§ 255 RegE InsO). Aufgrund einer Empfehlung des Rechtsausschuß des Deutschen Bundestages (RA BT) hat der Gesetzgeber dieses Planinitiativrecht der Gläubiger und bestimmter Gesellschafter gestrichen, um die Schwierigkeiten bei mehreren Planvorlagen zu vermeiden.

Damit ist der Regierungsentwurf aber an einer ganz entscheidenden Stelle geändert worden. Die ursprüngliche Vorstellung vom Wettbewerb um die beste Verwertungsart ist deutlich (aus Sicht der Gläubiger als die Entscheidungsträger) negativ verändert worden. Ob die jetzige Regelung in § 218 Abs. 1 Satz 1 InsO, die nurmehr von einem Planvorlagerecht des Schuldners und Verwalters spricht, dem Ziel eines Planverfahrens als "Entdeckungsverfahren" gerecht werden kann, ist eine Frage, dem sich die vorliegende Arbeit zuwenden wird.

Mit der Änderungen zum Planinitiativrecht sind auch eine Reihe weiterer Gesetzesänderungen einhergegangen, wodurch sich neue Rechtsfragen und praktische Probleme ergeben, die nicht zu der von den Verfassern der Insolvenzordnung gewünschten Vereinfachungswirkung beitragen. Läßt sich zum Beispiel der Formulierung in § 218 Abs. 1 i.Z.m. § 157 Satz 2, 3 InsO[33] entnehmen, daß dem Verwalter ein eigenes originäres Planvorlagerecht, neben dem durch die Gläubigerversammlung, zukommt? Wenn dies bejaht wird, wie ist dann ggf. die Konkurrenz mehrerer Planvorlagen verfahrensmäßig zu behandeln und schließt ein Auftrag durch die Gläubigerversammlung ein eigenes Planvorlagerecht des Verwalters aus § 294 RegE InsO, der das Verfahren bei der Erörterung und Abstimmung mehrerer konkurrierender Planvorlagen geregelt hat, ist mit der Neufassung des § 218 InsO gestrichen worden.

Praktische Probleme ergeben sich in jedem Fall bereits daraus, daß der Gesetzgeber mit dem Insolvenzplan den Verfahrensbeteiligten ein völlig neues Instrument zur Insolvenzbewälti-

[31] Allg. Begrdg. RegE, abgdr. in: Balz/Landfermann, Die neuen Insolvenzgesetze, S. 12.

[32] Allg. Begrdg. RegE, abgdr. in: Balz/Landfermann, Die neuen Insolvenzgesetze, S. 12.

[33] Nach § 157 Sätze 2, 3 InsO kann der Verwalter von der Gläubigerversammlung beauftragt werden, einen Plan binnen angemessener Frist dem Gericht vorzulegen: Hierbei können ihm auch die Ziele des Plans vorgegeben werden.

gung an die Hand gibt, welches es in Deutschland in dieser Form bislang nicht gegeben hat. Erstmals wird es möglich sein, im Rahmen eines gerichtlichen Insolvenzverfahrens eine von der gesetzlichen Zerschlagung abweichende Art der Masseverwertung, insbesondere auch mit dem Ziel des Unternehmenserhalts (§ 1 InsO), zu wählen. Die Reorganisation des Schuldners mittels Insolvenzplan, d.h. die Eigensanierung des schuldnerischen Unternehmens als organisatorische Einheit unter Beibehaltung des alten Rechtsträgers, will der Gesetzgeber neben der Einzelzerschlagung und der übertragenden Sanierung als gleichberechtigte Verwertungsart zur Verfügung stellen.[34]

Bevor die Gläubiger über einen vorgelegten Plan abstimmen können, müssen sie vom Planersteller in Gruppen eingeteilt werden, § 222 InsO. Ziel ist es, jeweils weitgehend homogene Interessen in einer Gruppe zu konzentrieren. Ein Plan ist erst dann angenommen, wenn *alle* vorgesehenen Gruppen mit den nach § 244 InsO erforderlichen Mehrheiten dem Plan zugestimmt haben.

Auch wenn eine Gruppe nicht zugestimmt hat, kann unter den Voraussetzungen des § 245 InsO (Obstruktionsverbot) die Zustimmung dieser Gruppe ersetzt werden. Erforderlich ist dabei immer, daß den Gläubigern der negativ votierenden Gruppe mindestens der Zerschlagungswert verbleibt, den sie im Fall der Abwicklung nach den gesetzlichen Vorschriften erhalten hätten (§ 245 Abs. 1 Nr. 1 InsO), und daß sie angemessen an dem Mehrwert beteiligt werden, der auf der Grundlage des Plans den Beteiligten zufließen soll (§ 245 Abs. 1 Nr. 2 i.V.m. Abs. 2 InsO). Die hierbei anzustellenden Vergleichsrechnungen zwischen Liquidations- und Planwert werden bei komplexeren Verfahren regelmäßig nur auf der Grundlage von Sachverständigengutachten zu treffen sein. Verfahrensverzögerungen drohen, die ein strategisches Störpotential eröffnen und das Scheitern einer Sanierungslösung gänzlich herbeiführen können.

Im Zusammenhang mit der Sicherstellung des Liquidationswertes taucht dann ein weiteres praktisches Problem auf. Dem widersprechenden Gläubiger soll mindestens der Liquidationswert sichergestellt sein. Soweit die dem Plan nach § 229 InsO beizufügenden Anlagen den Regelabwicklungswert (Zerschlagungs- bzw. Liquidationswert) ausweisen, beziehen sich diese Angaben auf den Zeitpunkt, zu dem der Plan wirksam wird. Was ist aber, wenn der Plan aufgrund unvorhersehbarer Ereignisse dennoch nach zwei oder drei Jahren scheitert und die vorhandenen Vermögenswerte nicht mehr den Zerschlagungswert verkörpern? Es stellt sich daher die Frage, wer das Risiko des Fehlschlagens des Plans trägt. Auf diese Frage will die vorliegende Arbeit eine Antwort geben.

Wie sich die jeweiligen Planersteller auf die dargestellten Probleme einstellen können, insbesondere welche Anforderungen an sie bei der Gruppenbildung gestellt werden und ob sie hierbei auch strategische Gesichtspunkte unter Einbeziehung des Obstruktionsverbotes in § 245 InsO berücksichtigen können, wird gleichfalls Gegenstand der Arbeit sein.

Eine besondere Sachkunde wird vom Planersteller vor allem auch in betriebswirtschaftlicher Hinsicht verlangt. Der Prozeß von der Entwicklung eines Planziels bis zur rechtskräftigen Bestätigung durch das Insolvenzgericht ist zeit- und kostenintensiv. Da der Markt zumeist

---

[34] Allg. Begrdg. RegE, abgdr. in: Balz/Landfermann, Die neuen Insolvenzgesetze, S. 11 f.

sehr sensibel auf den Eintritt einer Insolvenz reagiert, steht Zeit für eine Reorganisation gerade nicht zur Verfügung. Die Arbeit wird daher das Insolvenzplabverfahren daraufhin untersuchen, ob es den Anforderungen an die Erstellung eines Sanierungskonzeptes vor dem Hintergrund der Zeitkomponente gerecht werden kann. Der Schwerpunkt der Betrachtung wird sich dabei der Frage zuwenden, ob es für den Schuldner als Planersteller sinnvoll ist, bis zur Eröffnung eines Insolvenzverfahrens mit der Erarbeitung eines Sanierungsplan zuzuwarten bzw. welche alternative Möglichkeit es gibt.

Will der Gesetzgeber Eigensanierungen mittels Insolvenzplan fördern, müssen sämtliche Verfahrensabschnitte die rechtlichen Rahmenbedingungen hierfür bereitstellen. Im Zusammenhang mit der Darstellung zum Planinitiativrecht wird sich die Arbeit daher auch verstärkt dem Insolvenzeröffnungsverfahren zuwenden und der Frage nachgehen, welche Sicherungsmaßnahmen vom Gericht angeordnet werden sollten, um die gesetzgeberischen Ziele verwirklichen zu können. Der Erfolg einer Reorganisation hängt zudem davon ab, inwieweit es gelingt, kurzfristig neue finanzielle Mittel zu erhalten, um zunächst den alten Geschäftsbetrieb am Leben zu erhalten. Ist das Unternehmen erst einmal stillgelegt wird es nichts mehr geben, was nach Abschluß eines Insolvenzplanverfahrens noch saniert werden kann. Ob es unter Geltung der Insolvenzordnung leichter sein wird, Massekredite zu erhalten und inwieweit die Insolvenzgeldvorfinanzierung (Konkursausfallgeldvorfinanzierung nach altem Recht) als Finanzierungsinstrument eingesetzt werden kann, wird gleichfalls untersucht werden.

Auf den Einfluß der europäischen Rechtsprechung wird im Zusammenhang mit der Insolvenzgeldvorfinanzierung einzugehen sein.

Da die marktkonforme Ausrichtung der Insolvenzordnung es verbietet, eine der möglichen Verwertungsformen vor den anderen zu bevorzugen, stellt der Gesetzgeber bewußt nur einen "neutralen Rechtsrahmen" zur Verfügung, innerhalb dessen die Gläubiger die für sie vorteilhafteste Lösung entdecken und durchsetzen sollen.[35] Damit verbunden ist, daß die gesetzlichen Normen im Einzelfall einer Konkretisierung und Ausfüllung durch die gerichtliche und außergerichtliche Praxis bedürfen. Das entsprach aber auch dem Interesse des Gesetzgebers, was ein Blick in die Gesetzesmaterialien verdeutlicht. Noch im Regierungsentwurf zur Insolvenzordnung waren z. Bsp. in den §§ 258 Abs. 2, 259 - 262 und 272 RegE InsO detaillierte Regelungen zu den inhaltlichen Anforderungen an einen Insolvenzplan in seinem darstellenden Teil enthalten. Auf Empfehlung des Rechtsausschusses ist der damalige § 258 Abs. 2 RegE InsO (jetzt § 220 Abs. 2 InsO) redaktionell gestrafft worden, wodurch auf die §§ 259 bis 262 und 272 RegE InsO gänzlich verzichtet werden konnte.[36] Mit dieser Empfehlung wollte der Rechtsausschuß der gläubigerautonomen Gestaltung Rechnung tragen. Der Planersteller sei eben selbst gehalten, seine Zielvorstellungen und deren Realisierungsaussichten für die Gläubiger, die letztlich über den Plan abzustimmen haben, und das Gericht transparent darzustellen, um eine Annahme seines Plans im Abstimmungstermin zu erreichen. § 220 Abs. 2 InsO verlangt daher nur allgemein, daß der darstellende Teil alle sonstigen Angaben zu den Grundlagen und den Auswirkungen des Plans enthalten soll, die für die Entscheidung der Gläubiger über die Zustimmung zum Plan und für dessen gerichtliche Bestätigung erheblich sind.

---

[35] Allg. Begrdg. RegE, abgdr. in: Balz/Landfermann, Die neuen Insolvenzgesetze, S. 12.

[36] RA BT zu § 258 RegE InsO, abgdr. in: Balz/Landfermann, Die neuen Insolvenzgesetze, S. 333.

Für die Praxis der künftigen Abwicklung von Insolvenzplanverfahren eröffnen sich dadurch vielfältige Gestaltungsmöglichkeiten. Welche Mindestanforderungen jeder Reorganisationsplan enthalten soll, um vor dem Hintergrund der Zeitkomponente das Planverfahren schnellstmöglich zum Abschluß bringen zu können, wird themenübergreifend im Rahmen der einzelnen Abhandlungen angesprochen werden.

Zusammenfassend läßt sich das erklärte Ziel der Arbeit damit umschreiben, daß einzelne Probleme des Insolvenzplanverfahrens herausgegriffen werden, die praktische Relevanz für den Planersteller haben. Gleichzeitig soll aufgezeigt werden, welche Gestaltungsmöglichkeiten sich für die Unternehmen bereits im Vorfeld der eigentlichen Insolvenzantragstellung ergeben, um zeit- und kostensparend auf ein Insolvenzplanverfahren hinwirken zu können. Wie in der Gesetzesbegründung bereits deutlich gemacht wird[37], weist das Planverfahren der Insolvenzordnung wesentliche Bezüge zum amerikanischen Bundeskonkursrecht auf, welches im Chapter 11 des Bankruptcy Code (BC) ebenfalls ein Reorganisationsverfahren vorsieht. Auch dies gab und gibt heute noch vielfach Anstoß zu kritischen Überlegungen. So war von "Amerikanismen, die dem deutschen Recht wesensfremd" seien, die Rede.[38] Insbesondere wird dem deutschen Gesetzgeber vorgeworfen, er habe die Regelungen des Chapter 11 Verfahrens unreflektiert der unterschiedlichen Rechts- und Wirtschaftssysteme übernommen, woraus letztlich die Unpraktikabilität der deutschen Regelungen zum Insolvenzplanverfahren folgen würde.[39] Ob diese "Vorwürfe" gerechtfertigt sind, soll im Rahmen einer rechtsvergleichenden Betrachtung sowohl des Planinitiativrechts als auch zur Gruppenbildung und zum Obstruktionsverbot untersucht werden.

Die aufgezeigten Lösungsansätze sollen dazu beitragen, die Ziele des mit der Insolvenzordnung neu geschaffenen Insolvenzplanverfahrens als Reorganisationsverfahren zur Erhaltung des Unternehmens und Unternehmensträgers in der Praxis erfolgswirksam umzusetzen. In Zeiten hoher Arbeitslosigkeit soll damit auch einem sozialpolitischen Anliegen nach Sicherung der vorhandenen Arbeitsplätze Rechnung getragen werden.

II. Aufbau der Arbeit

Entsprechend der eingangs dargestellten Zielsetzung sind die Schwerpunkte der Arbeit gesetzt. Insgesamt sind vier Teile zu unterscheiden.

Der **1. Teil** soll einen Überblick über die allgemeinen Verfahrensgrundsätze, den Ablauf eines Insolvenzplanverfahrens und die verschiedenen Arten von Insolvenzplänen verschaffen. Damit sollen zum einen die Bedeutung und die Möglichkeiten, die der Gesetzgeber mit dem Insolvenzplanverfahren nach der Insolvenzordnung den Gläubigern und dem Schuldner an die Hand gibt, hervorgehoben werden. Andererseits wird dadurch gewährleistet, daß die nachfolgenden Ausführungen inhaltlich den jeweiligen Abschnitten des Planverfahrens zugeordnet werden können. Nur derjenige, der sich die Zusammenhänge der jeweiligen Teile der Arbeit

---

37 Allg. Begrdg. RegE, abgdr. in: Balz/Landfermann, Die neuen Insolvenzgesetze, S. 53.

38 Gravenbrucher Kreis in: ZIP 1992, S. 657 ff, 661.

39 Smid/Rattunde, Der Insolvenzplan, Rdnr. 472, 507; Smid in: FS Pawlowski, S. 387 ff, 411 f; auch Haarmeyer/Wutzke/Förster halten das Insolvenzplanverfahren für die "weit überwiegende Masse der Insolvenzverfahren für unpraktikabel": dies., InsO, Kap. 9 Rdnr. 21.

im Rahmen eines einheitlichen Insolvenzplanverfahrens bewußt macht, kann die Bedeutung jeder gesetzlichen Regelung mit seinen praktischen Auswirkungen erfassen und sich als Gläubiger oder Schuldner mit seinen künftig zu treffenden Entscheidungen bereits frühzeitig hierauf einstellen.

Die Regelung des Planinitiativrechts gab bereits im Vorfeld der Verabschiedung der Insolvenzordnung zu zahlreichen Diskussionen Anlaß, die auch heute noch - wenn auch unter veränderten Vorzeichen - Gegenstand von Veröffentlichungen sind. Der **2. Teil** der Arbeit setzt sich daher eingehend mit dem Planinitiativrecht vor dem Hintergrund seines amerikanischen Vorbildes auseinander. Für die in der Literatur aufgeworfenen, durch den Gesetzeswortlaut und die Gesetzesmaterialien nicht geklärten Rechtsfragen im Zusammenhang mit der Planvorlageberechtigung und seinen Folgeproblemen wird ein Lösungsvorschlag entworfen. Schwerpunkt wird auch sein, das Planinitiativrecht unter dem Gesichtspunkt der Zeitkomponente einer eingehenden Würdigung zu unterziehen.

Der Ablauf des Insolvenzplanverfahrens erfordert gerade bei einer geplanten Betriebsfortführung unter marktstrategischen Bedingungen neben einer klaren konzeptionellen Vorgabe auch die Beachtung des Zeitfaktors. Letzterem kommt vor allem mit Insolvenzeintritt verstärkt Bedeutung zu. An den Planersteller, die Gesamtheit der Gläubiger, das Gericht und den Verwalter werden daher bei der Erarbeitung eines Insolvenzplans und seiner Begleitung im Insolvenzplanverfahren bis hin zur rechtskräftigen Bestätigung durch das Gericht neue (betriebswirtschaftliche) Herausforderungen gestellt. Welche strategischen Möglichkeiten sich für die Verfahrensbeteiligten auch zur bewußten Verfahrensverzögerung bieten, wie solchen Bestrebungen entgegengetreten werden kann und welche Vorgaben das Gesetz während der einzelnen Verfahrensabschnitte an die Beteiligten macht, wird im Rahmen dieses 2. Teils untersucht.

Die Entwicklung und spätere Umsetzung eines Sanierungskonzeptes verlangt immer zunächst, daß der Geschäftsbetrieb über den Planzeitraum hinweg aufrechterhalten wird. Mit der Einstellung der geschäftlichen Tätigkeit geht zumeist der Marktaustritt des Unternehmens einher mit der Folge, daß eine spätere Wiederaufnahme der unternehmerischen Aktivitäten nahezu unmöglich ist. Als zentrales Problem stellt sich hierbei die Frage nach der Sicherstellung der Liquidität zur Fortführung des Geschäftsbetriebs. Eigene finanzielle Mittel des Schuldners werden regelmäßig bei Insolvenzeintritt nicht mehr vorhanden sein. Die Lösung des Finanzierungsproblems während der Phase des Konkursantragsverfahrens erfolgte bisher über die Aufnahme eines Massekredits bzw. die Konkursausfallgeldvorfinanzierung.

Insbesondere die Gewährung eines Massekredits gestaltet sich in der Rechtspraxis aber vor allem dadurch schwierig, daß häufig keine hinreichenden Sicherheiten für den Rückzahlungsanspruch bestellt werden können. Es stellt sich daher die Frage, ob die Insolvenzordnung diesen Mißständen durch veränderte Regelungen abhelfen wird. Sodann wird untersucht, ob die Vorfinanzierung von Insolvenzgeld auch künftig ein wichtiges Instrument der Fortführungsfinanzierung während des Insolvenzantragverfahrens bleiben wird. Die Arbeit wird sich mit den durch das Arbeitsförderungs-Reformgesetz (AFRG) einhergehenden Änderungen befassen und die Situation der künftigen Insolvenzgeldvorfinanzierung auch im Lichte der Rechtsprechung des EuGH betrachten.

Der **3. Teil** der Arbeit wendet sich der für das Abstimmungsverfahren bedeutsamen und notwendigen Bildung von Abstimmungsgruppen zu. In § 243 InsO ist vorgeschrieben, daß die Abstimmung der Gläubiger über die Annahme oder Ablehnung des Insolvenzplans in Gruppen zu erfolgen hat. § 244 InsO bestimmt darüber hinaus, daß zur Annahme des Plan Voraussetzung ist, daß jede Gruppe mit den erforderlichen Mehrheiten dem Plan zugestimmt hat. Welche Gruppen der Planersteller bilden darf und welche Kriterien für die Zuordnung der Gläubiger zu den einzelnen Gruppen maßgeblich sind, ist in § 222 InsO normiert. Für den Planersteller stellt die Gruppenbildung, im Zusammenhang mit der Möglichkeit der Zustimmungsersetzung über das Obstruktionsverbot des § 245 InsO, *das* strategische Mittel zur Mehrheitsgewinnung für seinen Plan dar. In der Literatur werden daher auch Bedenken gegen den vom Gesetzgeber gewählten Abstimmungsmodus geäußert, da er dem Schuldner als Planinitiator weitreichende Möglichkeiten zur Manipulation des Abstimmungsergebnisses gebe.[40] Kernpunkte der Kritik sind dabei unter anderem die von den Verfassern der Insolvenzordnung in § 244 InsO vorgesehenen Mehrheitsverhältnisse.

Dieser Teil der Arbeit wird sich daher auch mit den angesprochenen kritischen Stimmen auseinandersetzen und der Frage nachgehen, ob die vorgebrachten alternativ vertretenen Abstimmungsmodelle besser die gesetzlichen Ziele verwirklichen helfen. Neben rechtsvergleichenden Elementen zum amerikanischen Vorbild der deutschen Regelungen soll aufgezeigt werden, welche strategischen Möglichkeiten für eine Mehrheitsgewinnung sich dem Planersteller nach den gesetzlichen Vorgaben zur Gruppenbildung und zum Obstruktionsverbot eröffnen, ohne dem Vorwurf einer rechtsmißbräuchlichen Gestaltung des Plans ausgesetzt zu sein. Hierfür wird zunächst das Pflichtgruppenbildungsmodell des Gesetzgebers in § 222 Abs. 1 InsO dargestellt. Anschließend werden die Voraussetzung für die Bildung der im Belieben des Planerstellers stehenden Abstimmungsgruppen gem. § 222 Abs. 2 InsO eingehend einer Würdigung unterzogen, um sich dann dem Mehrheitserfordernis als Legitimationsgrundlage für den Plan zuwenden zu können.

Schließlich wird im Rahmen der Untersuchungen zum Obstruktionsverbot des § 245 InsO der Frage nachgegangen, inwieweit die für die Zustimmungsersetzung notwendigen Vergleichsrechnungen zwischen Liquidations- und Planwert vom Gericht in der Realität geleistet werden können und welche Anforderungen an den Planersteller hierbei zu stellen sind.

Zuletzt werden auf der Grundlage der gewonnenen Erkenntnisse strategische Überlegungen zur Mehrheitsgewinnung unter den Beteiligten aus der Sicht des Planerstellers angestellt. Dabei wird auch erörtert, welche Möglichkeiten die Gläubiger haben, gestalterisch bei der Aufstellung des Plans mitzuwirken und ob sich hieraus Rückschlüsse für eine gegenüber dem geltenden Recht veränderte Beteiligtenrolle der Gläubiger bei der Abwicklung insolventer Unternehmen ziehen lassen.

Der **4. Teil** wird eine thesenartige Zusammenfassung der Ergebnisse dieser Untersuchung geben.

---

40 Vgl. nur Grub in: ZIP 1993, S. 393 ff, 398; Smid in: InVo 1997, S. 169 ff, 171; Smid/Rattunde, Der Insolvenzplan, Rdnr. 451 f; Henckel in: KTS 1989, S. 477 ff, 491.

1. Teil:

Das Insolvenzplanverfahren - Eine schwerpunktmäßige Betrachtung aus praktischer Sicht

A. Die Stellung des Insolvenzplans im Insolvenzverfahren

I. Das allgemeine Insolvenzverfahren

Nachdem der Rechtsausschuß des Bundesrates am 22. Oktober 1997 beschlossen hatte, die Initiative von fünf Bundesländern (Saarland, Bayern, Niedersachsen, Sachsen und Schleswig-Holstein) zur Verschiebung des Inkrafttretens der Insolvenzordnung bis zum Jahr 2002 und zu ihrer Änderung nicht mehr zu beraten[41], bestimmt seit 01. Januar 1999 in Deutschland ein neues Insolvenzrecht die Praxis der Insolvenzabwicklung. Die Insolvenzordnung hat die Konkurs- Vergleichs- und Gesamtvollstreckungsordnung abgelöst. An deren Stelle tritt ein einheitliches Verfahren, welches neben der Funktion des Insolvenzverfahrens als Gesamtvollstreckungsverfahren auch Elemente des (Zwangs-)Vergleichs in sich vereint.

Kennzeichnend für das neue Insolvenzverfahren ist, daß der einheitliche Hauptzweck in der gemeinschaftlichen Haftungsverwirklichung mit dem Ziel der optimalen Gläubigerbefriedigung bei gleichzeitiger Vollabwicklung des schuldnerischen Vermögens besteht.[42] In § 1 Satz 1 InsO heißt es insoweit:

"Das Insolvenzverfahren dient dazu, die Gläubiger eines Schuldners *gemeinschaftlich zu befriedigen*, indem das Vermögen des Schuldners verwertet und der Erlös verteilt wird *oder* in einem Insolvenzplan eine abweichende Regelung, *insbesondere zum Erhalt des Unternehmens* getroffen wird." (Kursivstellungen vom Autor)

§ 1 InsO bringt damit auch zum Ausdruck, daß das Ziel einer optimalen Vermögenshaftung unabhängig von der angestrebten Verwertungsart (Liquidation, übertragende Sanierung oder Reorganisation des Schuldners) verfolgt wird.[43] Gleichzeitig wird eine für alle Verwertungsformen einheitliche Verfahrensstruktur zugrundegelegt. Bei Vorliegen der Insolvenzeröffnungsgründe der §§ 17 - 19 InsO sind der Schuldner bzw. seine Gläubiger berechtigt, Antrag auf Eröffnung eines Insolvenzverfahrens beim zuständigen Amtsgericht zu stellen.

Zum Schutz vor einer nachteiligen Veränderung der Vermögenslage des Schuldners kann das Insolvenzgericht daraufhin gem. § 21 InsO Sicherungsmaßnahmen anordnen, insbesondere einen vorläufigen Verwalter einsetzen, auf den die Verwaltungs- und Verfügungsbefugnis übergegangen ist (§ 21 Abs. 2 Nr. 1, 2, § 22 Abs. 1 InsO).[44] Liegen die Voraussetzungen für

[41] Vgl. Handelsblatt vom 25./26. Oktober 1997; ZIP 1997 A 90 Nr. 240 m.w.N.

[42] Allg. Begrdg. RegE, abgdr. in: Balz/Landfermann, Die neuen Insolvenzgesetze, S. 20; Häsemeyer, Insolvenzrecht (2. Aufl.), Rdnr. 1.12.

[43] Allg. Begrdg. RegE, abgdr. in: Balz/Landfermann, Die neuen Insolvenzgesetze, S. 19.

[44] Einzelheiten hierzu finden sich im 2. Teil, B, I, 1, c), cc), (a).

die Eröffnung des Insolvenzverfahrens vor, wozu auch die Deckung der Verfahrenskosten gem. § 26 InsO gehört, ergeht ein Eröffnungsbeschluß. Im Anschluß hieran nimmt der Insolvenzverwalter das gesamte zur Insolvenzmasse gehörende Vermögen in Besitz und Verwaltung (§ 80 Abs. 1 InsO) und erstellt ein Verzeichnis der Massegegenstände, ein Gläubigerverzeichnis und eine Vermögensübersicht gem. §§ 151 - 153 InsO.

In seinem Eröffnungsbeschluß legt das Insolvenzgericht den Termin für die erste Gläubigerversammlung (Berichtstermin: § 156 ff InsO) und den Prüfungstermin (§§ 174 ff InsO) gem. § 29 Abs. 1 InsO fest. Beide Termine können gem. § 29 Abs. 2 InsO miteinander verbunden werden. Im Berichtstermin stellen die Gläubiger, auf der Grundlage eines Berichtes des Verwalters zur wirtschaftlichen Lage des Schuldners, den Möglichkeiten für einen vollständigen oder teilweisen Erhalt des Unternehmens und den Aussichten für einen Insolvenzplan (§ 156 Abs. 1 InsO), die Weichen für den Verfahrensfortgang. Sie haben mehrheitlich darüber zu entscheiden, ob es zu einer Vermögensverwertung und -verteilung nach Maßgabe der gesetzlichen Vorschriften der §§ 159 ff InsO durch Liquidation und Befriedigung der Gläubigeransprüche aus der Insolvenzmasse kommen soll.

Die Liquidation bzw. Zerschlagung kann dabei im Wege einer Einzelveräußerung der Vermögenswerte oder durch übertragende Sanierung des Geschäftsbetriebes auf einen neuen Rechtsträger erfolgen. Die Möglichkeit einer übertragenden Sanierung hat der Gesetzgeber ausdrücklich in § 160 Abs. 2 Nr. 1 InsO vorgesehen, wenn er die Veräußerung eines Unternehmens oder Betriebes (als organisatorische Einheiten) durch den Insolvenzverwalter von der Zustimmung des Gläubigerausschußes abhängig macht. Entscheiden sich die Gläubiger nicht für eine hiervon abweichende Form der Masseverwertung auf der Grundlage eines Insolvenzplans (vgl. § 1 Satz 1 Alt. 2 InsO), stellt die Verwertung nach den gesetzlichen Vorschriften der §§ 159 ff InsO den Regelfall dar.[45] Die Entscheidungskompetenz der Gläubiger über den Ablauf des Verfahrens, insbesondere die Wahl der Verwertungsart, ist dabei Ausdruck des die Insolvenzordnung prägenden Grundsatzes der Gläubigerautonomie.

II. Das Insolvenzplanverfahren

Nicht immer stellt die Zerschlagung der Vermögenswerte die für die Befriedigung der Gläubiger wirtschaftlich optimale Verwertungsform dar. Die Insolvenzordnung gestattet den Gläubigern daher, eine von den allgemeinen Bestimmungen abweichende Form der Masseverwertung mit einem Insolvenzplan (§§ 217 - 269 InsO) zu verfolgen. Hierüber können die Gläubiger im Berichtstermin abstimmen. Darüber hinaus sind sie befugt, sofern ein Plan bislang noch nicht vorliegt oder sie mit einem Planvorschlag nicht einverstanden sind, ggf. den Insolvenzverwalter mit der Erstellung eines Plans zu beauftragen (§ 156 Satz 2 InsO). Sie können ihm dabei das Ziel des Plans vorgeben (§ 156 Satz 3 InsO).

Der Gesetzgeber bezeichnet den Insolvenzplan als eine der "bedeutsamsten Neuerungen" des künftigen Insolvenzrechts.[46] Die Bedeutung, die der Gesetzgeber dem Rechtsinstitut des Insolvenzplans beimißt, wird allein daraus deutlich, daß er im Rahmen der Zielbestimmung der

---

[45] Im weiteren Verlauf der Arbeit wird daher auch von einem Regelinsolvenzverfahren gesprochen, obwohl keines der möglichen Verwertungsziele vor einem anderen bevorzugt wird.

[46] Allg. Begrdg. RegE, abgdr. in: Balz/Landfermann, Die neuen Insolvenzgesetze, S. 30.

Insolvenzordnung in § 1 Satz 1 InsO auf diese alternative Form der Masseverwertung verweist. Als Bestandteil eines einheitlichen Insolvenzverfahrens wird den Verfahrensbeteiligten mit dem Planverfahren ein Rechtsrahmen zur Verfügung gestellt, der insbesondere auch dazu beitragen soll, daß der Schuldner Träger des Unternehmens bleibt und aus den künftigen Einnahmenüberschüssen die Befriedigung der Gläubigeransprüche erfolgen kann. Daß auch andere Planinhalte möglich sind, bringt der Gesetzgeber in § 217 InsO zum Ausdruck. Plangegenstand kann danach allgemein die "Verwertung der Insolvenzmasse und deren Verteilung an die Beteiligten sowie die Haftung des Schuldners nach Beendigung des Insolvenzverfahrens" sein.

Welche Form der Insolvenzabwicklung die Gläubiger als das "pareto optimum" der Haftungsverwirklichung ansehen, bleibt ihnen zur Entscheidung überlassen. Der Gesetzgeber hat lediglich einen rechtlichen Rahmen zur Verfügung gestellt, um sicherzustellen, daß der Plan nicht von einzelnen Beteiligten zur Durchsetzung verfahrenswidriger Sondervorteile zweckentfremdet wird. Auch darf der Plan nicht dazu führen, daß einzelne Gläubiger gegen ihren Willen zu einem Vermögensopfer im Interesse anderer Verfahrensbeteiligter gezwungen werden.[47] Folglich sind mit den §§ 251 Abs. 1 Nr. 2 und § 245 Abs. 1 Nr. 1 InsO auch Minderheitenschutzbestimmungen in dem Normenkatalog enthalten. Danach muß der Plan gewährleisten, daß einer ablehnenden Gläubigergruppe (so § 245 InsO) bzw. einem einzelnen widersprechenden Gläubiger (§ 251 InsO) mindestens der Liquidationswert, der bei einer Abwicklung nach dem Regelinsolvenzverfahren zur Auszahlung gekommen wäre, verbleibt. Daneben müssen alle Beteiligten, entsprechend dem Rang ihrer Rechte, angemessen am plangemäß erwirtschafteten Mehrwert beteiligt werden (§ 245 Abs. 1 Nr. 2 i.V.m. Abs. 2 InsO). Im übrigen sind der Planersteller und die Gläubiger aber frei, was die inhaltliche Ausgestaltung eines Insolvenzplans anbelangt.

Der Plan ist angenommen, wenn ihm jede Gläubigergruppe mit den erforderlichen Mehrheiten gem. § 244 InsO zustimmt. Sofern auch der Schuldner seine Zustimmung gem. § 247 InsO erteilt, bedarf es nur noch der gerichtlichen Bestätigung des Plan durch das Insolvenzgericht (§ 248 InsO). Das Gericht prüft dabei vor allem, ob die Verfahrensvorschriften eingehalten und die Rechte der überstimmten Gläubiger gewahrt worden sind (§ 250 f InsO).

Insgesamt unterliegt der Plan als eine Form der Masseverwertung in einem einheitlichen Insolvenzverfahren sowohl den verfahrensrechtlichen als auch den inhaltlichen Anforderungen der Insolvenzordnung. Im Rahmen einer Rechtskontrolle wird die Einhaltung der entsprechenden Bestimmungen durch das Insolvenzgericht sichergestellt.

---

[47] Allg. Begrdg. RegE, abgdr. in: Balz/Landfermann, Die neuen Insolvenzgesetze, S. 31.

III. Restschuldbefreiung und Verbraucherinsolvenzverfahren[48]

In der Reformdiskussion um die Schaffung eines neuen Insolvenzrecht wurde in Anlehnung an ausländische Rechtsordnungen der Ruf nach einer Bewältigung der in Deutschland zunehmenden Fälle schwerer Verbraucherverschuldungen laut.[49] Ziel sollte es sein, zu verhindern, daß immer größere Teile der Bevölkerung aufgrund ihrer hohen Schuldenlast am Rande des Existenzminimums leben und zu Sozialhilfeempfängern werden. Diese negative Entwicklung wird vor allem dadurch gefördert, daß die vorherrschende Kreditvergabepraxis im Privatkundengeschäft sich vornehmlich an den künftigen Einnahmen orientiert, bei deren Ausbleiben die privaten Schulden die eigene Leistungsfähigkeit bei weitem übersteigt.[50]

Das bislang geltende Recht konnte keinen Beitrag zur Bereinigung dieser Situation leisten, da nach Abschluß eines Konkursverfahrens für die festgestellten, nicht befriedigten Gläubigeransprüche ein unbegrenztes Nachforderungsrecht gem. § 164 Abs. 1 KO bis zum Verjährungseintritt nach 30 Jahren (§§ 145 Abs. 2 KO i.V.m. 218 Abs. 1 Satz 2 BGB) besteht. Kommt es dann noch zu verjährungsunterbrechenden Handlungen gem. § 209 Abs. 2 Nr. 5 BGB hindert die hohe Belastung selbst junge Schuldner praktisch ein Leben lang daran, eine eigene wirtschaftliche Existenz aufzubauen.[51] Eine Befreiung von den Altverbindlichkeiten war bislang nur im Rahmen eines (außer)gerichtlichen (Zwangs-)Vergleichs zu erlangen. Die eingangs der Arbeit vorgestellten statistischen Erhebungen machen jedoch deutlich, daß dieser Form der Schuldenbereinigung keine praktische Relevanz mehr zukommt. Einen anderen Weg ging die derzeit noch für "Altverfahren" in den neuen Bundesländern geltende Gesamtvollstreckungsordnung.

In § 18 Abs. 2 Satz 3 GesO ist normiert, daß eine Vollstreckung in künftiges Vermögen des Schuldners nur noch insoweit zulässig ist, als der Schuldner über ein angemessenes Einkommen hinaus zu neuem Vermögen gelangt. Der Schuldner muß danach einen seinen normalen persönlichen und beruflichen Verhältnissen entsprechenden Lebenswandel führen können, ohne daß dieser übertrieben aufwendig wäre.[52]

Das künftige Insolvenzrecht sieht in den §§ 286 - 303 InsO ein gesetzliches Restschuldbefreiungsverfahren im Rahmen eines Insolvenzverfahrens vor. Voraussetzung für die Erlangung

---

48 Da es hier um eine systematische Einordnung beider Rechtsinstitute im neuen Insolvenzrecht geht, können die Ausführungen lediglich einen überblicksmäßigen Charakter haben. Weiterführende Hinweise finden sich bei Arnold in: DGVZ 1996, S. 129 - 136; Braun/Uhlenbruck, Unternehmensinsolvenz, 8.Teil, B, C; Bruchner in: WM 1992, S. 1268; Döbereiner, Restschuldbefreiung; ders. in: JA 1996, S. 603 - 607; Henning in: InVo 1996, S. 288 - 291; Hess, InsO, § 286 ff; Hess/Obermüller, Insolvenzplan, Rdnr. 687 - 1080; Hess/Weis in: InVo 1996 S. 113 - 117; Heyer in: JR 1996 S. 314 - 317; Krug, Der Verbraucherkonkurs; Maier/Krafft in: BB 1997, S. 2173 - 2181; Pape in: ZRP 1993 S. 285 - 290; ders. in: ZinsO 1998, S. 126 - 130; Schmidt-Räntsch in: MDR 1994, S. 321 - 326; Scholz in: MDR 1992 S. 817 - 819; ders. in: DB 1996 S. 765 – 770; vgl. auch Bundesministerium für Finanzen zu den Kriterien für die Entscheidung über einen Antrag auf außergerichtliche Schuldenbereinigung in: Bundessteuerblatt 1998 –Teil I, S. 1497 - 1499.

49 Allg. Begrdg. RegE, abgdr. in: Balz/Landfermann, Die neuen Insolvenzgesetze, S. 17, 45 ff.

50 Kritisch hierzu auch Pape in: ZRP 1993, S. 285 ff, 286 f.

51 Allg. Begrdg. RegE, abgdr. in: Balz/Landfermann, Die neuen Insolvenzgesetze, S. 17; zur Überschuldungssituation in Deutschland vgl. auch Arnold in: DGVZ 1996, S. 129 ff, 131 Fn. 4.

52 Wenzel, Die Restschuldbefreiung, S. 229.

der Restschuldbefreiung ist neben einem Antrag des Schuldners gem. § 287 Abs. 1 InsO auch seine Redlichkeit. § 290 InsO enthält daher eine Reihe von Versagungsgründen, die vom Gericht auf Antrag eines Gläubigers zu prüfen sind.

Die Restschuldbefreiung kann auf zwei verschiedenen Wegen erlangt werden, je nachdem, ob es sich bei dem Antragsteller um einen Gewerbetreibenden oder einen Verbraucher i.S.d. Definition des § 304 InsO handelt. Gewerbetreibende, die nur eine geringe selbständige wirtschaftliche Tätigkeit ausüben, sind nach dem ausdrücklichen Wortlaut des § 304 Abs. 1 InsO als Verbraucher zu behandeln. Eine selbständige wirtschaftliche Tätigkeit ist dann gering, wenn sie nach Art und Umfang einen in kaufmännischer Weise eingerichteten Geschäftsbetrieb nicht erfordert (§ 304 Abs. 2 InsO).

Sofern es sich *nicht* um Verbraucher handelt, findet das Restschuldbefreiungsverfahren gem. §§ 286 ff InsO direkte Anwendung. Ein dahingehender Antrag muß vom Schuldner spätestens im Berichtstermin (§ 156 InsO) gestellt werden (§ 287 Abs. 1 Satz 2 InsO). Das Insolvenzgericht entscheidet über ihn durch Beschluß, nachdem es zuvor die Gläubiger und den Verwalter im Schlußtermin zu dem Antrag gehört hat (§ 289 Abs. 1 InsO). Jeder Gläubiger hat das Recht, die Versagung der Restschuldbefreiung im Schlußtermin zu beantragen, wobei er die Versagungsgründe des § 290 Abs. 1 Nr. 1-6 InsO glaubhaft machen muß (§ 290 Abs. 2 InsO). Wird die Restschuldbefreiung nicht versagt, tritt der Schuldner für eine "Wohlverhaltensperiode"[53] von 7 Jahren nach Aufhebung des Insolvenzverfahrens den pfändbaren Teil seines Einkommens an einen vom Gericht ernannten Treuhänder ab. Nach Art. 107 EGInsO verkürzt sich die Laufzeit auf 5 Jahre, wenn der Schuldner bereits vor dem 01. Januar 1997 zahlungsunfähig war.

Die Abtretungserklärung hat der Schuldner seinem Antrag auf Restschuldbefreiung beizufügen (§ 287 Abs. 2 Satz 1 InsO). Während der Laufzeit der Abtretung treffen den Schuldner bestimmte Obliegenheiten (§ 295 InsO), bei deren Verletzung ihm die Restschuldbefreiung auf Antrag eines Gläubigers versagt werden kann. Weitere Versagungsgründe enthalten die §§ 297 (Insolvenzstraftaten) und 298 InsO (fehlende Deckung der Mindestvergütung des Treuhänders). Verhält sich der Schuldner jedoch korrekt, erteilt ihm das Gericht am Ende der Wohlverhaltensperiode durch förmlichen Beschluß die Restschuldbefreiung (§ 300 Abs. 1 InsO), die dann gegenüber allen Insolvenzgläubigern gilt (§ 301 Abs. 1 InsO).

Für *Verbraucher* ist hingegen ein mehrstufiges Verfahren vorgesehen, um die Gerichte vor einer übermäßigen Belastung zu schützen. Der Gerichtsentlastung dient vor allem auch die systematische Einbindung des Bemühens um einen Schuldenbereinigungsplan zwischen den Antrag auf Eröffnung eines Insolvenzverfahrens und dessen Entscheidung. Der Ablauf eines Verbraucherinsolvenzverfahrens ist dreistufig konzipiert:

- Zunächst wird ein außergerichtlicher Schuldenbereinigungsplan erstellt. Scheitern die außergerichtlichen Einigungsversuche mit den Gläubigern auf der Grundlage dieses Plans, findet ein gerichtliches Schuldenbereinigungsverfahren statt, wenn der Schuldner einen Antrag auf Eröffnung eines Insolvenzverfahrens stellt. Über die gescheiterten Verhandlun-

[53] Begrdg. RegE zu § 236 RegE InsO, abgdr. in: Balz/Landfermann, Die neuen Insolvenzgesetze, S. 405.

gen hat der Schuldner eine Bestätigung von einer geeigneten Person oder Stelle seinem Eröffnungsantrag beizufügen (§ 305 Abs. 1 Nr. 1 InsO).

- In der zweiten Stufe wird das gerichtliche Schuldenbereinigungverfahren auf der Grundlage eines vom Schuldner vorgelegten Schuldenbereinigungsplans (§§ 305 ff InsO) durchgeführt. Während dieser Zeit ruht das beantragte Insolvenzverfahren gem. § 306 InsO. Das Gericht leitet den Plan und die weiteren vom Schuldner vorzulegenden Unterlagen (Gläubiger-, Vermögens- und Forderungsverzeichnis gem. § 305 Abs. 1 Nr. 3 InsO) den Gläubigern zur Stellungnahme zu.

- Ergibt sich eine Kopf- und Summenmehrheit für den Plan, so wird die Zustimmung der übrigen Gläubiger auf Antrag des Schuldners oder eines Gläubigers gem. § 309 InsO ersetzt.

- Kommt es nicht zur Annahme des Schuldenbereinigungsplans, so wird ein vereinfachtes Insolvenzverfahren nach den Vorschriften der §§ 311 InsO eröffnet. Hatte der Schuldner mit dem Antrag auf Eröffnung eines Insolvenzverfahrens bereits einen Antrag auf Restschuldbefreiung gestellt (§ 305 Abs. 1 Nr. 2 InsO), ist ein vereinfachtes Insolvenzverfahren in Verbindung mit einem Restschuldbefreiungsverfahren nach den zuvor genannten Regeln möglich.

Schließlich ist noch darauf hinzuweisen, daß eine Restschuldbefreiung auch auf der Grundlage eines Insolvenzplans gem. § 227 InsO erlangt werden kann, unabhängig davon, ob es sich beim Schuldner um eine natürliche Person handelt oder um eine Gesellschaft ohne Rechtspersönlichkeit, deren Gesellschafter persönlich für die Verbindlichkeiten der Gesellschaft haften (§ 128 HGB). Für letzteren Fall bestimmt § 227 Abs. 2 InsO, daß selbst bei einem Insolvenzverfahren über das Vermögen der Gesellschaft die persönlich haftenden Gesellschafter nach Abschluß des Insolvenzplanverfahrens nicht mehr für deren offene Forderungen in Anspruch genommen werden können. § 227 Abs. 1 InsO geht dabei vom Grundsatz aus, daß der Insolvenzplan die Belange der Verfahrensbeteiligten untereinander abschließend regelt, so daß ein Nachforderungsrecht in Höhe der Ausfallquote nicht bestehen soll. Wollen die Beteiligten eine hiervon abweichende Vereinbarung treffen, müssen sie dies ausdrücklich im Insolvenzplan regeln. Enthält der Plan daher keine Aussagen zur Restschuldbefreiung erlangt sie der Schuldner, ohne an die starren Vorgaben des gesetzlichen Restschuldbefreiungsverfahrens gem. §§ 286 ff InsO gebunden zu sein.

B. Verfahrensgrundsätze

I. Leitendes Prinzip der Gläubigerautonomie und Rechtskontrolle durch das Gericht

Das Insolvenzplanverfahren ist maßgeblich vom Grundsatz der Gläubigerautonomie geprägt. Die durch die Insolvenz geschädigten Gläubiger, die in ihrer Gesamtheit in ein einheitliches Verfahren unter staatlicher Aufsicht eingebunden werden, sollen die Entscheidungsbefugnis darüber haben, ob das schuldnerische Unternehmen im Einzelfall saniert wird oder aus dem wirtschaftlichen Wettbewerb auszuscheiden hat.[54]

Gläubigerselbstverwaltung in diesem Sinne bedeutet, daß den Gläubigern als "wirtschaftlichen Eigentümern" neben der Entscheidung über die Verwertung des Schuldnervermögens auch die Entscheidung über den Ablauf des Verfahrens und des Verfahrensziels, insbesondere auch für die Fortführung des Unternehmens, obliegt.[55] Als den Hauptbeteiligten des Verfahrens wird ihnen die Möglichkeit eingeräumt, selbst darüber zu befinden, welche Art der Insolvenzabwicklung die für sie günstigste ist, d.h. welche ihnen das "pareto optimum" der Befriedigung ihrer Forderungen bietet. In die Entscheidungsbefugnis sollen nach dem Willen des Gesetzgebers dabei nur die Gläubiger eingebunden sein, "deren Rechte in der Insolvenz normalerweise einen positiven Vermögenswert besitzen und die vom Ablauf des Verfahrens berührt werden".[56] Im allgemeinen Insolvenzverfahren sind daher weder der Schuldner noch die nachrangigen Insolvenzgläubiger (§ 77 Abs. 1 Satz 2 InsO) stimmberechtigt.

Für das Insolvenzplanverfahren finden sich Regelungen zum Stimmrecht in den §§ 237, 238 InsO. Gläubigern, deren Forderungen und Absonderungsrechte durch den Plan nicht berührt werden, steht gem. §§ 237 Abs. 2, 238 Abs. 2 InsO auch kein Stimmrecht zu.

Wie schon nach der Konkursordnung, wenngleich dort eingeschränkt, wird die Beteiligtenautonomie über die Organe der Gläubigerversammlung (§§ 74 - 76 InsO) und des Gläubigerausschusses (§§ 67 - 73 InsO) ausgeübt. Sofern der Schuldner mit der Stellung des Insolvenzantrags nicht zugleich einen Insolvenzplan vorlegt (§ 218 Abs. 1 Satz 2 InsO), beschließt die Gläubigerversammlung im Berichtstermin auf der Grundlage des Berichtes des Insolvenzverwalters (§ 156 Abs. 1 InsO), ob das Unternehmen des Schuldners stillgelegt oder vorläufig fortgeführt werden soll. Der Verwalter kann mit der Erstellung eines Insolvenzplanes durch die Gläubigerversammlung beauftragt werden (§ 157 Satz 1, 2 InsO). Hierbei hat der bestellte Gläubigerausschuß gem. § 218 Abs. 3 Alt. 1 InsO mitzuwirken. In dem Erörterungs- und Abstimmungstermin (§ 235 InsO) entscheiden die Gläubiger durch Abstimmung nach Gruppen über das Zustandekommen eines Insolvenzplans (§§ 222, 243 InsO).

Erforderlich, aber auch ausreichend ist, daß eine Mehrheit der Gläubiger innerhalb der jeweiligen Gruppe sowohl nach der Zahl der Köpfe (§ 244 Abs. 1 Nr. 1 InsO), als auch der vertretenen Forderungssummen (§ 244 Abs. 1 Nr. 2 InsO) sich für den Plan entschieden hat. Damit wird deutlich, daß die Gläubigerautonomie im Rahmen des Insolvenzplanverfahrens durch Mehrheitsentscheidungen umgesetzt wird. Einfache Kopf- und Summenmehrheiten genügen dann auch, um in einem Insolvenzplan die Rechte der absonderungsberechtigten Gläubiger gem. § 223 InsO zu kürzen.[57]

---

54 Allg. Begrdg. RegE, abgdr. in: Balz/Landfermann, Die neuen Insolvenzgesetze, S. 14; Landfermann in: BB 1994, S. 1649 ff, 1653.

55 Allg. Begrdg. RegE, abgdr. in: Balz/Landfermann, Die neuen Insolvenzgesetze, S. 14.

56 Allg. Begrdg. RegE, abgdr. in: Balz/Landfermann, Die neuen Insolvenzgesetze, S. 44; Balz in: RWS-Forum 3, S. 1 ff, 7; Schiessler, Der Insolvenzplan, S. 89.

57 Außerhalb des Insolvenzplanverfahrens wird die Beteiligtenautonomie durch weitgehende Zustimmungsvorbehalte des Gläubigerausschusses bzw. der Gläubigerversammlung gewährleistet. Für bedeutsame Rechtshandlungen bedarf der Insolvenzverwalter der Zustimmung des Gläubigerausschusses gem. § 160 InsO. Eine Betriebsveräußerung an besonders Interessierte bzw. unter Wert ist nur mit Zustimmung

Indem das Insolvenzplanverfahren weitgehend in die Hände der Gläubiger gelegt wird, will der Gesetzgeber marktkonforme Entscheidungsstrukturen schaffen. "... marktwirtschaftlich rationale Verwertungsentscheidungen (der vom Insolvenzplan betroffenen Gläubiger), wie sie unter Wettbewerbsbedingungen durch freie Verhandlungen zustande kommen, (führen) am ehesten ein Höchstmaß an Wohlfahrt (herbei) und (liegen) somit auch im gesamtwirtschaftlichen Interesse ...".[58] Ob das Insolvenzplanverfahren jedoch diesen Zielen gerecht werden kann, bleibt abzuwarten. Kritisch hierzu haben sich vor allem Henckel[59] und Neumann[60] geäußert.

Die Kritik Henckels richtet sich vor allem gegen die starke Betonung der Gläubigerautonomie und ihrer Umsetzung in Form von Mehrheitsentscheidungen. Entscheidungsstrukturen, wie sie der Entwurf zur Insolvenzordnung und weitgehend auch die endgültige Fassung enthalten, seien nicht geeignet, eine den Interessen aller am Insolvenzverfahren Beteiligten, und damit auch des Schuldners, gerecht werdende, optimale Verwertungsentscheidung des schuldnerischen Vermögens zu erreichen. Wörtlich schreibt Henckel:

"Vermögensverwaltung im Interesse einer Vielzahl von Personen fordert, um der Effektivität und der Qualität der Entscheidung willen einen gegliederten Organismus. Sie fordert eine handlungsfähige Exekutive, deren Befugnisse nicht übermäßig eingeschränkt sein dürfe. Sie fordern Kontrollsysteme in Gestalt unabhängiger Gerichte und eines handlungsfähigen, ... mit den notwendigen Informationsmöglichkeiten ausgestatteten Selbstverwaltungsorgans ... . Mitwirkung aller Betroffenen bei allen Entscheidungen garantieren allein nicht die beste Entscheidung."[61]

Die ordnungspolitische Funktion des Insolvenzrechtes sieht auch er in der Forderung privatautonomer Vereinbarungen. Um dabei jedoch einen gerechten Interessenausgleich zwischen den Beteiligten zu erreichen, ist es seiner Auffassung nach erforderlich, "die Entscheidung durch ein unabhängiges, der Wahrung aller betroffenen Interessen verpflichtendes Organ (treffen zu lassen)."[62] Gemeint ist damit der Insolvenzverwalter, der gegenüber den Gläubigern über ein Mehr an Informationen verfügt. Seine Ermittlungen und Entscheidungen, wie er sie in seinem Bericht gem. § 156 Abs. 1 Satz 2 InsO zum Ausdruck bringt, beeinflußt maßgeblich die Entscheidung innerhalb der Gläubigerversammlung. Ihm soll daher im Zusammenwirken mit dem Gläubigerausschuß auch die Entscheidung über das Verfahrensziel und darüber, mittels welchen Verfahrens die Verwertung des Schuldnervermögens erfolgen soll, obliegen.[63]

---

der Gläubigerversammlung unter den weiteren Voraussetzungen der §§ 162, 163 InsO möglich (vgl. hierzu auch unten Teil 1, D, II).

58 Siehe allg. Begrdg. RegE, abgdr. in: Balz/Landfermann, Die neuen Insolvenzgesetze, S. 9.

59 Vgl. Henckel in: KTS 1989, S. 477 ff, 482 ff; ders. in: FS März S. 197 ff; eingehend und im Ergebnis ablehnend hat sich Schiessler mit der Kritik von Henckel auseinandergesetzt: in: "Der Insolvenzplan", S. 56 ff.

60 Neumann, Gläubigerautonomie, S. 523; dieser Kritik hat sich auch Uhlenbruck in: Braun/Uhlenbruck, Unternehmensinsolvenz, angeschlossen, vgl. 3. Teil, II, 4, S. 174; ders. in: KTS 1992, S. 499 ff, 501 f.

61 Henckel in: KTS 1989, S. 477 ff, 486.

62 Henckel in: KTS 1989, S. 477 ff, 484.

63 Henckel in: KTS 1989, S. 477 ff, 489; in diesem Sinne auch Neumann, Gläubigerautonomie, S. 523, wenn er die Insolvenzordnung als vorzugswürdig im Sinne einer größeren Praktikabilität ansieht, die den Gerichten die Befugnis einräumen, gegenüber sämtlichen Gläubigern den Verfahrensablauf betreffende Maß-

Das Mehrheitsprinzip sei nicht geeignet, zur Legitimation privatautonomer Entscheidungen herangezogen zu werden. Vertragsfreiheit verlange vielmehr einen allseitigen Konsens, den es bei der Vielzahl der im Rahmen einer Insolvenzabwicklung vertretenen unterschiedlichen Interessen gerade nicht gibt. Den Konflikt, daß einerseits Mehrheitsentscheidungen zur Bewältigung einer Insolvenz notwendig sind, andererseits einfache Mehrheiten eben nicht auf einem breiten Konsens beruhende Entscheidungen garantieren, löst Henckel damit, daß der Wahrung der Rechte aller Beteiligten nur eine größere als die einfache Mehrheit dienen kann.[64]

Darüber hinaus würden die dem Mehrheitszwang unterfallenden privatautonomen Entscheidungen über das Verfahrensziel und das zu seiner Verwirklichung gewählte Verfahren vor allem auch die berechtigten Belange des Schuldners an einer bestmöglichen Verwertung des Vermögens nicht ausreichend berücksichtigen. Das Ergebnis der Verwertungsentscheidung der Gläubiger berühre letztlich auch den Umfang seiner Nachhaftung. Allein die Option des Restschuldbefreiungsverfahrens gem. §§ 286 ff. InsO kann der Beachtung seiner Interessen nicht entgegenstehen.[65]

Henckel ist zunächst darin beizustimmen, daß die Bindung einer Minderheit durch eine von der Mehrheit getroffene Entscheidung immer organisationsrechtlichen Charakter hat. Das Instrument des Mehrheitszwangs unterstützt die ordnungspolitische Funktion, die einem Insolvenzrecht zukommt. Damit bewegen sich Mehrheitsentscheidungen immer im Spannungsfeld zwischen Privatautonomie und hoheitlichen Entscheidungen, so daß letztlich beide Prinzipien zur Legitimation einer Mehrheitsentscheidung herangezogen werden können.[66]

Daß sich der Gesetzgeber für das Prinzip der Vertragsfreiheit und damit die Gläubigerautonomie entschieden hat, liegt darin begründet, daß er die optimale Haftungsverwirklichung zum Zweck einer Besserstellung der Gläubiger als Verfahrensmaxime postuliert und die gerichtliche Prüfung auf den Schutz der überstimmten Minderheiten beschränkt. Unter diesen Voraussetzungen ist eine flexible Insolvenzabwicklung durch Deregulierung der Entscheidungsfindung mittels Insolvenzplan hinreichend legitimiert und "dominiert der vertragliche Ausgleich zwischen Gläubiger und Schuldner."[67] Daß ein der Ordnungsfunktion gerecht werdendes Prinzip der Gläubigerautonomie, basierend auf Mehrheitsentscheidungen, auch die Rechte der überstimmten Minderheiten zu beachten hat, ist dabei selbstverständlich.[68] Diesem Anspruch ist der Gesetzgeber jedoch mit den Regelungen in § 245 Abs. 1 Nr. 1 und § 251 Abs. 2 Nr. 2 InsO, die einen gesetzlichen Mindeststandard gewährleisten, nachgekommen. Danach ist das negative Veto einer Abstimmungsgruppe unbeachtlich, wenn den Gläubigern dieser Gruppe mindestens der Liquidationswert, den sie bei einer Abwicklung ohne Plan erhalten hätten, verbleibt (§ 245 Abs. 1 Nr. 1 InsO). § 251 InsO erstreckt diesen Schutz auch auf den einzelnen Gläubiger, der in seiner Gruppe mehrheitlich überstimmt wurde. Die

---

nahmen hoheitlich anzuordnen. Zur Stellung des Insolvenzverwalters nach der allg. Begrdg. des RegE vgl. auch Balz/Landfermann, Die neuen Insolvenzgesetze, S. 15.

64 Henckel in: KTS 1989, S. 477 ff, 484 f.

65 Ders. in: FS Merz, S. 197 ff, 207.

66 So auch Schiessler, Der Insolvenzplan, S. 56.

67 I.d.S. auch Gottwald, wenngleich er sich auf den Zwangsvergleich bezieht, in: FS Giger, S. 195 ff, 202 f.

68 Vgl. Schiessler, Der Insolvenzplan, S. 57.

Wahrung der Rechte der Minderheiten wird durch eine dem Insolvenzgericht zugewiesene Rechtskontrolle gewährleistet.

Ein Insolvenzgesetz, welches dem Grundsatz des Interessenausgleichs unter den Beteiligten bei gleichzeitig bestmöglicher Verwertung des Schuldnervermögens gerecht werden will, hat in der Tat dann auch die berechtigten Interessen des Schuldners zu berücksichtigen. Konnte sich der Schuldner im freien Wettbewerb am Markt nicht behaupten und wird das Insolvenzverfahren über sein Vermögen eröffnet, so entspricht es zwar marktkonformer Insolvenzbewältigung, daß dem Schuldner die Befugnis zur eigenverantwortlichen Verwertung seines Vermögens genommen wird. Andernfalls steht zu befürchten, daß einzelne Gläubiger schädigende Handlungen vornehmen werden und ungerechtfertigte Vermögensverschiebungen die negative Konsequenz wären. Optimale Haftungsverwirklichung des Schuldnervermögens ist das Prinzip, dem sich marktkonforme Insolvenzgesetze zu stellen haben. Den Gläubigern, deren Vermögensrechte von dem Eintritt der Insolvenz betroffen werden, muß das Schuldnervermögen zur Realisierung ihrer Ansprüche zur Verfügung gestellt werden. Folgerichtig räumt der Gesetzgeber den Gläubigern das Recht ein, über ihre Organe (Gläubigerversammlung und Gläubigerausschuß), im Wege privatautonomer Verhandlungen und Vereinbarungen, über die zur Befriedigung ihrer Forderungen günstigste Verwertungsart i.S. eines "pareto optimum"[69] und das dabei anzuwendende Verfahren zu entscheiden. Der Vielgestaltigkeit der Interessen[70] kann dabei nur durch Mehrheitsentscheidung Rechnung getragen werden. Sofern die Rechte der überstimmten Minderheiten garantiert und justitiabel sind, sind solche Mehrheitsentscheidungen legitimiert.

Gleichzeitig muß jedoch gewährleistet werden, daß der Gesetzgeber einen Regelungsrahmen zur Verfügung stellt, der es ermöglicht, die Verwertungsentscheidung der Mehrheit der Gläubiger für alle Beteiligten, einschließlich den Schuldner, transparent zu machen. Welche Verwertungsform unter welchem Verfahren die optimale Haftungsverwirklichung gewährleistet, hängt vielfach von Bewertungsentscheidungen ab. Faktoren hierfür sind vor allem marktstrategische Gesichtspunkte, wie z.B. die Finanzierungsbereitschaft neuer Investoren (auch Altgläubiger des Schuldners) und die aktuelle Konjunktur der betroffenen Branche.[71] Den Wert eines Unternehmens und seine künftige Ertragslage zu bestimmen, ist eben häufig nur durch Sachverständige möglich. Dem erfahrenen Insolvenzverwalter, der aufgrund seiner Tätigkeit regelmäßig über einen Kenntnis- und Informationsvorsprung in den verschiedensten Branchen verfügt, kommt hierbei eine maßgebliche Bedeutung zu.

Ausgehend von diesen Prämissen ist die Beteiligtenautonomie in der Insolvenzordnung zwar weitreichend ausgestaltet. Ein der Rechtskontrolle durch das Gericht unterliegender Minderheitenschutz stellt jedoch sicher, daß die Interessen der im übrigen beteiligten ("betroffenen") Personen hinreichend berücksichtigt werden. Zur Wahrung der Interessen des Schuldners tragen zahlreiche Bestimmungen bei. So kann er zum Bericht des Verwalters zu den Aussichten für den Erhalt des Unternehmens und die Möglichkeiten für einen Insolvenzplan eine Stellungnahme abgeben (vgl. § 156 Abs. 2 Satz 1 InsO). Im Insolvenzplanverfahren gewährt ihm

---

69 Balz, Einleitung, abgdr. in: Balz/Landfermann, Die neuen Insolvenzgesetze, S. XLV, FN. 120; Eidenmüller, Der Insolvenzplan als Vertrag, S. 164 ff, 169.

70 Prütting in: Kölner Schrift zur Insolvenzordnung, Rdnr. 72, 73.

71 Vgl. hierzu und nachfolgend auch Schiessler, Der Insolvenzplan, S. 59; Eidenmüller in: Ott/Schäfer, S. 159.

§ 218 Abs. 1 Satz 1 InsO ein Eigeninitiativrecht zur Planvorlage, welches er bereits mit dem Antrag auf Einleitung eines Insolvenzverfahrens ausüben kann (§ 218 Abs. 1 Satz 2 InsO).

Eine Zustimmung des Schuldners zum vorgelegten Plan des Verwalters ist normiert in § 247 InsO. Da die plangemäße Abwicklung nur eine alternative Form der Masseverwertung darstellt (vgl. § 1 InsO), ist dem Schuldner und der bei der Abstimmung über den Plan majorisierten Minderheit der Gläubiger (§ 251 InsO) jedoch mindestens der Liquidationswert zuzusprechen. Ist dies nicht gewährleistet, muß auf Antrag sowohl des Schuldners als auch des einzelnen Gläubigers die Bestätigung des eingereichten Planes durch das Insolvenzgericht versagt werden.[72]

Die Rechtskontrolle durch das Gericht dient somit maßgeblich auch dem Schutz des Schuldners vor Verschleuderung seiner Vermögenswerte. Schließlich verleiht gerade die Ausgestaltung des Minderheitenschutzes in den §§ 245 und 251 InsO der Gläubigerautonomie ihre rechtsstaatliche Legitimation.

Wenn aber die Legitimationswirkung der Gläubigerautonomie unter anderem darauf beruht, daß das Insolvenzgericht die Einhaltung des Minderheitenschutzes zu überprüfen hat, stellt sich die generelle Frage nach dem Verhältnis zwischen dem Grundsatz der Gläubigerautonomie und der Funktion des Insolvenzgerichts im Rahmen des Insolvenzplanverfahrens. In der allgemeinen Begründung zum Regierungsentwurf schreibt der Gesetzgeber hierzu, daß das Insolvenzgericht "Hüter der Rechtmäßigkeit des Verfahrens (sei)". Richter und Rechtspfleger sollen dabei lediglich "vermittelnd und schlichtend", d.h. als Moderatoren fungieren und die privatautonome Entscheidungsfindung unterstützen.[73] Hat sich der Gesetzgeber mit Schaffung der Insolvenzordnung und insbesondere des Insolvenzplanverfahrens die Deregulierung des Insolvenzrechtes mit einem Höchstmaß an Flexibilität für die Beteiligten zum Ziel gesetzt, so kann den Insolvenzgerichten im Planverfahren lediglich eine Rechtskontrolle zukommen. Die Förderung privatautonomer Austauschprozesse verbietet jegliche Einmischung im Sinne einer "Bevormundung der privaten Beteiligten".[74] Die Verfahrensvorschriften (vgl. u.a. §§ 231, 248, 250 InsO) sollen allein gewährleisten, daß einzelne beteiligte Gruppen ihre Sonderinteressen nicht zu Lasten anderer Beteiligter verfolgen können.[75] Damit tragen aber die Bestimmungen über das Insolvenzplanverfahren in ihrer Gesamtheit zu einem umfassenden Minderheitenschutz bei. Die Freiheit der Gläubiger korrespondiert im Ergebnis mit einer Rechtskontrolle durch das Gericht. Im Zusammenwirken beider Maxime werden die Voraussetzungen für eine an den Gesetzen des Marktes orientierte Insolvenzabwicklung geschaffen.

---

[72] Vgl. Haarmeyer/Wutzke/Förster, Kapitel 9, Rdnr. 24; ergänzend hierzu auch Begrdg. RegE zu § 298 RegE InsO, abgdr. in: Balz/Landfermann, Die neuen Insolvenzgesetze, S. 365 ff.

[73] Vgl. allg. Begrdg. RegE, abgdr. in: Balz/Landfermann, Die neuen Insolvenzgesetze, S. 15; Uhlenbruck in Braun/Uhlenbruck, 6. Teil, B, S. 327; Bork, Einführung, Rdnr. 40 ff, 56; Balz in: ZIP 1988, S. 273 ff, 280 Rdnr. 2.7; ders. in: RWS-Forum 3, S. 1 ff, 8; Haarmeyer/Wutzke/Förster, Kap. 1 Rdnr. 39; Eidenmüller in: Ott/Schäfer, S. 145 ff, 167.

[74] Allg. Begrdg. RegE, abgdr. in: Balz/Landfermann, Die neuen Insolvenzgesetze, S. 10.

[75] Allg. Begrdg. RegE, abgdr. in: Balz/Landfermann, Die neuen Insolvenzgesetze, S. 31.

II. Grundsatz der Gläubigergleichbehandlung[76]

Der Grundsatz der gleichmäßigen Befriedigung ist das "Kernstück des Konkurses" als einer Gesamtvollstreckung (par conditio creditorum).[77] Gleichbehandlung konkretisiert sich dabei in den drei Ausgestaltungen der "gemeinschaftlichen", "gleichmäßigen" und "anteiligen" Befriedigung der Gläubiger.[78] Im bisherigen (Zwangs-) Vergleichsrecht wurde die Gläubigergleichbehandlung durch die Wahrung der "gemeinsamen Interessen" aller Beteiligten garantiert.[79]

Mit dem Eintritt der Insolvenz darf im Interesse einer bestmöglichen Verwertung des Schuldnervermögens und damit der Befriedigung der Gläubiger dem Schuldner nicht mehr die eigenverantwortliche Schuldenregulierung überlassen bleiben. Dem Staat als Hüter der Rechtsordnung kommt dann die Aufgabe zu, einen rechtlichen Rahmen zur Verfügung zu stellen, der eine geordnete Abwicklung des Haftungsvermögens des Schuldners gewährleistet und damit einseitige Benachteiligungen der von der Insolvenz betroffenen Gläubiger verhindern soll. Hierin liegt die eigentliche Rechtfertigung für den Grundsatz der gleichmäßigen Befriedigung der Gläubiger und damit die gemeinschaftliche Haftungsverwirklichung des Schuldnervermögens. In das den Beteiligten bis zum Eintritt der Insolvenz gewährte Recht der Einzelzwangsvollstreckung unter Geltung des Prioritätsgrundsatzes[80] greift dabei der Staat reglementierend ein.

Die Gläubiger in ihrer Gesamtheit sind während der Dauer des Insolvenzverfahrens als eine "Art von Schicksals- und Verlustgemeinschaft"[81] zusammengeschlossen und werden gleichmäßig ohne Rücksicht darauf, wann ihre Forderungen entstanden oder ob sie bereits tituliert sind, befriedigt. Durch die Abschaffung der Konkursvorrechte des § 61 Abs. 1 KO[82], die Neustrukturierung der Masseverbindlichkeiten, die Beteiligung der zur Absonderung berechtigten Gläubiger an den Kosten der Feststellung und Verwertung der sicherungsübereigneten Gegenstände, die Einbeziehung des Neuerwerbs des Gemeinschuldners in den Haftungsverband (§ 35 InsO), die aus dem Übergang der Verwaltungs- und Verfügungsbefugnis auf den Insolvenzverwalter resultierende Unwirksamkeit des Rechtserwerbes im Falle der §§ 81, 82 InsO sowie das Verbot von Einzelzwangsvollstreckungsmaßnahmen gem. §§ 89, 90 InsO wird dem Grundsatz der Gläubigergleichbehandlung im Regelinsolvenzverfahren Rechnung getragen.

---

76 Vgl. hierzu die Ausführungen von Heilmann/Smid: Grundzüge des Insolvenzrechtes; Prütting, Kölner Schrift zur Insolvenzordnung, Rdnr. 56 ff.; Häsemeyer, Insolvenzrecht (2. Aufl.), Rdnr. 2.17 ff; Baur/Stürner, Zwangsvollstreckungsrecht II, Insolvenzrecht, § 5 Rdnr. 5.36.

77 Kuhn/Uhlenbruck, KO, § 3 Rdnr. 3.

78 Vgl. auch Prütting, Kölner Schrift zur Insolvenzordnung, Rdnr. 56 f, der vor dem Hintergrund der sich gegenwärtig zeigenden Massearmut von ca. 80 % der Insolvenzeröffnungsverfahren auch die Wiederherstellung der gleichmäßigen Gläubigerbefriedigung als Ziel der InsO definiert.

79 Vgl. §§ 8 Abs. 1 VerglO, 181 KO, 6 Abs. 3 Satz 2 GesO; Kuhn/Uhlenbruck, KO, § 181 Rdnr. 1; Bley/Mohrbutter, VerglO, § 8 Rdnr. 18.

80 Vgl. Uhlenbruck, Das neue Insolvenzrecht, Rndr.32, der dies als "Kampf aller gegen alle" bezeichnet hat.

81 Vgl. zum Begriff bei Jauernig, Zwangsvollstreckungsrecht, § 38, I, 1, S. 160.

82 Vgl. auch Balz in: ZIP 1988, S. 273 ff, 281 mit dem Hinweis, daß allein die Abschaffung der Konkursvorrechte noch lange nicht zum "klassenlosen Konkurs" führt. Hierfür spricht, daß nach § 123 Abs. 2 Satz 1 InsO Sozialplanforderungen Masseverbindlichkeiten sind, was bei einer Abschaffung der Konkursvorrechte eine besondere Privilegierung darstellt. Vgl. auch Uhlenbruck: Das neue Insolvenzrecht, S. 47.

Für das Insolvenzplanverfahren ausdrücklich normiert findet sich der Grundsatz der "par conditio creditorum" lediglich in § 226 Abs. 1 InsO.

1. Gleichbehandlung der Gläubigergruppen

Neben der ausdrücklichen Erwähnung in § 226 InsO hat der Gesetzgeber das Gebot der Gläubigergleichbehandlung zur Tatbestandsvoraussetzung für die Anwendung des Obstruktionsverbotes gemacht (vgl. § 245 Abs. 1 Nr. 2 i.V.m Abs. 2 InsO). Entscheidet sich danach bei der Abstimmung über den Insolvenzplan gem. § 243 ff. InsO eine Gläubigergruppe gegen den Insolvenzplan, wird die Zustimmung dieser Gruppe fingiert, sofern die Gläubiger dieser Gruppe im Verhältnis zu den Gläubigern der anderen Gruppen angemessen am Verteilungserlös beteiligt werden. Obstruktives Verhalten (gleich aus welcher Intention heraus) wird nach dem Willen des Gesetzgebers somit als mißbräuchlich bewertet, wenn ein wirtschaftlich sinnvoller Plan, der die Gläubigerinteressen in einen gerechten Ausgleich bringt, am Widerstand einer Gläubigergruppe scheitern sollte[83], obgleich kein Gläubiger, der ohne Plan gleichartig mit den Gläubigern der dissentierenden Gruppe zu befriedigen wäre, bessergestellt wird.

Die Ausgestaltung des § 245 Abs. 1 Nr. 2 i.V.m Abs. 2 InsO ist jedoch keine Ausprägung der "par conditio creditorum". Dieser Grundsatz kann im Insolvenzplanverfahren überhaupt nur eingeschränkt Geltung beanspruchen. Nachfolgend wird noch aufzuzeigen sein, daß der Gesetzgeber lediglich in § 226 InsO, und damit innerhalb einer Gläubigergruppe, ausdrücklich die Gleichbehandlung der Gläubiger zum Maßstab der Rechtmäßigkeit einer plangemäßen Regelung erhoben hat. Die Begründung hierfür läßt sich mit der Bedeutung des Insolvenzplanverfahrens als eine Option zu einer von den gesetzlichen Bestimmungen abweichenden Art der Insolvenzabwicklung geben (vgl. §§ 1 Satz 1, 217 InsO). Im Interesse einer optimalen Haftungsverwirklichung des Schuldnervermögens und damit einhergehender bestmöglicher Befriedigung der Gläubiger besteht "der Zweck des neuen Rechtsinstituts ... (darin), den Beteiligten einen Rechtsrahmen für die einvernehmliche Bewältigung der Insolvenz im Wege von *Verhandlungen und privaten Austauschprozessen* zu ermöglichen."[84] Der Plan wird als "die privatautonome, ... Übereinkunft der mitspracheberechtigten Beteiligten über die Verwertung des haftenden Schuldnervermögens"[85] verstanden. Dem Schuldner, Planersteller und den beteiligten Gläubigern ist es freigestellt, das pareto optimum der Haftungsverwirklichung im Wege von Verhandlungen zu erkennen und zu verwirklichen. Dies läßt sich nur mit einem Höchstmaß an Flexibilität bei der inhaltlichen Ausgestaltung der Rechte der Beteiligten im Plan realisieren. Das Ziel einer optimalen Verwertung ist bereits dann erreicht, wenn ein Gläubiger besser gestellt wird, als er im Falle einer Zerschlagung des Schuldnervermögens stünde[86], sofern nur gewährleistet ist, daß alle übrigen Gläubiger nicht schlechter als bei einer Abwicklung ohne Plan stehen. Dies steht ersichtlich im Widerspruch zur "par conditio creditorum".

[83] Vgl. Balz in: ZIP 1988, S. 273 ff, 287; Haarmeyer/Wutzke/Förster, Kap. 9 Rdnr. 19; Bork, Einführung, Rdnr. 338; Begrdg. RegE zu § 290 RegE InsO, abgdr. in: Balz/Landfermann, Die neuen Insolvenzgesetze, S. 361 f; vgl. hierzu eingehend: Teil 3, B, II.

[84] Allg. Begrdg. RegE, abgdr. in: Balz/Landfermann, Die neuen Insolvenzgesetze, S. 30.

[85] Allg. Begrdg. RegE, abgdr. in: Balz/Landfermann, Die neuen Insolvenzgesetze, S. 32.

[86] So frühzeitig bereits Balz in: ZIP 1988, S. 273 ff, 279; allg. Begrdg. RegE, abgdr. in: Balz/Landfermann, Die neuen Insolvenzgesetze, S. 12.

Anderes hat freilich im Rahmen der Abwicklung nach den gesetzlichen Bestimmungen zu gelten. Der Grundsatz der gleichmäßigen Befriedigung gehört hier zu den Grundmaximen des Insolvenzrechts als einer Gesamtvollstreckung des schuldnerischen Vermögens.[87] Die gemeinsame Einbindung aller nicht bevorrechtigten Konkursgläubiger bei den Mehrheitsbeschlüssen im Rahmen des gesetzlich geregelten (Zwangs-)Vergleichsverfahrens nach der KO, VerglO und GesO intendierte geradezu die Notwendigkeit der materiellen Gläubigergleichbehandlung.[88] Indem sich der Gesetzgeber aber für die Einteilung und Abstimmung der Gläubiger in Gruppen entschieden hat, können vorhergehende Überlegungen nicht unreflektiert auf das Insolvenzplanverfahren angewandt werden. Mit der Gruppenbildung soll den unterschiedlichen Interessen dadurch Rechnung getragen werden, daß die inhaltlichen Ausgestaltung der Rechte der Gläubiger in den jeweiligen Gruppen dem Planersteller völlig freigestellt bleibt. Für die Gläubiger unterschiedlicher Gruppen kann der Plan sowohl der Höhe als auch der Art nach, verschiedene Vermögenswerte vorsehen. Nur innerhalb einer Gruppe, wo Gläubiger gleicher Rechtsstellung zusammengeschlossen sind (§ 222 Abs. 1 Satz 1 InsO) und gemeinsam mehrheitlich über den Plan abstimmen (§ 243 f InsO), sind die Gläubiger gleich zu behandeln und hat die "par conditio creditorum" ihre Daseinsberechtigung.

Vor diesem Hintergrund kann auch § 245 Abs. 2 Nr. 3 InsO nicht als Umkehrung eines Regel-Ausnahmeverhältnisses verstanden werden.[89] Soweit er eine materielle Gleichbehandlung von gleichrangigen Gläubigern anordnet, ist dies eine spezielle Ausprägung des Grundsatzes von Treu und Glauben.

Wenn entgegen dem individuellen Votum der Gläubiger einer Gruppe die Zustimmung der dissentierenden Gruppe zum Plan ersetzt wird, läßt sich dies nur damit rechtfertigen, daß die Gläubiger mindestens den Liquidationswert bekommen (§ 245 Abs. 1 Nr. 1 InsO) und sie angemessen an dem plangemäß erwirtschafteten Mehrwert beteiligt werden. Die Verteilung dieses Mehrwertes kann sich dann aber nur an der rangmäßigen Stellung der Gläubiger orientieren.

2. Gleichbehandlung der Beteiligten innerhalb einer Gruppe

Entgegen § 245 Abs. 1 Nr. 2 InsO regelt § 226 InsO die Gleichbehandlung der Gläubiger *innerhalb einer* Gruppe. Allen Beteiligten sind innerhalb jeder Gruppe gleiche Rechte zu gewähren. Nur unter ausdrücklicher Zustimmung aller Beteiligten gem. § 226 Abs. 2 Satz 1 InsO kann hiervon privatautonom abgewichen werden. Sämtliche Zustimmungserklärungen sind dem Plan als Anlage beizufügen, was im Interesse der Rechtsklarheit zu befürworten ist.[90] Von der Ungleichbehandlung "betroffen" können dabei nur die benachteiligten Gläubiger sein. Ein Verstoß gegen § 226 InsO ist im Rahmen der Prüfung des § 231 Abs. 1 Nr. 1 InsO vom Gericht von Amts wegen zu berücksichtigen.

---

87 Kuhn/Uhlenbruck, KO, § 3 Rdnr. 3.

88 Kuhn/Uhlenbruck, KO, § 181 Rdnr. 1; Bley/Mohrbutter, VerglO, § 8 Rdnr. 18.

89 So aber Smid in: Smid/Rattunde, Insolvenzplan, Rdnr. 573, Smid in: FS Pawlowski, S. 387 ff, 421; Zur Auseinandersetzung mit der Auffassung von Smid vgl. die Darstellung im Teil 3, A, I, 3).

90 Vgl. i.d.S. auch App: Die Insolvenzordnung, Rdnr. 757; Begrdg. RegE zu § 269 RegE InsO, abgdr. in: Balz/Landfermann, Die neuen Insolvenzgesetze, S. 340.

Das Gleichbehandlungsgebot wird nach der Begründung des Regierungsentwurfes[91] als notwendige Folge der nach § 222 InsO vorzunehmenden Bildung der zur Abstimmung berechtigten Gruppen verstanden. Gläubiger mit gleicher Rechtsstellung sind in einer Gruppe zusammenzuschließen. Innerhalb dieser Gruppe *können* wiederum Gruppen von Gläubigern mit gleichartigen wirtschaftlichen Interessen gebildet werden (Wahlgruppen).[92] Als Korrelat zum Mehrheitserfordernis innerhalb der jeweiligen Gläubigergruppen bei der Abstimmung über den Insolvenzplan müssen daher jedem Gläubiger grundsätzlich gleiche Rechte angeboten werden. Insofern korrespondiert dies mit der vorab dargestellten Rechtslage zum (Zwangs-) Vergleich nach der KO, VerglO, GesO. Soweit sich der Grundsatz der "par conditio creditorum" auf die "anteilige"[93] Befriedigung der Gläubiger am Verwertungserlös bezieht, ist eine Betrachtung des Gleichbehandlungsgebotes ohne den Blick auf § 251 Abs. 1 Nr. 2 InsO nicht möglich. Anteilige gleichmäßige Befriedigung aller Gläubiger bedeutet danach, daß der Plan dem einzelnen Gläubiger als gesetzliche Untergrenze den Zerschlagungswert, den er bei einer Abwicklung ohne Plan erhalten hätte, gewährleisten muß (vgl. § 251 Abs. 1 Nr. 2 InsO). Da die Abstimmung innerhalb der Gruppe unter das Mehrheitsprinzip gestellt wird, läßt sich die Gleichbehandlung der Gläubiger nur in der Zusammenschau der §§ 226 und 251 Abs. 1 Nr. 2 InsO begreifen.

Eine andere Frage ist, ob auch eine Gleichbehandlung der gem. § 222 Abs. 2 InsO optionell zu bildenden Gruppen zueinander vom Regelungsgegenstand des § 226 InsO erfaßt wird.

Eine solche Auslegung würde jedoch dem Sinn und Zweck des § 226 InsO in Abgrenzung zu § 245 Abs. 1 Nr. 1 InsO nicht gerecht. Sowohl der Wortlaut des § 226 InsO als auch die Begründung des Regierungsentwurfs hierzu stellen auf die Gleichbehandlung der *Beteiligten in* jeder *Gruppe* ab. "...(J)eder Beteiligte (hat) einen Anspruch darauf, mit den übrigen Beteiligten *seiner* Gruppe gleichbehandelt zu werden."[94] Eine andere Auslegung würde die Bildung mehrerer Abstimmungsgruppen, differenziert nach den wirtschaftlichen Interessen, zur Makulatur werden lassen. Sie käme dann nur noch dem Zweck zugute, Mehrheitsentscheidungen durch die Bildung mehrerer Gruppen formal zu erlangen, obwohl ohnehin allen Beteiligten gleiche Rechte gewährt werden müßten. Den verschiedenen wirtschaftlichen Interessen würde nicht Rechnung getragen. Schließlich unterfallen die (Haupt- und Wahl-) Gruppen dem Gleichbehandlungsgebot des § 245 Abs. 1 Nr. 2 InsO. Der Gesetzgeber hat damit bewußt eine Differenzierung zwischen den Beteiligten innerhalb einer Gruppe und den verschiedenen Gruppen im Anwendungsbereich des Obstruktionsverbotes vorgenommen. Die Wahlgruppen gem. § 222 Abs. 2 InsO unterfallen somit nicht dem Anwendungsbereich des § 226 InsO.

Schließlich sind gem. § 226 Abs. 3 InsO Vorzugsabkommen mit dem Ziel der Zuwendung von Sondervorteilen und damit mittelbar auch der Beeinflussung des Abstimmungsverhaltens einzelner Gläubiger per se nichtig. Einer besonderen Prüfung durch das Insolvenzgericht bedarf es nicht, zumal solche Vereinbarungen außerhalb eines Insolvenzplanes getroffen werden.

---

[91] Begrdg. RegE zu § 269 RegE InsO, abgdr. in: Balz/Landfermann, Die neuen Insolvenzgesetze, S. 340.

[92] Einzelheiten zur Gruppenbildung finden sich im Teil 3,

[93] Prütting, Kölner Schrift zur Insolvenzordnung, Rdnr. 56 f.

[94] Begrdg. RegE zu § 269 RegE InsO, abgdr. in: Balz/Landfermann, Die neuen Insolvenzgesetze, S. 340.

III. Gewährleistung des Minderheitenschutzes

In einem weitgehend der Dispositionsfreiheit der Gläubiger unterliegenden Verfahren ist die Gewährung des Minderheitenschutzes unerläßlich. Hinzu kommt, daß die privatautonomen Willensprozesse durch Mehrheitsentscheidungen gefördert und durchgesetzt werden. Dies allein legitimiert jedoch nicht, "daß einem einzelnen Beteiligten gegen seinen Willen Vermögenswerte entzogen werden".[95] Nach dem Insolvenzplanverfahren besteht die Gefahr, daß durch die Gestaltung der Zusammensetzung der einzelnen Gläubiger sich ggf. eine Mehrheit der Gläubiger auf Kosten einer Minderheit einen Sondervorteil verschafft, was sowohl innerhalb der Gruppe als auch zwischen der Gläubigergruppe selbst möglich wäre. Diesem Umstand trägt die doppelte Ausgestaltung des Minderheitenschutzes sowohl in § 251 als auch in § 245 Abs. 1 Nr. 1 InsO Rechnung.

1. Minderheitenschutz des einzelnen Gläubigers innerhalb der Gruppe

Auf *Antrag* eines Gläubigers hat das Insolvenzgericht die Bestätigung des Planes zu versagen, wenn der antragstellende Gläubiger voraussichtlich schlechter gestellt wird, als er ohne Plan stünde (§ 251 Abs. 1 Nr. 2 InsO). Die Insolvenzordnung übernimmt damit in abgewandelter Form die bereits im bisherigen Vergleichs- bzw. Zwangsvergleichsrecht geltenden Minderheitenschutzbestimmungen der §§ 188 Abs. 1 Nr. 2 KO, 79 Nr. 4 VerglO. Entgegen § 188 Abs. 1 Nr. 2 KO wird jedoch nicht auf das "gemeinsame Interesse der Vergleichsgläubiger" abgestellt, sondern auf das Interesse des einzelnen Beteiligten. Eine einfachere, präzisere Anwendung soll dadurch ermöglicht werden.[96] Für die Zulässigkeit eines solchen Antrages ist Voraussetzung, daß der Gläubiger die Schlechterstellung glaubhaft macht.[97] Daß seine Gruppe dem Plan möglicherweise mit der erforderlichen Mehrheit zugestimmt hat, schränkt die Rechtsstellung des Gläubigers hierbei nicht ein.[98] Voraussetzung ist jedoch weiter, daß der Gläubiger spätestens im Abstimmungstermin formgerecht gem. § 251 Abs. 1 Nr. 1 InsO widersprochen hat.[99]

Da die Gruppenbildung gem. § 222 InsO nicht sämtliche Gläubigerinteressen berücksichtigen kann, will der Gesetzgeber mit § 251 InsO einen Ausgleich gewährleisten. Jedem Gläubiger soll als Verwertungserlös mindestens das zufließen, was seinem Anteil am Verwertungserlös bei einer Abwicklung im Rahmen des allgemeinen Insolvenzverfahrens entsprochen hätte. Damit gewährt die Insolvenzordnung jedem - auch dem nicht stimmberechtigten - Gläubiger eine "Wertgarantie für die beteiligten Rechte".[100] Im Falle der Realisierung einer übertragen-

---

95 Begrdg. RegE zu § 298 RegE InsO, abgdr. in: Balz/Landfermann, Die neuen Insolvenzgesetze, S. 369.

96 Begrdg. RegE zu § 298 RegE InsO, abgdr. in: Balz/Landfermann, Die neuen Insolvenzgesetze, S. 369.

97 Zu den formalen Anforderungen an die Glaubhaftmachung und die zulässigen Beweismittel vgl. § 294 ZPO i.V.m. § 4 InsO; Greger in: Zöller, ZPO, § 294 Rdnr. 1 - 6.

98 Landfermann in: BB 1995, S. 1649 ff, 1655.

99 Der Antrag kann dann bis zur rechtskräftigen Bestätigung des Insolvenzplanes erfolgen. Vgl. hierzu auch Haarmeyer/Wutzke/Förster, Kap. 9 Rdnr. 28.

100 Bork, Einführung, Rdnr. 341; i.d.S. auch Balz in: RWS-Forum 3, S. 1 ff, 9, wenn er darauf hinweist, daß die dissentierenden Gläubiger zwar dem Grundsatz des "dulde und liquidiere" unterworfen sind, dies aber gleichwohl eine Sicherstellung des Liquidationswertes verlangt.

den Sanierung ohne Übertragungsplan würden sich die Rechte des majorisierten Gläubigers damit am Fortführungserlös orientieren.

In seiner konkreten Ausgestaltung erfährt der Minderheitenschutz des einzelnen Gläubigers eine Einschränkung. Bereits in der Begründung zum Regierungsentwurf[101] heißt es hierzu: "Dieser Schutz der Minderheit braucht allerdings nicht so weit zu reichen, wie der Schutz der Minderheit einer Gruppe (nach § 245 InsO). Er braucht nicht eine angemessene Beteiligung an dem durch den Plan realisierten Wert zu erlangen, ...". Gegen diese Auffassung richtet sich Braun, wenn er verlangt, daß nur eine extensive Interpretation des § 251 dem Grundsatz der par conditio creditorum gerecht wird.[102] Das grundrechtlich geschützte Gleichheitsgebot des Art. 3 GG erfordere, daß grundsätzlich "Gleiches gleich, Ungleiches ungleich zu behandeln (sei)".[103] Angewandt auf die Regelung in § 251 InsO und die Begründung des Regierungsentwurfs hierzu bedeute dies, daß nur bei sachgerechten Differenzierungskriterien eine Ungleichbehandlung von Insolvenzgläubigern hinsichtlich der Beteiligung am wirtschaftlichen Wert (vgl. die parallele Regelung in § 245 Abs. 1 Nr. 2 iVm. Abs. 2 InsO) erfolgen dürfe. Eine Planlösung, die vorsieht, daß "ein Gläubiger lediglich das erhält, was er auch im Falle der Liquidation erhalten würde - im Extremfall also überhaupt nichts -, während andere, dem betroffenen Gläubiger gleich- oder nachrangige Gläubiger, die im Liquidationsfall ebenfalls nichts erhielten, gleichwohl in irgendeiner Form am Fortführungsgewinn beteiligt würden", verstoße gegen das Gebot der Gläubigergleichbehandlung.

Unabhängig hiervon wird von einem Großteil in der Literatur die Befürchtung geäußert, daß die Anwendung des § 251 InsO in der Praxis erhebliche Probleme bereiten wird.[104] Schiessler[105] hat sich inhaltlich mit der vorgebrachten Kritik auseinandersetzt. Zuzustimmen ist insbesondere seinem Einwand, daß einer Begrenzung des Minderheitenschutzes auf eindeutige Mißbrauchsfälle, d.h. bei klarer Unterschreitung des Liquidationswertes, nicht beizutreten ist. Minderheitenschutz im Interesse der Verfahrensökonomie einzuschränken hieße, ihn in seinem Wesen als Instrument eines gerechten Ausgleiches widerstreitender Interessen zu mißachten.

Jede ins Auge gefaßte plangemäße Fortführungs- und Sanierungslösung erfordert in zeitlicher Hinsicht schnelle, klar durchdachte und konzipierte Lösungen, die jedem Beteiligten und dem Insolvenzgericht durch eine angeschlossene Plausibilitätsrechnung die Realisierungschance des Planvorschlages transparent machen. Da Sanierungskonzepte, die auf einer in der Zukunft liegenden Ertragserwartung basieren, regelmäßig von Prognosen und Schätzungen ausgehen müssen, sind Plannachweisrechnungen im Interesse einer schnellen Planbestätigung unerläßlich. Das Risiko für das Scheitern einer Sanierungslösung läßt sich aufgrund der Vielzahl exogener Einflußfaktoren dennoch nicht gänzlich ausschließen. Ein wichtiger Faktor ist dabei

---

101 Begrdg. RegE zu § 298 RegE InsO, abgdr. in: Balz/Landfermann, Die neuen Insolvenzgesetze, S. 369; vgl. auch Warrikoff in: KTS 1996, S. 489 ff, 501.

102 Vgl. Braun in: Braun/Uhlenbruck, Unternehmensinsolvenz, 7. Teil, J, II, 3, S. 619 ff.

103 Braun, a.a.O. unter Hinweis auf Baur/Stürner, Zwangsvollstreckungsrecht II, Insolvenzrecht, § 5 Rdnr. 5.37.

104 Uhlenbruck, Das neue Insolvenzrecht, S. 109; ders. in: KTS 1992, S. 499 ff, 510; Stürner in: Leipold, S. 41 ff, 46; Bork, Einführung, Rdnr. 342; Haarmeyer/Wutzke/Förster, InsO, Kap. 9 Rdnr. 27, 29; Kübler in: RWS-Forum 3, S. 61 ff, 75; Zu den weiteren Prüfungsanforderungen an das Gericht vgl. unten Teil 1, B, IV, 2.

105 Schiessler, Der Insolvenzplan, S. 182 ff.

die Zeit von der Planentwicklung bis zur Planbestätigung. Je mehr Zeit verstreicht bis es zur Umsetzung der geplanten Sanierungsmaßnahmen kommt, desto größer wird das Risiko für das Scheitern des Vorhabens. Unter diesen Voraussetzungen ist es um so mehr erforderlich, daß die Planbestätigung nicht durch Widerspruchseinlegungen sowohl des Schuldners (§ 247 InsO) oder eines einzelnen Gläubigers (§ 251 InsO) hinausgeschoben wird.

In diesem Falle könnten selbst die im Zeitpunkt der Planaufstellung vorhandenen Vermögenswerte durch den mit der Nichtannahme des Insolvenzplanes verbundenen Zeitverlust erheblichen Wertminderungen ausgesetzt sein.

Zu Recht wird daher fast einstimmig verlangt, daß bereits in dem zur Abstimmung vorgelegten Plan eine Vergleichsrechnung im darstellenden Teil (vgl. § 220 Abs. 2 InsO) enthalten ist, aus welchem sich alternativ die jedem Gläubiger zufließende prognostizierte Quote im Falle einer Verwertung nach den Regelungen des allgemeinen Insolvenzverfahrens ergibt.[106] Für den vorbereiteten (prepackaged) Plan eröffnet sich unter diesem Gesichtspunkt ein großer Anwendungsbereich.[107] Um dem Antrag eines Gläubigers gem. § 251 InsO und damit dem Risiko einer Nichtbestätigung des vorliegenden Planes zuvorzukommen, haben die Verfasser der Insolvenzordnung bereits die Möglichkeit der Aufnahme einer salvatorischen Klausel[108] ausdrücklich anerkannt. In der Begründung zum RegE zu § 251 InsO wird klargestellt, daß mittels einer solchen salvatorischen Klausel zusätzliche Leistungen an widersprechende Beteiligte vorgesehen werden können. Damit soll erreicht werden, daß die für diese Gläubiger vorgesehenen Leistungen dem Mindeststandard gem. § 251 Abs. 1 Nr. 2 InsO auch tatsächlich entsprechen. Auf die weitergehenden Ausführungen hierzu im Teil 1, B, IV, 2 soll an dieser Stelle verwiesen werden.

2. Minderheitenschutz zwischen den Gruppen

Während § 251 InsO dem Schutz des einzelnen Gläubigers innerhalb der Gläubigergruppe dient, verbietet der Gesetzgeber mit § 245 Abs. 1 Nr. 1 InsO eine Schlechterstellung der Gruppe von Gläubigern im Rahmen des Obstruktionsverbotes. Auch wenn das Obstruktionsverbot seiner Intention zufolge die Förderung von Mehrheitsentscheidungen vor Augen hat, werden mit § 245 Abs. 1 Nr. 1 InsO gleichwohl die Rechte der Minderheiten der ablehnenden Gruppen gewahrt. Insoweit handelt es sich auch um eine Vorschrift, die den Minderheitenschutz gewährleistet.

---

106 I.d.S. Bork, Einführung, Rdnr. 317: Er geht zu Recht davon aus, daß bei der Bestimmung der Zerschlagungswerte als Untergrenze des Minderheitenschutzes zunächst von den im Falle einer Einzelveräußerung der Vermögenswerte zu realisierenden Wert auszugehen sei. Nur wenn sich eine Gesamtveräußerung des Betriebes als konkrete, nachweisbare Alternative der Regelabwicklung durch Einzelveräußerung ergibt, können going-concern-Werte zugrundegelegt werden.; Burger/Schellberg in: DB 1994, S. 1833 ff, 1834; dies. in: WPg. 1995, S. 69 ff, 75; Haarmeyer/Wutzke/Förster, InsO, Kap. 5 Rdnr. 369, Kap. 9 Rdnr. 29; Braun in: Braun/Uhlenbruck, Unternehmensinsolvenz, 7. Teil, E, II, 1, d), S. 538; RA BT zu § 259 RegE InsO, abgdr. in: Balz/Landfermann, Die neuen Insolvenzgesetze, S. 333; Schiessler, Der Insolvenzplan, S. 185.

107 Vgl. hierzu unten Teil 2, B, I, 1, c), bb).

108 Zu einem Beispiel vgl. Braun/Uhlenbruck, Musterplan, S. 85.

Allein die mehrheitliche Zustimmung zu dem vorgelegten Insolvenzplan führt nicht zu einer Planbestätigung, wenn nicht zugleich (kumulativ) die Voraussetzungen des § 245 Abs. 1 Nr. 1, 2 iVm. Abs. 2 InsO vorliegen. Der Unterschied zur Regelung in § 251 InsO besteht darin, daß die Gewährleistung des Minderheitenschutzes im Rahmen der *von Amts wegen* zu prüfenden mißbräuchlichen Verweigerung der Zustimmung zum Insolvenzplan erfolgt.

Ein *Antrag* der majorisierten Gläubigergruppe, wie in § 251 InsO ausdrücklich von jedem Gläubiger gefordert, ist nicht erforderlich. Hinsichtlich des gleichgelagerten Problems bei der Prüfung des Schlechterstellungsverbotes im Wege von Vergleichsrechnungen sei auf die Ausführungen im Teil 3, B, III, 5. verwiesen.[109]

IV. Prinzip der optimalen Gläubigerbefriedigung

1. Begrenzung durch den Grundsatz der Gläubigerautonomie ?

In jedem Zwangsvollstreckungsverfahren (egal ob Einzel- oder Gesamtvollstreckung) gilt der Grundsatz der optimalen (effektiven) Verwertung.[110] Auch in der Begründung zum Regierungsentwurf wird folgerichtig die bestmögliche Befriedigung der Gläubiger als das "Hauptziel des Insolvenzverfahrens" bezeichnet.[111] Die Verwirklichung der Vermögenshaftung bei Vollabwicklung des Schuldnervermögens hat sich diesem Ziel unterzuordnen. In der Insolvenzordnung ist der Grundsatz der optimalen Gläubigerbefriedigung nicht explizit geregelt. Einer entsprechenden Bestimmung bedurfte es aber auch nicht, da die Gläubiger im Rahmen der ihnen gewährten Autonomie selbst eine optimale Befriedigung für ihre Forderungen zu erreichen versuchen.[112] Dem Schutz vor Verschleuderung des Vermögens tragen zum Beispiel die Vorschriften zur Verwertung des Vermögens mit ihren Zustimmungserfordernissen (vgl. §§ 160, 162 ff. InsO) bei. Auch wenn bei einem Verstoß gegen diese Zustimmungserfordernisse die Rechtshandlungen wirksam bleiben (vgl. § 164 InsO), wird ein mittelbarer "Verschleuderungsschutz" durch die Haftung des Insolvenzverwalters verwirklicht.

Gleichwohl gilt der Grundsatz nicht uneingeschränkt. Die Dispositionsbefugnis der Beteiligten hinsichtlich der Verwertungsart und des Verfahrens ermöglicht eine von den gesetzlichen Regelungen abweichende, mittels eines Insolvenzplans getroffene Verwertungsentscheidung. Wie bereits ausgeführt, birgt dieses den Gläubigern eingeräumte "Höchstmaß an Flexibilität"[113] auch Prognoserisiken hinsichtlich der Realisierbarkeit der ins Auge gefaßten, plangemäß abgestimmten Verwertungsart in sich. Wird demnach die Befriedigung der Gläubiger aus den Erträgen des sanierten Betriebes oder Unternehmensträgers mittels Reorganisationsplan mehrheitlich auf der Grundlage der vom Planinitiator beigefügten Anlagen gem.

[109] Im übrigen vgl. auch Maus, Der Insolvenzplan, Rdnr. 61, der insofern zustimmend eine gruppenbezogene Vergleichsrechnung im darstellenden Teil des Insolvenzplanes fordert.

[110] Vgl. Baur/Stürner, Zwangsvollstreckungsrecht II, Insolvenzrecht, § 5 Rdnr. 5.67.

[111] Vgl. Begrdg. RegE zu § 253 RegE InsO, abgdr. in: Balz/Landfermann, Die neuen Insolvenzgesetze, S. 324; i.d. S. auch: allg. Begrdg. RegE, abgdr. in: Balz/Landfermann, Die neuen Insolvenzgesetze, S. 11, 30; Bork, Einführung, Rdnr. 53, 292; Funke in: BFuP 95, S. 26 ff, 31 f.

[112] So auch Braun in: Braun/Uhlenbruck, Unternehmensinsolvenz, 7. Teil, B, II, 4, a), bb), S. 454.

[113] Vgl. auch allg. Begrdg. RegE, abgdr. in: Balz/Landfermann, Die neuen Insolvenzgesetze, S. 30.

§§ 229 ff. InsO angestrebt, so kann im Falle des Scheiterns der Planlösung dieser erhoffte, prognostizierte Verwertungserlös nicht realisiert werden. Das Verwertungsrisiko geht dabei zu Lasten der Gläubiger. Sie haben sich mehrheitlich für diese Art der Verwertung entschieden, die ihren Interessen die größten Aussichten auf Erfolg versprochen haben. Eine andere Frage ist jedoch, ob diese mehrheitlich getroffenen Entscheidungen und das damit verbundene Risiko so weit gehen dürfen, daß der opponierenden Minderheitengruppe im Falle des Scheiterns der Planlösung nicht mindestens der Liquidationswert gewährleistet, d.h. *sichergestellt* sein muß. Mit anderen Worten ist danach zu fragen, ob das Insolvenzgericht im Rahmen des Planbestätigungsverfahrens nur die Gewährleistung des Liquidationswertes bei § 245 Abs. 1 Nr. 1 InsO zu prüfen oder ob es dabei auch die "feasibility" des Planes zu berücksichtigen hat.[114] Dieser Fragestellung soll im folgenden nachgegangen werden.

2. Begrenzung durch die "feasibility" des Planes ?

"Feasible" in diesem Sinne bedeutet, daß der Plan durchführbar (machbar) sein muß. In der amerikanischen Konkursordnung nach dem Bankruptcy-Reform-Act von 1978, dem "Chapter 11 Bankruptcy Code", hat das Gericht gem. § 1129 a) Nr. 1 BC die "feasibility" des vorgelegten Planes als Voraussetzung für dessen Bestätigung zu prüfen.[115] Aus den Gesetzesmaterialien geht hervor, daß das Chapter 11-Verfahren des Bankruptcy Code die Grundlage für einzelne Bestimmungen zum Planverfahren nach den §§ 217 ff. InsO[116] bildete. Es stellt sich daher auch für die Insolvenzordnung die Frage, inwieweit die Insolvenzgerichte die Durchführbarkeit bzw. Machbarkeit des Plans im Vorfeld der Planbestätigung zu prüfen haben.

a) Anforderungen nach "Chapter 11 BC"

Dem amerikanischen Verständnis zufolge sollte durch eine entsprechende Gestaltung der Sanierungspläne verhindert werden, daß das reorganisierte Unternehmen nochmals insolvent wird und damit die Liquidation oder eine erneute Reorganisation notwendig werden würde [vgl. § 1129 (a) (11) BC]. Dem Planersteller obliegt die Darlegungs- und Beweislast, daß sein Plan durchführbar (feasible) ist. Vor dem Reform-Act von 1978 wurde die Wertpapier- und Börsenkommission (Securities & Exchange-Commission - SEC) als Gutachter hierfür von Amts wegen in das Verfahren eingeschaltet. Mit der Einbindung dieses unbeteiligten Dritten wurde das Ziel verfolgt, den Richter bei seiner Beurteilung der finanziellen und wirtschaftlichen Sanierungsfähigkeit des zu reorganisierenden Unternehmens auf der Grundlage des eingereichten Planes zu unterstützen. Er sollte weitgehend von dem Informationseinfluß durch

---

114 Vgl. das sehr instruktive Beispiel von Braun in: Braun/Uhlenbruck, Unternehmensinsolvenz, 7. Teil, J, II, 2, b), aa), S. 615.

115 Vgl. hierzu ausführlich Braun in: Braun/Uhlenbruck, Unternehmensinsolvenz, 7. Teil, E, I, 3, S. 527 mit zahlreichen w.N. zur Anwendungspraxis amerikanischer Konkursgerichte; Flessner, Sanierungen, S. 91 f. (vgl. zu den generellen Grundstrukturen des amerikanischen Konkursrechtes Braun in: Braun/Uhlenbruck, a.a.O., 7. Teil, D., S. 491-510, A., II, S. 427-438).

116 Schmidt/Räntsch, Teil 1, Rdnr. 187 ff; allg. Begrdg. RegE, abgdr. in: Balz/Landfermann, Die neuen Insolvenzgesetze, S. 53; übernommen wurden insbesondere die Elemente der Aufnahme eines darstellenden Teils im Insolvenzplan gem. § 220 Abs. 2 InsO als das deutsche "disclosure statement" [§ 1125 (a)(1) BC], das Prinzip der Gruppenbildung und des Obstruktionsverbotes i.S.d. amerikanischen "cram down" (vgl. § 1129 BC).

die beteiligten Interessenten freigehalten werden. Neben der ausreichenden Ausstattung des Unternehmens mit Betriebsmitteln, den zur Verfügung stehenden neuen Kreditquellen und der Bewertung der neuen Unternehmensleitung/des Managements prüfte die SEC vor allem die neue Kapitalausstattung. Gerade sie ist ein "Gradmesser" für die Realisierung einer dauerhaften Reorganisation des Unternehmensträgers und damit unentbehrlich für die Durchführbarkeit der ins Auge gefaßten Planlösung.

Daß die amerikanischen Gerichte dennoch häufig vom Urteil der SEC abgewichen sind (zumeist im Sinne einer positiven Votierung zum Plan) ist nach Flessner - der die hierzu ergangenen Urteile ausgewertet hat - vor allem auf Erwägungen der Richter im Einzelfall, ausgehend von der Kenntnis der örtlichen Verhältnisse und der beteiligten Interessen, zurückzuführen. Die Richter würden sich "beeindrucken (lassen) von der Realität des Einzelfalles, von der Schreckalternative der Liquidation und von der Notwendigkeit, das Verfahren doch einmal zu Ende zu bringen."[117] Nach dem Chapter 11-BC ist eine Beteiligung der SEC u.a. aus Kostengründen von Amts wegen nicht mehr vorgesehen; gleichwohl wird ihr noch rechtliches Gehör gewährt (vgl. § 1109 BC).

b) Die "feasibility" nach deutschem Verständnis der InsO

Das deutsche Insolvenzplanverfahren enthält lediglich in § 231 Abs. 1 Nr. 3 InsO eine ähnliche Regelung. Danach weist das Insolvenzgericht einen vorgelegten Plan von Amts wegen zurück, wenn die den Beteiligten zugesprochenen Vermögenswerte *offensichtlich* nicht erfüllt werden können. Die rechtliche bzw. wirtschaftliche Durchsetzbarkeit des Planes hat dabei das Gericht aus einer ex ante Perspektive auf der Grundlage der dem Plan beigefügten Anlagen gem. § 229 ff InsO zu bestimmen. Grund für eine Zurückweisung kann jedoch nur eine auf objektiven Kriterien beruhende Evidenz der Undurchführbarkeit des Planes sein. Insofern ist die Prüfungskompetenz der Gerichte eingeschränkt, womit der Gesetzgeber einem zu starken Eingriff in die Gläubigerautonomie entgegentreten wollte.[118] Damit lehnt sich der Gesetzgeber an die bisher geltenden Vorschriften der §§ 18 Nr. 3, 4, 79 Nr. 4 VerglO, 188 Abs. 1 Nr. 2 KO an, wonach ein Vergleichsangebot den "gemeinsamen Interessen der Vergleichsgläubiger widerspricht", wenn er der Vermögenslage des Vergleichsschuldners nicht entspricht und unerfüllbar erscheint. Dies gilt bei einem Vergleichsvorschlag, dessen realisierbare Ansprüche unterhalb der im Falle der Eröffnung eines Konkursverfahrens an die einzelnen Gläubiger auszuschüttenden Quote liegen.[119] In dem § 231 Nr. 3 InsO auf die Evidenz der Erfüllbarkeit abstellt, wird der Unterschied des Insolvenzplanverfahrens zum Vergleich deutlich.

Es ist gerade kein Vertrag des Schuldners mit seinen Gläubigern zur Abwendung des Konkurses, sondern die "privatautonome ... Übereinkunft der mitspracheberechtigten Beteiligten über

---

117 Vgl. hierzu und zum vorstehenden Flessner, Sanierung, S. 77, 92 ff.; Braun in: Braun/Uhlenbruck, Unternehmensinsolvenz, 7. Teil, D, I, 7, b), S. 503 m.w.N.

118 Begrdg. RegE zu § 275 RegE InsO, abgdr. in: Balz/Landfermann, Die neuen Insolvenzgesetze, S. 346.

119 Vgl. Bley/Mohrbutter, VerglO, § 18 Rdnr. 8, 9, 11, § 79 Rdnr 11; Böhle-Stamschräder/Kilger, VerglO, § 79 Anm. 5; Eickmann in: Gottwald, InsR-Hdb., § 76 Rdnr. 79, § 75 Rdnr. 20; Kuhn/Uhlenbruck, KO, § 118 Rdnr. 4; während die Voraussetzungen des § 79 Nr. 4 VerglO *von Amts wegen* berücksichtigt werden, bedarf es zur Verwerfung des Zwangsvergleichsvorschlages aus den Gründen des § 188 KO eines *Antrages* der nicht bevorrechtigten Konkursgläubiger.

die Verwertung des haftenden Schuldnervermögens unter voller Garantie des Wertes der beteiligten Rechte".[120]

Die Erfüllbarkeit der plangemäßen Leistung unter dem Blickwinkel der Wertgarantie der beteiligten Rechte gewinnt maßgebliche Bedeutung im Rahmen der Prüfung des Minderheitenschutzes gem. §§ 251 Abs. 1 Nr. 2, 245 Abs. 1 Nr. 1 InsO. Da Prüfungsmaßstab das Verbot der Schlechterstellung des einzelnen Gläubigers bzw. einer Gläubigergruppe durch den Insolvenzplan im Vergleich zur Regelabwicklung ist, wird die Frage nach dem Umfang der Prüfungspflicht des Insolvenzgerichtes im Rahmen des Bestätigungsverfahrens gem. §§ 248 ff. InsO bedeutsam.

Ein *Beispielsfall* soll die Problematik näher beleuchten:[121]

Im Plan ist eine Gruppe der absonderungsberechtigten Gläubiger gem. § 222 Abs. 1 Satz 2 Nr. 1 InsO vorgesehen, denen Teile des Anlagevermögens sicherungsübereignet sind. Es handelt sich um einen Reorganisationsplan, bei dem die Gläubiger über einen Zeitraum von drei Jahren aus den Erlösen des Unternehmens befriedigt werden sollen. Die Nutzung des Anlagevermögens ist hierfür vorgesehen. Der Zerschlagungswert (Einzelveräußerungswert) im Falle der Regelabwicklung nach den §§ 159 ff. InsO soll 100 Geldeinheiten betragen. Innerhalb der drei Jahre sollen die Gläubiger Zahlungen erhalten, deren Wert ca. 20 % über dem Zerschlagungswert ihrer Sicherungsrechte liegen. Gleichwohl votieren die Gläubiger dieser Gruppe mehrheitlich mit nein. Nach ca. 1 ½ Jahren kommt es zum Scheitern des Planes aufgrund branchenspezifischer Umstände. Der Wert der Sicherungsrechte ist infolge plangemäßer Abnutzung unterhalb des im Zeitpunkt der Entscheidung des Gerichtes über die Bestätigung des Planes realisierbar gewesenen Zerschlagungswerte gesunken.

Sind die weiteren Voraussetzungen des § 245 InsO gegeben, greift in dieser Konstellation zunächst das Obstruktionsverbot ein. Nach dem Plan waren den absonderungsberechtigten Gläubigern mehr als der Zerschlagungswert gem. § 245 Abs. 1 Nr. 1 InsO versprochen worden. Allein die Gewährleistung der Untergrenze des Liquidationswertes für die Gläubiger muß der Plan vorsehen, worauf sich nach dem Wortlaut die Prüfungspflicht des Gerichtes zu beschränken scheint.

Müssen diese überstimmten Gläubiger nunmehr das Risiko tragen, daß sie nicht einmal das erhalten, was sie im Falle der Regelabwicklung als Zerschlagungswert erhalten hätten? Oder anders formuliert: Kann der Grundsatz der Gläubigerautonomie so weit gehen, daß allein mit der auf einem mehrheitlichem Konsens beruhenden Entscheidung der Gläubiger zur Fortführung des Unternehmens den opponierenden Gläubigergruppen das Risiko des (Teil-) Verlustes ihrer Rechtsposition unterhalb des Liquidationswertes aufoktroyiert werden kann? Handelt es sich dabei um Gläubiger, denen lediglich am Vorratsvermögen Absonderungsrechte zustehen, welches plangemäß verbraucht und nicht ersetzt wird, ist sogar mit einem völligen Rechtsverlust zu rechnen.

[120] Allg. Begrdg. RegE, abgdr. in: Balz/Landfermann, Die neuen Insolvenzgesetze, S. 32.

[121] Der Fall entstammt Braun in: Braun/Uhlenbruck, Unternehmensinsolvenz, 7. Teil, J, II, 2, b), aa) S. 615.

Ist nach dem vorgelegten Plan unter Beifügung der notwendigen Anlagen gem. §§ 229 ff InsO die Möglichkeit des Scheiterns des Planes nicht auszuschließen, stellt sich daher die Frage, ob die "feasibility" als ein vom Gericht, im Rahmen des Bestätigungsverfahrens, zu prüfendes materiell-rechtliches Element bei §§ 245 und 251 InsO angesehen werden muß. In diesem Fall hätte das Gerichtes zu prüfen, ob der Liquidationswert den überstimmten Gläubigern *gesichert* ist.[122]

Die Begründung des Regierungsentwurfes zu § 231 bzw. § 245 InsO enthält keine Antwort auf diese Frage.

Gegen eine solche, über den Wortlaut des Gesetzes hinausgehende, Anwendung des Prinzips der Machbarkeit im Sinne von Realisierbarkeit spricht, daß der Gesetzgeber bei vom Schuldner vorgelegten Plänen eine Regelung in § 231 Abs. 1 Nr. 3 InsO aufgenommen hat. In dem er dabei die Möglichkeit der Zurückweisung eines Schuldnerplanes am Tatbestandsmerkmal der Evidenz festgemacht hat, wollte er zwar ungerechtfertigten Vermögensverschiebungen vorbeugen, gleichzeitig aber dem Grundsatz der Beteiligtenautonomie stärkere Geltung verschaffen.

Eine Zurückweisung soll nur bei eindeutigen Fällen möglich sein, wobei auf eine objektive Betrachtung abzustellen sei.[123] Bei einem vom Verwalter aufgestellten Plan ist der Gesetzgeber davon ausgegangen, daß eine offensichtliche Unerfüllbarkeit nicht anzunehmen sei und eine Vorprüfung durch das Gericht daher entfalle.[124] Der Verwalter wird die objektiven Nachweise für die Erfüllbarkeit des von ihm (im Auftrag der Gläubigerversammlung) vorgelegten Planes regelmäßig erbringen.

Dazu werden neben den im Falle der Fortführung vorzulegenden Plananlagen gem. § 229 InsO (Planbilanz, Plan-G+V, Planliquiditätsrechnung/Planfinanzplanung) die bereits erwähnte Vergleichsrechnung[125] im darstellenden Teil gem. § 220 Abs. 2 InsO gehören. Ob dem Schuldner hierfür immer die notwendige Sachkompetenz zugesprochen werden kann, muß bezweifelt werden. Es wird zu erwarten sein, daß die Einschaltung von Sachverständigen erst im Beschwerdeverfahren nach §§ 231 Abs. 3 i.V.m. 6, 4 InsO, 577, 570, 404 ff. ZPO erfolgt, da das Gericht anhand der vorgelegten Unterlagen die "Offensichtlichkeit" der Realisierbarkeit selbst prüfen wird.

Als weiteres Argument könnte ins Feld geführt werden, daß eine Vergleichsrechnung, die auf objektiver Grundlage unter angemessener Berücksichtigung risikoimmanenter Faktoren für eine Unternehmensfortführung erstellt wurde, eine ausreichende Basis für die Gewährleistung des Minderheitenschutzes bietet. Vergleichsrechnungen in diesem Sinne erfordern zunächst

---

[122] So zumindest Braun in: Braun/Uhlenbruck, Unternehmensinsolvenz, 7. Teil, J, II, 2, b), aa), S. 615 ff; Drukarczyk in: DBW 52 (1992), S. 161 ff, 179; Balz in: RWS-Forum 3, S. 1 ff, 9: Erforderlich aber auch ausreichend sei nach seiner Auffassung, daß durch entsprechende Rücklagen oder Bankbürgschaften die Sicherstellung des Liquidationswertes gewährleistet wird.

[123] So Begrdg. RegE zu § 275 RegE InsO, abgdr. in: Balz/Landfermann, Die neuen Insolvenzgesetze, S. 346.

[124] RA BT zu § 275 RegE InsO, abgdr. in: Balz/Landfermann, Die neuen Insolvenzgesetze, S. 346.

[125] Das Erfordernis einer Vergleichsrechnung im darstellenden Teil (§ 220 Abs. 2 InsO) war in § 259 RegE InsO ausdrücklich geregelt, vom RA BT im Zuge einer redaktionellen Verkürzung gestrichen worden. vgl. zu § 259 RegE InsO generell: Balz/Landfermann, Die neuen Insolvenzgesetze, S. 331, 333.

eine Gegenüberstellung der Befriedigungsquoten im Fall einer Reorganisation zu den (Liquidations-) Einzelzerschlagungswerten. Nur für den Fall einer sich konkret darstellenden Möglichkeit der Gesamtverwertung durch übertragende Sanierung des Betriebes können als Liquidationswert auch Fortführungswerte in Ansatz gebracht werden.[126]

Im Falle einer Gesamtveräußerung ist für die Bestimmung des Fortführungswertes nicht auf die Ertragswertmethode zurückzugreifen. Eine Bewertung hat vielmehr nach dem Substanzwertverfahren zu erfolgen.

Es wird hierbei eine Einzelbewertung der Vermögensgegenstände vorgenommen, wie dies auch für die Ermittlung des Liquidationswertes maßgeblich ist. Anders als bei der Bestimmung des Liquidationswertes, geht die Substanzwertmethode aber von der Prämisse der Fortführung aus.

Welche Werte in Ansatz zu bringen sind, hängt davon ab, welchen Preis der Erwerber im Rahmen des Gesamtkaufpreises für die einzelnen Gegenstände bezahlen würde.[127]

Mit welcher Befriedigungsquote hingegen die Gläubiger bei plangemäßer Abwicklung rechnen können, kann nur auf der Grundlage einer auf den Bewertungsstichtag diskontierten prognostizierten Ertragserwartung für die Zukunft ermittelt werden. Von der Rechtsprechung wird hierfür überwiegend das Ertragswertverfahren angewandt.[128] Die Abzinsung (Kapitalisierung) ermöglicht dabei die Ermittlung einer Barwertvergleichsgröße auf den jeweiligen Bewertungsstichtag. Auch der BGH anerkennt die Bedeutung der Ertragswertberechnung, geht jedoch davon aus, daß der Tatrichter nicht an eine bestimmte Wertermittlungsmethode gebunden sei, weshalb im Einzelfall die Anwendung einer anderen Methode gerechtfertigt sein kann.[129]

Selbst unter Berücksichtigung möglicher Risikofaktoren durch Erhöhung des Basiszinssatzes für das "allgemeine Unternehmerrisiko" sowie weiterer Zu- und Abschläge[130] erscheint eine Vergleichsrechnung in diesem Sinne dennoch nicht geeignet, dem Minderheitenschutz in dem hier verstandenen Sinne gerecht zu werden.

---

[126] Begrdg. RegE zu § 298 RegE InsO, abgdr. in: Balz/Landfermann, Die neuen Insolvenzgesetze, S. 369; Braun in: Braun/Uhlenbruck, Unternehmensinsolvenz, 7. Teil, J, II, 2, b), aa), S. 612.

[127] So auch Piltz, Unternehmensbewertung, S. 34 ff, 203, 207 ff, 213 unter Hinweis auf BGH, Urt. vom 14.01.1980 (Az.: II ZR 218/78), abgdr. in: DB 1980, S. 966 f, nachdem auch nicht bilanzierungspflichtige immaterielle Wirtschaftsgüter (Firmenwert, Kundenstamm u.ä.) zu bewerten sind; Maus, Der Insolvenzplan, Rdnr. 62, der zutreffend darauf hinweist, daß für die Einzelzerschlagungswerte auch die Vermögensübersicht nach § 153 InsO (entspricht der Konkurseröffnungsbilanz nach § 124 KO) zurückgegriffen werden kann. Die individuellen Ermittlungen werden bei größeren Unternehmungen bereits durch vom vorläufigen Insolvenzverwalter beauftragte Sachverständige erfolgen (zum Masseschuldcharakter vgl. § 55 Abs. 2 Satz 1 InsO).

[128] BayObLG, Beschl. vom 11.12.1995 (Az.: 3Z BR 36/91), abgdr. in: NJW-RR 1996, S. 1125 ff, 1126; Eidenmüller in: Ott/Schäfer, S. 145 ff, 158; Flessner, Sanierung, S. 112, 253 f; Eilenberger, Finanzwirtschaft, Kapitel 2, S. 206 ff.

[129] BGH, Urt. v. 24.05.1993 (Az.: II ZR 36/92), abgdr. in: DB 1993, S. 1614 ff, ZIP 1993, S. 1160 ff; vgl. generell auch zur Entwicklung der Rechtsprechung: Lausterer, Unternehmensbewertung, S. 109 ff.

[130] Vgl. hierzu Piltz, Unternehmensbewertung, S. 27, 174 ff, m.w.N. zur Rspr.; siehe auch näher unten: Teil 3, B, II, 5.

In Auswertung der amerikanischen Rechtsprechung zum Chapter 11-Verfahren hat Flessner hervorgehoben, daß eine Durchführbarkeit des Planes auf der Grundlage einer Unternehmensbewertung nach der Ertragswertmethode zwar theoretisch begründbar, praktisch jedoch nicht die notwendige Aussage über die Verläßlichkeit und Genauigkeit der Bewertungsergebnisse liefern konnte. Amerikanische Autoren haben die Ergebnisse daher auch als "anspruchsvolle Raterei ("sophisticated guess-work") bezeichnet.[131] Der amerikanische Gesetzgeber hat diese Kritik aufgenommen und überträgt mit dem Erfordernis des "disclosure statement" den Gläubigern die Entscheidung zur Realisierungsmöglichkeit des Liquidationswertes.

Unter einem "disclosure statement" ist ein vom Insolvenzgericht zu bestätigender [vgl. § 1125 b) BC 11] Tatsachenbericht zu verstehen, aus dem die Gläubiger die Angaben entnehmen können, die für die Bildung eines eigenständigen Urteil hinsichtlich der Gewährleistung ihres Zukunftswertes Voraussetzung ist. Bevor dieser Bericht vom Gericht den Gläubigern nicht zugeleitet wurde, darf nach Eröffnung des Insolvenzverfahrens um die Zustimmung der Gläubiger zum Planverfahren nicht geworben werden. Eine Bestätigung des Planes durch das Gericht erfolgt erst, wenn den betroffenen Beteiligten dem Plan nach mindestens der Liquidationswert ihrer Rechte in bar gewährleistet ist [§ 1129 a) (7)(A)(ii) BC 11]. Für die Gruppen, die einstimmig zugestimmt haben, braucht das Gericht auch dies nicht einmal zu prüfen [§ 1129 a) (7)(A)(i) BC 11].

Bei einem Ertragswertverfahren sind durch die zwei Prognoseelemente - Schätzung der künftigen Erträge, Berücksichtigung der verbleibenden Risiken durch Zu- und Abschläge beim Kapitalisierungszins - Unsicherheiten implementiert.[132] Auch eine noch so detaillierte Berücksichtigung sämtlicher möglicher Risikofaktoren durch Zu- und Abschläge kann eine Fehleinschätzung nicht ausschließen. Insofern ist auch den Kritikern des Obstruktionsverbots zuzustimmen, die von einem "Labyrinth von Bewertungstheorien"[133] bzw. Unpraktikabilität sprechen[134], wenngleich die gezogenen Konsequenzen nicht angemessen, orientiert am Ziel des Obstruktionsverbotes, sind.

Stürner zum Beispiel tritt für die Abschaffung des Obstruktionsverbotes ein. Die dem Planersteller mit § 222 InsO eingeräumte Möglichkeit einer flexiblen Gruppenbildung verlange nach einer $^{2}/_{3}$-Mehrheit sowohl nach Köpfen als auch nach Summen. Gelingt es dem Planinitiator nicht, diese Mehrheiten innerhalb der von ihm gebildeten Gruppen zu erlangen, müsse die Liquidation ihren Lauf nehmen.[135] Ob damit jedoch ein ausreichender Minderheitenschutz vor der Eigentumsgarantie des Art. 14 GG gewährleistet ist, muß ernsthaft bezweifelt werden. Das Obstruktionsverbot ist geeignet, marktwirtschaftlich sinnvollen Sanierungsplänen zum Erfolg

---

131 Flessner, Sanierung, S. 113.

132 Flessner, Sanierung, S. 113; Eilenberger, Finanzierung, S. 206 ff.; Eidenmüller in: Ott/Schäfer, S. 158 ff; neuere Finanzierungstheorien (insb. das Capital Asset Pricing Model - CAPM) versuchen, den Risikozuschlag exakter zu bestimmen: Zur Kritik am CAPM-Modell vgl. Baetge/Krause in: BFuP 1994, S. 433 ff.

133 So Stürner in: Leipold, S. 47 ff., der auch von einem "falschen Eindruck exakter Maßstäblichkeit, die es so nicht gibt" spricht; ders. in: Zwangsvollstreckungsrecht II, Insolvenzrecht, Rdnr. 4.47; ders. in: RWS-Forum 3, S. 41 ff, 49.

134 So Heilmann/Smid, § 2 Rdnr. 92; Uhlenbruck in: KTS 1992, S. 499 ff, 510; Henckel in: KTS 1989, S. 477 ff, 492; Haarmeyer in: ZIP 1993, S. 883 f.; Gravenbrucher Kreis in: ZIP 1993, S. 625 ff, 626 B, 5 (1); ders. in: ZIP 1992, S. 657 ff, 658; Leipold in: Leipold, S. 273 ff, 275, 278.

135 Stürner in: Leipold, S. 47, 49; ders. in: RWS-Forum 3, S. 41 ff, 49; Auch der E.B. sah eine 2/3 Mehrheit vor (E.B. Leitsatz: 2.4.4.7., S. 257).

zu verhelfen. Lediglich der vom Gesetzgeber mit §§ 245 Abs. 1 Nr. 1 und 251 InsO ins Auge gefaßte Minderheitenschutz als Korrelat der Gläubigerautonomie muß interessengerecht ausgeschaltet sein.

Unter Bezugnahme auf den Schutz des "gemeinsamen Interesses der Vergleichsgläubiger" gem. §§ 79 Nr. 4 VerglO, 188 Abs. 1 Nr. 2 KO sieht der Gesetzgeber den Minderheitenschutzes nur dann gewährleistet, wenn den einzelnen Gläubigern mindestens der Liquidationswert garantieren sei.[136] Dies intendiert eine erweiterte Prüfungspflicht des Gerichtes.

Plangemäße Abwicklung durch "privatautonome Übereinkunft der mitspracheberechtigten Beteiligten" fördert Effizienz und Marktkonformität. Damit korrespondiert jedoch gleichzeitig die Wertgarantie des Liquidationswertes für die dem Plan nicht zustimmenden Gläubiger. Während das bisherige Vergleichsrecht zu weitgehend verlangte, daß auch den zustimmenden Gläubigern mindestens der Liquidationswert erhalten bleiben muß, kann sich der Minderheitenschutz nur auf die überstimmten Gläubiger beziehen.[137]

Bedeutsam erscheint hingegen der mögliche Einwand, daß die Sicherstellung des Liquidationswertes die absonderungsberechtigten Gläubigern maßgeblich in ihrem Abstimmungsverhalten beeinflussen wird. Warum sollten sie sich auf eine risikobehaftete Planlösung einlassen, wenn ihnen der Liquidationswert immer gesichert ist? Gesicherte Gläubiger - deren Forderungen durch den Wert der Sicherheiten gedeckt scheinen - werden zudem an einer Sanierung regelmäßig auch dann kein Interesse haben, wenn der Fortführungswert höher als der Liquidationswert ist. Trittbrettfahrereffekte sind häufig die notwendige Folge, die nach dem bisherigen Recht eine außergerichtliche Sanierung erschwerten.[138] Unter diesen Voraussetzungen werden nur die Absonderungsberechtigten für eine Sanierungslösung zu gewinnen sein, deren Forderungen nicht in vollem Umfang durch die ihnen bestellten Sicherheiten gedeckt sind (zum Beispiel bei Halbfertigprodukten, denen als Einzelkomponente kein Marktwert zugemessen wird). Sie werden möglicherweise mit einer Planlösung das Risiko ihres Ausfalles geringer einschätzen und so positiv votieren. Sollte es dennoch zum Scheitern kommen, wird der eingetretene Verlust dann als akzeptabel bewertet.

Die Gruppenbildung wird damit häufig zum Schlüssel für eine Mehrheitsgewinnung.

Gelingt es dem Planeinreicher nicht, die absonderungsberechtigten Gläubiger mehrheitlich für seinen Plan zu gewinnen, wird er ggf. von der mit § 222 Abs. 2 InsO eröffneten Wahlgruppenbildung Gebrauch machen und zum Beispiel Lieferantengläubiger, denen Rechte an Halbfertigprodukten zustehen, in einer gesonderten Gruppe zusammenfassen (sofern er sich ihrer Zustimmung gewiß sein kann).[139]

---

136 Vgl. Begrdg. RegE zu § 298 RegE InsO, abgdr. in: Balz/Landfermann, Die neuen Insolvenzgesetze, S. 369.

137 Siehe Balz in: ZIP 1988, S. 273 ff, 284, 286; ders. in: ZIP 1988, S. 1438 ff, 1443 unter Hinweis auf Diskussionsentwurf S. A 20, A 64; im Ergebnis zustimmend auch Funke in: FS Helmrich S. 627 ff., 635; Drukarczyk, Unternehmen und Insolvenz 1987, S. 256; ders. in: DBW 52 (1992), S. 161 ff, 176 f; Braun, in: Braun/Uhlenbruck, Unternehmensinsolvenz, 7. Teil, E, V, 3, S. 490.

138 Vgl. hierzu schon Eidenmüller in: Ott/Schäfer, S. 149 ff., 156 ff.

139 Absonderungsberechtigte Großgläubiger, deren Sicherheiten nicht alle ihre Forderungen abdecken, sind bei der Abstimmung als Insolvenzgläubiger mit dem mutmaßlichen Ausfall zu berücksichtigen, vgl. § 237 Abs. 1 Satz 2 InsO. Zur strategischen Gruppenbildung siehe auch unten, Teil 3, A, III.

Schließlich sprechen für eine erweiterte Prüfungspflicht der Insolvenzgerichte im Rahmen der §§ 248 ff InsO auch die Grundsätze der Gläubigergleichbehandlung und das Prinzip der optimalen Gläubigerbefriedigung. Wirtschaftliche Gleichbehandlung erfordert auch die Wahrung der bei Insolvenzeintritt vorhandenen Sicherungsrechte im Sinne einer Wertgarantie. Auch wenn "formales Eigentum am Sicherungsgut ... geringeren Verfassungsrang als ... Privateigentum (hat)", daher eine 100 %ige Befriedigung der gesicherten Gläubiger im Konkurs vor der Eigentumsgarantie des Art. 14 GG nicht erforderlich ist, muß dem Minderheitenschutz im Sinne der Sicherung des Erlöses bei einer Verwertung Rechnung getragen werden.[140] Andernfalls könnten dissentierende Gläubiger die Wahrung ihrer Rechte nur durch ein verstärktes Mitspracherecht bei der Führung des Unternehmens durchsetzen. Da mittels Plan aber in die Gesellschafterstellung nicht eingegriffen werden kann (vgl. Wortlaut des § 217 InsO), ist ein adäquater Ausgleich für den drohenden Rechtverlust bei Wahrscheinlichkeit des Scheiterns des Planes nicht möglich. Optimale Haftungsverwirklichung/Gläubigerbefriedigung begrenzt durch die Gläubigerautonomie kann hingegen nicht dazu führen, daß drohende Rechtsverluste legitimiert und damit das "Wirtschaftsgut Liquidität ... dem Insolvenzschuldner zuzuweisen und den dissentierenden Gläubigern vorzuenthalten ist".[141]

Aus den vorgenannten Erwägungen heraus entspricht es einer am Sinn und Zweck der §§ 245, 251 InsO orientierten Auslegung, daß dem Gericht im Rahmen des Bestätigungsverfahrens eine *materielle Prüfungspflicht hinsichtlich der Machbarkeit des Planes* zukommt. Dies soll gleichwohl nur dann gelten, wenn die Möglichkeit des Scheiterns eines Planes nicht von der Hand zu weisen ist. In diese Richtung scheint auch der Gesetzgeber zu tendieren, wenn er die Möglichkeit einer "salvatorischen Klausel" ausdrücklich in der Begründung zum RegE zu § 298 RegE InsO vorgesehen habt. Insofern heißt es a.a.O. wörtlich:[142] "Dieses Risiko kann jedoch dadurch ausgeschlossen oder vermindert werden, daß im Plan *zusätzliche Leistungen* an solche Beteiligte vorgesehen werden, die dem Plan widersprechen und den Nachweis führen, daß sie ohne solche Zusatzleistungen durch den Plan schlechtergestellt werden als ohne einen Plan.

Enthält der Plan eine solche Bestimmung, ist die Finanzierung der Leistung gesichert ..., so steht der Minderheitenschutz der Bestätigung des Plans nicht entgegen."[143]

Die Rechte der Beteiligten können insbesondere durch die Stellung von Sicherheiten im Plan selbst gewährleistet werden. Welche Sicherheit im Einzelfall dem Schutzinteresse der Beteiligten gerecht wird, ist unter den Beteiligten abzustimmen. Grundsätzlich kommen als Sicherheiten Grundpfandrechte, die Verpfändung beweglicher Sachen sowie Bürgschaften eines inländischen Kreditinstitutes in Betracht[144], immer vorausgesetzt, daß nicht mit Drittrechten belastete Vermögenswerte zur Sicherheitenbestellung noch vorhanden sind.

---

[140] So im Ergebnis auch Gottwald in: Leipold, S. 197 ff, 206 f., wenngleich er aus Praktikabilitätsgründen ebenfalls einen Minderheitenschutz lediglich vor mißbräuchlicher Abstimmung der Mehrheiten für erforderlich, aber auch ausreichend ansieht.

[141] Vgl. Balz in: ZIP 1988, S. 286.

[142] Begrdg. RegE zu § 298 RegE InsO, abgdr. in: Balz/Landfermann, Die neuen Insolvenzgesetze, S. 369.

[143] Für salvatorische Klauseln auch Eidenmüller, Der Insolvenzplan als Vertrag, S. 165 ff, 183, 188; Balz in: RWS-Forum 3, S. 1 ff, 9; kritisch hierzu Smid in: ZInsO 1998, S. 347 ff, 352.

[144] Soweit dingliche Willenserklärungen für die Gewährung der Sicherheit erforderlich sind, können diese in den gestaltenden Teil des Insolvenzplanes gem. § 228 InsO aufgenommen werden.

C. Der Verfahrensablauf im Überblick

Die nachfolgenden Ausführungen geben einen Überblick über den Ablauf eines Insolvenzplanverfahrens vom Zeitpunkt der Planvorlage bis zur Bestätigung des Planes durch das Gericht. Dadurch soll gewährleistet werden, daß die in den Teilen 2 und 3 der Arbeit angesprochenen Probleme inhaltlich den jeweiligen Abschnitten des Planverfahrens zugeordnet werden können. Vor allem die zum Planinitiativrecht unter dem Gesichtspunkt der für die Planaufstellung zur Verfügung stehenden Zeit angestellten Untersuchungen können nur dann einer ganzheitlichen Würdigung unterzogen werden, wenn die einzelnen Verfahrensabschnitte mit ihren Anforderungen an den Planersteller, das Insolvenzgericht, die Gläubiger und den Schuldner bekannt sind.

Schließlich erfolgen noch einzelne Hinweise zu den gesetzlichen Möglichkeiten für eine Überwachung der Planerfüllung.[145] Auf die Ausführungen zum Planinitiativrecht in Teil 2 dieser Arbeit sei an dieser Stelle verwiesen.

Nach der gesetzlichen Systematik gliedert sich das Insolvenzplanverfahren in drei Abschnitte. Im ersten Abschnitt sind in den §§ 217 bis 234 InsO Vorschriften zusammengefaßt, denen die Voraussetzungen für die Aufstellung eines Insolvenzplanes zu entnehmen sind. Des weiteren enthalten sie Regelungen über die Gliederung und die möglichen Planinhalte sowie zum Recht des Insolvenzgerichtes, einen mangelhaften oder offensichtlich aussichtslosen Plan im Wege einer Vorprüfung zurückzuweisen. Der zweite Abschnitt regelt in den §§ 235 bis 253 InsO die Voraussetzungen für das Zustandekommen eines Planes bis zur Annahme durch die Verfahrensbeteiligten und die gerichtliche Bestätigung. Schließlich werden im dritten Abschnitt mit den §§ 254 bis 269 InsO die Wirkungen des bestätigten Planes, die Überwachung der Planerfüllung und die Aufhebung des Insolvenzplanverfahrens nach der Planbestätigung normiert.

Betrachtet man hingegen die Verfahrensabschnitte aus der Sicht des Insolvenzgerichtes, sind vier Abschnitte zu erkennen: Die Vorprüfung im Rahmen des § 231 InsO, die Durchführung des Erörterungs- und Abstimmungstermins gem. § 253 InsO, das Planbestätigungsverfahren nach §§ 248 bis 253 InsO und die Aufhebung des Planverfahrens sowie die Planüberwachung gem. §§ 258 ff. InsO.

Diese Unterteilung bietet sich auch aus der Sicht des Planinitiators an, ergänzt um den Verfahrensabschnitt der Planvorlage. Die dargestellte Fünfteilung wird den nachfolgenden Ausführungen zugrundegelegt.

---

[145] Eine ausführliche Darstellung des Verfahrensablaufes findet sich bei Schiessler, Der Insolvenzplan, Seite 63 ff; Bork, Einführung, Rdnr. 330-354; Haarmeyer/Wutzke/Förster, Kap. 9 Rdnr. 1-64; Braun in: Braun/Uhlenbruck, Unternehmensinsolvenz, 7. Teil, C, S. 471 - 490.

I. Die Vorlage des Insolvenzplanes

Wer einen Insolvenzplan vorlegen darf, ist in § 218 InsO geregelt. Dem Wortlaut nach sind der Schuldner und der Verwalter vorlageberechtigt. Der Schuldner kann seine Planvorlage mit dem Antrag auf Eröffnung des Insolvenzverfahrens verbinden (§ 218 Abs. 1 Satz 2 InsO).

Daneben kann der Insolvenzverwalter von der Gläubigerversammlung gem. § 157 Satz 2 InsO beauftragt werden, einen Insolvenzplan vorzulegen (§ 218 Abs. 2 InsO). Hierbei kann ihm auch das Ziel des Plans vorgegeben werden. Inwieweit dem Insolvenzverwalter ein eigenes originäres Planinitiativrecht zusteht, ist streitig,[146] im Ergebnis jedoch zu bejahen.

Anders als noch im Regierungsentwurf zur Insolvenzordnung vorgesehen, steht nach dem ausdrücklichen Wortlaut des § 218 InsO weder einer bestimmten Anzahl von Gläubigern noch den am Schuldner beteiligten Personen ein eigenes Vorlagerecht zu. Die Gläubiger können jedoch über die Gläubigerversammlung ein eigenes Planinitiativrecht ausüben. Damit liegt die eigentliche Kompetenz zur Einleitung eines Planverfahrens zunächst nur beim Schuldner und der Gläubigerversammlung[147], sofern man nicht der Auffassung von einem Eigeninitiativrecht des Verwalters folgt.

II. Die Zurückweisung des Planes nach § 231 InsO - kein Vorgriff des Gerichtes auf die Gläubigerentscheidung[148]

Ein vorgelegter Plan bedarf gem. § 231 InsO im Vorfeld der eigentlichen Abstimmung und Bestätigung einer Vorprüfung durch das Insolvenzgericht. Die Zurückweisung erfolgt *von Amts wegen*, wenn eine der Voraussetzungen des § 231 Abs. 1 Nr. 1 - 3 InsO nicht erfüllt ist. *Auf Antrag* ist ein Plan unter den Voraussetzungen des § 231 Abs. 2 InsO zurückzuweisen.

Der Prüfungsumfang richtet sich danach, ob ein Plan vom Insolvenzverwalter oder Schuldner vorgelegt wird. In letzterem Fall hat das Insolvenzgericht eine umfassendere Prüfung anhand der Regelungen des § 231 InsO vorzunehmen. Daß dem Gericht hierbei lediglich eine Rechtskontrolle obliegt, wurde bereits erörtert.[149]

1. Zurückweisung des vom Insolvenzverwalter vorgelegten Plans

Ein vom Insolvenzverwalter/Sachwalter (vgl. § 284 Abs. 1 Satz 1 InsO) vorgelegter Plan kann vom Gericht nur dann von Amts wegen zurückgewiesen werden, wenn die Vorschriften über

---

146 Vgl. hierzu näher unten: Teil 2, A, III, 3, b).

147 Vgl. eingehend zum Planinitiativrecht im Teil 2. Für den Fall der gerichtlichen Anordnung der Eigenverwaltung regelt § 284 Abs. 1 Satz 1 InsO *ergänzend* (vgl. § 270 Abs. 1 Satz 2 InsO) ein Planinitiativrecht der Gläubigerversammlung. Neben dem Schuldner kann danach auch der Sachwalter mit der Ausarbeitung eines Insolvenzplanes beauftragt werden. Das Eigeninitiativrecht des Schuldners gem § 218 Abs. 1 InsO bleibt hiervon jedoch unberührt.

148 Vgl. hierzu schon oben: Teil 1, B, IV, 2, b).

149 Vgl. oben: Teil 1, B, I.

das Recht zur Vorlage (§ 218 InsO) und den Inhalt des Planes (§§ 220 bis 230 InsO) nicht beachtet wurden und der vorliegende Mangel nicht behoben werden kann oder der Verwalter den Mangel nicht innerhalb der vom Gericht gesetzten Frist behebt (§ 231 Abs. 1 Nr. 1 InsO).

Nach § 275 Abs. 1 Nr. 2 und 3 RegE InsO mußte das Gericht den vom Verwalter vorgelegten Plan auch dann zurückweisen, wenn dieser offensichtlich aussichtslos war bzw. die im Plan vorgesehenen Ansprüche offensichtlich nicht erfüllt werden konnten. In der Gesetzesbegründung zu § 275 RegE InsO verweist der Gesetzgeber jedoch darauf, daß eine Zurückweisung wegen offensichtlicher Aussichtslosigkeit eines vom Insolvenzverwalter vorgelegten Planes kaum erfolgen wird.[150] Soweit zur Begründung für diese Einschränkung als mögliches Beispiel aufgeführt ist, daß der Schuldner einem Plan des Verwalters offensichtlich seine Zustimmung verweigern wird, wenn er eine Restschuldbefreiung nicht vorsieht (§ 227 InsO), überzeugt dies nicht. Da wegen der verbleibenden Möglichkeit der Restschuldbefreiung nach den §§ 286 ff. InsO eine Schlechterstellung des Schuldners nicht vorliegt, greift in diesem Falle bereits das Obstruktionsverbot des § 247 Abs. 2 Nr. 1 InsO ein. Ein Widerspruch des Schuldners ist unbeachtlich.

Auf Empfehlung des Rechtsausschuß des Bundestages wurde § 231 Abs. 1 Nr. 2 und 3 InsO neu gefaßt. Die Notwendigkeit für die Zurückweisung eines vom Verwalter vorgelegten Plans wegen offensichtlicher Aussichtslosigkeit oder Nichterfüllbarkeit (§ 231 Abs. 1 Nr. 2, 3 InsO) sah der Gesetzgeber als nicht gegeben an, so daß diese Zurückweisungsgründe allein bei einem vom Schuldner ausgearbeiteten Plan Anwendung finden können.[151]

Liegt ein behebbarer Mangel vor, wird das Insolvenzgericht den Verwalter auffordern, den Mangel innerhalb einer angemessenen Frist zu beseitigen. Andernfalls, sowie bei einem unbehebbaren Mangel, wird das Insolvenzgericht den Plan endgültig zurückweisen.

a) Beachtung der Vorschriften zur Planvorlage

Geht der Plan erst nach dem Schlußtermin beim Gericht ein, wird er nicht mehr berücksichtigt (§ 218 Abs. 1 Satz 3 InsO). Es liegt ein unbehebbarer Mangel vor, der zur endgültigen Zurückweisung des Planes führt.

Hingegen handelt es sich bei einem Verstoß gegen die Vorlagepflicht innerhalb angemessener Frist nach § 218 Abs. 2 InsO nicht um einen Verstoß, der - auch nach Ablauf einer vom Gericht nochmals festgesetzten Frist - zur Zurückweisung berechtigen würde.[152]

Fraglich ist, ob ein unbehebbarer Mangel vorliegt, wenn der Insolvenzverwalter entgegen § 218 Abs. 3 InsO den Gläubigerausschuß, den Sprecherausschuß der leitenden Angestellten und den Schuldner nicht beratend in die Planaufstellung einbezogen hat. Teilweise wird in der

[150] Vgl. Begrdg. RegE zu § 275 RegE InsO, abgdr. in: Balz/Landfermann, Die neuen Insolvenzgesetze, S. 346.

[151] RA BT zu § 275 RegE InsO, abgdr. in: Balz/Landfermann, Die neuen Insolvenzgesetze, S. 346.

[152] Vgl. Begrdg. RegE zu § 254 RegE InsO, abgdr. in: Balz/Landfermann, Die neuen Insolvenzgesetze, S. 326, wonach das Gericht gegen einen säumigen Insolvenzverwalter lediglich mittels Aufsichtsmaßnahmen vorgehen kann (§§ 58, 59 InsO).

Literatur hierzu die Auffassung vertreten, daß eine Heilung des Mangels nach Sinn und Zweck des § 218 Abs. 3 InsO nicht möglich sei. Dem Willen des Gesetzgebers zufolge soll das Mitspracherecht diesen Gruppen eine "konkrete Einflußnahme auf die inhaltliche Gestaltung des Planes ermöglichen".[153]

Für diese Ansicht spricht, daß der Gesetzgeber bereits in der Begründung zu § 254 RegE InsO zum Ausdruck gebracht hat, daß eine verbindliche Pflicht des Verwalters zur Einholung der Stellungnahmen besteht. Vor allem bei einer plangemäßen Fortführung des Unternehmens ist der Verwalter gehalten, diese besonders interessierten Kreise von Personen fortwährend über die Ergebnisse seiner Bemühungen zu unterrichten.[154]

Gegen die Auffassung von einer endgültigen Zurückweisung des Plans bei einem Verstoß gegen § 218 Abs. 3 InsO lassen sich jedoch gewichtige Argumente anführen. Geht man davon aus, daß dem Verwalter nur mittelbar über die Gläubigerversammlung ein Planvorlagerecht gewährt wird,[155] so werden die "besonders interessierten Personen" aufgrund der vorzeitigen Information in der Gläubigerversammlung bereits aus eigenem Antrieb heraus auf ihr Mitspracherecht bei der Planerstellung bestehen. Zudem wird der Verwalter eher eine Mehrheitsentscheidung für den von ihm vorgelegten Plan erlangen, wenn er diese beteiligten Gruppen vorzeitig in die Plangestaltung einbindet.

Eine Heilung des Mangels wäre auch bis zur Planbestätigung im Rahmen einer Anhörung durch das Insolvenzgericht möglich. Die Berechtigung zur Durchführung einer solchen Anhörung läßt sich auch direkt mit § 248 Abs. 2 InsO aus dem Gesetz entnehmen. Danach soll das Gericht vor seiner Entscheidung über die Bestätigung des Plans den Gläubigerausschuß und den Schuldner hören. Bei der Durchführung der Anhörung zum Zweck der Heilung des Verfahrensmangels des § 218 Abs. 3 InsO wird das Gericht dann zweckmäßiger Weise darauf achten müssen, die Anhörung noch vor dem Abstimmungstermin durchzuführen. Andernfalls würde dem gesetzgeberischen Anliegen nach einer konkreten Einflußnahme des Gläubigerausschußes, des Sprecherausschußes der leitenden Angestellten und des Schuldners bei der Planaufstellung nicht Rechnung getragen. Der Grundsatz der Gläubigerautonomie steht einer nachträgliche Anhörung nicht entgegen, da sie gerade auch im Interesse der Gläubiger liegt.

Gegen die von Braun vertretene Ansicht spricht auch ein Vergleich mit dem allgemeinen Insolvenzverfahren. In den §§ 160 bis 163 InsO hat der Gesetzgeber besonders bedeutsame Rechtshandlungen des Verwalters von der vorherigen Zustimmung des Gläubigerausschusses bzw. der Gläubigerversammlung abhängig gemacht. Hat der Insolvenzverwalter diese Zustimmung jedoch nicht eingeholt, sind aus Rechtssicherheitsgründen diese Maßnahmen des Verwalters gleichwohl wirksam (§ 164 InsO).

Für eine endgültige Zurückweisung des Plans allein bei einem Verstoß gegen § 218 Abs. 3 InsO sprechen auch keine praktischen Überlegungen. Kommt der Verwalter seinen Pflichten nicht nach, kann das Gericht ihn kraft seiner Aufsichtsgewalt hierzu anhalten. Als Aufsichtsmittel stehen die Festsetzung eines Zwangsgeldes (§ 58 Abs. 2 InsO) und die Entlassung des

---

[153] So Braun in: Braun/Uhlenbruck, Unternehmensinsolvenz, 7. Teil, C, II, 1, a), S. 477.
[154] Begrdg. RegE zu § 254 RegE InsO, abgdr. in: Balz/Landfermann, Die neuen Insolvenzgesetze, S. 326 f.
[155] So z.B. Schiessler, Der Insolvenzplan, S. 98 f; Stürner in: Leipold, S. 41 ff, 42.

Verwalters aus seinem Amt (§ 59 InsO) zur Verfügung. Da in der Regel die Erstellung eines Insolvenzplanes (insbesondere eines Sanierungs- bzw. Fortführungsplanes) erhebliche Zeit in Anspruch nehmen wird, haben die Beteiligten auch genügend Zeit zur Verfügung, das Gericht zur Ausübung seiner Aufsichtsgewalt anzuhalten.

Schließlich würde eine endgültige Zurückweisung des Plans die Gefahr erheblicher Verfahrensverzögerung mit sich bringen, obwohl u.U. ein annahmefähiger Plan des Insolvenzverwalters vorliegt. Allein eine haftungsrechtliche Verantwortung des Insolvenzverwalters vermag einen dadurch drohenden Rechtsverlust für die Gläubiger nicht zu kompensieren.

Die überwiegenden Gründe sprechen also dafür, selbst bei einem Verstoß gegen § 218 Abs. 3 InsO nur von einem behebbaren Mangel auszugehen, der eine Zurückweisung auf der Grundlage des § 231 Abs. 1 Nr. 1 InsO nicht rechtfertigt. Mit dieser Auffassung wird dann auch der Beteiligtenautonomie, als einem wesentlichen Ziel der Insolvenzrechtsreform[156], verstärkt Rechnung getragen.

b) Mängel zum Planinhalt

Zu den inhaltlichen Anforderungen zählt der Gesetzgeber auch die äußere Gliederung des Insolvenzplanes in einen darstellenden und einen gestaltenden Teil sowie die dem Plan beizufügenden Anlagen gem. §§ 219 Satz 1 und 2 iVm §§ 229, 230 InsO.[157] Einer Pflicht zur Vorlage der Anlagen bedarf es jedoch nur in dem Fall, wo die Gläubiger aus den Erträgen des vom Schuldner oder einem Dritten fortgeführten Unternehmens befriedigt werden. Dann muß der Planinitiator jedoch eine Planbilanz (§ 229 Satz 1 InsO), eine Plan-Gewinn- und Verlustrechnung (§ 229 Satz 2 InsO), eine Plan-Finanzplanung (§ 229 Satz 2 InsO) und die Erklärung des Schuldners beifügen, daß dieser mit der Fortführung seines Unternehmens auf der Grundlage des Plans einverstanden ist. Sofern der Plan einzelnen Gläubigern Anteilsrechte am reorganisierten Unternehmen im Gegenzug für einen teilweisen oder vollständigen Verzicht auf ihre Forderungen zuweist, ist auch eine Einverständniserklärung jedes einzelnen Gläubigers dem Plan als Anlage beizufügen (§ 230 Abs. 2 InsO). Hat ein Dritter im Plan Verpflichtungen gegenüber Gläubigern übernommen, so kann der Plan nur bei Vorlage der Erklärung des Dritten bestätigt werden. Insofern ist eine zweistufige Prüfung durch das Gericht erforderlich. Zunächst ist zu prüfen, ob ein Sachverhalt i.S.d. §§ 229, 230 InsO Plangegenstand ist und in einem zweiten Schritt ist die Einhaltung der inhaltlichen Anforderungen anhand der gesetzlichen Vorgaben zu prüfen.

Nicht alle im Gesetz festgelegten inhaltlichen Anforderungen unterliegen jedoch einer Prüfungspflicht durch das Gericht im Rahmen der Vorprüfung nach § 231 InsO. Soweit es sich lediglich um "Soll-Vorschriften" handelt (vgl. § 220 Abs. 2 InsO), ist die Einhaltung der Anforderungen in das Ermessen des Planerstellers gestellt. Im Interesse einer Mehrheitsfindung durch umfassende Information und Darstellung der Planprämissen wird zu erwarten sein, daß der Planinitiator diese erweiterten Angaben aufnehmen wird.[158]

[156] Vgl. hierzu bereits 1. Teil, B, I.

[157] Begrdg. RegE zu § 275 RegE InsO, abgdr. in: Balz/Landfermann, Die neuen Insolvenzgesetze, S. 346.

[158] Zur Bedeutung der Erstellung einer Vergleichsrechnung im Rahmen der §§ 245 Abs. 1 Nr. 1, 247 Abs. 2 Nr. 1 und 251 Abs. 1 Nr. 2 InsO vgl. bereits 1. Teil, B, IV, 2.

Fraglich ist, ob auch § 226 Abs. 3 InsO einer Prüfungspflicht des Gerichts unterliegt. Nach § 26 Abs. 3 InsO *ist* jedes Abkommen es Insolvenzverwalters, Schuldners oder anderer Personen mit einzelnen Beteiligten, durch das diesen für ihr Verhalten bei der Abstimmung oder sonst im Zusammenhang mit dem Insolvenzplanverfahren ein nicht im Plan vorgesehener Vorteil gewährt wird, *nichtig*. Da es hierbei um Vermögenszuwendungen geht, die außerhalb des Plans unter den Beteiligten ausgehandelt werden, können sie für die Prüfungspflicht des Gerichts überhaupt nur insoweit von Bedeutung sein, als diese Abkommen dem Gericht bekannt werden. Aber selbst wenn das Gericht hiervon erfährt, sind solche Sonderabkommen nach dem eindeutigen Wortlaut des § 226 Abs. 3 InsO ("ist nichtig") bereits ex lege unwirksam.[159] Im übrigen bezieht sich § 231 Abs.1 Nr. 1 InsO auf inhaltliche Mängel des Plans. Solche Vereinbarungen werden aber gerade nicht zum Planinhalt gemacht werden, so daß bereits der Anwendungsbereich des § 231 Abs. 1 Nr. 1 InsO nicht eröffnet ist. Der Gesetzgeber schreibt in seiner Begründung zum § 269 RegE InsO hierzu: "Die Formulierung verdeutlicht, ..., daß im Plan offengelegte Vorteilszuwendungen nicht erfaßt werden."[160] Einer Zurückweisung des Plans nach § 231 Abs. 1 Nr. 1 InsO bedarf es daher nicht.

Im übrigen handelt es sich - soweit eine Prüfungspflicht besteht - um behebbare Mängel. Das Insolvenzgericht wird bei einem Verstoß dem Vorlegenden eine angemessene Frist zur Beseitigung der Mängel setzen. Erst nach fruchtlosem Verstreichenlassen dieser Frist wird es den Plan endgültig zurückweisen.

Die Rechtskontrolle bezweckt eine zügige, kostensparende Verfahrensabwicklung. Liegen die Voraussetzungen einer endgültigen Zurückweisung vor, hat der Verwalter zur Verhinderung von Vermögensverschlechterungen die Verwertung und Verteilung der Insolvenzmasse entsprechend den gesetzlichen Vorschriften der §§ 159 ff. InsO unverzüglich weiter zu betreiben, solange kein anderweitiger Plan zu diesem Zeitpunkt vorliegt. Dies entspricht dem Grundsatz der optimalen Haftungsverwirklichung im Interesse der Gesamtgläubigerschaft.

2. Zurückweisung des vom Schuldner vorgelegten Planes

Die Anforderungen, unter denen ein Plan nach § 231 Abs. 1 Nr. 1 InsO zurückgewiesen werden kann, gelten gleichermaßen für Verwalter und Schuldner. Auf die vorherigen Ausführungen im Teil 1, C, II,1 wird an dieser Stelle Bezug genommen. Zusätzlich muß ein vom Schuldner vorgelegter Plan jedoch weitere Voraussetzungen erfüllen.

a) Fehlende Aussicht auf Annahme durch die Gläubiger oder Bestätigung durch das Gericht

Ausgerichtet am Tatbestandsmerkmal der Evidenz[161] kann das Gericht einen Plan des *Schuldners* zurückweisen, wenn er offensichtlich keine Aussicht auf Annahme durch die Gläubiger oder auf Bestätigung durch das Gericht hat (§ 231 Abs. 1 Nr.2 InsO).

---

159 Vgl. hierzu auch oben 1. Teil, B, II, 2.

160 Begrdg. RegE zu § 269 RegE InsO, abgdr. in: Balz/Landfermann, Die neuen Insolvenzgesetze, S. 341.

161 Vgl. Begrdg. RegE zu § 275 RegE InsO, abgdr. in: Balz/Landfermann, Die neuen Insolvenzgesetze, S. 346.

Wegen des Wegfalls der Initiativrechte der Minderheit der Gläubiger und der am Schuldner beteiligten Personen in § 255 RegE InsO und der Tatsache, daß der Gesetzgeber nicht von einer offensichtlichen Aussichtslosigkeit bzw. Unerfüllbarkeit eines Plans des Verwalters ausgingen, bezieht sich § 231 Abs. 1 Nr. 2, 3 InsO allein auf den Schuldner.[162]

Der zweiten Alternative scheint dabei jedoch keine eigenständige Bedeutung zuzukommen. Da sich die Prüfungskompetenz des Gerichts lediglich auf eine Rechtskontrolle beschränkt, ist es ihm verwehrt, den Plan unter dem Gesichtspunkt der optimalen Gläubigerbefriedigung einer eigenen Würdigung zu unterziehen. Nach seiner systematischen Stellung bezieht sich § 231 InsO auf die zu diesem Zeitpunkt prüfbare Einhaltung der Bestimmungen zur Vorlage des Plans und seinen Inhalt (§§ 218 bis 230 InsO). Insoweit werden aber diese Planvoraussetzungen bereits vom Anwendungsbereich des soeben dargestellten § 231 Abs. 1 Nr. 1 InsO erfaßt. § 250 InsO, der ebenfalls eine Prüfungspflicht des Gerichts im Rahmen des Planbestätigungsverfahrens zu den vom Gesetz vorgegebenen inhaltlichen und verfahrensmäßigen Anforderungen von Amts wegen vorsieht, kann systematisch erst nach dem Erörterungs- und Abstimmungstermin eingreifen. Der Minderheitenschutz gem. § 251 InsO wird zudem nur auf Antrag eines überstimmten Gläubigers gewährt.

Bedeutung kommt hingegen der ersten Alternative des § 231 Abs. 1 Nr. 2 InsO zu. Zum Beispiel ist eine Annahme eines Fortführungsplanes durch die Gläubiger offensichtlich ausgeschlossen, wenn sie bereits in der Gläubigerversammlung sich mehrheitlich gegen eine Fortführung entschieden haben.[163] Denkbar wäre auch der Fall, daß die in einem Plan enthaltenen aufschiebenden bzw. auflösenden Bedingungen i.S.d. § 249 InsO offensichtlich nicht mehrheitsfähig sind.[164] Gleiches gilt, wenn die Gläubigerversammlung den Insolvenzverwalter mit einem abweichenden Plan beauftragt.

Dies gilt jedoch nur, wenn man von einem eigenen Initiativrecht des Insolvenzverwalters neben dem mittelbaren Initiativrecht durch die Gläubigerversammlung ausgeht und die Zielvorgaben eine entgegenstehende Planvorlage des Insolvenzverwalters oktroyiert.[165]

Auch wenn diese Zurückweisung aussichtsloser Pläne der Verfahrensvereinfachung, damit der Gerichtsentlastung und der Kostenersparnis dient,[166] sollte das Gericht von der Möglichkeit nur restriktiv Gebrauch machen. Hierfür spricht, daß möglicherweise im Erörterungs- und Abstimmungstermin durch eine Änderung einzelner Regelungen des Plans oder durch neuere Entwicklungen konsensfähige Entscheidungen zwischen Gläubiger und Schuldner noch erreicht werden können. Eine zu schnelle Zurückweisung würde entgegen der gesetzgeberischen Intention erhebliche Verfahrensverzögerungen und das Risiko des Scheiterns der Planlösung mit sich bringen.

Nicht zuletzt die Wahrung der Gläubigerautonomie verbietet es, daß sich das Gericht an die Stelle der Gläubiger setzt[167] und damit ihrer Entscheidung in ungerechtfertigter Weise vor-

---

162 RA BT zu § 255 RegE InsO, abgdr. in: Balz/Landfermann, Die neuen Insolvenzgesetze, S. 328.
163 Begrdg. RegE zu § 257 RegE InsO, abgdr. in: Balz/Landfermann, Die neuen Insolvenzgesetze, S. 346.
164 Vgl. hierzu auch unten Teil 1, D, IV, 4, b).
165 Vgl. hierzu eingehend oben: Teil 2, A, III, 3, d).
166 Vgl. allg. Teil Bericht des RA BT, abgdr. in: Balz/Landfermann, Die neuen Insolvenzgesetze, S. 67.
167 Vgl. auch Braun in: Braun/Uhlenbruck, Unternehmensinsolvenz, 7. Teil, C, II, 2, c), S. 479.

greift.[168] Daraus folgt, daß das Gericht zu weiteren Ermittlungen nicht befugt ist. Offensichtlichkeit bedeutet, daß sich diese aus dem vorgelegten Plan und den Anlagen ergeben muß.[169]

b) Offensichtliche Unerfüllbarkeit des Plans[170]

Nach § 231 Abs. 1 Nr. 3 InsO ist ein vom Schuldner vorgelegter Plan von Amts wegen auch dann zurückzuweisen, wenn die Ansprüche, die den Beteiligten nach dem gestaltenden Teil zustehen, offensichtlich nicht erfüllt werden können. Die Unerfüllbarkeit der plangemäßen Leistungen muß sich dabei aus einer objektiven Betrachtung eindeutig ergeben.[171] Soweit davon auch die Pläne erfaßt sein sollen, die dem Schuldner nicht einmal das Existenzminimum belassen, wird dem in der Praxis keine Bedeutung zukommen.[172] Zur Prüfungskompetenz des Gerichts gelten auch die Ausführungen zu § 231 Abs. 1 Nr. 2 InsO.

c) Wiederholte Planvorlage durch den Schuldner

Auf Antrag des Insolvenzverwalters mit Zustimmung des Gläubigerausschusses *hat* das Insolvenzgericht eine erneute Planvorlage des Schuldners zurückzuweisen, wenn der erste Plan von den Gläubigern abgelehnt, vom Gericht nicht bestätigt oder vom Schuldner nach öffentlicher Bekanntmachung des Erörterungstermins zurückgezogen worden ist (§ 231 Abs. 2 InsO). Der Gesetzgeber orientierte sich dabei an der Regelung des § 176 KO für den Zwangsvergleich,[173] wenngleich dem Insolvenzgericht - anders als noch in § 176 KO - ein Ermessen für die Zurückweisung nicht eingeräumt ist. Im Rahmen des § 176 KO oblag dem Konkursgericht die Prüfung, ob das erneute Initiativrecht des Schuldners allein zur Verfahrensverschleppung ausgeübt wurde. Hierzu waren auch die Erfolgsaussichten des neuen Plans wertend in die Ermessensprüfung einzubeziehen.[174] Nach der Insolvenzordnung muß demzufolge auch ein aussichtsreicher Plan vom Gericht zurückgewiesen werden. Dies erscheint jedoch vor dem Hintergrund konsequent, daß der Schuldner gehalten ist, bereits vorzeitig die Gläubiger in die planerische Gestaltung einzubinden. Damit verbundene Zeit- und Kostenvorteile führen zu einer Verfahrensstraffung. Gleichzeitig fördert dies den intensiven Austauschprozeß zwischen den Beteiligten des Planverfahrens mit dem Ziel der optimalen Haftungsverwirklichung, was letztlich Ausdruck des Prinzips der Marktkonformität ist.[175]

Um einer Zurückweisung seines Plans nach § 231 Abs. 2 InsO zu entgehen, wird der Schuldner den Plan daher vor der öffentlicher Bekanntgabe des Erörterungstermins zurücknehmen. Dies hindert ihn jedoch nicht daran zu versuchen, Gläubiger für seinen Plan zu gewinnen, die ihrerseits über die Gläubigerversammlung ein Planinitiativrecht ausüben können. Liegt bereits

---

168 Begrdg. RegE zu § 275 RegE InsO, abgdr. in: Balz/Landfermann, Die neuen Insolvenzgesetze, S. 346.
169 Anders Neumann, Gläubigerautonomie, S. 288.
170 Vgl. hierzu schon Teil 1, B, IV, 2.
171 Begrdg. RegE zu § 275 RegE InsO, abgdr. in: Balz/Landfermann, Die neuen Insolvenzgesetze, S. 346.
172 Wie zuvor zielte dies ersichtlich auf die von einer Minderheit der Gläubiger eingereichten Pläne ab. Mit Streichung des § 255 RegE InsO wird es diesen Fall nicht mehr geben. Der Schuldner wird seine eigenen Rechte in dem von ihm vorgelegten Plan nicht unterhalb des Existenzminimums regeln.
173 Begrdg. RegE zu § 275 RegE InsO, abgdr. in: Balz/Landfermann, Die neuen Insolvenzgesetze, S. 346.
174 Kuhn/Uhlenbruck, KO, § 176 Rdnr. 1.
175 I.d.S. auch Schiessler, Der Insolvenzplan, S. 133.

ein eigener Plan des Insolvenzverwalters vor (unterstellt, ihm steht ein originäres Planinitiativrecht zu), stellt sich dann die weitere Frage, ob die Zielvorgabe der Gläubigerversammlung die Annahme des Planes des Insolvenzverwalters verhindern kann.[176]

3. Rechtsmittelmöglichkeiten der Planvorlageberechtigten

Wird der vom Schuldner vorgelegte Plan zurückgewiesen, steht ihm das Rechtsmittel der sofortigen Beschwerde gem. § 231 Abs. 3, § 6, § 4 InsO i.V.m. § 577 Abs. 2 Satz 1 ZPO zur Verfügung. Hingegen ist dem Insolvenzverwalter gegen die Zurückweisung seines Antrages nach § 231 Abs. 2 InsO ein Rechtsmittel verwehrt. Die noch im Regierungsentwurf in § 275 Abs. 3 Satz 2 RegE InsO enthaltene Regelung wurde als nicht erforderlich angesehen.[177]

Anders als noch in § 176 KO handelt es sich bei der Entscheidung nach § 231 Abs. 2 InsO um eine gebundene Entscheidung ohne Beurteilungsspielraum.[178] Ermessensfehler, die eine Justitiabilität der Entscheidung zur Folge hätten, sind ausgeschlossen. Eine Gläubigerbenachteiligung ist damit jedoch nicht verbunden.[179] Wollen die Gläubiger gleichwohl am Schuldnerplan festhalten, können sie den Verwalter mit dem Entwurf eines entsprechenden Planes beauftragen.

III. Der Erörterungs- und Abstimmungstermin

Erfolgt eine Zurückweisung des Planes gem. § 231 InsO nicht, hat das Insolvenzgericht den Plan zwingend nachfolgenden Personen bzw. Organen gem. § 232 Abs. 1 InsO zur Abgabe einer Stellungnahme zuzuleiten:

- einem bestellten Gläubigerausschuß, dem Betriebsrat und dem Sprecherausschuß der leitenden Angestellten
- dem Schuldner, sofern der Insolvenzverwalter den Plan vorgelegt hat.
- dem Verwalter, sofern der Schuldner den Plan vorgelegt hat.

Mit Einleitung dieser Maßnahme bringt das Gericht konkludent zum Ausdruck, daß es den vorgelegten Plan zugelassen hat. Ein gesonderter Beschluß ergeht hierzu nicht. Berufsvertretungen und anderen sachkundigen Stellen kann (fakultativ) gem. § 232 Abs. 2 InsO Gelegenheit zur Äußerung gegeben werden. Die bislang geltende Regelung sah in § 14 Satz 1 VerglO noch eine Pflicht zur Einholung der Stellungnahmen der Berufsvertretungen vor.

Während dem *Gericht* durch die pflichtgemäße Einbindung der Sachkunde der Berufsvertretungen die Prüfung hinsichtlich der Machbarkeit, Angemessenheit und wirtschaftlichen Wür-

---

[176] Zu Oktroy der Planvorlageberechtigungen vgl. unten: Teil 2, A, III, 3, d).
[177] RA BT zu § 275 RegE InsO, abgdr. in: Balz/Landfermann, Die neuen Insolvenzgesetze, S. 346.
[178] Zum Ermessen des Konkursgerichts vgl. Kuhn/Uhlenbruck, KO, § 175 Rdnr. 4.
[179] So auch Schiessler, Der Insolvenzplan, S. 133.

digkeit des Schuldners ermöglicht werden sollte,[180] liegt die Entscheidungsbefugnis über die Realisierbarkeit des Planes nunmehr bei der *Gläubigerversammlung*.

Die von den in § 232 InsO aufgeführten Personen bzw. Organen abgegebenen Stellungnahmen sollen die Entscheidung der Beteiligten über den Plan vorbereiten.[181] Im Interesse der Verfahrensbeschleunigung werden somit die Planprämissen und deren Umsetzungsmaßnahmen frühzeitig den Entscheidungsträgern transparent gemacht. Eine Meinungsbildung über künftiges Abstimmungsverhalten wird ermöglicht. Letztendlich dient dies auch einer effektiven Vorbereitung des Erörterungs- und Abstimmungstermines und trägt in Verbindung mit der Niederlegung des Planes zusammen mit den eingegangenen Stellungnahmen gem. § 234 InsO zur Verfahrensverkürzung bei.

In jedem Fall hat das Gericht eine Frist für die Abgabe der Stellungnahmen zu setzen (§ 232 Abs. 3 InsO), um Verfahrensverzögerungen zu vermeiden.[182] Die Frist sollte zwei bis drei Wochen nicht überschreiten.[183] Hintergrund ist die Regelung in § 235 Abs. 1 Satz 2 InsO, wonach der Erörterungs- und Abstimmungstermin nicht über vier Wochen hinaus anberaumt werden soll. Eine sachgerechte Auseinandersetzung im Vorfeld des Erörterungs- und Abstimmungstermins macht es jedoch erforderlich, daß die Stellungnahmen möglichst zwei Wochen vor dem Termin zur Einsichtnahme ausliegen. In der öffentlichen Bekanntmachung sollte daher auf den Fristablauf für die vorzulegende Stellungnahme hingewiesen werden.[184]

Bedeutsam ist darüber hinaus die Möglichkeit der Aussetzung der Verwertung und Verteilung der Insolvenzmasse nach § 233 Satz 1 InsO, wenn dadurch die Realisierung des vorgelegten und zugelassenen Insolvenzplanes gefährdet würde. § 233 InsO schafft die systematische Verbindung zwischen dem Regelabwicklungsverfahren und dem Insolvenzplanverfahren.

Von einer Gefährdung ist in der Regel dann auszugehen, wenn der Plan eine Fortführung des Betriebes oder eine übertragende Sanierung vorsieht. Eine Verwertung der für die Fortführung dringend benötigten Teile des Anlagevermögens bzw. der Warenvorräte würden ihr die tatsächliche Grundlage entziehen.[185] Gleiches hat für die übertragende Sanierung zu gelten. Der Gesetzgeber hat jedoch eine Einschränkung der Möglichkeit der Aussetzung vorgesehen. Nur "soweit" die Planumsetzung gefährdet ist, ist einem *Antrag* des Schuldners oder Verwalters zu entsprechen.[186]

---

180 Vgl. Bley/Mohrbutter, VerglO, § 14 Rdnr. 3, 5.

181 Begrdg. RegE zu § 276 RegE InsO, abgdr. in: Balz/Landfermann, Die neuen Insolvenzgesetze, S. 347.

182 RA BT zu § 276 RegE InsO, abgdr. in: Balz/Landfermann, Die neuen Insolvenzgesetze, S. 347.

183 Haarmeyer/Wutzke/Förster, InsO, Kap. 9 Rdnr. 3, S. 668.

184 So zutreffend Haarmeyer/Wutzke/Förster, InsO, Kap. 9 Rdnr. 4 mit einem Muster für die Terminsbestimmung nach § 235 InsO; Hess, InsO, § 232 Rdnr. 21; Flessner in: HK-InsO, § 235 Rdnr. 6; zu einem weiteren Muster vgl.: Braun/Riggert/Kind: S. 294.

185 Begrdg. RegE zu § 277 RegE InsO, abgdr. in: Balz/Landfermann, Die neuen Insolvenzgesetze, S. 348.

186 Vgl. hierzu auch Schiessler, Der Insolvenzplan, S. 137 ff, der sich eingehend mit der Antragsbefugnis des Insolvenzverwalters auseinandersetzt und zustimmend im Ergebnis die Regelung in § 233 Satz 1 InsO begrüßt. Unabhängig davon kommt er jedoch zu dem Ergebnis, daß § 233 Satz 1 InsO nicht auf die vom Verwalter vorgelegten Pläne anzuwenden sei. Er begründet dies mit dem seiner Auffassung nach nicht bestehenden originären Planvorlagerecht des Verwalters gem. § 218 InsO (zur abweichenden Auffassung des Verfassers siehe 2. Teil, A, III, 3, b). Die Anwendung des § 277 Abs. 1 Satz 1 RegE InsO beruhe auf einer redaktionellen Änderung, die nach dem Wegfall des § 255 RegE InsO notwendig wurde (RA BT zu § 277 RegE InsO, abgdr. in: Balz/Landfermann, Die neuen Insolvenzgesetze, S. 349). Wer von einem Eigenini-

Ausnahmsweise sieht das Gericht von Amts wegen von der Aussetzung ab, soweit mit ihr die Gefahr *erheblicher* Nachteile für die Masse verbunden ist (§ 233 Satz 2 InsO). Denkbar wäre der Fall, daß der Verwalter bereits einen für die Gläubiger günstigen "asset deal" ausgehandelt hat. Ein Fortführungsplan stünde dieser Gesamtveräußerung ersichtlich entgegen. Verfahrensverzögerungen und möglicherweise das Scheitern der Unternehmensveräußerung wäre zu befürchten.[187]

Im Falle einer einvernehmlichen Entscheidung zwischen dem Verwalter und dem Gläubigerausschuß oder der Gläubigerversammlung hat das Gericht von einer Aussetzung abzusehen oder diese aufzuheben, wenn ein entsprechender Antrag des Verwalters vorliegt.

1. Die Festsetzung des Termins

Jeder Insolvenzplan, der die Verwertung und Verteilung des Schuldnervermögens abweichend von den gesetzlichen Bestimmungen regelt, bedarf zu seiner Legitimation eines Beschlusses der Gläubiger als Entscheidungsträger.[188] Bereits im bislang geltenden Recht (vgl. § 66 VerglO, § 179 KO, § 16 GesO) fand eine Erörterung und Abstimmung über den eingereichten Vergleichsvorschlag in einem einheitlichen Gerichtstermin statt.[189] Die Einbindung in ein geordnetes Verfahren, an dessen Ende ein Beschluß der Gläubiger über die Annahme des Insolvenzplanes steht, erfordert die Selbstkoordinierung der Beteiligten und bewirkt Zeit- und Kostenersparnis.[190]

Eines förmliches Verfahren hat allen Beteiligten den gleichen Informationszugang zu Chancen und Risiken der mit dem Plan verfolgten Verwertungsart zu ermöglichen. Im Erörterungs- und Abstimmungstermin werden daher sämtliche Planregelungen mit ihren Konsequenzen im Falle einer Planrealisierung offengelegt und für alle Beteiligten transparent gemacht. Die Erörterung schafft damit die Grundlage für die Entscheidung über den Plan und bietet den Beteiligten Gelegenheit zu weiteren Überlegungen und ggf. zu Änderungsvorschlägen.[191]

Hieraus folgt nicht zuletzt auch die Legitimation des gewonnenen Abstimmungsergebnisses als einer "privatautonomen ... Übereinkunft der mitspracheberechtigten Beteiligten über die Verwertung des Schuldnervermögens unter voller Garantie des Wertes der beteiligten Rechte".[192]

---

taitivrecht des Verwalters neben dem durch die Gläubigerversammlung ausgeht, kann sich dieser Auffassung nicht anschließen.

187 Begrdg. RegE zu § 277 RegE InsO, abgdr. in: Balz/Landfermann, Die neuen Insolvenzgesetze, S. 348; Braun in: Braun/Uhlenbruck, Unternehmensinsolvenz, 7. Teil, C, II, 4, S. 481.

188 Bork, Einführung, Rdnr. 335.

189 Anders noch der Regierungsentwurf, der in § 285 RegE InsO einen gesonderten Abstimmungstermin neben dem Erörterungstermin (§ 279 RegE InsO) vorsah.

190 Allg. Begrdg. RegE, abgdr. in: Balz/Landfermann, Die neuen Insolvenzgesetze, S. 10; allg. Teil Bericht RA BT, abgdr. in: Balz/Landfermann, Die neuen Insolvenzgesetze, S. 67 sowie zu § 279 RegE InsO, S. 351.

191 Allg. Begrdg. RegE, abgdr. in: Balz/Landfermann, Die neuen Insolvenzgesetze S. 10; Haarmeyer/Wutzke/Förster, InsO, Kap. 9 Rdnr. 11.

192 Allg. Begrdg. RegE, abgdr. in: Balz/Landfermann, Die neuen Insolvenzgesetze, S. 32.

Wenngleich die geltende Fassung des § 235 Abs. 1 InsO auf einen Termin zur Erörterung und Abstimmung ausgerichtet ist, kann auch ein gesonderter Abstimmungstermin gem. § 241 InsO anberaumt werden. Dies kann insbesondere bei umfangreichen Planänderungen gem. § 240 InsO erforderlich sein. In einem solchen Fall ist nicht immer gewährleistet, daß über die erforderlichen Änderungen noch im selben Termin abgestimmt werden kann (vgl. § 240 Satz 2 InsO).

Wann der Erörterungs- und Abstimmungstermin stattfindet, bestimmt das Gericht (§ 235 Abs. 1 Satz 1 InsO). Er soll nicht über einen Monat hinaus angesetzt werden (§ 235 Abs. 1 Satz 2 InsO). Das Insolvenzgericht hat den Erörterungs- und Abstimmungstermin öffentlich bekannt zu machen (§ 235 Abs. 2 Satz 1 InsO) und gleichzeitig darauf hinzuweisen, daß der Plan und die *eingegangenen* Stellungnahmen in der Geschäftsstelle eingesehen werden können (§ 235 Abs. 2 Satz 2 InsO).[193]

Der Insolvenzordnung wie auch den Materialien hierzu ist jedoch ausdrücklich kein Hinweis zu entnehmen, wann das Gericht den Termin anzuberaumen hat. Denkbar wäre, daß sofort nach Zulassung des Planes (vgl. § 231 InsO) der Termin festzulegen wäre. Andererseits bestimmt § 235 Abs. 2 Satz 2 InsO, daß der öffentlichen Bekanntmachung der Hinweis auf die Gelegenheit zur Einsichtnahme der *eingegangenen* Stellungnahmen zum Plan entnommen werden können muß.

Dies würde bedeuten, daß sich erst nach Eingang aller Stellungnahmen nach § 232 Abs. 1, Abs. 2 InsO bzw. spätestens nach Fristablauf (§ 232 Abs. 3 InsO) sicher bestimmen läßt, wann der Termin stattfinden kann. Hingegen bezweckt die in § 235 Abs. 1 Satz 2 InsO vorgegebene Monatsfrist jedoch eine Verfahrensbeschleunigung, um zum Beispiel im Falle einer plangemäßen Fortführung die Umsetzung des Planes nicht zu gefährden. Da sich § 235 InsO an § 179 KO orientiert[194] ist die Monatsfrist erst vom Zeitpunkt der Bekanntmachung an zu berechnen[195]. Als bloße Ordnungsvorschrift ist eine hiervon abweichende Fristbestimmung möglich, ohne eine Versagung der Bestätigung des Planes von Amts wegen nach § 250 Nr. 1 InsO zu riskieren.

Wie bereits erwähnt, lehnt sich § 235 InsO hinsichtlich der Anberaumung, der Bekanntmachung des Erörterungstermins sowie der Ladung der Beteiligten an die Regelung in § 179 KO an.[196] Danach ist in der Terminbekanntmachung u.a. darauf hinzuweisen, daß die Erklärung des Gläubigerausschusses zur Einsichtnahme der Beteiligten auf der Geschäftsstelle bereitliegt. Anders als noch in § 179 Abs. 2 KO festgelegt, ist im Rahmen der besonderen Ladung nach § 235 Abs. 3 Satz 2 InsO lediglich ein Abdruck des Plans oder eine Zusammenfassung seiner wesentlichen Inhalte der Ladung beizufügen. Das Ergebnis der Stellungnahmen braucht daher auch mit der Ladung nicht mitgeteilt werden. Nach der herrschenden Meinung zu § 179 KO ist § 179 Abs. 2 KO lediglich eine Ordnungsvorschrift. Das Unterlassen der in die

---

193 Zu einem Muster vgl. Braun/Riggert/Kind, S. 296.

194 Vgl. Begrdg. RegE zu § 279 RegE InsO, abgdr. in: Balz/Landfermann, Die neuen Insolvenzgesetze, S. 351.

195 Begrdg. RegE zu § 279 RegE InsO, abgdr. in: Balz/Landfermann, Die neuen Insolvenzgesetze, S. 351; vgl auch Kuhn/Uhlenbruck, KO, § 179, Rdnr. 2.

196 Begrdg. RegE zu § 279 RegE InsO, abgdr. in: Balz/Landfermann, Die neuen Insolvenzgesetze, S. 351.

Terminbekanntmachung aufzunehmenden Mitteilung stellt nur einen heilbaren Verfahrensmangel i.S.d. § 186 Nr. 1 KO dar.[197]

Wird dieser Rechtsgedanke auf die dargestellte Problematik hinsichtlich der Festlegung des Erörterungs- und Abstimmungstermins übertragen, spricht viel dafür, dem Gericht einen Ermessensspielraum einzuräumen. Ausgehend von den Planprämissen des zur Erörterung und Abstimmung vorgelegten Plans hat es entweder den Eingang der Stellungnahmen abzuwarten oder den Termin sofort anzuberaumen.[198]

Auch aus der systematischen Stellung des § 235 Abs. 2 Satz 2 InsO im Anschluß an die Vorschriften über die Stellungnahme, die Aussetzung der Verwertung und Verteilung sowie die Niederlegung des Plans läßt sich nicht entnehmen, daß das Gericht unmittelbar nach seiner Zulassung des Plans den Termin zur Erörterung und Abstimmung öffentlich bekannt machen muß.

Im Fall einer plangemäßen Fortführung kann die hier vertretene Auffassung, den Erörterungs- und Abstimmungstermin nicht sofort nach der Zulassung des Plans anzuberaumen, dem Gericht vielmehr ein Ermessensspielraum einzuräumen, zur Beschleunigung des Verfahrens sogar geboten sein. Ausreichend, aber auch erforderlich ist dann jedoch, daß die Stellungnahmen den zur Abstimmung berechtigten Beteiligten vor dem Erörterungs- und Abstimmungstermin zur Einsichtnahme in der Geschäftsstelle zur Verfügung gestellt werden. Dem Einsichtsrecht der Gläubiger wird m.E. auch dann noch Genüge getan, wenn sie zwar vor dem Termin aber am gleichen Tage die Stellungnahmen zur Kenntnis nehmen können. Immerhin kann ja der Plan selbst nach seiner Niederlegung sofort eingesehen werden.

Schließlich kann der Erörterungs- und Abstimmungstermin mit dem Prüfungstermin verbunden werden (§ 236 InsO), wobei der Prüfungstermin zeitlich immer vor dem Erörterungs- und Abstimmungstermin liegen muß. Bereits das Ergebnis des Prüfungstermins bildet eine aussagekräftige Grundlage für eine Einschätzung des Umfanges der Gesamtverbindlichkeiten und ermöglicht erst die Beurteilung der Sachgerechtheit der Planregelungen. Zudem läßt sich eine Entscheidung über die Stimmrechte der Gläubiger erst nach dem Prüfungstermin treffen.[199]

Darüber hinaus kann der Prüfungstermin sogar mit dem Berichtstermin verbunden werden, wenn der Plan bereits mit Stellung des Antrages auf Eröffnung eines Insolvenzverfahrens eingereicht wird (§§ 218 Abs. 1 Satz 2, 29 Abs. 2 InsO).

---

197 Vgl. Kuhn/Uhlenbruck, KO, § 186 Rdnr. 2; Kilger/K. Schmidt, Insolvenzgesetze, KO, § 186 Anm. 1; Hess, KO, § 179 Anm. 5 und InsO, § 235 Rdnr. 12.

198 Wie hier wohl Hess, InsO, § 235 Rdnr. 12; a.A. Schiessler, Der Insolvenzplan, S. 142, der eine Bekanntmachung erst nach Niederlegung sowohl des Planes als auch der Stellungnahmen für möglich hält; nach Flessner, in: HK-InsO § 235 Rdnr. 6, ist die Niederlegung der späteste Zeitpunkt für die Terminsbestimmung.

199 So auch Begrdg. RegE zu § 280 RegE InsO, abgdr. in: Balz/Landfermann, Die neuen Insolvenzgesetze, S. 352.

2. Die Befugnis zur Planänderung im Erörterungs- und Abstimmungstermin

Nach Eröffnung des Erörterungstermins durch das Insolvenzgericht[200] wird der Planinitiator zunächst seinen Plan vorstellen. Dabei wird er sich sowohl zu den Planzielen, den wesentlichen Inhalten als auch zu den Erfolgsaussichten seines Planes äußern. Dabei liegt es im ureigenen Interesse des Planerstellers, von dieser Möglichkeit der "werbenden Präsentation"[201] Gebrauch zu machen. Die Gläubiger als Entscheidungsträger sind davon zu überzeugen, daß die Verwertung auf der Grundlage des Planes eine sinnvolle Alternative zur Regelabwicklung nach den gesetzlichen Vorschriften darstellt. Komplexe rechtliche und wirtschaftliche Maßnahmen gilt es so transparent darzustellen, daß jeder anwesende Gläubiger - auch der uninformierte - in der Lage ist, sein persönliches wirtschaftliches Ergebnis und die mit der Planrealisierung verbundenen Risiken einzuschätzen. Eine solche Präsentation sollte durch den Planeinreicher vorbereitet sein. Sinnvollerweise sollten ergänzende, an den *wesentlichen Bestimmungen* und wirtschaftlichen Folgen ausgerichtete Unterlagen ausgearbeitet und dem anwesenden Gläubiger zur Verfügung gestellt werden.[202] Nicht jeder Gläubiger ist in der Lage, die Plananlagen des § 229 InsO in ihren Einzelheiten nachzuvollziehen, um zum Beispiel die Fortführungschancen und Risiken effektiv einzuschätzen. Daß höhere Anforderungsprofile für den Insolvenzverwalter als Planvorlegenden damit verbunden sind, ist offensichtlich.

Im Rahmen der Erörterung können die Beteiligten auch Änderungsvorschläge unterbreiten. Die Änderung selbst kann hingegen nur der Planersteller vornehmen, was § 240 InsO unter gewissen Voraussetzungen ermöglicht. Im Gegensatz zu § 284 RegE InsO[203] enthält § 240 InsO jedoch zwei Einschränkungen. Es dürfen nur *einzelne* Regelungen abgeändert werden. Darüber hinaus muß es sich um *inhaltliche* Änderungen handeln.

a) Zahl der Änderungsmöglichkeiten

Ganz allgemein bestimmt § 240 Satz 1 InsO, daß der Vorlegende *einzelne Regelungen* ändern darf. Eine solche formale Begrenzung der Änderungsbefugnis ist erstmals durch den Rechtsausschuß des Bundestages empfohlen worden. Nach der ursprünglichen Fassung des § 284 RegE InsO konnte der Insolvenzplan inhaltlich geändert werden. Vorausgesetzt war lediglich eine Ankündigung der Änderungsabsicht noch im ersten Erörterungstermin (§ 284 Abs. 1 Satz 2 RegE InsO).

Die Änderung mußte dann innerhalb der vom Gericht gesetzten Frist vorgenommen werden (§ 284 Abs. 1 Satz 3 RegE InsO). Änderung und Fristsetzung sollten den zügigen Fortgang des Verfahrens gewährleisten.[204]

---

200 Zum Ablauf vgl. Kuhn/Uhlenbruck, KO, § 182 Rdnr. 1, 1 a; Bley/Mohrbutter, VerglO, § 66 Rdnr. 1, 4; In Anlehnung an die Bestimmungen der VerglO und des Zwangsvergleiches nach der KO ist auch der Erörterungstermin nicht öffentlich, da das Insolvenzgericht kein erkennendes Gericht i.S.d. § 169 GVG ist (vgl. Kuhn/Uhlenbruck, KO, § 72 Rdnr. 1; Bley/Mohrbutter, VerglO, § 66 Rdnr. 1).

201 Vgl. Braun in: Braun/Uhlenbruck, Unternehmensinsolvenz, 7. Teil, K, III, b), S. 630.

202 So auch Braun in: Braun/Uhlenbruck, Unternehmensinsolvenz, 7. Teil, K, III, b), S. 630.

203 Vgl. Wortlaut des § 284 RegE InsO, abgdr. in: Balz/Landfermann, Die neuen Insolvenzgesetze, S. 355.

204 Begrdg. RegE zu § 284 RegE InsO, abgdr. in: Balz/Landfermann, Die neuen Insolvenzgesetze, S. 355.

Was der Gesetzgeber unter "einzelnen Regelungen" versteht, ist weder dem Wortlaut noch dem Bericht des Rechtsausschusses des Bundestages zu entnehmen. Jedenfalls ist eine Vielzahl von Änderungen ausgeschlossen. Eine teleologische Auslegung, ausgerichtet am Schutzzweck des § 270 InsO, schafft hierzu jedoch Klarheit. § 270 InsO bezweckt den Schutz der Gläubiger vor einer Vielzahl von Änderungen, deren Umfang und inhaltliche Tragweite im Termin nicht zu erkennen sind.

Der niedergelegte Plan mit den eingegangenen Stellungnahmen ist Gegenstand des Erörterungs- und Abstimmungstermins.[205] Damit wird deutlich, daß die Gläubiger nicht über einen "neuen Plan" entscheiden sollen.

Demnach hat das Gericht im jeweiligen Einzelfall zu prüfen, ob die Verständlichkeit der Änderungen für die zur Abstimmung berechtigten Gläubiger noch gewährleistet ist. Ist dies erkennbar nicht der Fall, wird es diese Änderungen nicht zulassen. Andererseits sollte das Gericht von dieser Möglichkeit nur sehr restriktiv Gebrauch machen. Verkennt das Gericht nämlich die Bedeutung des Tatbestandsmerkmales "einzelne Regelungen", liegt ein wesentlicher Verfahrensmangel i.S.d. § 250 Nr. 1 InsO vor. Dieser Mangel hätte auch Auswirkungen auf das Abstimmungsverhalten, wenn den Gläubigern die Abstimmung über einen (zulässigerweise) geänderten Plan verweigert wurde. Schließlich werden die Gläubiger, wenn ihnen die Änderungen als zu weitreichend erscheinen, diesem Plan die Zustimmung verweigern, was auch in einem erst anzuberaumenden, gesonderten Abstimmungstermin (§ 241 InsO) erfolgen kann.

b) Inhaltliche Änderungen

Fraglich ist, ob der Gesetzgeber mit seiner formalen Ausrichtung auf "einzelne Regelungen" davon auch die Prüfung der inhaltlichen Tragweite der jeweiligen Änderungen mit umfaßt wissen wollte. Der Rechtsausschuß des Bundestages scheint hierauf abzustellen, wenn er fordert: "... nur einzelne Regelungen des Planes ..., der Kern der Regelung muß erhalten bleiben."[206]

Dem Wortlaut nach enthält § 240 InsO keinen Ausschluß von substantiellen Änderungen. Auch Sinn und Zweck des § 240 InsO verbieten es nicht, grundlegende Änderungen einzelner Regelungen vorzunehmen, solange dadurch kein "neuer Plan" geschaffen wird. Sind die Änderungen in ihrer Vielzahl und inhaltlichen Tragweite so weitreichend, daß der "Kern des Planes" nicht mehr vorhanden ist, läge ein "neuer Plan" vor. Dieser müßte jedoch erst die Hürden des Planverfahrens, insbesondere die Vorprüfung durch das Gericht nach §231 InsO durchlaufen.[207] Insbesondere die möglicherweise geänderten Stellungnahmen der sachkundigen Personen und Organen i.S.d. § 232 Abs. 1 InsO können maßgeblichen Einfluß auf das Abstimmungsverhalten der Gläubiger haben. Ihr Fehlen würde zu einem schwerwiegenden irrever-

---

205 So auch Braun in: Braun/Uhlenbruck, Unternehmensinsolvenz, 7. Teil, K, VI, S. 633.
206 RA BT zu § 284 RegE InsO, abgdr. in: Balz/Landfermann, Die neuen Insolvenzgesetze, S. 356.
207 Vgl. Haarmeyer/Wutzke/Förster, InsO, Kap. 9 Rdnr. 11.

siblen Mangel i.S.d. § 250 Nr. 1 InsO führen und würde einer Bestätigung des Planes durch das Gericht entgegenstehen.[208]

Für die Zulässigkeit einzelner substantieller Änderungen spricht auch, daß diese noch nicht die Nachvollziehbarkeit für die Beteiligten ausschließen müssen. Eine grundlegende Änderung kann schon vorliegen, wenn mit der Änderung in die Rechte der absonderungsberechtigten Gläubiger in Höhe von 10 % eingegriffen,[209] eine Nachhaftung des Schuldners im Plan vorgesehen werden soll (vgl. § 227 InsO) oder nachrangigen Insolvenzgläubigern entgegen der Regelung in § 225 InsO prozentuale Anteile am Fortführungserlös zugesprochen werden sollen.

Ob solche Änderungen, vor der bereits getroffenen Gruppenbildung, mehrheitsfähig sind, entscheiden die Gläubiger nach der Erörterung über diese Änderungen privatautonom. Eine Versagung der Änderung wegen substantiellen Eingriffes wäre überdies nicht vom Sinn und Zweck des § 240 InsO gedeckt und würde die Entscheidungskompetenz der Gläubiger unzulässigerweise einschränken.

Im übrigen sind die nicht am Erörterungs- und Abstimmungstermin Teilnehmenden vom Schutzzweck des § 240 InsO nicht erfaßt.[210] Dies gilt namentlich für die Gläubiger, die darauf vertraut haben, daß der von ihnen zur Kenntnis genommene Plan von den Gläubigern im Abstimmungstermin angenommen wird. Allein der Glaube, es werde in die vom Plan gewährten Rechtspositionen nicht mehr negativ eingegriffen, ist nicht schützenswert. Das Planverfahren ist darauf ausgerichtet, daß die gemeinsame Erörterung und Abstimmung aller vom Plan betroffenen Beteiligten in einem einheitlichen Verfahren[211] gewährleistet wird. Wer von diesem Recht keinen Gebrauch macht, muß auch die negativen Folgen tragen. Eine andere Auslegung könnte sich aus § 286 RegE InsO ergeben, der als Folgeänderung des § 235 InsO weggefallen war. Danach mußte bei einer Verbindung von Erörterungs- und Abstimmungstermin und einer erfolgten Planänderung im Erörterungstermin ein weiterer Abstimmungstermin anberaumt werden. Den nicht im Erörterungstermin anwesenden Beteiligten sollte nur die Gelegenheit gegeben werden, sich von den Planänderungen zu informieren.

In der Begründung zum Regierungsentwurf wird der Wortlaut jedoch dahingehend eingeschränkt, daß "in der Regel" ein solcher Abstimmungstermin gesondert anzuberaumen ist. Dies muß also nicht immer gelten, so daß sich auch hieraus die Nichtschutzwürdigkeit herleiten läßt.

---

[208] Zu den Prüfungsanforderungen im Rahmen des § 250 InsO vgl. Begrdg. RegE zu § 297 RegE InsO, abgdr. in: Balz/Landfermann, Die neuen Insolvenzgesetze, S. 368, wonach sich die Vorschrift an § 79 Nr. 1 und 3 VerglO anlehnt; Bley/Mohrbutter, VerglO, § 79 Rdnr. 7.

[209] Beispiel nach Braun in: Braun/Uhlenbruck, Unternehmensinsolvenz, 7. Teil, K, IV, S. 633.

[210] So auch Braun in: Braun/Uhlenbruck, Unternehmensinsolvenz, 7. Teil, K, IV, S. 634.

[211] RA BT zu § 279 RegE InsO, abgdr. in: Balz/Landfermann, Die neuen Insolvenzgesetze, S. 351; allg. Teil Bericht des RA BT, a.a.O., S. 67.

c) Kausalitätserfordernis zwischen Erörterung und Änderung

Neben der bereits dargestellten Problematik zur inhaltlichen Tragweite der einzelnen Änderungen stellt § 240 InsO auf eine Kausalität zwischen der Erörterung im Termin und der inhaltlichen Änderung einzelner Regelungsgegenstände ab. Liegen Anhaltspunkte dafür vor, daß der Vorlegende die Planänderung lediglich aus taktischen Gründen zur Verfahrensverschleppung vorgenommen hat, schließt dies allein die Kausalität nicht aus. In einem solchen Fall wird das Gericht den Planeinreicher anhören (vgl. § 248 Abs. 2 InsO). Generell sollte das Gericht auch hier nur in eindeutigen Fällen die Änderung ausschließen, um den Gläubigern nicht die Entscheidung vorwegzunehmen (Gläubigerautonomie) und das Verfahren zu beschleunigen.

3. Der Abstimmungstermin

Im Anschluß an die Erörterung erfolgt die Abstimmung über den Plan und die vorgenommenen Änderungen. Regelmäßig ist der Erörterungstermin auch gleichzeitig der Abstimmungstermin (§ 235 Abs. 1 Satz 1 InsO). Nur im Ausnahmefall des § 241 Abs. 1 InsO kann ein separater Abstimmungstermin anberaumt werden.

Fraglich ist zunächst, ob in dem gesonderten Abstimmungstermin gem. § 241 InsO eine Erörterung der Änderungen - mit den u.U. dann erstmals anwesenden Gläubigern - möglich sein soll.[212]

Dagegen spricht, daß die Änderungen ja gerade das Ergebnis der Erörterungen des Planes sind und gleichfalls im Erörterungstermin selbst eingehend diskutiert werden können. Zudem soll den Gläubigern, die zwar im Erörterungstermin anwesend waren und von ihrem Mitspracherecht in der Diskussion Gebrauch gemacht haben, auch die Möglichkeit zur schriftlichen Abstimmung gegeben werden. Diese vom Gesetzgeber ausdrücklich eingeräumte Option würde jedoch einen drohenden Rechtsverlust mit sich bringen, sollte eine erneute Erörterung mit ggf. neuen Änderungen im Abstimmungstermin noch möglich sein, an deren Abstimmung die Gläubiger dann gehindert wären. Dieses Vertrauen ist jedoch mit § 242 InsO schutzwürdig. Eine schriftliche Abstimmung wird auch vom Gesetzgeber nur dann zugelassen, wenn ein Erörterungstermin vorausgegangen war, mit dem die Stimmrechte in die Stimmliste (§ 239 InsO) eingetragen wurden.[213] Zudem drohen erhebliche Verfahrensverzögerungen, wenn der Vorlegende jeweils neue Änderungen vornimmt und damit auch ein erneuter Abstimmungstermin erforderlich werden würde.

Im Ergebnis ist daher die vom Rechtsausschuß des Bundestages und Schiessler vertretene Auffassung abzulehnen, daß in dem gesonderten Abstimmungstermin gem. § 241 InsO zunächst nochmals eine Erörterung zu den vorgenommenen Änderungen erfolgt.

---

212 So die Auffassung des RA des BT: RA BT zu § 285 RegE InsO, abgdr. in: Balz/Landfermann, Die neuen Insolvenzgesetze, S. 358; Dieser Auffassung folgt auch Schiessler, Der Insolvenzplan, S. 145, wobei er lediglich auf die Begrdg. des RA BT verweist; so auch Flessner in: HK-InsO, § 241 Rdnr. 8; Hess geht in seinem Kommentar zur Insolvenzordnung auf dieses Problem gar nicht erst ein.

213 So auch Haarmeyer/Wutzke/Förster, InsO, Kap. 9 Rdnr. 11.

Der Abstimmungstermin beginnt zunächst mit der Feststellung der Stimmrechte der Insolvenzgläubiger und der Absonderungsberechtigten (§§ 237, 238 InsO). Für die Insolvenzgläubiger wird das Stimmrecht anhand der allgemeinen Grundsätze für Gläubigerversammlungen bestimmt (§ 237 Abs. 1 Satz 1 InsO verweist ausdrücklich auf § 77 Abs. 1 Satz 1, Abs. 2, Abs. 3 Nr. 1 InsO). Angemeldete und nicht bestrittene Forderungen gewähren danach ein Stimmrecht (§ 77 Abs. 1 Satz 1 InsO). Ein Widerspruch des Schuldners ist unbeachtlich.[214] Eine Einigung über das Stimmrecht im Falle von bestrittenen Forderungen ist nach § 77 Abs. 2 Satz 1, 237 Abs. 1 Satz 1 InsO ebenso möglich; hilfsweise entscheidet das Insolvenzgericht nach § 77 Abs. 2 Satz 2 InsO.

Absonderungsberechtigte sind als Insolvenzgläubiger stimmberechtigt, wenn ihnen der Schuldner auch persönlich haftet und (kumulativ) sie auf abgesonderte Befriedigung verzichten oder bei ihr ausfallen (§ 237 Abs. 1 Satz 2 Halbsatz 1 InsO). Solange der Ausfall nicht feststeht, wird er auf der Grundlage der Planhypothesen geschätzt (§ 237 Abs. 1 Nr. 2 Halbsatz 2 InsO). Bei einem Sanierungsplan wäre für die Höhe der Ausfallforderung der Fortführungswert anzusetzen.[215] Darüber hinaus gewähren auch die Absonderungsrechte ein Stimmrecht, sofern der Plan in diese Rechte eingreift (§§ 238 Abs. 1 Satz 1, Abs. 2, 237 Abs. 2, 232 Abs. 1, Abs. 2 InsO).

a) Stimmrecht der nachrangigen Insolvenzgläubiger

Nachrangigen Insolvenzgläubigern wird nur dann ein Stimmrecht eingeräumt, wenn ihre Forderungen nicht gem. § 225 Abs. 1 Satz 1 InsO als erlassen gelten.[216] Wenn der Insolvenzplan hiervon abweichend die Rechte der nachrangigen Insolvenzgläubiger gestaltet, kommt ihnen im Abstimmungstermin grundsätzlich in Höhe ihrer festgestellten Forderungen ein Stimmrecht zu. Eine andere Wertung ergibt sich auch nicht aus § 246 InsO.[217]

Selbst wenn die Zustimmung der nachrangigen Insolvenzgläubiger unter den Voraussetzungen des § 246 InsO fingiert wird, nehmen sie doch in Höhe ihrer Forderung am Abstimmungsergebnis teil und sind bei der Mehrheitsbildung zu berücksichtigen. Dies ergibt sich bereits aus der Pflicht zur Bildung einer Gruppe der nachrangigen Insolvenzgläubiger gem. §§ 222 Abs. 1 Nr. 3, 39 Abs. 1 Nr. 1-5, 225 Abs. 1 InsO. Zudem ist in § 246 Nr. 3 InsO ausdrücklich auf das Stimmrecht hingewiesen.

---

214 Begrdg. RegE zu § 281 RegE InsO, abgdr. in: Balz/Landfermann, Die neuen Insolvenzgesetze, S. 353.

215 Begrdg. RegE zu § 281 RegE InsO, abgdr. in: Balz/Landfermann, Die neuen Insolvenzgesetze, S. 353.

216 Dies ergibt sich explizit aus §§ 38, 237 Abs. 1 Satz 1, Abs. 2 InsO, da ein Verweis auf § 77 Abs. 1 Satz 2 vom Gesetzgeber nicht vorgenommen wurde.

217 Insofern mißverständlich RegE InsO zu § 291 RegE InsO, abgdr. in: Balz/Landfermann, Die neuen Insolvenzgesetze, S. 363 ff., wonach die Abstimmung über den Plan "... (nicht) unnötig belastet (sein soll), in denen die nachrangigen Gläubiger von vornherein keine Befriedigung erwarten können. Es werden daher ergänzende Regeln aufgestellt, die es zulassen, von einer Abstimmung dieser Gläubiger unter bestimmten Voraussetzungen abzusehen."; anders auch Uhlenbruck in: KTS 1992, S. 499 ff, 509.

b) Durchführung der Abstimmung

Die Stimmrechte der Gläubiger werden vom Urkundsbeamten der Geschäftsstelle in einem Verzeichnis (Stimmliste) festgehalten (§ 239 InsO). Dies entspricht der geltenden Rechtslage nach dem Vergleichsrecht (§ 71 Abs. 4 VerglO).

Abgestimmt wird jeweils in den in dem gestaltenden Teil des Insolvenzplanes festgelegten Gruppen (§ 221, 222, 243 InsO).[218] Sofern im Insolvenzplan die Rechte von Gläubigern mit unterschiedlichen Rechtsstellungen (vgl. §§ 35 ff. InsO) gestaltet werden, ist eine Gruppenbildung ex lege vorgeschrieben. Hierbei hat der Planersteller Pflichtgruppen gem. § 222 Abs. 1 Satz 2 Nr. 1-3 InsO zu bilden. Aus diesen (Haupt-) Gruppen können wiederum (Unter-)Gruppen gem. § 222 Abs. 2 Satz 1 InsO als Gläubiger mit gleichartigen wirtschaftlichen Interessen gebildet werden. Gem. § 222 Abs. 2 Satz 2 InsO müssen sich diese Gruppen sachgerecht voneinander abgrenzen lassen. Schließlich sieht § 222 Abs. 3 InsO die Bildung fakultativer Gruppen im Insolvenzplan vor.[219]

Zur Annahme des Insolvenzplanes sind die in § 244 Abs. 1 InsO vorgeschriebenen Mehrheiten *innerhalb jeder* Abstimmungsgruppe erforderlich. Danach muß in jeder Gruppe die Mehrheit der *abstimmenden* Gläubiger und eine Mehrheit der Summe der Ansprüche der *zustimmenden* Gläubiger erreicht sein (Kopf- und Summenmehrheit). Gegenüber dem Vergleichs- und Zwangsvergleichsrecht stellt dies eine wesentliche Vereinfachung dar,[220] da §§ 182 Abs. 1 KO und 74 VerglO auf die *anwesenden* Gläubiger abstellen und für die Summenmehrheit eine qualifizierte Mehrheit (75 % der Forderungen) fordern.

Da grundsätzlich die Zustimmung aller Gläubigergruppen zum Plan erforderlich ist, sieht das Gesetz in § 245 InsO (Obstruktionsverbot) unter bestimmten Voraussetzungen die Möglichkeit vor, die Zustimmung ablehnender Gläubigergruppen zum Plan zu ersetzen.[221] Damit soll verhindert werden, daß ein wirtschaftlich sinnvoller Plan am Widerstand einzelner Gläubiger scheitert.[222]

Im Rahmen des gerichtlichen Bestätigungsverfahrens gem. §§ 248 ff. InsO[223] hat das Gericht neben der Annahme des Planes durch die Gläubiger auch die Zustimmung des Schuldners

---

218 Zur Gruppenbildung im Insolvenzplan vgl. eingehend Teil 3.

219 Für die Gruppe der Kleingläubiger sollte nach der Begrdg. des RegE zu § 265 RegE InsO damit klargestellt werden, daß auch die geringe Höhe der Forderung ein "besonderes wirtschaftliches Interesse" begründet. Übertragen auf § 222 InsO bedeutet dies, daß eine Wahlgruppenbildung aus der Gruppe der nicht nachrangigen Gläubiger i.S.d. § 222 Abs. 1 Nr. 2 InsO gebildet werden kann. Zu den Abgrenzungsschwierigkeiten vgl. auch Smid in: Info 1997, S. 169 ff, 178 sowie unten Teil 3.

220 So auch Landfermann in: DB 1995, S. 1649 ff, 1655, der in den geringeren Mehrheitserfordernissen eine verbesserte Sanierungsmöglichkeit sieht; zu einem Beispiel für die Berechnung der Kopf- und Summenmehrheit vgl. Maus, Der Insolvenzplan, Rdnr. 59 ff; kritisch hierzu Uhlenbruck in: KTS 1992, S. 499 ff, 509 m.w.N.; Henckel in: KTS 1989, S. 477 ff, 485 und Grub in: ZIP 1993, S. 393 ff, 398; Balz hat bereits in: ZIP 1988, S. 273 ff, 286 auf diese Möglichkeit der Mehrheitsbildung hingewiesen.

221 Vgl. hierzu näher Teil 1, B, IV, 2, b) und unten: Teil 3, B, II.

222 RA BT zu § 290 RegE InsO, abgdr. in: Balz/Landfermann, Die neuen Insolvenzgesetze, S. 326.

223 RA BT zu § 295 RegE InsO, abgdr. in: Balz/Landfermann, Die neuen Insolvenzgesetze, S. 367.

nach § 247 InsO zu prüfen.[224] Die Zustimmung *gilt* danach als erteilt, wenn der Schuldner nicht spätestens im Abstimmungstermin schriftlich oder zu Protokoll der Geschäftsstelle widerspricht (§ 247 Abs. 1 InsO). Ein Widerspruch ist jedoch unter den Voraussetzungen des § 247 Abs. 2 InsO dann als mißbräuchlich zu werten, wenn:

- der Schuldner im Vergleich zur Regelabwicklung durch den Plan voraussichtlich nicht schlechtergestellt ist (Vergleichsrechnung) und

- kein Gläubiger mehr erhält, als er zivilrechtlich zu beanspruchen hätte.[225]

Das Gesetz überträgt damit den in § 245 InsO geregelten Gedanken des Obstruktionsverbotes auf das Zustimmungserfordernis durch den Schuldner. Gegen den Willen des Schuldners soll so wirtschaftlich sinnvollen Planlösungen zum Erfolg verholfen werden, wenn sie die schutzwürdigen Belange des Schuldners an einer Teilhabe am Realisierungserlös zumindest in Höhe des Liquidationswertes berücksichtigen.[226] Möglichen Bestrebungen des Schuldners zu Vermögensverschiebungen wird somit erfolgswirksam entgegengetreten.[227]

Welche Probleme dabei im Rahmen der Vergleichsrechnung auf das Gericht zukommen werden, wurde andeutungsweise bereits erörtert.[228] Hier gilt jedoch die Besonderheit, daß in die Vergleichsrechnung auch die Frage der Nachhaftung des Schuldners mit einzubeziehen ist.[229] Erfolgt die Verwertung nach den gesetzlichen Vorschriften, so steht dem Schuldner als natürlicher Person (Inhaber eines Einzelunternehmens) Anspruch auf Restschuldbefreiung nach den §§ 286 bis 303 InsO zu.[230] Liegt jedoch einer der Versagungsgründe des § 290 InsO vor und beantragt ein Gläubiger die Versagung, ist dem Schuldner der Weg für eine Befreiung von seinen nicht erfüllten Verbindlichkeiten versperrt. Ist ihm aber Restschuldbefreiung zu gewähren, ist sein Widerspruch beachtlich, wenn er durch den Plan einer weitergehenden Haftung unterworfen wird. Bei juristischen Personen, Personengesellschaften oder nichtrechtsfähigen Vereinen hat der Gesetzgeber eine Restschuldbefreiung nicht vorgesehen. Gleiches gilt für persönlich haftende Gesellschafter im Insolvenzverfahren über das Vermögen der Gesellschaft.[231] Allein über § 227 Abs. 2 InsO kann im Rahmen eines Insolvenzplanes Restschuldbefreiung gewährt werden. Wird jedoch über das Vermögen des persönlich haftenden Gesellschafters das Insolvenzverfahren eröffnet, kann auch er in den Genuß der Restschuldbefreiung nach § 286 ff InsO kommen, was wiederum bei der Vergleichsrechnung im Rahmen des § 247 Abs. 2 Nr. 1 InsO zu berücksichtigen ist.

Für die Ersetzung der Zustimmung des Schuldners zum Plan ist neben dem Schlechterstellungsverbot erforderlich, daß kein Gläubiger einen wirtschaftlichen Wert erhält, der den vol-

---

224 Dies gilt jedoch nur, wenn der Schuldner durch den Plan beeinträchtigt wird: so auch Begrdg. RegE zu § 293 RegE InsO, abgdr. in: Balz/Landfermann, Die neuen Insolvenzgesetze, S. 365.

225 Begrdg. RegE zu § 293 RegE InsO, abgdr. in: Balz/Landfermann, Die neuen Insolvenzgesetze, S. 365.

226 Begrdg. RegE zu § 293 RegE InsO, abgdr. in: Balz/Landfermann, Die neuen Insolvenzgesetze, S. 365.

227 So auch Balz in: ZIP 1988, S. 273 ff, 287 für das Obstruktionsverbot.

228 Zu den Kritikern dieser Regelung vgl.: Teil 1, B, IV, 2, b), Fn. 28, 133, 134; siehe auch: Teil 3, B, II, 5.

229 Stürner in: Leipold, S. 41 ff, 48; Balz in: ZIP 88, S. 273 ff, 284; Begrdg. RegE zu § 293 RegE InsO, abgdr. in: Balz/Landfermann, Die neuen Insolvenzgesetze, S. 365 ff. und zu § 270 RegE InsO, S. 341. Dies gilt jedoch nur, wenn eine von § 227 Abs. 1 InsO abweichende Vereinbarung im Plan getroffen wurde.

230 Vgl. näher Teil 1, A, III.

231 Begrdg. RegE zu § 235 RegE InsO, abgdr. in: Balz/Landfermann, Die neuen Insolvenzgesetze, S. 404.

len Betrag seines Anspruchs übersteigt (§ 247 Abs. 2 Nr. 2 InsO). Wie schon die Verfasser der Insolvenzordnung in der Begründung zu § 293 RegE InsO zum Ausdruck gebracht haben, soll damit das Recht des Schuldners auf den Überschuß, der nach der Verteilung der Insolvenzmasse an die Gläubiger noch verbleibt, geschützt werden.[232]

Bedeutung erlangt § 247 Abs. 2 Nr. 2 InsO vor allem dann, wenn der Schuldner im Plan nicht nach § 227 InsO von seinen Restverbindlichkeiten befreit wird. Im Zusammenhang mit der Auslegung des § 247 Abs. 2 Nr. 2 InsO stellt sich daher die Frage, ob die Zustimmung des Schuldners auch dann ersetzt wird, wenn zwar ein Gläubiger mehr erhält als ihm zivilrechtlich zustehen würde (§ 247 Abs. 2 Nr. 2 InsO), dieser Mehrerlös aber eigentlich anderen Gläubigern, die nicht zu 100 % befriedigt wurden, zustehen würde (unterstellt, es gäbe keine negativ votierende Gruppe, so daß § 245 Abs. 1 Nr. 2 i.V.m. Abs. 2 Nr. 1 InsO nicht eingreift).

Die Frage stellt sich aber bereits dann, wenn der dem einen Gläubiger zugeflossene Mehrwert auf einer Vereinbarung mit einem anderen Gläubiger beruht, der hierfür auf einen Teil seiner Forderungen verzichtet hat. Sofern der Schuldner von seinen Verbindlichkeiten plangemäß nach § 227 InsO befreit worden ist, würde er keinen Rechtsnachteil dadurch erleiden, daß ein Gläubiger zwar mehr erhält, andere Gläubiger aber auf einen Teil ihrer Forderung verzichtet haben. Lediglich in dem Fall, wo der Schuldner auch nach Abschluß des Planverfahrens für die Altverbindlichkeiten weiterhaftet, sind seine Rechte unangemessen beeinträchtigt, wenn ein Gläubiger mehr als 100 % seiner Forderung erhält. Hat jedoch ein anderer Gläubiger in Höhe dieses Mehrwertes auf seine Forderung verzichtet, liegt ebenfalls keine Rechtsbeeinträchtigung vor, da eine Nachhaftung des Schuldners in diesem Umfange nicht besteht.

§ 247 Abs. 2 Nr. 2 InsO muß daher restriktiv interpretiert werden. Eine Schlechterstellung des Schuldners nach § 247 Abs. 2 Nr. 2 InsO greift nur dann ein, und wäre sein Widerspruch daher beachtlich, wenn zugunsten des Schuldners auch nach Verteilung der realisierten Erträge anhand der gesetzlichen Rangfolge tatsächlich ein Übererlös zugestanden hätte. Beruht der dem einen Gläubiger zufließende Mehrwert jedoch darauf, daß ein anderer Gläubiger in dieser Höhe auf seine Forderung verzichtet, trifft den Schuldner insoweit keine Nachhaftung. Ein Rechtsnachteil wäre in diesem Fall aber selbst dann ausgeschlossen, wenn der Schuldner gem. § 227 InsO von seinen restlichen Verbindlichkeiten befreit wäre, da dieser Mehrerlös immer zunächst dem verzichtenden Gläubiger zugestanden hätte. Der Sinn und Zweck des § 247 Abs. 2 Nr. 2 InsO kann solche Fallkonstellationen daher nicht erfassen. Andernfalls würde sich ein Raum für ungerechtfertigte Reichtumsverschiebungen eröffnen.

Die vorangestellten Ausführungen zeigen bereits, daß die Fälle, in denen ein Widerspruch des Schuldners tatsächlich einer Bestätigung des Planes entgegenstehen kann, eher selten sein werden.[233] Zudem hat Stürner a.a.O. darauf hingewiesen, daß jede plangemäße Fortführung des Unternehmens nur mit Zustimmung des Schuldners denkbar ist.

Bei Personengesellschaften und juristischen Personen wird die Zustimmung zum Plan durch den Fortsetzungsbeschluß zum Ausdruck gebracht. Der Anwendungsbereich des § 247 InsO

---

[232] Begrdg. RegE zu § 293 RegE InsO, abgdr. in: Balz/Landfermann, Die neuen Insolvenzgesetze, S. 365.

[233] Aus diesem Grunde erscheinen die Bedenken der Kritiker (vgl. Fn. 28, 133, 134), zumindest im Rahmen des § 247 InsO überzogen; Stürner in: Leipold, S. 41 ff, 46 f; Uhlenbruck, S. 499 ff, 510 f; Schiessler, Der Insolvenzplan, S. 174.

reduziert sich daher auf die plangemäße Liquidation bzw. übertragende Sanierung mittels Übertragungsplan.

Seinen eigenen Planvorlagen wird der Schuldner zudem kaum seine Zustimmung verweigern. Insgesamt gewährt die Regelung in § 247 InsO einen interessengerechten Ausgleich zwischen der optimalen Haftungsverwirklichung des Schuldnervermögens und dem berechtigten Interesse des Schuldners an einem nach der Verwertung der Insolvenzmasse und der Verteilung des Erlöses an die Gläubiger verbleibenden Überschuß.

IV. Die Bestätigung durch das Insolvenzgericht

Nachdem der Erörterungs- und Abstimmungstermin stattgefunden hat[234] und bereits im Abstimmungstermin die Zustimmung der betroffenen Gläubiger und des Schuldners festzustellen waren, prüft das Gericht nunmehr, ob der Plan mit den nach § 244 InsO erforderlichen Mehrheiten (ggf. mit Hilfe der Zustimmungsersetzung über das Obstruktionsverbot des § 245 und über § 246 InsO) angenommen wurde. Auch das Vorliegen der Zustimmung des Schuldners nach § 247 InsO ist Gegenstand des gerichtlichen Bestätigungsverfahrens gem. § 248 InsO.

Mit der Gleichstellung von ausdrücklicher Zustimmung und Zustimmungsfiktionen durch den Klammerzusatz in § 248 InsO hat der Rechtsausschuß des Bundestages klarstellen wollen, daß über das Vorliegen der Voraussetzungen für diese Zustimmungsfiktionen auch im Bestätigungsverfahren entschieden werden soll.[235]

Sofern im Plan vorgesehen ist, daß vor seiner Bestätigung bestimmte Leistungen erbracht oder andere Maßnahmen verwirklicht werden sollen (bedingter Plan gem. § 249 InsO), prüft das Gericht auch, ob die im Plan vorgesehenen aufschiebenden bzw. auflösenden Bedingungen[236] eingetreten sind. Das Gericht hat auch zu untersuchen, ob ein Verstoß gegen Verfahrensvorschriften i.S.d. § 250 InsO vorliegt. Schließlich ist im Vorfeld der Bestätigung die Einhaltung des Minderheitenschutzes auf Antrag eines Gläubigers gem. § 251 InsO zu prüfen.[237]

Vor seiner Entscheidung hat das Gericht gem. § 248 Abs. 2 InsO den Insolvenzverwalter, den bestellten Gläubigerausschuß und den Schuldner anzuhören. Im Rahmen der Anhörung können die Beteiligten die Gründe vorbringen, aufgrund derer sie eine Versagung der Bestätigung von Amts wegen als erforderlich ansehen.

Die Entscheidung des Gerichtes über die Planbestätigung ergeht durch Beschluß (§ 252 InsO), der bereits im Abstimmungstermin oder in einem alsbald danach anzuberaumenden Termin verkündet werden kann. Sowohl den Stimmberechtigten als auch den Gläubigern streitiger Forderungen[238] steht gegen diesen Beschluß die sofortige Beschwerde zu (§ 253 InsO).

---

234 Anders noch die Begrdg. RegE InsO zu § 295 RegE InsO, abgdr. in: Balz/Landfermann, Die neuen Insolvenzgesetze, S. 366.

235 RA BT zu § 295 RegE InsO, abgdr. in: Balz/Landfermann, Die neuen Insolvenzgesetze, S. 367.

236 Zum bedingten Plan vgl. auch die Ausführungen im 1. Teil, D, IV, 4, b).

237 Zu den Anforderungen vgl. schon 1. Teil, B, III, 1.

238 Begrdg. RegE zu § 300 RegE InsO, abgdr. in: Balz/Landfermann, Die neuen Insolvenzgesetze, S. 371.

V. Die Planerfüllung und deren Überwachung

Erst mit Rechtskraft des Beschlusses treten gem. § 254 InsO die im gestaltenden Teil festgelegten Wirkungen für und gegen alle Beteiligten ein, unabhängig davon, ob sie tatsächlich am Verfahren teilgenommen haben.[239] Es kann dann aus dem Plan in Verbindung mit der Eintragung in die Tabelle vollstreckt werden. Das Insolvenzverfahren wird durch Beschluß des Insolvenzgerichtes aufgehoben (§ 258 Abs. 1 InsO), womit auch die Ämter des Insolvenzverwalters und der Mitglieder des Gläubigerausschusses erlöschen (§ 259 Abs. 1 Satz 1 InsO). Der Schuldner erhält wieder die Verfügungsbefugnis über das zur Insolvenzmasse gehörende Vermögen zurück (§ 259 Abs. 1 Satz 2 InsO).

Etwas anderes kann sich jedoch im Falle der Anordnung der Planüberwachung gem. §§ 260 ff InsO ergeben (§ 259 Abs. 2 InsO).

1. Systematische Grundlagen

Gemäß § 260 Abs. 1 InsO kann (fakultativ)[240] im gestaltenden Teil des Insolvenzplans (§ 221 InsO) die Überwachung der Erfüllung des Insolvenzplanes vorgesehen werden. Ist dem Plan eine dahingehende Bestimmung nicht zu entnehmen, unterbleibt eine solche Maßnahme. Einer ausdrücklichen Regelung im gestaltenden Teil des Insolvenzplans, daß eine Planüberwachung nicht stattfindet, bedarf es dabei grundsätzlich nicht, kann sich jedoch aus Gründen der Rechtsklarheit und Rechtssicherheit für die beteiligten Gläubiger und den Schuldner anbieten.[241] Die Aufgabe der Überwachung obliegt dem Insolvenzverwalter (im Falle einer angeordneten Eigenverwaltung dem Sachwalter), dessen Amt insofern fortbesteht (§ 261 Abs. 1 Satz 1 InsO).

Seine Befugnisse zur Durchsetzung der Überwachungsfunktion ergeben sich aus §§ 261 Abs. 1 Satz 3 i.V.m. 22 Abs. 3 InsO. War ein Gläubigerausschuß bestellt, bestehen auch die Ämter seiner Mitglieder fort.

Die Überwachung der Planerfüllung erfolgt im Rahmen eines Nachverfahrens. Bereits nach der Kommission für Insolvenzrecht sollte das Nachverfahren der Planüberwachung nicht als ein "weiterer Verfahrensabschnitt in das einheitliche Insolvenzverfahren" eingegliedert werden.[242] Begründet wurde dies damit, daß das am Wirtschaftsleben wieder teilnehmende reorganisierte Unternehmen nicht unter dem Mantel der Insolvenz am Markt tätig sein soll. Neben den mit der Eröffnung des Insolvenzverfahrens bestehenden wettbewerbsverzerrenden Bedingungen (Vollstreckungsschutz u.ä.) sollen vor allem auch die Nachteile vermieden werden,

---

239 Begrdg. RegE zu § 301 RegE InsO, abgdr. in: Balz/Landfermann, Die neuen Insolvenzgesetze, S. 373.

240 Anders noch die Kommission für Insolvenzrecht, die von einer Überwachung als Regelfall ausging, sofern im Plan keine anderweitige Regelung getroffen worden ist (vgl. E.B. Leitsatz 2.3.1., S. 205); Bork in: Leipold S. 51 ff, 59; Für die Konzeption nach der InsO bereits K. Schmidt, Gutachten zum 54. DJT, S. 11 ff, 93.

241 Nur i.d.S. kann der Hinweis von Braun verstanden werden, wenn er auf die Möglichkeit verweist, daß im Plan selbst geregelt werden kann, daß eine Überwachung der Erfüllung nicht erfolgt: ders. in: Braun/Uhlenbruck, Unternehmensinsolvenz, 7.Teil, C, V, 2, S. 489.

242 Vgl. EB zu Leitsatz 2.3.1., S. 206.

die mit der Kenntnis von einem Insolvenzverfahren bei der Mehrheit der Marktteilnehmer verbunden sind. Schließlich spreche auch die Verfahrensökonomie für eine solche Gestaltung des Nachverfahrens. Ein ausreichender Schutz für die Gläubiger ist allein dadurch gewährleistet, daß sie aus dem rechtskräftig bestätigten Insolvenzplan vollstrecken können. Gleichzeitig können sie die Eröffnung eines neuen Insolvenzverfahrens beantragen, wenn der Schuldner die plangemäß versprochenen Leistungen nicht erbringen kann.[243]

Mit rechtskräftiger Bestätigung des Insolvenzplans und der Aufhebung durch das Gericht (§ 258 Abs. 1 InsO) ist das Insolvenzplanverfahren abgeschlossen. Die Wirkungen der Eröffnung des Insolvenzverfahrens (Verfügungsbeschränkungen, Vollstreckungsverbote u.ä.) erlöschen, so daß es sich im Falle einer erneuten Verfahrenseröffnung um ein neues eigenständiges Insolvenzverfahren handeln würde.

Die Zwangsvergleichsverfahren nach der KO bzw. GesO sehen eine Überwachung der Planerfüllung nicht vor. Demgegenüber findet sich eine differenzierende Regelung in den §§ 90 ff VerglO, wobei ein Nachverfahren auf zwei Wegen zustande kommen kann. Der Schuldner kann sich im Vergleich freiwillig der Überwachung durch einen oder mehrere Sachwalter unterwerfen (vgl. § 91 Abs. 1, Abs. 2 Satz 1 i.V.m. §§ 92 - 95 VerglO). In diesem Fall wird das Vergleichsverfahren mit rechtskräftiger Bestätigung des Vergleiches aufgehoben. Wird das Vergleichsverfahren hingegen nicht mit Bestätigung des Vergleichs nach §§ 90, 91 VerglO aufgehoben, ist eine Überwachung durch den Vergleichsverwalter gesetzlich vorgeschrieben (vgl. § 96 Abs. 1, 2 VerglO).[244]

2. Gegenstand der Planüberwachung

Eine Überwachung der Erfüllung des Insolvenzplans wird sich in den Fällen anbieten, in denen der Plan die Fortführung des gemeinschuldnerischen Geschäftsbetriebes durch den alten Unternehmensträger vorsieht und die Gläubiger aus den Erträgen des fortgeführten Unternehmens befriedigt werden sollen.[245]

Gegenstand der Überwachung können nach dem eindeutigen Wortlaut des § 260 Abs. 2 InsO jedoch nur die im gestaltenden Teil des Plans vorgesehenen schuldrechtlichen und dinglichen *Ansprüche* der Gläubiger gegen den Schuldner oder nach § 260 Abs. 3 InsO gegen die Übernahmegesellschaft sein. Zu Eingriffen in die Geschäftsführung des Schuldners ist der Verwalter hingegen nicht befugt.[246]

Mit Aufhebung des Insolvenzplanverfahrens erlangt der Schuldner grundsätzlich seine Verfügungsbefugnis uneingeschränkt zurück (vgl. § 259 Abs. 1 Satz 2 InsO), es sei denn im gestaltenden Teil des Planes ist ein Zustimmungserfordernis mit Außenwirkung i.S.d. § 263 Satz 1 InsO enthalten.

---

[243] Vgl. EB zu Leitsatz 2.3.1., S. 205 f.
[244] Begrdg. RegE zu § 307 RegE InsO, abgdr. in: Balz/Landfermann, Die neuen Insolvenzgesetze, S. 379.
[245] Begrdg. RegE zu § 307 RegE InsO, abgdr. in: Balz/Landfermann, Die neuen Insolvenzgesetze, S. 380.
[246] Begrdg. RegE zu § 308 RegE InsO, abgdr. in: Balz/Landfermann, Die neuen Insolvenzgesetze, S. 381.

Die wiedererlangte Autonomie des Schuldners wird zudem dadurch gestärkt, daß der Verwalter auch nicht durch Zwangsmaßnahmen auf die Planerfüllung durch den Schuldner Einfluß nehmen kann. Dem Verwalter stehen nur die Zwangsmittel nach §§ 261 Abs. 1 Satz 3 i.V.m. 22 Abs. 3 InsO (Recht zum Betreten der Geschäftsräume für Nachforschungen, Einsicht in die Bücher und Geschäftspapiere des Schuldners, Auskunftsrecht) zur Verfügung. Um den Schuldner zur Planerfüllung anzuhalten, ist er im wesentlichen auf die informelle Einflußnahme bzw. die Drohung mit der Einleitung eines erneuten Insolvenzverfahrens beschränkt.[247] Zum anderen ist auch die Erfüllung der im Plan vorgesehenen organisatorischen Umstrukturierungsmaßnahmen (worunter neben gesellschaftsrechtlichen auch jegliche leistungswirtschaftliche Maßnahmen, wie sie im darstellenden Teil beschrieben sind, fallen) von der Planüberwachung ausgenommen.[248] Dies spricht wiederum für die Aufnahme bestimmter gesellschaftsrechtlicher Beschlüsse in einen bedingten Plan, da vor Erfüllung der Bedingung das Gericht den Plan nicht bestätigen darf (§ 249 InsO). Auch wenn in die Planüberwachung die Ansprüche der absonderungsberechtigten Gläubiger mit einbezogen sind, so kommt dem nur eingeschränkte Bedeutung zu, wenn ihre Sicherheiten fortbestehen oder ihnen Ersatzsicherheiten eingeräumt worden sind.[249]

3. Überwachung einer Übernahmegesellschaft, Verfügungsbeschränkungen des Schuldners

Mit § 260 Abs. 3 InsO eröffnet der Gesetzgeber die Möglichkeit, die Planüberwachung auf eine zum Zweck der Übernahme und Weiterführung des Unternehmens oder Betriebs als organisatorische Einheit neu gegründete Übernahmegesellschaft zu erstrecken. Die Verwendung des Begriffes der Übernahmegesellschaft zielt auf die plangemäße übertragenden Sanierung ab, zu deren Zweck häufig ein neuer Rechtsträger gegründet wird.[250] Nach der bisherigen Praxis der Insolvenzabwicklung kam dabei eine Beteiligung der Inhaber/Gesellschafter des insolventen Rechtsträgers an der neuen Übernahmegesellschaft nur dann in Betracht, wenn nicht eine unbeschränkte Nachhaftung nach Abschluß des Konkursverfahrens gegeben war. Andernfalls stand zu befürchten, daß die Gläubiger nach Abschluß des Verfahrens in die Geschäftsanteile des Schuldners vollstrecken.

Um solche Risiken auszuschließen, werden Gesellschafter der neu gegründeten Gesellschaft entweder außenstehende Dritte, die am Schuldner bislang nicht beteiligt waren, oder Familienangehörige des Schuldners sein. Ein Risikopotential für die Gläubiger ergibt sich in diesem Fall allein dadurch, daß der Schuldner als Geschäftsführer oder Arbeitnehmer intern eine große Einfluß- und Gestaltungsmöglichkeit hat. Reichtumsverschiebungen zu Lasten einzelnen Gläubiger ist durch dieses Einflußpotential des Schuldners bzw. der Altgläubiger als neue Gesellschafter möglich.[251]

Ein solches Risiko mag auch der Gesetzgeber gesehen haben, als er die Möglichkeit der Überwachung der Erfüllung der Ansprüche gegenüber der neu gegründeten Übernahmegesell-

247 Bork in: Leipold, S. 51 ff, 59 f.

248 Anders noch die Kommission: E.B. zu Leitsatz 2.3.1., S. 207; vgl. auch Bork in: Leipold, S. 51 ff, 59 f.

249 Begrdg. RegE zu § 307 RegE InsO, abgdr. in: Balz/Landfermann, Die neuen Insolvenzgesetze, S. 380.

250 Groß, Sanierung durch Fortführungsgesellschaften, S. 145 ff.

251 Uhlenbruck in: NJW 1975, S. 897 ff, 898.

schaft eingeräumt hat. In der Begründung des Regierungsentwurfes wurde die Rechtfertigung darauf gestützt, daß sich die Übernahmegesellschaft von vornherein auf diese Einschränkungen einstellen kann.[252] Warum den Gesellschaftern einer schon vor Verfahrenseröffnung bestehenden Gesellschaft eine Überwachung nicht zuzumuten sei, kann damit jedoch nicht begründet werden.

Ohne weiteres läßt sich diese Argumentation auf die bereits bestehenden Übernahmegesellschaften übertragen, da auch sie nicht zur Übernahme gezwungen werden können. Schiessler sieht zutreffend den eigentlichen Regelungszweck des § 260 Abs. 3 InsO darin, daß bereits bestehende Gesellschaften nicht durch zusätzliche Maßnahmen von einer Übernahme abgehalten werden sollen.[253] Nach Bork bestehen gegen die geschilderte Beschränkung der Überwachung auf neue Gesellschaften dann kein Bedenken, wenn es sich bei wirtschaftlicher Betrachtung um einen vom Schuldner unabhängigen Rechtsträger handelt.

Dem liegt wohl der Gedanke zugrunde, daß das Risikopotential für die Gläubiger in diesem Fall nicht so groß sein wird.[254]

Im Ergebnis trägt dieser Ansatz den eingangs geschilderten Problemen im Falle einer übertragenden Sanierung bei wirtschaftlicher Einflußmöglichkeit des Schuldners Rechnung und ist daher zu begrüßen. Schließlich macht Maus[255] auf einen Umstand aufmerksam, der es gleichfalls als gerechtfertigt erscheinen läßt, auch neu gegründete Gesellschaften von der Überwachung auszunehmen. Dies kann für den Fall gelten, daß bereits bestehende Gesellschaften neue Übernahmegesellschaften für den in § 260 Abs. 3 InsO umschriebenen Zweck gründen, um neben einer besseren eigenen Kontrolle der Wirtschaftlichkeit der neuen Unternehmung auch das Risiko für den bisherigen Rechtsträger (vgl. § 613a BGB) zu minimieren. Handelt es sich zudem um vom Schuldner unabhängige Gesellschafter, werden sie sich gegen eine Überwachung durch einen Verwalter stellen.

Es bieten sich nach Auffassung von Maus zwei Lösungen an: entweder wird in diesem Fall auf die Überwachung verzichtet oder der Kaufpreis wird sofort bezahlt, so daß es nichts mehr zu überwachen gibt. Bei größeren insolventen Unternehmen und damit einhergehenden höheren Kaufpreisen wird die zweite Lösungsmöglichkeit nicht immer realisierbar sein. Nicht selten werden übertragende Sanierungen daher mit Pachtmodellen (diese beinhalten dann auch zeitlich befristete Kaufoptionen, deren Annahme allein durch eine Willenserklärung seitens des Pächters erfolgen kann) hinsichtlich der unbeweglichen Teile des Anlagevermögens kombiniert oder werden Ratenzahlungsvereinbarungen getroffen. Eine Bezahlung der mitverkauften Warenvorräte erfolgt zudem häufig erst nach sukzessiver Verarbeitung und Erhalt des Kaufpreises vom Drittkäufer.

Da es sich bei § 260 Abs. 3 InsO nicht um eine zwingende Bestimmung handelt, wird die Praxis eine an den Besonderheiten des Einzelfalles orientierte Entscheidung zur Aufnahme einer Überwachung der Übernahmegesellschaft in den gestaltenden Teil des Insolvenzplanes treffen. Anreiz hierfür schafft nicht zuletzt die in § 269 InsO normierte Kostentragungsver-

---

252 Begrdg. RegE zu § 307 RegE InsO, abgdr. in: Balz/Landfermann, Die neuen Insolvenzgesetze, S. 380.
253 So auch Schiessler, Der Insolvenzplan, S. 210; Bork in: Leipold, S. 51 ff, 61.
254 Bork in: Leipold, S. 51 ff, 61.
255 Maus, Der Insolvenzplan, Rdnr. 82 f.

pflichtung. Die Kosten der Überwachung trägt danach der Schuldner (§ 269 Satz 1 InsO) bzw. die Übernahmegesellschaft (§ 269 Satz 2 InsO).

Nach § 263 InsO kann im gestaltenden Teil des Planes vorgesehen werden, daß bestimmte Rechtsgeschäfte des Schuldners oder der Übernahmegesellschaft während der Zeit der Überwachung nur wirksam werden, wenn der Verwalter ihnen zustimmt. In diesem Fall wird die sonst unbeschränkte Verfügungsbefugnis des Schuldners (§259 Satz 2 InsO) eingeschränkt, wobei diesem Zustimmungsvorbehalt Außenwirkung zukommt. Dies bedeutet, daß ohne Zustimmung vorgenommene Rechtsgeschäfte Dritten gegenüber nicht wirksam sind, sofern ein Gutglaubensschutz nicht besteht (vgl. §§ 263 Satz 2 i.V.m. 81 Abs. 1, 82 InsO). Zutreffend weist Bork daraufhin, daß sich die praktische Relevanz des Gutglaubensschutzes in Grenzen halten wird, da nach §§ 267 Abs. 1, Abs. 2 Nr. 2, Abs. 3 Satz 2 i.V.m. 32, 33 InsO die Eintragung des Zustimmungsvorbehaltes im Grundbuch erfolgt.[256]

Da § 263 InsO überdies nur als Ausnahmevorschrift konzipiert ist, soll sich der Zustimmungsvorbehalt nur auf solche Rechtsgeschäfte beziehen, die wirtschaftlich besonders bedeutsam sind oder denen ein besonderes Risiko anhaftet.[257]

4. Prozessuale Besonderheiten

Sowohl die Planüberwachung als auch die Aufhebung derselben sind im Interesse des Rechtsverkehrs gem. §§ 267 Abs. 1, 268 Abs. 2 Satz 2 i.V.m. 9 InsO öffentlich bekanntzumachen. Eine Eintragung ins Handels-, Genossenschafts- oder Vereinsregister erfolgt unter den Voraussetzungen des §§ 267 Abs. 3 Satz 1 i.V.m. 31 InsO. Daneben erfolgt eine Eintragung des Zustimmungsvorbehaltes (§ 263 InsO) im Grundbuch gem. § 267 Abs. 3 Satz 2 i.V.m. § 32 InsO, da der Schuldner insofern in seiner Verfügung über ein Grundstück oder ein Recht an diesem beschränkt ist. Der Zeitpunkt der Aufhebung der Überwachung ist in § 268 InsO geregelt. Danach beschließt das Gericht die Aufhebung der Überwachung, wenn:

- die im gestaltenden Teil des Plans enthaltenen Ansprüche der Gläubiger erfüllt sind oder dies zumindest sichergestellt ist (§ 268 Abs. 1 Nr. 1 InsO),

- seit der Aufhebung des Insolvenzverfahrens drei Jahre verstrichen sind und kein neuer Insolvenzeröffnungsantrag vorliegt (§ 268 Abs. 1 Ziff 2 InsO). Im Fall eines solchen Antrages dauert die Überwachung an, bis ein neues Insolvenzverfahren eröffnet oder der Eröffnungsantrag rechtskräftig abgelehnt wird.[258]

Der Beschluß über die Aufhebung der Überwachung ist unanfechtbar, da ein Recht zur sofortigen Beschwerde nicht normiert ist (vgl. § 6 InsO). Wie die öffentliche Bekanntgabe der Überwachung ist auch die Aufhebung in den einschlägigen Registern gemäß §§ 268 Abs. 2 Satz 2, 267 Abs. 3 Satz 1, 2 i.V.m. 31, 32, 33 InsO zur Eintragung zu bringen.

---

[256] Bork in: Leipold, S. 51 ff, 62, Fn. 49.
[257] Begrdg. RegE zu § 310 RegE InsO, abgdr. in: Balz/Landfermann, Die neuen Insolvenzgesetze, S. 382.
[258] Begrdg. RegE zu § 315 RegE InsO, abgdr. in: Balz/Landfermann, Die neuen Insolvenzgesetze, S. 386.

D. Die Arten von Insolvenzplänen

Auf der Grundlage der bereits dargestellten Ziele des Insolvenzplanverfahrens wird es zunächst Aufgabe des Planerstellers sein, einen inhaltlich strukturierten Insolvenzplan auszuarbeiten, der die von ihm ins Auge gefaßten Planprämissen enthält.

In den §§ 217, 221 InsO hat der Gesetzgeber umschrieben, welche Regelungen die Beteiligten in einem Insolvenzplan treffen können. Abweichend von den gesetzlichen Bestimmungen des allgemeinen Insolvenzverfahrens kann ein Insolvenzplan inhaltlich gem. § 217 InsO die Befriedigung der Absonderungsberechtigten sowie der Insolvenzgläubiger, die Verwertung der Insolvenzmasse und deren Verteilung an die Beteiligten regeln. Auch die Frage der Nachhaftung des Schuldners nach Beendigung des Insolvenzverfahrens kann miteinbezogen werden. Äußert sich der Insolvenzplan hierzu nicht, ist die Restschuldbefreiung gem. § 227 Abs. 1 InsO die Regel. Schließlich können in einem Insolvenzplan abweichende Bestimmungen zum Erhalt des Unternehmens getroffen werden (§ 1 Satz 1 InsO).

Der Gesetzgeber hat den weitreichenden inhaltlichen Regelungen aber auch Grenzen gesetzt. So bestimmt § 225 Abs. 3 InsO, daß im Insolvenzplan die Haftung des Schuldners nach Beendigung des Insolvenzverfahrens für Geldstrafen und die diesen in § 39 Abs. 1 Nr. 3 InsO gleichgestellten Verbindlichkeiten weder ausgeschlossen noch eingeschränkt werden kann.

Als Nichtbeteiligte i.S.d. §§ 217 ff. InsO können auch die Rechte der aussonderungsberechtigten Gläubiger durch einen Insolvenzplan nicht beeinträchtigt werden. Ihnen stehen die Gläubiger gleich, die sich zur Sicherung ihres Anspruches auf Übereignung eines unbeweglichen Gegenstandes eine Vormerkung im Grundbuch eintragen ließen. Insofern können diese Gläubiger volle Befriedigung aus der Insolvenzmasse verlangen.[259]

Entgegen § 253 RegE InsO ist nach der Gesetz gewordenen Fassung der Insolvenzordnung auch ein Eingriff in die Rechtsstellung der an dem schuldnerischen Unternehmen beteiligten Personen mittels Insolvenzplan nicht möglich.[260] Eine Ausnahme enthält insoweit § 227 Abs. 2 InsO. Danach kann in einem Insolvenzplan die Nachhaftung der persönlich haftenden Gesellschafter selbst dann geregelt werden, wenn das Insolvenzverfahren über das Vermögen der Gesellschaft eröffnet wurde. Mit dem Verweis auf § 227 Abs. 1 InsO ist auch hier vom Regelfall auszugehen, daß - sofern keine anderweitige Regelung im Insolvenzplan getroffen wird - die persönlich haftenden Gesellschafter mit der im Insolvenzplan vorgesehenen Befriedigung der Insolvenzgläubiger von den restlichen Verbindlichkeiten befreit sind.[261]

Die vorstehenden Ausführungen zeigen bereits, daß dem Planersteller - der gesetzlichen Intention folgend - ein weitgehender Gestaltungsspielraum zur Verfügung steht, der es dem Schuldner in Abstimmung mit der Gesamtgläubigerschaft ermöglicht, eine optimale Verwertungsentscheidung im Verhandlungsprozeß zu entdecken und zu verwirklichen. Der Gestal-

---

[259] Schmidt-Räntsch, InsO, Teil 2, § 217 Rdnr. 6.

[260] Balz/Landfermann, Die neuen Insolvenzgesetze, zu § 221 InsO, S. 333, FN. 9.

[261] Soweit § 253 Abs. 1 RegE InsO noch einen Eingriff in die Rechtsstellung der persönlich haftenden Gesellschafter mit einem Insolvenzplan vorsah, ist dieser Zusatz aufgrund einer redaktionellen Verkürzung nicht in § 217 InsO übernommen worden, vgl. RA BT zu § 253 RegE InsO, abgdr. in: Balz/Landfermann, Die neuen Insolvenzgesetze, S. 325.

tungsspielraum reicht dabei von der Einzelzerschlagung der Vermögenswerte, der übertragenden Sanierung des Geschäftsbetriebes bis hin zur Eigensanierung des alten Rechtsträgers. Durch die Gruppenbildung gem. § 222 InsO kann der Planersteller den unterschiedlichen Interessen der am Insolvenzplanverfahren Beteiligten Rechnung tragen. Für jede der gebildeten Gläubigergruppen kann der Plan unterschiedliche Regelungen vorsehen.

Auch die Interessen des Schuldners an einer Befreiung von seinen nach der Verwertung der Insolvenzmasse und der Verteilung an die Gläubiger verbleibenden Verbindlichkeiten können angemessen berücksichtigt werden. Vor dem Hintergrund des noch in § 255 RegE InsO geregelten Planinitiativrechtes einer Gläubigerminderheit und der am Kapital des Schuldners zu mindestens einem Fünftel beteiligten Personen sowie der persönlich haftenden Gesellschafter, sprachen die Verfasser der Insolvenzordnung auch von einem "Wettbewerb um die beste Verwertungsart"[262], wodurch Marktprozesse stimuliert werden sollen.[263]

Die Ermöglichung privatautonomer Entscheidungs- und Gestaltungsprozesse ist Ausdruck der mit der Insolvenzordnung und insbesondere den Bestimmungen zum Insolvenzplanverfahren angestrebten Deregulierung des Insolvenzrechts. Solange dem Hauptzweck der optimalen Haftungsverwirklichung bei gleichzeitiger Vollabwicklung des Schuldnervermögens unter Wahrung der Vermögensrechte der einzelnen Beteiligten Rechnung getragen wird, ist ein Höchstmaß an Differenzierung und Individualisierung der Planinhalte zuzulassen.[264] Dem Gesetzgeber zufolge soll dies dadurch gewährleistet werden, daß sämtliche Verwertungsarten den Beteiligten gleichrangig zur Verfügung stehen.

In der allgemeinen Begründung zum Regierungsentwurf schreibt der Gesetzgeber hierzu:

"Jede von den Beteiligten angestrebte und legitimierte Art der Masseverwertung ist zuzulassen: Es braucht nicht hoheitlich beurteilt zu werden, ob eine angestrebte Sanierung etwa von Dauer sei oder ein bestimmtes wirtschaftliches Ergebnis erzielt werde."... (Es ist) deshalb den Beteiligten ein Höchstmaß an Flexibilität für die einvernehmliche Bewältigung der Insolvenz zu gewähren. Die Beteiligten müssen in einem Insolvenzplan in jeder Hinsicht von der gesetzlichen Zwangsverwertung der Insolvenzmasse abweichen können."[265]

Dieser Gleichrangigkeit von Liquidation und Sanierung entspricht auch das vom Gesetzgeber geschaffene einheitliche Insolvenzverfahren. Unabhängig davon, ob die Gläubigerversammlung im Berichtstermin die Liquidation, die übertragende Sanierung oder die Reorganisation des Schuldnervermögens beschließt (§ 157 InsO), stellt die Insolvenzordnung ein einheitliches materielles und formelles Insolvenzrecht zur Verfügung.[266]

---

262 Vgl. zu der Frage, ob auch nach der Neufassung des § 218 InsO noch von einem solchen Wettbewerb die Rede sein kann, die Ausführungen im Teil 2, A, III, 1, b).

263 Allg. Begrdg. RegE, abgdr. in: Balz/Landfermann, Die neuen Insolvenzgesetze, S. 9, 10, 12, 32.

264 Allg. Begrdg. RegE, abgdr. in: Balz/Landfermann, Die neuen Insolvenzgesetze, S. 12, 20.

265 Allg. Begrdg. RegE, abgdr. In: Balz/Landfermann, Die neuen Insolvenzgesetze, S. 12; Zu Recht hat Schiessler, Der Insolvenzplan, S. 106, darauf hingewiesen, daß dies keine Folge des Zufalles, sondern Ausdruck der Marktkonformität als Leitbild der Insolvenzordnung ist.

266 Vgl. Gerhardt in: Leipold, S. 1 ff, 6.

Trotz des großen gestalterischen Spielraumes werden sich in der Praxis bestimmte Arten von Insolvenzplänen durchsetzen. Damit wird zum einen dem Umstand Rechnung getragen, daß es Ziel des jeweiligen Planerstellers ist, die gem. §§ 244, 245 Abs. 1 Nr. 3 InsO erforderlichen Mehrheiten der zur Abstimmung berechtigten Gläubiger zu erlangen. Diesem Ziel sich unterzuordnen bedeutet für den Planverfasser, daß er bereits in einer frühen Phase der Planerstellung den Gläubigern gegenüber zum Ausdruck bringen muß, welche Planziele er verfolgt. Da die Gläubiger berechtigt sind, in der ersten Gäubigerversammlung den Verwalter mit einem Planvorschlag zu beauftragen und ihm hierbei das Ziel des Plans vorgeben können (§ 157 Sätze 2, 3 InsO), dient die Information der Gläubiger auch dazu, die eigenen Planziele mit der Mehrheit der Gläubiger abzustimmen. Mit der Typisierung der Planarten soll darüber hinaus eine Selbstkontrolle erreicht werden, ob das mit dem Insolvenzplan erstrebte Ergebnis auch umgesetzt werden kann.[267]

Orientiert an den möglichen Planzielen, lassen sich folgende Arten von Insolvenzplänen unterscheiden:

I. Der Liquidationsplan

Die bislang in den alten Bundesländern geltende Konkursordnung erfüllt im System des bisherigen deutschen Insolvenzrechts die Funktion, den Verfahrenszweck der Liquidation zu gewährleisten. Die Realisierung der Gläubigeransprüche erfolgt im Rahmen eines kollektiven Vollstreckungsverfahrens mit der Zielsetzung, durch Einzel- oder Gesamtveräußerung der zur Konkursmasse gehörigen Vermögensgegenstände die Haftungsverwirklichung im Interesse einer bestmögliche Befriedigung der Gläubiger durchzusetzen.[268] Dem Konkursverwalter obliegt die Pflicht, unmittelbar nach Eröffnung des Konkursverfahrens das gesamte, zur Konkursmasse gehörende Schuldnervermögen in Besitz zu nehmen, zu verwalten und zu verwerten (§ 117 Abs. 1 KO). Auch wenn die in den neuen Bundesländern geltende Gesamtvollstreckungsordnung als Regelfall der Insolvenzabwicklung die Zerschlagungsliquidation vorsieht, stellt sie jedoch auch einen Rechtsrahmen zur Verfügung, der es dem Verwalter ermöglicht, im Zusammenwirken mit den Gläubigern "... in anderer Weise (über das gemeinschuldnerische Vermögen) zu verfügen" (§ 8 Abs. 2 GesO).

Während Eigensanierungen nach der Konkursordnung nahezu ausgeschlossen waren, lassen sich mit den Rechtsnormen der Gesamtvollstreckungsordnung auch Eigensanierungen notleidender Unternehmen realisieren. Insofern wurden bereits einzelne, in der Reformdiskussion aufgeworfene Fragen in einem gesetzlichen Regelwerk umgesetzt, so daß die Gesamtvollstreckungsordnung als Vorreiter der Insolvenzordnung bezeichnen werden kann.

---

267 I.d.S. auch Braun in: Braun/Uhlenbruck, Unternehmensinsolvenz, 7. Teil, G, S. 563.

268 Allg. Begrdg. RegE, abgdr. in Balz/Landfermann, Die neuen Insolvenzgesetze, S. 6; Baur/Stürner, Zwangsvollstreckungsrecht II, Insolvenzrecht, § 1 Rdnr. 1.2; Uhlenbruck in: Gottwald, InsR-Hdb., § 7 Rdnr. 1, 2; Auch wenn das Ziel der Reorganisation des insolventen Unternehmensträgers durch das Zwangsvergleichsverfahren gem. §§ 173 ff KO von den Bestimmungen der Konkursordnung gedeckt war, haben derartige Verfahrensbeendigungen in der Praxis kaum mehr Relevanz : vgl. Einleitung, A zu dieser Arbeit.

Wurde zum Beispiel der Geschäftsbetrieb bislang in angemieteten bzw. angepachteten Räumlichkeiten ausgeübt, ist es für die Möglichkeit einer Eigensanierung des gemeinschuldnerischen Unternehmens erforderlich, daß die Miet- und Pachtverhältnisse auch nach Eröffnung des Konkurs-/ Gesamtvollstreckungsverfahrens aufrechterhalten bleiben. Nach § 19 KO bestehen die Miet- und Pachtverhältnisse des Schuldners zwar fort, können aber sowohl vom Verwalter als auch vom Vermieter gekündigt werden. Eine Kündigungsmöglichkeit des Vermieters sieht § 9 Abs. 3 Satz 1 GesO hingegen nicht vor. Auch § 109 Abs. 1 InsO schließt ein Kündigungsrecht des Vermieters aus, sofern dem Schuldner als Mieter die Räumlichkeiten bereits im Zeitpunkt der Verfahrenseröffnung überlassen waren. § 112 InsO erweitert den Kündigungsschutz sogar noch auf den Zeitraum zwischen der Stellung des Insolvenzeröffnungsantrages und der Verfahrenseröffnung. Eine Kündigung ist danach ausgeschlossen wegen des vor dem Insolvenzantrag eingetretenen Verzugs mit der Zahlung der fälligen Miet- bzw. Pachtzinsen und wegen einer Verschlechterung der Vermögensverhältnisse des Schuldners.

Wenn darüber hinaus an Gegenständen, die der Verwalter für die Fortführung des gemeinschuldnerischen Unternehmens benötigt, Drittrechte in Form von Eigentums- oder Pfandrechten bestehen, so ermöglicht § 12 Abs. 1 Satz 1 Halbsatz 2 GesO dem Verwalter die Ablösung dieser Pfandrechte durch Zahlung. Auch künftig ist der Verwalter befugt, in die Rechte der absonderungsberechtigten Gläubiger gem. §§ 165 ff. InsO einzugreifen. So darf er die einem Absonderungsrecht unterliegenden beweglichen Gegenstände freihändig verwerten (§ 166 Abs. 1 InsO), abgetretene Forderungen einziehen (§ 166 Abs. 2 InsO) und die beweglichen Gegenstände bis zum Berichtstermin kostenfrei für die Insolvenzmasse benutzen. Er ist lediglich verpflichtet, vom Berichtstermin an laufend Schuldzinsen aus der Insolvenzmasse zu zahlen (§ 169 InsO). Für die ggf. durch eine Nutzung entstehenden Wertverluste sind jedoch ab Verfahrenseröffnung angemessene Ausgleichszahlungen an die Gläubiger zu leisten (§ 172 Abs. 1 InsO).[269]

Die Liquidation (i.S. einer Vollabwicklung bis zur Herbeiführung der Löschungsreife und anschließender Löschung[270]) des gemeinschuldnerischen Unternehmens kann auch in einem Insolvenzplan geregelt werden, um dem Ziel der bestmöglichen Haftungsverwirklichung gerecht zu werden.[271] Mit dem Liquidationsplan werden vor allem Gestaltungsmöglichkeiten in Bezug auf die Auflösungsgeschwindigkeit und Auflösungsintensität der Vermögenswerte im Vergleich zur Liquidation nach dem allgemeinen Insolvenzverfahren eröffnet.[272] Die bei einer Liquidation erzielbare "Summe aller Einzelveräußerungspreise" kann nach Moxter je nach Zerschlagungsintensität und Zerschlagungsgeschwindigkeit erheblich differieren.[273] Beschließt die Gläubigerversammlung im Berichtstermin die sofortige Stillegung des Unternehmens, so hat der Insolvenzverwalter unverzüglich die Vermögenswerte in Besitz zu nehmen und zu

---

[269] Kritisch hierzu: Gottwald in: Leipold, S. 197 ff, S. 203 unter Hinweis auf Serick in: ZIP 1989, S. 409 ff, S. 418: Aufgrund des Masseschuldcharakters (§ 55 Abs. 1 Nr. 1 InsO) besteht die Gefahr der "Masseaushölung", zudem können Fortführungschancen erheblich vermindert werden.

[270] Allg. Begrdg. RegE, abgdr. in Balz/Landfermann, Die neuen Insolvenzgesetze, S. 20.

[271] BT-Drucks. 12/2443, S. 195; Bork, Einführung, Rdnr. 5, 312; Landfermann in: BB 1995, S. 1649 ff, 1655; Zu den Verwertungsalternativen des Insolvenzplanes vgl. auch die instruktive Übersicht von Maus, Der Insolvenzplan, Rdnr. 8.

[272] Vgl. Burger/Schellberg in: DB 1994, S. 1833 ff, 1834; Schiessler, Der Insolvenzplan, S. 107.

[273] Moxter, Unternehmensbewertung, S. 50 f.

verwerten (§§ 148, 157 Satz 1, 159 InsO). Neben einer Einzelveräußerung der Vermögensgegenstände ist auch eine Gesamtveräußerung im Wege einer übertragenden Sanierung des Geschäftsbetriebes aus einem eröffneten Verfahren heraus möglich. Letzteres wird Gegenstand eines Übertragungsplanes sein.[274]

Bei Unternehmungen mit einem großen Bestand an Anlagevermögen und Umlaufvermögen (in Form von Warenvorräten) wird der Verwalter in der Regel dem Gebot der unverzüglichen Verwertung der Vermögensgegenstände gem. § 159 InsO nur dann gerecht werden können, wenn er einen Schätzer sowie öffentlich bestellten Versteigerer mit der Verwertung und Versteigerung der Vermögensgegenstände beauftragt. Die Aufzeichnung, d.h. Inventarisierung, der Massegegenstände hat hingegen der Verwalter durchzuführen (§ 151 Abs.1 Satz 1 InsO), ohne daß dabei - anders als noch § 123 Abs. 1 Satz 3 KO vorsieht und § 170 RegE InsO vorsah - eine obrigkeitliche Person hinzugezogen werden muß. Diese Art der Verwertung führt aber häufig dazu, daß einzelne Vermögensgegenstände unter ihrem Verkehrswert veräußert werden. Der Liquidationsplan bietet nun die Möglichkeit, die Auflösungsgeschwindigkeit zu reduzieren. Der damit verbundene Zeitvorteil kann ggf. eine marktgerechte Verwertung der Teile des Anlagevermögens bzw. der Warenvorräte gewährleisten.

Insbesondere bei größeren Produktionseinheiten war es auch bisher erforderlich, daß Kaufinteressenten nicht nur aus dem regionalen, sondern auch aus dem überregionalen Bereich akquiriert werden mußten. Notverkäufe können durch diese Form der Liquidation vermieden werden.

Hinzu kommt, daß Kreditinstitute als sicherungsnehmende Gläubigerinnen zumeist nicht daran interessiert sind, selbst die Verwertung der zu ihren Gunsten sicherungsübereigneten Gegenstände vorzunehmen. Dies bedingt die in der bisherigen Insolvenzabwicklung anzutreffende Praxis, daß der Konkursverwalter mit der Verwertung der sicherungsübereigneten Gegenstände beauftragt wurde. Verhandlungshalber konnte zugunsten der Konkursmasse meist ein prozentualer Anteil am Verwertungserlös nach Abzug der Verwertungskosten mit den absonderungsberechtigten Gläubigern vereinbart werden. Abhängig von dem Umfang der jeweils sicherungsübereigneten Gegenstände konnten Prozentsätze von 20 % bis 25 %, teilweise auch darüber, ausgehandelt werden. Sofern der Konkursverwalter auch mit dem Einzug der abgetretenen Forderungen beauftragt wurde, ließen sich so prozentuale Anteile bis zu 80 % des Forderungserlöses zugunsten der Konkursmasse realisieren.

Mittels Insolvenzplans können von der nunmehr gesetzlich geregelten Beteiligung der absonderungsberechtigten Gläubiger an den Kosten der Feststellung und Verwertung gem. §§ 170, 171 InsO abweichende Vereinbarungen getroffen werden. Bei einem gegenüber der gesetzlichen Zerschlagung regelmäßig erwarteten höheren Verwertungserlös sind Masseverluste dann nicht zu erwarten.

Der Liquidationsplan muß aber auch die Rechte der überstimmten Minderheiten wahren. Sowohl den Gläubigergruppen (§ 245 Abs. 1 Nr. 1 InsO), deren Zustimmung zum Plan mittels Obstruktionsverbotes gem. § 245 InsO ersetzt wurde, als auch den einzelnen, innerhalb ihrer Gruppe überstimmten Gläubigern (§ 251 Abs. 1 Nr. 2 InsO) muß daher mindestens das zu-

---

274 Vgl. hierzu eingehend unten: Teil 1, D, II.

fließen, was sie im Falle der Regelinsolvenz erhalten hätten.[275] Auch der Schuldner darf durch den Plan nicht schlechtergestellt werden (247 Abs. 2 Nr. 1 InsO). § 251 Abs. 1 Nr. 2 InsO kommt unter diesen Umständen vor allem dann Bedeutung zu, wenn den Gläubigern aus Liquiditätsgründen eine schnelle Verwertung wichtiger ist und sie daher bewußt auf den im Falle einer Regelverwertung erzielbaren höheren Verwertungserlös verzichten.[276]

Eine solche Intention ist sicher denkbar, würde m.E. jedoch Einstimmigkeit voraussetzen, um das Risiko des Scheiterns eines Liquidationsplans gem. § 251 Abs. 1 Nr. 2 InsO auszuschließen.

Inwieweit sich reine Liquidationspläne in der Praxis durchsetzen werden, bleibt abzuwarten. Soweit Schiessler jedenfalls darauf hinweist, daß jede Liquidation dem "Insolvenzplan - unabhängig vom jeweiligen Planziel - a priori die Grundlage"[277] entziehen würde, kann dem aus den vorangestellten Ausführungen nicht uneingeschränkt gefolgt werden. Problematisch in diesem Zusammenhang scheint die Tatsache, daß im Falle einer verzögerten Verwertung der Vermögensgegenstände zusätzliche Kosten anfallen. Diese können daraus resultieren, daß - sofern der Schuldner nicht zugleich Grundstücksinhaber ist - zusätzliche Lagerungs- (Miet- und Pachtzinszahlungen) sowie Erhaltungskosten in Ansatz zu bringen sind.

Eine Aufgabe des Planinitiators wird es daher sein, vor allem die absonderungsberechtigten Gläubigern dazu zu bringen, daß sie sich anteilig an den bei einer verzögerten Verwertung zusätzlich entstehenden Kosten bei der Verteilung des Verwertungserlöses beteiligen.[278]

Darüber hinaus bietet der Liquidationsplan in Abweichung von den Voraussetzungen der §§ 286 ff. InsO für den Schuldner die Möglichkeit, gem. § 227 Abs. 1 InsO die Restschuldbefreiung ohne jegliche weitere Leistungen zu erhalten. Immerhin müßte der Schuldner sonst über einen Zeitraum von 7 Jahren den pfändbaren Teil seiner Forderungen auf Bezüge aus einem Dienstverhältnis an einen Treuhänder abtreten, der die entsprechenden Beträge an die Gläubiger ausschüttet. Viele Gläubiger werden eine attraktivere Lösung jedoch darin sehen, einen ggf. diskontierten Betrag alsbald, zumindest aber deutlich schneller als nach der Wohlverhaltensperiode von 7 Jahren gem. § 287 Abs. 2 InsO zu erhalten.[279] Unter diesen Voraussetzungen werden sich die Gläubiger dann auch eher für eine Restschuldbefreiung auf der Grundlage eines Liquidationsplans gem. § 227 InsO gewinnen lassen.

Schiessler weist jedoch zu Recht darauf hin, daß auch das Liquidationsverfahren Spielräume für eine Zerschlagung zur Verfügung stellt.[280] Halbfertigprodukte, an denen Absonderungsrechte in Form von verlängerten bzw. erweiterten Eigentumsvorbehalten bestehen, haben im Falle einer Liquidation häufig keinen Vermögenswert. Ziel ist es daher, diese Halbfertigprodukte zunächst noch im Rahmen einer geordneten Ausproduktion fertig zu stellen, um die

---

275 Zum Minderheitenschutz vgl. Teil 1, B, III.

276 Uhlenbruck sieht in der schnellen Verwertung einen Anwendungsbereich des Insolvenzplans: ders. in: Das neue Insolvenzrecht, S. 105.

277 Vgl. Schiessler, Der Insolvenzplan, S. 88 unter Hinweis auf BR-Drs. 1/92, S. 99.

278 Gem. §§ 223 Abs. 2, 221 InsO ist dabei anzugeben, um welche Bruchteile die Rechte der absonderungsberechtigten Gläubiger gekürzt werden sollen.

279 So auch Braun in: Braun/Uhlenbruck, Unternehmensinsolvenz, 7. Teil, G, I, 3, S. 565.

280 Vgl. Schiessler, Der Insolvenzplan, S. 107.

Absonderungsrechte werthaltig zu machen. Zur Verwirklichung dieses Zieles kann die Gläubigerversammlung im Berichtstermin beschließen, das Unternehmen vorläufig fortzuführen und erst zu einem späteren Zeitpunkt stillzulegen (§ 157 Satz 1 InsO). Selbstverständlich ist dies nur unter der faktischen Voraussetzung möglich, daß noch keine fortführungshindernden Verwertungsmaßnahmen vorgenommen wurden (§ 157 Satz 1 a.E. InsO).[281]

Zusammengefaßt bleibt festzuhalten, daß sich die Gläubiger nur dann mehrheitlich für einen Liquidationsplan entscheiden werden, wenn sie dadurch bessere Befriedigungsaussichten als im Falle der Zerschlagung nach dem Regelinsolvenzverfahren erwarten. Allerdings kann der Planersteller in der Regel nur Prognosen hinsichtlich der zukünftigen Verwertungserlöse aufstellen. Die Verwertungsaussichten zu plausibilisieren, wird auch in diesem Bereich sehr häufig die Einbeziehung eines Sachverständigen (bestenfalls in Gestalt des Insolvenzverwalters) erforderlich machen, der die Liquidationswerte für die verschiedenen Formen der Verwertung ermittelt. Letztendlich gewährleistet nur ein solches Vorgehen auch dem Insolvenzgericht die Prüfungsmöglichkeit gem. § 231 Abs. 1 Nr. 3 InsO.

II. Der Übertragungsplan

Wie bereits ausgeführt, ist die übertragende Sanierung eine besondere Form der Liquidation des gemeinschuldnerischen Unternehmens[282], der vor allem unter Geltung der KO und GesO maßgebliche praktische Relevanz zukam. Unter übertragender Sanierung wird weithin die Veräußerung des Betriebes[283] oder des Unternehmens bzw. wesentlicher Unternehmensteile an einen Dritten oder an eine zu diesem Zweck neu gegründete Übernahmegesellschaft[284] verstanden.[285] Die übertragende Sanierung stellt sich mithin als ein "asset-deal" dar, bei dem lediglich die Aktivvermögenswerte des Unternehmens auf einen neuen Rechtsträger, einen Dritten oder eine Auffanggesellschaft, übertragen werden. Der Betrieb als organisatorische Einheit bleibt dadurch erhalten.[286]

---

281 Im RegE wird ein solcher "Stufenplan" ausdrücklich erwähnt: vgl. allg. Begrdg. RegE, abgdr. in: Balz/Landfermann, Die neuen Insolvenzgesetze, S. 31; Für einen Liquidationsplan in Form eines Stufenplanes auch Warrikoff in: KTS 1996, S. 489 ff, 500; ders. in: KTS 1997, S. 527 ff, 540; Maus, Der Insolvenzplan, Rdnr. 10.

282 So schon E.B. zu Leitsatz 1.3.4.2, S. 146 f.

283 Zum Begriff des Betriebes vgl. Putzo in: Palandt, BGB, vor § 611 Rdnr. 14: "Der Betrieb ist eine organisatorische Einheit, innerhalb der ein Unternehmen ... durch sachliche und immaterielle Mittel ... arbeitstechnische Zwecke verfolgt."

284 Zum Begriff der Übernahmegesellschaft im Sinn einer Fortführungsgesellschaft vgl. Groß, Sanierung durch Fortführungsgesellschaften, S. 133; kritisch zu dem von Groß entwickelten Begriffssystem: Post in: DB 1984, S. 280 ff, 281 f.

285 Zur Begriffsbestimmung vgl. K. Schmidt in: ZIP 1980, S. 329 ff, 336; Baird, "The uneasy case for corporate reorganizations" in: The journal of legal studies 15 (1986), S. 139; Vgl. auch Landfermann in: BB 1995, S. 1649 ff, 1653; Eidenmüller in: Ott/Schäfer, S. 145 ff, 145, 152; Maus, Der Insolvenzplan, Rdnr. 11 ff.

286 Haarmeyer/Wutzke/Förster, InsO, Kap. 5, Rdnr. 319.

Positiv für eine Übertragung des Geschäftsbetriebes äußert sich, daß die eine Vermögensübernahme regelnden Haftungsnormen der §§ 419 BGB, 25 HGB und 75 AO in einem eröffneten Konkursverfahren keine Geltung haben.[287]

Dem Erwerber ist es daher möglich, den gesamten Betrieb oder einzelne Betriebsteile zu übernehmen, ohne mit Altverbindlichkeiten belastet zu werden. Im Zuge der Insolvenzrechtsreform ist § 419 BGB mit Ablauf des 31. Dezember 1998 außer Kraft getreten (Art. 33 Nr. 16 EGInsO). Damit folgte der Gesetzgeber der im Schrifttum vorgebrachten Kritik und einem Wunsch der Kreditinstitute.[288]

Die Verfasser der Insolvenzordnung sehen die übertragende Sanierung ausdrücklich als gleichrangiges Instrument an, welches den Beteiligten neben der Liquidation bzw. Eigensanierung zur gemeinschaftlichen Verwertung zur Verfügung stehen soll.[289]

Die Insolvenzordnung eröffnet zwei Alternativen, die übertragende Sanierung eines Geschäftsbetriebes zu realisieren. Im Umkehrschluß aus § 160 Abs. 2 Nr. 1 Alt. 1 InsO folgt, daß im Rahmen eines allgemeinen Insolvenzverfahrens ausdrücklich an der Möglichkeit einer übertragenden Sanierung festgehalten wird. Darüber hinaus kommt ein Übertragungsplan nach den Regeln der §§ 217 ff. InsO in Betracht.[290] Erfolgt die Veräußerung des gesamten Unternehmens oder eines Betriebsteiles nach den gesetzlichen Regelungen, hat der Insolvenzverwalter gem. § 160 Abs. 1 Satz 1 die Zustimmung des Gläubigerausschusses im Vorfeld des Verkaufes einzuholen. Ist ein solcher nicht bestellt, bedarf es gem. § 160 Abs. 1 Satz 2 InsO der Zustimmung der Gläubigerversammlung.

Steht zu befürchten, daß eine Betriebsveräußerung unter Wert erfolgt, so kann das Insolvenzgericht gem. § 163 InsO auf Antrag bestimmter, in § 163 näher bezeichneter Verfahrensbeteiligter, anordnen, daß die geplante Veräußerung nur mit Zustimmung der Gläubigerversammlung zulässig ist. Insofern hat der Antragsteller gem. § 294 ZPO glaubhaft zu machen, daß eine Veräußerung an einen anderen Erwerber für die Insolvenzmasse günstiger wäre. Soweit in § 182 Abs. 1 RegE InsO noch vorgesehen war, daß eine Betriebsveräußerung unter Wert nur auf der Grundlage eines Insolvenzplanes erfolgen kann, ist eine dahingehende Regelung nicht in die Insolvenzordnung übernommen worden. Ähnliches gilt für eine Veräußerung an besonders Interessierte i.S.v. § 162 InsO. Damit wollte der Gesetzgeber Informationsdefiziten durch eine Unterrichtung und Offenlegung der einzelnen Gläubiger im Vorfeld begegnen.[291] Die jetzige Fassung der §§ 162, 163 InsO versucht dies durch ein Zustimmungserfordernis der Gläubigerversammlung auszugleichen.

---

[287] § 75 Abs. 2 Alt. 1 AO; vgl. zum Ausschluß des § 419 BGB aus Wertungsgesichtspunkten: BGH, Urt. vom 19.02.1976 (Az.: III ZR 75/74), abgdr. in: BGHZ 66, S. 217 ff; zum Ausschluß des § 25 HGB vgl. Baumbach in: HGB, § 25 Rdnr. 4 mit Verweis auf: BGH, Urt. vom 11.04.1988 (Az.: II ZR 313/87), abgdr. in: BGHZ 104, S. 151.

[288] Vgl. Grub in: ZIP 94, S.1650.

[289] Vgl. allg. Begrdg. RegE, abgdr. in: Balz/Landfermann, Die neuen Insolvenzgesetze, S. 11 f, 36 ("Wettbewerb um die beste Verwertungsart").

[290] So deutlich allg. Begrdg. RegE, abgdr. in: Balz/Landfermann, Die neuen Insolvenzgesetze, S. 31; vgl. auch §§ 229, 267 Abs. 2 Nr. 1 InsO, denen die Rechtfertigung für einen Übertragungsplan zu entnehmen ist.

[291] Vergl. Begr. RegE zu §§ 181, 182 RegE InsO, abgdr. in: Balz/Landfermann, Die neuen Insolvenzgesetze, S. 270 ff.

Nachdem übertragende Sanierungen sowohl mittels Übertragungsplan als auch nach den allgemeinen gesetzlichen Bestimmungen durch den Insolvenzverwalter zustande kommen können, stellt sich die Frage, welche Vorteile der Übertragungsplan mit sich bringt, d.h. worin er seine Legitimation findet.[292]

Der Übertragungsplan wird sich dann als vorteilhaft erweisen:[293]

- wenn in die Rechte der absonderungsberechtigten Gläubiger eingegriffen werden soll,
- wenn eine Restschuldbefreiung gem. § 227 InsO angestrebt wird,
- wenn Eingriffe in die gesellschaftsrechtlichen Verhältnisse des Schuldners erforderlich sind,
- um den Insolvenzverwalter vor den Haftungsrisiken für die Festlegung eines nicht dem tatsächlichen Wert des Unternehmens entsprechenden Kaufpreises zu bewahren,
- um den Erlös von den Regeln des allgemeinen Insolvenzverfahrens abweichend verteilen zu können.

Auf diese Vorteile, die der Übertragungsplan im Vergleich zu einer übertragenden Sanierung nach dem Regelinsolvenzverfahren hat, soll im Folgenden näher eingegangen werden.

1. Eingriffe in Absonderungsrechte

Ein Übertragungsplan erweist sich dann als vorteilhaft, wenn in die Rechte der absonderungsberechtigten Gläubiger eingegriffen werden soll. Im Rahmen des allgemeinen Insolvenzverfahrens werden dem Insolvenzverwalter zwar Verwertungsrechte eingeräumt und die Absonderungsberechtigten an den Kosten für die Feststellung und Verwertung der dem Absonderungsrecht unterliegenden Vermögensgegenstände beteiligt. Grundsätzlich ist jedoch ein darüber hinausgehender Eingriff in die Absonderungsrechte nicht möglich. Um die übertragende Sanierung jedoch zeitnah nach Eröffnung des Insolvenzverfahrens realisieren zu können, wird häufig ein Eingriff in diese Rechtspositionen erforderlich sein.

Aufgrund der Vielzahl von absonderungsberechtigten Gläubigern bei Insolvenzen von Produktions- und Bauunternehmen wird eine Zustimmung sämtlicher Absonderungsberechtigter zu Eingriffen in deren Rechte nicht zu erlangen sein.

Um das mit dem Zeitverlust drohende Risiko des Scheiterns von Übernahmeverhandlungen zu minimieren, werden Eingriffe in die Rechte der Absonderungsberechtigten unter Beachtung der §§ 223, 221 InsO mittels Übertragungsplans notwendig sein. Einem opponierenden Verhalten der Gruppe der Absonderungsberechtigten kann dann mit dem Obstruktionsverbot

---

292 Nachfolgende Ausführungen nehmen Bezug auf die Ausführungen in: Braun/Uhlenbruck, Unternehmensinsolvenz, 7. Teil, G, I, 2, S. 564 f.

293 Zu mgl. Regelungsinhalten vgl. auch allg. Begrdg. RegE, abgdr. in: Balz/Landfermann, Die neuen Insolvenzgesetze, S. 37 f.

des § 245 InsO entgegengewirkt werden. Hierbei muß sichergestellt sein, daß die den Plan ablehnenden Gläubigergruppen durch den Insolvenzplan nicht schlechter gestellt werden, als sie ohne den Plan stünden (vgl. § 245 Abs. 1 Nr. 1 InsO). Der Beachtung des Rangprinzips des § 245 Abs. 1 Nr. 2 i.V.m. Abs. 2 Nr. 2 InsO kommt dabei maßgebliche Bedeutung zu. Danach darf keine rangniedrigere Forderungsklasse (vgl. §§ 38, 39 InsO) oder der Schuldner, bzw. an ihm Beteiligte, einen Vermögenswert erhalten, bevor nicht die mit Rang höher gestellten Gläubiger 100 % ihrer Forderungen erhalten haben.

Da der Eintritt einer Unternehmenskrise sich zumeist frühzeitig im Vorfeld der eigentlichen Insolvenzantragstellung offenbart hat, übernahm in der bisherigen Praxis der Insolvenzabwicklung häufig ein von den Kreditversicherern initiierter Lieferantenpool die Wahrung der Rechte der gesicherten Gläubiger. Es kann davon ausgegangen werden, daß sich diese Praxis auch unter Geltung der Insolvenzordnung fortsetzen wird.[294] Übertragende Sanierungen mittels Insolvenzplan werden sich in der Praxis vor allem bei der Abwicklung größerer Unternehmen als vorteilhaft erweisen, da neben dem Zusammenschluß der absonderungsberechtigten Lieferanten häufig auch die Kreditinstitute in Form eines Bankenpools konstituiert sein werden. Hingegen ist bei Insolvenzen kleinerer Unternehmen - wie die bisherige Insolvenzpraxis gezeigt hat - nicht davon auszugehen, daß die Rechte der Lieferanten und der Kreditinstitute derart konzentriert durch einen Lieferanten- bzw. Bankenpool wahrgenommen werden. Hier bietet sich auch nach der Insolvenzordnung die übertragende Sanierung im Rahmen des Regelinsolvenzverfahrens an.

2. Restschuldbefreiung

Auf die Möglichkeit, die Nachhaftung des Schuldners im Rahmen eines Insolvenzplans abweichend von den Bestimmungen der §§ 286 ff. InsO zu regeln, wurde bereits hingewiesen. Persönlich haftende Gesellschafter mit wesentlichen Verbindlichkeiten werden ein maßgebliches Interesse daran haben, im Rahmen eines Insolvenzplans die Restschuldbefreiung zu erlangen. Im Rahmen des Regelinsolvenzverfahrens wird die persönliche Haftung der Gesellschafter gemäß §§ 128, 161 Abs. 2 HGB vom Insolvenzverwalter geltend gemacht (§ 93 InsO). Ist jedoch eine Mehrheit der Gläubiger hierfür nicht zu gewinnen, kann auch der Ausschluß der Restschuldbefreiung Plangegenstand sein.

Da der Schuldner jedoch durch einen Plan nicht schlechter gestellt sein darf (§ 247 Abs. 2 Nr. 1 InsO), ist ihm auch in diesem Fall Restschuldbefreiung auf der Grundlage der §§ 286 ff. InsO zu gewähren.

3. Eingriff in die Gesellschafterstellung

Während in § 253 RegE InsO noch vorgesehen war, daß durch den Insolvenzplan auch in die Rechtsstellung der persönlich haftenden Gesellschafter des Schuldners eingegriffen werden

---

[294] Zur Möglichkeit, daß Absonderungsberechtigte ihre Sicherheiten in einen Pool einbringen vgl. Gottwald, InsR-Hdb., § 46 Rdnr. 6, 15 ff; Begrdg. RegE zu § 266 RegE InsO, abgdr. in: Balz/Landfermann, Die neuen Insolvenzgesetze, S. 337; siehe auch unten: Teil 3, B, III, 1, c), bb).

kann,[295] ist dies in § 217 InsO, auf Empfehlung des Rechtsausschusses des Bundestages nicht übernommen worden. Der Gesetzgeber will damit dem Umstand Rechnung tragen, daß für die Haftungsverwirklichung lediglich das Schuldnervermögen zur Verfügung steht und nicht "...seine gesellschafts- oder verbandsrechtliche Organisation".[296] Künftig können gesellschaftsrechtliche Vorgänge nicht Gegenstand eines Insolvenzplans sein können. Scheitern daher Sanierungsbemühungen an der fehlenden Mitwirkungsbereitschaft der Gesellschafter des Schuldners zur Vornahme gesellschaftsrechtlicher Umgestaltungsmaßnahmen, so bietet der Übertragungsplan eine sinnvolle Alternative, um den Geschäftsbetrieb und damit die Aufrechterhaltung von Kundenbeziehungen für die Gläubiger zu gewährleisten.

4. Risiko der Kaufpreisbestimmung

Beauftragt die Gläubigerversammlung im Berichtstermin gem. § 157 Satz 2 InsO den Insolvenzverwalter, einen Übertragungsplan auszuarbeiten, so hat dieser den Wertes des zu veräußernden Unternehmens, Betriebes oder Betriebsteiles zu bestimmen. Im Fall einer Unterbewertung und damit der Realisierung eines geringeren Kaufpreises können sich für den Insolvenzverwalter beträchtliche Haftungsrisiken ergeben. Dem Vorwurf einer (behaupteten) Verschleuderung von Vermögenswerten der Masse wird er häufig nur durch eine Inventarisierung (§ 151 Abs. 1 Satz 1 InsO) der beweglichen und unbeweglichen Teile des Anlage- und Umlaufvermögens, ihre Bewertung durch einen Sachverständigen (§ 151 Abs. 2 Satz 3 InsO) und ihre Verwertung durch einen öffentlich bestellten Versteigerer entgegentreten können.

Bestimmt sich der Wert des Unternehmens vor allem nach dem Wert der immateriellen Vermögenswerte (Kundenstamm, Firma mit dem Recht der Firmenfortführung, arbeitnehmerspezifisches Know-how u.a.), ist auch eine Bewertung durch einen Sachverständigen nur mit einem erheblichen Zeit- und Kostenaufwand möglich. Wird die Situation noch dadurch verstärkt, daß Informationsdefizite, ggf. auch durch unkooperatives Verhalten der Gesellschafter, vorhanden sind, erscheint eine konkrete Ermittlung des Unternehmenswertes kaum möglich. Informationsdefizite können sich vor allem daraus ergeben, daß im Falle einer übertragenden Sanierung der gegenwärtige Unternehmensträger eliminiert wird. Dies hat ggf. zur Folge, daß der Schuldner als natürliche Person bzw. die Gesellschafter/Manager des insolventen Unternehmens im Falle einer übertragenden Sanierung außerhalb eines Insolvenzplanverfahrens nicht mehr bereit sind, sämtliche bewertungsrelevante Informationen zu offenbaren.

Auch über die gesetzlichen Auskunfts- und Mitwirkungspflichten des Schuldners gem. § 97 Abs. 1, 2 InsO und die Mittel zu ihrer Durchsetzung gem. § 98 InsO werden nicht immer die benötigten Informationen ermittelt werden können, da sie oft qualitativer Art und nicht erfaßt bzw. an besondere Personen gebunden sind. Im Rahmen eines Insolvenzplanverfahrens kann sich die Situation insofern ändern, als der Schuldner als natürliche Person bzw. die persönlich haftenden Gesellschafter eine Restschuldbefreiung gem. § 227 Abs. 1, 2 InsO erlangen möchten. Voraussetzung wird hierfür jedoch sein, daß die den Gläubigern nach dem Plan zukommenden Leistungen so hoch sind, daß der Plan im Abstimmungstermin die notwendigen Mehrheiten auf sich vereint.

---

[295] RA BT zu § 253 RegE InsO, abgdr. in: Balz/Landfermann, Die neuen Insolvenzgesetze, S. 325.

[296] Allg. Begrdg. RegE, abgdr. in: Balz/Landfermann, Die neuen Insolvenzgesetze, S. 20.

Eine möglichst korrekte Marktpreisbewertung kann daher nur auf der Grundlage aller zur Verfügung stehenden Informationen über das Unternehmen in seiner inneren Struktur und seiner Beziehung zur Umwelt (Stellung, Positionierung am Markt) getroffen werden. Mit der Möglichkeit der Erlangung der Restschuldbefreiung auf der Grundlage eines Übertragungsplanes werden für den Schuldner Anreize geschaffen, die für die Bestimmung des Marktpreises sensitiven Informationen zur Verfügung zu stellen. Findet der Übertragungsplan auf der Grundlage des vom Verwalter bestimmten Kaufpreises sodann die Mehrheit der Gläubiger gem. § 244 InsO, so wird mit der Planzustimmung der Übertragungsplan mit seinen Regelungen legitimiert.[297]

5. Verteilung des Verwertungserlöses

Abweichend von den gesetzlichen Verwertungs- und Verteilungsvorschriften der Insolvenzordnung (§§ 159, 187 ff InsO) kann im Rahmen eines Insolvenzplanes die Verteilung des Verwertungserlöses vereinbart werden. So ist u.a. denkbar, daß Auszahlungen an die Gläubiger unterbleiben und diesen als Ersatz Beteiligungsrechte an der Auffanggesellschaft in Höhe des Wertes ihrer Forderung zugewiesen werden.[298]

Wie bereits dargestellt (vgl. Teil 1, D, II, 1) ist es darüber hinaus möglich, in die Rechte der absonderungsberechtigten Gläubiger einzugreifen, was auch im Falle einer übertragenden Sanierung von Vorteil sein kann. Weitere Beispiele für Regelungen in einem Übertragungsplan gibt bereits die allgemeine Begründung zum Regierungsentwurf. So kann u.a. vereinbart werden, daß dem Erwerber der Kaufpreis gestundet und die Höhe des Kaufpreises von zukünftigen Entwicklungen, etwa dem Erreichen bestimmter Bilanzkennzahlen, abhängig gemacht wird. Die Sicherung zukünftiger, günstiger Lieferbeziehungen zum Drittübernehmer bzw. der Auffanggesellschaft können Motivation dafür sein, daß Lieferanten im Gegenzug hierfür auf ihre Forderungsrechte teilweise oder ganz verzichten.[299]

Zusammengefaßt sind daher auch in einem Übertragungsplan vielfältige, den jeweiligen Besonderheiten des Einzelfalls angepaßte, Gestaltungsmöglichkeiten eröffnet, so daß dem Minderheitenschutz als Korrelat in Höhe des vollen Liquidationswertes Rechnung getragen werden muß. Jeder Gläubiger kann daher für sich entscheiden, welche Vermögensvorteile er sich aus der übertragenden Sanierung erhofft. Für die Gewährung dieser Vermögensrechte können im Gegenzug Forderungsverzichte, Verzichte auf Absonderungsrechte oder anderweitige Maßnahmen vereinbart werden. Damit wird in einer sozialen Marktwirtschaft dem Grundsatz der optimalen Haftungsverwirklichung Rechnung getragen, was letztlich dem Übertragungsplan seine Legitimation verleiht.

---

297 Zur Problematik der Bestimmung des Marktwertes eines Unternehmens vgl. auch instruktiv die Ausführungen von Eidenmüller in: Ott/Schäfer: Effiziente Verhaltenssteuerung, S. 145 ff, 152 ff.

298 Maus, Der Insolvenzplan, Rdnr. 21.

299 Allg. Begrdg. RegE, abgdr. in: Balz/Landfermann, Die neuen Insolvenzgesetze, S. 38.

III. Der Eigensanierungsplan

Nachdem die übertragende Sanierung keine Sanierung im engeren Sinn darstellt, ist eine Reorganisation des Unternehmens vor allem auf der Grundlage eines Eigensanierungsplans (Reorganisationsplan) möglich. Eigensanierung in diesem Sinne meint die Reorganisation des Unternehmensträgers, um den Fortbestand der Unternehmensorganisation am Markt zu gewährleisten.[300]

In der allgemeinen Begründung zum Regierungsentwurf heißt es ausdrücklich, daß "die Herbeiführung von Sanierungen ... kein eigenständiges Reformziel (sein kann). Es ist nicht Aufgabe der Reform, notleidende Unternehmen durch Eingriff in die Rechte der Beteiligten vor der Zerschlagung zu retten. Der Erfolg der Reform wird nicht daran zu messen sein, ob mehr Sanierungen als heute zustande kommen, sondern daran, ob marktwirtschaftlich sinnvolle Sanierungen ermöglicht und sinnwidrige Sanierungen verhindert werden. ... Es ist daher kein Reformziel, gegen die Kräfte des Marktes zu einer Perpetuierung von Unternehmensträgern beizutragen."[301]

Damit wird klargestellt, daß der Gesetzgeber mit den Regelungen zum Insolvenzplanverfahren lediglich einen Rechtsrahmen zur Verfügung stellen wollte, der es dem Planinitiator und den Gläubigern bei marktstrategisch günstigen Bedingungen ermöglicht, den Unternehmensträger einvernehmlich zu reorganisieren. Bereits ausgeführt wurde, daß auch die Reorganisation gleichrangig zu den anderen Arten der Verwertung des Schuldnervermögens in Form der Liquidation oder der übertragenden Sanierung zur Verfügung steht.[302] Damit soll dem Prinzip der Marktkonformität der Insolvenzabwicklung dergestalt Rechnung getragen werden, daß die Gesetzmäßigkeiten des Marktes auch die gerichtliche Insolvenzabwicklung steuern.[303]

Eine Sanierung im Sinne einer Reorganisation des Unternehmens bzw. Unternehmensträgers bezweckt die Erhaltung und Fortführung des gemeinschuldnerischen Unternehmens durch finanz- und leistungswirtschaftliche Maßnahmen. Eine Sanierung des Rechtsträgers hat vordergründig die Beseitigung der Zahlungsunfähigkeit, drohenden Zahlungsunfähigkeit bzw. Überschuldung gem. §§ 17 - 19 InsO zum Ziel.[304] Für die Gläubiger besteht das Ziel einer Sanierung/Reorganisation darin, für ihre Forderungen aus den Erträgen des reorganisierten Unternehmens befriedigt zu werden.[305] Mit der Möglichkeit der Sanierung des Unternehmensträgers tritt der Insolvenzplan an die Stelle des Zwangsvergleiches nach der Konkursordnung.[306]

---

300 So auch K. Schmidt in: Leipold, S. 67 ff, 71 f.

301 Allg. Begrdg. RegE, abgdr. in: Balz/Landfermann, Die neuen Insolvenzgesetze, S. 11.

302 Der RegE spricht von einem "Wettbewerb um die beste Verwertungsart", vgl. Balz in: Einleitung RegE, abgdr. in: Balz/Landfermann, Die neuen Insolvenzgesetze, S. XLV, mit dem Hinweis auf Balz in: ZIP 1988, S. 273 ff, 285; vgl. auch schon FN. 265.

303 Vgl. insgesamt: allg. Begrdg. RegE, abgdr. in: Balz/Landfermann, Die neuen Insolvenzgesetze, S. 9, 11 ff.

304 Vgl. Maus, Der Insolvenzplan, Rdnr. 17.

305 Vgl. Begrd. RegE zu § 253 RegE InsO, abgdr. in: Balz/Landfermann, Die neuen Insolvenzgesetze, S. 324; Jackson, The logic and limits of bankruptcy law, S. 211; Bork, Einführung, Rdnr. 356; Schiessler, Der Insolvenzplan, S. 108.

306 Vgl. Grub, Dissertation, S. 166; Begrdg. RegE zu § 253 RegE InsO, abgdr. in: Balz/Landfermann, Die neuen Insolvenzgesetze vor § 253, S. 322 und § 253, S. 324; Landfermann in: BB 1995, S. 1649 ff, 1654.

Zu der Frage, warum der Gesetzgeber mit dem Insolvenzplanverfahren gem. §§ 217 ff. InsO einen Rechtsrahmen für die Insolvenzbewältigung durch Reorganisation zur Verfügung gestellt hat, obwohl die Möglichkeit für eine freie Sanierung von Unternehmen außerhalb eines gesetzlich vorgegebenen Rahmens durch Verhandlungen zwischen dem Schuldner und den Gläubigern auch unter Herrschaft von KO und VerglO zur Verfügung stand, hat sich Eidenmüller eingehend beschäftigt.[307]

Hierbei hat er zunächst die Vorteile einer freien Sanierung herausgearbeitet. Er sieht diese vor allem darin, daß Sanierungslösungen, die in Verhandlungen der Beteiligten einvernehmlich zustande kommen, auf eine größere Akzeptanz sowohl beim Schuldner als auch bei der Gesamtheit der Gläubiger stoßen. Gesicherte Gläubiger, in deren Rechte aufgrund gesetzlicher Normen eingegriffen werden soll, werden solche Sanierungsvorhaben zumindest dann nicht unterstützen, wenn sie durch Verwertung der zu ihren Gunsten bestehenden Absonderungsrechte weitgehende Befriedigung für ihre Forderungen erhalten würden. Neben der größeren Akzeptanzwahrscheinlichkeit bieten freie Sanierungen nach Auffassung von Eidenmüller auch erhebliche Kostenvorteile gegenüber gesetzlich geregelten Formen der Insolvenzbewältigung.

Außer den direkten Kosten, die durch ein Insolvenzverfahren ausgelöst werden, nehmen vor allem die indirekten Kosten einen großen Stellenwert ein. Unter indirekten Kosten versteht er den "... Wertverlust, den das Unternehmen aufgrund eines Insolvenzverfahrens erleidet." Insofern spricht er von den "Opportunitätskosten" der Insolvenz.[308]

Für eine freie Sanierung außerhalb eines gesetzlich geregelten Verfahrens spricht auch, daß sich in der Praxis der bisherigen Insolvenzabwicklung gezeigt hat, daß der Markt sehr sensibel auf die Stellung eines Vergleichs- bzw. Konkursantrages über das Vermögen einer Gesellschaft reagiert. Auswirkungen ergaben sich bereits dann, wenn der vom Gericht eingesetzte Sequester beabsichtigte, das Unternehmen während der Phase der Sequestration zeitweilig fortzuführen. Der Grund für eine Unternehmensfortführung lag nicht zuletzt in der Ausnutzung der Vorteile, die die Konkursausfallgeldsicherung gem. §§ 141a ff. AFG gewährte.[309]

Insofern sah sich der Sequester häufig dem Problem ausgesetzt, daß die Lieferanten nur dann zur weiteren Mitarbeit mit dem insolventen Unternehmen bereit waren, wenn die aus ihren Neulieferungen resultierenden Forderungen durch Vorkasse beglichen wurden. Nicht selten verlangten die Lieferanten, daß ihre Altforderungen zu 100 % beglichen werden. Die Bezahlung dieser Altforderungen konnte dann nur im Wege der Konkursanfechtung gem. §§ 30 Abs. 1 Satz 1, Abs. 2, 37 KO zurückgefordert werden, was zumindest die Eröffnung eines Konkursverfahrens voraussetzt. Hat sich während der Fortführung herausgestellt, daß ohne Beeinträchtigung der Sicherungsrechte eine Fortführung nicht möglich und die Einstel-

307 Vgl. Eidenmüller in: Ott/Schäfer, S. 145 ff, 146 ff.

308 Vgl. hierzu auch Drukarczyk, Theorie und Politik, S. 389.

309 Das Bundessozialgericht hatte die Verwendung des Konkursausfallgeldes zur Finanzierung von Betriebsfortführungen und der Schaffung einer für die Konkurseröffnung erforderlichen Masse ausdrücklich gebilligt, vgl. BSozGE Urt. vom 1995-03-22 (Az: 10 Rar 1/94), abgdr. in: ZIP: 1995, S. 935 ff, 936 ff; vgl. auch DA BfA mit Runderlaß vom 1995-05-11 (Az: IIIa 5-714k-A), abgdr. in: ZIP: 1995, S. 1053; zur *Rechtslage* seit dem 01.01.1999 nach den §§ 183 ff SGB III durch das Arbeitsförderungs-Reformgesetz - AFRG vgl. Teil 2, B, II, 4.

lung des Geschäftsbetriebes erfolgen mußte, war auch eine Konkursanfechtung bei Nichteröffnung des Konkursverfahrens ausgeschlossen. Der Sequester sah sich dann häufig einem Haftungsrisiko ausgesetzt, was vielfach dazu führte, daß eine Unternehmensfortführung auf dieser Grundlage nicht in Betracht gezogen wurde.

Hierzu hat Eidenmüller[310] ausgeführt, daß "... die Eröffnung eines gerichtlichen Insolvenzverfahrens von den Transaktionspartnern einer Unternehmung regelmäßig - zu Recht oder zu Unrecht - als Signal für eine drohende Liquidation (miß-) verstanden wird. Dieses Signal wird dann mit einem Abbruch der Transaktionsbeziehungen beantwortet. Die indirekten Insolvenzkosten lassen sich bei einer freien Sanierung ganz oder zum Teil vermeiden."[311] Gleichwohl weist Eidenmüller weiter darauf hin, daß freie Sanierungen ohne einen Rechtsrahmen in der Praxis vor allem daran gescheitert sind, daß eine kollektive Mitwirkung zumindest eines Großteils der Gläubiger nicht zustande kam. Trittbrettfahrereffekte, der Entzug notwendigen Betriebsvermögens sowie Verhandlungshindernisse erschwerten eine außergerichtliche Unternehmenssanierung. Jeder Gläubiger, vor allem der dinglich gesicherte Gläubiger, wird versuchen, seine persönlichen Vorteile bei Eintritt der Insolvenz eines Unternehmens zu maximieren.

Die für die Unternehmensfortführung häufig notwendige kurzfristige Überbrückung von Liquiditätsengpässen kann durch die Gewährung von Krediten bzw. langfristig durch Forderungsverzichte einzelner Gläubiger bereitgestellt werden. Gläubigerverhalten, welches darauf abzielt, zu hoffen, daß jeweils andere Gläubiger, vor allem Kreditinstitute, die hierfür notwendigen Mittel bereitstellen, läßt eine kollektive Mitwirkung der Gläubigergesamtheit nicht erwarten. Jeder Gläubiger hat die volle Befriedigung seiner Forderung zum Ziel und wird nur dann auf einen Teil seiner Forderungen verzichten, wenn er hierfür einen adäquaten Gegenwert erhält. Ob der Gläubiger die Fortdauer der Geschäftsbeziehung insofern als gleichwertigen Vermögenswert ansieht, kann dabei nicht generell beantwortet werden, bleibt vielmehr der individuellen Einschätzung des einzelnen Gläubigers vorbehalten.[312]

Vor diesem Hintergrund ließen und werden sich Unternehmenssanierungen außerhalb eines gerichtlichen Verfahrens vor allem dann durchsetzen, wenn sich die Mehrheit der Forderungen auf wenige Gläubiger konzentriert. Hilfreich in diesem Zusammenhang ist die Konzentration der Forderungen vor allem bei den Großbanken, die zumeist auch, abgesehen von den Eigentumsvorbehaltsgläubigern, die dinglichen Sicherungsgläubiger darstellen.[313]

Bereits ausgeführt wurde, daß dinglich gesicherte Gläubiger im Falle der Durchsetzung ihrer Rechte und der Verwertung des für eine Unternehmensfortführung notwendigen Betriebsvermögens, Sanierungschancen vernichten können. Diese Gläubiger für eine Unternehmensfortführung zu gewinnen, bedeutet, ihnen darzulegen, daß auch im Falle einer Unternehmensfortführung ihre dinglichen Rechte gewahrt werden. Dies wird dann erleichtert, wenn durch eine

---

310 Unter Verweis auf die Ausführungen von Franke/Hacks, Finanzwirtschaft, S. 487, 493.

311 Auf dieses Problem wird auch in der allg. Begrdg. RegE hingewiesen, abgdr. in: Balz/Landfermann, Die neuen Insolvenzgesetze, S. 10.

312 Künftig wird mit dem Planinitiativrecht des Schuldners (§ 218 Abs. 1 Satz 1 InsO) sowie der Tatsache, daß schon bei drohender Zahlungsunfähigkeit Insolvenzantrag gestellt werden kann (§ 18 InsO), dem Risiko des Abbruchs der geschäftlichen Beziehungen zu einzelnen Gläubigern vorgebeugt.

313 Vgl. hierzu auch Gilsen/Kose/Lang in: JFE, Bd. 27, S. 315 ff, 334 - 336, 345.

Unternehmensfortführung die einem Absonderungsrecht unterliegenden Vermögenswerte erst werthaltig gemacht werden können. Ohne eine - zumindest teilweise Fortführung des Unternehmens können insbesondere Halbfertigprodukte nicht fertiggestellt und verkaufsfähig gemacht werden. Sie haben dann in der Regel allenfalls Schrottwert bzw. erfordern darüber hinaus oft nicht unerhebliche Entsorgungskosten. Abgetretene Werklohnforderungen sind wirtschaftlich wertlos, wenn die diesen Forderungen zugrundeliegenden Bauvorhaben nicht fertiggestellt werden. Die Bauherren können mit Schadenersatzansprüchen aus der Fertigstellung der angefangenen Bauvorhaben im Wege der Ersatzvornahme durch ein Drittunternehmen aufrechnen.

Im Falle der eingetretenen Insolvenz werden zudem häufig Mängelgewährleistungsrechte geltend gemacht, mit denen gleichfalls aufgerechnet werden kann, sofern nicht eine Befriedigung aus gestellten Sicherheiten erfolgt und die aufrechnung nicht gegen die §§ 95 f InsO verstößt.

Eine Unternehmenssanierung außerhalb eines gerichtlichen Verfahrens erfordert vor allem die Verhandlungsbereitschaft sämtlicher mitwirkender Gläubiger. Fehlt diese, läßt sich eine Sanierung kaum realisieren. Verhandlungshindernisse können sich auch dann ergeben, wenn als Verhandlungspartner Personen gegenüberstehen, die - vor allem bei kleineren Kreditinstituten - die Kreditvergabe selbst vorgenommen haben und nunmehr ein Ausfall für diese Forderungen droht. Diese Personen werden sich vor allem dadurch als unkooperativ erweisen, daß sie auf eine Maximierung hinsichtlich der Verwertungserlöse der zu ihren Gunsten bestellten Sicherheiten bestehen. Letztlich wollen sie damit auch ihrer internen Verantwortlichkeit Rechnung tragen.[314]

Hinderlich für eine freie Sanierung ist zudem, daß die meisten Personen grundsätzlich risikoavers sind, so daß sie zur Absicherung ihrer eigenen Entscheidungen häufig auf das Urteil eines unabhängigen Dritten als Sachverständigen über die Fortführungsaussichten rekurrieren. Dem Urteil eines solchen unabhängigen Sachverständigen wird größere Akzeptanz beigemessen als dem Urteil des sanierungswilligen Unternehmers.[315]

Den dargestellten Bedenken gegenüber einer freien Sanierung kann mit dem Insolvenzplanverfahren nach den §§ 217 ff. InsO begegnet werden. Das Insolvenzplanverfahren gibt die Möglichkeit, sowohl in die Rechte der Absonderungsberechtigten als auch in die Rechte der Insolvenzgläubiger und der nachrangigen Insolvenzgläubiger gem. §§ 223 - 225 InsO einzugreifen. Eine unterschiedliche Behandlung der Beteiligten innerhalb einer Gruppe bei der Verteilung des Verwertungserlöses, im Falle einer Sanierung aus den Erträgen des fortgeführten Unternehmens, ist gem. § 226 Abs. 2 InsO auch nur mit Zustimmung aller betroffenen Beteiligten zulässig. Die jeweiligen Einverständniserklärungen müssen dem Plan als Anlage beigefügt werden (§ 226 Abs. 2 Satz 2 InsO).[316] Daß die Gläubiger eher dem Urteil eines unabhängigen Dritten als Sachverständigen über die Fortführungsaussichten vertrauen, kann dadurch gewährleistet werden, daß die Gläubigerversammlung den Verwalter mit der Erstellung eines Plans beauftragt (§ 157 Satz 2 InsO). Sie kann ihm dabei das Ziel des Plans vorge-

---

[314] Vgl. Eidenmüller in: Ott/Schäfer, S. 150.
[315] Eidenmüller in: Ott/Schäfer, S. 150 f.
[316] Vgl. hierzu auch BR-DS 1/92, S. 91.

ben, so daß der Verwalter als ein unabhängiger Dritter in der Funktion eines Sachverständigen agiert (§ 157 Satz 3 InsO).

Im Ergebnis schafft das Insolvenzplanverfahren die Voraussetzungen, um im Wege von Verhandlungen und Austauschvorgängen die für die Gläubiger optimale Verwertungsart zu finden und durchzusetzen. Insoweit lassen sich die dargestellten Vorteile freier Sanierungen (größere Akzeptanz durch einvernehmliche Regelungen, Vermeidung von indirekten Transaktionskosten) im Rahmen eines Insolvenzplanverfahrens nutzen. Gleichzeitig können die geschilderten Schwierigkeiten, die sich durch individuelle Verhandlungsstrategien einzelner Gläubiger ergeben, vermieden werden. Das gesetzlich geregelte Insolvenzplanverfahren nach den §§ 217 InsO tritt daher als eine echte Alternative neben die weiterhin bestehende Möglichkeit einer freien Sanierung außerhalb eines Insolvenzverfahrens (sofern nicht eine Insolvenzantragspflicht besteht).

Welche Form der Planlösung (übertragende Sanierung oder Eigensanierung) für die Gläubiger die wirtschaftlich sinnvollste Art der Verwertung des schuldnerischen Vermögens darstellt, kann nicht einheitlich beantwortet werden. Entscheidend wird sein, welche rechtlichen Maßnahmen erforderlich sind, um die Aufrechterhaltung des Geschäftsbetriebes auf Dauer zu gewährleisten.

Eine übertragende Sanierung mittels Übertragungsplan ist dann nicht sinnvoll, wenn die Regelung schuldrechtlicher Sachverhalte im Vordergrund steht. Soll der Geschäftsbetrieb auf einen neuen Rechtsträger übertragen werden und beabsichtigt dieser, die Geschäftstätigkeit in den bisherigen, vom Schuldner angemieteten Räumlichkeiten fortzuführen, so kann dies nur dann gelingen, wenn eine Vereinbarung zwischen dem Vermieter und dem neuen Rechtsträger zustande kommt. Ein Eintritt in das Mietverhältnis unter Fortgeltung der bisherigen Bedingungen ist nur auf der Grundlage einer Vertragsübernahme gemäß den Bestimmungen der §§ 414 ff. BGB möglich. Der Vermieter wird jedoch häufig einem Austausch der Mietvertragspartei nur zustimmen, wenn er einen höheren Mietzins erlöst. An der damit verbundenen liquiditätsmäßigen Belastung kann eine übertragende Sanierung scheitern. Das neue Insolvenzrecht gibt hier keine Eingriffsbefugnis, um eine Übertragung dieser Schuldverhältnisse zu ermöglichen. In diesem Fall wird die Eigensanierung des bisherigen Unternehmensträgers auf der Grundlage eines Reorganisationsplans ein geeignetes Mittel sein.[317]

Letztere Alternative bietet vor allem auch dann Vorteile, wenn es darum geht, die körperschaftsteuerlichen Verlustabzüge zu nützen. Potentielle Drittübernahmeinteressenten bzw. die zum Zwecke des Erwerbes des Geschäftsbetriebes gegründete Auffanggesellschaft werden einer Übernahme nur unter der Voraussetzung zustimmen, daß ihnen auch die Vorteile des körperschaftsteuerlichen Verlustabzuges zu Gute kommen. Dies setzt gem. § 8 Abs. 4 KStG sowohl die rechtliche als auch die wirtschaftliche Identität mit der Körperschaft voraus, die den Verlust erlitten hat. Eine wirtschaftliche Identität liegt nach § 8 Abs. 4 Satz 2 KStG jedoch dann nicht vor, wenn mehr als 3/4 der Anteile an einer Kapitalgesellschaft übertragen werden und die Gesellschaft danach ihren Geschäftsbetrieb mit überwiegend neuem Betriebsvermögen wieder aufnimmt.

---

[317] Vgl. für das allgemeinen Insolvenzverfahren die §§ 112 f InsO.

Nachdem auch die Regelungen des Planverfahrens keinen Eingriff in die Gesellschafterrechte und damit die Anteilsrechte gewähren,[318] sind die Weichen für die Notwendigkeit einer Reorganisation des bisherigen Unternehmensträgers gestellt.[319]

IV. Sonstige Pläne

Neben den bereits dargestellten Liquidations-, Übertragungs- und Eigensanierungsplänen sind auch weitere Gestaltungsmöglichkeiten im Rahmen eines Insolvenzplanes denkbar.

1. Pläne mit Einzelregelungen

Sanierungspläne zeichnen sich ebenso wie Liquidations- bzw. Übertragungspläne dadurch aus, daß sie eine Vielzahl rechtlicher Sachverhalte abweichend von den gesetzlichen Normen in einem Plan regeln, wodurch sie eine hohe Komplexität aufweisen. Es ist aber auch denkbar, daß nur einzelne Regelungen Gegenstand eines Insolvenzplans sein sollen, während im übrigen die Verwertung und Verteilung der Insolvenzmasse nach den gesetzlichen Regeln der §§ 159 ff InsO erfolgt. Dadurch wird eine Parallelität der Anwendungsbereiche des Regelabwicklungsverfahrens und des Planverfahrens möglich, sofern die Regelungsgegenstände des § 217 InsO betroffen sind.

Vorstellbar ist insofern, daß allein die Nachhaftung des Schuldners Gegenstand eines gesonderten Plans, neben der Vollabwicklung des gemeinschuldnerischen Unternehmens nach den Verwertungsnormen der §§ 159 ff. InsO, ist. Handelt es sich hingegen um eine Gesellschaft, stellt sich das Problem der Nachhaftung für diese nur, wenn eine Eigensanierung auf der Grundlage eines Reorganisationsplans realisiert werden soll. Mit der Vollabwicklung des Schuldnervermögens bis hin zur Herbeiführung der Löschungsreife und anschließender Löschung kann die Gesellschaft sowohl im Falle einer plangemäßen Liquidation als auch im Falle einer Liquidation nach dem Regelinsolvenzverfahren nicht mehr Träger von Altforderungen sein.[320]

Handelt es sich beim Schuldner um eine natürliche Person und einen Kleingewerbetreibenden, so kann im Rahmen eines "Schuldenregulierungsplans"[321] die Restschuldbefreiung unter anderen Voraussetzungen gewährt werden, als dies in den §§ 286 - 303 InsO vorgesehen ist. Der Erlaß von Verbindlichkeiten, eine Verkürzung der 7-jährigen "Wohlverhaltensphase" (§ 287 Abs. 2 Satz 1 InsO) können dabei ebenso Regelungsgegenstand wie die Leistungen des Schuldners während der Laufzeit des Schuldenbereinigungsplans sein. In der Begründung

---

318 Die Gesellschafter sind gem. § 217 InsO nicht Beteiligte des Insolvenzplanverfahrens.

319 Vgl. zu Vorstehendem auch: Braun in: Braun/Uhlenbruck, Unternehmensinsolvenz, 7. Teil, G, II, 2, b), S. 569 ff; Zu den Gestaltungsmöglichkeiten des körperschaftsteuerlichen Verlustabzugs vgl. Schlagheck in: GmbHR 1995, S. 869 ff; Blumus in: DSTR 1996, S. 691 ff.

320 Vgl. allg. Begrdg. RegE, abgdr. in: Balz/Landfermann, Die neuen Insolvenzgesetze, S. 18; zu § 274 RegE InsO, a.a.O., S. 324; vgl. auch §§ 1728 BGB, 131 Nr. 3 i.V.m. 161 Abs. 2 HGB, 60 Abs. 1 Nr. 4 GmbHG, 101 GenG, 274 Abs. 2 Nr. 1 AktG.

321 Vgl. Begrdg. RegE zu § 253 RegE InsO, abgdr. in: Balz/Landfermann, Die neuen Insolvenzgesetze, S. 324 f und oben: Teil 1, A, III.

zum Regierungsentwurf wird auch auf die Möglichkeit hingewiesen, daß im Plan Vorsorge für den Fall getroffen sein soll, daß der Schuldner seinen im Schuldenregulierungsplan enthaltenen monatlichen Zahlungsverpflichtungen nicht nachkommen kann.[322]

Wurde die vom Schuldner beantragte Eigenverwaltung nach den §§ 270 ff InsO vom Insolvenzgericht angeordnet, steht dem Schuldner grundsätzlich in gleichem Umfang wie dem Insolvenzverwalter nach den §§ 165 ff InsO das Recht zu, die einem Absonderungsrecht unterliegenden Vermögensgegenstände zu verwerten. Die Eigenverwaltung hindert die Beteiligten nicht, ein Planverfahren durchzuführen (§ 284 Abs. 1 InsO).[323] Denkbar ist daher, daß alleiniger Plangegenstand die Einschaltung eines Treuhänders ist, auf den die einem Absonderungsrecht unterliegenden Vermögensgegenstände übertragen werden und der die Verwertungserlöse an die Gläubiger auskehrt. Insofern wurde bereits erwähnt, daß der Gesetzgeber in seiner Gesetzesbegründung zur Insolvenzordnung darauf hinweist, daß die Rechte von Absonderungsberechtigten auf einen Pool übertragen werden können, wobei der Lieferanten- bzw. Bankenpool häufig wieder von einem Treuhänder geführt oder verwaltet wird.[324]

2. Stundungsplan (Moratoriumsplan)

In einem Insolvenzplan können auch Stundungsvereinbarungen getroffen werden. Dies ergibt sich aus den §§ 223 Abs. 2, 224 Abs. 2 sowie § 225 Abs. 2 i.V.m. § 224 Abs. 2 InsO. Dabei können Stundungsvereinbarungen alleiniger Planinhalt sein oder aber in Verbindung mit einem Eigensanierungsplan geregelt werden. In letzterem Falle dienen sie vor allem dazu, den Insolvenzgrund der Überschuldung (vgl. § 19 InsO) bzw. der Zahlungsunfähigkeit zu beseitigen und so eine Eigensanierung des Rechtsträgers zu ermöglichen.

In der Praxis werden Stundungspläne eine große Bedeutung einnehmen, da ihnen eine große Akzeptanzwahrscheinlichkeit zukommt. Sowohl die gesicherten als auch die nicht gesicherten Gläubiger bleiben zu 100 % mit Ihren Forderungen am Insolvenzverfahren beteiligt. Sollte eine Eigensanierung des Unternehmensträgers gelingen, wäre in diesem Fall eine Befriedigungsaussicht von 100 % ihrer Forderung zu erwarten, während vor allem die ungesicherten Gläubiger im Falle einer Liquidation des Unternehmens häufig einen Forderungsausfall zu verzeichnen hätten. Dinglich gesicherte Gläubiger werden in diesem Falle häufig zu Konzessionen hinsichtlich der zu ihren Gunsten bestehenden Sicherungsrechte unter den Voraussetzungen des § 223 Abs. 2 InsO bereit sein. Der Verzicht auf Verwertungsrechte, der Austausch von gewährten Sicherheiten wird regelmäßig nur unter diesen Umständen die Zustimmung auch der absonderungsberechtigten Gläubiger finden.

---

[322] Vgl. zu allem auch: Schmidt-Räntsch, InsO, Teil 2, § 217, Rdnr. 2; Obermüller/Hess, InsO, Rdnr. 725; Hess, InsO, § 304 Rdnr. 34 ff.

[323] § 284 Abs. 1 InsO erweitert das Planvorlagerecht des § 218 InsO, indem auch der Verwalter von der Gläubigerversammlung beauftragt werden kann. Vgl. näher unten: Teil 2, A, III, 3, c).

[324] Vgl. Begrdg. RegE zu § 266 RegE InsO, abgdr. in: Balz/Landfermann, Die neuen Insolvenzgesetze, S. 337: Die Regelung des § 266 Abs. 3 des RegE wurde aus Gründen der "redaktionellen Straffung" gestrichen; vgl. zum Wesen der Treuhand auch Henssler in: ACP 1996, S. 37 ff; Braun in: Braun/Uhlenbruck, Unternehmensinsolvenz, 7. Teil, H, II, 5, b), S. 587 ff; vgl. auch unten: Teil 3, B, III, 1, c).

3. Mischformen

Nicht immer wird es im Interesse einer bestmöglichen Haftungsverwirklichung möglich sein, einen der bereits angesprochenen Plantypen (Liquidationsplan, Übertragungsplan, Eigensanierungsplan) isoliert anzuwenden. In der Regel wird die Praxis der Insolvenzabwicklung Mischformen hervorbringen. Die Fortführung des gemeinschuldnerischen Unternehmens wird bis zur Realisierung einer übertragenden Sanierung in den weitaus meisten Fällen unabdingbare Voraussetzung sein[325], um die Marktkontinuität aufrecht zu erhalten. Ein Marktaustritt korrespondiert mit dem Verlust von Kunden- und Lieferantenbeziehungen, die dem Erwerber von Betrieben bzw. Teilbetrieben des Unternehmens den erneuten Marktzutritt erheblich erschweren, sofern er nicht bereits mit seiner Gesellschaft im Geschäftsbereich des Schuldners tätig ist. Gerade die zum Zwecke der Übertragung des Geschäftsbetriebes neu gegründeten Fortführungsgesellschaften sehen in dem Kunden- und Lieferantenstamm jedoch einen wesentlichen immateriellen Vermögenswert, ohne den eine Übertragung für sie nicht sinnvoll ist.

Sanierungsfähig und sanierungswürdig sind zudem nicht sämtliche Geschäftsbereiche eines Unternehmens. Die Kombination von Liquidations- mit Übertragungs- bzw. Sanierungsplänen wird daher auch hier einen Anwendungsbereich finden. Denkbar ist beispielsweise, daß ein unrentabler Teilbetrieb eingestellt und nach den Verwertungsvorschriften des allgemeinen Insolvenzverfahrens bzw. plangemäß liquidiert wird, während hingegen der rentable Teilbetrieb entweder auf einen Übernehmer bzw. eine Fortführungsgesellschaft übertragen oder aber mittels eines Eigensanierungsplans reorganisiert wird.

Damit soll ein Anwendungsfall einer leistungswirtschaftlichen Planlösung genannt sein. Möglich und sinnvoll kann auch eine plangemäße Ausproduktion sein, an deren Ende die Liquidation des Unternehmens und Unternehmensträgers steht. Eine solche Lösung bietet sich immer dann an, wenn das Unternehmen über einen Auftragsbestand verfügt, bei dem bereits in erheblichem Maße Vorleistungen des Schuldners erbracht worden sind. Würde in diesem Fall das Unternehmen nach den gesetzlichen Vorschriften liquidiert, müßten die Gläubiger nicht selten erhebliche Mehraufwendungen leisten, wobei der sich daraus ergebende Schadensersatzanspruch quotenmäßig nicht zu realisieren sein wird.

Es wurde bereits daraufhin gewiesen, daß in einem solchen Fall neben den ungesicherten auch die gesicherten Gläubiger ein Interesse an einer plangemäßen Abwicklung des Schuldnervermögens haben werden. Nicht selten können nur mit einer Ausproduktion die dem Absonderungsrecht unterliegenden Teile des beweglichen Anlagevermögens, wie auch des Umlaufvermögens werthaltig gemacht werden.

Große Sanierungsvorhaben werden nicht umhin kommen, von solchen Mischformen Gebrauch zu machen, da leistungswirtschaftliche Sanierung größtenteils mit strukturellen Veränderungen des gesamten Produktionbereiches bzw. einer Neuorientierung der vorhandenen Produktpalette am Markt einhergehen werden. Mischformen werden daher eher die Regel, denn ein Ausnahmefall sein.

---

[325] Maus, Der Insolvenzplan, Rdnr. 15.

4. Sonderformen

a) "Single asset cases"[326]

Mit der Bezeichnung "single asset cases" ist eine in der amerikanischen Rechtspraxis entwikkelte Sonderform eines Insolvenzplanes angesprochen, mit dem auf eine besondere Form von Schuldnerinsolvenzen reagiert wurde. Diese Insolvenzen zeichnen sich dadurch aus, daß der Schuldner Eigentümer eines einzigen Vermögensgegenstandes oder aber einer Gruppe von gleichartigen Vermögensgegenständen ist und die Verbindlichkeiten im wesentlichen aus der Investition in diese Vermögensgegenstände resultieren.

Ist ein Grundstück der wesentliche Vermögensgegenstand, auf dem ein Hotel bzw. eine Wohnanlage errichtet wurde und bei denen die Amortisation der Investitionen aus den aus der Vermietung fließenden Einnahmen gewährleistet sein sollte, so werden die eine finanzwirtschaftliche Reorganisation vorsehenden Insolvenzpläne auch als "single asset real estate"-Pläne bezeichnet.

Braun weist a.a.O. darauf hin, daß die Abwicklung solcher Unternehmen gegenwärtig entweder durch Vergleichsverhandlungen im außergerichtlichen Bereich oder aber, bei Scheitern derselben, im Wege der Zwangsversteigerung/Zwangsverwaltung erfolgt. Die soeben dargestellten Schwierigkeiten[327], die sich bei freien Sanierungen außerhalb eines gesetzlich geregelten Verfahrens ergeben, ließen häufig eine Sanierung des Schuldners nicht zu. Am Ende der gescheiterten Verhandlungen stand zumeist die Zwangsversteigerung, bei der die Gläubiger erhebliche finanzielle Einbußen hinnehmen mußten.

Mit dem Insolvenzplanverfahren werden nunmehr jedoch Gestaltungsspielräume an die Hand gegeben, die eine finanzwirtschaftliche Restrukturierung ermöglichen. Da es sich in diesen Insolvenzfällen häufig um eine überschaubare Zahl von verschiedenen Gläubigergruppen handelt, ist es bei geeigneter Plangestaltung, insbesondere der Gruppenbildung, möglich, eine Mehrheitsentscheidung für einen finanzwirtschaftlichen Plan zu erlangen. Bei einem finanziellen Eigenbeitrag des Schuldners werden die finanzierenden, dinglich gesicherten Gläubiger (Kreditinstitute) an einer Reorganisation interessiert sein. Dafür spricht nicht zuletzt, daß im Rahmen einer Zwangsversteigerung nicht selten ein Verwertungserlös erzielt wird, der weit unterhalb der gesicherten Forderungen zuzüglich dinglicher Kosten gelegen ist.

Die künftige Praxis der Insolvenzabwicklung wird sich solcher "single asset real estate"-Insolvenzpläne zunutze machen. Besonders der durch das Einführungsgesetz der Insolvenzordnung neu geschaffene § 30 d) ZVG (vgl. Art. 20 Nr. 4 ff. EGInsO) wird hierzu beitragen, da er die Einstellung des Zwangsversteigerungsverfahrens auf Antrag des Insolvenzverwalters unter den dort genannten Voraussetzungen zuläßt.

---

[326] Die nachfolgenden Ausführungen beziehen sich auf die Darstellung von Braun in: Braun/Uhlenbruck, Unternehmensinsolvenz, 8. Teil, V, 1.

[327] Siehe hierzu: Teil 1, D, III.

b) Bedingte Pläne

aa) Zweck und Inhalt bedingter Pläne

Gem. § 249 InsO kann in einem Insolvenzplan vorgesehen werden, daß vor der gerichtlichen Bestätigung "... bestimmte Leistungen erbracht oder andere Maßnahmen verwirklicht werden sollen, ...". Mit dem bedingten Plan will der Gesetzgeber dem Umstand Rechnung tragen, daß gesellschaftsrechtliche Vorgänge nicht Gegenstand eines Insolvenzplanes sein können.[328] Durch die Aufnahme von aufschiebenden Bedingungen ist es künftig jedoch möglich, bestimmte gesellschaftsrechtliche Beschlüsse zum Gegenstand plangemäßer Gestaltungen zu machen. Auflösenden Bedingungen wird vor dem Hintergrund der Wiederauflebensklausel des § 255 InsO kaum Bedeutung zukommen.

Eigensanierung unter gesellschaftsrechtlicher Beteiligung von Gläubigern des Schuldners, die im Gegenzug auf den Verzicht von Forderungen Geschäftsanteile erwerben,[329] lassen sich nur dann realisieren, wenn auch auf Gesellschaftsebene strukturelle Veränderungen vorgenommen werden. Sanierungskonzepte erfordern neben leistungswirtschaftlichen vor allem auch finanzwirtschaftliche Maßnahmen. Investitionsentscheidungen sind von Alt- bzw. Neugläubigern jedoch nur dann zu erwarten, wenn das Vertrauen in das alte Management/die alte Unternehmensleitung weiterhin gewährleistet ist.

Um dieses Vertrauen zu schaffen, ist es ggf. auch erforderlich, Altanteilsrechte an Gläubiger zu übertragen, die das Vertrauen der Mehrheit genießen, und die damit maßgeblichen Einfluß auf die Unternehmensführung ausüben wollen.

Neben Veränderungen der Eigentümerstellung können auch Kapitalherabsetzungs- mit anschließenden Kapitalerhöhungsbeschlüssen[330] sowie Veränderungen der Rechtsform des Unternehmensträgers Gegenstand gesellschaftsrechtlicher Veränderungen sein. Während die nominelle Kapitalherabsetzung der Beseitigung der Unterbilanz dient, wird mit der Kapitalerhöhung und der Übernahme der Gesellschaftsanteile durch Altgläubiger neues, liquides Eigenkapital geschaffen, welches der Gesellschaft in Form der übernommenen Einlage zufließt (§§ 182 ff AktG, 55 ff GmbHG). Bereits nach geltendem Recht war eine vereinfachte Kapitalherabsetzung zum Ausgleich von Wertminderungen bzw. Deckung sonstiger Verluste bei einer AG gem. §§ 229 ff AktG möglich. Mit Art. 41 Nr. 4 EGInsO wird durch die Einführung der §§ 58 a - f GmbHG diese Möglichkeit nunmehr auch für die GmbH eröffnet.

Im deutschen Handels- und Gesellschaftsrecht liegt die Kompetenz zur Änderung der gesellschaftsrechtlichen Verhältnisse des Unternehmensträgers in der Hand der jeweiligen Gesellschafter als Inhaber des Unternehmens. Fortführungsentscheidungen, bei denen der bisherige Eigentümer ausgetauscht und den Gläubigern für deren Einlageleistungen neue Kapitalanteilsrechte an der Auffanggesellschaft zugewiesen werden sollen, lassen sich daher nur mit Zustimmung der Altgesellschafter (bei einer GmbH sind dabei der schuldrechtliche Verpflich-

---

[328] Vgl. hierzu schon oben: Fn. 317.

[329] Bley/Mohrbutter, VerglO, § 3 Rdnr. 11.

[330] Vgl. allg. zur Kapitalherabsetzung/Kapitalerhöhung: Gottwald in: KTS 1984, S. 1 ff, 7 f; Bork, Einführung, Rdnr. 370 f; einen Überblick über die Rechtslage nach geltendem und neuem Recht gibt auch Kautz, in: Europäische Hochschulschriften, Reihe 2: Rechtswissenschaft, Band 1712, S. 233 -250 m.w.N.

tungsvertrag und der dingliche Abtretungsvertrag nach § 15 Abs. 3, 4 GmbHG formbedürftig)[331] verwirklichen. Dies kann sich nachteilig auf die Sanierungschancen auswirken, wenn zudem noch vom Alteigentümer ein Eigenbeitrag zur Reorganisation abverlangt werden soll. Dem Gesellschafter werden damit Mitsprachemöglichkeiten eingeräumt, die nur schwer mit dem Grundsatz der Gläubigerautonomie als wesentlichem Verfahrensziel zu vereinbaren sind.

Auch wenn solche Regelungen in einem Insolvenzplan enthalten sind, ohne daß die Gesellschafter einen entsprechenden Beschluß gefaßt oder im Plan selbst ihre Zustimmung erteilt haben, führt allein der rechtskräftig bestätigte Plan diese Änderung nicht herbei. Eine solche Legitimationswirkung kommt ihm nicht zu. Mit § 249 InsO soll lediglich eine sinnvolle Verzahnung gesellschaftsrechtlicher Beschlüsse mit gerichtlicher Planbestätigung bewirkt werden. Noch deutlicher schreibt der Gesetzgeber in der Begründung des Regierungsentwurfes zu § 269 RegE InsO, daß diese "Vorschrift ... die Möglichkeit (schafft), daß solche gesellschaftsrechtlichen Beschlüsse erst dann gefaßt werden müssen, wenn die Zustimmung der Gläubiger zum Plan feststeht... ."[332] Damit wird die Trennung zwischen dem der gesellschaftsrechtlichen Ebene zugewiesenen Beschluß und der Zustimmung der Gläubiger im Abstimmungsverfahren ausdrücklich angesprochen.

bb) Erfordernis weiterer Anlagen

Auf zwei Besonderheiten soll im Zusammenhang mit der Darstellung möglicher Planinhalte von bedingten Plänen noch hingewiesen werden.

Kommt es im Zuge der Reorganisation des Unternehmensträgers zu einer Übertragung von Anteils-, Mitgliedschafts- oder Beteiligungsrechten auf neu eintretende Gläubiger, ist dem Plan gemäß § 230 Abs. 2 InsO die zustimmende Erklärung dieser Gläubiger beizufügen. Ziel des Gesetzgeber ist, daß die Umsetzung solcher Maßnahmen gegenüber allen von ihnen Betroffenen offengelegt und damit transparent gemacht werden. Keinem Gläubiger sollen gegen seinen Willen Anteilsrechte als Ausgleich für den Verlust seiner Forderung aufgezwungen werden.[333] Um sicherzustellen, daß die Bereitschaft der Gläubiger tatsächlich vorlag, sollen mithin ihre Zustimmungserklärungen zur geplanten oder bereits beschlossenen Abtretung dem Plan als Anlage beigefügt werden.

Gleichzeitig stellt sich die Frage, ob mit der Aufnahme der formbedürftigen gesellschaftsrechtlichen Erklärungen in den gestaltenden Teil des Insolvenzplanes (§§ 221, 228 InsO), die Einhaltung der notwendigen Form allein mit der Planbestätigung durch das Gericht gewährleistet ist. Hieran besteht grundsätzlich ein legitimes Interesse der am Planverfahren Beteiligten, da es neben der damit verbundenen Zeitersparnis vor allem auch Kostenvorteile mit sich bringt. Die zum Beispiel im Falle einer Abtretung von Geschäftsanteilen erforderlichen Kosten für eine notarielle Beurkundung nach § 15 Abs. 3 GmbHG wären dann von den Kosten des Planverfahrens mitumfaßt.

---

331 Ist die Abtretungsverplichtung Inhalt des Gesellschaftsvertrages ist auch dieser formbedürftig. Handelt es sich um eine rein schuldrechtliche Verpflichtung ergibt sich dies aus § 15 Abs. 4, bei einer gesellschaftlichen Pflicht folgt dies bereits aus §§ 2, 3 Abs. 2 GmbHG; vgl. Winter in: Scholz, GmbHG, § 15 Rdnr. 54 f.

332 Begrdg. RegE zu § 269 RegE InsO, abgdr. in: Balz/Landfermann, Die neuen Insolvenzgesetze, S. 367.

333 Begrdg. RegE zu § 274 RegE InsO, abgdr. in: Balz/Landfermann, Die neuen Insolvenzgesetze, S. 344.

Nach dem Wortlaut des § 228 InsO können alle dinglichen Willenserklärungen, die auf Begründung, Änderung, Übertragung oder Aufhebung von Rechten an Gegenständen gerichtet sind, in dem gestaltenden Teil des Insolvenzplanes aufgenommen werden. Eine *Abtretung* von Geschäftsanteilen scheint hiervon aber nicht erfaßt zu sein. Um diese Unklarheiten zu beseitigen, hat der Gesetzgeber auf Anregung der Bundesregierung, in ihrer Gegenäußerung zur Stellungnahme des Bundesrates zum Entwurf des Einführungsgesetzes zur Insolvenzordnung[334], in § 254 Abs. 1 Satz 2 InsO auch die Abtretung der Geschäftsanteile einer GmbH ausdrücklich in den Anwendungsbereich des § 228 InsO einbezogen. Danach gelten mit rechtskräftiger Bestätigung des Insolvenzplanes alle im Insolvenzplan enthaltenen schuldrechtlichen wie dinglichen Willenserklärungen als abgegeben. Darüber hinaus gilt auch die vorgeschriebene Form als gewahrt.[335] Es können mithin alle formpflichtigen gesellschaftsrechtlichen Beschlüsse in den gestaltenden Teil aufgenommen werden, mit der Folge, daß mit Rechtskraft des Bestätigungsbeschlusses auch die Form als gewahrt gilt. Erwägen die Beteiligten hingegen, bestimmte gesellschaftsrechtliche Beschlüsse zum Gegenstand eines bedingten Planes zu machen, entfällt dieser Kostenvorteil, da es zu einer Bestätigung des bedingten Planes erst kommt, wenn die Bedingungen formwirksam eingetreten sind.

V. Der Plan aus betriebswirtschaftlicher Sicht

Die Insolvenzordnung eröffnet die Möglichkeit, die in dem insolventen Unternehmen gebundenen Vermögenswerte mittels Insolvenzplan einer wirtschaftlich sinnvollen Verwertung zuzuführen. Plangemäße Abwicklung/Liquidation, die Realisierung einer Planlösung für eine übertragende Sanierung, Eigensanierung oder auch die (nur zeitweilige) Fortführung des Unternehmens sind notwendigerweise mit finanz- und/oder leistungswirtschaftlichen Maßnahmen verbunden.

Die auf einer Mehrheitsentscheidung der zur Abstimmung berechtigten Gläubiger innerhalb der Gläubigergruppen ausgerichteten Planlösungen setzen damit immer fundierte betriebswirtschaftliche Kenntnisse voraus. Der Zeitkomponente kommt hierbei eine wesentliche Bedeutung zu. Auch wenn der Schuldner zusammen mit dem Insolvenzantrag bereits einen mit den Gläubigern ausgearbeiteten und abgestimmten Planvorschlag einreicht (vgl. § 218 Abs. 1 Satz 2 InsO), bedarf es zur Überbrückung des Zeitraumes bis zur Realisierung der Planlösung der Sicherstellung der hierfür notwendigen finanziellen Mittel. Ein in diesem Sinne verstandener Planvorschlag muß sämtliche für die Planumsetzung notwendigen finanz- und/oder leistungswirtschaftlichen Maßnahmen[336] im darstellenden Teil des Insolvenzplanes (§ 220 Abs. 1 InsO) ausweisen.

Vor allem Reorganisationspläne verlangen eine klare Differenzierung danach, ob es sich um finanz- und/oder leistungswirtschaftlich determinierte Pläne handelt.[337]

---

334 BT-Drucks. 12/3803 Art. 33 Nr. 26, S. 135.

335 Vgl. auch Begrdg. RegE zu § 301 RegE InsO, abgdr. in: Balz/Landfermann, Die neuen Insolvenzgesetze, S. 373 f; soweit Kautz in: Europäische Hochschulschriften, S. 186 hierzu noch eine andere Auffassung vertreten hat, liegt dies darin begründet, daß die Gegenäußerung erst am 24. November 1994 erfolgte, seine Diss. zu diesem Zeitpunkt bereits fertiggestellt war.

336 Vgl. hierzu näher unten Teil 1, D, V.

337 Braun in: Braun/Uhlenbruck, Unternehmensinsolvenz, 7. Teil, G, IV, S. 571.

1. Finanzwirtschaftliche Pläne

Finanzwirtschaftliche Pläne zielen vor allem darauf, die materiellen Insolvenzantragsgründe der (drohenden) Überschuldung bzw. Zahlungsunfähigkeit gem. §§ 17 - 19 InsO zu beseitigen[338], sofern eine Reorganisation des schuldnerischen Unternehmens Plangegenstand ist. Hierbei muß der (Teil-) Betrieb als organisatorische Einheit leistungswirtschaftlich restrukturiert und der Unternehmensträger durch Beseitigung der Überschuldung und/oder Wiederherstellung der Zahlungsfähigkeit finanzwirtschaftlich saniert werden.[339] Auch die plangemäße Liquidation des schuldnerischen Vermögens erfordert immer finanzwirtschaftliche Maßnahmen.

Tatbestandlich beschreibt § 19 Abs. 2 Satz 1 InsO die Überschuldung in diesem Sinne als eine Diskrepanz zwischen dem Vermögen und den Schulden, zwischen Aktiv- und Passivseite der Bilanz des Schuldners. Ausgehend vom zweistufigen Überschuldungsbegriff des Bundesgerichtshofes[340] liegt eine Überschuldung dann vor, wenn die unter Liquidationsgesichtspunkten bewerteten Vermögenswerte unter Auflösung stiller Reserven die Schulden der Gesellschaft nicht decken (rechnerische Überschuldung) *und* die Finanzkraft der Gesellschaft bei im übrigen unveränderten Bedingungen nach überwiegender Wahrscheinlichkeit nicht ausreicht, diese fortzuführen, so daß von einer negativen Fortführungsprognose auszugehen ist (rechtliche Überschuldung).

Mit dem vom Rechtsausschuß des Bundestages neu eingefügten § 19 Abs. 2 Satz 2 InsO wird jedoch klargestellt, daß bei einer positiven Fortführungsprognose nicht der Liquidationswert, sondern der Fortführungswert unter going-concern-Prämissen zugrundezulegen ist.[341] Im Bericht des Rechtsausschuß des Bundestages heißt es zudem, daß entgegen der vom BGH a.a.O. zitierten und einer in der Literatur vordringenden Auffassung, das Vorliegen einer positiven Fortführungsprognose nicht automatisch die Überschuldung ausschließt.[342]

Sofern daher eine positive Fortführungsprognose zu konstatieren ist, sind going concern Werte (Aufdeckung stiller Reserven) im Überschuldungsstatus anzusetzen. Daß sich selbst dann immer noch eine Unterdeckung des Vermögens gegenüber den Schuldner ergeben kann, liegt auf der Hand.

Ist erst einmal eine Überschuldung eingetreten, kann diese durch eine Verbesserung der Aktivseite und/oder durch Entlastung der Passivseite beseitigt werden,[343] was zumindest die Kenntnis der Tatsachen voraussetzt, die zur Überschuldung geführt haben. Eine Verbesserung der Aktivseite kann durch Zuführung neuen betriebsnotwendigen Vermögens in die Gesell-

338 Gottwald spricht insofern von "äußerer Sanierung": Gottwald in: KTS 1984, S. 1 ff, 3; vgl. auch Groß, Fortführungsgesellschaften, S. 24 Rdnr. 5; Uhlenbruck in: KTS 1981, S. 513 ff, 533.

339 So Maus, Der Insolvenzplan, Rdnr. 17/19.

340 Vgl. BGH, Urt. vom 13.07.1992 (Az.: II ZR 269/91), abgdr. in: BGHZ 119, 201 ff, 214 f.

341 Vgl. zum Tatbestand der Überschuldung auch Begrdg. RegE zu § 23 Abs. 2 RegE InsO, abgdr. in: Balz/Landfermann, Die neuen Insolvenzgesetze, S. 92 ff; vgl. auch Kuhn/Uhlenbruck, KO, § 102 Rdnr. 5 e); Baumbach/Hueck, GmbHG, § 46 Rdnr. 8 ff.

342 RA BT zu § 23 RegE InsO, abgdr. in: Balz/Landfermann, Die neuen Insolvenzgesetze, S. 92 ff; vgl. hierzu auch Braun/Riggert/Kind, S. 84 ff.

343 Vgl. Haarmeier/Wutzke/Förster, InsO, Kap. 5 Rdnr. 317; Braun in: Braun/Uhlenbruck, Unternehmensinsolvenz, 7. Teil, G, IV, 1, S. 571.

schaft bzw. neuen Haftkapitals durch Kapitalerhöhungsmaßnahmen herbeigeführt werden.[344] Eine Entlastung der Passivseite hingegen kann zum Beispiel durch Forderungsverzichte der Gläubiger oder Rangrücktrittsvereinbarungen[345] mit dem Inhalt vereinbart werden, daß gewährte Darlehen nur aus künftigen Bilanzgewinnen oder aus Liquidationserlösen zu tilgen sind.

Zur Beseitigung der Zahlungsunfähigkeit bzw. der drohenden Zahlungsunfähigkeit i.S.d. §§ 17, 18 InsO sind vor allem liquiditätswirksame Maßnahmen erforderlich. Als Beispiele sollen hier Kapitalerhöhungsmaßnahmen, (zinslose) Stundungs- (Moratoriums-) Vereinbarungen und Forderungsverzichte durch die Gläubiger erwähnt sein. Die Praxis hat zudem ein Modell entwickelt, die zeitweilige Fortführung des Geschäftsbetriebes zu ermöglichen, ohne den Liquiditätsbedarf für die Anschaffung neuer Warenvorräte sicherstellen zu müssen. Im produzierenden Gewerbe ist der Einkauf von Roh-, Hilfs- und Betriebsstoffen zur Be- oder Verarbeitung erforderlich. Die hierfür aufzubringenden Kosten würden jedoch häufig die finanzielle Situation übermäßig belasten, da eine Finanzierung nur durch Kreditaufnahme möglich wäre. Die Praxis löst dieses Problem dadurch, daß der jeweilige Auftraggeber die Waren selbst unentgeltlich zur Verfügung stellt und eine Bezahlung durch Verrechnung nach erbrachter Leistung seitens des Schuldners als Auftragnehmer erfolgt (Lieferantenkredit).

2. Leistungswirtschaftliche Planlösungen

Die Ursachen, die zur Insolvenz von Einzelunternehmern/Gesellschaften führen, können verschiedener Natur sein. Ein Grund für eine "unverschuldete" Insolvenz kann darin liegen, daß Forderungsausfälle durch eine beim Auftraggeber eingetretene Insolvenz zu verzeichnen sind. Die weitaus größte Zahl der Insolvenzen beruhen darauf, daß die Strukturierung des gemeinschuldnerischen Unternehmens nicht mehr den Anforderungen eines am Markt konkurrierenden Unternehmens entspricht, was auch auf Fehler im Management zurückzuführen sein kann. Leistungswirtschaftliche Defizite führen dann häufig dazu, daß der gesamte Leistungsbereich des Unternehmens nicht mehr wettbewerbsfähig ist. Marktstrategische Gesichtspunkte können die Ursache hierfür sein. Jedes Unternehmen muß in seiner Branche auf die Veränderungen des Marktes reagieren. Tut es dies nicht, läuft es Gefahr, Veränderungen nicht rechtzeitig zu bemerken und seinen Leistungsbereich hierauf auszurichten.

Zum Beispiel kann eine Veränderung der eigenen Produktpalette notwendig sein, müssen Teilbereiche des bisherigen Produktionsbereiches mangels Rentabilität eingestellt, Management- und Personalkonsequenzen in einem schrumpfenden Markt gezogen[346] oder im Bereich der Ablauforganisation bzw. Produktionssteuerung zur Senkung der Produktionskosten Veränderungen vorgenommen werden.[347]

---

344 Vgl. hierzu schon Rdnr. 328; weitere Bsp. bei Gottwald in: KTS 1984, S. 1 ff, 8 f, 13.

345 Zur Berechtigung vgl. Kuhn/Uhlenbruck, KO, § 102 Rdnr. 6 v); Weber in: Jaeger, KO, §§ 207, 208 Rdnr. 21; Teller, Rangrücktrittsvereinbarungen, S. 94 ff, 153; Gottwald in: KTS 1984, S. 1 ff, 6.

346 Vgl. Braun in: WPg 1989, S. 683 ff, 690 f; Hermanns in: DStR 97, S. 1178 ff, 1181.

347 Gottwald in: KTS 1984, S. 1 ff, 3, der bei leistungswitschaftlichen Maßnahmen auch von "innerer Sanierung" spricht; Braun in: Braun/Uhlenbruck, Unternehmensinsolvenz Teil 7, G, IV, 2, S. 573.

Damit zeichnen sich leistungswirtschaftliche Pläne durch einen hohen Komplexitätsgrad aus. Der Insolvenzverwalter bzw. Schuldner wird solche leistungswirtschaftlich determinierten Sanierungskonzepte in möglichst kurzer Zeit[348] zu erarbeiten haben. Neue höhere Anforderungsprofile werden damit sowohl an die Insolvenzverwalter als Planersteller als auch die Insolvenzgerichte gestellt. Sie werden auf der Grundlage der Plananlagen gem. § 229 InsO zu prüfen haben, ob die Gründe für die Zurückweisung des Planes gem. § 231 Abs. 1 Nr. 2 und 3 InsO vorliegen.[349]

Dies trifft auch für die Fälle zu, in denen das Insolvenzgericht von Amts wegen oder auf Antrag Vergleichsrechnungen anzustellen hat (§§ 245 Abs. 1 Nr. 1, 247 Abs. 2 Nr. 1, 251 Abs. 1 Nr. 2 InsO).

VI. Die Einteilung nach dem Verfahrensstadium

1. "Prepackaged plans"

Hierbei handelt es sich nicht um einen eigenen Plantyp. Die Bezeichnung "prepackaged plan" (vorbereiteter Plan) entstammt der amerikanischen Literatur.[350]

Kennzeichnend für diese Pläne ist, daß sie im Anwendungsbereich von leistungswirtschaftlichen Sanierungsplänen bereits im Vorfeld der eigentlichen Insolvenzantragstellung mit der Mehrheit der Insolvenzgläubiger, insbesondere den Absonderungsberechtigten, abgestimmt sind.[351] Vorbereitete Pläne bieten einen erheblichen Zeitvorteil allein dadurch, daß komplexe, zeitintensive Sanierungskonzepte nicht erst nach Planeinreichung durch den Schuldner oder sogar nach Beauftragung durch die Gläubigerversammlung im Berichtstermin (§ 157 Satz 2 InsO) vom Insolvenzverwalter erstellt werden.

Bei einer Aufrechterhaltung des Geschäftsbetriebes wäre dies u.U. mit einem zusätzlichen Liquiditätsbedarf und damit finanzwirtschaftlichen Maßnahmen zur Überbrückung der Planerstellungszeit verbunden.

Daneben gewähren "prepackaged plans" einen hohen Grad an Bestätigungswahrscheinlichkeit, sofern die Abstimmung der Planziele und der zur Realisierung notwendigen Maßnahmen mit den mehrheitsbildenden Gläubigern und Gläubigergruppen im Vorfeld der Insolvenzantragstellung erfolgte.[352]

---

348 Zum Anwendungsbereich der prepackaged-Pläne vgl.: Teil 1, D, VI, 1 und Teil 2, B, I, 1, c), bb).

349 Vgl. hierzu auch Burger/Schellberg in: DB 1994, S. 1833 ff, 1836 f; zum Berufsbild des Verwalters künftiger Prägung und zu den Anforderungen an die Gerichte vgl. Uhlenbruck in: KTS 1998, S. 1 ff.

350 Miller, Bankruptcy-Code I, A, 2., zitiert nach Braun in: Braun/Uhlenbruck, Unternehmensinsolvenz, 7. Teil, G, II, 2, S. 568.

351 Flessner, Sanierung, S. 115 ff, 117 f, 130.

352 Vgl. hierzu auch die Ausführungen im Teil 2, B, I, 1, c), bb).

2. Verwalterpläne

Die gesetzlichen Regelungen des Planinitiativrechtes finden sich in § 218 Abs. 1 InsO. Danach sind sowohl der Insolvenzverwalter als auch der Schuldner berechtigt, einen Insolvenzplan vorzulegen.[353]

Der Schuldner kann seinen Plan bereits mit dem Antrag auf Eröffnung eines Insolvenzverfahrens gem. § 218 Abs. 1 Satz 2 InsO vorlegen. In zeitlicher Hinsicht steht ihm somit das Planinitiativrecht zu. Des weiteren kann die Gläubigerversammlung den Insolvenzverwalter nach §§ 218 Abs. 2 i.V.m. 157 Satz 2 InsO mit der Erstellung eines bestimmten Insolvenzplans beauftragen. Wird dem Schuldner gem. §§ 270 ff InsO die Eigenverwaltung überlassen, kann sich die Gläubigerversammlung mit der Aufgabe, einen Plan zu erstellen, auch an den Schuldner wenden, § 284 InsO.

Da die Gläubigerversammlung Vorgaben zur Gestaltung im einzelnen machen darf, handelt es sich eigentlich um einen Insolvenzplan der Gläubigerversammlung (vgl. § 157 Satz 2 InsO). Ob dem Verwalter neben diesem derivativen auch ein originäres Planvorlagerecht eingeräumt wird, läßt sich der Begründung zum Regierungsentwurf ausdrücklich nicht entnehmen und ist daher in der Literatur heftig umstritten.[354] Wird der Verwalter erst im Berichtstermin, der nicht vor sechs Wochen anberaumt werden soll und nicht später als nach drei Monate anberaumt werden darf (vgl. § 29 Abs. 1 Nr.1 InsO), mit der Erstellung eines Sanierungskonzeptes beauftragt, sind für die Aufrechterhaltung der Sanierungsmöglichkeiten vor allem unter dem Gesichtspunkt der Zeitkomponente hohe Anforderungen an ihn gestellt.[355]

---

353 In § 255 RegE InsO war darüber hinaus vorgesehen, daß auch eine Minderheit von Gläubigern bzw. bestimmten, am Stammkapital der Gesellschaft beteiligte Personen und die persönlich haftenden Gesellschafter antragsberechtigt sein sollen. Mit der Streichung dieser Norm durch den RA BT sollten die praktischen Schwierigkeiten vermieden werden, die sich aus der Konkurrenz von Insolvenzplänen ergeben könnten. Vgl. hierzu §§ 254, 255 RegE InsO, abgdr. in: Balz/Landfermann, Die neuen Insolvenzgesetze, S. 328; zum Planinitiativrecht vgl. auch Teil 2.

354 Zum Meinungsstreit vgl. eingehend Teil 2, A, III, 3, b).

355 Die Möglichkeiten zur Aufrechterhaltung des Geschäftsbetriebes bis zur Planerstellung werden jedoch durch die Einsetzung eines vorläufigen Insolvenzverwalters mit Verfügungsmacht gem. § 22 Abs. 1 Satz 2 Nr. 2, 3, der Kündigungssperre gem. § 122 sowie der Tatsache, daß vom Verwalter begründete Verbindlichkeiten Masseschulden nach § 55 Abs. 2 InsO sind, erheblich erleichtert.

2. Teil:

Das Planinitiativrecht des Insolvenzverwalters

A. Grundzüge des Planinitiativrechts

Die Regelung des Planinitiativrechts gab bereits im Vorfeld der Verabschiedung der Insolvenzordnung zu zahlreichen Diskussionen Anlaß, die auch heute noch – wenn auch unter veränderten Vorzeichen – Gegenstand von Veröffentlichungen sind. Kernpunkte der Erörterungen waren und sind neben der Berechtigung des Schuldners zur Planvorlage und damit Einleitung eines Insolvenzplanverfahrens die noch im Regierungsentwurf vorgesehenen weiterreichenden Planinitiativrechte einer bestimmten Minderheit von Gläubigergruppen, jedes persönlich haftenden Gesellschafters und den am Kapital des Schuldners zu mindestens einem Fünftel beteiligten Personen. Die vom Rechtsausschuß des Bundestages vorgeschlagene und vom Gesetzgeber in § 218 InsO verabschiedete Fassung hat das Planinitiativrecht seinem Wortlaut nach auf den Schuldner und den Insolvenzverwalter beschränkt. Dies wiederum führt zu der in der Literatur kontrovers diskutierten Frage, ob dem Insolvenzverwalter neben dem ausdrücklich in den §§ 157 Satz 2, 218 Abs. 2 InsO geregelten derivativen Vorlagerecht über die Gläubigerversammlung auch eine eigene (originäre) Befugnis zur Planvorlage vom Gesetzgeber eingeräumt werden sollte.

Unabhängig davon, welcher Auffassung man sich hierzu anschließt, kann es dennoch zu einer Konkurrenz mehrerer (mindestens zweier) Pläne kommen. Mit der Streichung des § 294 RegE InsO durch den Rechtsausschuß des Bundestages, enthält die Insolvenzordnung aber keine Vorschrift mehr zur verfahrensmäßigen Behandlung konkurrierender Planvorlagen.

Mit nachfolgenden Ausführungen sollen zu diesen aufgeworfenen Fragen Lösungsvorschläge aufgezeigt werden. Dabei wird sich der Verfasser kritisch mit den in der Literatur hierzu vertretenen Auffassungen auseinandersetzen. Schließlich soll das Planinitiativrecht unter dem Gesichtspunkt der Zeitkomponente einer eingehenden Würdigung unterzogen und aufgezeigt werden, welche strategischen Möglichkeiten sich sowohl für den Schuldner als auch für die Gläubiger vor dem Ziel einer optimalen Haftungsverwirklichung und damit korrespondierender Gläubigerbefriedigung eröffnen.

I. Die Bedeutung des Planinitiativrechts

1. Regelabwicklung oder Insolvenzplanverfahren ?

Es wurde bereits hervorgehoben, daß die Verfasser der Insolvenzordnung die Marktkonformität der Abwicklung insolventer Unternehmen zum Leitmotiv eines neuen Insolvenzrechts machen wollten. Als elementarer Bestandteil des Wirtschaftsprivatrechts müsse sich ein funktionierendes Insolvenzrecht an der geltenden Wirtschaftsverfassung orientieren, deren Prinzipien beachten und dürfe Marktgesetze nicht außer Kraft setzen.[356] Damit verbunden sei gleich-

[356] Vgl. generell: allg. Begrdg. RegE, abgdr. in: Balz/Landfermann, Die neuen Insolvenzgesetze, S. 9, 11 ff.

zeitig eine Rücknahme staatlicher Einflußmöglichkeiten[357] und die Stärkung der Autonomie der Gläubiger über die Art der Verwirklichung des für die Realisierung ihrer Forderungen verhafteten Vermögens sowie das hierbei anzuwendende Verfahren. Das Ziel eines so verstandenen Insolvenzrechts ist die optimale Gläubigerbefriedigung bei gleichzeitiger Vollabwicklung des Schuldnervermögens. Anders als im Vergleichsrecht nach der Vergleichsordnung geht es nicht mehr um eine Perpetuierung des Schuldners mittels Schuldenbereinigung[358], sondern um eine von der Entscheidung der Gläubiger, als die von der Insolvenz "Betroffenen", abhängige Haftungsverwirklichung. Läßt sich dies nach der Einschätzung der Gläubigermehrheit nur durch die Aufrechterhaltung des Unternehmensträgers, d.h. seine Reorganisation, erreichen, so eröffnet die Insolvenzordnung mit dem Insolvenzplanverfahren allgemein die Möglichkeiten für eine von den gesetzlichen Vorschriften abweichende Form der Masseverwertung.[359]

Die konzeptionelle Ausrichtung des Planverfahrens als eine Option/Wahlmöglichkeit, um in einem einheitlichen Insolvenzverfahren von der gesetzlichen Regelabwicklung abweichen zu können (vgl. §§ 1, 217 InsO), setzt notwendigerweise die Gewährleistung eines entsprechenden formellen Initiativ*rechtes* voraus.

2. Die Planvorlage als Element der Verfahrenslenkung

Dem Planvorlagerecht kommt auch eine verfahrenslenkende Funktion zu.

Mit Eröffnung des Insolvenzverfahrens ist der Insolvenzverwalter grundsätzlich verpflichtet, das zur Insolvenzmasse gehörende Vermögen des Schuldners unverzüglich in Besitz zu nehmen (vgl. § 148 Abs. 1 InsO) und dieses nach dem Berichtstermin gem. §§ 159 ff InsO zu verwerten und zu verteilen. Ist das Vermögen jedoch erst einmal "zerschlagen", ist weder eine übertragende Sanierung noch eine Eigensanierung erfolgversprechend. § 233 InsO gewährt vor diesem Hintergrund die Möglichkeit der Aussetzung der Verwertung und Verteilung, sofern damit die Realisierung eines Insolvenzplanes gefährdet wäre.[360]

Als Teil des Regelinsolvenzverfahrens ist das Insolvenzplanverfahren grundsätzlich ein Verwalterverfahren (§ 27 Abs. 1 Satz 1 InsO). Dem Schuldner wird mit der Eröffnung des Insolvenzverfahrens die Verwaltungs- und Verfügungsbefugnis über das zur Insolvenzmasse gehörende Vermögen entzogen, wozu nach § 35 InsO nunmehr auch der Neuerwerb des Schuldners nach Verfahrenseröffnung zählt. Bislang war der Neuerwerb nicht vom Konkursbeschlag erfaßt.

Das Verwaltungs- und Verfügungsrecht geht auf den Insolvenzverwalter über (§ 80 Abs. 1 InsO). Damit wird zugleich ein struktureller Unterschied zum Reorganisationsverfahren in den Vereinigten Staaten nach Chapter 11 BC deutlich. Als vollkommen eigenständiges Ver-

[357] Das Gericht darf keinesfalls als "Sachwalter allgemeiner, im Insolvenzverfahren nicht repräsentierter wirtschaftlicher oder sozialer Interessen" handeln, so allg. Begrdg. RegE, abgdr. in Balz/Landfermann, Die neuen Insolvenzgesetze, S. 15.

[358] Zum Wesen des gerichtlichen Vergleichsverfahrens: Uhlenbruck in: Gottwald, InsR-Hdb., § 69 Rdnr. 9.

[359] Zu den möglichen Planinhalten vgl. schon oben: Teil 1, D; i.d.S. auch Schiessler, Der Insolvenzplan, S. 86.

[360] Schiessler, Der Insolvenzplan, S. 86.

fahren (mit dem Ziel der Reorganisation) ausgestaltet, ist es prinzipiell ein verwalterloses Verfahren ("debtor in possession"). Der Schuldner bleibt im Besitz der Verwaltungs- und Verfügungsmacht, obgleich ihm damit die Funktion eines Treuhänders gegenüber allen Beteiligten zukommt.[361]

Auch die Insolvenzordnung kennt die Eigenverwaltung auf Antrag des Schuldners in den §§ 270 ff InsO, wenngleich zur Aufsicht des Schuldners immer ein Sachwalter bestellt wird (§§ 270 Abs. 1 Satz 1, 274 InsO). Demgegenüber sahen die §§ 347 - 357 RegE InsO bei Kleinverfahren noch die Eigenverwaltung ohne Sachwalter vor. Diese Regelung ist in die Insolvenzordnung jedoch nicht übernommen worden. Auch unter der Eigenverwaltung des Schuldners kann ein Insolvenzplanverfahren durchgeführt werden, was der Gesetzgeber in § 284 InsO bestimmt hat.

Verfahrenslenkende Funktion des Planinitiativrechtes bedeutet, daß der Schuldner mit der Vorlage eines vorbereiteten Insolvenzplans gleichzeitig die Eigenverwaltung beantragen kann. Hierüber entscheidet das Gericht im Eröffnungsbeschluß (§ 270 Abs. 1 InsO). Sofern der Schuldner bereits in der Phase drohender Zahlungsunfähigkeit den Antrag auf Eröffnung eines Insolvenzverfahrens stellt (§ 18 InsO), wird dies das Gericht bei seiner Prüfung der Antragsvoraussetzungen für die Eigenverwaltung des Schuldners gem. § 270 Abs. 2 Nr. 1 - 3 InsO positiv berücksichtigen.[362]

Entschieden gegen das Instrument der Eigenverwaltung wendet sich Grub[363], der in ihr eine ungerechtfertigte Stärkung des "Pleitiers" sieht.

Zuzustimmen ist ihm, wenn er Fehler im Management als eine der häufigsten Insolvenzursachen ansieht, was in der Tat Zweifel an der Berechtigung der "Eigenverwaltung des Pleitiers" aufkommen läßt. Gleichwohl kann dies allein eine Pauschalverurteilung nicht rechtfertigen.[364] So sind Situationen denkbar, in denen die alte Unternehmensleitung das Vertrauen der Gläubiger genießt und diese sich von der Eigenverwaltung ein verstärktes Engagement des Schuldners für eine auch in ihrem Interesse liegende Planlösung erhoffen. Das Gericht wird genau zu prüfen haben, ob die Eigenverwaltung eine Verzögerung oder sonstige Nachteile für die Gläubiger erwarten läßt (§ 270 Abs. 2 Nr. 3 InsO). Im übrigen steht der Schuldner unter der Aufsicht des Sachwalters.

---

361 §§ 1101, 1107 BC; "The debtor of possession has all of the rights, duties, and powers of a chapter 11 trustee": so Ginsberg, Volume 1, § 1.01[g], S. 14, § 4.01[i], S. 295, Volume 2, § 13.05[b], S. 1183 m.w.N. zur Rspr.; instruktiv auch in re Hermann Cantor Corp., 22 B.R. (1982), S. 604: "...a debtor in possession stands in the shoes of the trustee..."; Liegen jedoch besondere Gründe (vgl. hierzu Jordan, Reorganisationsverfahren, S. 107 m.w.N.) vor oder entspricht es dem Interesse der Gläubiger kann auch ein Treuhänder bestellt werden (§ 1104 BC), dem die Ausarbeitung eines Sanierungsplanes obliegt. Wenn dies nicht geboten ist, kann auf Antrag eines Gläubigers ein Prüfer ("examiner") bestellt werden, der dann die finanzielle und betriebliche Verfassung des Unternehmens prüft und über die Fortführungsaussichten berichtet (§§ 1104 b, 1106 b, vgl. zum Verwalter nach der InsO: § 156 Abs. 1 InsO); zum Ganzen vgl. auch: Flessner, Sanierung, S. 224 f; Braun in: Braun/Uhlenbruck, Unternehmensinsolvenz, 7. Teil, A, III, 5, S. 438; Smid in: WM 1996, S. 1149 ff, 1151.

362 I.d.S. auch Warrikoff in: KTS 1996, S. 489 ff, 495.

363 Grub in: WM 1994, S. 880 f.

364 Gegen die Auffassung von Grub auch: Fassbach, cram down power, S. 177.

Soweit Grub auch auf den fehlenden Anreiz zu außergerichtlichen Lösungen abstellt[365], übersieht er, daß Eigensanierungen eben nicht nur durch finanzwirtschaftliche Maßnahmen herbeigeführt werden. Fehler im Management werden leistungswirtschaftliche Maßnahmen erforderlich machen, die sich - wie bereits gezeigt - nur schwer im Wege außergerichtlicher Verhandlungen realisieren lassen.

Reicht der Schuldner mit dem Antrag auf Eröffnung des Insolvenzverfahrens einen Insolvenzplan ein (§ 218 Abs. 1 Satz 2 InsO) kann er beim Gericht gleichzeitig versuchen, die Zusammenlegung von Berichts,- Prüfungs-, Erörterungs- und Abstimmungstermin gem. §§ 29 Abs. 2 i.V.m. 236 Satz 2 InsO zu erreichen. Neben einer Verfahrensstraffung[366] erhöht eine Zusammenlegung der Termine Sanierungschancen[367] und ermöglicht die Vermeidung der Inanspruchnahme zusätzlicher liquider Mittel, die während der für jede Sanierung kritischen Phase der Planvorbereitung bis zur Bestätigung durch das Gericht notwendig werden würden.

3. Strategische Bedeutung des Planinitiativrechts für den Planersteller

Die Einleitung eines Planverfahrens kann für den Schuldner vor allem aus strategischen Gesichtspunkten heraus eine Option zur Regelabwicklung darstellen.

Mit dem Insolvenzplanverfahren wird dem Schuldner die Möglichkeit des "ökonomischen Überlebens"[368] eingeräumt. Daß das "eigene Überleben" möglich erscheint, wird für den Schuldner Anreiz sein, frühzeitig den Antrag auf Eröffnung eines Insolvenzverfahrens zu stellen und damit die Vorlage eines Reorganisationsplans zu verbinden (§ 218 Abs. 1 Satz 2 InsO). Die Insolvenzordnung unterstützt an dieser Stelle den sanierungswilligen Schuldner, indem sie die Eröffnung eines Insolvenzverfahrens bereits bei "drohender Zahlungsunfähigkeit" gem. § 18 InsO zuläßt.

Die Bedeutung des § 18 InsO für den Schuldner, der die Erhaltung seines Unternehmens im Auge hat, ist nicht zu unterschätzen. Das Antragsrecht steht in dieser Phase der erst drohenden Zahlungsunfähigkeit allein dem Schuldner zu (so explizit § 18 Abs. 1 InsO). Für die Gläubiger mag dies Anreiz für ein besseres Vertrauen in das alte Management sein, was auch für die Beurteilung der Realisierungschancen der in einem Sanierungsplan versprochenen Leistungen unter Beibehaltung der bisherigen Unternehmensleitung bedeutsam sein kann. Die größere Akzeptanzwahrscheinlichkeit eines mit dem Insolvenzantrag eingereichten, vorbereiteten Insolvenzplans bei den Gläubigern resultiert nicht zuletzt auch aus den höheren Befriedigungsaussichten, sofern die Zahlungsunfähigkeit erst droht und eben noch nicht eingetreten ist.

Schließlich darf nicht vergessen werden, daß der Schuldner mit seinem Plan auch die Restschuldbefreiung erlangen möchte (§ 227 InsO). Stellt der Schuldner den Eröffnungsantrag daher bereits zu einem Zeitpunkt, zu dem ihn noch keine vom Gesetzgeber sanktionierte

---

[365] Grub in: WM 1994, S. 880 f, 881.

[366] So auch Braun in: Braun/Uhlenbruck, Unternehmensinsolvenz, 7. Teil, D, II, 1, S. 512.

[367] Maus, Der Insolvenzplan, Rdnr. 27 f, der wegen dieses zeitlichen Aspekts das Planinitiativrecht mehr als ein Instrument des Schuldners als des Insolvenzverwalters ansieht.

[368] Vgl. Drukarczyk in: DBW 52 (1992), S. 161 ff, 178; ders. in: Gerke (1994), S. 109 ff, 131; Eidenmüller in: Ott/Schäfer, S. 145 ff, 154 f.

Pflicht trifft[369], werden die Gläubiger seinem Antrag eher wohlgesonnen gegenüberstehen. Dem Schuldner, der bereits in der Phase der drohenden Zahlungsunfähigkeit aktiv auf seine Gläubiger zugeht, ihnen seine wirtschaftlichen Schwierigkeiten offenbart und seinen Willen zur Erarbeitung eines mit den Gläubigern abgestimmten Sanierungskonzeptes zum Ausdruck bringt, wird eine ganz andere Verhandlungsposition zukommen. Kann der Schuldner den Gläubigern zu diesem Zeitpunkt, zu dem letztere sich zur Wahrung ihrer Interessen noch nicht organisiert haben, bereits einen Insolvenzplan vorlegen, kommt ihm die strategisch günstigere Ausgangsposition zu. Seine Position in den anstehenden Verhandlungen mit den Gläubigern wird dadurch wesentlich gestärkt. Letztlich kann so der Schuldner selbst die Durchsetzung seiner Interessen maßgeblich beeinflussen.

Daß sich die Situation für ihn anders darstellt, wenn es bereits zur Insolvenz gekommen ist und der Insolvenzverwalter erst im Berichtstermin mit der Erstellung eines Insolvenzplans beauftragt wird, leuchtet ohne weiteres ein.

Für die Gläubiger gibt das Planvorlagerecht die Möglichkeit, eine von den gesetzlichen Vorschriften abweichende Form der Masseverwertung anzustreben. Erhöhte Befriedigungsaussichten werden das Ziel solcher Initiativrechte sein.

Insgesamt bietet das Planinitiativrecht sowohl für den Schuldner als auch die Gläubiger eine Reihe von Vorzügen. Eine Schuldnerberatung im Vorfeld der eigentlichen Insolvenzantragstellung gewinnt mit diesen strategischen Optionen eine nicht zu unterschätzende Bedeutung. Für die Berufsstände der Rechtsanwälte, Steuerberater und Wirtschaftsprüfer eröffnen sich unter diesen Gesichtspunkten neue Möglichkeiten der Mandantenbetreuung. Das Verständnis dieser Berufszweige als Anbieter von Dienstleistungen wird stärker denn je in den Vordergrund rücken. Marktkonforme Insolvenzabwicklung wird auch den Wettbewerb unter den Vertretern dieser Berufsstände fördern, bietet aber gleichzeitig neue Möglichkeiten des Zusammenwirkens bei der Erstellung von Sanierungskonzepten. Dies gilt unabhängig davon, ob Sanierungspläne vor oder erst nach Verfahrenseröffnung ausgearbeitet werden, da nicht jeder Insolvenzverwalter allein in der Lage sein wird, komplexe betriebswirtschaftliche Sanierungslösungen ohne den Sachverstand der Wirtschaftsprüfer, Steuerberater zu erstellen.

II. Das Vorbild: die amerikanischen Regelungen im Chapter 11 des Bankruptcy Code

Die Verfasser der Insolvenzordnung haben sich für das Planverfahren am US-amerikanischen Vorbild, dem Chapter 11 des Bankruptcy Code, orientiert. Neben dem wirtschaftswissenschaftlichen Ansatz der marktkonformen Insolvenzabwicklung wurden jedoch nur Teile des amerikanischen Reorganisationsverfahrens adaptiert.[370]

---

[369] Eine Insolvenzantragspflicht ergibt sich aus den §§ 42 Abs. 2 Satz 1 i.V.m. 86 Satz 1, 89 Abs. 2; 1980 Abs. 1 Satz 1; 1985 Abs. 2 Satz 1 BGB; 64 GmbHG; 92 Abs. 2 Satz 1, 2; 283 Nr. 14 AktG; 99 Abs. 1 Satz 1, 2 GenG; 130 a Abs. 1 Satz 1; 177 a HGB.

[370] Nachweise bei Fn. 116.

1. "Fresh start" contra Haftungsverwirklichung

Dem amerikanischen Insolvenzrecht liegt für den Schuldner ("debtor") als natürliche Person der Gedanke des "fresh start" zugrunde.[371] Der Schuldner soll nach Durchführung des Insolvenzverfahrens in die Lage versetzt werden wirtschaftlich neu zu beginnen, ohne einem unbeschränkten Nachforderungsrecht der nicht befriedigten Gläubiger ausgesetzt zu sein. Die Restschuldbefreiung ("discharge") soll dem Schuldner zum Aufbau einer neuen Existenz verhelfen. Der Bankruptcy Code ist damit stärker dem Vergleichsparadigma verhaftet, als dies nach der Insolvenzordnung der Fall ist.[372] Hintergrund ist, daß dem amerikanischen Recht von je her ein ganz anderes wirtschaftliches Verständnis von einem Insolvenzrecht zugrunde lag. Dies beruht nicht zuletzt auch auf einer anderen Würdigung der Person des insolventen Schuldners.

Es ist unverkennbar, daß die gesetzgeberische Intention des Bankruptcy Code, obwohl es mit Chapter 7 BC auch ein gesetzliches Liquidationsverfahren mit einem Verwalter kennt, nicht die Zerschlagung des Schuldnervermögens und seine Verteilung an die Gläubiger, sondern der Erhalt des Unternehmens und Unternehmensträgers ist. Dieses Verständnis ist eng mit der Geschichte der amerikanischen Eisenbahn verbunden und fand seine erste Ausprägung in dem Receivership-Verfahren in der zweiten Hälfte des 19. Jahrhunderts.[373]

a) Das Receivership-Verfahren am Beispiel der Sanierung der amerikanischen Eisenbahnen

Die Eisenbahn in den USA erlangte ihre Bedeutung im Zuge der Einwanderungswelle und der damit verbundenen Erschließung des ganzen Landes. Der Ausbau eines weiten Eisenbahnnetzes war ein kapitalträchtiges Unterfangen. Neben dem Aktienkapital der Eigner wurde der Kapitalbedarf durch öffentlichen Anleihen, mit Hypotheken an der neu hergestellten Strecke oder am rollenden Material abgesichert bzw. durch ungesicherte Schuldverschreibungen gedeckt. Wegen des zu hohen Anleihekapitals blieb es nicht aus, daß die Tilgungslasten zu finanziellen Krisen bei den Eisenbahngesellschaften führten. Betrachtet man andererseits, daß der reine Materialwert der Eisenbahnschienen nur sehr gering und der Wert der angefangenen Teilstrecken gleichfalls gegen Null tendierte, konnte das Ziel der Gläubiger lediglich in einer Fortführung des Geschäftsbetriebes und dem Erhalt des Unternehmensträgers liegen.

---

371 Vgl. Braun in: Braun/Uhlenbruck, Unternehmensinsolvenz, 7. Teil, A, II, 1, S. 427 f; Baird, Bankruptcy, S. 24, 230; Smid in: FS Pawlowski, S. 387 ff, 410 ff; Smid/Rattunde, Insolvenzplan, Rdnr. 551; ders. in: WM 1996, S. 1249 ff, 1251, der jedoch nicht genügend scharf differenziert zwischen dem Schuldner als natürliche Person und Gesellschaften: Auf letztere trifft der "fresh start" - Gedanke (angelehnt an der "discharge") nur eingeschränkt zu. Im Chapter 7 -Verfahren ist eine "discharge" für Gesellschaften in § 727 (a) BC ausgeschlossen. Ist Plangegenstand die Liquidation, ist auch im Chapter 11 - Verfahren eine Restschuldbefreiung für die Gesellschaften nicht vorgesehen, § 1141 (d) BC 11. Das Schuldenbereinigungsverfahren nach Chapter 13 BC ist auf natürliche Personen (speziell Arbeitnehmer, aber auch Einzelunternehmer) zugeschnitten. So auch Braun, a.a.O., 7. Teil, D, I, 1, Fn. 177, S. 492.

372 Vgl. Balz, Einleitung, in: Balz/Landfermann, Die neuen Insolvenzgesetze, S. XXXV, XXXVI.

373 Vgl. hierzu die sehr instruktiven Ausführungen zu den wirtschaftlichen und rechtlichen Hintergründen sowie zum Verfahrensablauf, Flessner, Sanierung, S. 34 - 74; eine Kurzdarstellung liefert auch Braun, in: Braun/Uhlenbruch, Unternehmensinsolvenz, 7. Teil, A, II, 1, b), S. 429.

Eine Neuordnung der Kapitalverhältnisse durch Entlastung des Schuldenberges und eine Zuführung notwendigen neuen Kapitals war erforderlich. Rechtlich wurde hierzu von einem Teil der beteiligten Kapitalgeber (Aktionäre, Geschäftsgläubiger, verschiedene Gruppen von Anleihegläubigern sowie neuen Kapitalgebern) eine Auffanggesellschaft gegründet. Ihre Forderungen brachten sie so in die neue Gesellschaft ein, daß sie, am Umfang der jeweiligen Einzelforderung und der jeweiligen Beteiligtenstruktur an der neuen Gesellschaft, in reduzierter Höhe eine neue Forderung gegen die Auffanggesellschaft erwarben. Die Forderungen der nicht beitretenden Gläubiger wurden teilweise von den neuen Gesellschaftern angekauft. Die Altgesellschafter brachten neues Kapital in die Gesellschaft ein und erwarben im Gegenzug Anteile an der Auffanggesellschaft.

Der vom Gericht eingesetzte Zwangsverwalter ("Receiver") führte den Geschäftsbetrieb bis zum Abschluß der Verwertung fort. Das Bahnvermögen wurde sodann im Wege der Zwangsversteigerung verwertet und von den nunmehr an der Auffanggesellschaft beteiligten Altgläubigern, soweit benötigt, ersteigert. Der aufzubringende Gesamtpreis mußte dabei nur zu einem geringen Teil in bar erbracht werden. Als Inhaber der Altforderungen konnten die Ersteigerer den Großteil des geschuldeten Gesamtpreises durch Aufrechnung mit dem ihnen gebührenden Erlösanteil begleichen. Der in bar zu erbringende Teil diente, neben der Begleichung der Verfahrenskosten, der dem Rang entsprechenden anteiligen Befriedigung der sich nicht am Reorganisationsplan beteiligten Altgläubiger. Das so erworbene Bahnvermögen (welches durch die Zwangsversteigerung lastenfrei geworden war) wurde auf die neu gegründete Gesellschaft übertragen.

Im Gegenzug erhielten die Gläubiger von der neuen Gesellschaft Forderungs- und Anteilstitel (Aktien und Schuldverschreibungen), so wie dies im Plan vorgesehen war.

Um Benachteiligungen einzelner Gläubiger zu vermeiden, wurde von der Rechtsprechung gefordert, daß die Aufteilung der Beteiligungsverhältnisse und der Forderungen "fair and equitable" zu sein hatten.[374] Neben der mit Eröffnung der Receivership-Verfahren eintretenden Vollstreckungssperre, konnten so die Sicherungsrechte am Bahnvermögen, soweit sie denen der den Zwangsverkauf betreibenden Kapitalgeber nachgingen, beseitigt werden. Frei werdende Sicherungsmittel für den dringend benötigten neuen Kapitalbedarf konnten geschaffen werden.

Es zeigt sich allein hieran, daß der Erhalt des Schuldners für die Gläubiger eine bessere Realisierungschance für ihre Forderungen brachte. Dagegen hätten sie im Fall einer Liquidation mit einem kompletten Forderungsausfall rechnen müssen. Sie waren daher an einer Reorganisation interessiert, was auch ihre Einbindung als Verhandlungspartner in das geltende Bundeskonkursrecht erklärt. Mit dem ausschließlichen Initiativrecht des Schuldners als "debtor in possession" in den ersten 120 Tagen ist die Zielsetzung des Gesetzgebers offensichtlich: Es gilt einen rechtlichen Rahmen zu schaffen, der dem Schuldner den Wiedereintritt in das Wirtschaftsleben ermöglicht[375] und damit letztendlich auch den Gläubigerinteressen dient.

---

[374] Vgl. nur Flessner, Sanierung, S. 94.

[375] So ausdrücklich Smid in: FS für Pawlowski, S. 398 ff, S. 412.

Flessner hat diese historischen Wurzeln und die sich daraus ergebenden Unterschiede sowohl in der Finanzierungsweise amerikanischer Unternehmen und der Beschaffenheit des Kapitalmarktes im Vergleich zu Deutschland herausgearbeitet und den zutreffenden Schluß gezogen, daß die Regelungen des amerikanischen Verfahrens nur in einzelnen Punkten für ein deutsches Insolvenzrecht Anwendung finden können.[376]

b) Die Gesamtvollstreckung im Dienst der Haftungsverwirklichung

In Deutschland war das Konkursverfahren von jeher auf eine Zerschlagung des Schuldnervermögens und die anschließende Verteilung des Erlöses an die Gläubiger ausgerichtet. Die Gesamtvollstreckung steht im Dienste der Haftungsverwirklichung und zielt auf eine gleichmäßige Gläubigerbefriedigung.[377] Diese Ausrichtung beruht auf dem Verständnis, daß der Konkurs die natürliche Folge einer "Auslese" des schwächeren Unternehmens im Vergleich zu den mit ihm am Markt in Wettbewerb stehenden stärkeren Unternehmen ist. In diesen Prozeß sollte nicht eingegriffen werden, da andernfalls notleidende Unternehmen zu Lasten gesunder Unternehmen subventioniert werden würden. Schlimmstenfalls hätte dies zur Folge, daß das eigentlich gesunde Unternehmen dadurch selbst Gefahr läuft, insolvent zu werden.

Flessner formuliert dies trefflich mit den Worten: "der Konkurs (ist) das juristische Vollzugsmittel des unerbittlichen Marktgesetzes, das die unrentablen Betriebe vom Wirtschaftsprozeß ausscheidet. Der Konkurs ist in dieser Sicht ...., notwendiger Prozeß der Reinigung des Wirtschaftskörpers von unnützen und daher schädlichen Bestandteilen."[378] Hinter diesem Verständnis der Ausscheidungstheorie steht nicht zuletzt auch die Auffassung von einem negativen Bild des Schuldners. Eine Parallele findet sich in der Vergleichsordnung, die dem Schuldner grundsätzlich eine Schuldenbereinigung und den Erhalt seines Unternehmens ermöglichen sollte. Die Eröffnung eines Vergleichsverfahrens erforderte jedoch neben einer Würdigkeit des Schuldners (vgl. §§ 17, 18 VerglO) vor allem auch die in § 7 VerglO enthaltenen Mindestsätze. Nur dem würdigen Schuldner stand der Weg eines gerichtlichen Vergleichsverfahrens offen. Ein Konkursverfahren, welches diesem prinzipiellen Ansatz, wenn auch heute sicher nicht mehr in dieser reinen Form vertreten, folgt, kann nur " ein Wertvernichter schlimmster Sorte und zugleich das teuerste Schuldentilgungsverfahren" sein.[379]

2. Primäres Planinitiativrecht des Schuldners

Die Verwirklichung des dargestellten "fresh start" Prinzips findet seinen Niederschlag auch in der gesetzgeberischen Ausgestaltung des Planvorlagerechts im Reorganisationsverfahren nach dem Chapter 11 BC.

---

376 Flessner, Sanierung, S. 154, 156.

377 Kuhn/Uhlenbruck, KO, Vorbem. Rdnr. 5, 12; für die InsO vgl. bereits Rdnr. 8; allg. Begrdg. RegE, abgdr. in: Balz/Landfermann, Die neuen Insolvenzgesetze, S. 20; Häsemeyer, Insolvenzrecht (2. Aufl.), Rdnr. 1.12; Smid in: FS für Pawlowski, S. 398 ff, 410; Smid/Rattunde, Insolvenzplan, Rdnr. 551.

378 Flessner, Sanierung, S. 172; vgl. auch Uhlenbruck in: Gottwald, InsR-Hdb. § 2 Rdnr. 2: "Reinigungsprämie der Wirtschaft".

379 Diese Formulierung stammt von Ernst Jaeger, Lehrbuch des deutschen Konkursrechts, S. 216; Uhlenbruck in: Gottwald, InsR-Hdb. § 2 Rdnr. 2; Hax in: RWS-Forum 3, S. 21 ff, 22.

Mit § 1121 (b) BC 11 wird dem Schuldner das "exclusiv right" zur Erarbeitung eines Sanierungskonzeptes und der Vorlage eines Reorganisationsplans innerhalb einer Frist von 120 Tagen nach der Entscheidung des Gerichtes zur Verfahrenseröffnung ("order of relief") eingeräumt. Während dieser Zeit ist keine andere "party in interest"[380] berechtigt, einen eigenen Planvorschlag zu unterbreiten. Legt der Schuldner innerhalb dieser Zeit einen Plan vor, wird ihm von Gesetzes wegen eine weitere Frist von 60 Tagen eingeräumt, innerhalb derer er sich um die Zustimmung der Gläubiger bemühen kann, § 1121 (c)(3) BC 11.

Von diesem Grundsatz des ausschließlichen Initiativrechts des Schuldners im Verfahren unter Chapter 11 BC kennt das Gesetz jedoch drei Ausnahmen.

So kann das Gericht unter den Voraussetzungen des § 1104 BC 11 einen Verwalter ("trustee") bestellen. Gem. § 1121 (c)(1) BC 11 sind ab diesem Zeitpunkt "any party in interest, including the debtor" berechtigt, beim Gericht einen Sanierungsplan einzureichen.

Das Gericht kann auf Antrag aller Verfahrensbeteiligten (auch des Schuldners) die 120 Tage Frist gem. § 1121 (d) BC 11 verkürzen. Die Berechtigung des Gerichts ("the court power") hierzu beschränkt sich jedoch grundsätzlich auf den Zeitraum, innerhalb dessen dem Schuldner das ausschließliche Vorlagerecht zukommt.[381] Gleichzeitig kann das Gericht auf Antrag der Beteiligten auch eine Verlängerung der Frist gewähren. Die Entscheidung zur Verkürzung/Verlängerung trifft das Gericht nach einer Anhörung der Beteiligten nach freiem Ermessen [§ 1121 (d) BC 11]. Keinesfalls soll die Fristverlängerung dem Schuldner die Möglichkeit einer Verfahrensverzögerung bieten oder ihm Vorteile zu Lasten der Gläubiger geben.[382] Die Gerichte verlangen daher einen Grund für einen solchen Antrag, so daß eine Fristverlängerung nicht routinemäßig gewährt werden soll.[383] In größeren Sanierungsverfahren wird eine Verlängerung der "exclusive period" jedoch vernünftigerweise häufiger vorkommen.[384] In re Wisconsin Barge Line, Inc.[385] wurde die Frist fünf mal verlängert.

Allein die Tatsache, daß aufgrund Meinungsverschiedenheiten zwischen Schuldner und einer Mehrheit der Gläubiger in Bezug auf seine Planvorstellungen die gesetzlichen 120 bzw. 180 Tage für den Schuldner zu kurz bemessen seien, reicht für sich allein nicht aus, eine Fristverlängerung zu erreichen. Verlängerungen sind aber auch dann unzulässig, "if they are for the purpose of allowing the debtor to prolong reorganization while pressuring a creditor to accede to its point of view on an issue in dispute".[386]

---

380 Zur Begriffsbestimmung vgl. Ginsberg, Volume 2, § 13.05[a], S. 1177.

381 Ginsberg, Volume 2, § 13.09[b], S. 1206 mit Hinweis auf In re Grossinger`s Associates, 116 B.R. (1990), S. 34 - 37.

382 Ginsberg, Volume 2, § 13.09[b], S. 1207 mit Hinweis auf Sen. Rep. 95-989, 95th Cong., 2d Sess. 118 (1978); Johnston in: AmBLJ 1991, S. 213 ff, 297, Fn. 385.

383 Weintraub/Resnick, 8-85.

384 Vgl. Baird/Jackson, Cases, S. 645 mit Hinweis auf H.R. Rep. No. 95-595, at 231-232: "...if an unusually large company..., the court would probably need to extend the time in order to allow the debtor to reach an agreement."

385 Vgl. 78 B.R. (1987), S. 946 - 949; In re Ravenna Industries Inc., 20 B.R. (1982), S. 886 - 891, 890: der neunte Verlängerungsantrag wurde nach 435 Tagen abgewiesen.

386 In re Lake in the Woods, 10 B.R. (1981), S. 338 - 346, 345 f.

Einen ausreichenden Grund stellen andererseits alle Maßnahmen dar, die für die Bemühungen und Fähigkeiten des Schuldner zur Erstellung und Vorlage des Plans dienlich sind.[387] In re Manville Forest Products Corp. wurde die fünfte Verlängerung gewährt aufgrund "sheer mass, weight, volume and complication" of the case.[388] Hat jedoch das "committee of the principal class of creditors" innerhalb der 120 Tage Frist seine grundsätzliche Zustimmung zum Plan bekundet, wird in der Regel die Frist verlängert.[389] Streitig und von den Gerichten nicht einheitlich beurteilt ist die Frage, ob die Verlängerung der 120 Tage-Frist gleichzeitig auch zu einer Verlängerung der weiteren 60 Tage führt, innerhalb derer der Schuldner die Zustimmung der Gläubiger zum Plan erreichen soll.[390] Ein entsprechender Antrag des Schuldners sollte sich daher auf die Verlängerung beider Fristen beziehen.[391]

Die dritte Ausnahme läßt sich nur aus der Zusammenschau der Verfahrensarten, wie sie nach dem Bankruptcy Reform Act von 1978 als Bundeskonkursrecht gelten[392], erschließen. Nach § 1112 (a) BC 11 steht dem Schuldner ausschließlich das Recht zu, gegenüber dem Gericht die Überleitung in das gesetzliche Liquidationsverfahren nach Chapter 7 BC formlos zu beantragen. Die von Amts wegen zu prüfenden Voraussetzungen ergeben sich aus § 1112 (a)(1) - (3) BC 11. Eine Überleitung in ein gesetzliches Liquidationsverfahren erfolgt, wenn:

- ein Verwalter noch nicht bestellt wurde, § 1112 (a)(1) BC 11,
- ein Eigenantrag des Schuldners ("voluntary petition") hinsichtlich der Einleitung des Chapter 11 - Verfahrens vorlag, § 1112 (a)(2) BC 11,
- das Reorganisationsverfahren nicht bereits aufgrund "conversion" eingeleitet worden war, es sei denn, die Überleitung erfolgte auf Antrag des Schuldners, § 1112 (a)(3) BC 11.

Die Gläubiger hingegen können eine Überleitung in das Liquidationsverfahren nur mittels förmlichen Antrags gegenüber dem Gericht nach § 1112 (b) BC 11 erreichen. Einer mehrheitlichen Entscheidung der Gläubiger bedarf es hierzu nicht, bindet das Gericht bei der in seinem Ermessen[393] liegenden Entscheidung auch nicht.[394] Die "cases", nach denen eine Überleitung durch das Gericht gerechtfertigt ist, sind in der nicht abschließenden Aufzählung[395] des § 1112 (b)(1) - (9) BC 11 enthalten. Ratio der Regelbeispiele ist der grundsätzliche Vorrang

387 Ginsberg, Volume 2, § 13.09[b], S. 1207.

388 Siehe in re Manville Forest Products Corp., 31 B.R. (1983), S. 991 - 995, 995.

389 Weintraub/Resnick, 8-86.

390 Ginsberg, Volume 2, § 13.09[b], S. 1207; bejahend für den Fall, daß keine der "party in interest" einen Einwand gegen die Verlängerung der 120 Tage Frist vorgebracht hat: In re Ravenna Industries, Inc., 20 B.R. (1982), S. 886 - 891, 891; ablehnend: In re Barker Estates, Inc., 14 B.R. (1981), S. 683 - 685; vgl. auch Weintraub/Resnick, 8-85 Fn. 4.

391 So Weintraub/Resnick 8-85; Ginsberg, Volume 2, § 13.09[b], S. 1207.

392 Durch den Bankruptcy Reform Act wurde der "Bankruptcy Code" in Kraft gesetzt: vgl. United States Code, Title 11, Public Law 95 - 598, 95th Congress, Washington D.C., Nov. 6th, 1978.

393 Ausdrücklicher Wortlaut des § 1112(b) BC 11: "the court may convert a case". vgl. auch Ginsberg, Volume 2, § 13.15(b), S.1290.3 f zur Frage, ob das Gericht vor seiner Entscheidung nachfragen muß bei den "party in interest", der SEC und dem US-trustee; In re Mc Laury, 25 B.R. (1982), S. 30 - 32.

394 In re Providence Television Ltd. Partnership, 75 B.R. (1987), S. 139 - 140.

395 Ginsberg, Volume 2, § 13.15(b), S. 1290.4; In re Mc Laury, 25 B.R. (1982), S. 30 - 32.

der Reorganisation, so daß eine Überleitung in das Liquidationsverfahren nur als ultima ratio in Betracht kommt. Hauptanwendungsfall für eine Überleitung in das Liquidationsverfahren ist § 1112 (b)(1) BC 11. Er bestimmt, daß die Eröffnung eines Liquidationsverfahrens dann gerechtfertigt ist, wenn sich die Masse seit Beginn des Sanierungsverfahrens weiter verschlechtert hat *und* keine hinreichende Aussicht auf eine Veränderung in naher Zukunft besteht.[396] Als Korrelat für die in das Ermessen des Gerichts gestellte Entscheidung hinsichtlich des Überleitungsantrages eines oder mehrerer Gläubiger sieht der Gesetzgeber formelle Beteiligungsrechte vor. Das Gericht muß vor seiner Entscheidung einen Anhörungstermin abhalten, zu dem sämtliche Verfahrensbeteiligten zu laden sind [§ 1112 (b) BC: "after notice and a hearing"].[397] Eine ohne Anhörung ergangene Entscheidung ist aufzuheben.

Kommt es gleichwohl zur Eröffnung eines Liquidationsverfahrens wird dem redlichen Schuldner nach § 727 BC 7 auch die Möglichkeit der Restschuldbefreiung ("discharge") gewährt, weshalb es für den nicht sanierungswilligen Schuldner eine interessante Alternative der Abwicklung seines Vermögens darstellen kann. Eine Versagung der Restschuldbefreiung ist nur unter den Voraussetzungen des § 727 (a)(1) - (10) BC 7 durch das Gericht möglich. Der weitere Verfahrensablauf sieht dann die Verwertung des gegenwärtigen Vermögens des Schuldners und die Verteilung des Erlöses an die Gläubiger vor. Der Neuerwerb ("future earnings") nach § 541 (a)(6) BC 7 verbleibt grundsätzlich beim Schuldner und steht den Gläubigern nicht zur Disposition.[398]

Die Überleitungsmöglichkeit in das Liquidationsverfahren bietet unter diesen Voraussetzungen auch für den nicht sanierungswilligen Schuldner eine Reihe von Vorteilen. Zuzustimmen ist daher Bork, der hierin einen Grund für mißbräuchliche Anträge von Seiten des Schuldners auf Eröffnung eines Reorganisationsverfahrens sieht. Der Antrag verschafft dem Schuldner Zeit und letztlich "droht" ihm nicht mehr als die Überleitung in das Liquidationsverfahren.[399]

Das Chapter 7 BC - Verfahren ist dabei grundsätzlich ein Verwalterverfahren. Mit Verfahrenseröffnung verliert der Schuldner die Verwaltungs- und Verfügungsbefugnis. Liegt ein Eigenantrag des Schuldners auf Einleitung des Liquidationsverfahrens vor, findet ein Eröffnungsverfahren gem. § 301 BC 11 nicht statt. Mit Eingang des Antrages bei Gericht ist das Verfahren eröffnet. Eines gesonderten Gerichtsbeschlusses ("order of relief") bedarf es nicht. Bereits nach Stellung des Antrages auf Einleitung des Liquidationsverfahrens durch den Schuldner ernennt das Gericht einen vorläufigen Verwalter ["interim trustee": § 701(a) BC 7], dem auf Antrag auch die zeitweilige Fortführung des Geschäftsbetriebes gestattet werden kann (§ 721 BC 7).[400]

3. Vorlageberechtigung anderer Verfahrensbeteiligter

Anderen Verfahrensbeteiligten wird nur in Ausnahmefällen ein Planinitiativrecht eingeräumt. Gegen den Willen des Schuldners kommt "any party in interest" [vgl. § 1121 (c) BC 11] ein

396 In re Earth Services, Inc., 27 B.R. (1983), S. 698 - 700.
397 Vgl. zur Begriffsbestimmung § 102 (a) BC; Ginsberg, Volume 2, § 13.15(b), S. 1290.4 m.w.N.
398 In re Martin, 117 B.R. (1990), S. 243 - 251.
399 Bork, Der Insolvenzplan, S. 473 ff, 484.
400 Vgl. hierzu auch Weintraub/Resnick 1-53.

Recht zur Planvorlage nur zu, wenn der Schuldner sein ausschließliches Planinitiativrecht verloren hat. Andernfalls ist alleiniger Verhandlungsgegenstand der vom Schuldner vorgelegte Plan. Erforderlich ist demnach, daß dieser innerhalb der 120 Tage bzw. der gewährten Fristverlängerung ein Sanierungskonzept nicht vorgelegt hat oder innerhalb der weiteren 60 Tage die Zustimmung der Gläubiger zum Plan nicht erlangen konnte [§ 1121 (b)(c) BC 11]. Im Fall einer vom Gericht angeordneten Fristverkürzung gilt dies für den gewährten Zeitraum. Zu beachten ist, daß innerhalb der 60 Tage die Gläubiger auch nicht zu einer Änderung des Planvorschlags befugt sind. Das ausschließliche Planinitiativrecht umfaßt daher gleichfalls das Recht zur Abänderung des Plans [§ 1127 (a) BC 11].

Auch im Falle eines vom Gericht eingesetzten "trustee" entfällt das "exclusiv right" des Schuldners und können die Verfahrensbeteiligten einen Plan vorlegen [§ 1121 (a) BC 11]. Erinnert sei daran, daß im Falle eines bestellten Verwalters auch das Recht des Schuldners zur "conversion" in das Chapter 7 BC - Verfahren erlischt [§ 1112 (b)(1) BC 11]. Die Einsetzung eines "trustee" hat insofern für die Gläubiger doppelte Bedeutung. Dies gilt vor allem dann, wenn der Schuldner Fristverlängerungen beantragt und dadurch das exklusive Planinitiativrecht allein bei ihm verbleibt.

Ist den Gläubiger in diesen Fällen ein eigenes Planinitiativrecht eingeräumt, ist auch der Schuldner vorlageberechtigt. Er verliert zwar sein ausschließliches Recht zur Planvorlage, wird aber vom weiteren Verlauf des Verfahrens nicht ausgeschlossen. Ohne Zustimmung des Schuldners ist zum Beispiel ein Zugriff der Gläubiger auf massefreies Vermögen nicht möglich [§ 1123 (c) BC 11][401] Gleichwohl ist ihm damit jedoch der gesetzlich legitimierte strategische Vorteil des Erstvorlegers genommen. Unterstellt, es kommt zu mehreren Fristverlängerungen, kann allein durch den damit verbundenen Zeitverlust und das Risiko einer geringeren Befriedigungsquote im Fall des Scheiterns der Sanierung ein Druck auf die Gläubiger zu größerer Kompromißbereitschaft und Forderungsnachlässen verbunden sein. Letztlich stellt sich dies als eine vom Gesetzgeber legitimierte Form des "Zwangs zum Verhandeln und ggf. Kompromissen" dar.[402]

III. Die Planvorlageberechtigung im Insolvenzplanverfahren

1. Planvorlagerecht oder Planvorlagepflicht

Mit der Insolvenzordnung wurde einem wesentlichen Ziel der Reformbestrebungen, der Schaffung eines einheitlichen Insolvenzverfahrens[403] zur Ablösung des Dualismus von Vergleichs- und Konkursverfahren, Rechnung getragen. Unabhängig von der Art der Masseverwertung wird eine einheitliche Verfahrensstruktur zur Verfügung gestellt, in die sich auch das Insolvenzplanverfahren integriert. Bei der Frage nach einem Antragsrecht bzw. einer Antragspflicht muß daher differenziert werden zwischen Antrag auf Einleitung eines Insolvenzverfahrens und dem Antrag an das Gericht, einen vorgelegten Plan entsprechend den Vorschriften

---

[401] Vgl. hierzu auch Weintraub/Resnick, 8-85.

[402] Baird, Bankruptcy, S. 17: "Parties in the typical Chapter 11 case spend much of their time negotiating with each other ...".

[403] Vgl. nur allg. Begrdg. RegE, abgdr. in: Balz/Landfermann, Die neuen Insolvenzgesetze, S. 19.

des Planverfahrens zu behandeln und seinerseits die Voraussetzungen für einen den gesetzlichen Normen entsprechenden Plan zu schaffen.

a) Insolvenzantragsrecht/Insolvenzantragspflicht

Die Einleitung eines Insolvenzverfahrens setzt gem. § 13 Abs. 1 Satz 1 InsO immer einen entsprechenden Antrag voraus, der entweder vom Schuldner oder von einem Gläubiger gestellt werden kann (§ 13 Abs. 1 Satz 2 InsO). Bei juristische Personen und Gesellschaften ohne Rechtspersönlichkeit (vgl. die Legaldefinition in § 11 Abs. 2 Nr. 1 InsO) sind neben den Gläubigern jedes Mitglied des Vertretungsorgans, bei Gesellschaften ohne Rechtspersönlichkeit und Kommanditgesellschaften auf Aktien (§§ 278 - 290 AktG) jeder persönlich haftende Gesellschafter, sowie jeder Abwickler antrags*berechtigt*. Ist bei einer Gesellschaft ohne Rechtspersönlichkeit kein Gesellschafter eine natürliche Person (z.Bsp. GmbH & Co. KG), ist jeder vertretungsberechtigte Gesellschafter antragsberechtigt (§ 15 Abs. 3 Satz 1 InsO).

Neu ist hierbei vor allem, daß nunmehr auch die BGB-Gesellschaft "insolvenzfähig" ist, da sie wie eine OHG am Geschäftsleben teilnimmt.[404] Naheliegend wäre, daß die Insolvenzfähigkeit zu einem veränderten Verständnis hinsichtlich der Rechtsfähigkeit der BGB-Gesellschaft führt. Schließlich ist insolvenzfähig, wer beteiligtenfähig (und damit rechtsfähig: vgl. § 50 Abs. 1 ZPO) ist. In seinem Bericht hat der Rechtsausschuß des Bundestages jedoch klargestellt, daß eine Parteifähigkeit damit nicht verbunden sein soll. Eine ausdrückliche passive Parteifähigkeit, wie sie für den nicht rechtsfähigen Verein in § 50 Abs. 2 ZPO normiert ist, wollte er nicht vorschlagen.

Der Gesetzgeber hat an verschiedenen Stellen neben diesem Antragsrecht auch eine Antrags*pflicht* normiert[405] und einen Verstoß hiergegen sanktioniert. Wichtig in diesem Zusammenhang ist, daß eine Antragspflicht weiterhin nur bei Zahlungsunfähigkeit und/oder Überschuldung[406] (vgl. § 19 Abs.1, 3 InsO) besteht. "Drohende Zahlungsunfähigkeit" (§ 18 Abs.1 Satz 1 InsO) *berechtigt* ausschließlich den Schuldner, Antrag auf Eröffnung eines Insolvenzverfahrens zu stellen.

Neben den bislang schon existierenden Sanktionen bei nicht rechtzeitiger Stellung eines Konkursantrags, sieht § 26 Abs. 3 Satz 1 InsO eine zusätzliche Kostentragungspflicht vor. Geschäftsführer einer GmbH oder GmbH & Co. KG, Vorstandsmitglieder einer Aktiengesellschaft bzw. Genossenschaft, haften danach mit ihrem Privatvermögen für die Kosten des Verfahrens (§ 54 InsO), wenn ein Dritter Antrag auf Eröffnung eines Insolvenzverfahrens stellt und die für die Eröffnung notwendigen Verfahrenskosten bereitstellt (vgl. § 26 Abs. 1 Satz 2, Abs. 3 Satz 1 InsO). Andernfalls würde es zu einer Abweisung des Antrages mangels Masse

---

404 Vgl. hierzu Balz/Landfermann, Die neuen Insolvenzgesetze, zu § 13 Abs. 2 RegE InsO, S. 85; vgl. zu allem auch Bork, Einführung in das neue Insolvenzrecht, Rdnr. 28, 32, 34 f; Kuhn/Uhlenbruck, KO, Vorb. B zu § 207, Rdnr. 1.

405 Zu den einzelnen Regelungen vgl. Fn. 369; zu den Änderungen, die mit Inkrafttreten der InsO notwendig werden vgl. EGInsO, abgdr. in: BR - DS 337/94: Art. 33 Nr. 1, 5 (BGB), 40 Nr. 4 (HGB), 47 Nr. 4 (AktG), 48 Nr. 7 (GmbHG), 49 Nr. 15, 16 (GenG).

406 Zum neuen Verständnis des Überschuldungsbegriffes durch den Rechtsausschuß des Bundestages vgl.: Fn. 341.

(§ 26 Abs. 1 Satz 1 InsO) kommen. Voraussetzung ist allerdings, daß die Stellung eines Eröffnungsantrages pflichtwidrig und schuldhaft unterlassen wurde, was vom Gesetz jedoch widerlegbar vermutet wird (§ 26 Abs. 3 Satz 2 InsO).

b) Pflicht oder Recht zur Planvorlage ?

Wer berechtigt ist einen Plan vorzulegen und ob eine Pflicht dazu besteht, ist abschließend in § 218 InsO geregelt.

Im Ausgangspunkt läßt sich festhalten, daß eine sanktionierte Pflicht zur Planvorlage generell nicht besteht. Lediglich nach §§ 218 Abs. 2 i.V.m. 157 Satz 2 InsO ist der Insolvenzverwalter *verpflichtet*, binnen angemessener Frist einen Plan dem Gericht vorzulegen. Hierzu bedarf es jedoch eines ausdrücklichen Auftrages durch die Gläubigerversammlung, den sie im Berichtstermin oder in einem späteren Termin erteilen kann (§ 157 Abs. 1 Satz 2, 3 InsO). Hierbei können ihm die Ziele des Planes vorgeben werden. Kommt der Verwalter dieser Verpflichtung nicht nach, wird das Gericht, kraft seiner Aufsichtsgewalt über den Insolvenzverwalter (§ 58 Abs. 1 Satz 1 InsO), ihn zur Einhaltung seiner Pflichten mahnen und bei Nichtbefolgung ein Zwangsgeld gemäß § 58 Abs. 2 Satz 1 InsO festsetzen. Darüber hinaus sah der Regierungsentwurf in § 69 RegE InsO den Erlaß eines nach den Vorschriften der ZPO vollstreckbaren Beschlusses vor. Im Interesse der Verfahrensvereinfachung wurde diese Regelung jedoch nicht in die Insolvenzordnung übernommen[407].

Daneben kommt eine Haftung des Insolvenzverwalters nach § 60 Abs. 1 InsO bei Verletzung insolvenzspezifischer Pflichten in Betracht. Hierzu zählt auch die Verpflichtung zur Vorlage eines den vorgegebenen Zielen der Gläubigerversammlung entsprechenden Insolvenzplans.[408]

Eine darüber hinausgehende Verpflichtung zur Vorlage eines Insolvenzplanes ist in der Insolvenzordnung nur noch im Fall der Anordnung der Eigenverwaltung auf Antrag des Schuldners (vgl. § 270 Abs. 2 Nr. 1 InsO) in § 284 Abs. 1 Satz 1 InsO geregelt. Die Gläubigerversammlung kann sowohl den Sachwalter als auch den Schuldner mit der Ausarbeitung und Vorlage eines Insolvenzplanes beauftragen. Das Recht des Schuldners zur eigenen Planvorlage nach § 218 InsO bleibt hiervon jedoch unberührt (§ 270 Abs. 1 Satz 2 InsO).[409]

Während der Regierungsentwurf lediglich eine Vorlagepflicht für den Schuldner normiert hatte, hat der Rechtsausschuß des Deutschen Bundestages in seiner Beschlußempfehlung eine Erweiterung auf den Sachwalter vorgenommen. Dem Eigenverwaltungsverfahren soll damit

---

[407] Begrdg. RA BT zu § 68 RegE InsO, abgdr. in: Balz/Landfermann, Die neuen Insolvenzgesetze, S. 138.

[408] Vgl. zur Haftung des Insolvenzverwalters Hess/Weis in : InVo 1997, S. 85 ff, 87, 89; Hess, InsO, § 60; Lüke, Rdnr. 245 ff, Hess/Obermüller, Verfahrensbeteiligte, Rdnr. 808 ff; Uhlenbruck in: Braun/Uhlenbruck, Unternehmensinsolvenz, 4. Teil, II, 4, S. 191 ff; Jauernig, Zwangsvollstreckungsrecht, § 72, S. 300 ff; Bork. Einführung, Rdnr. 58. Gegenüber § 82 KO enthält die InsO in den §§ 60, 61, 92 InsO Konkretisierungen, die der herrschenden Auffassung zum bisherigen Konkursrecht entsprechen und den neuen Anforderungen bei Unternehmensfortführungen gerecht werden. Dies betrifft insbesondere die Regelung des Sorgfaltsmaßstabs, der Einstandspflicht für Erfüllungsgehilfen gem. § 278 BGB, der externen Verantwortlichkeit bei der Eingehung von Masseverbindlichkeiten und der Rechtsfolgen bei Schädigungen der gemeinsamen Befriedigungsmasse (Gesamtschäden).

[409] Vgl. auch oben: Teil 2, A, I.

eine größere Flexibilität eingeräumt, die Gläubigerautonomie verstärkt und dem Umstand Rechnung getragen werden, daß einer Planvorlage von einer vom Schuldner unabhängigen Person größere Akzeptanzwahrscheinlichkeit zukommt.[410]

Weitere gesetzlich normierte Vorlagepflichten sieht die Insolvenzordnung nicht vor, solche wären auch mit dem Grundsatz der Gläubigerautonomie nicht vereinbar. Dem Willen des Gesetzgeber zufolge, *können* die Beteiligten eine von den Vorschriften des Regelinsolvenzverfahrens abweichende Art der Masseverwertung mittels eines Insolvenzplans vorsehen (§§ 1 Satz 1, 217 InsO). Eine Verpflichtung besteht hierzu jedoch nicht.

Anders als noch der Regierungsentwurf in den §§ 254, 255 RegE InsO vorsah, ist die *Berechtigung* zur Vorlage eines Insolvenzplans in § 218 Abs. 1 InsO auf den Verwalter und den Schuldner beschränkt.

In der allgemeinen Begründung zum Regierungsentwurf wurden die weitreichenden Planinitiativrechte vor allem damit gerechtfertigt, daß sich häufig eine Reihe verschiedener Verwertungsalternativen aufzeigen, die sich von ihrer Zielrichtung teilweise decken oder sich diametral ausschließen. Allein das Ziel einer Eigensanierung des Schuldners bringe ggf. eine Vielzahl von Sanierungskonzepten hervor, die sich nach der Intention des Planverfassers mehr oder weniger stark voneinander unterscheiden.[411] Es wurde bereits dargestellt, daß allein die Frage der finanzwirtschaftlichen und/oder leistungswirtschaftlichen Reorganisation mit unterschiedlichen Maßnahmen verbunden ist, für deren Verwirklichung ein jeweils andersartiges Konzept erarbeitet und zur Abstimmung durch die Gläubigermehrheit gestellt werden wird.

Mit der Neuregelung in § 218 InsO wollte der Rechtsausschuß des Bundestages praktische Schwierigkeiten vermeiden, die sich aus der eben dargestellten möglichen Konkurrenz verschiedener Pläne ergeben könnten, was gleichzeitig zu einer Verfahrensvereinfachung führen sollte.[412] Wie in der Begründung der Beschlußempfehlung zum Ausdruck kommt, war die Neugestaltung des Vorlagerechtes in § 218 InsO ein Ergebnis der Sachverständigenanhörung vom 28. April 1993.[413]

Uhlenbruck hat sich wortführend gegen ein extensives Planvorlagerecht gewandt. Sein Einwand ging dahin, daß sich das Gericht wie bei einem "Architektenwettbewerb" ggf. mit sieben oder acht Planvorlagen auseinandersetzen müßte. Zeitliche Verzögerungen seien vor allem auch durch dann notwendig werdende, kostenintensive, Obergutachten vorprogrammiert, die der eigentlichen Intention einer Sanierung eher hinderlich seien. Zudem erweise sich in größeren Vergleichsverfahren, als Beispiel führte er AEG und Klöckner an, daß nicht die Lieferantengläubiger, sondern die Kreditgeber die maßgeblichen Initiativen ausüben und Sanierungsvorschläge zur Abwendung einer Insolvenz unterbreiteten.[414]

---

410 Begrdg. RA BT zu § 345 RegE InsO, abgdr. in: Balz/Landfermann, Die neuen Insolvenzgesetze, S. 401.

411 Allg. Begrdg. RegE, abgdr. in: Balz/Landfermann, Die neuen Insolvenzgesetze, S. 32.

412 Begrdg. RA BT zu §§ 254 f RegE InsO, abgdr. in: Balz/Landfermann, Die neuen Insolvenzgesetze, S. 328.

413 Vgl. allg. Teil Ausschußbericht, abgdr. in: Balz/Landfermann, Die neuen Insolvenzgesetze, S. 64 sowie Balz, Einleitung, a.a.O., S. XLIV.

414 Uhlenbruck, 28. April 1993, abgdr. in: Protokolle RA BT 74 - 77, 1993, S. 1 ff, 255 und schriftl. Stellungnahme S. 336 ff, 357.

In diesem Sinne haben sich auch Lindemeyer (Bundesverband des Deutschen Groß- und Außenhandels) und Weber (Zentraler Kreditausschuß Bundesverband Deutscher Banken) ausgesprochen, die lediglich ein eigenes Initiativrecht für den Schuldner und den Verwalter befürworteten.[415] Sie stellten darauf ab, daß ein "intelligenter Insolvenzverwalter" von sich aus die Diskussion mit den beteiligten Gläubigergruppen suchen und führen wird, um eine Mehrheit für seinen Plan zu gewinnen. Schließlich wäre damit auch die Möglichkeit eröffnet, daß er in der frühen Phase der Planerstellung bereits maßgeblichen Einfluß ausüben kann, was neben einer höheren Akzeptanzwahrscheinlichkeit für die Gläubiger auch unter dem Gesichtspunkt der zur Verfügung stehenden Zeit bedeutsam sei. Noch weiter geht Groß[416], wenn er fordert, daß der Gesetzgeber bereits eine Pflicht zur Ausarbeitung eines Planes durch den bestellten Insolvenzverwalter vorsehen sollte. Gerechtfertigt sei eine solche gesetzliche Regelung vor dem Hintergrund, daß der Insolvenzverwalter (vor allem wenn er bereits als vorläufiger Insolvenzverwalter eingesetzt war) über einen nicht unbedeutsamen Informationsvorsprung gegenüber den Gläubigern verfüge, den es in der nur sehr knappen Zeit für die Ausarbeitung eines Sanierungskonzeptes frühzeitig zu nutzen gilt. Ein so erarbeiteter Plan könne dann im Erörterungs- und Abstimmungstermin noch von den Gläubigern modifiziert und gleich zur Abstimmung gestellt werden.

Kritisch zu der in § 218 InsO enthaltenen Neuregelung hat sich hingegen Balz geäußert. Er sieht die Gefahr darin, daß das Insolvenzplanverfahren als "ein Instrument des Schuldnerschutzes und der Sanierung von Unternehmensträgern verstanden und (daraufhin) fehlinterpretiert wird... ."[417] Die Beschränkung des Vorlagerechtes könne dem Insolvenzplanverfahren als einem " Entdeckungsverfahren" nicht mehr gerecht werden. Ein "Wettbewerb um die beste Verwertungsart" sei unter diesen Voraussetzungen nicht mehr möglich.

In der Tat hat der Rechtsausschuß des Bundestages den Regierungsentwurf an einer entscheidenden Stelle geändert. Dies muß um so mehr verwundern, als der Gesetzgeber den allgemeinen Teil der Begründung des Regierungsentwurfes fast unverändert übernommen hat.[418] Mit dem noch im Regierungsentwurf geregelten Planinitiativrecht sollte diesem "Wettbewerb um die beste Art der Masseverwertung" und der Funktion des Insolvenzverfahrens als "Entdeckungsverfahren" Rechnung getragen werden.[419] Gleichwohl hat sich der Rechtsausschuß an den vorgebrachten Kritiken der Sachverständigen in der Anhörung vom 28. April 1993 orientiert und das Vorlagerecht zur Verfahrensstraffung auf den Verwalter und Schuldner beschränkt. "Fruchtlose Insolvenzplanspiele"[420] sollen so vermieden, "einer verwirrenden Vielfalt und Verfahrenshemmungen"[421] entgegengetreten und die Schwierigkeiten im

---

[415] Lindenmeyer, 28. April 1993, abgdr. in: Protokolle RA BT 74 - 77, 1993, S. 1 ff, 264; Weber, a.a.O., S. 1 ff, 264 f.

[416] Gross, 28. April 1993, abgdr. in: Protokolle RA BT 74 - 77, 1993, S. 1 ff, 69, 260.

[417] Balz, Einleitung, abgdr. in: Balz/Landfermann, Die neuen Insolvenzgesetze, S. XLV.

[418] Balz, Einleitung, abgdr. in: Balz/Landfermann, Die neuen Insolvenzgesetze, S. XLIV.

[419] Allg. Begrdg. RegE, abgdr. in: Balz/Landfermann, Die neuen Insolvenzgesetze, S. 32.

[420] Gravenbrucher Kreis in: ZIP 1992, S. 657 ff, 651.

[421] Uhlenbruck, 28. April 1993, abgdr. in: Protokolle RA BT 74 - 77, 1993, S. 336 ff, 357 mit Hinweis auf Stürner in: Leipold, S. 41 ff, 43; ders. u.a. in: BB 1992, S. 1734 ff, 1736; ders. in: KTS 1992, S. 499 ff, 508 f, der insofern auch von einem Architektenwettbewerb spricht; i.d.S. auch Grub, 28. April 1993, a.a.O. S. 459 ff, 472; Schmidt-Räntsch, InsO, § 218 Anm. 1.

Rahmen des Bestätigungsverfahrens bei mehreren konkurrierenden Planvorlagen beseitigt werden.[422]

Dabei ist aber schon fraglich, ob es auch nach der Fassung des Regierungsentwurfes zu der befürchteten Flut von divergierenden Insolvenzplänen gekommen wäre. Nach § 256 Abs. 1 Satz 1 RegE InsO hätte der einen Insolvenzplan Vorlegende keinen Erstattungsanspruch für die ihm durch die Planaufstellung entstandenen Kosten gehabt. Vielmehr wäre er sogar verpflichtet gewesen, die gerichtlichen Kosten für die Behandlung der Planvorlage durch das Gericht zu ersetzen (§ 256 Abs. 2 Satz 2 RegE InsO). Die Beteiligten hätten eine davon abweichende Regelung zwar zum Gegenstand des Insolvenzplanes machen können.

Dennoch erscheint es angesichts der Tatsache, daß die Erstellung eines Sanierungskonzeptes neben rechtlichen Kenntnissen vor allem auch betriebswirtschaftlichen Sachverstand erfordert und die Ausarbeitung komplexer Sanierungspläne erhebliche Zeit in Anspruch nimmt, eher unwahrscheinlich, daß es zu der befürchteten Planvielfalt gekommen wäre. Jeder der beabsichtigt, einen Plan zu entwerfen und zur Abstimmung durch eine Gläubigermehrheit zu stellen, wird im Vorfeld einer Planaufstellung den Dialog mit den beteiligten Gläubigergruppen suchen müssen. Ziel kann es dabei nur sein, die Gläubiger für eine positive Votierung zum Plan zu bewegen. Im Rahmen der ersten Gespräche wird häufig bereits deutlich, ob die ins Auge gefaßte plangemäße Abwicklung einen mehrheitlichen Konsens finden wird. Zu denken sei nur an den Fall, daß der Schuldner eine Reorganisation anstrebt, die Mehrheit der Gläubiger jedoch aufgrund der Erfahrungen mit dem Schuldner in der Vergangenheit nur eine Liquidation als eine ihren Interessen entsprechenden Form der Masseverwertung ansehen. Daß die am Schuldner beteiligten Personen bzw. die persönlich haftenden Gesellschafter dann jeweils einen Plan einreichen, erscheint eher unwahrscheinlich.

Mit der Möglichkeit, den Insolvenzverwalter über die Gläubigerversammlung mit einer Planaufstellung zu beauftragen, wäre zudem fraglich, ob die Minderheit der Gläubiger gem. § 255 Abs. 1 Nr. 1 RegE InsO das Risiko einer eigenen Planvorlage aus den geschilderten Zeit- und Kostengesichtspunkten auf sich genommen hätte. Gegen eine Planvielfalt spricht auch, daß die Akzeptanzwahrscheinlichkeit eines vorgelegten Sanierungskonzeptes mit der Einschaltung von unabhängigen Dritten (Wirtschaftsprüfern, Steuerberatern u.a.) steigt. Der Einsatz damit verbundener höherer Kosten bei der Planaufstellung erscheint vor dem Risiko einer eigenen Kostentragung als nicht vertretbar. Wird aber auf den Sachverstand Dritter verzichtet, scheint auch die Realisierungschance der nach dem Plan den Gläubigern versprochenen Leistungen nicht gesichert. Die Folge wäre die Nichtannahme des Plans durch die Gläubiger. Berücksichtigt man weiterhin, daß die mit einem Plan verbundene Wertschöpfung dem Planinitiator jeweils nur anteilig zugute kommt und das Gericht offensichtlich aussichtslose Planvorlagen nach § 231 InsO zurückweisen kann, dürften nicht nur die Barrieren für reine Verzögerungstaktiken zu groß sein[423], sondern wird auch einer Flut von abwegigen Planinitiativen entgegengewirkt.[424]

---

422 Begrdg. RegE zu § 255 RegE InsO, abgdr. in: Balz/Landfermann, Die neuen Insolvenzgesetze, S. 327; so auch Eidenmüller, Der Insolvenzplan als Vertrag, S. 165 ff, 174.

423 I.d.S. Drukarczyk in: DBW 52 (1992), S. 161 ff, 180.

424 Eidenmüller, Der Insolvenzplan als Vertrag, S. 165 ff, 174; Hax in: RWS-Forum 3, S. 21 ff, 30 f; Funke in: FS Helmrich, S. 627 ff, 632 f.

Unabhängig davon kann eine Planvielfalt, im Interesse der Förderung von "Suchprozessen", des "Wettbewerb(s) um die beste Verwertungsart" oder eines "Entdeckungsverfahren(s)"[425], auch nach dem neu in der Insolvenzordnung geregelten Planinitiativrecht auftreten. Eine "Vielfalt" von Plänen setzt zunächst einmal die Möglichkeit von zwei konkurrierenden Planvorlagen voraus. Gem. § 218 Abs. 1 InsO sind sowohl der Schuldner als auch der Verwalter berechtigt, einen Insolvenzplan vorzulegen.

Folgt man zudem der Auffassung, daß dem Verwalter neben dem mittelbaren "Vorlagerecht" über die Gläubigerversammlung ein originäres Planinitiativrecht zusteht, können sogar drei Planvorlagen den Gläubigern zur Wahl stehen.[426]

Eine unter dem Gesichtspunkt der Gläubigerautonomie unzulässige Kürzung der Gläubigerrechte ist nicht gegeben. Die Gläubiger können ihr Vorlagerecht über ihr Verfahrensorgan der Gläubigerversammlung ausüben, indem sie den Verwalter im Berichtstermin mit der Ausarbeitung eines Insolvenzplanes beauftragen und ihm das Ziel des Planes vorgeben (vgl. §§ 157 Satz 2 i.V.m. 218 Abs. 2 InsO). Dabei ist jeder Gläubiger in der Lage, seine Vorstellungen zu offenbaren, die dann in die Zielvorgaben an den Verwalter einfließen (vorausgesetzt sie werden von der Mehrheit der Gläubiger getragen). Sofern der Plan des Schuldners oder der Eigenplan des Verwalters hierzu im Widerspruch stehen, liegt es in der Entscheidungskompetenz der Gläubiger, diese Planvorschläge mehrheitlich abzulehnen. Tun sie dies nicht, d.h. findet einer der beiden Pläne eine Mehrheit unter den Gläubigern/Gläubigergruppen, entspricht es dem Wettbewerb unter den Planverfassern, daß sich der nach der Meinung der Mehrheit der Gläubiger beste Plan durchsetzt. Sofern der Reorganisationsplan des Schuldners angenommen wird, ist dies eben nicht das Ergebnis eines schuldnerorientierten und auf die Sanierung von Unternehmensträgern ausgerichteten Insolvenzplanverfahrens[427], sondern Resultat eines an marktwirtschaftlichen Prinzipien orientierten Wettbewerbes unter den zur Wahl gestellten Verwertungsformen. § 218 InsO steht daher dem Insolvenzplan als einem "flexibel handhabbaren Sanierungsinstrument"[428] nicht entgegen.

2. Planinitiativrecht des Schuldners

Dem Planinitiativrecht des Schuldners kommt im System der Vorlageberechtigungen nach § 218 Abs. 1 InsO besondere Bedeutung zu.

Grundsätzlich ist der Schuldner nach § 218 Abs. 1 Satz 1 InsO zur Vorlage eines Insolvenzplanes berechtigt. Der Schuldner kann diesen Plan bereits mit seinem Antrag auf Eröffnung eines Insolvenzverfahrens einreichen (§ 218 Abs. 1 Satz 2 InsO).[429] Eine zeitliche Beschrän-

---

425 Drukarczyk in: DBW 1992, S. 161 ff, 174; Balz in: RWS-Forum 3, S. 1 ff, 10; Hax in: RWS-Forum 3, S. 21 ff, 30 f.

426 So zutreffend Eidenmüller, Der Insolvenzplan als Vertrag, S. 165 ff, 176; Braun in: Braun/Uhlenbruck, Unternehmensinsolvenz, 7. Teil, C, I, S. 472.

427 So aber die Befürchtung von Balz, Einleitung, abgdr. in: Balz/Landfermann, Die neuen Insolvenzgesetze, S. XLV.

428 Vgl. Funke in: WM 1994, S. 452.

429 Diese Optionsmöglichkeit verkennt Smid, wenn er darauf hinweist, daß der Schuldner seinen Plan *nur* mit einem Eigenantrag verbinden kann: in: WM 1996, S. 1249 ff, 1249.

kung ergibt sich aus § 218 Abs. 1 Satz 3 InsO, wonach eine Planvorlage nach dem Schlußtermin ausgeschlossen ist.

Im Falle der Anordnung einer Eigenverwaltung nach §§ 270 ff InsO kann, neben dem weiterbestehenden originären Planvorlagerecht, dem Schuldner von der Gläubigerversammlung auch ein Auftrag zur Ausarbeitung und Vorlage eines Insolvenzplans erteilt werden (§ 284 Abs. 1 Satz 1 InsO). In diesem Fall wirkt der bestellte Sachwalter beratend mit (§ 284 Abs. 1 Satz 2 InsO).

Bereits nach dem Vergleichs- bzw. Zwangsvergleichsrecht der VerglO, KO bzw. GesO war der Schuldner berechtigt, einen Vergleichsantrag zu stellen.[430] Eine wesentliche Änderung besteht nunmehr jedoch darin, daß das Vorlagerecht nicht durch das Erfordernis einer Mindestquote gem. § 7 Abs. 1 Satz 2 VerglO eingeschränkt ist und die Einleitung eines Planverfahrens von der subjektiven Würdigkeit des Schuldners abhängig gemacht wird. Auch die im Zwangsvergleich nach der KO und GesO geltende 100 %ige Befriedigung sämtlicher vorrangiger Gläubiger (§§ 173 KO, 16 Abs. 3 Satz 2 GesO) wurde nicht für das Insolvenzplanverfahren übernommen, wäre überdies mit dem Ziel des Verfahrens, die optimale Verwertungsentscheidung im Verhandlungsprozeß zwischen den Gläubigern und dem Schuldner zu entdecken und zu verwirklichen, nicht in Einklang zu bringen.[431]

Gegen ein eigenes Vorlagerecht des Schuldners haben sich vor allem die Kommission für Insolvenzrecht, Grub und der Gravenbrucher Kreis ausgesprochen.

Das Reorganisationsverfahren nach dem Vorschlag der Kommission für Insolvenzrecht sah ein ausschließliches Planvorlagerecht des Insolvenzverwalters, als objektiver und neutraler Vertrauensperson, vor. Dem Schuldner wurde lediglich das Recht eingeräumt, beratend bei der Planaufstellung mitzuwirken, ohne daß ihm jedoch eine Entscheidungskompetenz beigemessen werden sollte (Leitsatz 2.2.3. Abs. 2).[432]

Hintergrund war das Bild der Insolvenzrechtskommission vom Schuldner, welches sich auch in den Vorschriften des Vergleichs- und Zwangsvergleichsrechts widerspiegelte. Insolvenzen seien i.d.R. auf Fehler der Unternehmensleitung zurückzuführen. Auch würde der Schuldner mit Insolvenzeintritt das Vertrauen seiner Gläubiger, als notwendige Voraussetzung einer Sanierungslösung, verloren haben.[433] Das Bild vom Schuldner reduziert sich auf die Person, die die Insolvenz zu verantworten hat. Sofern die Eröffnung eines Vergleichs- bzw. Zwangsvergleichsverfahren von subjektiven Würdigkeitserwägungen abhängig gemacht wurde (vgl. §§ 175, 187 KO, 17 f VerglO), lag auch dem keine andere Beurteilung zugrunde.

Im Gegensatz dazu wurde bereits dargestellt, das in Amerika ein anderes Verständnis vom Schuldner herrscht.[434] Mit dem ausschließlichen Initiativrecht des Schuldners als "debtor in

---

430 Vgl. §§ 2 Abs. 1 Satz 2 VerglO, 2 Abs. 1 Satz 2 GesO, 173 KO. Auf diese Antragsrechte des Schuldners wird in der Begrdg. zu § 255 RegE InsO, abgdr. in: Balz/Landfermann, Die neuen Insolvenzgesetze, S. 327, ausdrücklich Bezug genommen.

431 Allg. Begrdg. RegE, abgdr. in: Balz/Landfermann, Die neuen Insolvenzgesetze, S. 10.

432 Begrdg. E.B. zu LS. 2.2.3., S. 166.

433 Begrdg. E.B. zu LS. 2.2.3., S. 166; LS. 1.3.1.1., S. 125.

434 Siehe hierzu oben Teil 2, A, II, 1.

possession" in den ersten 120 Tagen will der Gesetzgeber dem Schuldners den Wiedereintritt in das Wirtschaftsleben ermöglichen, was letztendlich auch den Gläubigerinteressen dient. Würdigkeitselemente spielen allenfalls bei der Frage der "discharge" eine Rolle, hindern den Schuldner aber nicht daran, sein Vorlagerecht auszuüben.

Auch Grub wandte sich entschieden gegen eine Stärkung der Position des Schuldners, die er im Fehlen der Würdigkeitskriterien und der Möglichkeit der Eigenverwaltung sah.[435] Angesicht der besonderen Intensität der Wirtschaftskriminalität bei insolventen Schuldnern und der unzureichenden gerichtlichen Strafverfolgung sei es völlig unverständlich, daß der Gesetzgeber sogar eine Sanierung des Schuldners unter diesen Umständen legitimiert, anstatt im Wege ordnungspolitischer Maßnahmen eine "Auslese gescheiterter und unfähiger Unternehmer" vorzunehmen.[436]

Ähnlich äußert sich auch der Gravenbrucher Kreis, dem Grub ebenfalls angehört. Er sah den Regierungsentwurf, mit seiner Möglichkeit der Eigenverwaltung und der Mitwirkungsrechte des Schuldners im Insolvenzplanverfahren, als zu schuldnerfreundlich an. Das Insolvenzverfahren sei nach wie vor ein "Generalzwangsvollstreckungsverfahren". Die nach dem "geltenden" Recht (gemeint sein kann nur die Konkursordnung) bestehenden Informations- und Anhörungspflichten seien sachgerecht und ausreichend.[437]

Eingeschränkt negativ äußert sich hingegen Stürner. Er erkennt zwar grundsätzlich das Initiativrecht des Schuldners an, immerhin würde es bislang geltendem Recht entsprechen, votiert jedoch für einen Ausschluß bei zumindest "schweren Pflichtverstößen". Dies soll unabhängig von der Möglichkeit des Gerichtes, einen Plan nach § 231 Abs. 1 Nr. 1 und 2 InsO zurückzuweisen, gelten.[438]

Diesen Einwänden ist jedoch entgegenzuhalten, daß das Insolvenzplanverfahren *allen* Beteiligten ein Mittel an die Hand geben soll, um eine von der Zerschlagung des Schuldnervermögens im Regelinsolvenzverfahren abweichende Art der Masseverwertung, wozu *auch* - aber nicht ausschließlich - die Reorganisation des Schuldners gehört, zu ermöglichen. Mit seiner sanierungsfördernden Ausrichtung mag zwar der Eindruck entstehen, daß der in der Insolvenz angelegte "Interessengegensatz zwischen dem Insolvenzschuldner und seinen Gläubigern"[439] verkannt und damit eine dem Gesamtvollstreckungsverfahren systemfremde Schuldnerfreundlichkeit geschaffen werde. Dabei wird jedoch übersehen, daß die Insolvenzordnung nicht eine zwangsweise Subventionierung notleidender Unternehmen aus dem privaten Vermögen der Verfahrensbeteiligten bezweckt. Es geht allein darum, den von der Insolvenz Betroffenen die Möglichkeit für eine wirtschaftlich sinnvolle und gerechte Abwicklung des Schuldnervermögens zu geben.[440] Es sind keine dirigistischen Maßnahmen gefragt, sondern

---

435 Vgl. Grub in: WM 1994, S. 880 f.

436 Grub in: WM 1994, S. 881; ders. in: RWS-Forum 3, S. 79 ff, 89.

437 Gravenbrucher Kreis in: ZIP 1992, S. 657 ff, 658 mit einer Gegenäußerung des Bundesjustizministeriums.

438 Stürner in: Leipold, S. 41 ff, 42; i.d.S. auch Smid in: WM 1996, S. 1249 ff, 1250; Smid/Rattunde, Insolvenzplan, Rdnr. 247ff, 254 (Zurückweisung der Planinitiative des Schuldners wegen "Verletzung insolvenzspezifischer Pflichten").

439 Gravenbrucher Kreis in: ZIP 1992, S. 657 ff, 658.

440 Allg. Begrdg. RegE, abgdr. in: Balz/Landfermann, Die neuen Insolvenzgesetze, S. 9; Eidenmüller in: Ott/Schäfer, S. 145 ff, 156.

solche, die eine eigene Investitionsentscheidung der Gläubiger fördern.[441] Dies ist Ausfluß der in Deutschland vorherrschenden sozialen Marktwirtschaft. Ein modernes und funktionsfähiges Insolvenzrecht muß daher so angelegt sein, daß die Gegebenheiten des Marktes die Insolvenzabwicklung steuern.[442]

Marktwirtschaftliche Ausgestaltung des Insolvenzplanverfahrens erfordert daher auch die Einbindung des Schuldners als den bisherigen und ggf. neuen Wettbewerbsteilnehmer. Zudem geht es um die Haftungsverwirklichung seines Vermögens und die nach Abschluß des Insolvenzverfahrens bestehende Forthaftung gegenüber den nicht befriedigten Gläubigern.

Allein das Planinitiativrecht gewährleistet noch nicht, daß der Schuldner seine Interessen einseitig durchsetzen kann. Entgegen dem bisherigen Vergleichsrecht steht dem Schuldner eben nicht mehr ein ausschließliches Antragsrecht zu.[443] Ein Erhalt des Unternehmensträgers wird auch nur dann eine für die Gläubiger sinnvolle Art der Insolvenzabwicklung darstellen, wenn der erwartete Fortführungswert über dem ermittelten Liquidationswert liegt.[444] Warum sollte den Gläubigern, unter Mitwirkung des Schuldners, diese bessere Verwertung des Schuldnervermögens versagt bleiben, wenn sie offensichtlich im Interesse der Gläubigermehrheit liegt? Mit Schiessler liegt der Hauptzweck des Verfahrens gerade in der Wahrung der Vermögensinteressen der Gläubiger durch offene Zurverfügungstellung aller Verwertungsarten als Formen der Haftungsverwirklichung.[445]

Ein Insolvenzplan bezweckt keine Rechtswohltat für den Schuldner, sondern dient der optimalen Haftungsverwirklichung der Gläubiger.[446]

Auch der Hinweis auf die fehlende Würdigkeitsprüfung ist nicht geeignet, dem Schuldner das Planinitiativrecht zu versagen. Bereits nach bislang geltendem Recht wurde von den zwingenden Versagungsgründen der §§ 17 f VerglO, 175 KO zum Schutz der Gläubigerinteressen abgewichen, wenn dies dem gemeinsamen Interesse der Gläubiger entsprach (Rechtsgedanke des § 79 Nr. 4 VerglO). Einer solcher Fall wurde bei einem treuhänderischen Liquidationsvergleich angenommen, wenn die den Gläubigern nach dem Vergleich zugeteilte Quote höher als bei Durchführung eines Konkursverfahrens gewesen wäre.[447]

Sofern sich die Kritik in diesem Zusammenhang auch gegen das Eigenverwaltungsverfahren richtet, kann sie nicht überzeugen. Dem Gericht obliegt eine Prüfung der Voraussetzungen des § 270 Abs. 2 Nr. 1 - 3 InsO, so daß einem Antrag auf Eigenverwaltung nicht entsprochen

---

441 Funke in: WM 1994, S. 452.

442 Allg. Begrdg. RegE, abgdr. in: Balz/Landfermann, Die neuen Insolvenzgesetze, S. 11.

443 Vgl. die Gegenäußerung des Bundesjustizministeriums zu den Vorwürfen des Gravenbrucher Kreises, in: ZIP 1992, S. 657 ff, 660.

444 Allg. Begrdg. RegE, abgdr. in: Balz/Landfermann, Die neuen Insolvenzgesetze, S. 9 f; Eidenmüller in: Ott/Schäfer, S. 145 ff, 157; Drukarczyk, Unternehmen und Insolvenz, S. 258, 312; ders. in: DBW 52 (1992), S. 161 ff, 175; Balz in: ZIP 1988, S. 1438 ff, 1440; ders. in: RWS-Forum 3, S. 1 ff, 4; Hax/Marschdorf in: BFuP 1983, S. 112 ff, 115 ff.

445 Schiessler, Der Insolvenzplan, S. 29.

446 Allg. Begrdg. RegE, abgdr. in: Balz/Landfermann, Die neuen Insolvenzgesetze, S. 32.

447 Vgl. jeweils m.w.N. Uhlenbruck in: Gottwald, InsR-HdB. § 72 Rdnr. 6; Baur/Stürner, Zwangsvollstreckungsrecht II, Insolvenzrecht, § 26 Rdnr. 26.9; Kuhn/Uhlenbruck, KO, § 175 Rdnr. 2; Bley/Mohrbutter, VerglO, § 18 Rdnr. 13; Schiessler, Der Insolvenzplan, S. 102.

werden kann, wenn damit eine Verfahrensverzögerung oder sonstige Nachteile für die Gläubiger verbunden sind (§ 270 Abs. 2 Nr. 3 InsO). Zudem steht der Schuldner unter der Aufsicht eines Sachwalters. Ausreichender Rechtsschutz wird auch dadurch gewährt, daß die Eigenverwaltung auf Antrag der Gläubigerversammlung nachträglich aufgehoben werden kann (vgl. § 272 Abs. 1 Nr. 1 InsO).[448]

Schließlich ist das Insolvenzverfahren nicht der "Ort, Strafzwecke zu verfolgen".[449] Es ist Aufgabe des Gesetzgebers die Voraussetzungen zu schaffen, um der Wirtschaftskriminalität sowohl in präventiver als auch repressiver Hinsicht wirksam begegnen zu können.

Den Verfassern der Insolvenzordnung ist daher zuzustimmen, wenn sie dem Schuldner ein Planvorlagerecht einräumen. Ausgerichtet an den gegenüber dem Vergleichs- bzw. Zwangsvergleichsrecht veränderten gesetzgeberischen Intentionen hat der Schuldner damit eine ernsthafte Chance, ein eigenes Planinitiativrecht, in Konkurrenz zum Planvorlagerecht des Verwalters, mit dem Ziel der Reorganisation seines Unternehmens und des Unternehmensträgers auszuüben.[450]

3. Vorlagerecht des Insolvenzverwalters

a) Legitimation zur Vorlageberechtigung

Nicht weniger umstritten, für die Praxis der kommenden Insolvenzabwicklung jedoch von entscheidender Bedeutung, ist das in § 218 Abs. 1, 2 InsO vorgesehene "Planinitiativrecht des Insolvenzverwalters". Diese Formulierung scheint jedoch dann unglücklich gewählt zu sein, vertritt man die Auffassung, daß neben dem Vorlagerecht des Schuldners allein die Gläubigerversammlung berechtigt sein soll, den Insolvenzverwalter mit der Erstellung eines Insolvenzplanes zu beauftragen. Die gesetzliche Legitimation ergibt sich in diesem Fall aus dem eindeutigen Wortlaut der §§ 157 Satz 2 i.V.m. 218 Abs. 2 InsO.

Da die Gläubigerversammlung dem Verwalter Vorgaben zur Gestaltung des Planes im einzelnen machen darf, handelt es sich insoweit eigentlich um einen Insolvenzplan der Gläubigerversammlung (vgl. § 157 Satz 2 InsO). Ihr kommt daher das Planinitiativrecht zu und nicht dem Verwalter. Ihm obliegt in diesem Fall jedoch die *Pflicht*, den Plan binnen angemessener Frist dem Gericht vorzulegen. Ob dem Verwalter neben diesem derivativen auch ein originäres Planvorlage*recht* eingeräumt wird, scheint sich weder dem Gesetzeswortlaut noch der Begründung zum Regierungsentwurf ausdrücklich entnehmen zu lassen und ist daher in der Literatur umstritten. Wird der Verwalter aber erst im Berichtstermin, der nicht über sechs Wochen

[448] So auch Funke in: WM 1994, S. 452; Gegenäußerung des Bundesjustizministeriums zu den Vorwürfen des Gravenbrucher Kreises in: ZIP 1992, S. 657 ff, 660.

[449] Schiessler, Der Insolvenzplan, S. 102.

[450] Ein Planvorlagerecht des Schuldners befürworten auch: Henckel in: KTS 1989, S. 477 ff, 489 f; Hess, InsO, § 222 Rdnr. 31 ff; Funke in: FS Helmrich, S. 627 ff, 632; ders. in: WM 1994, S. 452; Eidenmüller, Der Insolvenzplan als Vertrag, S. 164 ff, 173 f; Warrikoff in: KTS 1996, S. 489 ff, 500; Uhlenbruck, 28. April 1993, abgdr. in: Protokolle RA BT 74 - 77, 1993, S. 255, der sich sogar für ein ausschließlichen Initiativrecht des Schuldners ausgesprochen hat; zur Bedeutung des Planvorlagerechtes vgl. schon oben: Teil 2, A, I.

anberaumt werden soll und nicht über drei Monate anberaumt werden darf (vgl. § 29 Abs. 1 Nr. 1 InsO), mit der Erstellung eines Sanierungskonzeptes beauftragt, ist bereits wertvolle Zeit für die Realisierung einer Eigensanierung verstrichen und damit das Risiko für das Scheitern solcher Bemühungen immanent. Die erleichte Möglichkeit der Aufrechterhaltung des Geschäftsbetriebes bis zur Planerstellung durch die Einsetzung eines vorläufigen Insolvenzverwalters mit Verfügungsmacht gem. § 22 Abs. 1 Satz 2 Nr. 2, 3, die Kündigungssperre gem. § 122 sowie den Masseschuldcharakter der vom Verwalter begründete Verbindlichkeiten nach § 55 Abs. 2 InsO, ist eben nur ein Aspekt auf dem Wege zu einer erfolgreichen Reorganisation des Schuldners.

Unstreitig hingegen ist, daß die Gläubigerversammlung den Verwalter beauftragen kann, einen Insolvenzplan auszuarbeiten und dem Gericht vorzulegen, wenngleich die Wirkungen eines solchen Auftrages für erfolgreiche Sanierungen eher skeptisch bewertet werden. Bereits nach dem Regierungsentwurf war eine solche Möglichkeit in § 254 Abs. 1 RegE InsO ausdrücklich vorgesehen.

Im folgenden sollen die gegenteiligen Auffassungen zum Planvorlagerecht des Insolvenzverwalters dargestellt werden. Des weiteren sollen die Gründe aufgezeigt werden, die nach Meinung des Verfassers für ein eigenes, originäres Planinitiativrecht des Verwalters sprechen. Mit der Annahme einer eigenen Vorlageberechtigung des Verwalters sind Folgeprobleme verbunden, für die gleichfalls ein Lösungsvorschlag unterbreitet werden soll.

b) Eigeninitiativrecht des Insolvenzverwalters

Die bislang umfassendste Darstellung zum Initiativrecht nach der Insolvenzordnung, auch unter dem Blickwinkel der anglo-amerikanischen Regelung des Bankruptcy Code, hat Smid gegeben.[451] Hierbei gab er seiner Verwunderung Ausdruck, daß sich die Literatur, und insbesondere die Vertreter der Konkursrechtswissenschaft, bislang eher abwartend verhalten haben und eine kritische Auseinandersetzung mit § 218 InsO in der geltenden Fassung nur vereinzelt erfolgt sei.[452] Vor dem Hintergrund der unverkennbaren praktischen Relevanz des Planvorlagerechts mag dies verwundern. Verstärkt wird dieser "Vorwurf" noch durch den Umstand, daß der neue Wortlaut des § 218 InsO erheblich, i.S.e. Reduzierung, von den §§ 254, 255 RegE InsO abweicht. Allein der Hinweis des Rechtsausschusses des Deutschen Bundestages in seinem Ausschußbericht zu §§ 254 f RegE InsO, wonach mit der Einschränkung des Vorlagerechtes eine Verfahrensverkürzung erreicht und die sich aus der möglichen Konkurrenz mehrere Pläne ergebenden praktischen Schwierigkeiten vermieden werden sollten, hilft zur Lösung der zu erörternden Probleme nicht weiter. Daß es zum Beispiel dennoch zu einer Konkurrenz mehrerer Planvorlagen kommen kann, wurde an anderer Stelle [vgl. Teil 2, A, III, 1, b)] bereits dargestellt.

---

451 Vgl. Smid in: WM 1996, S. 1249 - 1254; Smid/Rattunde, Insolvenzplan, Rdnr. 103 ff; weiterführende Darstellungen finden sich bei Braun in: Braun/Uhlenbruck, Unternehmensinsolvenz, 7. Teil, C, I, 1 - 3, S. 472 ff; Schiessler, Der Insolvenzplan, S. 86 - 103, der einen Schwerpunkt bei seiner Darstellung auf die Frage der Legitimation der Gläubigerversammlung zur Beauftragung des Insolvenzverwalters nach §§ 157 Satz 2, 218 Abs. 2 InsO gelegt hat; Eidenmüller, Der Insolvenzplan als Vertrag, S.164 ff, 173 - 178.

452 Smid in: WM 1996, S. 1249 ff, 1250; Smid/Rattunde, Insolvenzplan, Rdnr. 135 f.

Kritische Äußerungen richten sich daher vor allem gegen die weiterreichenden Initiativrechte nach den Vorschlägen des Referenten- bzw. Regierungsentwurfs zur Insolvenzordnung.

Andere wiederum, namentlich die Gegner der von der Insolvenzordnung angestrebten Gläubigerautonomie, Deregulierung und marktkonformen Insolvenzabwicklung mit dem neuen Instrument des Insolvenzplanes, verlangen zum Beispiel eine Stärkung der Rechte des Insolvenzverwalters als einer neutralen, allen Beteiligten verpflichtenden und mit den notwendigen Informationen ausgestatteten Person.[453]

Für die Beantwortung der Frage, ob nach § 218 InsO dem Insolvenzverwalter ein eigenes Planvorlagerecht eingeräumt wird, hat zunächst eine am Wortlaut orientierte Auslegung zu erfolgen. § 218 InsO enthält sowohl in Abs. 1 als auch in Abs. 2 eine Regelung zur Planvorlage durch den Insolvenzverwalter.

Streng am Wortlaut ausgerichtet, gewährt § 218 Abs. 1 Satz 1 InsO neben dem Schuldner auch dem Insolvenzverwalter ein originäres Planvorlage***recht***. Hingegen liest sich § 218 Abs. 2 InsO folgendermaßen: "Hat die Gläubigerversammlung den Verwalter beauftragt (vgl. zur Berechtigung § 157 Satz 2 InsO), einen Insolvenzplan auszuarbeiten, so ***hat*** der Verwalter den Plan ***binnen angemessener Frist*** dem Gericht vorzulegen." Während demnach Abs. 1 ein *Recht* zur Planvorlage statuiert, wird der Verwalter nach § 218 Abs. 2 InsO *verpflichtet*, einen Plan dem Gericht vorzulegen. § 218 Abs. 2 InsO setzt bereits einen Auftrag der Gläubigerversammlung nach § 157 Satz 2 InsO voraus, so daß nach dem strengen Wortlaut § 218 InsO eigentlich nur das Planvorlagerecht von Schuldner und Verwalter in Abs. 1 zum Regelungsgegenstand hat. Damit gewinnt die zunächst sehr formale Unterscheidung zwischen einem Planvorlagerecht bzw. einer Planvorlagepflicht [Teil 2, A, III, 1] an Bedeutung.

Daß es sich nicht nur um ein reines Wortspiel handelt, belegt allein der Hinweis auf die mit der Verpflichtung des Verwalters einhergehenden Sanktionsmöglichkeiten. Kraft seiner Aufsichtsgewalt ist das Insolvenzgericht befugt, den Verwalter zur Erfüllung seiner Verpflichtungen nach der Insolvenzordnung anzuhalten (vgl. §§ 58 f InsO).[454] Systematisch regelt § 218 Abs. 2 InsO mithin nur den Sonderfall, daß der Verwalter im Fall eines vorhergehenden Auftrages den Plan binnen angemessener Frist dem Gericht vorzulegen hat. Gerade dies verleiht der Auslegung nach dem Wortlaut verstärkte Bedeutung i.S.e. eigenen Vorlagerechts des Verwalters. In seinem Bericht verweist der Rechtsausschuß des Bundestages ausdrücklich auf die Neufassung des § 254 RegE InsO, wobei das *Recht* zur Vorlage auf den Schuldner und den Verwalter beschränkt sein soll.[455]

Ist der Verwalter jedoch zur Planvorlage berechtigt, liegt es in seiner Entscheidungsbefugnis, ob er von diesem Recht Gebrauch macht oder nicht. Er wird sich danach richten, ob das schuldnerische Unternehmen als organisatorische Einheit und ggf. auch der Unternehmensträ-

---

453 Vgl. Henckel in: KTS 1989, S. 477 ff, 484, 486, 490; Gravenbrucher Kreis in: ZIP 1989, S. 468 ff, 475; ders. in: ZIP 1992, S. 657 ff, 659; Grub in: ZIP 1993, S. 393 ff, 397.

454 Insofern geht der Hinweis von Schiessler, Der Insolvenzplan, S. 87 fehl, daß der Gesetzgeber § 254 Abs. 1 RegE InsO unreflektiert übernommen habe. In § 218 Abs. 1 InsO ist ein Vorlagerecht des Verwalters statuiert. Warum der Gesetzgeber dann diese zusätzliche Regelung aufgenommen hat, ist mit diesem Hinweis nicht erklärbar.

455 Begrdg. RA BT zu § 254 RegE InsO, abgdr. in: Balz/Landfermann, Die neuen Insolvenzgesetze, S. 326.

ger erhalten werden können. Dies wiederum wird maßgeblich davon abhängen, ob es sich bei dem Schuldner im Zeitpunkt der Insolvenzantragstellung noch um ein werbendes Unternehmen mit einem vorhandenen Auftragsbestand handelt oder ob der Geschäftsbetrieb schon eingestellt ist. In letzterem Fall wird auch eine übertragende Sanierung mittels eines Übertragungsplanes nur selten gelingen, so daß der Verwalter ohne einen konkreten Auftrag der Gläubigerversammlung einen solchen Übertragungsplan nur dann erstellen wird, wenn ihm bereits potentielle Interessenten namhaft geworden sind, die ihrerseits an einer schnellen Aufnahme der Geschäftstätigkeit interessiert sind.

Nicht zuletzt die Gespräche mit den Gläubigergruppen, ggf. schon während seiner Bestellung als vorläufiger Insolvenzverwalter (§ 22 Abs. 1 InsO), werden ihn zur Ausarbeitung eines entsprechenden Planes motivieren, wenn die Annahme des Plan im Abstimmungstermin gesichert ist.

Gewichtiger scheinen jedoch die Argumente zu sein, die das originäre Vorlagerecht mit dem Hinweis auf die Motive des Gesetzgebers ablehnen. Nach dem Regierungsentwurf sollte der Verwalter nicht berechtigt sein, ohne einen weiteren Auftrag der Gläubigerversammlung, einen Plan vorzulegen.[456]

Dem kann jedoch entgegengehalten werden, daß sich der Rechtsausschuß bei seinen Änderungen am Regierungsentwurf maßgeblich vom Ergebnis der Sachverständigenanhörung am 28. April 1993 hat leiten lassen.[457] Von den 27 vorgelegten Stellungnahmen haben sich, soweit sie sich überhaupt zur Beibehaltung oder Abänderung der §§ 254 f RegE InsO geäußert haben, neun für ein Vorlagerecht von Schuldner und Verwalter ausgesprochen haben. Von diesen wiederum waren fünf für eine Reduzierung der Vorlageberechtigten und nur vier sprachen sich für eine Erweiterung unter Einbeziehung des Verwalters aus. Darüber hinaus sprach lediglich Kothe dem Verwalter ein Vorlagerecht generell ab, da er seiner Meinung nach eine ungeeignete Person hierfür wäre. Kothe bezog sich dabei auf die Stellung des Verwalters, der primär als verlängerter Arm der Gläubigerversammlung anzusehen sei und daher die Belange des Schuldners nicht in ausreichendem Maße berücksichtigen würde. Ein Mißtrauensverhältnis sei dem Verhältnis zwischen Schuldner und Verwalter geradezu immanent.[458]

Betrachtet man die Stellungnahmen näher, die sich für ein Vorlagerecht des Verwalters ausgesprochen haben, so fällt auf, daß sich neben Groß (Institut der Wirtschaftsprüfer)[459], Weber (Zentraler Kreditausschuß Bundesverband Deutscher Banken)[460] auch der DGB[461] sogar für eine *gesetzliche Verpflichtung* des Verwalters zur Vorlage eines Planes (bis zum Berichtstermin) ausgesprochen hat. Diese Forderung geht einerseits weit über das bisherige Verständnis

---

456 Begrdg. RegE zu § 254 RegE InsO, abgdr. in: Balz/Landfermann, Die neuen Insolvenzgesetze, S. 326; i.d.S. auch Schiessler, Der Insolvenzplan, S. 87; Stürner in: Leipold, S. 41 ff, 42; Uhlenbruck spricht ein eigenes Planinitiativrecht gar nicht erst an: ders. in: KTS 1992, S. 499 ff, 509.

457 Vgl. allg. Teil Ausschußbericht, abgdr. in: Balz/Landfermann, Die neuen Insolvenzgesetze, S. 64 sowie Balz, Einleitung, a.a.O., S. XLIV; Funke in: FS Helmrich, S. 628 ff, 632, Fn. 12; siehe hierzu auch Teil 2, A, III, 1, b).

458 Kothe, 28. April 1993, abgdr. in: Protokolle RA BT 74 - 77, 1993, schriftl. Stellungnahme S. 477 ff, 481.

459 Gross, 28. April 1993, abgdr. in: Protokolle RA BT 74 - 77, 1993, S. 1 ff, 69, 260, schriftl. Stellungnahme S. 564 ff, 569 f.

460 Weber, 28. April 1993, abgdr. in: Protokolle RA BT 74 - 77, 1993, S. 1 ff, 264 f.

461 DGB, 28. April 1993, abgdr. in: Protokolle RA BT 74 - 77, 1993, schriftl. Stellungnahme, S. 516 ff, 531f.

hinaus, wonach die Gläubiger über ihr Organ der Gläubigerversammlung privatautonom eine entsprechende Verpflichtung aussprechen sollen, wenn sie an einer Planlösung interessiert sind, wäre andererseits mit dem Grundsatz der Gläubigerautonomie auch nicht zu vereinbaren. Dennoch sind die Argumente im Rahmen einer *teleologischen Auslegung* des Planinitiativrechtes von Bedeutung.

Das Insolvenzplanverfahren soll den Gläubigern ein Instrument an die Hand gegeben, die Bewältigung der Krisensituation beim Schuldner abweichend von den gesetzlichen Vorgaben des allgemeinen Insolvenzverfahrens zu gestalten. Marktkonformität und Gläubigerautonomie erfordern eine Möglichkeit für die Gläubiger, den Gang des Verfahrens privatautonom zu bestimmen. Deregulierung ist das Stichwort, dem sich die Insolvenzordnung verschrieben hat. Planinitiativrechte sollen dem Planverfahren als "Entdeckungsverfahren" zum Erfolg verhelfen, mit dem Ziel, die auf Mehrheitsentscheidung beruhende pareto optimale Verwertungsart für die Gläubiger zu entdecken und durchzuführen.

Dieser formale, theoretische Ansatz ist jedoch in ganz erheblichem Maße von der Entwicklung auf der Zeitachse abhängig. Es wurde bereits auf die negativen Auswirkungen der Eröffnung eines Insolvenzverfahrens bei den Gläubigern (vor allem den Kapitalgebern und Lieferantengläubigern) hingewiesen.[462] Eine erfolgreiche Sanierung erfordert zudem schnelle tragfähige Konzeptlösungen, auf deren Basis die Gläubiger bereit sind, weiterhin mit dem Unternehmen zusammenzuarbeiten. Ist das Unternehmen erst einmal vom Markt verschwunden, wird eine Reorganisation kaum mehr möglich sein. Die Zeit bis zur Erstellung solcher Sanierungslösungen sollte daher so kurz wie möglich gehalten werden.

Dies spricht für ein eigenes Planinitiativrecht des Verwalters, da er andernfalls ggf. erst im Berichtstermin (welcher im Ausnahmefall längstens nach drei Monaten anberaumt werden muß: § 29 Abs. 1 Nr. 1 InsO) zur Vorlage eines Planes beauftragt werden würde.[463]

Hat das Gericht zudem einen vorläufigen Insolvenzverwalter bestellt, der nach § 22 Abs. 1 Satz 2 Nr. 3 InsO als Sachverständiger die Fortführungsaussichten zu prüfen hat, kann der Insolvenzverwalter diesen zeitlichen Informationsvorsprung nutzen, um einen Plan ausgearbeitet bereits im Berichtstermin, der ggf. mit dem Erörterungs- und Abstimmungstermin sowie Prüfungstermin zusammengelegt wurde (vgl. §§ 29 Abs. 2, 236 Satz 2 InsO), den Gläubigern zur Abstimmung vorzulegen.[464]

Auch die Verpflichtung des Verwalters, im Berichtstermin bereits umfassende Aussagen zur wirtschaftlichen Lage, zum Erhalt des Unternehmens und die Aussichten für einen Insolvenzplan zu treffen (§ 156 Abs. 1 InsO), sprechen für ein eigenständiges frühzeitiges Vorlagerecht des Verwalters. Wie sollen die Gläubiger über die Frage der Stillegung oder Fortführung des Schuldners beschließen, wenn sie nicht bereits Vergleichswerte für den Fall einer sofortigen Liquidation oder einer Sanierungslösung mittels Plan vorliegen haben? Auf der Grundlage der vom Verwalter zu erstellenden Plan-Erfolgsrechnungen und Finanzpläne ist er gleichzeitig in

---

[462] Vgl. oben: Teil 2, B, I; Braun in: Braun/Uhlenbruck, Unternehmensinsolvenz, 7. Teil, N, I, 1, S. 654.

[463] Vgl. Eidenmüller, Der Insolvenzplan als Vertrag, S. 164 ff, 172.

[464] App, Insolvenzordnung, Rdnr. 562 mit Hinweis auf Uhlenbruck in: GmbHR 1995, S. 209; Otte in: Kübler/Prütting, InsO, § 218 Rdnr. 11.

der Lage, einen entsprechenden Plan auszuarbeiten.[465] Eine schnelle Entscheidung über das Ziel der Abwicklung ist auch bedeutsam für die Frage der Kündigung der Arbeitsverhältnisse gem. § 113 InsO, der Ausübung des Wahlrechtes nach § 103 InsO oder der Verwertung des Schuldnervermögens nach den §§ 159 ff InsO.[466]

Schließlich wird ein "intelligenter Insolvenzverwalter" von sich aus die Diskussion mit den beteiligten Gläubigergruppen suchen und führen, um eine Mehrheit für seinen Plan zu gewinnen, so daß eine Beschränkung der Rechte der Gläubiger durch ein eigenes Planinitiativrecht des Verwalters nicht zu erwarten ist. Überdies besitzt ein vom Verwalter in Abstimmung mit den Gläubigern erarbeiteter Plan eine hohe Akzeptanzwahrscheinlichkeit.[467]

Darüber hinaus verfügt der Verwalter neben dem Schuldner bis zum Berichtstermin, im Vergleich zu den Gläubigern, über ein Mehr an Informationen (vor allem wenn er bereits als vorläufiger Insolvenzverwalter eingesetzt war), den es in der nur sehr knappen Zeit für die Ausarbeitung eines Sanierungskonzeptes frühzeitig zu nutzen gilt. Ein so erarbeiteter Plan kann dann im Erörterungs- und Abstimmungstermin noch von den Gläubigern modifiziert und gleich zur Abstimmung gestellt werden.[468]

Im Ergebnis bleibt daher festzuhalten, daß sowohl der Wortlaut des § 218 InsO als auch eine teleologische Auslegung allein den rechtlichen Schluß zulassen, daß die Verfasser der Insolvenzordnung dem Verwalter ein eigenständiges, nicht an einen Beschluß der Gläubigerversammlung gebundenes, Planvorlagerecht einräumen wollten.[469]

c) Mittelbares Initiativrecht durch die Gläubigerversammlung

Von dem Eigeninitiativrecht des Insolvenzverwalters ist das über die Gläubigerversammlung abgeleiteten (derivativen) Planvorlagerecht zu unterscheiden. Letzteres dient vor allem der Stärkung der Gläubigerautonomie.[470] Die Gläubiger sollen über ihr Organ der Gläubigerver-

---

[465] Vgl. Eidenmüller, Der Insolvenzplan als Vertrag, S. 164 ff, 172; schriftliche Stellungnahme des Instituts der Wirtschaftsprüfer, abgdr. in: Protokolle RA BT 74 - 77, 1993, S. 564 ff, 569 f.

[466] Diese Bedenken hat auch Henckel geäußert: in: KTS 1989, S. 477 ff, 487 f.

[467] Lindenmeyer, 28. April 1993, abgdr. in: Protokolle RA BT 74 - 77, 1993, S. 1 ff, 264; Otte in: Kübler/Prütting, InsO, § 218 Rdnr.: 25; Weber, a.a.O., S. 1 ff, 264 f; aus diesem Grund überzeugt auch das Argument von Schiessler nicht, daß das Vorlagerecht des Verwalters an jenes der Gläubigerversammlung zu binden sei: ders. in: Der Insolvenzplan, S. 98.

[468] Gross, 28. April 1993, abgdr. in: Protokolle RA BT 74 - 77, 1993, S. 1 ff, 69, 260.

[469] Für ein originäres Planvorlagerecht haben sich darüber hinaus ausgesprochen: Bork, Einführung, Rdnr. 330; Smid in: WM 1996, S. 1249 ff, der ohne weitere Ausführungen von einem solchen Recht ausgeht; deutlicher in: FS Pawlowski, S. 387 ff, 404 und Smid/Rattunde, Insolvenzplan, Rdnr. 104, 160; Häsemeyer, Insolvenzrecht (2. Aufl.), Rdnr. 28.04; Braun in: Braun/Uhlenbruck, Unternehmensinsolvenz, 7. Teil, C, I, 2, S. 473; Funke in: WM 1994, S. 452; Haarmeyer/Wutzke/Förster, Kap. 5 Rdnr. 364; Hermanns in: DStR 1997, S. 1178 ff, 1178 f; Warrikoff in: KTS 1996, S. 489 ff, 500; Hess, InsO, § 218 Rdnr. 14 ff; Hess/Weis in: InVo 1996, S. 91 ff, 92; ders. in: Hess/Obermüller, Die Stellung der Verfahrensbeteiligten, in Rdnr. 306 geht er vom Vorlagerecht des Schuldners und der Gläubigerversammlung aus, während er in Rdnr. 1012 f vom Initiativrecht des Verwalters spricht; Otte in: Kübler/Prütting, InsO, § 218 Rdnr.: 11; Flessner in: HK-InsO, § 218 Rdnr. 8; Uhlenbruck in: GmbHR 1995, S. 195 ff, 209.

[470] Begrdg. RegE zu § 176 RegE InsO, abgdr. in: Balz/Landfermann, Die neuen Insolvenzgesetze, S. 265; Bork, Einführung, Rdnr. 15, 310, 364.

sammlung auch berechtigt sein, Einfluß auf die Art der Masseverwertung zu nehmen. Dem wird mit dem Planvorlagerecht Rechnung getragen.

Die gesetzliche Legitimation hierfür ergibt sich aus den §§ 157 Satz 2, 218 Abs. 2 InsO, wobei § 218 Abs. 2 InsO allein eine Fristbestimmung zur Vorlage des von der Gläubigerversammlung in Auftrag gegebenen Insolvenzplans gegenüber dem Verwalter enthält. Damit korrespondiert die bereits mehrfach angesprochene Einschätzung, daß es sich eigentlich um ein Planvorlagerecht der Gläubigerversammlung handelt. Von ihr geht die Initiative aus, den vom Gericht eingesetzten Verwalter im Berichtstermin mit der Erstellung eines Insolvenzplans zu beauftragen und ihm dabei die Ziele des Planes vorzugeben. Gem. § 218 InsO hat der Verwalter dann den Plan binnen angemessener Frist[471] dem Gericht vorzulegen.

Ob die Gläubigerversammlung von der ihr eingeräumten Befugnis Gebrauch macht, wird von dem Bericht des Verwalters in der ersten Gläubigerversammlung nach § 156 Abs. 1 InsO abhängen. Im Berichtstermin hat sich der Verwalter zur wirtschaftlichen Lage des Schuldners zu äußern (§ 156 Satz 1 InsO). Er hat weiter darzulegen, welche Möglichkeiten für den Erhalt des schuldnerischen Unternehmens im Ganzen oder in Teilen und für eine plangemäße Abwicklung bestehen. Darüber hinaus hat er die jeweiligen Auswirkungen für die Befriedigung der Gläubiger darzustellen (§ 156 Abs. 1 Satz 2 InsO).

Im Berichtstermin werden dann die maßgeblichen "Weichen des Verfahrens" für eine Liquidation (nach dem Regelinsolvenzverfahren oder mittels Liquidationsplan) oder eine (übertragende) Sanierung gestellt.

Bei einer Aufstellung des Planes durch den Verwalter, unabhängig davon, ob die Planvorlage aufgrund eines eigenen oder derivativen Initiativrechts erfolgte, wirken ein bestellter Gläubigerausschuß, der Betriebsrat, der Sprecherausschuß der leitenden Angestellten und der Schuldner *beratend* mit (vgl. § 218 Abs. 3 InsO). Bei diesen Beteiligten handelt es sich um einen "Kreis von besonders interessierten Personen", so daß der Verwalter diesen Personenkreis nach dem Willen des Gesetzgebers gerade bei Fortführungsentscheidungen regelmäßig über den Stand des Verfahrens und den Fortgang seiner Bemühungen unterrichten soll.[472] Eine Verpflichtung zur Mitwirkung besteht jedoch nicht. Ebenso ist die Zustimmung dieser Personengruppen zum Plan, mit Ausnahme des Schuldners (§ 247 InsO) gesetzlich nicht vorgesehen, so daß der Verwalter an deren Vorgaben nicht gebunden wäre. Gleichwohl wird sich der Verwalter mit diesen Beteiligtengruppen in Verbindung setzen müssen, um sich auch deren Einfluß auf die Meinungsbildung im Berichtstermin für den von ihm vorgelegten Plan zu Nutzen zu machen.[473] Durch die Mitbstimmung nach § 218 Abs. 3 InsO kann es letztlich zu einer erheblichen Verzögerung bei der Planaufstellung kommen, da selbst bei einer weitgehenden Berücksichtigung der widerstreitenden Interessen eine positive Votierung der erforderlichen Mehrheiten im Erörterungs- und Abstimmungstermin für den ausgearbeiteten Plan nicht sichergestellt ist.

---

[471] Hierzu vgl. unten: Teil 2, B, I, 2, b).

[472] Begrdg. RegE zu § 254 RegE InsO, abgdr. in: Balz/Landfermann, Die neuen Insolvenzgesetze, S. 327.

[473] Vgl. Braun in: Braun/Uhlenbruck, Unternehmensinsolvenz, 7. Teil, C, 2, S. 474 ff.

Hat die Gläubigerversammlung den Verwalter mit der Ausarbeitung eines Insolvenzplanes beauftragt, so kann sie die Entscheidung in späte*ren* Termi*nen* wieder ändern (§ 157 Satz 3 InsO).

Der Vollständigkeit halber sei an dieser Stelle noch auf die Besonderheiten im Rahmen des Eigenverwaltungsverfahrens hingewiesen. Gem. § 284 Abs. 1 Satz 1 InsO kann sich ein Auftrag der Gläubigerversammlung zur Ausarbeitung eines Insolvenzplanes sowohl an den Schuldner als auch an den Sachwalter richten. Richtet sich der Auftrag an den Schuldner, wirkt gem. § 284 Abs. 1 Satz 2 InsO der Sachwalter beratend mit. Über die Verweisung in § 270 Abs. 1 Satz 2 InsO ist zudem klargestellt, daß das Recht des Schuldners, einen eigenen Plan zur Entscheidung der Gläubigerversammlung zu stellen, von der Regelung in § 284 InsO unberührt bleibt.

d) Gleichrang oder Oktroy der Vorlageberechtigungen des Insolvenzverwalters ?

Bei Anerkennung eines eigenen Planvorlagerechts des Verwalters kann es daher zu einer Situation kommen, daß im Rahmen des Erörterungs- und Abstimmungstermines den Gläubigern zwei Planvorlagen zur Erörterung und Abstimmung vorgelegt werden. Voraussetzung hierfür ist jedoch, daß das Gericht im Rahmen der Vorprüfung gem. § 231 InsO nicht einen der Pläne zurückgewiesen hat. Im folgenden soll der aus praktischer Sicht nicht unbedeutenden Frage nachgegangen werden, ob ein vom Verwalter im Auftrag der Gläubigerversammlung erstellter Plan die Vorlage eines aus eigenem Planintiativrecht erarbeiteten Plan ausschließt oder ob dies mit den Verfahrensstellungen der Gläubigerversammlung und des Verwalters unvereinbar ist.

aa) Gläubigerautonomie mit Weisungsrecht als Rechtfertigung für ein Oktroy zur Planvorlage durch den Insolvenzverwalter?

Ausgangspunkt ist die Regelung in § 157 Satz 2 InsO. Danach ist die Gläubigerversammlung berechtigt, den Verwalter mit der Ausarbeitung eines Planes unter Vorgabe bestimmter Ziele zu beauftragen. Ist der Verwalter an diese Zielvorgaben gebunden und steht sein vorher bereits erarbeiteter Plan hierzu in Widerspruch, stellt sich Frage, ob der Verwalter seinen eigenen Plan noch zur Erörterung und Abstimmung durch die Gläubiger stellen darf.

Ob es, wie Eidenmüller trefflich formuliert[474], in der Rechtspraxis tatsächlich zu dem geschilderten Problem kommen wird, ist angesichts der Tatsache zweifelhaft, daß der Verwalter, dessen Planvorlage selbst auf eine Mehrheitsentscheidung ausgerichtet ist, in der Regel von sich aus die wesentlichen Planinhalte mit den mehrheitsentscheidenden Gläubigergruppen im Vorfeld der eigentlichen Planerstellung abstimmen wird. Andernfalls trägt er das Risiko, daß seine umfänglichen Bemühungen nicht von Erfolg gekrönt sein werden.[475] Es scheint daher

---

[474] Eidenmüller, Der Insolvenzplan als Vertrag, S. 164 ff, 177, Fn. 41.

[475] Um den Vorwürfen der tätigen Verwalter vorzugreifen, möchte der Verfasser klarstellen, daß die Frage der Ausarbeitung eines Insolvenzplanes sicher nicht primär von wirtschaftlichen Erwägungen geprägt ist, sich vielmehr allein an der Frage orientiert, ob eine gegebene Sanierungschance nur durch eine im Berichtstermin vorbereitete Planlösung realisiert werden kann.

allenfalls dann ein entgegenstehender Beschluß der Gläubigerversammlung denkbar, wenn der Verwalter aus Zeitgründen keine vorherige Abstimmung vornehmen konnte oder sich zwischenzeitlich bis zum Berichtstermin, aufgrund veränderter Umstände innerhalb des Unternehmens[476] oder durch Einflüsse von Außen, eine andere Ausgangslage ergeben hat. In letzterem Fall wird der Verwalter als Treuhänder der Gläubiger die Zustimmung zu seinem Plan nicht weiter verfolgen. Um eine Legitimation für den nunmehr ins Auge gefaßten Plan zu erlangen, wird die Gläubigerversammlung den Verwalter mit der Erstellung eines Plans beauftragen.

Eine Lösung für die dargestellte Konstellation der Konkurrenz der Planvorlageberechtigungen läßt sich dem Gesetz direkt nicht entnehmen. Offensichtlich ist der Gesetzgeber bei seiner Neugestaltung der Planvorlageberechtigungen in den §§ 254, 255 RegE InsO nicht von der Möglichkeit einer solchen Problemstellung ausgegangen.[477]

Für einen Vorrang des vom Verwalter im Auftrag der Gläubigerversammlung erstellten Plans gegenüber einr eigenen Planvorlage durch den Verwalter haben sich Eidenmüller[478], Smid[479] und Flessner[480] ausgesprochen, wobei letzterer noch einen Schritt weitergeht, wenn er sogar eine Negativ-Kompetenz der Gläubigerversammlung dahingehend anerkennt, dem Verwalter zu untersagen, einen eigenen Planvorschlag zu unterbreiten.[481]

Als Argument für das Erlöschen der Planvorlagebefugnis des Verwalters aus eigenem Recht weist Eidenmüller auf die Vorschrift des § 218 Abs. 3 InsO hin. Dem Wortlaut nach soll der Verwalter immer nur berechtigt sein, *einen* Plan ("des Planes") vorzulegen. Darüber hinaus wäre es seiner Auffassung nach mit dem Grundsatz der Gläubigerautonomie nur schwer vereinbar, wenn der Verwalter als "Agent der Gläubiger" diesen unmittelbar Konkurrenz machen könne. Mit dem Auftrag durch die Gläubigerversammlung erlösche daher die Planvorlageberechtigung des Verwalters.[482]

Auch Smid stellt in seiner Begründung für das Planoktroy auf die Gläubigerautonomie ab, wobei er schwerpunktmäßig darauf hinweist, daß der Gläubigerversammlung mit § 157 Satz 1 und 2 InsO die Kompetenz zur Entscheidung über die Art und Weise des Verfahrensfortgangs obliegt. In diesem Zusammenhang stehe ihr auch die Beschlußfassung über konkrete Maßnahmen des Verwalters zu, was Smid insbesondere aus einem Rückgriff aus den Zustimmungserfordernissen der §§ 160 ff InsO herleitet. Könne die Gläubigerversammlung daher auch über Maßnahmen des Verwalters entscheiden, schließe dies - quasi Kraft Natur der Sache - auch die Berechtigung zur Vorlage eines von den Zielen der Gläubigerversammlung abweichenden Planes ein. Und mehr sogar noch: Dem Verwalter könne aus Kostengründen untersagt werden, einen eigenen Insolvenzplan auszuarbeiten. Gleichwohl soll den Verwalter

---

[476] So ist u.a. denkbar, daß die Arbeitnehmer als Know-how-Träger des Unternehmens sich zwischenzeitlich einen anderen Arbeitsplatz gesucht haben, womit die geplante Sanierung nicht mehr möglich ist.

[477] Vgl. RA BT zu §§ 254, 255 RegE InsO, abgdr. in: Balz/Landfermann, Die neuen Insolvenzgesetze, S. 328.

[478] Eidenmüller, Der Insolvenzplan als Vertrag, S. 164 ff, 174 f.

[479] Smid in: WM 1996, S. 1249 ff, 1253; Smid/Rattunde, Insolvenzplan, Rdnr. 155.

[480] Flessner in: HK-InsO, § 218 Rdnr. 12.

[481] Smid/Rattunde, Insolvenzplan, Rdnr. 158.

[482] Eidenmüller, Der Insolvenzplan als Vertrag, S. 164 ff, 175; i.d.S. auch Otte in: Kübler/Prütting, § 218 Rdnr. 16, 34.

eine summarische Prüfungspflicht des ihn oktroyierenden Plans der Gläubigerversammlung treffen. Hält er diesen Plan, aufgrund seiner speziellen Kenntnisse über das schuldnerische Unternehmen und dessen wirtschaftliche Möglichkeiten, für fehlerhaft, so müsse der Verwalter nach der Vorstellung von Smid über § 78 Abs. 1 InsO die Aufhebung des ihn bindenden Beschlusses der Gläubigerversammlung anstreben.[483]

Welcher Auffassung zu folgen ist, läßt sich bereits aus einer systematischen Betrachtung des § 218 Abs. 1 InsO herleiten. Gegen ein Planoktroy spricht danach, daß der Gesetzgeber in § 218 Abs. 1 InsO dem Verwalter ein eigenständiges, von der Gläubigerversammlung losgelöstes, Initiativrecht eingeräumt hat. Planinitiativrechte des Verwalters wären jedoch weitgehend bedeutungslos, würde der von ihm ausgearbeiteten Plan nicht auch zur Abstimmung durch die Gläubiger kommen. Auf dieses Ziel sind die Vorlagerechte jedoch ausgerichtet. Die Einreichung eines Insolvenzplanes kann als Antrag an das Gericht verstanden werden, den vorgelegten Plan entsprechend den gesetzlichen Regelungen zu überprüfen, den Gläubigergruppen im Rahmen des Erörterungs- und Abstimmungsverfahrens die Möglichkeit zu einer Mehrheitsentscheidung einzuräumen und die Bestätigung des Plans im Bestätigungsverfahren herbeizuführen.[484] Ein Oktroy der Gläubigerversammlung zur Planvorlage des Verwalters läßt sich mit diesem Verständnis eines Planvorlagerechtes nicht erklären.

Darüber hinaus ist der Gläubigerversammlung in § 157 Satz 2 InsO ausdrücklich nur das Recht eingeräumt, dem Verwalter eine Weisung hinsichtlich des Planinhaltes zu erteilen, *sofern* dies im Zusammenhang mit der Beauftragung zur Erstellung eines Insolvenzplanes steht. Das bedeutet, daß der Verwalter zwar gezwungen ist, den von ihm zu erstellenden Plan mit den vorgegebenen Zielen in Übereinstimmung zu bringen[485], was als Ausfluß der Gläubigerautonomie auch nicht in Abrede gestellt werden soll. Nicht hingegen kann § 157 Satz 2 InsO das Recht entnommen werden, daß der Verwalter den aufgrund seines originären Planvorlagerechts aufgestellten Plan entsprechend der Zielsetzung der Gläubigerversammlung anzupassen hat. Der Gesetzgeber hat mit den Planvorlagerechten eine ausdrückliche Kompetenzverteilung vorgenommen, in die auch mit dem Instrument der Gläubigerautonomie nicht eingegriffen werden kann. Es wurde bereits dargestellt, daß die Gläubigerautonomie nicht schrankenlose Geltung beansprucht. Eine Interpretation über den eindeutigen Wortlaut des Gesetzes hinweg, würde das in der Insolvenzordnung geregelte Kompetenzgefüge unter Abwägung der gesetzgeberischen Intentionen und der Interessen der am Verfahren Beteiligten aufheben.

Den Einwänden von Eidenmüller und Smid ist insoweit zuzustimmen, als das Verwalterhandeln eng an die Gläubigerinteressen gebunden ist.[486] Dies erklärt sich bereits aus der Stellung des Insolvenzverwalters als "Treuhänder der privaten Beteiligten"[487], als "Bindeglied zwi-

---

[483] Vgl. Smid in: WM 1996, S. 1249 ff, 1253; Smid/Rattunde, Insolvenzplan, Rdnr. 155 ff.

[484] So auch Flessner in: HK-InsO, § 235 Rdnr. 14.

[485] Aus Vereinfachungsgründen wird er lediglich, sofern möglich, den von ihm erstellten Plan abändern; vgl. auch Otte in: Kübler/Prütting, § 218 Rdnr. 17.

[486] Drukarczyk in: DBW 52 (1992), S. 161 ff, 179; i.d.S. auch allg. Begrd. RegE, abgdr. in: Balz/Landfermann, Die neuen Insolvenzgesetze, S. 15; Groß in: WPK-Mitt. 1997, S. 2 ff, 7; Hess/Weis in: InVo 1997, S. 85 ff, 85.

[487] So bereits der Diskussionsentwurf in A 23; vgl. auch Jelinek in: Leipold, S. 21 ff, 27.

schen Gläubigergemeinschaft auf der einen und dem Insolvenzgericht auf der anderen Seite"[488] oder - wie es an anderer Stelle heißt - "verlängerter Arm bzw. Agent der Gläubiger".[489]

Dennoch ist der Insolvenzverwalter im Lichte der Insolvenzordnung ein eigenständiger Beteiligter des Insolvenzverfahrens (und damit auch des Planverfahrens als dessen Bestandteil), dem neben eigenen Rechten auch sanktionierte Pflichten obliegen.

Der Gesetzgeber bringt mit der Verpflichtung des Verwalters zur Berichterstattung in der ersten Gläubigerversammlung zum Ausdruck, daß die Entscheidung der Gläubiger über die Fortführung der Verfahrens auf der Grundlage eines Berichtes des, sich durch besondere Sachkunde[490] über das gemeinschuldnerische Unternehmen auszeichnenden, Verwalters ergehen soll. Allein durch diese umfassende Unterrichtungspflicht wächst dem Verwalter im Berichtstermin eine Position zu, die ihn nicht nur als ein "reines Vollzugsorgan der Gläubigerversammlung"[491] erscheinen läßt, sondern ihm eine *verfahrenslenkende* Bedeutung über den weiteren Verfahrensgang und die Art und Weise der Masseverwertung beimißt.[492]

Kommt er in seinem Bericht zu dem Ergebnis, daß der Erhalt des Unternehmens unter Beibehaltung des Unternehmensträgers möglich ist und unterlegt er dieses Ergebnis durch Vorlage eines tragfähigen, einer Plausibilitätsrechnung standhaltenden Sanierungskonzeptes, erscheint es nicht einleuchtend, daß er diesen Plan nicht weiterverfolgen darf. Schließlich wird er einen Plan nur dann ausarbeiten und vorlegen, wenn die von ihm durchgeführte interne und externe (Stellung im Markt) Analyse des Unternehmens die Realisierungsmöglichkeit der seinem Plan zugrundeliegende Prämisse - immer orientiert an der optimalen Haftungsverwirklichung des schuldnerischen Vermögens - nahelegt. Kommen die Gläubiger gleichwohl zu dem Beschluß, den Verwalter mit einem hiervon abweichenden Plan beauftragen zu wollen, kann sich doch in dem separaten Erörterungs - und Abstimmungstermin, indem der Planersteller noch einmal (dann) beide Plankonzepte vorstellt, ein positives Votum für den ursprünglich erarbeiteten Plan herausstellen.

Nur auf diesem Weg wird dem Grundsatz der optimalen Gläubigerbefriedigung und der Ausgestaltung des Planverfahrens als Entdeckungsverfahren und dem Wettbewerb um die beste Verwertungsart Rechnung getragen.[493]

Eine unzulässige Rechtsverkürzung der Gläubigerautonomie ist nicht ersichtlich, da es letztlich immer die Gläubiger sind, die mehrheitlich für oder gegen einen Plan votieren.

Vor diesem Hintergrund überzeugen auch die Argumente von Smid nicht. Daß der Gläubigerversammlung maßgebliche Bedeutung vor allem hinsichtlich der Entscheidung über die "Art und Weise des Verfahrensfortgangs" obliegt und besonders bedeutsame Rechtshandlungen

---

488 Smid in: WM 1996, S. 1249 ff, 1252; Smid/Rattunde, Insolvenzplan, Rdnr. 147.

489 Eidenmüller, Der Insolvenzplan als Vertrag, S. 164 ff, 175.

490 Vgl. Henckel in: KTS 1989, S. 477 ff, 490; Gravenbrucher Kreis in: ZIP 1992, S. 657 ff, 659; Braun in: Braun/Uhlenbruck, Unternehmensinsolvenz, 7. Teil, C, I, 2, S. 473.

491 Gerhardt in: Leipold, S. 1 ff, 6.

492 So auch Schiessler, Der Insolvenzplan, S. 98, wenngleich er nicht die gebotene Konsequenz eines eigenen Planvorlagerechts des Verwalters daraus zieht. Uhlenbruck, Das neue Insolvenzrecht, S. 89.

493 Allg. Begrd. RegE, abgdr. in: Balz/Landfermann, Die neuen Insolvenzgesetze, S. 12, 32.

des Verwalters demnach einem Zustimmungsvorbehalt durch den Gläubigerausschuß oder die Gläubigerversammlung unterliegen, ist Ausfluß der Stärkung der Gläubigerautonomie im neuen Insolvenzrecht und trägt marktkonformen Bedingungen Rechnung. Dies wird auch gar nicht bezweifelt. Daraus aber den Schluß zu ziehen, daß damit der Gläubigerversammlung generell auch die Beschlußfassung über konkrete Maßnahmen des Verwalters obliegt, kann nicht überzeugen.

Soweit sich Smid dabei auf die Unternehmensveräußerung nach § 160 Abs. 2 Nr. 1 InsO beruft, verkennt er, daß auch die ohne Zustimmung getroffenen Maßnahmen gem. § 164 InsO Dritten gegenüber wirksam sind, was aus Gründen der Rechtssicherheit zu befürworten ist. Zwar kann sich der Verwalter insofern haftungsrechtlich (§ 60 InsO) verantwortlich machen, doch setzt dies einen Schaden voraus. Ein Schaden liegt aber nur dann vor, wenn der Verwalter nicht nachweisen kann, daß er das Unternehmen nicht zu einem angemessenen Preis veräußert hat. Bei der Bestimmung des anzuwendenden Sorgfaltsmaßstabes sind dabei auch die Umständen zu würdigen, unter denen er seine Tätigkeit ausübt.[494] Es sind demnach Konstellationen denkbar, bei denen der Verwalter keinem Schadensersatzanspruch im Falle der Nichtbeachtung des Zustimmungsvorbehalts ausgesetzt ist. Daß der Auffassung von Smid hinsichtlich der uneingeschränkten Beschlußkompetenz der Gläubigerversammlung über konkrete Maßnahmen des Verwalters so nicht beigetreten werden kann, zeigt auch eine Betrachtung des § 158 InsO. Die Position des Verwalters als "zentrale Person des Insolvenzverfahrens"[495] kommt hier darin zum Ausdruck, daß er bereits vor dem Berichtstermin das Unternehmen des Schuldners gem. § 158 Abs. 1 InsO stillegen kann.[496] Im Vergleich zur übertragenden Sanierung (§ 160 Abs. 2 Nr. 1 InsO) dürfte das die einschneidendste Maßnahme des Verwalters sein, der Präjudizwirkung für den weiteren Gang des Verfahrens zukommt. Diese Entscheidung ist zwar an die Zustimmung des Gläubigerausschusses gebunden. Ist ein solcher nach § 67 InsO jedoch nicht bestellt worden, kann allein auf Antrag des Schuldners, der vor der Stillegung zwingend zu hören ist (vgl. § 158 Abs. 2 Satz 1 InsO), das Insolvenzgericht die Stillegung bis zum Berichtstermin untersagen.

Die eigenständige Bedeutung des Insolvenzverwalters kommt auch in den §§ 103, 113 InsO zum Ausdruck. Sie räumen dem Insolvenzverwalter nach Eröffnung des Verfahrens weitere, eine spätere Fortführungsentscheidung der Gläubiger beeinflussende, Befugnisse ein, in deren Vorfeld er keiner Zustimmung der Gläubigerversammlung bedarf. Schließlich darf auch die gesetzgeberische Intention des § 160 InsO im Umfeld der §§ 162 f InsO nicht außer Betracht bleiben. Während die übertragende Sanierung an besonders Interessierte gemäß § 181 RegE InsO nur auf der Grundlage eines Übertragungsplans möglich sein sollte, hat der Rechtsausschuß des Bundestages zur Verfahrensvereinfachung und Gerichtsentlastung die Zustimmung der Gläubigerversammlung als ausreichende Legitimationsgrundlage angesehen und von der Notwendigkeit eines Insolvenzplans abgesehen.[497] Regelungsgegenstand des § 162 InsO ist damit die übertragende Sanierung *außerhalb eines Insolvenzplanverfahrens*. Für eine Auslegung der Planinitiativrechte kann daher auf § 162 InsO nicht zurückgegriffen werden.[498]

---

494 So ausdrücklich Begrdg. RegE zu § 71 RegE InsO, abgdr. in: Balz/Landfermann, Die neuen Insolvenzgesetze, S. 140; Bork, Einführung, Rdnr. 293, 377.

495 So Groß in: WPK-Mitt. 1997, S. 2 ff, 7.

496 Vgl. auch Drukarczyk in: DBW 52 (1992), S. 161 ff, 179.

497 RA BT zu § 181 RegE InsO, abgdr. in: Balz/Landfermann, Die neuen Insolvenzgesetze, S. 271.

498 So auch Braun in: Braun/Uhlenbruck, Unternehmensinsolvenz, 7. Teil, N, II, 4, c), S. 664.

Auch der Hinweis von Smid auf § 78 Abs. 1 InsO überzeugt nicht. Es sind keine Gründe ersichtlich, warum der vom Verwalter ausgearbeitete Plan einem Oktroy unterliegen, den Verwalter dann aber eine (zudem nur) summarische Prüfung des in Auftrag gegebenen Planes obliegen soll, mit der weiteren Folge, daß ihn ggf. die *Pflicht* trifft, den ihn bindenden Beschluß der Gläubigerversammlung gem. § 78 Abs. 1 InsO anzufechten.[499] Unterstellt, die Planprämisse des vom Verwalter ausgearbeiteten Planes orientiert sich am Grundsatz der optimalen Haftungsverwirklichung und bestmöglichen Gläubigerbefriedigung, wird er in der Regel verpflichtet sein, die Entscheidung über § 78 Abs. 1 InsO herbeizuführen. Mit den weitreichenden Rechtsschutzmöglichkeiten, die in § 78 Abs. 2 InsO vorgesehen sind, wären erhebliche Verfahrensverzögerungen vorprogrammiert, die einer effektiven Masseverwertung entgegenstehen. Smid selbst räumt ein, daß noch keineswegs klar ist, nach welchen Maßstäben das Insolvenzgericht § 78 Abs. 1 InsO in diesen Fällen anwenden wird.[500]

Soweit schließlich Eidenmüller auf den Wortlaut des § 218 Abs. 3 InsO verweist, kann auch dieses Argument zu keinem anderen Ergebnis führen. Wegen des noch im Regierungsentwurf enthaltenen ausschließlichen derivativen Planvorlagerechts des Verwalters bezog sich § 254 Abs. 2 Satz 1 RegE InsO aus seiner systematischen Stellung heraus nur auf einen möglichen "Plan des Verwalters". § 218 Abs. 3 InsO hat diese Regelung mit identischem Wortlaut übernommen. Nachdem auch Eidenmüller von einem eigenen Planvorlagerecht des Verwalters, in Änderung gegenüber dem Regierungsentwurf, ausgeht, erscheint es inkonsequent, wenn er allein aus diesem übernommenen Wortlaut ein Planoktroy herleiten will.

Zusammengefaßt läßt sich daher festhalten, daß ein vom Verwalter aufgrund seines eigenen Planinitiativrechts ausgearbeiteten Insolvenzplan neben dem Plan der Gläubigerversammlung zur Erörterung, Abstimmung und Annahme durch die Gläubiger steht. Auf die Frage, wie in einem solchen Fall der Konkurrenz zweier Pläne das Verfahren zur Erörterung, Abstimmung und Bestätigung durch das Gericht abläuft, wird später noch näher einzugehen sein.[501]

bb) Berechtigung zu inhaltlichen Vorgaben für den Insolvenzverwalter

Eine Legitimation dafür, daß der Gläubigerversammlung ausdrücklich das Recht eingeräumt wird, dem Verwalter eine Weisung hinsichtlich des Planinhaltes zu erteilen, ergibt sich aus § 157 Satz 2 InsO. Dem eindeutigen Wortlaut nach, steht diese Möglichkeit der Einflußnahme auf den Planinhalt im Zusammenhang mit der Beauftragung zur Erstellung eines Insolvenzplans gegenüber dem Verwalter. Das bedeutet, daß der Verwalter als Auftragnehmer gehalten ist, den von ihm zu erstellenden Plan mit den vorgegebenen Zielen in Übereinstimmung zu bringen. Fraglich und vom Wortlaut nicht eindeutig geklärt ist dabei, ob die Zielvorgabe auch das Recht einschließt, dezidierte inhaltliche Vorgaben, etwa zur Gruppenbildung (§ 22 InsO) oder den Eingriffen in die Rechte der Absonderungsberechtigten (§ 223 InsO) oder zur Restschuldbefreiung des Schuldners (§ 227 InsO), gegenüber dem Verwalter zu machen. In der Begründung des Regierungsentwurfes zu § 157 Satz 2 InsO finden sich hierzu keine Ausführungen.

---

499 Smid in: WM 1996, S. 1249 ff, 1253; Smid/Rattunde, Insolvenzplan, Rdnr. 155.

500 Smid in: WM 1996, S. 1249 ff, 1253; Smid/Rattunde, Insolvenzplan, Rdnr. 157; kritisch hierzu auch Eidenmüller, Der Insolvenzplan als Vertrag, S. 164 ff, 175 m.w.N.

501 Vgl. Teil 2, B, III.

Der Wortlaut des § 157 Satz 2 InsO stellt eindeutig auf eine fakultative Befugnis der Gläubiger zu inhaltlichen Vorgaben ab. Im Umkehrschluß bringt der Gesetzgeber damit zum Ausdruck, daß die inhaltliche Ausgestaltung grundsätzlich im Ermessen des Verwalters liegt. Dem entspricht auch die Stellung des Verwalters als unabhängige, geschäftskundige Person, die sich zudem durch seine besondere Sachkunde vor allem in Bezug auf das schuldnerische Unternehmen auszeichnet und so eine Zentralfigur des Insolvenz(plan)verfahrens darstellt (§ 56 Abs. 1 InsO).[502] Es ist jedoch zu berücksichtigen, daß die Beauftragung des Verwalters in engem Zusammenhang mit seinem Bericht in der ersten Gläubigerversammlung steht (§ 156 InsO) und die darauf gründende Entscheidung der Gläubigerversammlung über Stillegung oder Fortführung des Unternehmens auch die Entscheidung zur Erstellung eines Insolvenzplanes durch den Verwalter intendiert. Auch ohne besondere inhaltlichen Vorgaben ist der Verwalter daher an die Entscheidung der Gläubigerversammlung zur Liquidation oder Sanierung gebunden. An dieser grundsätzlichen Zielbestimmung hat sich sein Plan daher immer auszurichten.

Sofern die Gläubigerversammlung darüber hinausgehende inhaltliche Vorgaben macht, ist auch dies vom Sinn und Zweck des § 157 Satz 2 InsO umfaßt. Handelt der Verwalter im Auftrag der Gläubigerversammlung, ist sein Ermessen zur planerischen Gestaltung insoweit gebunden, als ihm konkrete Vorgaben gemacht werden. Würde sich der Verwalter an diese Vorgaben nicht halten, würde er sich zum Gegenspieler der Gläubigerinteressen aufspielen; eine Position die mit seiner treuhänderischen Beteiligtenstellung nicht vereinbar wäre. Eine "Freiheit des Verwalters"[503], die er m.E. über sein Eigeninitiativrecht ausüben kann, ist in einem von der Gläubigerversammlung vorgegebenen Rahmen nicht eröffnet. Auch insoweit ist eben stringent zwischen den einzelnen Vorlagebefugnissen der §§ 157 Satz 2 und 218 Abs. 1 InsO zu trennen. Schiessler hat diesen Gedanken von Smid ebenfalls aufgegriffen und auf die Möglichkeit des § 78 InsO hingewiesen, sollten die inhaltlichen Vorgaben mit den seinem Bericht zugrundeliegenden tatsächlichen Gegebenheiten beim Schuldner nicht übereinstimmen.[504]

B. Das Planinitiativrecht unter dem Gesichtspunkt der Zeitkomponente

I. Der Zeitfaktor - maßgebliches Kriterium bei der Planrealisierung und dessen strategische Bedeutung für den Planinitiator

Dem Faktor Zeit kommt bei der Umsetzung des Insolvenzplans maßgebliche Bedeutung zu, orientiert an der Vielgestaltigkeit möglicher Planinhalte. Ausgangspunkt für den Planersteller muß immer die seinem Plan zugrundeliegende Planprämisse sein. So ist ohne weiteres nachvollziehbar, daß bei einem geplanten Marktaustritt mittels Liquidationsplan ein anderer Zeitrahmen zur Verfügung steht, als bei einer geplanten dauerhaften Fortführung des Unternehmens unter dem Rechtsmantel des alten Unternehmensträgers.

---

502 Vgl. hierzu schon Fn. 487-489; Schiessler, Der Insolvenzplan, S. 99; Uhlenbruck in: KTS 1992, S. 499 ff, 506; Groß in: WPK-Mitt. 1997, S. 1 ff, 7.

503 Smid in: WM 1996, S. 1249 ff, 1253; Smid/Rattunde, Insolvenzplan, Rdnr. 157.

504 Schiessler, Der Insolvenzplan, S. 99.

Wiederum anders stellt sich die Situation dar, wenn die Masseverwertung durch eine Übertragung des Unternehmens als organisatorische Einheit auf einen neuen Rechtsträger mittels Übertragungsplan erfolgen soll.

Unterschiedliche Planprämissen stellen an den Planinitiator in zeitlicher Hinsicht unterschiedliche Anforderungen sowohl bei der Planerstellung als auch bei der Umsetzung der im gestaltenden Teil des Plans enthaltenen Regelungen.

Zeit spielt aber noch in einem anderen Zusammenhang eine Rolle. Die Beteiligten des Planverfahrens, die an einer plangemäßen Abwicklung kein Interesse haben (aus welchen Gründen auch immer), werden versuchen, den Faktor Zeit als ein strategisches Mittel zur Verfahrensverzögerung einzusetzen, um letztlich dem vorgelegten Plan die Grundlage seiner Umsetzung zu entziehen.

In diesem Zusammenhang sind auch die negativen marktstrategischen Besonderheiten zu berücksichtigen, die mit dem Eintritt der Insolvenz regelmäßig verbunden sind und die als Mittel der Gläubigerstrategie offensiv gegen einen Plan eingesetzt werden können.[505] Erinnert sei an die bereits dargestellten negativen Reaktionen des Marktes auf den Eintritt einer Insolvenz.[506] Markteilnehmer reagieren sehr viel sensibler auf den Eintritt einer Insolvenz als dies die Betroffenen, namentlich die Eigentümer des insolventen Unternehmens, tun. Die Reaktionen sind dann häufig der Abbruch von Geschäftsbeziehungen, was für einen Schuldner als Anbieter von chargen- oder auftragsbezogenen bzw. saisonal bedingten Produkten vielfach gleichbedeutend mit der Einstellung des Geschäftsbetriebes sein kann.[507] Dies liegt darin begründet, daß das Schuldnerunternehmen als Produzent solcher Warengruppen häufig ein Marktteilnehmer unter vielen anderen ist, so daß der Verlust eines Anbieters von den Abnehmern sofort durch Aufnahme einer neuen Geschäftsbeziehung kompensiert werden kann. Sicher spielt dabei auch die Dauer einer bewährten Geschäftsbeziehung und deren Umfang für die Entscheidung der Abnehmerseite zur Unterstützung der Sanierungsbemühungen des Schuldners eine gewichtige Rolle. Als allgemeine Regel für diesen Produktbereich läßt sich die dargestellte Verhaltensweise des Absatzmarktes jedoch feststellen.

Allein an diesem Beispiel zeigt sich, daß strategische Überlegungen der Planverfasser unter Berücksichtigung der Zeitkomponente branchenspezifisch erfolgen müssen. Dies gilt einmal für den Zeitpunkt der Auslösung der Insolvenz durch die Stellung eines Antrages auf Eröffnung eines Insolvenzverfahrens, die Dauer des Planverfahrens, den Zeitraum der Planumsetzung und selbstverständlich auch für die Finanzierung des gesamten Verfahrens vom Zeitpunkt der Planhypothese über die Antragstellung bis hin zur Planbestätigung und der Erfüllung der Planvorgaben. Je nach Verfahrensabschnitt obliegt es unterschiedlichen Beteiligten, konkreten Einfluß auf die zeitliche Abfolge einzelner Maßnahmen zu nehmen.

---

505 Dies gilt natürlich auch für den sanierungsunwilligen Schuldner.

506 Vgl. Ausführungen oben: Teil 1, D, III.

507 So auch Braun in: Braun/Uhlenbruck, Unternehmensinsolvenz, 7. Teil, N, I, 1, S. 654.

Mit dem neu geschaffenen Insolvenzgrund der drohenden Zahlungsunfähigkeit in § 18 Abs. 1 InsO, der nur dem Schuldner die Möglichkeit zur Antragstellung einräumt, liegt die rechtzeitige Verfahrensauslösung maßgeblich in der Hand des Schuldners.[508] Diese Möglichkeit gewinnt noch dadurch an Bedeutung, daß der Schuldner bereits mit Insolvenzantragstellung einen Insolvenzplan einreichen kann (§ 218 Abs. 1 Satz 2 InsO).[509]

Nach Eingang des Insolvenzeröffnungsantrags ist das Insolvenzgericht maßgeblich für den zeitlichen Ablauf des Planverfahrens verantwortlich. Es kann vorläufige Sicherungsmaßnahmen anordnen, um bereits frühzeitig die Sanierungschancen erkunden und entsprechende Sanierungskonzepte vorbereiten zu lassen (vgl. §§ 21 Abs. 1, 2 Nr. 1 i.V.m. 22 Abs. 1 Satz 2 Nr. 3 InsO). Das Gericht ist für die Terminbestimmungen gem. §§ 29, 235, 241 InsO sowie etwaige Terminverbindungen gem. §§ 29 Abs. 2, 236 Satz 2 InsO zuständig, so daß es auf der Zeitachse entscheidenden Einfluß auf die Sanierungsmöglichkeiten nehmen kann. Während dieser Phase wird dem Planersteller anzuraten sein, von sich aus das Gespräch mit dem Gericht zu suchen, um seine Sanierungswilligkeit zu unterstreichen und um eine unterstützende Tätigkeit zu werben.

Der Erfolg einer Sanierung wird eben nicht nur von den unmittelbar Beteiligten (Schuldner, Verwalter, Gläubiger), sondern auch von der aktiven Mitwirkungsbereitschaft der Insolvenzrichter und Rechtspfleger durch eine zügige Verfahrensgestaltung abhängen.

Bei der Untersuchung des Zeitelementes im Rahmen von Insolvenzplanverfahren dürfen die von der Insolvenzordnung aufgestellten zahlreichen betriebswirtschaftlichen Anforderungen nicht unberücksichtigt bleiben.[510] Damit werden erhöhte Anforderungen auch an den betriebswirtschaftlichen Sachverstand der Verwalter und Richter verbunden sein. Beispielhaft sollen nur die Plananlagen gem. §§ 229, 230 InsO (Plan - Gewinn- und Verlustrechnung, Planbilanz und die für den Planzeitraum notwendige Planliquiditätsrechnung) genannt sein, sofern die Befriedigung der Gläubiger aus den Erträgen des fortgeführten Unternehmens erfolgen soll. Sind diese Unterlagen dem Plan nicht beigefügt, weist das Gericht den Plan von Amts wegen gemäß § 231 Abs. 1 Nr. 1 InsO zurück.

Hinter diesen Anforderungen steckt der Gedanke, daß den Gläubigern als maßgebliche Entscheidungsträger eine Überprüfung der Realisierungschancen nur auf der Grundlage dieser Plananlagen möglich ist. Budgetierungs- und Finanzplanrechnungen sind hierbei unverzichtbare Elemente, da sie den Gläubigern aufzeigen, daß die Aufrechterhaltung der Liquidität zumindest über den Zeitraum der Planperiode hinweg gewährleistet ist. Den Gerichten obliegen darüber hinaus zahlreiche Vergleichsberechnungen, für die nicht selten die Einschaltung eines

---

[508] Rechtzeitige Verfahrenseröffnung ist eine der Voraussetzungen für eine erfolgreiche Sanierung: i.d.S. Begrdg RegE zu § 22 RegE InsO, abgdr. in: Balz/Landfermann, Die neuen Insolvenzgesetze, S. 91; vgl. auch Uhlenbruck in: GmbHR 1995, S. 195 ff, 197; Groß in: WPK-Mitt. 1997, S. 2 ff, 3 ff; Früh in: WPg. 1995, S. 794 ff, 795, 797; Drukarczyk in: DBW 52 (1992), S. 161 ff, 165; Maus, Der Insolvenzplan, Rdnr. 24.

[509] Zur Bedeutung des Planinitiativrechts vgl. bereits oben: Teil 2, A, I, 1.

[510] Einen anschaulichen Überblick gibt Risse in: KTS 1994, S. 465 ff. Siehe auch Braun in: FS Sommer, S. 333 ff, 338 f.

Sachverständigen erforderlich sein wird.[511] Damit verbundene Verfahrensverzögerungen sind bei der im Rahmen der Planaufstellung notwendigen Prognose der Dauer des Verfahrens als Zeitindikatoren unbedingt zu beachten.

Nachfolgende Ausführungen greifen einzelne Teilaspekte heraus, die unter dem Gesichtspunkt der Zeitkomponente für den Planersteller und die Gläubiger im Rahmen eines Insolvenzplanverfahrens von erheblicher Bedeutung sein können. Dabei werden auch die strategischen Möglichkeiten für den sanierungswilligen Schuldner zum Erhalt seines Unternehmens aufgezeigt und auf mögliche Verfahrensverzögerungsstrategien hingewiesen. Die Auswahl orientiert sich am Thema der Arbeit, so daß selbstverständlich nicht alle relevanten Einflußfaktoren auf das Element Zeit berücksichtigt werden können. Man denke nur an die jeweils branchenspezifischen Besonderheiten von Produktion, Handel, Dienstleistungen u.a., deren Erörterung den Umfang der Arbeit sprengen würden.

1. Die Planerstellung - als zeitlicher Prozeß von der Planhypothese bis zur Planbestätigung durch das Gericht

a) Die Insolvenzeröffnungsgründe - Ein Mittel zur zeitlichen Vorverlagerung der Insolvenzantragstellung

Die Sanierung eines Unternehmensträgers hängt in ganz entscheidendem Maße davon ab, ob es zu einer rechtzeitigen Eröffnung des Insolvenzverfahrens kommt. Mit jeder zeitlichen Vorverlagerung der Einleitung eines Insolvenzverfahrens erhöhen sich die Befriedigungsaussichten der Gläubiger. Je stärker sich der Eintritt der Insolvenz zeigt, desto mehr werden der Vermögenssubstanz wesentliche Werte entzogen, die andernfalls den Gläubigern zur Befriedigung ihrer Ansprüche zur Verfügung gestanden hätten. In einem Stadium frühzeitiger Insolvenzauslösung ist der Schuldner noch in der Lage, aus eigener Kraft am Geschäftsleben teilzunehmen, was gleichzeitig seine Ausgangsposition im Verhältnis zu den Gläubigern erheblich verbessert.[512] Risse spricht im Rahmen des von ihm zugrundegelegten Fünf-Phasen Modells auch von dem "Zeitpunkt des Erkennens drohender Verluste und Zahlungsschwierigkeiten".[513] Eine Sanierung von Unternehmen, deren Geschäftsbetrieb bereits stillgelegt ist, dürfte nicht nur ungleich schwerer, sondern nahezu aussichtslos sein.

Bei der Betrachtung der Zeitkomponente im Rahmen des Planinitiativrechts / Planverfahrens ist kurz auf die Besonderheiten der in §§ 17 - 19 InsO geregelten Insolvenzantragsgründe im

---

511 Vgl. §§ 245 Abs. 1 Nr. 1, 247 Abs. 2 Nr. 1, 251 Abs. 1 Nr. 2 InsO. Diese vom Gericht anzustellenden Vergleichsrechnungen haben viele Kritiker auf den Tisch gerufen: vgl. stellvertretend nur Uhlenbruck in: KTS 1992, S. 499, 510; Stürner in: Leipold, S. 41 ff, 46 f.

512 Allg. Begrdg. RegE, abgdr. in: Balz/Landfermann, Die neuen Insolvenzgesetze, S. 21; Drukarczyk, Zahlungsunfähigkeit, S. 57 - 95; ders. in: DBW 52 (1992), S. 161 ff, 163; Früh in: WPg. 1995, S. 794 ff, 796; Groß in: WPK-Mitt. 1/1997, S. 2 ff, 3 f; Burger in: Seicht, S. 363 ff, 366 ff - 173; Burger/Schellberg in: KTS 1995, S. 563 ff; dies. in: BB 1995, S. 261 - 266; Warrikoff in: KTS 1996, S. 489 ff, 494; Hess/Weis in: InVo 1996, S. 29 f, 29; Pape in: Kübler/Prütting, InsO, § 18, Rdnr. 1, 12 ff; Kritisch zu den Auslösetatbeständen hat sich vor allem Uhlenbruck geäußert, ders. in: KTS 1994, S. 169 ff, 170; Uhlenbruck in: Braun/Uhlenbruck, Unternehmensinsolvenz, 5. Teil, E, IV, S. 279 - 298.

513 Risse in: KTS 1994, S. 465 ff, 469.

Vergleich zum geltenden Recht einzugehen. Beschränken möchte ich mich auf eine Darstellung der Tatbestandsmerkmale, die zu einer früheren Antragstellung führen werden.[514]

aa) Die Zahlungsunfähigkeit

§ 102 KO enthält keine Begriffsbestimmung des Auslösetatbestands der Zahlungsunfähigkeit. Lediglich in § 102 Abs. 2 KO findet sich der Hinweis, daß eine Zahlungseinstellung auch die Zahlungsunfähigkeit intendiert. In Literatur und Rechtsprechung wurde Zahlungsunfähigkeit nach bisherigem Recht als das "auf dem Mangel an Zahlungsmitteln beruhende, voraussichtlich *dauernde* Unvermögen des Schuldners, seine *fälligen* Geldschulden, wenigstens zu einem *wesentlichen* Teil zu erfüllen", verstanden.[515]

Seit 1999 ist der Schuldner "zahlungsunfähig, wenn er nicht in der Lage ist, seine fälligen Zahlungspflichten zu erfüllen" (§ 17 Abs. 2 Satz 1 InsO). Änderungen haben sich demzufolge bei folgenden Tatbestandsmerkmalen ergeben:

- Auf das Merkmal der *Dauer* wird zukünftig verzichtet. Eine die Zahlungsunfähigkeit ausschließende Zahlungsstockung soll nur noch dann gegeben sein, wenn Zahlungsprobleme durch eine kurzfristige Aufnahme eines Bankkredits vermeidbar sind.[516] Von einer Zahlungsstockung kann daher allenfalls in einem Zeitraum von ein oder zwei Wochen gesprochen werden.

- *Fälligkeit* setzt nach der bisherigen Rechtsprechung des BGH ernstlich eingeforderte Zahlungsverpflichtungen voraus. In § 17 Abs. 2 Satz 1 InsO wird nur auf die fälligen Verbindlichkeiten abgestellt, so daß auch die nicht ernstlich eingeforderten Verbindlichkeiten hierunter zu subsumieren sind. Die Zahl der zu berücksichtigenden Forderungen steigt daher, was zu einer früheren Antragstellung führen wird.

- § 17 Abs. 2 Satz 1 InsO verzichtet auch auf das Merkmal der *Wesentlichkeit* des Teils der fälligen Verbindlichkeiten, so daß auch bei Nichterfüllung kleinerer (fälliger) Forderungen Zahlungsunfähigkeit vorliegen wird. Damit soll auch dem Umstand Rechnung getragen werden, daß mit dem Merkmal der "Wesentlichkeit" ein Unsicherheitsfaktor, da nicht genau bestimmbar, vorhanden war.

bb) Drohende Zahlungsunfähigkeit

Auf diesen neu geschaffenen Eröffnungsgrund wurde bereits mehrfach im Zusammenhang mit der Möglichkeit der Verbindung einer Planvorlage mit der Stellung eines Antrags auf Eröffnung eines Insolvenzverfahrens hingewiesen (vgl. § 218 Abs. 1 Satz 2 InsO). Auf eine "drohende Zahlungsunfähigkeit" kann nur der Schuldner seinen Eröffnungsantrag stützen

---

[514] Für weitergehende Ausführungen die umfangreichen Literaturangaben in Fn. 512.

[515] BGH, Urt. vom 05.11.1956 (Az. III ZR 139/55), abgdr. in: KTS 1957, S. 12 ff; Kuhn/Uhlenbruck, KO, § 102 Rdnr. 2; Kilger/K. Schmidt, Insolvenzgesetze, KO, § 102 Anm. 2a).

[516] Begrdg. RegE zu § 21 RegE InsO, abgdr. in: Balz/Landfermann, Die neuen Insolvenzgesetze, S. 90.

(Innenlösung[517]), womit verhindert werden soll, daß die Gläubiger den Schuldner im Vorfeld einer Insolvenz unter Druck setzen. Zudem hat nur der Schuldner während dieser Zeit den für eine Beurteilung notwendigen Überblick über seine Finanzsituation, so daß bereits aus diesem Grund das Antragsrecht auf den Schuldner zu beschränken war.

Nach § 18 Abs. 2 InsO liegt drohende Zahlungsunfähigkeit vor, wenn der Schuldner "*voraussichtlich* nicht in der Lage sein wird, die *bestehenden Zahlungspflichten* im *Zeitpunkt der Fälligkeit* zu erfüllen". Entgegen dem bislang geltenden Recht zur Zahlungsunfähigkeit wird damit nicht auf eine stichtagsbezogene Gegenwartsliquidität abgestellt, sondern auf eine zeitraumbezogene Betrachtung der künftigen Vermögenslage des Schuldners. In einem Finanzplan sind alle *bestehenden*, fälligen *oder* erst fällig werdenden Forderungen im Betrachtungszeitraum (Fälligkeit der "spätesten" bestehenden Verbindlichkeit) einzubeziehen. Ist danach der Eintritt der Zahlungsunfähigkeit wahrscheinlicher als deren Vermeidung, ist der Anwendungsbereich des § 18 InsO eröffnet.[518] Wenn für den Prognosezeitraum auf die Fälligkeit der "spätesten" Forderung abgestellt wird, so kann dies nicht uneingeschränkt Geltung beanspruchen. Andernfalls wären Prognosezeiträume von 15 Jahren und mehr keine Seltenheit, was eine realistische Prognose nahezu unmöglich macht. Da andererseits an eine drohende Zahlungsunfähigkeit keine zu großen Anforderungen gestellt werden dürfen, bleibt abzuwarten, welche Grundsätze von der Rechtsprechung entwickelt werden.

cc) Die Überschuldung nach der Insolvenzordnung

Bei juristischen Personen und Gesellschaften ohne Rechtspersönlichkeit, bei denen keine natürliche Person unbeschränkt haftet, ist neben der Zahlungsunfähigkeit auch die Überschuldung Insolvenzantragsgrund.[519] Dem bislang geltenden Recht liegt der von Karsten Schmidt entwickelte modifizierte zweistufige Überschuldungsbegriff zugrunde, dem sich neben einer in der Literatur vordringen Auffassung auch der BGH konzeptionell angeschlossen hat.[520] Danach liegt eine Überschuldung vor, wenn die unter Liquidationsgesichtspunkten bewerteten Vermögenswerte unter Auflösung stiller Reserven die Schulden der Gesellschaft nicht decken (rechnerische Überschuldung) *und* die Finanzkraft der Gesellschaft bei im übrigen unveränderten Bedingungen nach überwiegender Wahrscheinlichkeit nicht ausreicht, diese fortzuführen, so daß von einer negativen Fortführungsprognose auszugehen ist (rechtliche Überschuldung). Nachdem rechnerische Überschuldung und negative Fortführungsprognose *kumulativ* vorliegen müssen, ist allein bei einer allzu optimistisch eingeschätzten positiven Fortführungsprognose eine rechtliche Überschuldung ausgeschlossen.

---

[517] Zum Wertungswiderspruch zwischen dem Insolvenzrecht als Sanktionspotential zugunsten der Gläubiger und der Tatsache, daß der Schuldner es in der Hand hat, einen Insolvenzantrag zu stellen, um die Gläubiger vor seinen Schädigungen zu schützenden vgl: Burger in: Seicht, S. 363 ff, 369; ders. in: BB 1995, S. 261 ff, 263.

[518] Begrdg. RegE zu § 22 RegE InsO, abgdr. in: Balz/Landfermann, Die neuen Insolvenzgesetze, S. 91.

[519] Zum bislang geltenden Recht für die OHG, KG, GmbH und Co. KG, KGaA vgl.: §§ 130 a, 161 Abs. 2 i.V.m. 130 a, 177 a HGB, 209 Abs. 1 KO; für die AG: § 92 Abs. 2 Satz 2 AG, 207 Abs. 1 KO; für juristische Personen anderer Art und rechtsfähige Vereine: §§ 64 Abs. 1, 69 GmbHG, 213 i.V.m. 207, 208 KO.

[520] Vgl. K. Schmidt in: JZ 1982, S. 165 ff, 171; BGH, Urt. vom 13.07.1992 (Az.: II ZR 269/91), abgdr. in: BGHZ 119, S. 201 ff, 214 f; BGH, Urt. vom 20.03.1995 (Az.: II ZR 205/94), abgdr. in: ZIP 1995, S. 819 ff, 825; Drukarczyk, Insolvenzauslöser, S. 57 ff, 81 f.

Diesen kritischen Ansatz aufgreifend wird mit dem vom Rechtsausschuß des Bundestages neu eingefügten § 19 Abs. 2 Satz 2 InsO nunmehr klargestellt, daß auch eine positive Prognose der Unternehmensfortführung die Überschuldung nicht ausschließt und daß in einem solchen Fall bei der Prüfung der rechnerischen Überschuldung nicht der Liquidationswert, sondern der Fortführungswert unter going-concern-Prämissen zugrundezulegen ist.[521] Im Ergebnis liegt eine Überschuldung immer dann vor, wenn der aufzustellende Überschuldungsstatus negativ ist, unabhängig davon, ob ihm Liquidations- oder Fortführungswerte zugrunde liegen.

Eine frühzeitigere Verfahrensauslösung wird vor allem dadurch erreicht, daß auch die Unternehmen zur Stellung eines Insolvenzantrages verpflichtet sind, bei denen eine positive Fortführung zwar prognostiziert wurde, deren Überschuldungsstatus aber negativ ist.

dd) Bewertung

Grundsätzlich ist die Entscheidung des Gesetzgebers zu begrüßen, durch eine Modifizierung der Insolvenzantragsgründe eine frühzeitigere Verfahrensauslösung zu erreichen. Diesem Ziel soll vor allem die neu eingefügte "drohende Zahlungsunfähigkeit" Rechnung tragen.

Es gilt jedoch zu beachten, daß sich die bei der Überschuldung zu prüfende Fortführungsprognose an der "Finanzkraft" des Schuldners, die sich durch Aufstellung eines Finanzplans ermitteln läßt, orientiert.[522] Nachdem auch die drohende Zahlungsunfähigkeit auf eine zeitraumbezogene Betrachtung der künftigen Vermögenslage (Zeitraum-Illiquidität) abstellt, kann es nach zutreffender Ansicht von Drukarczyk[523] zwischen beiden Auslösetatbeständen zu Überschneidungen kommen. Berücksichtigt man, daß der Gesetzgeber im Falle einer Überschuldung eine Insolvenzantragspflicht normiert hat, ist in den Fällen, in denen beide Antragsgründe vorliegen, eine von den Verfassern der Insolvenzordnung gewünschte Eintrittsoption nicht mehr gegeben. Dies gilt jedoch nur für den Fall der Insolvenz von Gesellschaften, so daß für den Schuldner als natürliche Person (mangels Antragsverpflichtung) die drohende Zahlungsunfähigkeit als eigenständiger Insolvenzantragsgrund Bedeutung erlangt.

Da aber mit dem neuen Verständnis des Überschuldungsbegriffs in § 19 InsO bereits eine frühere Verfahrenseröffnung erreicht wird, fällt der Bedeutungsverlust des § 18 InsO im Falle einer Überschneidung nicht besonders ins Gewicht. Für die verbleibenden Fälle (vor allem bei natürlichen Personen) hat der Gesetzgeber durch zusätzliche Maßnahmen die rechtlichen Rahmenbedingungen geschaffen, um den Schuldnern einen Anreiz für eine frühzeitigere Verfahrensauslösung zu geben, um insbesondere eine Eigensanierung des Unternehmensträgers zu ermöglichen. Beispielhaft sollen folgende Punkte herausgestellt werden:

---

521 Begrdg. RegE zu § 23 Abs. 2 RegE InsO, abgdr. in: Balz/Landfermann, Die neuen Insolvenzgesetze, S. 92 ff. Der FAR des IDW sieht als Zeitraum für die Fortführungsprognose das laufende und folgende Geschäftsjahr an: FAR 1995, S. 314 ff, 316. Vgl. auch Kuhn/Uhlenbruck, KO, § 102 Rdnr. 5 e); Baumbach/Hueck, GmbHG, § 46 Rdnr. 8 ff; Früh in: WPg. 1995, S. 794 ff, 801; Zur Überschuldungsprüfung vgl. generell: Drukarczyk in: DStR 1999, S. 646 – 648, der sich kritisch mit der Auffassung von Möhlmann zu einer dreistufigen Prüfung der Fortbestehensprognose (DStR 1998, S. 1843 ff) auseinandersetzt.

522 So BGH, Urt. vom 20.03.1995 (Az.: II ZR 205/94), abgdr. in: ZIP 1995, S. 819 ff, 825; Früh in: WPg. 1995, S. 794 ff, 800.

523 Vgl. ders., Insolvenzauslöser, S. 56 ff, 72 f, 89 f; i.d.S. auch Heilmann/Smid, § 3 Rdnr. 5.

- alle Arten hinsichtlich der Verwertung des Schuldnervermögens stehen auch nach einer Verfahrenseröffnung gleichrangig nebeneinander,

- grundsätzliche Fortführungsverpflichtung sowohl für den vorläufigen Insolvenzverwalter mit Verfügungsbefugnis als auch für den Verwalter bis zum Berichtstermin (§§ 22 Abs. 1 Satz 2 Nr. 2, 158 InsO),

- Haftung für den von einem Gläubiger geleisteten Verfahrenskostenvorschuß im Falle nicht rechtzeitiger Antragstellung (§ 26 Abs. 3 Satz 1 InsO),

- Herausgabesperre für die einem Aussonderungsrecht, aufgrund Eigentumsvorbehalt, unterliegenden Gegenstände bis zum Berichtstermin (§ 107 InsO),

- Herausgabesperre für die einem Absonderungsrecht unterliegenden Vermögenswerte (§§ 165, 166 InsO),

- Möglichkeit der einstweiligen Einstellung der Zwangsvollstreckung in ein Grundstück (§ 30 d ZVG),

- Planinitiativrecht des Schuldners (§ 218 Abs. 1 Satz 1 InsO)[524],

- Möglichkeit der Eigenverwaltung durch den Schuldner, wodurch dessen Planinitiativrecht nicht eingeschränkt wird (§§ 270 ff, 284 InsO). Die nicht rechtzeitige Insolvenzantragstellung ist Ablehnungsgrund i.S.d. § 290 Abs. 1 Nr. 4 InsO.

- Erlangung der Restschuldbefreiung ohne oder mit Insolvenzplan (§§ 286 ff, 227 InsO).

Ob der Schuldner letztlich die ihm vom Gesetzgeber eingeräumten Möglichkeiten zur frühzeitigen Verfahrenseinleitung nutzen wird, wird in großem Maße davon abhängen, ob er eine Eigensanierung anstrebt, was wiederum von seiner Einschätzung der Fortführungsfähigkeit seines Unternehmens abhängen wird.[525] Selbst wenn der Schuldner eine Eigensanierung nicht ins Auge gefaßt hat, so wird er doch an einer Restschuldbefreiung ein erhebliches Interesse haben. Eine frühzeitige Verfahrenseröffnung läßt ihm die Möglichkeit offen, mit seinen Gläubigern einen Insolvenzplan allein mit dem Inhalt einer Restschuldbefreiung nach § 227 Abs. 1 InsO zu vereinbaren. Selbst wenn dies nicht gelingen sollte, kommt einer frühzeitigen Verfahrenseröffnung im Rahmen der Prüfung der Versagung der beantragten Restschuldbefreiung gem. § 290 Abs. 1 Nr. 4 InsO Bedeutung zu.

---

524 Zu den Vorteilen vgl. bereits oben: Teil 2, A, I.

525 So auch Drukarczyk, Insolvenzauslöser, S. 56 ff, 74 f; Mönning, Betriebsfortführung, Rdnr. 274.

b) Die Entscheidung des Unternehmens für einen Plan und dessen Planprämisse[526]

Ausgangspunkt einer jeden ins Auge gefaßten, von der gesetzlichen Zerschlagungslösung abweichenden Art der Masseverwertung ist die strategische Grundentscheidung des Planinitiators für eine plangemäße Liquidation, übertragende Sanierung oder Eigensanierung (vgl. § 1 Satz 1 InsO).[527] Sie bildet die Basis, anhand derer die einzelnen operativen Maßnahmen (je nach Ausrichtung des Sanierungskonzeptes auf eine finanzwirtschaftliche und/oder leistungswirtschaftliche Strategie) im darstellenden Teil des Insolvenzplans ausgewiesen (§ 220 Abs. 1 InsO) und im gestaltenden Teil die Veränderungen der Rechtsstellung der Beteiligten vorgenommen werden (§ 221 InsO).

Diese Entscheidung ist im Vorfeld der eigentlichen Insolvenzantragstellung zunächst vom Schuldner zu treffen, wobei die strategischen Zielsetzungen immer von den im Einzelfall unterschiedlichen unternehmerischen Voraussetzungen abhängig sind. Wann sich zum Beispiel eine übertragende Sanierung mittels Insolvenzplan im Verhältnis zu einer solchen nach den Vorschriften des allgemeinen Insolvenzverfahrens anbietet, wurde bereits im Teil 1, D, II, 1. bis 5. näher erörtert, so daß auf die dortigen Ausführungen verwiesen wird.

Im Vergleich hierzu bieten sich Eigensanierungen vor allem dann an, wenn die für eine Betriebsfortführung notwendigen Maßnahmen überwiegend auf schuldrechtlicher Ebene begründet sind, da es ein gesetzliches Vertragseintrittsrecht des Übernehmers in schuldrechtliche Vereinbarungen nicht gibt.[528]

Der Vielgestaltigkeit möglicher unternehmerischer Entscheidungen können die jeweils individuell ausgestalteten Insolvenzpläne in besonderem Maße Rechnung tragen. Entscheiden sich die Eigner für eine Eigensanierung mittels Reorganisationsplans, so bringen sie damit auch eine Fortführungsentscheidung zum Ausdruck, die unabdingbare Voraussetzung für die Reorganisation des Unternehmensträgers und Unternehmens als organisatorische Einheit ist. Die Aufrechterhaltung des Geschäftsbetriebs wird so zu einem (wenn auch nicht alleinigen) Mittel, um das zunächst vom Schuldner angestrebte Ziel des Insolvenzplanverfahrens zu realisieren.

Daß die endgültige Entscheidung zwischen Liquidation und Sanierung bei den Gläubigern liegt, die diese Entscheidung im Berichtstermin auf der Grundlage der Ausführungen des Verwalters gem. § 156 InsO treffen, wurde bereits hervorgehoben. Wenn ich in diesem Zusammenhang von Fortführungsentscheidungen spreche, dann möchte ich diese als Grundlage für eine auf Dauer angelegte Sicherstellung der Ertragskraft des schuldnerischen Unternehmensträgers verstanden wissen, mit dem Endziel, daß der Schuldner nach Abschluß des Verfahrens wieder die Verwaltungs- und Verfügungsbefugnis über sein Unternehmen zurücker-

---

526 Die weiteren Ausführungen gehen von einer Sanierungsfähigkeit und -würdigkeit des Unternehmens aus, da die dauerhafte Sicherung der Ertragsfähigkeit des Schuldners i.d.R. auf einem positiven Votum hinsichtlich beider Kriterien basiert: vgl.: Klein/Paarsch in: BFuP 1994, S. 177 ff, 178; Schedlbauer in: DStR 1993, S. 218 ff, 219 ff; Hermanns in: DStR 1997, S. 1178 ff, 1180; nähere Angaben hierzu erfolgen im Teil 3 dieser Arbeit.

527 Braun in: Braun/Uhlenbruck, Unternehmensinsolvenz, 7. Teil, N, I, 3, S. 656 f.

528 Vgl. bereits oben: Teil 1, D, III.

hält. Im Vergleich dazu ist auch eine nur zeitweilige Fortführung des Geschäftsbetriebs mit vollkommen anderen Überlegungen auf der Zeitachse in folgenden Fällen denkbar:[529]

- während der Phase des Insolvenzeröffnungsverfahrens bis zum Eröffnungsbeschluß durch das Insolvenzgericht, wobei eine grundsätzliche Fortführungsverpflichtung für den vorläufigen Insolvenzverwalter mit Verwaltungs- und Verfügungsbefugnis gem. § 22 Abs. 1 Satz 2 Nr. 2 InsO besteht,

- zum Zwecke der Ausproduktion über den Eröffnungszeitpunkt hinaus bis zur endgültigen Zerschlagung und Verteilung der vorhandenen Insolvenzmasse. Die Bestimmung des Zeitfaktors hängt hier im wesentlichen von der Aufarbeitung der vorhandenen Roh- Hilfs- und Betriebsstoffe, der Fertigstellung von Halbfertigfabrikaten, der Abarbeitung noch nicht begonnener Aufträge und der allgemeinen organisatorischen Abwicklung des Schuldnerunternehmens ab.[530] Neuaufträge in diesem Stadium der Abwicklung zu akquirieren, wird nur noch sehr eingeschränkt möglich sein, da Garantieleistungen von einem liquidierten Unternehmensträger nicht mehr erbracht werden können. Lediglich im Fall einer Garantieübernahme durch ein am Markt eingeführtes, renommiertes Unternehmen ließen sich u.U. Neuaufträge beschaffen. Unter dem Gesichtspunkt des Zeitfaktors gilt es noch zu berücksichtigen, daß es sich nur um Aufträge handeln kann, die im Rahmen des gesteckten Zeitplans auch fertiggestellt werden können. Der Planersteller muß weiter berücksichtigen, daß sich die Arbeitnehmer, in Kenntnis des absehbaren Verlustes ihres Arbeitsplatzes, in der Zwischenzeit um neue Arbeitsplätze bemühen werden, so daß die Fertigstellung neu akquirierter Aufträge erheblich gefährdet sein kann.

- zur Aufrechterhaltung der Möglichkeit einer übertragenden Sanierung des Geschäftsbetriebes mittels Übertragungsplans aus einem eröffneten Insolvenzverfahren heraus.

Bisher noch ausgeblendet wurde die Frage, ob die basisstrategische Entscheidung für eine Reorganisation sich überhaupt umsetzen läßt. Damit korrespondiert die Frage nach der Rechtfertigung für die vom Schuldner getroffene Fortführungsentscheidung als Grundlage zur Umsetzung der ins Auge gefaßten Unternehmensstrategie. Die Tragfähigkeit eines Sanierungskonzeptes sowie aller darin vorgesehenen Maßnahmen wird in entscheidendem Maße davon abhängen, ob sich im Ergebnis einer Analyse der Ursachen, die letztlich zur (drohenden) Insolvenz geführt haben, eine Sanierungsfähigkeit[531] für das schuldnerische Unternehmen darstellen läßt.

In der Betriebswirtschaftslehre sind zahlreiche Definitionen für die Sanierungsfähigkeit entwickelt worden, auf die hier nicht im Einzelnen eingegangen werden kann.[532] In ihren Kernaussagen stimmen sie darin überein, daß ein Unternehmen sanierungsfähig ist, wenn es nach einer Schwachstellenanalyse und Durchführung gebotener Sanierungsmaßnahmen mit hinreichender Wahrscheinlichkeit aus eigener Kraft imstande ist, am Markt nachhaltig Ein-

---

529 Vgl. hierzu die Ausführungen in Teil 1, D, und Mönning in: RWS Forum 9, S. 43 ff, 58.

530 Riering, Betriebsfortführung, S. 57.

531 Eine ausführliche Darstellung der Literatur zur Sanierungsfähigkeitsprüfung gibt Uhlenbruck in: Braun/Uhlenbruck, Unternehmensinsolvenz, 5. Teil, D, I, 3, g), bb)), S. 244, Fn. 68; ders. in: Das neue Insolvenzrecht, S. 105.

532 Vgl. hierzu die Zusammenstellung von Maus in: Gottwald, InsR-Hdb. § 3 Rdnr. 4, 5, 6.

nahmenüberschüsse zu erwirtschaften.[533] Auch was die Methoden zur Ermittlung der Sanierungsfähigkeit anbelangt, finden sich unterschiedliche Ansätze in der wirtschaftswissenschaftlichen Literatur. Im Ergebnis läßt sich festhalten, daß die Frage der Sanierungsfähigkeit letztlich auch eine Frage der Unternehmensbewertung ist.[534] Hierfür hat bereits Buchanan mit seiner fast 60 Jahre alten grenzanalytischen Berechnungsmethode maßgebliche Grundlagen für das wirtschaftswissenschaftliche Entscheidungsproblem zwischen Liquidation oder Sanierung geschaffen.[535] Kommt eine Unternehmensbewertung danach zum Ergebnis, daß der Reorganisationswert größer ist als der Liquidationswert, sei das Unternehmen zu sanieren.[536] Dies ist aber gerade dann nicht der Fall, wenn eine Insolvenzursachenanalyse zum Ergebnis kommt, daß sich die Aufrechterhaltung des Geschäftsbetriebes im konkreten Fall verbietet.[537]

Der Buchanansche Ansatz stößt dabei an die gleichen Grenzen wie sie das heute noch angewendete Ertragswertverfahren aufweist. Maus hat darüber hinaus hervorgehoben, daß ein Unternehmen auch bei einem niedrigeren, aber positiven, Fortführungswert überlebensfähig ist.[538]

Im umgekehrten Fall, d.h. bei kleinerem Reorganisationswert im Vergleich zum Liquidationswert, ist das Prüfergebnis gleichzeitig der Indikator für die zu treffenden Maßnahmen. Eine Reorganisation muß immer dort ansetzen, wo die Schwachstellen des Unternehmens sich gezeigt haben. Hieraus wird schon deutlich, daß die Frage nach der Sanierungsfähigkeit sich unmittelbar an die Grundsatzentscheidung der Unternehmensleitung zur Restrukturierung anzuschließen hat.[539] Das Ergebnis der Insolvenzursachenanalyse ist dann im darstellenden Teil des Insolvenzplans offenzulegen[540], da sie eine maßgebliche Entscheidungsgrundlage für die Gläubiger bildet.

Um eine Grundlage für die vom Schuldner zu treffende Fortführungsentscheidung sein zu können, muß eine Ursachenanalyse zwischen exogenen (außerhalb des Einflußbereichs des Unternehmens liegenden), endogenen (im Unternehmensbereich angelegten) Faktoren und solchen, die beiden Bereichen zuzuordnen sind, unterscheiden.[541] Dabei sollten die Krisenur-

---

533 Maus in: DB 1991, S. 1133 f, 1134; Groß in: DStR 1991, S. 1572 ff, 1572.

534 Maus in: Gottwald, InsR-Hdb. § 3 Rdnr. 23; vgl. auch WP-Hdb. Band II, S. 211 f, Rdnr. 22 f; Der Wert eines Unternehmens wird durch den Barwert aller zukünftigen Einnahmen-Überschüsse einschließlich des Barwertes aus der Veräußerung des nicht betrieblich notwendigen Vermögens definiert. Zur Ertragswertmethode vgl. oben Teil 1, B, IV, 2, b) und unten: Teil 3, B, II, 5 und 6.

535 Eine kurze Zusammenfassung seines Konzeptes gibt Maus in: InsR-Hdb. § 3 Rdnr. 9.

536 Maus in: Gottwald, InsR-Hdb. § 3 Rdnr. 9; Böckenförde, Unternehmenssanierung, S. 60; allg. Begrdg. RegE, abgdr. in: Balz/Landfermann, Die neuen Insolvenzgesetze, S. 9 f; Eidenmüller in: Ott/Schäfer, S. 145 ff, 157; Drukarczyk, Unternehmen und Insolvenz, S. 258, 312.

537 Mönning, Betriebsfortführung, Rdnr. 674, S. 165.

538 Ders. in: Gottwald, InsR-Hdb. § 3 Rdnr. 26; so auch Groß in: DStR 1991, S. 1572 ff, 1573 Fn. 11. Dieser Ansatz Buchanans findet sich ausdrücklich auch in der allg. Begrdg. RegE, abgedr. in: Balz/Landfermann, Die neuen Insolvenzgesetze, S. 9 f wieder.

539 So auch Hermanns, wenn er die Beurteilung der Sanierungsfähigkeit als ersten Schritt des Planungs- und Sanierungsprozesses ansieht: ders. in: DStR 1997, S. 1178 ff, 1179; Klein/Paarsch in: BFuP 1994, S. 177 ff, 178 f.

540 Vgl. Braun in: WPg. 1989, S. 683 ff, 690; ders. in: Braun/Uhlenbruck, Unternehmensinsolvenz, 7. Teil, E, II, 2, c), aa), S. 552; Maus, Der Insolvenzplan, Rdnr. 30, wobei eine "Prüfung" des darstellenden Teils nicht erfolgt (insofern mißverständlich).

541 Vgl. Hermanns in: DStR 1997, S. 1178 ff, 1180; Mönninger, Betriebsfortführung, Rdnr. 616 ff, S. 152 ff.

sachen in den verschiedenen Funktionsbereichen des Unternehmens lokalisiert und analysiert werden. Exogene Komponenten zeichnen sich durch ihre Globalität aus, so daß von ihnen nicht nur das schuldnerische Unternehmen negativ beeinflußt wird, sondern eine ganze Branche, ein ganzer Wirtschaftszweig. Hierzu zählen vor allem staatliche und überstaatliche Strukturveränderungen, konjunkturelle Ursachen sowie marktpolitische Einflußfaktoren. Im Gegensatz hierzu sind alle unternehmensinternen Erfolgsfaktoren endogener Natur.

Sie werden bestimmt durch die Leistungspotentiale im Unternehmen (Management, Personal, Produktion, Vertrieb, Finanzwirtschaft, Organisation, Forschung und Entwicklung).[542] Auch die Rechtsform des Unternehmensträgers mit seinen rechtlichen und steuerlichen Auswirkungen zählt dazu.
Für die Beantwortung der Frage, ob das Unternehmen fortführungsgeeignet ist, läßt sich von folgendem Grundsatz ausgehen:

"Ergibt die Auswertung der Ursachenanalyse ein Übergewicht der exogenen Komponenten als entscheidende Auslöser der Insolvenz, so spricht dies regelmäßig gegen eine Fortführung, da diese Faktoren dem Einfluß des Verwalters und der Insolvenzorgane (wie auch dem Schuldner) entzogen sind."[543]

Die Bedeutung der im Ausgangspunkt zu treffenden Fortführungsentscheidung für den gesamten Verfahrensablauf macht deutlich, daß der zeitintensiven Analyse des Unternehmens, d.h. seines "Ist-Zustandes" und der Insolvenzursachen, ein großer Augenmerk beigemessen werden muß.

In zeitlicher Hinsicht wird die Entscheidungsfindung für eine der Abwicklungsmaßnahmen wie auch die Erstellung eines darauf basierenden Sanierungsplans durch den Schuldner vor allem im Vorfeld der eigentlichen Insolvenzantragstellung erfolgen. Dies nicht zuletzt vor dem Hintergrund, daß sich für den Schuldner unter Ausnutzung der frühzeitigen Insolvenzantragstellung gem. § 18 InsO zahlreiche strategische Möglichkeiten eröffnen, die die Chancen für eine Mehrheitsfindung unter den Gläubigern für seinen Planvorschlag nicht unbeträchtlich steigern.[544]

Obgleich der Insolvenzverwalter grundsätzlich befugt ist, auch aus eigenem Recht einen Planvorschlag zu unterbreiten, ergeben sich für ihn Besonderheiten bei der Festlegung der Planprämisse. Entsprechend den gesetzlichen Vorgaben in § 1 Satz 1 InsO ("insbesondere zum Erhalt des Unternehmens") kommt dem Insolvenzverwalter nach der Insolvenzordnung die "generelle und komplexe Aufgabe der Sanierung"[545] zu. Dies spiegelt sich in den ihm vom Gesetzgeber zugewiesenen Pflichten wieder. Zu denken ist nur an die zeitweilige Betriebsfortführung bis zum Berichtstermin (Umkehrschluß aus § 158 Abs. 1 InsO) oder danach auf Beschluß der Gläubigerversammlung (§ 157 Satz 2 InsO) sowie an die Erstellung der Plananlagen gem. §§ 229 f InsO. Auch hat der Verwalter im Berichtstermin darzulegen, ob Aussichten

---

542 Vgl. Gless, Unternehmenssanierung 1996, S. 44; Groß in: DStR 1991, S. 1572 ff, 1574; Jordan, Reorganisationsverfahren, S. 161, 164 - 167; vgl. die Bsp. für endogene Faktoren bei Schedlbauer in: DStR 1993, S. 218 ff, 220 f.

543 So Mönning in: RWS-Forum 9, S. 43 ff, 57.

544 Vgl. hierzu bereits oben: Teil 2, A, 1 -3; Früh in: WPg. 1995, S. 794 ff, 797.

545 Risse in: KTS 1994, S. 465 ff, 468.

bestehen, daß Unternehmen des Schuldners zu erhalten und welche Möglichkeiten sich für einen Insolvenzplan eröffnen (§ 156 Abs. 1 Satz 2 InsO).

Bereits der vorläufige Verwalter ist zur Fortführung des Geschäftsbetriebs unter den Voraussetzungen des § 22 Abs. 1 Satz 2 Nr. 2 InsO verpflichtet. Auf besondere Anordnung des Gerichts hat er als Sachverständiger darüber hinaus zu "prüfen"[546], welche Aussichten für eine Fortführung des Unternehmens des Schuldners bestehen (§ 22 Abs. 1 Satz 2 Nr. 3 InsO). Es wird noch aufzuzeigen sein, daß der vorläufige Insolvenzverwalter aus zeitlichen Erwägungen heraus, häufig bereits mit der Ausarbeitung eines Sanierungsplanes beginnen wird, der dann vom Insolvenzverwalter im Berichtstermin vorgelegt und in dem verbundenen Erörterungs- und Abstimmungstermin zur Abstimmung gestellt werden kann (§§ 29 Abs. 2, 236 Satz 2 InsO).[547]

Dennoch kann es nicht Aufgabe des Verwalters sein, die Reorganisation des Unternehmensträgers wider dem Willen und den Möglichkeiten des Schuldners sowie den Interessen der Gläubiger und ohne Beachtung der grundsätzlichen Vermögensorientierung des künftigen Insolvenzverfahrens anzustreben.[548] Dies erklärt sich bereits aus der Rolle der Gläubiger als der Entscheidungsträger im Insolvenzplanverfahren und daraus, daß eine Reorganisation gegen den Schuldner von vornherein zum Scheitern verurteilt ist. Sanierungschancen hängen größtenteils auch von Veränderungen der gesellschaftsrechtlichen Struktur ab, die ohne Mitwirkung des Schuldners nicht realisiert werden können.[549] Die Erstellung eines Reorganisationsplanes mit den ihm zugrundeliegenden Planprämissen wird daher notwendigerweise mit dem Schuldner und zweckmäßigerweise auch mit den mehrheitsbildenden Gläubigergruppen abzustimmen sein.

Einer Entscheidung des Schuldners für eine plangemäße Abwicklung und die zugrundeliegenden Planprämissen wird in zeitlicher Hinsicht vorgegriffen, wenn bereits ein mit den Hauptgläubigern in den Grundzügen abgestimmtes Unternehmenssanierungskonzept[550] ausgearbeitet wurde. Auch wenn diese Konzepte auf eine außergerichtliche Sanierung des Rechtsträgers ausgerichtet waren und diese dann gescheitert sind, mit der Folge des Insolvenzeintritts, so erhalten sie doch zumeist bereits eine detaillierte Darstellung der Ist-Situation des Unternehmens, ein Stärken- und Schwächenprofil sowie einen Maßnahmenkatalog, dem die für eine Eigensanierung erforderlichen Aufgaben in tatsächlicher und rechtlicher Hinsicht zu entnehmen sind.

---

546 Die Begriffsbestimmung ist insoweit irreführend, als es eine "Prüfung" von Fortführungsaussichten nicht geben kann. Eine Prüfung im betriebswirtschaftlichen Sinn erfordert immer einen Soll-Ist-Vergleich; hier fehlt aber gerade ein Soll-Objekt. Der Gesetzgeber hat daher offensichtlich eine "Beurteilung der Sanierungsaussichten" gemeint: so Risse in: KTS 1994, S. 465 ff, 482.

547 Vgl. Burger/Schellberg in: WPg. 1995, S. 69 ff, 71.

548 Balz, Ziele der Insolvenzordnung, S. 3 ff, Rdnr. 17 f; "Grundsatzentscheidungen dürfen dem Verwalter nicht überlassen sein.": Jelinek in: Leipold, S. 21 ff, 28; Mönning, Betriebsfortführung, Rdnr. 1159, S. 282.

549 Maus, Der Insolvenzplan, Rdnr. 19; Hess/Weis in: InVo 1996, S. 169 ff, 169.

550 Die Termini "Sanierungskonzept" und "Sanierungsplan" werden in Anlehnung an Braun in: WPg. 1995, S. 683 ff, 684 gleichlautend i.S. ihres materiellen Inhalts verwendet. Im Unterschied zum Sanierungskonzept ist der Sanierungsplan auch an den von der InsO vorgegebenen formellen Anforderungen des Insolvenzplanverfahrens ausgerichtet.

Unter Einbeziehung der zur Insolvenz führenden Umstände, läßt sich auf diesem Konzept zeitnah ein Sanierungsplan entwerfen.[551]

Weiterhin ist zu beachten, daß am Ende der Vorüberlegungen auch die strukturelle Grundfrage geklärt sein muß, ob es sich bei dem zu erstellenden Sanierungsplan um einen finanzwirtschaftlich und/oder leistungswirtschaftlich determinierten Plan handeln soll[555]. Während finanzwirtschaftliche Pläne auf die Beseitigung der materiellen Insolvenzantragsgründe der Zahlungsunfähigkeit bzw. Überschuldung ausgerichtet sind, zielen leistungswirtschaftliche Planlösungen auf strukturelle, organisatorische Veränderungen innerhalb des Unternehmensträgers mit seinen wirtschaftlichen und rechtlichen Auswirkungen auf die Umwelt ab, um Marktpositionen langfristig zu verbessern.

c) Schuldner- oder Verwalterplan: strategische Grundentscheidung mit ihren Auswirkungen auf der Zeitachse

Welches strategische Potential dem einzelnen Planersteller zur Verfügung steht, hängt ganz entscheidend von seiner verfahrensmäßigen Beteiligtenstellung ab. Es wurde bereits aufgezeigt, daß dem Schuldner gegenüber dem Verwalter ein Mehr an gestalterischen Möglichkeiten zur Verfügung steht. Vor allem unter dem hier interessierenden zeitlichen Aspekt der Planerstellung wird noch aufgezeigt werden, daß dem Schuldner mit einem "prepackaged plan" (vorbereiteten Plan) ein wirkungsvolles Instrument zur Durchsetzung seiner Planziele zur Hand steht. Gelingt es ihm darüber hinaus, seinen Antrag auf Eigenverwaltung (§ 270 Abs. 2 Nr. 1 InsO) erfolgreich durchzusetzen, besitzt er nahezu alle strategischen Vorteile, die es ihm erlauben, im Interesse der Realisierung seiner Planvorstellungen steuernd auf den Ablauf des Planverfahrens und insbesondere des Abstimmungsverhaltens der Gläubiger Einfuß zu nehmen. Gerade vor dem Hintergrund des regelmäßigen Zeitdrucks bei der Planaufstellung bis zur rechtskräftigen Planbestätigung durch das Gericht, gewinnen strategische Optionsmöglichkeiten zusätzlich an Bedeutung.

Anders stellt sich die Situation jedoch für den Verwalter dar. Es liegt auf der Hand, daß er in diesem Sinne nicht vergleichbar agieren kann. Vor allem in zeitlicher Hinsicht sieht er sich dem Problem ausgesetzt, daß er erst nach der mit Eröffnung der Verfahrens erfolgten Bestellung durch das Gericht mit der Ausarbeitung eines Insolvenzplans beginnen kann. Der Verfasser geht dabei von einem Eigeninitiativrecht des Verwalters - wie in Teil 2, A, III, 3 dargestellt - aus. Im Falle eines nur mittelbaren Initiativrechts muß der Verwalter erst die Entscheidung der Gläubigerversammlung abwarten, um überhaupt einen Insolvenzplan aufstellen zu können. Mit erheblichen Zeitverlusten korrespondieren hier auch zusätzliche Liquiditätssicherstellungsfragen, um während der Planaufstellungsphase die Aufrechterhaltung des Geschäftsbetriebes zu gewährleisten.

Hat das Gericht im Insolvenzeröffnungsverfahren keine Sicherungsmaßnahmen angeordnet, besitzt der Verwalter bei Verfahrenseröffnung noch nicht einmal einen Überblick über das schuldnerische Unternehmen. Um überhaupt ein Sanierungskonzept ins Auge fassen zu kön-

---

[551] So auch Früh in: WPg. 1995, S. 794 ff, 803. Zu den Anforderungen an Sanierungskonzepte vgl. auch FAR des IDW in: FN-IDW 1991, S. 319 ff; Gross in: DStR 1991, S. 1572 ff.

nen, hat er daher - wie soeben unter Teil 2, B, I, 1, b) ausgeführt - zunächst eine zeitintensive Insolvenzursachenanalyse und eine Analyse der Ist-Situation des Schuldners vorzunehmen. Das Ziel ist dabei festzustellen, ob das schuldnerische Unternehmen überhaupt sanierungsfähig und sanierungswürdig ist. Diese analytischen Tätigkeiten hat er selbstverständlich neben den ihm von Gesetzes wegen obliegenden Aufgaben der Massesicherung und -verwaltung auszuüben. Dabei hat er als "Geschäftsführer" auch das Unternehmen bis zum Berichtstermin fortzuführen (§ 158 InsO).

Hat der Verwalter dann die Einarbeitung abgeschlossen und geht er von einer Sanierungsfähigkeit und -würdigkeit aus, kann die eigentliche Planerstellung noch dadurch erschwert werden, daß kaum aussagekräftige, aktuelle Buchführungszahlen vorliegen, eine Finanzplanung überhaupt nicht oder nur für einen zurückliegenden Zeitraum existiert, Marktforschung bislang nicht betrieben wurde und eine aussagefähige Kostenrechnung im schuldnerischen Unternehmen nicht existiert.[552] Die Bewältigung dieser Problembereiche bindet zusätzliche Kapazität und erschwert auf der Zeitachse die eigentliche Sanierungsarbeit.

Vor diesem Hintergrund wird aufzuzeigen sein, daß dem vom Gericht eingesetzten vorläufigen Verwalter bei der Ausarbeitung eines Sanierungskonzeptes maßgebliche Bedeutung zukommen wird. Wie sich diese, unter dem Blickwinkel des praktischen Bedürfnisses, an den vorläufigen Verwalter zu stellenden Aufgaben in das gesetzliche Normengefüge der §§ 21 f InsO einbinden lassen, soll gleichfalls Gegenstand einer Betrachtung sein.

aa) Zeit der Planerstellung bis zur Bestätigung bei einem vom Schuldner mit dem Insolvenzantrag einzureichenden Plan

Auf der Grundlage der basisstrategischen Vorüberlegungen ist der Schuldner nunmehr gehalten, ein konkretes Sanierungskonzept i.S.e. Sanierungsplans zu erarbeiten.[553]

(a) Zeitprognose

Da jede Unternehmenssanierung ein "Kampf gegen die Zeit" ist, muß Ausgangspunkt jeder vorausschauenden Planung eine Zeitprognose sein. Inhaltlich bedarf es einer (möglichst realistischen) Darstellung der zeitlichen Abfolge von der Planerstellung bis zur rechtskräftigen Bestätigung des eingereichten Insolvenzplans. Eine genaue Zeitplanung ist nicht nur erforderlich für die Sicherstellung der Liquidität für die Fortführung des Geschäftsbetriebes während der Phase der Planerstellung bis zur Planbestätigung. Sie ist auch bedeutsam für die Verhandlungen mit den Gläubigern, die das Mittragen einer Fortführungsentscheidung ggf. von der Dauer der erwarteten Zuflüsse abhängig machen werden. Vielfach wird der Grundsatz: "Schnelles Geld ist gutes Geld" ein maßgebliches Entscheidungskriterium sein. Auf der Zeitachse sind dabei folgende Stationen von ihrer Dauer her zu prognostizieren, wobei zugrunde-

---

552 Risse in: KTS 1994, S. 465 ff, 469 f.

553 Im Rahmen der darzustellenden Aufgabe für den Planersteller sollen Finanzierungsfragen noch unberücksichtigt bleiben, wenngleich ihnen auch unter dem Zeitaspekt maßgebliche Bedeutung zukommt. Hierzu vgl. auch die Ausführungen unten im Teil 2, B, II.

gelegt wird, daß der Schuldnerplan bereits mit Antragstellung beim Insolvenzgericht vorgelegt wird:[554]

- *Zeit für die interne Erarbeitung des Plans:* beinhaltet den kompletten Zeitrahmen beginnend von einer Lagebeurteilung des Unternehmens, über die Erarbeitung der jeweiligen operativen Maßnahmen - ggf. hier bereits in Abstimmung mit Drittbeteiligten - bis hin zur Zusammenfassung der Ergebnisse in einem konkreten Insolvenzplan,

- *Zeit der Abstimmung der Planinhalte mit den Hauptgläubigergruppen:* Ziel ist es, bereits im Vorfeld der eigentlichen Insolvenzantragstellung mit den mehrheitsbildenden Gläubigern innerhalb der jeweiligen Gläubigergruppen eine Verständigung über den Planinhalt zu treffen. Das Abstimmungsverhalten kann so stillschweigend im vorhinein vereinbart werden, so daß die Bestätigung des Plans als weitgehend sicher prognostiziert werden kann. Die vorherige Abstimmung dient unter anderem auch dazu, Konfliktpotentiale abzubauen, Vertrauen in die alte Unternehmensführung wieder zu gewinnen oder zu stärken und "Nebenkriegsschauplätze" zu vermeiden.

- *Zeit für Modifikationen* nach Abstimmung mit den Drittbeteiligten,

- *Zeit für die Einbindung von Drittbeteiligten* für die notwendigen betriebswirtschaftlichen Planbestandteile (§§ 229 f InsO)

- *Geplanter Zeitpunkt der Planeinreichung* zusammen mit der Stellung des Antrages auf Eröffnung eines Insolvenzverfahrens: Ist die Zahlungsunfähigkeit zwar noch nicht eingetreten, liegt jedoch eine rechtliche Überschuldung bereits vor, kommt dem Zeitpunkt der Insolvenzantragstellung entscheidende Bedeutung zu (vgl. nur § 64 Abs. 1 GmbHG).

- *Durchlaufzeit des Insolvenzplanverfahrens*:

    * Zeit von der Antragstellung und den Anordnungen des § 21 InsO bis zum Eröffnungsbeschluß: Die Dauer orientiert sich dabei auch an den zur Verfügung stehenden Zeiträumen für eine Insolvenzgeldvorfinanzierung, mit deren Hilfe die Personalkosten bei der Fortführung liquiditätsmäßig nicht in Ansatz gebracht werden müssen.
    * Zeit der Vorprüfung des Gerichts gem. § 231 InsO
    * Zeit für die vom Gericht im Rahmen der Vorprüfung eingeholten Sachverständigengutachten: als Sicherheitspolster auf jeden Fall zu berücksichtigen ist auch die Zeit für Rechtsmittel gegen einen ablehnenden Beschluß (§ 231 Abs. 3 InsO),
    * Zeit bis zur Anberaumung der verbundenen Berichts-, Prüfungs-, Erörterungs- und Abstimmungstermine (§§ 29 Abs. 2, 236 Satz 2 InsO): der Zeitraum kann längstens drei Monate betragen (§ 29 Abs. 1 Nr. 1 Halbsatz 2 InsO)
    * Bestätigungsverfahren (§ 248 InsO),
    * Zeit für ggf. vom Gericht eingeholte Sachverständigengutachten, insbesondere für die Prüfung der Minderheitenschutzbestimmungen und des Obstruktionsverbots,
    * Zeit für Rechtsmittel gegen den Gerichtsbeschluß (§ 253 InsO).

---

[554] Vgl. Braun in: Braun/Uhlenbruck, Unternehmensinsolvenz, Teil 7, O, II, 2, b), S. 667.

(b) Lagebeurteilung (Ist-Zustand) des Unternehmens

Auf der Grundlage dieses Zeitplans erfolgt nunmehr die eigentliche Planerstellung. Die dabei denknotwendigen Schritte lassen sich vereinfacht umschreiben mit folgenden inhaltlich entsprechenden Begriffspaaren[555]:

- von der	Analyse	hin zur	- Synthese
- von der	Diagnose	hin zur	- Therapie
- von der	Ist-Aufnahme	hin zum	- Soll-Zustand.

Sanierungskonzepte verlangen daher auf der Zeitachse nach der Insolvenzursachenanalyse eine konkrete Bestandsaufnahme des Unternehmens (Ist-Zustand), auf deren Basis eine Strategie entwickelt werden kann, um eine Vision (Leitbild, Soll-Zustand) des Unternehmens nach Abschluß der Sanierungsmaßnahmen zu erhalten.[556] Ein streng systematisches Vorgehen ist unter dem Gesichtspunkt der Zeitkomponente wichtig, da sich nur so die notwendigen operativen Maßnahmen in ihrer Vollständigkeit sich dem Planersteller und den Gläubigern als Entscheidungsträger erschließen. Der Vorteil eines zeitlich gestrafften Vorgehens bei der Planerstellung und -umsetzung liegt vor allem darin, spätere zeitintensive Korrekturen zu vermeiden, die mglw. auch einen veränderten Finanzbedarf offenbaren, der sich nach dem ursprünglich aufgestellten Finanzplan nicht decken läßt. Jeder erfahrene Sanierer wird zudem bei der Analyse sowohl der Krisenursachen als auch der Lage des Unternehmens bereits Problemlösungsansätze im Interesse einer zielgerichteten Analyse im Auge haben.

Für die eigentliche Bestandsaufnahme des Unternehmens (Ist Zustand) finden sich in der Praxis eine Vielzahl von Methoden, deren Einsatz sich jeweils an den besonderen Gegebenheiten des Unternehmens orientiert. Schließlich sind bei der Auswahl, Umfang und Tiefe der jeweiligen Methoden auch der zur Verfügung stehenden Zeitrahmen zu berücksichtigen.[557] Letztlich sind die spezifischen Stärken und Schwächen der jeweiligen Unternehmung zu analysieren, um hieraus Chancen und Risiken des Unternehmens in seiner Beziehung zur Umwelt und den anderen Marktteilnehmern als Konkurrenten ableiten zu können.[558] Neben den Zusammenhängen innerhalb des Unternehmens soll vor allem auch das Beziehungsgeflecht des Unternehmens zu seiner Umwelt (Branchenanalyse, Stellung des Unternehmens im Branchensektor, die politische / gesellschaftliche / wirtschaftliche und technische Entwicklung) als externes Analysefeld[559] untersucht werden, um die jeweiligen Wechselwirkungen und deren Bedeutung für die Unternehmenssanierung fruchtbar zu machen.

---

555 Vgl. Risse in: KTS 1994, S. 465 ff, 478.

556 Einen Überblick über die einzelnen Analysetechniken geben: Gross in: DStR 1991, S. 1572 ff, 1574 f und Dörner in: WP-Hdb. Band II, S. 227 Rdnr. 101-168; vgl. auch Risse in: KTS 1994, S. 465 ff, 486 f; Braun in: WPg. 1989, S. 683 ff, 689 ff; Hermanns in: DStR 1997, S. 1178 ff, 1180 f; Maus in: Gottwald, InsR-Hdb., § 5 Rdnr. 1 ff; ders. in: DB 1991, S. 1133 f; FAR des IDW in: FN-IDW 1991, S. 319 ff, 319 f; zu einem Beispiel für eine Ursachenanalyse vgl. Braun/Uhlenbruck, Musterplan, S. 38 ff.

557 Gross in: DStR 1991, S. 1572 ff, 1574 f.

558 Risse in: KTS 1994, S. 465 ff, 480; FAR des IDW in: FN-IDW 1991, S. 319 ff, 320; vgl. bspw. Braun/Uhlenbruck, Musterplan, S. 39.

559 Dörner in: WP-Hdb. Band II, S. 256 f Rdnr. 194 - 213.

Die so ermittelten Stärken müssen im Rahmen der Sanierung weiter genützt und ausgebaut werden, während es gilt mittels geeigneter Maßnahmen die Schwachstellen abzubauen.

Die Analyse des Lagebilds des Schuldners hat sich an den Faktoren auszurichten, die für den Unternehmenserfolg bedeutsam sind. Da als Auslöser einer Unternehmenskrise häufig Hindernisse im Markt (Absatz) in Betracht kommen, muß sich die Beurteilung schwerpunktmäßig auf den Absatzmarkt (Marketing) in seiner Beziehung zu den betrieblichen Teilbereichen konzentrieren.[560] Der so verstandene Absatzbegriff erfaßt nicht nur die reine Absatzaktion (Verkauf, Dienstleistung u.ä.), sondern alle hierauf ausgerichtete Unternehmensbereiche (Produktmanagement, Preissetzung, Absatzmethoden, Marktforschung, Werbung u.ä.), mithin das eigene Leistungsvermögen innerhalb der vorhandenen Absatzketten.

Um die Lage des Unternehmens beurteilen zu können, ist es notwendig, sich die hierfür entsprechenden Informationen zu beschaffen. Erschwerend und zeitintensiv wirkt sich aus, daß diese Informationen zumeist nicht systematisch erfaßt, sondern selektiv aus verschiedenen in und außerhalb des Unternehmens vorhandenen Informationsquellen gewonnen werden müssen. Sind die Informationen an Personen gebunden, kann sich dies als Nachteil erweisen, wenn die Informationsträger die Ursachen für die Insolvenz selbst waren. In einem solchen Fall sind die erlangten Informationen besonders kritisch zu würdigen und einer Plausibilitätskontrolle zu unterwerfen.[561] Sofern nicht der Schuldner selbst der Planinitiator ist, erweist sich die Informationsbeschaffung häufig allein dadurch als zeitaufwendig, daß kaum aktuelle Buchführungszahlen vorliegen, eine Finanzplanung überhaupt nicht oder nur für einen zurückliegenden Zeitraum existiert, Marktforschung bislang nicht betrieben wurde und eine aussagefähige Kostenrechnung im schuldnerischen Unternehmen nicht existiert. Im Zusammenhang mit der nachfolgenden systematische Entwicklung der einzelnen Verbesserungsmaßnahmen können sich überdies neue Analysen als notwendig erweisen, mit denen neue Informationsbeschaffungsmaßnahmen korrespondieren.

Als wesentliche Grundsätze, an denen sich eine Informationserhebung orientieren sollte, gelten: Vollständigkeit, Objektivierbarkeit (frei von subjektiven Vorurteilen und Zufälligkeiten) und Nachweisbarkeit i.S.e. Plausibilisierung der gewonnenen Informationen. Ziel ist es, ein möglichst unverfälschtes, die tatsächlichen Gegebenheiten im Unternehmen widerspiegelndes Analyseergebnis zu gewinnen, welches die Grundlage für den weiteren Sanierungsvorgang bildet.

(c) Unternehmensstrategie und Vision (Leitbild des Unternehmens)

Ausgerichtet am Endziel der Wiederherstellung der Ertragskraft und auf der Grundlage der Ergebnisse der Insolvenzursachenanalyse und Lagebeurteilung des Unternehmens hat der Planersteller eine langfristige Unternehmensstrategie zu entwickeln, die den Rahmen für die durchzuführenden operativen Maßnahmen bildet und das Leitbild des reorganisierten Unternehmens darstellt.[562] Wird kein Leitbild definiert, bleibt für alle Beteiligten unklar, in welcher

---

[560] So ausdrücklich Risse in: KTS 1994, S. 465 ff, 480; vgl. auch Hermanns in: DStR 1997, S. 1178 ff, 1180, der dies als "Produkt - Markt - Kombination" bezeichnet; Klein/Paarsch in: BFuP 1994, S. 177 ff, 182.

[561] Vgl. zur Informationsbeschaffung insgesamt Risse in: KTS 1994, S. 465 ff, 479.

[562] Vgl. hierzu Braun/Uhlenbruck, Musterplan, S. 39 ff.

Weise und unter welchen Zielvorgaben das Unternehmen umgestaltet werden muß, um die für die Markterhaltung notwendige Rentabilität des eingebrachten Kapitals sicherzustellen und die Ertragskraft wiederherzustellen. Der Planersteller muß sich dabei auf "Schlüsselpositionen" konzentrieren und "Aspekte von sekundärer Bedeutung zurückstellen"[563]. Gegebenenfalls ist eine Anpassung der strategischen Ausrichtung nach Festlegung der einzelnen operativen Maßnahmen vorzunehmen.[564]

Je nach ihrer Grundrichtung lassen sich defensive (Aufgabe- und Konsolidierungsstrategien) und offensive Strategien (Diversifikations- und Verdrängungsstrategien) unterscheiden[565], mit denen wiederum unterschiedliche Umsetzungsmaßnahmen korrespondieren. In der Praxis werden sich solche Strategieausrichtungen in ihrer Reinform selten zeigen. Sind umfangreiche leistungswirtschaftliche Maßnahmen erforderlich, wird sich häufig eine Kombination verschiedener Strategiemodelle als einzig effiziente Lösungsmöglichkeit aufzeigen. Eine Analyse der Insolvenzursachen kann so zum Beispiel ergeben, daß sich Teilbereiche der bisherigen Produktion aufgrund der zu starken Konkurrenzsituationen auf dem Markt als unrentabel erwiesen haben, so daß für diese Teilbereiche eine Aufgabestrategie zu verfolgen sein wird. Zur Beseitigung der Insolvenzantragsgründe sind häufig daneben Kostensenkungsmaßnahmen, ein teilweiser Kapazitätsabbau und eine Bereinigung der vorhandenen Organisationsstruktur erforderlich. Diese Maßnahmen sind auf eine Effizienzsteigerung aller Unternehmensbereiche durch eine verbesserte Kosten-Nutzen-Relation bzw. optimale Allokation der im Unternehmen vorhandenen Ressourcen ausgerichtet und dienen so der Stabilisierung (Konsolidierung) der Marktstellung des Unternehmens. An diesen Beispielen zeigt sich bereits, daß ein in die Krise geratenes Unternehmen eher eine defensive strategische Grundrichtung verfolgen wird.[566]

(d) Operative Maßnahmen zur Planumsetzung

Im Anschluß an das zuvor definierte Leitbild des sich nach Abschluß der Reorganisation darstellenden Unternehmens müssen vom Planersteller die einzelnen operativen Maßnahmen innerhalb der einzelnen Funktionsbereiche der Unternehmung zur Umsetzung des Plankonzepts erarbeitet, mit den maßgeblichen Gläubigergruppen abgestimmt und in einer Art Ablaufplanung im darstellenden Teil des Insolvenzplans für alle am Planverfahren Beteiligten transparent gemacht werden. Auch wenn § 220 Abs. 2 InsO lediglich eine Soll-Vorschrift ist, sollte die Darstellung der für die Gläubiger notwendigen Informationen schon im eigenen Interesse an einer zügigen Verfahrensabwicklung und eines positiven Votums für den vorgelegten Plan umfassend erfolgen.

---

563 Gross in: DStR 1991, S. 1572 ff, 1575; Hermanns in: DStR 1997, S. 1178 ff, 1181; Braun in: Braun/Uhlenbruck, Unternehmensinsolvenz, Teil 7, E, II, 2, c), aa), S. 553; FAR des IDW in: FN-IDW 1991, S. 319 ff, 320.

564 Hermanns in: DStR 1997, S. 1178 ff, 1181; Gless, Unternehmenssanierung, S. 138.

565 Begriffsbestimmungen finden sich bei Klein/Paarsch in: BFuP 1994, S. 177 ff, 183 und Maus in: Gottwald, InsR-Hdb., § 5 Rdnr. 1 - 5; vgl. aber auch Gross in: DStR 1991, S. 1572 ff, 1575 f.

566 So auch Gross in: DStR 1991, S. 1572 ff, 1575 f; Einen Überblick über notwendige strategische Fragestellungen für die Formulierung eines Leitbildes gibt Gross in: DStR 1991, S. 1572 ff, 1574; vgl. auch FAR des IDW in: FN-IDW 1991, S. 319 ff, 322 f.

Transparenz i.d.S. verlangt eine Beschreibung aller Maßnahmen in ihrer Wechselwirkung zueinander und zur Umwelt sowie ihren beabsichtigten Auswirkungen für die vom Plan Betroffenen. Dabei sollte die Reihenfolge der Umsetzung der einzelnen Maßnahmen und die zeitlichen sowie finanziellen Rahmenbedingungen hierfür offengelegt und beschrieben werden.[567] Eine aussagekräftige Darstellung sollte die notwendigen Sofortmaßnahmen deutlich hervorheben, da sie als Bestandteil des operativen Geschäfts zur Aufrechterhaltung der Geschäftstätigkeit dringend erforderlich sind. Der Planersteller sollte sich auch hier auf die Darstellung der wesentlichen Maßnahmen beschränken, da andernfalls die Aussagekraft des Plankonzepts durch seine Unübersichtlichkeit leidet. Zum Beispiel sollten die Maßnahmen aufgenommen werden, die notwendig sind, um die für die Fortführung benötigte Liquidität sicherzustellen.

Der so aufzustellende Maßnahmekatalog hat daher alle finanzwirtschaftlichen, leistungswirtschaftlichen, gesellschaftsrechtlichen und die hierfür notwendigen rechtlichen Umsetzungsmaßnahmen zu enthalten. Damit wird gleichzeitig der Weg, i.S.e. Handlungsanweisung, vorgegeben, wie das Unternehmen unter Einbindung der Gläubiger, des Managements sowie ggf. unternehmensfremder Dritter das definierte Ziel erreichen kann.

Bei bereits eingetretener Zahlungsunfähigkeit und/oder Überschuldung haben sich finanzwirtschaftlichen Maßnahmen vor allem darauf zu beziehen, die Ursachen, die conditio sine qua non für den Eintritt der Insolvenzantragsgründe gewesen waren, zu beseitigen und für eine ausreichende Kapitalausstattung des reorganisierten Unternehmens zu sorgen.[568]

Leistungswirtschaftliche Maßnahmen können alle Unternehmensbereiche betreffen. Ausgerichtet am strategischen Ziel werden sich leistungswirtschaftliche Sanierungsmaßnahmen vor allem auf die drei Eckpfeiler Produkt, Markt, Management beziehen. Einen ausführlichen Überblick über die insofern möglichen Einzelmaßnahmen hat bereits Maus gegeben.[569]

(e) Bestimmung personeller Verantwortlichkeit

Die bisherigen Ausführungen haben deutlich gemacht, daß ein tragfähiges Sanierungskonzept aufgrund der komplexen Einbeziehung der verschiedensten Sachverhalte nicht allein von einer einzelnen Person erstellt werden kann. Da jedes Sanierungsvorhaben unter einem erheblichen Zeitdruck steht, empfiehlt es sich, die für die einzelnen Arbeitsschritte zur Erstellung und Umsetzung des Sanierungsplans verantwortlichen Personen zu benennen, als ein Teil der für die Umsetzung der Sanierungsmaßnahmen notwendigen Organisationsstruktur.[570] Dies gilt unabhängig davon, ob das Planinitiativrecht vom Schuldner oder Verwalter ausgeübt wird, da

---

567 Braun in: WPg. 1989, S. 683 ff, 690; Gross in: DStR 1991, S. 1572 ff, 1575; zu einem Beispiel vgl. Braun/Uhlenbruck, Musterplan, S. 10 ff, 43 ff.

568 Braun in: WPg. 1989, S. 683 ff, 690; Maus in: Gottwald, InsR-Hdb., § 5 Rdnr. 19-36; vgl. oben: Teil 1, D, V, 1.

569 Ders. in: Gottwald, InsR-Hdb. § 5 Rdnr. 6-18; Braun in: WPg. 1989, S. 683 ff, 690 f; eine ausführliche Darstellung der Funktionsbereiche und deren Maßnahmeoptionen geben Dörner in: WP-Hdb., Band II, S. 251 - 300, Jordan, Reorganisationsverfahren, S. 168 - 191, FAR des IDW in: FN-IDW 1991, S. 319 ff, 323; siehe auch oben: Teil 1, D, V, 2.

570 Braun in: Braun/Uhlenbruck, Unternehmensinsolvenz, Teil 7, E, II, 2, c), aa), S. 554; Risse in: KTS 1994, S. 465 ff, 478, der als Bsp auch den Einsatz spezieller Organisatinsformen (Profitcenter, Stäbe, Kommissionen) für möglich und ggf. erforderlich ansieht.

Insolvenzabwicklung und Reorganisation Projekt- bzw. Teamarbeit ist. Damit soll in erster Linie eine ständige Kontrolle der Einhaltung des zeitlichen Ablaufs der Restrukturierung gewährleistet werden.

Für die Frage, welche Personen für welche Bereiche verantwortlich sein sollen, muß zunächst differenziert werden zwischen dem täglichen Geschäft der Betriebsfortführung durch Schuldner/Verwalter, der eigentlichen Insolvenzabwicklung durch den Verwalter und der Planaufstellung durch Schuldner und Verwalter. Bei der weiteren Betrachtung sollen die dem Verwalter nach der Insolvenzordnung gesetzlich obliegenden Pflichten außen vor bleiben.

Für den gesamten organisatorische Bereich von der Planaufstellung bis zur Umsetzung empfiehlt es sich, eine Person als *Koordinator* zu bestimmen. Gleichbedeutend sollte dann ein *Hauptverantwortlicher* für das tägliche operative Geschäft bestimmt werden.[571] Beide Personen müssen sich durch Kompetenz und Erfahrung in ihrem Bereich hervorheben und das Vertrauen aller an der Sanierung Mitwirkenden genießen. Ihnen sind klar definierte Kompetenzen zuzuweisen und ein geeigneter Mitarbeiterstamm zur Verfügung zu stellen, über deren Einsatz sie eigenverantwortlich bestimmen können.

Bei der Auswahl der verantwortlichen Personen muß bedacht werden, daß dem Verwalter lediglich während der Phase des Insolvenzplanverfahrens Organisations- und Verwaltungsaufgaben obliegen, sofern nicht eine Planüberwachung angeordnet ist. Kontinuität bei der Umsetzung der Planvorgaben muß sich jedoch auch in den verantwortlichen Personen zeigen. Dabei stellt sich die Frage, ob die bisher für das Unternehmen verantwortlich gewesenen Personen (Inhaber, Gesellschafter, Vorstand, Geschäftsführer) als geeignet angesehen werden können, gegenüber den Gläubigern als die für die Planumsetzung verantwortlich zeichnenden Personen benannt zu werden. Bedenkt man, daß häufig die Fehler des alten Managements als Krisenauslöser zu bezeichnen sind, liegt es auf der Hand, daß die Gläubiger dem neuen (alten) Management eher mit Mißtrauen gegenüber stehen. Die Effizienz von Verhandlungsgesprächen "lebt" jedoch gerade auch von der Akzeptanz der Person des Verhandlungsführers bei den Gläubigern.

Im Ergebnis gilt es daher bei ihnen das Vertrauen in den gewollten und realisierbaren Neuanfang durch eine geeignete Auswahl der verantwortlichen Personen zu stärken. Das Vermitteln von Kompetenz, Durchsetzungsvermögen und Führungskraft sollte bei der Auswahlentscheidung im Vordergrund stehen.[572] Ob dies zwingend eine Veränderung auf gesellschaftsrechtlicher Ebene erfordert, wird sich im Einzelfall zeigen. Auf jeden Fall sollten aber die verantwortlichen Gesprächsführer das unbedingte Vertrauen der Gläubiger haben, da dies die Realisierungsaussichten nicht unerheblich steigern wird.

Zweckmäßig ist darüber hinaus die Bildung einer "*Steuerungsrunde*"[573], der neben dem Koordinator und Hauptverantwortlichen zumindest auch der Verwalter angehören sollte. Den Mitgliedern der Steuerungsrunde obliegt die Bestimmung und Gestaltung der wesentlichen

---

571 Vgl. Braun in: Braun/Uhlenbruck, Unternehmensinsolvenz, Teil 7, N, IV, 2, S. 677.

572 Vgl. hierzu Mönning, Betriebsfortführung, Rdnr. 1270 - 1275.

573 Vgl. hierzu und nachfolgend: Braun in: Braun/Uhlenbruck, Unternehmensinsolvenz, Teil 7, N, IV, 2, S. 677; Klein/Paarsch in: BFuP 1995, S. 177 ff, 184; Gross in: DStR 1991, S. 1572 ff, 1574, Fn. 15; Mönning, Betriebsfortführung, Rdnr. 1181 - 1193.

Strukturen des Verfahrens, wozu insbesondere auch die Abstimmung unter den Verantwortlichen für die Planerstellung und dem Tagesgeschäft gehört.

Innerhalb des so geschaffenen arbeitsteiligen Zusammenwirkens ist es weiter erforderlich, daß einzelne *Projektgruppen* (Arbeitsteams) gebildet werden, denen die Erfüllung und Umsetzung einer konkret vorgegebenen Aufgabe zukommt.

Im Rahmen der Planerstellung empfehlen sich Arbeitsteams für:

- die Erhebung vergangenheitsbezogener Unternehmensdaten

- die Erlangung fortführungsrelevanter Informationen, wozu neben den arbeitnehmerspezifischen Informationen auch sämtliche Angaben über die vorhandenen und für die Aufrechterhaltung des Geschäftsbetriebes notwendigen Dauerschuldverhältnisse als auch über die einem Wahlrecht nach § 103 InsO unterfallenden Schuldverhältnisse, gehören. Die Informationserhebung muß sich auch auf die einem Absonderungsrecht unterliegenden Gegenstände des beweglichen Anlagevermögens und Umlaufvermögens beziehen, sofern sie für eine Fortführung benötigt werden.

- die Schaffung der Plangrundlagen: Durchführung der Insolvenzursachenanalyse, Ermittlung der Zielstrategie und eines Leitbildes des reorganisierten Unternehmens sowie der für die Umsetzung der Planprämissen notwendigen operativen Maßnahmen.

- die mit den mehrheitsbildenden Gläubigern, Neulieferanten, Kreditgebern und der eigenen Arbeitnehmerschaft durchzuführenden Gespräche. Hierbei sollte im Vorfeld eine einheitliche Strategie entwickelt werden, in welcher Form die Informationen an die Beteiligten weitergegeben werden, wie der Umgang mit den Medien und wie die Motivation der Arbeitnehmer zu erfolgen hat. Bei größeren Unternehmen, bei denen die Öffentlichkeit verstärktes Interesse an dem Verlauf der Verfahrensabwicklung und den geplanten Maßnahmen zeigt, sollte ein Verantwortlicher bestimmt werden, der für die Pressearbeit zuständig ist. Wegen der Bedeutsamkeit solcher Mitteilungen sollte die hierfür ausgewählte Person über entsprechende Erfahrungen verfügen. In geeigneten Fällen bietet es sich an, offensiv die Fortführung des Geschäftsbetriebes mit dem Endziel einer Reorganisation des Unternehmens zum Erhalt der Arbeitsplätze öffentlichkeitswirksam bereits unmittelbar nach Insolvenzantragstellung zu verbreiten.[574] Zur Motivation der Arbeitnehmerschaft gilt es vor allem die Know-how-Träger als "Schlüsselkräfte"[575] in die jeweiligen Arbeitsteams zu integrieren. Damit wird ihnen auch gezeigt, daß sie aktiv in die Sanierung eingebunden sind und mit ihnen auch im zukünftigen, reorganisierten Unternehmen geplant wird.

- die Erarbeitung der notwendigen betriebswirtschaftlichen Unterlagen (vgl. nur §§ 229 f InsO). Insofern sollten Kaufleute und Betriebswirte zum Arbeitsteam des Verwalters gehören, da sie über den erforderlichen Sachverstand verfügen und langwierige Sachverständigengutachten auf diesem Wege vermieden werden können.

---

[574] Mönning, Betriebsfortführung, Rdnr. 1097; Riering, Betriebsfortführung, S. 100.

[575] Mönning, Betriebsfortführung, Rdnr. 1210 ff; Jordan, Reorganisationsverfahren, S. 186.

(f) Abstimmung mit Gläubigergruppen

Die Erstellung eines Sanierungsplanes erfolgt immer auch vor dem Hintergrund der Mehrheitserfordernisse des § 244 InsO. In zeitlicher Hinsicht sollte daher die Mehrheitsgewinnung bereits frühzeitig in die strategischen Überlegungen mit einbezogen werden. Der Erfolg einer Abstimmung innerhalb der vom Planinitiator gebildeten Gruppen wird davon abhängen, ob es dem Planwerber gelingt, wenigstens in den Grundzügen ein gemeinsames Interesse mit den Gläubigern darzustellen (unterstellt, die Zeit für eine Abstimmung im Vorfeld ist gegeben).

Da es der Schuldner ist, der im Fall einer erst drohenden Zahlungsunfähigkeit den Zeitpunkt der Auslösung eines Insolvenzverfahrens bestimmt, kann er durch eine frühzeitige Einbindung vor allem der absonderungsberechtigten Gläubiger bereits vor Eintritt der Insolvenz die wesentlichen Planziele mit ihnen abstimmen.[576] Alles was während der Planentwurfsphase mit den mehrheitsbildenden Gläubigergruppen vorerörtert und vorabgestimmt werden kann, braucht nicht später in langwierigen Erörterungsterminen mit u.U. dann notwendig werdenden Planänderungen (bei einem Mehr an Schuldnerzugeständnissen) durchgefochten werden. Auch die Gläubiger werden ihrerseits ein Interesse haben sich frühzeitig mit dem Schuldner über die Planprämissen zu verständigen. Gelingt es ihnen, sich bereits vor Eintritt der Insolvenz zu organisieren, können sie ihre Interessen stärker gegenüber dem sanierungswilligen Schuldner zur Geltung bringen. Das Ziel ihrer Bemühungen wird sein, Einfluß auf die Gruppenbildung (vgl. § 222 InsO) zu nehmen, mit den anderen Gruppenmitgliedern eine gemeinsame Strategie für die Abstimmung zu entwickeln und bei den vom Schuldner vorgesehenen inhaltlichen Regelungen mit zu bestimmen und mit zu gestalten.

Die absonderungsberechtigten Gläubiger werden sich vergleichbar schnell in Banken- und Lieferantenpools organisieren. Für die Gruppe der Arbeitnehmer wird die Interessenwahrnehmung durch Betriebsräte und Gewerkschaften erfolgen. Die Notwendigkeit eines Zusammenschlusses zur gemeinsamen Interessenwahrung wird sich daher vor allem für die einfachen Insolvenzgläubiger stellen. Die erfordert jedoch eine Identifizierung der einzelnen potentiellen Gruppenmitglieder. Im Erörterungstermin wird es hierfür regelmäßig zu spät sein, so daß sich der einzelne Gläubiger dann möglicherweise einer, seiner Auffassung entgegenstehenden Mehrheitsmeinung seiner Gruppe ausgesetzt sieht. Dieses Risiko wird noch dadurch verstärkt, daß § 222 InsO nicht die individuelle Zuordnung der Gläubiger zu den einzelnen Gruppen anhand des Gläubigerverzeichnisses (§ 152 InsO) verlangt und den Gläubigern allenfalls über den Gläubigerausschuß (§§ 67 ff InsO) eine Stellungnahme zum Schuldnerplan möglich ist (§ 232 Abs. 1 Nr. 1 InsO)[577]. Aktives Gläubigerverhalten kann also verhindern, daß sie von einem Schuldnerplan überrascht werden. Auf die weiteren Ausführungen im Teil 2, B, I, 1, c), bb), (c) wird an dieser Stelle verwiesen.

---

[576] So auch Otte in: Kübler/Prütting, InsO, § 218 Rdnr. 15, 21.

[577] Zu den Gläubigerstrategien vgl. auch Braun in: Braun/Uhlenbruck, Unternehmensinsolvenz, 7. Teil, N, II, S. 658 - 662.

(g) Planverfahren

Wie bereits ausgeführt, hat der Schuldner als Planersteller aufgrund der wenigen zur Verfügung stehenden Zeit auch den gesamten Ablauf des Verfahrens zu berücksichtigen. Dies betrifft vor allem die Zeit der Vorprüfung durch das Gericht gem. § 231 InsO, die Zeit für die Anberaumung des Berichtstermins (§ 29 Abs. 1 Nr. 1 InsO), des Prüfungstermins (§ 29 Abs. 1 Nr. 2 InsO) und des Erörterungs- und Abstimmungstermins (§§ 235, 241 InsO), die Zeit des Bestätigungsverfahrens (§ 248 InsO), die Möglichkeit des Zeitverlustes durch die Einholung von gutachterlichen Stellungnahmen durch das Insolvenzgericht und die Rechtsmittelmöglichkeiten gegen Gerichtsbeschlüsse. Im folgenden wird besonders auf die Bedeutung des vorbereiteten Plans eingegangen, die ihm unter Berücksichtigung des Faktors Zeit zukommt.

bb) Der "prepackaged plan"[578]

Die Komplexität der Aufgaben, die dem jeweiligen Planinitiator im Rahmen der wenigen zur Verfügung stehenden Zeit bei der Erstellung eines Sanierungskonzeptes obliegen, wirft die Frage auf, ob es nicht nur sinnvoll, sondern geradezu notwendig ist, bereits im Vorfeld der eigentlichen Insolvenzantragstellung das Sanierungskonzept zu erarbeiten.

Dafür spricht, daß damit gleichzeitig die Möglichkeit eröffnet wird, die wesentlichen Planziele und die zu deren Umsetzung erforderlichen Maßnahmen mit den mehrheitsbildenden Gläubigern im einzelnen abzustimmen. Ziel ist es dabei, eine möglichst sichere Prognose hinsichtlich der Annahmefähigkeit des so erarbeiteten Plans zu erreichen. Ein taugliches Mittel ist hierfür der "prepackaged plan", der im weiteren näher dargestellt werden soll.

(a) Seine Grundlagen im amerikanischen Recht

Ausgangspunkt des in der amerikanischen Rechtspraxis entwickelten "prepackaged plan" war das Bundeskonkursrecht vor dem Bankruptcy Reform Act von 1978, welcher im Ergebnis zum heute geltenden United States Code, Title 11 (Bankruptcy) führte. Der danach geltende Bankruptcy Act (BA) sah in den Kapiteln X und XI jeweils ein Verfahren vor, welches eine finanzielle Reorganisation sowohl von größeren Kapitalgesellschaften (Corporate Reorganisation - Kapitel X) als auch von natürlichen Personen, Personengesellschaften und kleineren Kapitalgesellschaften (Kapitel XI) zum Ziel hatte. Während das Verfahren unter Chapter X ein Verwalterverfahren unter starker "amtlicher" Mitwirkung eines "Trustee", der Security Exchange Commission und des Gerichts war[579], wurde das Verfahren unter Chapter XI als ein verwalterloses Vergleichsverfahren ("Arrangement") konzipiert. Die starke Stellung des Verwalters wurde im Verfahren nach Kapitel X dadurch unterstrichen, daß ihm das Erstvorlagerecht für einen Plan eingeräumt wurde (§ 169 BA) und das Gericht an eine Vorabstimmung unter den Aktionären und Gläubigern über einen von ihnen entworfenen Planvorschlag nicht

---

[578] Vgl. hierzu bereits oben: Teil 1, D, VI, 1.
[579] Flessner, Sanierung, S. 85 f.

gebunden war. Vor einer gerichtlichen Billigung des Plans durfte für einen Planvorschlag nicht geworben werden (§ 176 BA)[580].

Dem Wunsch der Konkurspraktiker und Gläubigerschutzverbände nach einem einfacheren und schnelleren Verfahren entsprach der Gesetzgeber mit dem Arrangement - Verfahren nach Chapter XI BA. Der verfahrenseinleitende "Vergleichs"-Antrag konnte allein vom Schuldner gestellt werden. Da er mit dem Eröffnungsantrag jedoch keinen Vergleichsvorschlag gleichzeitig einreichen mußte (§ 323 BA) war es ihm möglich, in Vorverhandlungen mit den Gläubigern die wesentlichen Inhalte noch nach Insolvenzantrag abzustimmen.[581] Im wesentlichen handelte es sich dabei um Neufinanzierungskonzepte, so daß Planinhalte vor allem die Umwandlung von Forderungen in Anteilsrechte, die Zuführung von Neukapital oder Forderungsverzichte waren.[582]

Vor dem Hintergrund der neuen Regelung in § 1125 (b) BC 11 besteht die Besonderheit der prepackaged plans vor allem darin, daß der Schuldner lediglich bis zur Antragstellung die Möglichkeit hat, für seinen Planvorschlag zu werben. § 1125 (b) BC 11 bestimmt insofern, daß nach Antragstellung für einen Plan erst dann geworben werden darf, wenn alle Betroffenen eine ausreichende Informations- und Tatsachengrundlage besitzen, die es ihnen ermöglicht, sich ein verständiges Urteil über den zur Abstimmung vorgelegten Plan zu bilden. Vorverhandlungen mit dem Ziel, verbindliche Zustimmungserklärungen für den Plan zu erhalten, erfordern daher zunächst, daß den Parteien ein Abdruck des Plans (oder eine Zusammenfassung desselben) sowie ein schriftlicher Prüf- bzw. Situationsbericht (disclosure statement) zugesandt wird, zu dem das Gericht nach einem Anhörungsverfahren festzustellen hat, ob er ausreichende Informationen enthält.

Gefordert wird insofern ein "informed judgement", da die Gläubiger ihr Stimmrecht nur auf der Basis einer umfassenden Offenlegung aller relevanten Details ("adequate information") vernünftig ausüben können.[583] Tatsächlich erhalten jedoch nur der Schuldner, die Gläubiger, die Eigenkapitalinhaber, die SEC und der US-Trustee den Plan und das bestätigte disclosure statement. Anderen Verfahrensbeteiligten wird es nur auf ausdrückliche Anforderung hin überlassen.[584]

Interessant ist, daß das disclosure statement lediglich alle wertbildenden Faktoren beinhalten muß, nicht jedoch eine Überprüfung der Wertangaben des Schuldners hinsichtlich seiner "assets" [vgl. § 1125 (b) Satz 2 BC 11].[585] Damit wird den Bedenken Rechnung getragen, die sich bei der Bewertung des zukünftigen Unternehmenserfolges auf der Grundlage des Ertragswertes herausgestellt haben und die zu einer erheblichen Verteuerung und Verzögerung

---

580 Flessner, Sanierung, S. 82.

581 Hanisch, Rechtszuständigkeit, S. 248 f; Flessner, Sanierung, S. 85.

582 Braun in: Braun/Uhlenbruck, Unternehmensinsolvenz, Teil 7, A, II, 1, d), S. 431.

583 In den Gesetzesmotiven wird dieser Punkt auch als "the heart of the consolidation" bezeichnet: House Report No. 95-595, abgdr. in: U.S.C.A. § 1125, S. 529, vgl. auch Bull in: ZIP 1980, S. 843 ff, 847; Flessner, Sanierung, S. 118, 130; Weintraub/Resnick, § 8.20, S. 8-92; vgl. zum Puplizitätsprinzip im amerikanischen Wertpapierrecht: Hopt in: ZHR 1976, S. 201 ff, 204 ff.

584 Vgl. Rule 3017 (a) BR; Ginsberg, Volume II, § 13.09 (k), S. 1227.

585 Zu den notwendigen Angaben in einem disclosure statemant vgl.: § 1125 (a)(1) BC 11 und Ginsberg, Volume II, § 13.09 (k), S. 1228; Möhlmann in: KTS 1997, S. 1 ff, 22 ff m.w.N. aus der amerik. Literatur.

der Verfahren beigetragen hatten.[586] Eine Einschränkung findet sich jedoch im House Report No. 95-595, indem ausdrücklich darauf hingewiesen wird, daß eine adäquate Information manchmal eine Bewertung und Schätzung erforderlich macht. Dann wird "das Gericht (jedoch) ... fähig sein, zu entscheiden, was notwendig angesichts der Tatsachen und Umstände jedes besonderen Falles ist."[587]

Nachdem der Gesetzgeber mit dem Offenlegungsprinzip die schwierige Entscheidung einer Unternehmensbewertung als Grundlage einer Investitions- oder Desinvestitionsentscheidung auf die Gläubiger verlagern wollte, wird sich die Notwendigkeit der Angabe von betriebswirtschaftlichen Informationen hinsichtlich der prognostizierten zukünftigen Unternehmenserwartung, wie auch in Bezug auf eine Stichtagsbewertung der vorhandenen Vermögenswerte (Ist-Zustand), i.d.R. nicht vermeiden lassen. Andernfalls werden die Gläubiger außerstande sein, eine vernünftige Investitionsentscheidung treffen zu können. Folglich enthalten die meisten disclosure statements auch solche Informationen.[588]

Auf eine weitere Besonderheit muß im Zusammenhang mit einem vorbereiteten Plan amerikanischer Prägung hingewiesen werden. Auch wenn die Gläubiger eine verbindliche Zusage zum Plan vor Einleitung des Reorganisationsverfahrens abgegeben haben, ist diese nur dann bindend, wenn die Gläubiger gleichfalls entsprechend informiert waren. Ein vorbereiteter Plan muß daher allen Gläubigern und Eigenkapitalinhabern, deren Forderungen oder Interessen durch den Plan beeinträchtigt werden, zugesandt werden [vgl. Rule 3018 (b) BR]. Zusätzlich muß der Situationsbericht den Anforderungen der allgemeinen Wertpapiergesetze (Prospektangaben) genügen und wenn solche nicht einschlägig sind, den grundsätzlichen Anforderungen nach Chapter 11 BC. Die Durchsetzung dieser Anforderungen soll vor allem der Rechtfertigung der Planwirkungen dienen, die in der umfassenden Bindung aller Beteiligten mit der Planbestätigung und Annahme durch die Mehrheit der Gläubiger zum Ausdruck kommt.[589] Um die Prüfung der Einhaltung der Anforderungen an einen vorbereiteten Plan durch das Gericht zu beschleunigen, kann die Planvorlage mit einer entsprechende Stellungnahme verbunden werden, aus dem sich die Einhaltung des Offenkundigkeitsprinzips ergibt [Rule 3016 (c) BR].

(b) Vorbereitende Pläne als Steuerungsinstrument

Wenn ich von vorbereiteten Plänen als einem Steuerungsinstrument spreche, dann sind die sich für den Schuldner als Planinitiator verbundenen strategischen Vorteileangesprochen. Der Ausnutzung sich bietender strategischer Vorteile kommt im Rahmen des deutschen Insolvenzplanverfahrens besonderer Bedeutung zu, weil es ein exklusives Planvorlagerecht wie in den USA nicht gibt. Auch wenn die noch im Regierungsentwurf vorgesehene Möglichkeit des Planinitiativrechts einer bestimmten Minderheit von Gläubigern in die Insolvenzordnung nicht übernommen wurde[590], so können die Gläubiger den Verwalter im Berichtstermin mit

---

586 Vgl. hierzu bereits oben: Fn. 132.

587 Vgl. House Report No. 95-595, abgdr. in: U.S.C.A. § 1125, S. 529.

588 Pearson/Nugent/Hesse, Drafting Bankruptcy, § 10.9, S. 10-10; für den Insolvenzplan deutscher Prägung vgl. Braun/Uhlenbruck, Musterplan, S. 10 ff, 43 ff..

589 Vgl. § 1126 (b)(1) und (2) BC 11; Ginsberg, Volume 2, § 13.10 (a), S. 1233.

590 Vgl. RA BT zu §§ 254 f RegE, abgdr. in: Balz/Landfermann, Die neuen Insolvenzgesetze, S. 328.

der Erstellung eines Insolvenzplans beauftragen und ihm dessen Ziel vorgeben (§ 157 Sätze 2 und 3 InsO). Zudem kann der Verwalter unmittelbar nach seiner Ernennung mit der Ausarbeitung eines Insolvenzplans aus eigenem Recht beginnen (§ 218 Abs. 1 Satz 1 InsO).

Im Gegensatz zum amerikanischen Reorganisationsverfahren, das primär auf eine Sanierung des Schuldners ausgerichtet ist, betont der deutsche Gesetzgeber die Gleichrangigkeit sämtlicher Verfahrensziele. Ohne den Willen des Schuldners kann die Liquidation seines Vermögens erfolgen. Dabei wird nicht verkannt, daß dem Schuldner im Insolvenzplanverfahren eine gewichtige Rolle zukommt und daher regelmäßig dessen Einbeziehung bei der Aufstellung und Durchführung notwendig ist.[591] So wirkt er bei der Aufstellung des Plan durch den Verwalter beratend mit (§ 218 Abs. 3 InsO), ist seine Stellungnahme zusammen mit dem Plan des Verwalters zur Einsicht für die Beteiligten niederzulegen (§§ 232 Abs. 1 Nr. 2, 234 InsO), kann er einen Antrag auf Aussetzung der Verwertung und Verteilung im Falle einer Eigenvorlage stellen (§ 233 Abs. 1 InsO) und bedarf jeder Plan seiner Zustimmung (§ 247 InsO).

Schließlich kann er Rechtsmittel sowohl gegen einen Bestätigungsbeschluß des Gerichts für einen vom Verwalter vorgelegten Plan als auch gegen die Versagung eines von ihm selbst eingereichten Insolvenzplans einlegen (§ 253 InsO). Unter diesen Umständen kann ihm ein erhebliches Störpotential zukommen, sollten die Gläubiger eine dem Willen des Schuldners nicht entsprechende plangemäße Abwicklung vorsehen. Letztlich entscheiden aber immer die Gläubiger über die Annahme des Plans, so daß ihr Votum zur Liquidation nach dem Regelinsolvenzverfahren oder mittels Insolvenzplan führen kann. Die Restschuldbefreiung des Schuldners richtet sich dann entweder nach höheren Voraussetzungen der §§ 286 ff InsO, oder (bei einem Liquidationsplan) nach § 227 InsO.

Will der Schuldner solchen Tendenzen mit dem Ziel der Sanierung seines Unternehmens frühzeitig entgegenwirken, so kann er mit einer eigenen Planvorlage bereits mit dem Eröffnungsantrag gem. § 218 Abs. 1 Satz 2 InsO steuernd auf eine Masseverwertung in seinem Sinne Einfluß nehmen. Förderlich in diesem Sinn ist die Stellung eines Antrages auf Eigenverwaltung gem. § 270 ff InsO, den der Schuldner gleichfalls zusammen mit dem Eröffnungsantrag stellen kann.[592] Wird dem Antrag stattgegeben, verbleiben Verwaltungs- und Verfügungsbefugnis beim Schuldner, wodurch ihm weitgehende Gestaltungsfreiheiten auch unter der Mitwirkung des Sachwalters und Gläubigerausschusses eingeräumt wird (vgl. §§ 275 ff, 282 InsO).

Mit der Vorlage eines bereits ausgearbeiteten und mit der Mehrheit der Gläubiger abgestimmten Insolvenzplans kann der Schuldner aktiv auf das Gericht zugehen und damit versuchen, auf dessen Mitwirkung zu einer schnellen Verfahrensdurchführung hinzuwirken. Haarmeyer/Wutzke/Förster schreiben dem Gericht insofern eine Vorprüfungskompetenz im Rahmen der Entscheidung über die anzuordnenden Sicherungsmaßnahmen (§ 21 InsO) zu, um zu verhindern, daß durch eine verzögerte Abstimmung der Gläubiger die Sanierungschancen gefährdet werden. Die einem vorläufigen Verwalter obliegenden Aufgaben sind dann an diesem Ziel auszurichten.[593]

---

[591] Vgl. hierzu auch Maus, Der Insolvenzplan, Rdnr. 24 - 27.

[592] Vgl. hierzu schon oben: Teil 2, A, I, 1.

[593] Haarmeyer/Wutzke/Förster, Kap. 3, Rdnr. 31 ff.

Im Falle einer Zusammenlegung von Berichts-, Prüfungs-, Erörterungs- und Abstimmungstermin gem. §§ 29 Abs. 2 i.V.m. 236 Satz 2 InsO, kann nicht nur eine erhebliche Verfahrensstraffung bewirkt werden. Gleichzeitig wird damit eine Reduzierung des für die Übergangsphase des Insolvenzplanverfahrens notwendigen Finanzbedarfs erreicht, was für die Realisierbarkeit des Sanierungskonzeptes maßgeblich sein kann.

Braun[594] befürwortet im Zusammenhang mit der verfahrensstraffenden Wirkung von Terminverbindungen eine Rechtsschutzmöglichkeit durch die sofortige Beschwerde (vgl. § 6 Abs. 1 InsO) für den Planinitiator gegen verfahrensverzögernde Terminierungen des Gerichts.[595] Er argumentiert, daß der Gesetzesverwirklichung - und damit der Verfahrensbeschleunigung von Insolvenzplanverfahren - der Vorrang vor der Gerichtsorganisation einzuräumen sei. Sofern die Verfahrensverzögerungen allein auf einer zu starken Belastung der Richter bzw. Auslastung der Räumlichkeiten beruht, ist dies ein begrüßenswerter Ansatz. Ob die Länder den mit Inkrafttreten der Insolvenzordnung am 01. Januar 1999 verstärkten Arbeitsaufwand durch die Schaffung ausreichender Richter- und Rechtspflegerstellen gerecht werden, bleibt jedoch abzuwarten.

Steuerung meint aber auch, den mit der Eröffnung eines Insolvenzverfahrens verbundenen negativen Auswirkungen bewußt entgegenzuwirken. Die Schaffung eines (verlorenen?) Vertrauens gegenüber den Geschäftspartnern steht dabei ebenso im Vordergrund, wie die Wahl des Antragszeitpunktes, um diese negativen Auswirkungen so gering wie möglich zu halten.[596] Bei bereits eingetretener Insolvenz wird die Wiedererlangung des dann mit Sicherheit verlorenen Vertrauens nahezu unmöglich sein. Frühzeitige Einbindung vor allem der absonderungsberechtigten Gläubiger auch in den Plangestaltungsprozeß kann dazu beitragen, daß diese Gläubigergruppen einem Plankonzept unter Beibehaltung des alten Managements eher positiv gegenüber stehen. Daß es unter strategischen Überlegungen gleichwohl besser sein wird, zumindest die eigentliche Plangestaltung durch Dritte, die bislang nicht der Unternehmensleitung angehört haben, durchführen zu lassen, wurde zuvor bereits hervorgehoben.

Die Einbindung dieser Personen, die sich gegenüber den Gläubigern mit ihrer Kompetenz in den ihnen zugewiesenen Aufgabenbereichen präsentieren, spricht im Ergebnis für eine höhere Akzeptanzwahrscheinlichkeit der unter diesen Voraussetzungen erarbeiteten Planlösungen. Hinzu kommt, daß der Schuldner im Vorfeld der Antragstellung durch bewußte Informationspolitik die Gläubiger davon überzeugen kann, daß er in ihrem und seinem Interesse die bestehenden Schwierigkeiten mittels eines Sanierungskonzeptes bewältigen möchte. Da die noch vorhandenen Vermögenswerte bei einer Sanierung in der Regel zu einer höheren Befriedigungsquote der Gläubiger führen werden, mögen sich so auch grundsätzlich risikoaverse Gläubiger von den Reorganisationsabsichten des Schuldners überzeugen lassen.

Planerische Gestaltung erfolgt nicht zuletzt auch vor dem Hintergrund einer strategischen Mehrheitsbildung. Die Mehrheitserfordernisse ergeben sich dabei aus § 244 InsO (Kopf- und Summenmehrheit), wobei im Grundsatz erforderlich ist, daß alle Gruppen dem Plan mit den erforderlichen Mehrheiten zustimmen. Eine Ausnahme ist nur bei Anwendung des Obstrukti-

---

594 Ders. in: Braun/Uhlenbruck, Unternehmensinsolvenz, 7. Teil, L, II, 4, b), S. 639.

595 Zum geltenden Recht vgl. Thomas/Putzo, ZPO, § 216 Rdnr. 11; Stöber in: Zöller, ZPO, § 216 Rdnr. 21, § 252 Rdnr. 1.

596 So auch Braun in: Braun/Uhlenbruck, Unternehmensinsolvenz, 7. Teil, O, III, 1, S. 669.

onsverbots möglich, was zunächst die Zustimmung mindestens der Mehrheit der abstimmenden Gruppen verlangt (§ 245 Abs. 1 Nr. 3 InsO).

Des weiteren muß das Verbot der Schlechterstellung im Vergleich zur gesetzlichen Zerschlagung des Schuldnervermögens gem. § 245 Abs. 1 Nr. 1 InsO in die Überlegungen mit einbezogen werden. Beruft sich eine Gläubigergruppe hierauf, wird dies zumindest in größeren Verfahren die Einbeziehung sachverständiger Dritter erforderlich machen, die auf der Grundlage der vorliegenden Planrechnungen und Vermögensverzeichnisse ein Gutachten erstellen. Der hiermit verbundene Zeitverlust ist im Rahmen des aufzustellenden Zeitplans in jedem Falle zu berücksichtigen. Sofern die Gläubiger in den Vorverhandlungen den Schuldner bereits darauf aufmerksam machen, daß sie die Voraussetzungen des § 245 Abs. 1 Nr. 1 InsO als nicht gegeben ansehen, kann dieser durch entsprechende Modifikationen seines Planentwurfes frühzeitig darauf reagieren. Im Ergebnis führt dies zu einer durch den Schuldner und alle Verfahrensbeteiligten angestrebten Verfahrensstraffung.

(c) Abstimmung der Planziele mit den Zielen der Drittbeteiligten

Im Zusammenhang mit den Ausführungen zur Planerstellung als zeitlichem Prozeß von der Planhypothese bis zur Planbestätigung wurden bereits Erläuterungen zu den Interessen des Schuldners als Planersteller und denen der Gläubiger als passiv Betroffene an einer möglichst frühzeitigen Abstimmung der einzelnen Plangegenstände gegeben, auf die an dieser Stelle Bezug genommen wird.[597]

Vor dem Hintergrund der in § 222 Abs. 1 Nr. 1 InsO zwingend vorgeschriebenen Bildung einer Gruppe der Absonderungsberechtigten, sollte der Schuldner vor allem auch mit ihnen frühzeitig, am besten vor Eintritt der Insolvenz, das Gespräch suchen. Andernfalls steht zu befürchten, daß für eine Abstimmung im laufenden Insolvenzverfahren nicht genügend Zeit verbleibt. Wie ein Beispiel von Eidenmüller aufzeigt[598], kann eine wirtschaftlich sinnvolle Reorganisation eines Unternehmens allein am Widerstand dieser einen Gruppe scheitern, wenn sie der Plan schlechter stellt, als sie im Fall einer Liquidation stünden. Dies gilt zwar nur für den besonderen Fall, daß die beiden Alternativen - erfolgreiche Fortführung des Unternehmens bzw. das Scheitern derselben - gleich wahrscheinlich sind. Eine positive Prognose allein zu Gunsten einer erfolgreichen Fortführung läßt sich aber nicht mit Sicherheit bestimmen. Allein die Sicherstellung des Liquidationswertes könnte in diesen Fall das Obstruktionsverbot des § 245 InsO zur Anwendung bringen, was wiederum voraussetzt, daß die Mehrheit der Gruppen positiv votiert hat (§ 245 Abs. 1 Nr. 3 InsO).

Innerhalb der Gruppe der Absonderungsberechtigten kann eine Einigung dadurch herbeigeführt werden, daß die Interessen der Banken durch einen Sicherheitenpool in der Rechtsform einer Gesellschaft bürgerlichen Rechts gem. §§ 705 ff BGB gebündelt und die Interessen der Lieferanten durch einen von den Kreditversicherern initiierten Lieferantenpool wahrgenommen werden.[599] Alternativ oder zusätzlich bietet es sich an, einen Sicherheitentreuhänder zu

---

[597] Vgl. Teil 2, B, I, 1, c), aa), (f).

[598] Vgl. Eidenmüller in: Ott/Schäfer, S. 145 ff, 157 f.

[599] Vgl. Bohlen, Sicherheiten-Pool, S. 46 ff.

beauftragen, der die Interessen der Banken noch stärker bündelt.[600] Im Vorfeld der eigentlichen Insolvenzantragstellung ist dann bereits eine frühzeitige Abstimmung der beiderseitigen Interessen möglich, die mit dem Abschluß einer Sicherheitenabgrenzungsvereinbarung nach außen dokumentiert werden sollte.[601] Den absonderungsberechtigten Gläubigern wird - wie schon nach bislang geltendem Recht - auf diese Weise ermöglicht, dem Bestimmtheitserfordernis als einem elementaren Grundsatz des deutschen Sachenrechts, gerecht zu werden, was gleichzeitig ihre Verhandlungsbereitschaft steigern wird.

Das Ziel einer frühzeitigen Abstimmung der Planinhalte mit den Gläubigergruppen liegt demnach auch in der Absicherung der Fortführungsentscheidung und der ins Auge gefaßten Reorganisierung des schuldnerischen Unternehmens. Gezielte Maßnahmen, insbesondere zur Sicherstellung der Liquidität, können so zeitnah eingeleitet werden. Die Kreditinstitute, deren Sicherheiten gegenüber den Lieferantengläubigern klar abgegrenzt sind, werden im Wege dieser Verhandlungen auch bereit sein, die vorhandenen Kreditlinien weiter aufrechtzuerhalten, Stundungsvereinbarungen zu treffen oder sich mit ratenweisen Zahlungen einverstanden erklären.[602] Zudem bringt es für den Schuldner den Vorteil, daß auch er an diesem Pool beteiligt werden kann. Werden die Kreditinstitute bzw. Lieferanten hingegen erst nach Insolvenzeintritt eingeschaltet, kostet dies nicht nur wertvolle Zeit, die gerade nicht zur Verfügung steht. Dem Verwalter wird unter diesen Umständen ein Mehr an Verhandlungsgeschick abverlangt, um die für die Aufrechterhaltung des Geschäftsbetriebs notwendige Liquidität sicherzustellen. Hinzu kommt, daß für die Sicherheitengläubiger durch eine erst spätere Einbindung in die Planabstimmung zusätzliche Kosten[603] verbunden sind, was ihre Verhandlungsbereitschaft nicht gerade fördern wird.

Prepackaged - Planverfahren bieten darüber hinaus einen weiteren Vorteil. Unter dem Gesichtspunkt der Abstimmung mit Drittbeteiligten wird die Möglichkeit geschaffen, auch eine Übereinkunft mit den Personen zu treffen, die für einen reibungslosen Ablauf der Fortführung des Geschäftsbetriebs verantwortlich sind. Neben den Arbeitnehmern sind es vor allem die Lieferanten, Abnehmer und andere Geschäftspartner, die zwar im Augenblick der Planerstellung keine Forderungen gegenüber dem Schuldner haben, denen jedoch ein erhebliches Störpotential bei der Unternehmensfortführung zukommen kann. Hier gilt es frühzeitig durch Rundschreiben oder in Einzelgesprächen auf die derzeitige Situation aufmerksam zu machen und um deren weitere Unterstützung bei der ins Auge gefaßten Eigensanierung zu werben. Sicherung von Lieferantenbeziehungen bzw. Kundenbeziehungen als Abnehmer der vom Schuldner produzierten Waren und die Erhaltung der Motivation der Arbeitnehmer sind die maßgeblichen Ziele solch einer offensiv verfolgten Informationspolitik.[604]

---

600 Zur Rechtsnatur und Ausgestaltung vgl.: Bankrechts-Hdb., Band II, § 97 Rdnr. 20 ff; Gottwald in: Gottwald, InsR-Hdb., § 46 Rdnr. 1 ff.

601 Die Zielsetzung eines Sicherheitenpools kann auch auf eine Sanierung des Schuldners gerichtet sein. Hierzu und zur Bedeutung nach der InsO vgl.: Bankrechts-Hdb., Band II, § 97 Rdnr. 4, 74 ff; Burgermeister, Sicherheitenpool, § 12, S. 295 ff, 321 f.

602 Bankrechts-Hdb., Band II, § 97 Rdnr. 13.

603 Eidenmüller bezeichnet sie als "Transaktionskosten": ders. in: Der Insolvenzplan als Vertrag, S. 164 ff, 178 ff.

604 Hierzu vgl. auch Grub in: ZIP 1993, S. 393 ff, 393.

(d) Der Zeitvorsprung und seine marktstrategische Bedeutung

Die Ausführungen zur Planerstellung haben gezeigt, daß auf den Planersteller eine Reihe von Aufgaben zukommen, die in der kurzen Zeit des Planverfahrens von der Antragstellung bis zu einem ggf. verbundenen Berichts-, Prüfungs-, Erörterungs- und Abstimmungstermin nur schwer umzusetzen sind. Dabei sind die Anforderungen bei einem leistungswirtschaftlich determinierten Insolvenzplan ungleich höher als bei einem finanzwirtschaftlich orientierten. Wird der Insolvenzverwalters sogar erst im Berichtstermin mi der Erarbeitung eines Insolvenzplans beauftragt (§ 157 Satz 2 InsO), können sich die Fortführungsvoraussetzungen zwischenzeitlich bedeutend verschlechtert haben. Man denke allein daran, daß für die Aufrechterhaltung des Geschäftsbetriebes neue finanzielle Mittel erforderlich sind. Wer wird jedoch in einer Phase, in der ein konkretes Sanierungskonzept noch nicht einmal in den Grundzügen erarbeitet wurde, bereit sein, u.U. sogar eine zeitweilige Verlustfinanzierung zu übernehmen?[605]

Auf der Zeitachse erfordern daher vor allem leistungswirtschaftlich determinierte Sanierungslösungen eine klare Strukturierung der einzelnen Abläufe, beginnend von der Erstellung des Sanierungskonzeptes bis hin zu seiner Umsetzung. Es gilt eine Vielzahl unterschiedlicher Beteiligteninteressen auf ein gemeinsamen Ziel zu fokusieren, die Realisierung der geplanten Reorganisation des Schuldners. Dabei muß das schuldnerische Unternehmen während der Phase der Planerstellung dergestalt umorganisiert werden, daß sowohl die Aufrechterhaltung des Geschäftsbetriebes als auch der Planungsprozeß an sich gewährleistet sind. Dies wird um so eher gelingen, wenn der Schuldner nicht dem Druck, der regelmäßig mit der Eröffnung eines Insolvenzverfahrens verbunden ist, ausgesetzt ist. Mittels prepackaged - Verfahren können die sich aus der frühzeitigen Einbindung der Beteiligten in den Planungsprozeß ergebenden positiven Möglichkeiten für die Erarbeitung eines letztlich marktgängigen Plankonzeptes genutzt werden. Es wurde mehrfach betont, daß der zeitliche Vorsprung auch als ein Mittel der Vertrauensbildung gegenüber den Arbeitnehmern, gesicherten und ungesicherten Gläubigern sowie anderen (nicht notwendig verfahrensbeteiligten) Personen genutzt werden kann. Altbewährte Lieferantenbeziehungen mit den damit verbundenen Sonderkonditionen können so langfristig gesichert werden.

Aber auch absatzstrategische Umstände gilt es zu berücksichtigen. Da Marktteilnehmer sehr sensibel auf den Eintritt einer Insolvenz reagieren, kann es häufig zu einem Abbruch von Geschäftsbeziehungen kommen, was für einen Schuldner als Anbieter von chargen- oder auftragsbezogenen bzw. saisonal bedingten Produkten vielfach gleichbedeutend mit der Einstellung des Geschäftsbetriebes sein kann.[606] Offensives und frühzeitiges strategisches Verhalten diesen Personengruppen gegenüber kann für die notwendige Vertrauensbasis sorgen, um langfristig weiterhin am Markt tätig sein zu können.

Ein auf der Basis solider betriebswirtschaftlicher Kenntnisse aufgestellter Planentwurf, der zudem mit den wesentlichen, mehrheitsbestimmenden Gläubigergruppen im Vorfeld der ei-

---

605 Die Antwort hat Braun gegeben, wenn er ausführt: "Solche Fortführungsfinanzierungen im *Regelfall* zu erwarten, hieße die wirtschaftlichen Realitäten zu verkennen.", ders. in: Braun/Uhlenbruck, Unternehmensinsolvenz, 7. Teil, F, II, 3, c), S. 562.

606 So auch Braun in: Braun/Uhlenbruck, Unternehmensinsolvenz, 7. Teil, N, I, 1, S. 654; vgl. bereits oben: Teil 2, B, I.

gentlichen Insolvenzantragstellung ausverhandelt wurde und bei dem ggf. bereits die Zustimmungserklärungen stillschweigend vorliegen, ermöglicht einen gestrafften Verfahrensablauf, so daß nach spätestens sechs Monaten (unter Einbeziehung der vollen dreimonatigen Vorfinanzierung von Insolvenzausfallgeld) ein rechtskräftiger Insolvenzplan vorliegen kann und das Verfahren damit beendet ist.

cc) Die Verfahrenseröffnung - zeitliche Zäsur für den Verwalterplan

Während sich die bisherigen Ausführungen auf den Schuldner als Planersteller bezogen haben, soll nunmehr auf die Besonderheiten eingegangen werden, die sich im Gegenzug für den Verwalter als Planersteller ergeben.

Ausgangspunkt ist der Beschluß des Insolvenzgerichts über die Eröffnung des Insolvenzverfahrens, mit dem zugleich die Person des Verwalters bestimmt wird, § 27 Abs. 1 Satz 1 i.V.m. § 56 Abs. 1 InsO. Das Planinitiativrecht des Verwalters ist dann zweigeteilt. Er ist zunächst berechtigt, aus eigenem Recht einen Planvorschlag zu entwerfen und dem Gericht vorzulegen (§ 218 Abs. 1 Satz 1 InsO).[607] Daneben[608] oder auch nur allein kann er von der Gläubigerversammlung im Rahmen des Berichtstermins beauftragt werden, einen Insolvenzplan auszuarbeiten, wobei die Gläubigerversammlung ihm dabei auch die Ziele des Plans vorgeben kann (§§ 157 Sätze 2, 3 i.V.m. 218 Abs. 2 InsO).

Nachdem der Verwalter erst nach Verfahrenseröffnung einen Plan einreichen kann, ist es naheliegend, daß er auf der Zeitachse nicht vergleichbar zielgerichtet wie der Schuldner einen Planvorschlag ausarbeiten kann. Um die Chancen für eine Sanierung in der kritischen Phase eines bereits eröffneten Insolvenzverfahrens überhaupt noch wahrnehmen zu können, wird daher sein primäres Interesse dahin gehen, bereits im Berichtstermin einen ausgearbeiteten Insolvenzplan den Gläubigern vorzulegen. Es steht ihm dazu nur ein Zeitraum von sechs Wochen bis maximal drei Monaten zur Verfügung, um ein tragfähiges Sanierungskonzept zu erarbeiten. Während dieser Zeit hat er auch den ihm von Gesetzes wegen obliegenden Aufgaben, insbesondere zur Fortführung des Geschäftsbetriebes bis zum Berichtstermin (vgl. § 158 Abs. 1 InsO), nachzukommen.

Hat der Verwalter keinen eigenen Plan entworfen und wird er demnach erst im Berichtstermin hiermit beauftragt, werden sich die Sanierungsaussichten mit zunehmendem Zeitablauf verschlechtern. Selbst wenn der Sanierungsplan mehrheitsfähig ist, können sich sowohl die internen Beziehungen des Unternehmens als auch seine Außenbeziehungen (Absatzmarkt, Akquisition neuer Aufträge, Arbeitnehmerschaft, Vermieter der Geschäftsräumlichkeiten, Versorgungsunternehmen, Kooperationspartner u.a.) so negativ entwickelt haben, daß eine Umsetzung des Plans gefährdet ist. Sowohl die negativen Effekte, die allgemein mit der Eröffnung eines Insolvenzverfahrens verbunden sind, als auch das Fehlen eines konkreten Plankonzeptes über einen Zeitraum von u.U. mehreren Monaten, lassen die Bedenken unter den (Verfahrens-

---

607 So zumindest die Auffassung des Autors: vgl. oben: Teil 2, A, III, 3 m.w.N. zur Gegenauffassung.

608 Zur Frage eines Planoktroys des Verwalterplans im Auftrag der Gläubigerversammlung vgl. oben: Teil 2, A, III, 3, d).

) Beteiligten an einer aussichtsreichen Sanierung anwachsen und können in letzter Konsequenz einen von den Gläubigern mehrheitlich getragenen Plan zum Scheitern bringen.

Maus hat dies trefflich dahingehend formuliert, daß "der Insolvenzplan ...voraussichtlich weniger ein Instrument des Insolvenzverwalters als mehr ein Instrument des Schuldners bzw. seines Beraters im Zusammenhang mit dem Eröffnungsgrund der drohenden Zahlungsunfähigkeit sein (wird)".[609] Ersichtlich ist Maus davon ausgegangen, daß dem Verwalter kein eigenes originäres Planinitiativrecht zukommt.[610]

Mit nachfolgenden Ausführungen soll aufgezeigt werden, daß dem vorläufigen Insolvenzverwalter unter diesen Umständen wesentliche Bedeutung für die Erarbeitung eines tragfähigen Sanierungskonzeptes zukommt. Die Darstellung soll sich dabei auf diesen Aspekt beschränken.

(a) Planvorbereitungsmaßnahmen durch den vorläufigen Insolvenzverwalter mit Verwaltungs- und Verfügungsbefugnis ?[611]

(aa) Die Ausgangslage

Läßt man zunächst die Bestellung eines vorläufigen Insolvenzverwalters durch das Gericht unmittelbar mit Zulassung des Antrags auf Eröffnung eines Insolvenzverfahrens (§ 21 Abs. 2 Nr. 1 InsO) außer Betracht, so würde der Verwalter erstmals nach seiner Bestellung mit den Situationen beim insolventen Schuldner vertraut. Die Erstellung eines Sanierungskonzeptes, auf dem der Schwerpunkt dieser Betrachtung liegt, würde unter diesen Umständen zunächst einer intensiven Erarbeitung der tatsächlichen Situation des Schuldners bedürfen. In der zuvor benutzten Terminologie eines Sanierungskonzeptes ist dies als eine Analyse der Krisenursachen und eine sich daran anschließende Lagebeurteilung (Ist-Zustand) des schuldnerischen Unternehmens zu begreifen. Im Anschluß hieran könnte er erst mit der Erarbeitung eines Sanierungskonzeptes beginnen.[612] Nachdem auch die Analysetätigkeit sehr zeitintensiv ist, geht so wertvolle Zeit verloren. Es stellt sich die Frage, inwieweit bereits durch einen vorläufigen Insolvenzverwalter Planvorbereitungsmaßnahmen getroffen werden können, auf die der Verwalter dann bei der Erstellung seines Insolvenzplan zurückgreifen kann.

Die Bestellung eines vorläufigen Insolvenzverwalters ist eine der Sicherungsmaßnahmen, die vom Insolvenzgericht im Rahmen des Insolvenzeröffnungsverfahrens zur Verhinderung einer nachteiligen Veränderung der Vermögenslage des Schuldners angeordnet werden kann (§ 21 Abs. 1, 2 Nr. 1 InsO). Damit soll gleichzeitig sichergestellt werden, daß ein bei Eingang

---

609 Maus, Der Insolvenzplan, Rdnr. 27.

610 Maus, Der Insolvenzplan, Rdnr. 23.

611 Es soll hier nicht eine ausführliche Darstellung der Person des vorläufigen Insolvenzverwalters nach der InsO gegeben werden, sondern nur der Bezug zur Planerstellung durch den Verwalter gegeben werden. Weitergehende Literatur findet sich bei: Uhlenbruck in: Kölner Schrift zur InsO, S. 239 ff, Rdnr. 1, 3; Hess, InsO, § 21; Hess/Obermüller, Verfahrensbeteiligte, Rdnr. 734 ff; Pape in: Kübler/Prütting, InsO, §§ 21, 22.

612 Nach Maus sind die einem Planersteller obliegenden Aufgaben "gewaltig": Der Insolvenzplan, Rdnr. 22.

des Insolvenzantrags noch arbeitender Betrieb nicht im Zusammenhang mit der unvermeidlichen Publizität und dem im Vorverfahren vorgesehenen gerichtlichen Anordnungen zusammenbricht. Welche Befugnisse dem vorläufigen Verwalter obliegen und welche Rechtswirkungen seine Handlungen äußern, hängt maßgeblich davon ab, ob gleichzeitig ein allgemeines Veräußerungsverbot angeordnet wird (§ 21 Abs. 2 Nr. 2 Alt. 1 InsO). In diesem Fall würde das Verwaltungs- und Verfügungsrecht auf den vorläufigen Insolvenzverwalter übergehen (§ 22 Abs. 1 Satz 1 InsO). Es gilt demnach zu unterscheiden:

* vorläufiger Insolvenzverwalter *mit* Verwaltungs- und Verfügungsbefugnis:
§§ 21 Abs. 1, 2 Nr. 1 i.V.m. Abs. 2 Nr. 2 *Alt. 1*; 22 Abs. *1*, 3; *55 Abs. 2 Satz 1*, 24 Abs. 1 i.V.m. 81 f, Abs. 2 i.V.m. 85, 86 InsO.

* vorläufiger Insolvenzverwalter *ohne* Verwaltungs- und Verfügungsbefugnis, wobei hier zusätzlich danach zu differenzieren ist, ob die Rechtshandlungen des Schuldners einem Zustimmungserfordernis durch den vorläufigen Verwalter unterliegen, mit den Rechtsfolgen der §§ 24 Abs. 1 i.V.m. 81 f InsO:
§§ 21 Abs. 1, 2 Nr. 1 i.V.m. Abs. 2 Nr. 2 *Alt. 2*; 22 Abs. *2*, 3; *38* InsO.

(bb) Der vorläufige Verwalter unter Anordnung eines Zustimmungsvorbehaltes - eine echte Alternative zum allgemeinen Verfügungsverbot?

Welche der in § 21 Abs. 2 InsO nicht abschließend ("insbesondere") aufgeführten Sicherungsmaßnahmen das Gericht anordnet, liegt in seinem pflichtgemäßen Ermessen, unter Beachtung des Grundsatzes der Verhältnismäßigkeit. Entsprechende Anträge des Schuldners oder eines Gläubigers können allenfalls als Anregung gegenüber dem Gericht aufgefaßt werden.[613] Die Entscheidung des Gerichts wird sich zunächst daran orientieren, ob das schuldnerische Unternehmen einen laufenden Geschäftsbetrieb unterhält oder nicht. In letztem Fall werden die gerichtlichen Maßnahmen vordergründig auf eine Sicherung und Erhaltung der Masse sowie die Vorbereitung der Entscheidung des Insolvenzgerichts zur Frage der Eröffnungsfähigkeit des Verfahrens durch ein Sachverständigengutachten zielen. Hingegen wird das Gericht bei einer Fortführungsmöglichkeit geeignete Maßnahmen anordnen, um sicherzustellen, daß nicht durch eine vorschnelle Schließung des Geschäftsbetriebes mögliche, und in die Entscheidung der Gläubiger gestellte, Sanierungschancen frühzeitig zu nichte gemacht werden. Der Sicherung der Vermögensmasse kommt hier gleichfalls Bedeutung zu. Dies macht es erforderlich, den vorläufigen Verwalter ggf. mit Kompetenzen auszustatten, die denen eines Insolvenzverwalters nahekommen.[614]

---

613 Uhlenbruck in: Kölner Schrift zur InsO, S. 239 ff, 244, Rdnr. 8.

614 So auch Haarmeyer/Wutzke/Förster, Kap. 3, Rdnr. 229, 241; Bork, Einführung, Rdnr. 104; Uhlenbruck vergleicht den vorläufigen Verwalter mit Verfügungsbefugnis mit der "Verwaltungssequestration" nach bislang geltendem Recht: ders. in: Kölner Schrift zur InsO, S. 239 ff, Rdnr. 10; zwischenzeitlich ist anerkannt, daß auch der Sequester zeitweilig den Geschäftsbetrieb fortführen konnte, sofern dies vom Sicherungszweck umfaßt war: vgl. ders. in: Gottwald, InsR-Hdb., § 14 Rdnr. 9; ders. in: FS Hanisch, S. 281 ff, 282 f; Smid in: WM 1995, S. 785 ff, 785 f; Kuhn/Uhlenbruck, KO, § 106 Rdnr. 12; Kilger/K. Schmidt, Insolvenzgesetze, KO, § 106 Anm. 4; BGH, Urt. vom 25.03.1993 (Az.: IX ZR 164/92), abgdr. in: ZIP 1993, S. 687 ff, 688 f, wo der BGH eine Haftung des Sequesters für die aus der Fortführung anfallende Umsatzsteuer, die im Konkursverfahren als einfache Konkursforderung zu behandeln war, aus § 82 KO analog verneint.

Ob das Gericht bei der Erfüllung der soeben beschriebenen Aufgabenkomplexe einen Verwalter mit oder ohne Verfügungsbefugnis bestellt, sollte nur nach einer eingehenden Prüfung des jeweiligen Einzelfalls entschieden werden. Hintergrund ist, daß dem vorläufigen Verwalter mit Verwaltungs- und Verfügungsbefugnis zwar umfangreiche Kompetenzen bereits vom Gesetzgeber in § 22 Abs. 1 Nr. 1 bis 3 InsO zugewiesen werden, die von ihm ausgelösten Verbindlichkeiten aber Masseschuldcharakter gem. § 55 Abs. 2 Satz 1 (einschließlich der insoweit anfallenden Umsatzsteuer[615]) haben, was auch für die Lohnansprüche der Arbeitnehmer während der Zeit des Eröffnungsverfahrens gilt, *soweit* der vorläufige Verwalter die Gegenleistung in Anspruch genommen hat (vgl. § 55 Abs. 2 Satz 2 InsO). Gleichzeitig ist in § 61 InsO (der über § 21 Abs. 2 Nr. 1 InsO Anwendung findet) eine zusätzliche Sanktion für den Fall vorgesehen, daß diese Masseverbindlichkeiten nach Eröffnung des Verfahrens nicht beglichen werden können und dem vorläufigen Verwalter mit Verfügungsbefugnis der Entlastungsbeweis des § 61 Satz 2 InsO nicht gelingt.[616] Im Falle der Nichtabführung der Sozialversicherungsbeiträge für die von ihm beschäftigten Arbeitnehmer ist zudem eine Schadensersatzpflicht aus §§ 823 Abs. 2 BGB i.V.m. 266a StGB begründet, da er, anders als der Verwalter ohne Verfügungsbefugnis, als Arbeitgeber und damit tauglicher Täter i.S.d § 266a StGB anzusehen ist.[617]

Im Ergebnis sieht sich der Verwalter erheblichen Ansprüchen ausgesetzt, wenn er die von ihm, aufgrund der in § 22 Abs. 1 Satz 2 Nr. 1 InsO vorgesehenen Fortführungsverpflichtung, begründeten Masseverbindlichkeiten nicht begleichen kann. Häufig wird aber der vorläufige Insolvenzverwalter gar nicht absehen können, welche Verbindlichkeiten auf ihn zukommen werden und ob er die notwendigen Massemittel erwirtschaften kann.[618] Hinzu kommt, daß die Neuregelungen zur Vorfinanzierung von Insolvenzgeld den nach der bislang geltenden Rechtslage in der Rechtsprechung des Bundessozialgerichtes (BSG)[619] eingeräumten Finanzierungsspielraum nurmehr eingeschränkt nutzbar machen, was ggf. dazu führen kann, daß eine Vorfinanzierung gänzlich ausscheidet.[620] Unter diesen Umständen wird der vorläufige Verwalter mit Verfügungsbefugnis mglw. eher geneigt sein, die Zustimmung des Gerichtes zur Einstellung des Geschäftsbetriebes gem. § 22 Abs. 1 Satz 2 Nr. 2 Halbsatz 2 InsO einzuholen, was mit dem Willen des Gesetzgebers, nach Möglichkeit einer Entscheidung der Gläubigerversammlung im Berichtstermin nicht vorzugreifen (wofür die Fortführungsverpflichtung bis zum Berichtstermin dienen soll), nur schwer zu vereinbaren wäre. Ist der Geschäftsbetrieb dann erst einmal geschlossen, gibt es nichts mehr zu sanieren und ist die Entscheidung in der Gläubigerversammlung i.S.e. Liquidation präjudiziert.

Die Voraussetzungen für eine Einstellung des Geschäftsbetriebes sind zudem alles andere als einfach zu bestimmen. Dem Gericht obliegt die Entscheidung, wann bei Fortführung eine "erhebliche Verminderung des Vermögens" zu besorgen droht. In der Gesetzesbegründung findet sich weder ein Hinweis darauf, wann Erheblichkeit in diesem Sinne vorliegt noch wie

---

615 Vgl. hierzu eingehend Uhlenbruck, Das neue Insolvenzrecht, S. 92; zur Umsatzsteuer als Masseverbindlichkeit nach der InsO vgl. Welzel, Umsatzsteuer, S. 220 - 273.

616 Vgl. Hess/Weis in: InVo 1997, S. 141 ff, 144; Uhlenbruck in: Kölner Schrift zur InsO, S. 239 ff Rdnr. 16; Kind in: InVo 1998, S. 57 ff, 62.

617 Tröndle/Fischer, StGB, § 266a Rdnr. 6.

618 Uhlenbruck in: FS Hanisch, S. 281 ff, 286.

619 BSG Urt. vom 22. 03. 1995 (Az.: 10 RAr 1/94), abgdr. in: ZIP 1995, S. 935 ff.

620 Hierzu vgl. eingehend unten: Teil 2, B, II, 4.

die Bewertung des Vermögens zu erfolgen hat.[621] Soweit Haberhauer/Meeh[622] einen Vergleich der zu Zerschlagungswerten angesetzten Vermögenswerte zum Zeitpunkt der Entscheidung des Gerichts über die (frühzeitige) Stillegung und zum Zeitpunkt des Beschlusses über die Verfahrenseröffnung für die Bestimmung der Erheblichkeit der Vermögensverminderung als zweckmäßig ansehen, erscheint dies in zweierlei Hinsicht bedenklich.

Zutreffend ist zunächst, daß die Bewertung des Vermögens auf der Grundlage einer Vermögensübersicht zu erfolgen hat. Daraus abgeleitet bedarf es dann jedoch einer Planrechnung, mittels derer der vorläufige Verwalter dem Gericht gegenüber die erhebliche Verminderung des Vermögens dokumentieren kann. Allein auf den Zeitpunkt der Gerichtsentscheidung zur Verfahrenseröffnung abzustellen, erscheint dabei zu statisch und trägt nicht genügend dem Umstand Rechnung, daß es sich um ein zunächst fortgeführtes Unternehmen gehandelt hat. Andernfalls wäre ein Verwalter mit Verfügungsbefugnis auch nicht vom Gericht eingesetzt worden. Für diese Planrechnung ist dann ein Prognosezeitraum von drei Monaten zugrundezulegen, was zum einen den möglichen Zeitraum eines Vorverfahrens und zum anderen den Zeitraum bis zum Berichtstermin angemessen berücksichtigt. Darüber hinaus sollte nicht auf Zerschlagungswerte abgestellt werden. Damit würde unberücksichtigt bleiben, daß der Gesetzgeber von der Fortführung durch den vorläufigen Verwalter mit Verfügungsbefugnis als Regelfall ausgeht und dies sogar als Pflicht in § 22 Abs. 1 Satz 2 Nr. 1 InsO statuiert hat. Auch hat der vorläufige Verwalter das Unternehmen tatsächlich bis zu diesem Zeitpunkt fortgeführt. Im Ergebnis empfiehlt sich daher, auf "going concern" Werte abzustellen.[623]

Die aufgezeigten Probleme im Zusammenhang mit der Bestellung eines vorläufigen Verwalters, auf den die Verfügungsbefugnis über das Vermögen des Schuldners übergegangen ist, rückt die Alternative eines vorläufigen Verwalters unter Zustimmungsvorbehalt gem. § 21 Abs. 2 Nr. 1, 2 Alt. 2 InsO verstärkt in den Vordergrund.

Immerhin können ihm nach dem eindeutigen Wortlaut des § 22 Abs. 2 InsO vom Gericht im einzelnen die Aufgaben auferlegt werden, die dem vorläufigen Insolvenzverwalter mit Verfügungsbefugnis bereits aufgrund der gesetzlichen Kompetenzzuweisung in § 22 Abs. 1 Nr. 1 bis 3 InsO obliegen. Auch stehen ihm die Rechte aus § 22 Abs. 3 InsO zu. Die entscheidenden Unterschiede liegen daher zunächst darin, daß beim Verwalter ohne Verfügungsbefugnis der Schuldner grundsätzlich befugt bleibt, über sein Vermögen weiter zu verfügen. Eine Einschränkung sieht das Gesetz aber in § 21 Abs. 2 Nr. 2 Alt. 2 InsO vor, wenn die Wirksamkeit der Verfügung des Schuldners von einer Zustimmung des vorläufigen Verwalters abhängig gemacht wird. Eine ohne diese Zustimmung vorgenommene Verfügung wäre absolut unwirksam (vgl. §§ 24 Abs. 1 i.V.m. 81 Abs. 1 Satz 1 InsO).[624]

---

621 Begrd. RegE zu § 26 RegE InsO, abgdr. in: Balz/Landfermann, Die neuen Insolvenzgesetze, S. 98 f; vgl. auch Uhlenbruck, Unternehmenssicherung, S. 210 ff, 221 zu den Haftungsrisiken bei frühzeitiger Betriebsstillegung.

622 Haberhauer/Meeh in: DStR 1995, S. 1442 ff, 1443 f.

623 Diesem Ansatz gerecht werden auch die Ausführungen von Haberhauer/Meeh in: DStR 1995, S. 1442 ff, 1444; i.d.S. auch Warrikoff, wenn er die Überlebenschancen bei der Bestimmung der Erheblichkeit der Vermögensminderung mit berücksichtigt wissen will: ders. in: KTS 1996, S. 489 ff, 493.

624 Siehe auch Begrdg. RegE zu § 92 RegE InsO, abgdr. in: Balz/Landfermann, Die neuen Insolvenzgesetze, S. 164; insofern unverständlich der Hinweis von Smid in: WM 1995, S. 785 ff, 787 und Hess/Weis in: InVo 1997, S. 141 ff, 141, die nur von einem relativen Verfügungsverbot ausgehen; vgl. auch Hess, InsO, § 21 Rdnr. 33; zum Ganzen auch Gerhardt, Verfügungsbeschränkungen, S. 159 ff, Rdnr. 4 - 7.

In Kombination mit der gleichzeitigen Anordnung eines Zustimmungsvorbehalts kann die Rechtsstellung des vorläufigen Insolvenzverwalters durchaus mit der des Sequesters im Rahmen der Verwaltungssequestration bzw. "dynamischen Sequestration" verglichen werden. Welche Rechte ihm im Einzelfall dann obliegen, bestimmt das Gericht nach pflichtgemäßen Ermessen, wobei der Handlungsrahmen durch § 22 Abs. 2 InsO vorgegeben ist. Daß ihm die Verfügungsbefugnis nicht vollständig übertragen werden kann, dürfte unstreitig sein. Gleichwohl wäre es m.E. denkbar, daß das Gericht im Rahmen der auferlegten Fortführungsverpflichtung per Beschluß gem. § 22 Abs. 2 i.V.m. § 22 Abs. 1 Satz 2 Nr. 2 InsO auch für einzelne Geschäfte die Verwaltungs- und Verfügungsbefugnis einräumen kann, so wie die geltende Rechtspraxis für die dynamische Sequestration dies bereits vorsieht. Ob den dabei begründeten Verbindlichkeiten dann Masseschuldcharakter zukommt, läßt sich allein mit dem Blick auf § 55 Abs. 2 Satz 1 InsO nicht begründen, da eine umfassende, und damit auch die Haftung des § 61 InsO rechtfertigende Verwaltungs- und Verfügungsbefugnis gerade nicht übertragen wurde.

Meines Erachtens wird es daher auch unter Geltung der Insolvenzordnung erforderlich sein, durch entsprechende Sicherungsvereinbarungen eine Bezahlung der nach Eröffnung dann als Insolvenzforderungen zu behandelnden Ansprüche zu gewährleisten. Dies stellt keine unzumutbare Rechtslage dar, da die gegenwärtige Praxis sich hierauf bereits eingestellt hat.[625] Insofern überzeugt auch nicht, warum die Einsetzung eines vorläufigen Verwalters unter gleichzeitiger Anordnung eines Zustimmungsvorbehalts lediglich mit der "Sicherungssequestration" herkömmlicher Prägung verglichen wird.[626] Sofern sich in der Literatur darüber hinaus der Hinweis findet, der vorläufige Verwalter ohne Verfügungsbefugnis müsse die "absolute Ausnahme" bleiben und dürfe nicht zum Sachverständigen i.S.v. § 22 Abs. 1 Satz 2 Nr. 3 InsO bestimmt werden[627], wird ersichtlich die Anordnung eines Zustimmungserfordernisses außer Betracht gelassen.

Vor dem Hintergrund des vom Gesetzgeber verfolgten Ziels der Förderung von Unternehmenssanierungen kommt m.E. auch der Anordnung des Zustimmungsvorbehalts ein über die bloße Sicherungsfunktion hinausgehender Anwendungsbereich zu. Legt der Schuldner einen vorbereiteten Insolvenzplan bereits mit Antragstellung dem Gericht vor, so ist nicht einzusehen, warum ihm nicht auch das Verfügungsrecht weiter bleiben soll. Im Gegensatz zur Eigenverwaltung ist mit dem Zustimmungsvorbehalt ein hinreichender Rechtsschutz gegen masseschmälernde Verfügungen des Schuldners gegeben. Ein Schuldner, der ernsthaft seine Reorganisationsabsichten verfolgt, wird sich sehr zurückhalten, solche Maßnahmen zu Lasten der Gläubiger vorzunehmen. Andernfalls würde er das Vertrauen, welches die Gläubiger ihm aufgrund der frühzeitigen Einbindung in die Planerstellung und die schnelle Einleitung eines Insolvenzverfahrens noch entgegenbringen, gänzlich verlieren; dies ggf. mit der weiteren Folge des Scheiterns jeglicher Reorganisationsbemühungen.[628]

---

[625] Zweifelnd auch Uhlenbruck in: ZBB 1992, S. 284 ff, 285.

[626] So aber Uhlenbruck in: Kölner Schrift zur InsO, S. 239 ff, Rdnr. 12.

[627] Haarmeyer/Wutzke/Förster, Kap. 3, Rdnr. 217, 237; Häsemeyer, Insolvenzrecht (2. Aufl.), Rdnr. 7.56.

[628] I.d.S. wohl auch Gerhardt mit dem Verweis auf die Erhaltung des Ansehens des Schuldners, was für Bertriebsfortführungen hilfreich sein kann: ders., Verfügungsbeschränkungen, S. 159 ff Rdnr. 14; anders jedoch Haberhauer/Meeh in: DStR 1995, S. 1442 ff, 1443, die auf die Verantwortung der Unternehmensleitung in der Hand des vorläufigen Insolvenzverwalters aufgrund der Managementfehler des Schuldners abstellen.

Soweit auf Kompetenzkonflikte zwischen vorläufigem Verwalter und Schuldner im Rahmen von Betriebsfortführungen verwiesen wird[629], kann dem aus eigener Erfahrung entgegengehalten werden, daß auch in der Praxis unter Geltung der Konkurs- bzw. Gesamtvollstreckungsordnung zeitweilige Betriebsfortführungen ohne derartige Kompetenzkonflikte möglich sind und sämtliche Entscheidungen in Abstimmung mit dem Sequester erfolgen. Im übrigen ist der Sequester dabei auch auf das Know-how der alten Unternehmensleitung angewiesen, weshalb nur in Ausnahmefällen Betriebsfortführungen aufgrund der dargestellten Kompetenzkonflikte sich als schwierig erweisen. In der gegenwärtigen Rechtspraxis sind so Betriebsfortführungen durch den Schuldner unter Kontrolle des Sequesters üblich und erwünscht, um die Voraussetzungen für die Eröffnung eines Konkursverfahrens überhaupt schaffen zu können.[630] Im übrigen kann der Sequester herkömmlichen Verständnisses das Vermögen des Schuldners in Besitz nehmen, sofern dies vom Sequestrationszweck umfaßt ist. Warum dies nicht auch für den vorläufigen Verwalter mit Zustimmungsvorbehalt gelten soll, erschließt sich dem Autor nicht.[631] Auf die Besonderheiten, die sich im Zusammenhang mit der Bestellung eines vorläufigen Insolvenzverwalters mit Verfügungsbefugnis bzw. Zustimmungsvorbehalts bei der Gewährung von Massekrediten und der Vorfinanzierung von Insolvenzgeld ergeben, wird im nachfolgenden noch näher eingegangen. Auf die entsprechenden Ausführungen im Teil 2, B, II dieser Arbeit sei an dieser Stelle bereits verwiesen.

Die Ausführungen haben verdeutlicht, daß dem Gericht bei der Auswahl der anzuordnenden Sicherungsmaßnahmen eine entscheidende Aufgabe zukommt, die es nur anhand des jeweiligen Einzelfalls treffen kann. Von diesen Entscheidungen wird es ggf. abhängen, ob eine Betriebsfortführung möglich sein wird, um einer Entscheidung der Gläubiger im Berichtstermin über den Fortgang des Verfahrens nicht vorzugreifen. Ob dabei die gleichzeitige Anordnung eines allgemeinen Verfügungsverbotes gem. § 21 Abs. 2 Nr. 2 Alt. 1 InsO den Regelfall darstellen soll bzw. wird oder ob sich in der Rechtspraxis eine andere Handhabung zugunsten eines vorläufigen Verwalters mit Zustimmungsvorbehalt gem. § 21 Abs. 2 Nr. 1 i.V.m. Nr. 2 Alt. 2, § 22 Abs. 2 i.V.m. § 22 Abs. 1 Satz 2 Nr. 1 - 3 InsO entwickeln wird, bleibt abzuwarten. Jedenfalls verbietet sich eine generelle Handhabung für eine der Lösungen, da sie den Besonderheiten eines jeden Einzelfalles nicht gerecht werden kann.

Die ersten im Bundesanzeiger veröffentlichten Beschlüsse der Insolvenzgerichte über die Anordnung der vorläufigen Insolvenzverwaltung zeigen bereits, daß die gleichzeitige Anordnung eines allgemeinen Verfügungsverbotes gerade nicht den Regelfall darstellt und daß auch die vorläufige Verwaltung mit Zustimmungsvorbehalt von der Praxis angenommen wird.[632]

Unabhängig davon, ob ein vorläufiger Verwalter mit Verfügungsbefugnis bestellt oder eine vorläufige Verwaltung mit Zustimmungsvorbehalt angeordnet wird, ergeben sich die Rechte des vorläufigen Insolvenzverwalters (entweder durch gesetzliche Kompetenzzuweisung oder auf Anordnung des Gerichts gem. § 22 Abs. 2 InsO) aus § 22 Abs. 1 Satz 2 Nr. 1 - 3 InsO.

---

629 Haarmeyer/Wutzke/Förster, Kap. 3, Rdnr. 217, 237; Gerhardt, Verfügungsbeschränkungen, S. 159 ff, Rdnr. 14.

630 Vgl. hierzu Feuerborn in: KTS 1997, S. 171 ff, 174 f und vor allem S. 183 (faktische Regelungsmacht des Sequesters auch im Falle einer bloßen Sicherungssequestration); Mönning, Betriebsfortführung, Rdnr. 47.

631 So aber Gerhardt, Verfügungsbeschränkungen, S. 159 ff, Rdnr. 14; vgl. auch Uhlenbruck in: Gottwald, InsR-Hdb., § 14 Rdnr. 10 f m.w.N. zur Gegenauffassung; Haarmeyer/Wutzke/Förster, Kap. 3, Rdnr. 244.

632 Zu den ersten Beschlüssen vgl. Förster in: ZinsO 1999, S. 76 f; Smid in: DZWIR 1999, S. 105 ff.

Für die hier interessierende Betrachtung im Rahmen von Insolvenzplanverfahren kommt der Nr. 3 des § 22 Abs. 1 InsO besondere Bedeutung zu. Danach

- hat der vorläufige Verwalter eine Prüfung der Massekostendeckung vorzunehmen (§ 22 Abs. 2 Nr. 3 Halbsatz 1 InsO) und

- *kann* vom Gericht zusätzlich als Sachverständiger mit der Prüfung des Vorliegens der Eröffnungsgründe und den Fortführungsaussichten[633] für das Schuldnerunternehmen beauftragt werden (§ 22 Abs. 2 Nr. 3 Halbsatz 3 InsO). Auf diesen letzten Prüfungspunkt ist näher einzugehen.

Wie bereits dargestellt erfordert die Wahrnehmung der betriebswirtschaftlichen Aufgaben mit dem Ziel der Erstellung eines tragfähigen Sanierungskonzeptes Zeit, die aber nicht unbegrenzt zur Verfügung steht. Hat der Schuldner daher nicht bereits einen Insolvenzplan ausgearbeitet und mit Insolvenzantragstellung dem Gericht vorgelegt, wird es für den Verwalter schwer werden, dies innerhalb der Frist bis zum Berichtstermin zu erledigen. Andererseits muß er bereits im Berichtstermin darlegen, ob Aussichten bestehen, daß Unternehmen im ganzen oder in Teilen zu erhalten, welche Möglichkeiten für einen Insolvenzplan bestehen und wie sich dies jeweils auf die Befriedigung der Gläubiger auswirkt (§ 156 Abs. 1 Satz 2 InsO). Im Ergebnis erfordert die Beantwortung dieser Fragen bereits die Erarbeitung der im Einzelfall erforderlichen leistungs- und finanzwirtschaftlichen Sanierungsmaßnahmen. Dabei hat der Verwalter alternativ verschiedene Abwicklungsmodalitäten mit ihren jeweiligen Auswirkungen auf die Befriedigung der Gläubiger darzustellen.

Kommt es im Vorfeld der Insolvenzantragstellung nicht zu einer Verständigung mit den Gläubigern, werden sie erstmals im Berichtstermin aussagekräftige Unterlagen und Planrechnungen erwarten, die sie in die Lage versetzen, eine Entscheidung über die Fortführung des Unternehmens und die Ausarbeitung eines Sanierungsplans zu treffen. Letztlich hat der Verwalter bereits bis zu diesem Termin ein Sanierungskonzept zu erstellen, aus dem sich die Befriedigungsquoten der Gläubiger im Falle einer plangemäßen Fortführung prognostizieren lassen.[634] Wird andererseits die Entscheidung zu einer Planerstellung erst in diesem Termin getroffen, wird es für eine aussichtsreiche Sanierung häufig zu spät sein.[635]

Mit § 22 Abs. 1 Satz 2 Nr. 3 InsO wird daher die Möglichkeit eröffnet, daß bereits der vorläufige Verwalter eine Beurteilung der Sanierungsaussichten vornehmen und ggf. bereits ein Sanierungskonzept erarbeiten kann. Noch die ursprüngliche Verfassung des § 26 RegE InsO hat eine solche Möglichkeit nicht vorgesehen.

Ziel sollte es vielmehr sein, die Zeit des Eröffnungsverfahrens so kurz wie möglich zu halten, um auch deren "Grauzonen" zu vermeiden.[636] Dies hat jedoch zu zahlreicher Kritik in der Literatur geführt. Im Rahmen der Sachverständigenanhörung am 28. April 1993 vor dem Rechts-

---

633 Zum Verständnis des Prüfungsbegriffs vgl. schon Fn. 546.

634 Uhlenbruck in: Kölner Schrift zur InsO, S. 249 ff, Rdnr. 23; ders. in: Elschen, S. 210 ff, 222 f; Eidenmüller, Der Insolvenzplan als Vertrag, S. 164 ff, 172.

635 Maus, Der Insolvenzplan, Rdnr. 27.

636 Begrdg. RegE zu § 26 RegE InsO, abgdr. in: Balz/Landfermann, Die neuen Insolvenzgesetze, S. 98; Timm/Keil in: RWS-Forum 3, S. 173 ff, 174 f.

ausschuß des Deutschen Bundestages wurde von vielen Experten verlangt, daß die Prüfung der Sanierungschancen bereits vor einer Verfahrenseröffnung erfolgen sollte.[637] Dieser Auffassung hat sich der Rechtsausschuß angeschlossen und in seine Beschlußempfehlung zu § 26 RegE InsO aufgenommen, daß die Prüfung der Fortführungsaussichten im Auftrag des Gerichts durch den vorläufigen Verwalter erfolgen kann.[638] Dem ist der Gesetzgeber erfreulicherweise gefolgt.

Für diese Vorverlagerung der Sanierungsfähigkeitsprüfung und die Erarbeitung eines entsprechenden Sanierungskonzeptes spricht vor allem ein praktisches Bedürfnis. Der Gesetzgeber hat für den vorläufigen Verwalter mit Verfügungsbefugnis eine Fortführungsverpflichtung in § 22 Abs. 1 Satz 2 Nr. 2 InsO statuiert. Die Aufrechterhaltung der Geschäftstätigkeit ist bei einem insolventen (zahlungsunfähigen) Schuldner immer mit der Aufnahme von neuen Krediten verbunden, um die Liquidität während der Phase der Fortführung sicherzustellen. Wer aber soll dem vorläufigen Verwalter ohne ein tragbares Fortführungs- bzw. Sanierungskonzept einen Massekredit einräumen? Banken als zentraler Faktor bei der Kapitalausstattung insolventer, aber sanierungswilliger und -fähiger Unternehmen werden jedenfalls auf einem tragbaren Sanierungskonzept bestehen.[639]

Führt der vorläufige Verwalter fort, wird er aufgrund der in § 61 InsO normierten Haftung für Masseverbindlichkeiten ohnehin gehalten sein, eine Plan-, Gewinn- und Verlustrechnung und eine Liquiditätsplanung zu erstellen, aus der unter Ansatz nachvollziehbarer Prämissen die Wahrscheinlichkeit der Begleichung der ausgelösten Verbindlichkeiten sich ergibt. Der vorläufige Verwalter muß deswegen selbst- oder durch qualifizierte Mitarbeiter im schuldnerischen Unternehmen - den Auftragsbestand oder die Geschäftschancen analysieren, daraus Planumsätze prognostizieren und die zur Erbringung dieser Planumsätze notwendigen Aufwendungen kalkulieren sowie deren Liquiditätsströme berechnen. Vor diesem Hintergrund ist es zu begrüßen, daß eine zu schnelle Verfahrenseröffnung verhindert werden kann. Der damit verbundene Zeitgewinn kann vom vorläufigen Verwalter dann genutzt werden, um auf diesen Grundlagen aufbauende Sanierungen vorzubereiten und ggf. schon einzuleiten.[640] Für den i.d.R. personenidentischen Insolvenzverwalter wird damit gleichzeitig die Ausübung seines Wahlrechtes bei gegenseitigen Verträgen gem. § 103 InsO erleichtert, da die Entscheidung für eine Erfüllungswahl i.d.R. von den Fortführungsaussichten abhängen wird.

Haberhauer/Meeh verweisen nun darauf, daß dieser Zeitgewinn aus Sicht der Vertragspartner nicht zu begrüßen sei. Als Argument führen sie die u.U. längere Ungewißheit über eine Insolvenzeröffnung ins Feld.[641] Dagegen spricht jedoch, daß bereits die angeordneten Sicherungsmaßnahmen i.S.v. § 21 Abs. 2 Nr. 2 InsO sowie die Bestellung eines vorläufigen Verwalters

---

637 Vgl. nur Grub, 28. April 1993, abgdr. in: Protokolle RA BT 74 - 77, 1993, S. 1 ff, 108 ff und Wellensiek, a.a.O. S. 116.

638 RA BT zu § 26 RegE InsO, abgdr. in: Balz/Landfermann, Die neuen Insolvenzgesetze, S. 99.

639 Kämpfer, Sanierungskredite, S. 109.

640 Vgl. Hess/Weis in: InVo 1997, S. 141 ff, 144; Groß in: WPK-Mitt. 1997, S. 2 ff, 6; Uhlenbruck in: KTS 1994, S. 169 ff, 178; Auch nach bislang geltendem Recht wurden in der Phase des Konkursantragverfahrens die Weichen für eine Sanierung des Unternehmens bzw. des Unternehmensträgers gestellt und Sanierungskonzepte erarbeitet: Gravenbrucher Kreis in: ZIP 1992, S. 657 ff, 658.

641 Haberhauer/Meeh in: DStR 1997, S. 1442 ff, 1445.

öffentlich bekannt gemacht und in den einschlägigen Registern zur Eintragung gebracht (vgl. § 23 InsO) werden. Eine frühzeitige Information auch der Gläubiger ist somit gewährleistet.

Die Erarbeitung dieses Sanierungskonzeptes hat im Lichte des Fortführungspostulats unmittelbar nach der Bestellung des vorläufigen Verwalters zu erfolgen.[642] Ihm kommt dann die Aufgabe zu, eine Insolvenzursachenanalyse durchzuführen, eine Lagebeurteilung des Unternehmens (Ist-Zustand) anhand der zur Verfügung stehende Analysetechniken (Stärken-Schwächen-Analyse, Konkurrentenanalyse, Szenariotechnik, Wertanalyse oder Portfolio-Methode) vorzunehmen, um letztendlich ein Sanierungskonzept zu erarbeiten und mit den Beteiligten zu erörtern. Bei voller Ausnutzung des Insolvenzgeldzeitraumes von maximal drei Monaten (vgl. § 183 SGB III[643]) lassen sich zumindest die Sanierungsaussichten prüfen und die Grundlagen für ein Sanierungskonzept erstellen, so daß der Verwalter im Berichtstermin einen ausgearbeiteten Sanierungsplan vorlegen kann. Gleichzeitig kann so der Berichtstermin vom Gericht innerhalb eines Zeitraumes von bis zu sechs Wochen anberaumt und mit dem Prüfungs- und Erörterungs- und Abstimmungstermin verbunden werden, was ganz entscheidend zu einer schnellen Verfahrensbeendigung beiträgt. Auch ohne einen vorbereiteten Plan des Schuldners lassen sich daher im Ergebnis aussichtsreiche Sanierungskonzepte zeitnah erarbeiten und umsetzen.

(b) Der Verwalterplan vom Berichtstermin bis zur Bestätigung

In Bezug auf den weiteren Verfahrensablauf vom Berichtstermin bis hin zur Planbestätigung durch das Insolvenzgericht ergeben sich für den Verwalterplan im Vergleich zu einem Plan des Schuldners nur insoweit Änderungen, als die Gläubigerversammlung selbst berechtigt ist, den Verwalter mit der Ausarbeitung eines Insolvenzplans zu beauftragen. Hierbei kann sie ihm auch das Ziel eines solchen Plans vorgeben (vgl. § 157 Satz 2 InsO), so daß der Verwalter ggf. verpflichtet wäre, seinen Plan entsprechend der Zielvorgabe zu ändern oder aber einen neuen Plan auszuarbeiten. In einem späteren Termin kann die Gläubigerversammlung ihre Entscheidung dann den veränderten Bedingungen anpassen (§ 157 Satz 3 InsO). Daß so ein in Auftrag gegebener Plan den Verwalter nicht daran hindern kann, auch seinen, Kraft eigenen Planinitiativrechts, ausgearbeiteten Plan zur Abstimmung der Gläubiger zu stellen, wurde unter dem Stichwort eines "Planoktroys" bereits erörtert.[644] Unter diesen Voraussetzungen kann es u.U. zu mehreren Planvorlagen kommen. Wie in einem solchen Fall die Erörterung und Abstimmung über die Planvorlagen erfolgen wird und welche Kompetenzen dem Gericht bei der Entscheidung über mehrere von den Gläubigern angenommenen Pläne zukommen, wird später noch eingehend darzustellen sein.[645]

Im Ausgangspunkt gilt es bereits jetzt festzuhalten, daß alle dem Gericht vorgelegten Insolvenzpläne das Insolvenzplanverfahren zu durchlaufen haben und kein Plan allein mit der Begründung zurückgewiesen werden kann, es existiere ja bereits ein anderslautender Planvorschlag, für den ein Erörterungs- und Abstimmungstermin vom Gericht bereits anberaumt

---

[642] So auch Uhlenbruck in: Kölner Schrift zur InsO, S. 239 ff, Rdnr. 23.

[643] Änderungen des SGB III durch das Gesetz zur Reform der Arbeitsförderung (Arbeitsförderungs-Reformgesetz - AFRG), veröffentlicht in: BGBl 1997, Teil 1 Nr. 20 S. 594 ff.

[644] Vgl. hierzu: Teil 2, A, III, 3, d).

[645] Vgl. unten: Teil 2, B, III.

wurde. Alle Insolvenzpläne, die nicht vom Gericht im Rahmen des Vorverfahrens zurückgewiesen wurden, sind gleich zu behandeln. Ihnen ist daher die Möglichkeit einer Abstimmungsentscheidung durch die Gläubigerversammlung einzuräumen.

Auf die besonderen Probleme eines Verwalterplans in zeitlicher Hinsicht, die sich insbesondere dann ergeben, wenn erst durch die Gläubigerversammlung ein Auftrag zur Erstellung eines Insolvenzplans ergeht, wurde schon mehrfach hingewiesen.

Folgt man der hier vertretenen Auffassung, daß der Verwalter seinen Darlegungspflichten im Berichtstermin nur in ausreichendem Maße genügen kann, wenn er bereits ein Sanierungskonzept vorlegt, so wird die Erstellung eines den vorgegebenen Zielen entsprechenden Plans zeitnah erfolgen können. Dennoch wird es zu zeitlichen Verzögerungen kommen, da die Vorteile einer Verbindung von Berichts-, Prüfungs- sowie Erörterungs- und Abstimmungstermin nicht mehr genutzt werden können. Da die Unsicherheit aller Beteiligten (Lieferanten, Kunden, Arbeitnehmer u.a.) über den tatsächlichen Fortbestand des schuldnerischen Unternehmens bis zur schlußendlichen Bestätigung des Insolvenzplans durch das Gericht jedoch weiter bestehen, sind die Realisierungschancen der Umsetzung der Planlösungen eher gering zu bewerten. Man denke allein daran, daß teilweise die Aufrechterhaltung des Geschäftsbetriebes wesentlich vom arbeitnehmerspezifischen Know-how abhängt. Die Arbeitnehmer, in deren Person sich dieses Know-how verkörpert, werden den Abwerbungsversuchen der Konkurrenz aufgrund der beschriebenen Unsicherheit über den langfristigen Erhalt ihres Arbeitsplatzes, berechtigterweise nicht lange entgegentreten. Tragfähige Sanierungskonzepte mit dem Ziel einer Reorganisation des Rechtsträgers bei gleichzeitiger Sanierung des Betriebes bzw. Unternehmens als organisatorische Einheiten, werden daher nach künftigem Recht der Insolvenzordnung im wesentlichen während der Phase des Eröffnungsverfahrens vom vorläufigen Verwalter vorbereitet und ausgearbeitet.[646]

2. Die Wahl des Vorlagezeitpunktes für den Insolvenzplan

Im Zusammenhang mit der Darstellung der zeitlichen Komponente des Insolvenzplanverfahrens wurde auf die strategische Bedeutung des Vorlagezeitpunktes zusammen mit dem Antrag auf Eröffnung eines Insolvenzverfahrens gemäß § 218 Abs. 1 Satz 2 InsO hingewiesen, so daß sich die nachfolgenden Ausführungen auf die weiteren in § 218 InsO geregelten Vorlagezeitpunkte beschränken sollen.

a) Zulässigkeit der Planvorlage noch im Schlußtermin?

§ 218 Abs. 1 Satz 3 InsO bestimmt, daß der spätest mögliche Zeitpunkt für die Vorlage eines Insolvenzplans der Schlußtermin gem. § 197 InsO ist. Der Verwalter hat die Vorschrift des § 218 Abs. 1 Satz 3 InsO zu beachten, unabhängig davon, ob er einen Plan im Auftrag der Gläubigerversammlung oder aufgrund des ihm zustehenden eigenen (originären) Planinitiativrechts vorlegt.

---

646 So auch deutlich: Mönning, Betriebsfortführung, Rdnr. 272.

Fraglich ist jedoch, ob eine Planvorlage noch während des Schlußtermins möglich ist, die eine Zurückweisung des vorgelegten Planentwurfs durch das Gericht im Rahmen der Vorprüfung gem. § 231 Abs. 1 Nr. 1 InsO ausschließt. Nach der bislang geltenden Regelung zum Zwangsvergleich in den §§ 173 i.V.m. 161 Abs. 2 KO durfte der Zwangsvergleichsvorschlag nur bis zur Genehmigung der Schlußverteilung erfolgen. Maßgeblicher Zeitpunkt hiernach war der Zugang des Genehmigungsbeschlusses beim Verwalter, da der Gerichtsbeschluß nicht verkündet wurde.[647]

In den Motiven zur Insolvenzordnung läßt sich eine Begründung für eine vom geltenden Recht abweichende Regelung nicht finden. Für die Zulässigkeit der Planvorlage im Schlußtermin spricht aber zunächst der Wortlaut des § 218 Abs. 1 Satz 3 InsO. Nur der Plan, der erst *nach* dem Schlußtermin beim Gericht eingeht, wird als verspätet angesehen. Eine Vorlage im Schlußtermin wird danach nicht als verspätet gewertet. Weiter spricht dafür, daß mit der Regelung in § 218 Abs. 1 Satz 3 InsO einer im bislang geltenden Recht vorherrschenden Streitfrage keine Bedeutung mehr zukommen würde. So war bislang zweifelhaft, ob das Gericht von Amts wegen die Genehmigung der Schlußverteilung widerrufen kann, um einem Zwangsvergleichsvorschlag, der unmittelbar danach vorgelegt wurde, noch die Möglichkeit seines Wirksamwerdens einzuräumen.[648]

Im Ergebnis ist eine Vorlage noch während des Schlußtermins zulässig und rechtfertigt keine Zurückweisung des Planentwurfs durch das Gericht im Rahmen der Vorprüfung gem. § 231 Abs. 1 Nr. 1 InsO. Die Insolvenzordnung geht damit über die bisherige Rechtslage hinaus. Nur die Vorlage eines Plans nach dem Schlußtermin stellt einen unbehebbaren Verfahrensmangel i.S.d § 231 Abs. 1 Satz 1 InsO dar.[649]

Eine am Sinn und Zweck der Norm orientierte Auslegung kommt darüber hinaus zum Ergebnis, daß eine Planvorlage auch dann noch möglich ist, wenn sich die Voraussetzungen für eine Sanierung erst während der Verwertung äußern. Ist die Verwertung aber bereits abgeschlossen (dann erst stimmt das Gericht der beantragten Schlußverteilung zu und wird der Schlußtermin anberaumt - § 197 Abs. 1 Satz 1 InsO), erscheint es zweifelhaft, ob sich für den Schuldner noch eine ernsthafte, praktisch umsetzbare Chance für eine Reorganisation ergeben kann. Da sämtliche Betriebsmittel und Vorräte einer Verwertung zugeführt wurden, wäre allenfalls eine Lösung denkbar, daß dem Schuldner ein Neukredit eingeräumt wird. Dieser Kredit würde es ihm ermöglichen, die notwendigen Betriebsmittel entweder zu erwerben oder zunächst nur zu mieten. Die Warenvorräte könnten von den Auftraggebern selbst zur Verfügung gestellt werden. Für die Geschäftsräumlichkeiten wäre dann gleichfalls der Abschluß eines Miet- bzw. Pachtvertrages ins Auge zu fassen.

Da solche finanzwirtschaftlichen Planlösungen auch im Vorfeld der Verwertung hätten entworfen werden können, hat das Insolvenzgericht verstärkt zu prüfen, ob der Schuldner nicht bloß eine Verfahrensverzögerungsstrategie verfolgt. Eine solche Planvorlage wäre dann gem. § 231 Abs. 1 Nr. 1 InsO von Amts wegen zurückzuweisen.

---

647 Eickmann in: Gottwald, InsR-Hdb., § 66 Rdnr. 3; Kilger/K. Schmidt, Insolvenzgesetze, KO, § 173 Anm. 2; Kuhn/Uhlenbruck, KO, § 173 Rdnr. 6; vgl. auch die Regelung in § 16 Abs. 2 GesO.

648 Eickmann in: Gottwald, InsR-Hdb., § 66 Rdnr. 3 m.w.N.

649 So auch Otte in: Kübler/Prütting, InsO, § 218 Rdnr. 43; Braun in: Braun/Uhlenbruck, Unternehmensinsolvenz, 7. Teil, C, II, 1, a), S. 477.

b) Planvorlage binnen "angemessener Frist"

Sofern der Verwalter einen Insolvenzplan aufgrund eines Beschlusses in der Gläubigerversammlung auszuarbeiten hat, muß er diesen binnen *angemessener* Frist dem Gericht vorlegen (§ 218 Abs. 2 InsO).

Eine Definition der "Angemessenheit" hat der Gesetzgeber nicht vorgenommen, wäre überdies auch gar nicht möglich gewesen. Damit sollte dem Umstand Rechnung getragen werden, daß sich aufgrund der Individualität eines jeden Einzelfalls allgemein geltende, generalisierende Aussagen nicht treffen lassen. Welche Vorlagedauer noch als angemessen zu bewerten ist, hat sich daher an den jeweiligen Einzelumständen zu orientieren.[650] Geht man davon aus, daß der Verwalter bereits im Berichtstermin umfangreiche Informationen auch zu den Aussichten für die Erstellung eines Insolvenzplans zu geben hat, und er hierfür i.d.R. bereits entsprechende Finanzpläne und Vergleichsrechnungen in Bezug auf die Höhe der voraussichtlichen Befriedigung im Fall einer Liquidation bzw. Fortführung vorbereitet haben sollte[651], kann der Zeitraum für die Anberaumung des Berichtstermin als Vergleichsgrundlage herangezogen werden. Gemäß § 29 Abs. 1 Nr. 1 InsO soll der Berichtstermin nicht über sechs Wochen und darf nicht über drei Monate angesetzt werden. Übertragen auf die Fristenregelung in § 218 Abs. 2 InsO wäre daher bei einem Zeitraum von drei Wochen bis zu drei Monaten, je nach den besonderen Umständen des Einzelfalls, von der Einhaltung einer angemessen Frist auszugehen.[652]

Das Gericht ist befugt, mittels Aufsichtsmaßnahmen (§§ 58, 59 InsO) den Verwalter zur Vorlage des Plans binnen angemessenen Frist anzuhalten, sollte es zu einer entsprechenden Verzögerung gekommen sein.[653] Das Gericht wird den Verwalter aber zunächst an die Vorlage des Plans erinnern und ihn gleichzeitig auffordern, die Gründe darzulegen, die zu der Verspätung geführt haben. Sollte eine Reaktion wider erwarten nicht erfolgen, wird der Verwalter formal zur Planvorlage angemahnt, wobei ihm die rechtlichen Sanktionsmöglichkeiten, insbesondere die Auferlegung eines Zwangsgeldes, angedroht werden.

c) Die Anhörung als zeitliche Verzögerung[654]

Der Insolvenzverwalter ist grundsätzlich verpflichtet[655], bei der Aufstellung eines Insolvenzplans einen etwaig bestellten Gläubigerausschuß, den Betriebsrat, den Sprecherausschuß der leitenden Angestellten und den Schuldner *beratend* in die Planerstellung einzubinden (vgl. § 232 Abs. 1 Nr. 1 InsO). Nach dem Willen des Gesetzgebers soll dieser Kreis der besonders interessierten Personen faktisch ein eigenes Gremium, einen "Beirat" neben dem Gläubigerausschuß bilden.[656]

---

650 Begrdg. RegE zu § 254 RegE InsO, abgdr. in: Balz/Landfermann, Die neuen Insolvenzgesetze, S. 326.

651 Vgl. nur Eidenmüller, Der Insolvenzplan als Vertrag, S. 165 ff, 172.

652 I.d.S. auch, wenngleich ohne Begründung: Haarmeyer/Wutzke/Förster, Kap. 5, Rdnr. 363; Maus geht von einer Zeitraum von vier bis acht Wochen aus: ders. in: Der Insolvenzplan, Rdnr. 27.

653 Begrdg. RegE zu § 254 RegE InsO, abgdr. in: Balz/Landfermann, Die neuen Insolvenzgesetze, S. 326.

654 Vgl. hierzu bereits oben: Teil 1, C, II, 1, a).

655 Begrdg. RegE zu § 254 RegE InsO, abgdr. in: Balz/Landfermann, Die neuen Insolvenzgesetze, S. 326 f.

656 Begrdg. RegE zu § 254 RegE InsO, abgdr. in: Balz/Landfermann, Die neuen Insolvenzgesetze, S. 327.

Eine Zustimmung dieser Personen bzw. Personengruppen ist hingegen nicht erforderlich, so daß ihnen lediglich eine Beraterfunktion obliegt. Obgleich sich der Verwalter daher über deren entgegenstehenden Auffassungen hinwegsetzen kann, hat er sie immer wieder über die Ergebnisse seiner Bemühungen bei der Fortführung des Geschäftsbetriebes und der Planerstellung zu informieren, um ihnen die Möglichkeiten für eine Beratung einzuräumen. Die sich auch aus dem Wortlaut ergebende Verpflichtung zur Einbindung dieser Personen hat zur Konsequenz, daß der Verwalter dem Gericht gegenüber nachzuweisen hat, daß die Mitspracherechte gewährt wurden. Andernfalls ist der Verwalter zu einer Beseitigung dieses Mangels unter Fristsetzung gem. § 231 Abs. 1 Nr. 1 InsO aufzufordern. Bei Nichtbefolgung innerhalb der gesetzten Frist, wäre der Plan aus formellen Gründen gem. § 231 Abs. 1 Nr. 1 InsO zurückzuweisen.[657]

Damit werden jedoch zeitliche Verzögerungen eintreten, die angesichts der Tatsache, daß der Verwalter bereits von sich aus (wenn er aufgrund eigenen Rechts einen Plan entwirft) eine Verständigung mit den Gläubigermehrheiten und dem Schuldner suchen wird[658], nicht notwendig sind. Handelt der Verwalter aufgrund eines Auftrages der Gläubigerversammlung und sind ihm dabei konkrete Ziel- und Inhaltsvorgaben gemacht worden, ist ein so weitgehendes Mitspracherecht, angesichts des knapp bemessenen Zeitrahmens für die Planaufstellung, nicht erforderlich. Schließlich kann allein durch die Beratung nicht sichergestellt werden, daß im Rahmen der Erörterung dennoch Änderungsvorschläge unterbreitet werden, die vom Verwalter als Planersteller noch einzuarbeiten sind.

II. Die Sicherstellung der Liquidität für die Planrealisierung - Grundfragen der Finanzierungsplanung in der Phase der Planvorbereitung -

Unterstellt, es handelt sich bei dem Schuldner um ein sanierungsfähiges Unternehmen, verlangt die Entwicklung und spätere Umsetzung eines Sanierungskonzeptes immer zunächst eine Fortführung des schuldnerischen Unternehmens. Diese ist notwendig, um eine sonst eintretende Auflösung der Betriebsstruktur, der Lieferanten- und Kundenbeziehungen und das Auseinanderfallen der Belegschaft zu vermeiden. Mit der Einstellung des Geschäftsbetriebs geht zumeist der Marktaustritt einher, so daß es nahezu unmöglich ist, den Geschäftsbetrieb u.U. erst Monate später (nach einem Beschluß der Gläubigerversammlung im Berichtstermin), wieder aufzunehmen. Mit anderen Worten läßt sich die Situation trefflich wie folgt umschreiben: "Drei Monate nach Verfahrenseröffnung gibt es nichts mehr zu sanieren, wenn der Betrieb des Schuldners in der Zwischenzeit nicht nahtlos fortgeführt wurde."[659] Diesem Umstand trägt die Insolvenzordnung mit der obligatorischen Fortführung durch den vorläufigen Verwalter mit Verfügungsbefugnis gem. § 22 Abs. 1 Satz 2 Nr. 2 InsO Rechnung. Dabei wirkt die Verpflichtung zur Fortführung bis zur ersten Gläubigerversammlung durch den mit Verfahrenseröffnung eingesetzten Insolvenzverwalter fort (vgl. § 158 InsO).

---

[657] Vgl. Haarmeyer/Wutzke/Förster, Kap. 5 Rdnr. 365.

[658] So auch Braun in: Braun/Uhlenbruck, Unternehmensinsolvenz, Teil 7, C, I, 2, S. 474; Haberhauer/Meeh in: DStR 1995, S. 2005 ff, 2011.

[659] Mönning, Betriebsfortführung, Rdnr. 272.

Eine nur vorläufige Unternehmensfortführung ist jedoch nur möglich, wenn der vorläufige oder "endgültige" Insolvenzverwalter über die hierfür notwendigen liquiden Mittel verfügt. Neben den monatlich bzw. quartalsmäßig anfallenden Fixkosten (Strom, Heizung, Telefon, Miet- und Leasingraten, Lizenzgebühren, Kreditzinsen u.a.) müssen die notwendigen Roh-, Hilfs- und Betriebsstoffe, Komponenten- und Zukaufteile erworben werden, fallen Kosten für die Informationsbeschaffung und Verwaltung an. Inwieweit Personalkosten in die Planrechnung mit einzubeziehen sind, richtet sich nach den Regelungen zur Insolvenzgeldvorfinanzierung[660] (Masseschuldcharakter gemäß § 55 Abs. 1 Nr. 2, Abs. 2 Satz 2 InsO).

Daß freie Liquidität i.d.R. gerade nicht vorhanden ist, erklärt sich denknotwendig allein daraus, daß Illiquidität der wichtigste Insolvenzauslöser ist. Bei einem Schuldner, der die Möglichkeit der Insolvenzantragstellung schon bei erst drohender Zahlungsunfähigkeit gem. § 18 InsO nutzt, ist diese Illiquidität zwar noch nicht eingetreten. Gleichwohl wird die finanzielle Situation sehr angespannt sein. Die bei den beteiligten Kreditinstituten unterhaltenen Kreditlinien sind regelmäßig nahezu ausgereizt und eine Neuvergabe kommt nur auf der Grundlage des Nachweises der zukünftig zu realisierenden Erträge mittels aussagekräftiger Plan-Erfolgsrechnungen in Betracht. Berücksichtigt man darüber hinaus, daß die Kreditinstitute gegen ggf. noch vorhandene Giroguthaben aufrechnen können und schnell verwertbare Massegegenstände regelmäßig mit Sicherungsrechten belastet sind, lassen sich liquide Mittel kurzfristig nur mittels einer Neukreditaufnahme beschaffen.

Die Lösung des Finanzierungsproblems wird zu einer zentralen Aufgabe jedes Sanierers, sei es des vorläufigen Verwalters, des Verwalters im eröffneten Insolvenzverfahren oder des Schuldners nach Abschluß des Insolvenzplanverfahrens. Dabei muß auch auf die Besonderheiten der verschiedenen Phasen eines Sanierungskonzeptes Rücksicht genommen werden, da mit ihnen unterschiedliche Anforderungen an die jeweiligen Formen der Finanzierung gestellt werden. So ist von entscheidender Bedeutung, ob es sich nur um kurzfristige Überbrückungskredite handelt oder um langfristige Finanzierungshilfen, wie sie gerade Gegenstand eines Reorganisationsplans sein werden. Ziel ist es immer, die Kapitalausstattung des reorganisierten Unternehmens langfristig zu sichern. Daß dieses Ziel nicht allein mit reinen Kreditgewährungen zu erreichen sein wird, sondern weitergehende finanzwirtschaftliche Maßnahmen nach sich zieht, liegt auf der Hand.

Gegenstand der nachfolgenden Ausführungen sollen beispielhaft herausgegriffene, sich nach der geltenden Rechtslage bewährte Finanzierungsmöglichkeiten im Rahmen des Vorverfahrens sein. Untersucht wird, ob die Aufnahme eines Massekredits und die Vorfinanzierung von Insolvenzgeld unter Geltung der Insolvenzordnung als Finanzierungsinstrumente zur Beschaffung der Liquidität in Betracht kommen. Eine staatliche Finanzierung durch Subventionen der öffentlichen Hand eignet sich nicht als ein taugliches Instrument zur Bereitstellung des kurzfristig benötigten Liquiditätsbedarfs, da die eigentliche Vergabe häufig an umfangreiche Auflagen[661] geknüpft ist. In der Praxis lassen sich solche Arten der Finanzierung vor allem bei größeren Gesellschaften zur Verfolgung öffentlicher Interessen zur Strukturförderung und Arbeitsplatzerhaltung finden. Daß zur Verwirklichung dieser Zielsetzungen häufig Finanzhilfen auch ohne Vorlage eines Sanierungskonzeptes gewährt werden, ist nur ein Aspekt, der

---

660 Vgl. hierzu näher: Teil 2, B, II, 4.

661 Gottwald in: KTS 1984 S. 1 ff, S. 13; Westermann, Kreditwirtschaft, S. 9, 11.

solche Subventionierungen zu Gunsten einzelner, in die Krise geratener Unternehmen, nicht unkritisch erscheinen lassen.[662] Bei der weiteren Darstellung werden sie daher nicht berücksichtigt.

1. Die "Kriegskasse"

Mit dieser Begrifflichkeit soll keine neue Form der Finanzierung im Rahmen von Insolvenzplanverfahren angesprochen sein. Vielmehr handelt es sich um einen Oberbegriff, den Braun[663] trefflich mit "Kriegskasse" bezeichnet hat. Was aber ist hierunter zu verstehen?

Die bisherigen Ausführungen haben verdeutlicht, daß eine auch nur zeitweilige Unternehmensfortführung während der Phase der Planerstellung bis zur Bestätigung eines eingereichten Insolvenzplans durch das Insolvenzgericht ohne eine konkrete Liquiditäts- bzw. Finanzplanung in einer Plan-Liquiditätsrechnung nicht zu realisieren ist. Die Insolvenzordnung statuiert in § 229 InsO die Verpflichtung zur Aufstellung eines solchen Finanzplans für den Fall, daß die Befriedigung der Gläubiger aus den Erträgen des vom Schuldner oder eines Dritten fortgeführten Unternehmens erfolgen soll. Mittels Plan-Liquiditätsrechnungen läßt sich aufzeigen, durch welche Abfolge von "Einnahmen und Ausgaben"[664] die Zahlungsfähigkeit während des Befriedigungszeitraums gewährleistet ist.

Der auf der Grundlage einer Plan-Gewinn- und -Verlustrechnung erstellte Finanzplan verdeutlicht, wie hoch der Liquiditätsbedarf für den zuvor festgelegten Planungszeitraum ist. Dabei kann es im Interesse größtmöglicher Aussagekraft sinnvoll sein, den Liquiditätsbedarf für die jeweiligen Abschnitte der Planerstellung separat zu ermitteln, um so rechtzeitig bestehende Zahlungsschwierigkeiten bzw. Unterdeckungen aufzuzeigen und ihnen durch geeignete Maßnahmen entgegenwirken zu können. Sundermeier/Wilhelm bezeichnen daher solche Planrechnungen auch als "Controllinginstrumentarium", anhand dessen die planmäßige Entwicklung des Unternehmens aus der Krise verfolgt werden kann.[665] Es empfiehlt sich, eine wochengenaue Plan-Einzahlungs-Auszahlungsrechnung unter Einbeziehung notwendiger Kreditgrenzen zur Darstellung der finanziellen Situation aufzustellen. Erstellt der Schuldner den Plan als "prepackaged plan" bereits vor der eigentlichen Insolvenzantragstellung, hat auch er für diese einzelnen Perioden der Planerstellung den erforderlichen Bedarf an kurzfristig zur Verfügung stehenden Zahlungsmitteln zu bestimmen, um einerseits die Sanierungsfähigkeit darstellen zu können und andererseits eine zügige Planerstellung zu gewährleisten.

Unter Zugrundelegung des ermittelten notwendigen Liquiditätsbedarfs wird mit dem Begriff der „Kriegskasse" aufgezeigt, welche tatsächlichen liquiden Mittel bereits zur Verfügung stehen bzw. demnächst zur Verfügung stehen werden, um den fälligen bzw. fällig werdenden

---

662 Gottwald in: KTS 1984, S. 1 ff, S. 14; zur Kritik vgl. auch Kämpfer, Sanierungskredite, S. 106.

663 Braun in: Braun/Uhlenbruck, Unternehmensinsolvenz, 7. Teil, O, IX, 1, a), S. 673.

664 Bei der Frage der Liquidität geht es um eine Veränderung des Zahlungsmittelbestandes. Mit einer Änderung des Nettogeldvermögens korrespondiert jedoch nicht immer eine solche des Zahlungsmittelbestandes. Im Ergebnis liegt in § 229 InsO eine aus Sicht der Betriebswirtschaft nicht zutreffende Terminologie vor. Es muß sich um "Einzahlungen" und "Auszahlungen" handeln: vgl. Wöhe, Betriebswirtschaftslehre, S. 972 ff; Groß in: WPK-Mitt. 1997, S. 2 ff, 11.

665 Sundermeier/Wilhelm in: DStR 1997, S. 1127 ff, 1134.

Zahlungsverpflichtungen nachkommen zu können. Letztlich handelt es sich um nichts anderes, als das während der Phase der Planerstellung und Umsetzung zur Verfügung stehende Budget, womit die Kriegskasse im Ergebnis der Aufrechterhaltung des finanzwirtschaftlichen Gleichgewichtes dient.

Darüber hinaus gibt sie dem vorläufigen Insolvenzverwalter als Sachverständigen die Möglichkeit aufzuzeigen, daß die Verfahrenskosten für die Dauer des Verfahrens gedeckt sind und die Eröffnung des Insolvenzverfahrens durch das Gericht beschlossen werden kann. Fortführungsentscheidungen lassen sich mit dieser Gewißheit sicher bewußter treffen.[666]

2. Der Massekredit als Finanzierungsinstrument

Die im Falle einer Unternehmensfortführung durch den vorläufigen Verwalter, mit oder ohne gleichzeitiger Anordnung eines allgemeinen Verfügungsverbotes, notwendige Aufnahme eines Massekredits ist nur dann gewährleistet, wenn sich die Finanzierung des sanierungsfähigen Schuldners für die Kapitalgeber als lukrativ erweist. Lukrativ kann dabei nicht allein i.S. der Erzielung eines hohen Zinssatzes verstanden werden. Vielmehr haben die Kreditgeber ein primäres Interesse an einer optimalen Besicherung der von ihnen gewährten finanziellen Mittel. Die mit der Insolvenzantragstellung einhergehende negative Publizität birgt auch ein gesteigertes Risiko des Scheiterns für die letztlich ins Auge gefaßte Reorganisation des Schuldners in sich. Obgleich, daß es sich bei dem vom vorläufigen Verwalter mit Verfügungsbefugnis (oder dem Schuldner mit Zustimmung des vorläufigen Verwalters - § 21 Abs. 2 Nr. 2 Alt. 2 InsO) aufgenommenen Massekredits i.d.R. nur um einen kurzfristigen Kredit handelt, bildet die Stellung einer ausreichenden Sicherheit einen wesentlichen Faktor bei der Kreditvergabeentscheidung. Es stellt sich daher die Frage, ob die Regelungen der Insolvenzordnung diesen Anforderungen gerecht wird. Dabei soll sich die Betrachtung auf die vom vorläufigen Verwalter aufgenommenen Kredite beschränken.[667]

a) Der Massekredit unter Geltung der Konkursordnung

Nach bislang geltendem Recht konnte kein Kreditinstitut gezwungen werden, einem notleidenden Unternehmen einen neuen Kredit einzuräumen.[668] Andererseits unterliegt die Berechtigung zum Neuabschluß von Kreditverträgen auch keinen Einschränkungen, wenn die Verträge ernsthaft dazu dienen, Sanierungsbemühungen zu unterstützen.

Die Aufnahme von Krediten während des Konkursantragsverfahrens bei angeordneter Sequestration gem. § 106 Abs. 1 Satz 2 KO war so ohne weiteres zulässig. Entsprechend den dargestellten Grundsätzen zur "dynamischen Sequestration (Verwaltungssequestration)" war der Sequester auch ohne Zustimmung des Schuldners berechtigt, Darlehen zur Beschaffung der

---

666 So auch Braun in: Braun/Uhlenbruck, Unternehmensinsolvenz, 7. Teil, O, IX, 1, a), S. 674.

667 Zu den vom Verwalter nach Verfahrenseröffnung aufgenommenen Krediten vgl. die Darstellung bei Newiger in: Sparkasse 1994, S. 492 ff, 494 ff; Uhlenbruck in: ZBB 1992, S. 284 ff, 285 f; Obermüller in: WM 1994, S. 1829 ff, 1836 f; Hess/Weis in: InVo 1996, S. 225 ff, 226 f; Obermüller/Hess, InsO, Rdnr. 681 - 693.

668 Obermüller in: Gottwald, InsR-Hdb., § 89 Rdnr. 3 m.w.N. aus Rechtsprechung und Literatur.

notwendigen Betriebsmittel aufzunehmen[669], sofern die Darlehensaufnahme dem Zweck der angeordneten Sequestration diente. Es stellte sich dann jedoch die Frage, welchen Rang die vom Sequester begründeten Verbindlichkeiten einnehmen.

Die Konkursordnung unterscheidet insoweit zwischen Masseschulden (§ 59 KO) und Konkursforderungen (bevorrechtigten und nicht bevorrechtigten) gem. § 61 KO. Da das Rechtsinstitut der Sequestration gesetzlich nicht geregelt ist, die Rechtsgrundlage für die Anordnungsbefugnis lediglich aus der Generalnorm des § 106 Abs. 1 Satz 2 KO gefolgert wurde und die Festlegung der einzelnen Befugnisse weitgehend der Lehre und Rechtsprechung vorbehalten waren, findet sich auch keine ausdrückliche gesetzliche Bestimmung zur konkursmäßigen Einstufung der vom Sequester neu begründeten Verbindlichkeiten. Orientiert am Ziel, die Sequestration leichter durchführbar zu machen, gingen die Bestrebungen zunächst hin zu einer Privilegierung als Masseschulden.[670]

Rechtsgrundlage für diese Auffassung war eine analoge Anwendung der §§ 106 VerglO bzw. 224 Abs. 1 Nr. 5 KO[671], wonach die vom Vergleichsverwalter bzw. Testamentsvollstrekker/Nachlaßverwalter begründeten Verbindlichkeiten im nachfolgenden Anschlußkonkurs- bzw. Nachlaßkonkursverfahren als Masseschulden gem. § 59 Abs. 1 Nr. 1 KO eingestuft wurden. Nachdem § 106 VerglO von der Rechtsprechung auch auf den vorläufigen Vergleichsverwalter angewendet wurde, sofern ihn das Gericht mit den Befugnissen gem. § 57 VerglO ausgestattet hatte (vgl. § 12 Satz 2 Alt. 3 VerglO)[672], schienen die Voraussetzungen für eine Analogie im Konkursantragsverfahren gegeben zu sein. Gleichwohl war der BGH und die nunmehr überwiegende Auffassung in der Literatur dieser Argumentation nicht gefolgt[673], und zwar unabhängig davon, ob es sich um eine bloße Sicherungs- oder eine Verwaltungssequestration handelt. Die vom Sequester im eigenen Namen oder die nach seiner Zustimmung vom Schuldner begründeten Verbindlichkeiten sind als nicht bevorrechtigte Konkursforderungen gem. § 61 Abs. 1 Nr. 6 KO anzusehen.

Die Praxis hat auf diese Rechtsprechung reagiert und eine Kreditneuvergabe von der Stellung ausreichender Sicherheiten abhängig gemacht. Dies auch vor dem Hintergrund, daß die vom Sequester begründeten Verbindlichkeiten zumeist erst nach Eröffnung des Konkursverfahrens beglichen werden können, da die Rechnungen der Lieferanten zu unterschiedlichen Zeitpunkten fakturiert werden und eine Telefon- bzw. Stromabrechnung für den Sequestrations-

---

669 So auch Herbert, Sequestration, S. 127; vgl. hierzu und eingehend zur Rechtsstellung des Sequesters: Feuerborn in: KTS 1997, S. 171 ff, 176; Kuhn/Uhlenbruck, KO, § 106 Rdnr. 13m, wo die Aufnahme eines Darlehens jedoch von der Zustimmung des Konkursgerichts abhängen soll. Aus Gründen der Rechtssicherheit wird dies auch von Mohrbutter empfohlen: ders. in: Mohrbutter, Handbuch, § 106, Anm. I.42.

670 Baur/Stürner, Zwangsvollstreckungsrecht II, Insolvenzrecht, § 7 Rdnr. 7.39; Castendiek, Diss., S. 120 ff; Eickmann in: ZIP 1984, S. 728 ff, 730 f; Obermüller in: Handbuch, Rdnr. 1079 jeweils m.w.N.

671 Dazu ausführlich Herbert, Sequestration, S. 131 - 133 m.w.N.

672 BGH, Urt. vom 09.05.1960 (Az.: VII ZR 104/59), abgdr. in: NJW 1960, S. 1456 f; Bley/Mohrbutter, VerglO, § 106 Rdnr. 8; Böhle-Stammschräder/Kilger, VerglO, § 106 Anm. 1; Uhlenbruck in: ZBB 1992, S. 284 ff, 284.

673 BGH, Urt. vom 30.01.1986 (Az.: IX ZR 79/85), abgdr. in: ZIP 1986, S. 448 ff, 450, wonach die Einstufung als Masseschuld dem BGH "nicht unbedenklich" erscheint; Feuerborn in: KTS 1997, S. 171 ff, 186 f; Pape in: ZIP 1994, S. 89 ff, 93; Kuhn/Uhlenbruck, KO, § 106 Rdnr. 13m, 15 f; Uhlenbruck in: KTS 1994, S. 169 ff, 179 alle m.z.N. aus Rechtsprechung und Literatur.

zeitraum erst nach Konkurseröffnung erfolgen kann.[674] Da es sich dann jedoch um eine Bezahlung von Konkursforderungen handeln würde, unterlägen diese Zahlungen der Konkursanfechtung gem. § 30 KO. Eine Anfechtung ist auch nicht dadurch ausgeschlossen, daß der Konkursverwalter diese Verbindlichkeiten zuvor als Sequester selbst ausgelöst hat.[675] Andererseits ist die Bestellung einer Kreditsicherheit durch den Sequester nicht anfechtbar, sofern es sich um ein sog. Bargeschäft handelt. Diese Einschränkung gilt nur im Anwendungsbereich des § 30 Nr. 1 Alt. 1 KO. Voraussetzung ist hierfür jedoch ein enger zeitlicher Zusammenhang zwischen Darlehenshingabe und Bestellung der Sicherheit, wobei es sich nicht nur um gleichwertige Leistungen, sondern auch um die vereinbarten Leistungen handeln muß. Eine Änderung ist nurmehr bis um Bewirken der ersten Leistung möglich.[676]

Geht man vom Regelfall aus, daß bereits im Zeitpunkt der Insolvenzantragstellung die gesamte Betriebs- und Geschäftsausstattung nebst Warenlager an die Hauptgläubigerbank sicherungsübereignet ist, Forderungen aus dem Geschäftsbetrieb gegenüber den Kunden im Wege einer Globalzession an die Bank bzw. über einen verlängerten Eigentumsvorbehalt an die Vorbehaltslieferanten zediert sind, stehen ausreichende Sicherheiten zumeist nicht zur Verfügung.

Dies schließt zum einen eine Kostenfinanzierung durch kurzfristige Liquidation der einem Sicherungsrecht nicht unterliegenden Vermögenswerte aus. Zum anderen ist für eine Besicherung des aufgenommenen Massekredits ein Rückgriff auf diese verhafteten Vermögensgegenstände nicht möglich. Die Praxis behalf sich mit einer Abtretung der aus der Geschäftsfortführung während der Sequestration neu begründeten Forderungen.[677] Um die mit der Einstufung der vom Sequester begründeten Verbindlichkeiten als einfache Konkursforderungen verbundenen praktischen Probleme zu vermeiden und die Aufnahme von Massekrediten zu erleichtern, wurde in der Reformdiskussion der Ruf nach einer Privilegierung dieser Forderungen als Masseschulden laut. Wie sich die neue Rechtslage seit 01. Januar 1999 darstellt, wird im Folgenden aufgezeigt.

b) Masseschuldcharakter und Fortführungsverpflichtung des vorläufigen Insolvenzverwalters mit Verwaltungs- und Verfügungsbefugnis

Auf die grundsätzlich notwendige Differenzierung zwischen dem vorläufigen Verwalter, auf den die Verwaltungs- und Verfügungsbefugnis übergegangen ist (§ 22 Abs. 1 Satz 1 InsO), und dem vorläufigen Verwalter ohne Verfügungsbefugnis, ggf. aber mit gleichzeitiger Anordnung eines Zustimmungsvorbehalts (§ 21 Abs. 2 Nr. 2 Alt. 2 InsO), wurde bereits hingewiesen.[678]

---

674 Vgl. auch Kilger in: ZIP 1988, S. 409 ff, 412 f.

675 Kuhn/Uhlenbruck, KO, § 30 Rdnr. 32e; Pape in: ZIP 1994, S. 89 ff, 94 f m.w.N. zur Rechtsprechung.

676 BGH, Urt. vom 30.09.1993 (Az.: IX ZR 227/92), abgdr. in: ZIP 1993, S. 1653 ff, 1656; Hess/Weis in: InVo 1996, S. 225 ff, 225; Obermüller in: Gottwald, InsR-Hdb., § 89 Rdnr. 29 f; ders. in: WM 1994, S. 1869 ff, 1870; zum neuen Recht vgl. § 142 InsO und die Begrdg. RegE zu § 142 RegE InsO, abgdr. in: Balz/Landfermann, Die neuen Insolvenzgesetze, S. 248 f.

677 Hierzu vgl. Teil 2, B, II, 3. Eine Übersicht über die Möglichkeiten der Besicherung von Warenlieferungen und Krediten gibt Feuerborn in: KTS 1997, S. 171 ff, 187 - 191.

678 Vgl. Teil 2, B, I, 1, c), cc).

Verbindlichkeiten, die von einem vorläufigen Verwalter mit Verfügungsbefugnis begründet werden, stellen Masseschulden gem. § 55 Abs. 2 Satz 1 InsO dar. Dies gilt auch für Verbindlichkeiten aus einem Dauerschuldverhältnis, sofern er für das von ihm verwaltete Vermögen die Gegenleistung in Anspruch genommen hat (§ 55 Abs. 2 Satz 2 InsO). Vom Regelungsgegenstand werden sowohl die rechtsgeschäftlich als auch die gesetzlich begründeten Verbindlichkeiten erfaßt, namentlich die aus den Veräußerungsgeschäften des verfügungsberechtigten vorläufigen Verwalters anfallende Umsatzsteuer.[679]

Im Ergebnis führt die gesetzliche Privilegierung zu einer Erweiterung des § 106 VerglO, da nunmehr ausdrücklich auch Forderungen aus den im Eröffnungsverfahren gewährten Krediten (Geld- und Lieferantenkredite) sowie Forderungen aus deliktischen Handlungen als Masseschulden zu behandeln sind. Die Aufwertung der im Insolvenzeröffnungsverfahren begründeten Forderungen zu Masseverbindlichkeiten wird weitgehend im Interesse einer erleichterten Unternehmenssanierung befürwortet.[680] So wird die Aufnahme von Krediten dadurch erleichtert werden, daß sie vom vorläufigen Verwalter selbst aufgenommen werden können.[681] Ihm wird von den Kreditinstituten ein größeres Vertrauen entgegengebracht, da er die Kreditaufnahme immer nur dann tätigen wird, wenn er auch eine Sanierungschance sieht.[682] Mit der Privilegierung zu Masseverbindlichkeiten wird darüber hinaus dem Sicherungsbedürfnis der Kreditgeber Rechnung getragen. Dies erleichtert in gewisser Weise die Abwicklung, da für die Erfüllung derartiger Fortführungsverbindlichkeiten nun nicht mehr die Konstruktionen von Sicherungsrechten bzw. Treuhandlösungen erforderlich sind. Ohne zusätzliche Haftungsrisiken zu begründen, kann der Insolvenzverwalter daher diejenigen Verbindlichkeiten, die er im Rahmen einer Fortführung als vorläufiger Verwalter begründet hat, nach Eröffnung des Verfahrens als Masseverbindlichkeiten aus der vorhandenen Masse bedienen.

Gleichwohl bedürfen diese Regelungen einer kritischen Betrachtung. So wird dem vorläufigen Verwalter durch diese Regelung mancher Spielraum genommen, die der Sequester nach bisherigem Recht für eine Fortführung des Geschäftsbetriebes nutzen konnte. Ohne den Ausführungen unten im Teil 2, B, II, 4 vorgreifen zu wollen, soll dies an zwei Beispielen verdeutlicht werden:

aa) Vorfinanziertes Konkursausfallgeld

Nach bislang geltendem Recht konnte der Sequester bei seiner Fortführungsplanung die für einen Zeitraum von längstens drei Monaten anfallenden Löhne und Gehälter unberücksichtigt lassen, da die Personalkosten für diesen Zeitraum vor der Gerichtsentscheidung zur Verfahrenseröffnung über die Regelungen der Konkursausfallgeldversicherung abgedeckt waren.

---

679 Begrdg. RegE zu § 63 RegE InsO, abgdr. in: Balz/Landfermann, Die neuen Insolvenzgesetze, S. 133; zum Verhältnis des § 55 Abs. 2 Satz 2 und § 108 Abs. 2 InsO vgl. Bork in: ZIP 1999, S. 781 ff.

680 Vgl. nur Pape in: ZIP 1994, S. 89 ff, 93 f; ders. in: WPrax 1995, S. 236 ff, 240; Haarmeyer/Wutzke/Förster, InsO, Kap. 3, Rdnr. 232; Hess/Weis in: InVo 1996, S. 225 ff, 226; Newiger in: Sparkasse 1994, S. 492 ff, 494; Uhlenbruck, Das neue Insolvenzrecht, S. 85; ders. in: KTS 1994, S. 169 ff, 179; ders. in: ZBB 1992, S. 384 ff, 285; Herbert, Sequestration, S. 234; Smid in: WM 1995, S. 785 ff, 788.

681 Fink, Finanzierung, Rdnr. 308 f.

682 So Kämpfer, Sanierungskredit, S. 131.

Erst nach Verfahrenseröffnung erwachsen Lohn- und Gehaltskosten zu Masseschuldansprüchen gem. § 59 Abs. 1 Nr. 2 KO.

Über eine Vorfinanzierung von Konkursausfallgeld konnte den Arbeitnehmern die für deren private Lebenshaltung erforderliche Liquidität bereit gestellt werden, was einen nicht unbedeutenden Motivationseffekt für die Unterstützung bei der Aufrechterhaltung des Geschäftsbetriebes zur Folge hat. Auch unter Geltung der Insolvenzordnung gibt es diese Form der Insolvenzgeldvorfinanzierung und gehen die Forderungen auf die Arbeitsverwaltung in dem Umfange über, in dem Insolvenzgeld bezahlt wird. Während dieser auf die Arbeitsverwaltung übergegangene Anspruch bislang jedoch zu einer bevorrechtigten Konkursforderung herabgestuft wurde (vgl. §§ 59 Abs. 2 Satz 1, 61 Abs. 1 Nr. 1 KO i.V.m. 141 m Abs. 1 AFG), stellen die Lohn- und Gehaltsansprüche künftig im eröffneten Insolvenzverfahren unter den Voraussetzungen des § 55 Abs. 2 Satz 2 InsO Masseschulden dar. Die mit der Herabstufung verbundene dauernde Verringerung der Masseverbindlichkeiten wird es künftig also nicht mehr geben. Um nicht zu einer Einstellung des eröffneten Verfahrens aufgrund Masselosigkeit zu kommen (§§ 207, 209, 211 InsO), müssen diese Forderungen im Rahmen der Betriebsfortführung erwirtschaftet und daher auch in die Planrechnung aufgenommen werden.

bb) Umsatzsteuer aus der Fortführung des Geschäftsbetriebes

Im Ergebnis gleiches gilt auch für die während der Fortführung entstandene Umsatzsteuer.[683]

Nach Auffassung des BFH ist die während der Sequestration erwachsende Umsatzsteuer als im Rang des § 61 Abs. 1 Nr. 2 KO bevorrechtigte Konkursforderung vom Finanzamt zur Konkurstabelle anzumelden. Dieses Vorrecht gilt jedoch nur, sofern die Forderung innerhalb des letzten Jares vor Konkurseröffnung entstanden und fällig geworden ist - andernfalls ist die Umsatzsteuerforderung als nicht bevorrechtigte Konkursforderung im Rang des § 61 Abs. 1 Nr. 6 KO zur Konkurstabelle anzumelden.

Der Konkursverwalter kann die aus der Fortführung resultierenden Forderungen in vollem Umfang zur Masse ziehen - also einschließlich der gegenüber den Endabnehmern ausgewiesenen Umsatzsteuer. Die Endabnehmer ihrerseits können den ausgewiesenen Umsatzsteuerbetrag als Vorsteuer bei ihrer Umsatzsteuervoranmeldung absetzen. Im Ergebnis bedeutet dies, daß der Konkursmasse auf jeden Fall die auf die Umsätze aus dem Zeitraum der Sequestration entfallende Umsatzsteuer als freie Masse bleibt.

Die Insolvenzordnung beseitigt auch diese Möglichkeit der Masseanreicherung, da der verfügungsberechtigte vorläufige Verwalter als Vermögensverwalter i.S. des § 34 Abs. 2 AO bzw. Verfügungsberechtigter i.S. des § 35 AO anzusehen ist und die aus seinen Umsatzgeschäften erwachsende Umsatzsteuer als Masseschuld gem. § 55 Abs. 2 Satz 1 InsO zu berücksichtigen ist. Der Insolvenzverwalter hat sie daher vorweg aus der vorhandenen Masse zu befriedigen.

---

683 Vgl. hierzu allgemein: Kuhn/Uhlenbruck, KO, § 61 Rdnr. 59 ff; Frotscher in: Gottwald, InsR-Hdb., § 116; Welzel, Umsatzsteuer, S. 62 ff jeweils m.w.N. zur Rechtsprechung.

Wie vorstehende Beispiele gezeigt haben, wird die spätere Insolvenzmasse in größerem Umfange durch Masseschuldansprüche verringert, womit ein erhöhtes Risiko des Eintritts der Masselosigkeit gem. § 209 InsO verbunden sein wird. Für diesen Fall sieht § 208 Abs. 3 InsO zwar eine weitere Verwaltung und Verwertung der Masse durch den Verwalter vor. Nach Anzeige der Masseunzulänglichkeit erfolgt jedoch gemäß § 209 Abs. 1 InsO die Befriedigung der Massegläubiger nach einer veränderten Rangfolge.

Für die vom verfügungsbefugten vorläufigen Verwalter aufgenommenen Kredite bedeutet dies, daß sie erst an dritter und damit letzter Rangstelle berücksichtigt werden.[684] Hinzu kommt, daß gem. § 123 Abs. 2 Satz 1 InsO auch die Sozialplanforderungen[685] im gleichen Rang als Masseverbindlichkeiten anzusehen sind. Obgleich sie nur mit einem Drittel der ohne die Sozialplanforderungen für die Verteilung an die Insolvenzgläubiger zur Verfügung stehenden Masse berücksichtigt werden, erfahren diese vom vorläufigen Verwalter begründeten Verbindlichkeiten über § 209 Abs. 1 InsO eine erhebliche Entwertung. Im Falle des Scheiterns einer Insolvenzplanlösung können die Sozialplanforderungen zudem in vollem Umfang Berücksichtigung finden.

Insofern möchte ich von einem eingeschränkten Privileg der Einstufung dieser vom vorläufigen Verwalter mit Verfügungsbefugnis begründeten Forderungen als Masseschulden sprechen, da die Kreditinstitute bei dieser Rechtslage weiterhin mit einem nicht unerheblichen Risiko des Ausfalls rechnen müssen. Ein Rückgriff auf die Haftung des vorläufigen Insolvenzverwalters in analoger Anwendung des § 61 InsO scheint demgegenüber auch kein ausreichendes Korrelat darzustellen, da ggf. eine Exculpation in Betracht kommt.

Dies wird m.E. nun wieder zu der bislang geltenden Rechtspraxis führen, daß die Kreditgeber auch weiterhin die Kreditvergabe von der Stellung hinreichender Sicherheiten abhängig machen werden. Wenn sich demnach gegenüber dem geltenden Recht keine veränderte Situation im Ergebnis darstellen wird, stellt sich erneut die eingangs gestellte Frage, ob es gerechtfertigt scheint, von einer als Regelfall[686] zu bezeichnenden Einsetzung des vorläufigen Verwalters mit Verfügungsbefugnis zu sprechen. Das Insolvenzgericht sollte vielmehr eingehend prüfen, ob allein die Vorteile, die mit der Anordnung des allgemeinen Verfügungsverbotes verbunden sind[687], die damit einhergehenden Nachteile durch die Verringerung der Insolvenzmasse und die eingeschränkte Finanzierungsmöglichkeit mittels Insolvenzgeld in der wichtigen Phase des Vorverfahrens zur Aufrechterhaltung der Geschäftsbetriebes aufwiegen. Eine an den Umständen des Einzelfalls orientierte Entscheidung trägt dem gesetzgeberischen Ziel nach einer Schaffung der Rahmenbedingungen für eine Reorganisation des Schuldners entschieden mehr Rechnung.

Mit der Möglichkeit der Einsetzung eines vorläufigen Verwalters bei gleichzeitiger Anordnung eines Zustimmungsvorbehaltes gem. § 21 Abs. 1 Nr. 2 Alt. 2 InsO könnte eine den

---

684 So auch Hess/Weis in: InVo 1996, S. 225 ff, 226; Kämpfer, Sanierungskredit, S. 145 f; Newiger in: Sparkasse 1994, S. 492 ff, 494; Obermüller/Hess, InsO, Rdnr. 143.

685 Zum Sozialplan unter Geltung der InsO vgl. Warrikoff in: BB 1994, S. 2338 ff, 2344 f; Schwerdtner in: Kölner Schrift zur InsO, S. 1127 ff.

686 So jedenfalls Uhlenbruck in: Kölner Schrift zur InsO, S. 249 ff, Rdnr. 25; Mönning, Betriebsfortführung, Rdnr. 284; Gerhardt, Verfügungsbeschränkung, Rdnr. 3, 14; Pape in: ZIP 1994, S. 89 ff, 90.

687 Vgl. hierzu die Darstellung von Gerhardt in: Kölner Schrift zur InsO, S. 159 ff, Rdnr. 3 ff.

praktischen Bedürfnissen entsprechende Regelung gefunden sein.[688] Immerhin könnten die für eine Sanierung mittels Insolvenzplan als positiv zu bewertenden gesetzgeberischen Kompetenzzuweisungen des § 22 Abs. 1 Satz 2 Nr. 1 - 3 InsO auch dem nicht verfügungsbefugten vorläufigen Insolvenzverwalter gem. § 22 Abs. 2 InsO auferlegt werden. Schließlich spricht für diese Lösung auch die bisherige Praxis der Insolvenzabwicklung, daß der jeweilige Schuldner mit Anordnung der Sequestration in den für eine Betriebsfortführung relevanten Außenbeziehungen zu den Kunden, Lieferanten und Kreditgebern seine Entscheidungskompetenzen tatsächlich verloren hat und allein die Auffassung des Sequesters maßgeblich ist.[689] Die ersten im Bundesanzeiger veröffentlichten Beschlüsse der Insolvenzgerichte über die Anordnung der vorläufigen Insolvenzverwaltung zeigen auch, daß die gleichzeitige Anordnung eines allgemeinen Verfügungsverbotes gerade nicht den Regelfall darstellt und daß auch die vorläufige Verwaltung mit Zustimmungsvorbehalt von der Praxis angenommen wird.[690]

3. Forderungen aus der Fortführung im Insolvenzeröffnungsverfahren als taugliches Finanzierungsinstrument

Im Rahmen der Fortführung des Geschäftsbetriebes durch den verfügungsbefugten vorläufigen Verwalter können bereits bestehende Aufträge fertiggestellt und ggf. neu akquirierte Aufträge erfüllt werden. Letztere Möglichkeit wird sich jedoch nur dann anbieten, wenn die Aufträge auch im Insolvenzeröffnungsverfahren fertiggestellt werden können. Andernfalls würde sich der vorläufige Verwalter mit Verfügungsbefugnis einem erheblichen Haftungsrisiko (§§ 21 Abs. 2 Nr. 1 i.V.m. 61 InsO) aussetzen, wenn er die von ihm begründeten Masseverbindlichkeiten (Bspw. den Kaufpreis bei neuen Warenbestellungen) nicht begleichen kann. Hinzu kommt, daß er nicht sicher sein kann, daß er vom Gericht als Verwalter nach Verfahrenseröffnung eingesetzt wird. Auch wenn dies in der gegenwärtigen Praxis den Regelfall darstellt, besteht doch kein subjektives Recht auf Einsetzung als Verwalter. Immerhin wird empfohlen, von dieser Rechtspraxis auch künftig Gebrauch zu machen.[691]

Da das schuldnerische Unternehmen zur Absicherung der von ihm aufgenommenen Kredite regelmäßig alle bestehenden und künftig entstehenden Forderungen bereits im Vorfeld der Insolvenzantragstellung (antizipiert) an die Hausbank als Kreditgeber abgetreten hat, stellt sich die Frage, ob die nach Anordnung des Verfügungsverbotes entstehenden Forderungen der Globalzession unterfallen oder dem vorläufigen Verwalter als Finanzierungsinstrument zur Verfügung stehen.

Häufig wurde mit den absonderungsberechtigten Gläubigern eine Vereinbarung dahingehend getroffen, daß die im Rahmen der Unternehmensfortführung während der Sequestration und nach Anordnung des allgemeinen Veräußerungsverbotes sich ergebende Wertschöpfung (gemeint ist damit der anteilige Fortführungserlös) ungeschmälert der späteren Insolvenzmasse verbleibt. Hiermit verbunden war regelmäßig eine auf den Stichtag der Sequestrationsanord-

---

688 Hierfür votieren auch Braun/Riggert/Kind, S. 105; a.A. Pape_in: Kübler/Prütting, InsO, § 22 Rdnr.: 5; Schmerbach in: Wimmer, InsO, § 21 Rdnr.: 29 ff, 71.

689 So auch Mönning, Betriebsfortführung, Rdnr. 47.

690 Zu den ersten Beschlüssen vgl. Förster in: ZinsO 1999, S. 76 f; Smid in: DZWIR 1999, S. 105 ff.

691 Vgl. stellvertretend nur Häsemeyer, Insolvenzrecht (2. Aufl.), Rdnr. 7.41.

nung vorgenommen Abgrenzung des Fertigungsstandes der Halbfertigen, so daß auch die aus der Fertigstellung resultierenden Forderungen zur Masseanreicherung dienten.

Gesichert scheint dabei die Rechtslage für den Fall zu sein, daß künftige Forderungen aus der Geschäftstätigkeit des Schuldners antizipiert im Wege einer Globalzession an den Sicherungsnehmer abgetreten wurden, die Forderungsentstehung aber erst nach dem Beschluß des Gerichts zur Verfahrenseröffnung erfolgt. § 15 KO verhindert für die Forderungen, die im Zeitpunkt der Konkurseröffnung noch nicht entstanden waren, einen Rechtserwerb des Zessionars. § 15 KO ist eine Folge des im Konkursverfahren geltenden allgemeinen Grundsatzes der gleichmäßigen Befriedigung aller nicht dinglich gesicherten Gläubiger.[692] Wirksame Rechte an den zur Konkursmasse gehörenden Gegenständen können nur noch durch Rechtshandlungen des Verwalters begründet werden.

Begründet wird dieses Ergebnis auch damit, daß der mit einer Forderungsabtretung verbundene Rechtserwerb erst dann vollendet ist, wenn neben dem Abschluß des dinglichen Verfügungsvertrages (Zessionsvertrag) auch die Forderung entstanden ist.[693] Andernfalls würde es an einer schützenswerten Rechtsposition (vergleichbar einem dinglich wirkenden Anwartschaftsrecht) fehlen, da allein mit dem Abschluß des Zessionsvertrages eine solche Rechtsposition nicht begründet werden kann.[694] Führt die Verfahrenseröffnung aber dazu, daß die Verfügungsbefugnis vom Schuldner auf den Verwalter übergeht, kann nach dieser Auffassung ein Rechtserwerb des Zessionars nicht mehr erfolgen. Im Zeitpunkt des Wirksamwerdens der Abtretung (Verfügung) habe die Verfügungsbefugnis nicht mehr beim Schuldner gelegen. Daß es sich bei diesen Forderungen um zur Konkursmasse gehörende Rechte i.S.d. § 15 KO handelt, wird weithin mit dem bei Forderungsentstehung folgenden Durchgangserwerb beim Zedenten begründet.[695]

Die Probleme stellen sich demnach dann, wenn zur Forderungsentstehung eine weitere Rechtshandlung (z.Bsp. der Abschluß eines Kauf- bzw. Werkvertrages) erforderlich wird, um die Abtretung wirksam werden zu lassen.

Für die Rechtshandlungen des Schuldners ergibt sich die Lösung bereits aus der mit Verfahrenseröffnung übergegangenen Verfügungsbefugnis auf den Verwalter (§§ 6 Abs. 2, 7 Abs. 1 KO), so daß es eines Rückgriffs auf § 15 KO nicht bedarf.[696] Für die Fälle, wo die Entstehung der Forderung von einer Rechtshandlung eines Dritten abhängt, die erst nach Konkurseröffnung vorgenommen wird, verhindert schließlich § 15 KO einen Rechtserwerb. War der Rechtsgrund der Forderung zwar bereits vor Konkurseröffnung begründet, der Vertrag jedoch

---

692 So zuletzt BGH, Urt. vom 20.03.1997 (Az.: IX ZR 71/96), abgdr. in: ZIP 1979, S. 737 ff, 738.

693 Heinrichs in: Palandt, BGB, § 398 Rdnr. 11 f; Kilger/K. Schmidt, Insolvenzgesetze, KO, § 15 Anm. 4b), wo darauf abstellt wird, daß der Erwerbstatbestand erst mit Entstehung der Forderung *begründet* ist, mit der Folge, daß im Zeitpunkt der Konkurseröffnung kein begründeter Vermögensanspruch i.S.d. § 3 Abs. 1 KO bestand. Henckel in: Jaeger, KO, § 15 Rdnr. 44; BGH, Urt. vom 30.06.1959 (Az.: VIII ZR 11/59), abgdr. in: WM 1959, S. 944; BGH, Urt. vom 11.12.1986 (Az.: IX ZR 79/86), abgdr. in: WM 1986, S. 191 f; zur neueren Auffassung des BGH vgl. Urt. vom 20.03.1997 (Az.: IX ZR 71/96), abgdr. in: ZIP 1997, S. 737 ff.

694 Häsemeyer, Insolvenzrecht (2. Aufl.), Rdnr. 10.26.

695 Vgl. nur Kuhn/Uhlenbruck, KO, § 15 Rdnr. 9 h m.w.N.

696 So bereits Medicus in: JuS 1967, S. 385 ff, 387; vgl. auch Gottwald in: Gottwald, InsR-Hdb., § 41 Rdnr. 19.

noch nicht von beiden Seiten erfüllt worden, hängt die Entstehung der Forderung nunmehr von einer Rechtshandlung des Verwalters (hier Erfüllungswahl nach § 17 KO) ab. Nach dem neuen Verständnis des § 17 KO durch die Rechtsprechung des BGH[697], wird ein gegenseitiger Vertrag, der zur Zeit der Konkurseröffnung noch nicht vollständig erfüllt ist, durch die Verfahrenseröffnung automatisch umgestaltet. Die gegenseitigen Erfüllungsansprüche *erlöschen* und können nur durch die Erfüllungswahl des Konkursverwalters gem. § 17 KO zu den alten Bedingungen *neu* entstehen. Damit unterfallen die neu entstandenen Forderungen nicht mehr der Globalzession, da insoweit § 15 KO einem Forderungsübergang auf den Zessionar entgegensteht.[698] Nach der älteren Rechtsprechung wäre der Kaufvertrag von der Konkurseröffnung zunächst unberührt geblieben. Eine Erfüllungswahl hätte jedoch zur Folge gehabt, daß die Masse eine Leistung erbringt, die hieraus sich ergebende Forderung jedoch dem Zessionar aufgrund des bestehenden Globalzessionsvertrages zugestanden hätte.[699] Dieses unerwünschte Ergebnis wird mit der neuen Rechtsprechung nunmehr vermieden.

Hiervon zu unterscheiden ist der Fall, daß die Forderung zwar *vor* Konkurseröffnung, aber *nach* Anordnung eines allgemeinen Veräußerungsverbotes gem. § 106 Abs. 1 Satz 3 KO aufgrund der Fortführung des Geschäftsbetriebes durch den eingesetzten Sequester entstand. Fraglich ist hier, inwieweit sich die Anordnung des allgemeinen Veräußerungsverbotes gem. § 106 Abs. 1 Satz 3 KO auf den Rechtserwerb durch den Zessionar auswirkt.

Würde man die zuvor dargestellte Auffassung vertreten, daß der Rechtserwerb der antizipiert zedierten Forderung erst in dem Zeitpunkt vollendet bzw. wirksam wird, wenn die Forderung zur Entstehung gelangt, wäre ein Forderungserwerb durch den Zessionar ausgeschlossen.[700] Im Zeitpunkt der Vornahme der maßgeblichen Rechtshandlung lag die Verfügungsmacht, aufgrund der Anordnung des allgemeinen Veräußerungsverbotes, nicht mehr beim Schuldner. Gegenüber den späteren Konkursgläubigern wäre die Abtretung der Forderung daher relativ unwirksam (§§ 135, 136 BGB).[701] Für die Forderungsentstehung kommt es dabei nicht auf die Fälligkeit an. Eine Forderung entsteht vielmehr bereits mit Abschluß des Rechtsverhältnisses, aus dem sich die Forderung des Schuldners und die Rechte des Gläubigers ergeben.[702] Entstand die Forderung vor Erlaß eines allgemeinen Veräußerungsverbotes, wäre die Abtretung zunächst grundsätzlich wirksam, kann jedoch ggf. unter den Voraussetzungen des § 30 Nr. 1 KO angefochten werden. Gelangt die Forderung erst nach Anordnung eines allgemeinen Veräußerungsverbots zur Entstehung, kann nach dieser Auffassung der Zessionar die Forderung nicht mehr erwerben.

---

697 BGH, Urt. vom 04.03.1993 (Az.: IX ZR 169/92), abgdr. in: ZIP 1993, S. 600 ff; BGH, Urt. vom 04.05.1995 (Az.: IX ZR 256/93), abgdr. in: ZIP 1995, S. 926 ff; BGH, Urt. vom 27.02.1997 (Az.: IX ZR 5/96), abgdr. in: WM 1997, S. 794 ff; Kilger/K. Schmidt, Insolvenzgesetze, KO, § 17 Anm. 1 b).

698 Obermüller, Zession, Rdnr. 12 f; ders. in: Bankpraxis, Rdnr. 6.197 m.w.N.; Kuhn/Uhlenbruck, KO, § 15 Rdnr. 9h; Herget in: BuB 1979, Rdnr. 4/572.

699 Vgl. hierzu nur Obermüller, Zession, Rdnr. 11.

700 Obermüller in: Bankpraxis, Rdnr. 6.195, wobei sich die angegebene Rechtsprechung auf die Anfechtungsnorm des § 30 Nr. 1 KO bezieht und daher für die hier interessierende Frage keine Begründung enthält. Vgl. aber Kuhn/Uhlenbruck, KO, § 106 Rdnr. 13e m.w.N.

701 Zur relativen Unwirksamkeit vgl. allein Kuhn/Uhlenbruck, KO, § 106 Rdnr. 4 m.w.N.

702 BGH, Urt. vom 16.03.1995 (Az.: IX ZR 72/94), abgdr. in: ZIP 1995, S. 630 ff, 634; Obermüller in: Bankpraxis, Rdnr. 6.196 m.w.N.

In einer erst kürzlich ergangenen Entscheidung hat sich der BGH dieser Auffassung jedoch nicht angeschlossen.[703] Eine generelle Aussage, daß die Verfügungsmacht im Zeitpunkt des Wirksamwerdens der Verfügung vorliegen müsse, träfe in dieser Allgemeinheit nicht zu. Lediglich beim letzten Teilstück der Verfügung müsse sie gegeben sein.[704] Die "Abtretung einer zukünftigen Forderung (enthalte) bereits selbst alle Merkmale, aus denen der Übertragungstatbestand besteht. ... Deshalb wird die Rechtsstellung des Zessionars dadurch, daß der Zedent nach Abtretung, aber vor Entstehung der abgetretenen Forderung die Verfügungsmacht verliert, nicht berührt."[705] Auch dem Sequestrationsbeschluß komme nicht die Wirkung zu, daß er in bestehende Rechtsverhältnisse eingreifen könne. Vorausverfügungen über erst künftig entstehende Forderungen kann er daher nicht die Wirkung nehmen.

Mit dieser Entscheidung wird die Rechtsstellung der absonderungsberechtigten Gläubiger gestärkt, gleichzeitig aber die Fortführung des Geschäftsbetriebes mit dem Ziel, die für die Verfahrenseröffnung notwendige Masse zu erwirtschaften, erschwert. Zwar gelingt es regelmäßig, eine Vereinbarung mit den zur Absonderung berechtigten Kreditinstituten abzuschließen, daß die aus der Fortführung des Geschäftsbetriebes im Rahmen der Sequestration resultierenden "Neu"-Forderungen ungeschmälert der Masse verbleiben.

Mit den zahlreichen Warenlieferanten, die auch auf diese Forderungen aufgrund ihres verlängerten Eigentumsvorbehaltes zugreifen wollen, ist eine entsprechende Übereinkunft nicht vergleichbar zeitnah zu erlangen. Bei Unternehmen mit einem hohen Wareneinsatzquotienten würde dann deren Sicherheiten in einem erheblichen Maße erst mit der Aufrechterhaltung des Geschäftsbetriebes werthaltig gemacht.

Zu denken ist auch daran, daß eine Fortführung während der Sequestration unter Ausnutzung des Konkursausfallgeldzeitraumes gerade nicht zu einer Wertschöpfung im Interesse der gesicherten, und sonst mit einem Ausfall belasteten, Gläubiger führen soll.

Unter Geltung der Konkurs- und Gesamtvollstreckungsordnung standen die Forderungen, die aus der Fortführung des Unternehmens erst nach Anordnung des allgemeinen Veräußerungsverbotes resultieren, nicht der späteren Konkursmasse zu. Diese Forderungen machen jedoch - wie ausgeführt - nur den geringeren Teil aus. Soweit es jedoch um die Entgeltforderungen aus den bei Konkursantragstellung bereits vorhandenen, erst während der Sequestration fertiggestellten, Aufträgen geht, gebühren diese grundsätzlich dem Zessionar. Um diese Forderungen als Finanzierungsinstrument einsetzen zu können, bedarf es einer vertraglichen Vereinbarung zur Freigabe der Forderungen mit der absonderungsberechtigten Gläubigerbank oder aber eines wiederholten Neuabschlusses des Vertrages.

Die Freigabebereitschaft der Kreditinstitute ließ und läßt sich dabei mit folgendem Argument erklären. Wie bereits dargestellt, war die Aufrechterhaltung des Geschäftsbetriebs häufig nur durch eine Finanzierung mittels Inanspruchnahme des Konkursausfallgeldes möglich. Die Bundesanstalt für Arbeit hatte sich jedoch der Rechtsprechung des Bundessozialgerichts da-

---

[703] BGH, Urt. vom 20.03.1997 (Az.: IX ZR 71/96), abgdr. in: ZIP 1997, S. 737 ff.

[704] BGH, Urt. vom 20.03.1997 (Az.: IX ZR 71/96), abgdr. in: ZIP 1997, S. 737 ff, 738.

[705] BGH, Urt. vom 20.03.1997 (Az.: IX ZR 71/96), abgdr. in: ZIP 1997, S. 737 ff, 738 mit Verweis auf Serick, Eigentumsvorbehalt, Band IV, § 49, I 2 b).

hingehend angeschlossen[706], daß ein Mißbrauch der Vorfinanzierung von Konkursausfallgeld dann vorliegt, wenn dadurch einzelnen Gläubigern Sondervorteile gewährt werden.[707] Würden die aus der Fertigstellung der Halbfabrikate zufließenden Forderungserlöse der Bank als Zessionarin ungeschmälert zufließen, läge darin ein Mißbrauch der Vorfinanzierung von Konkursausfallgeld, der mit Sinn und Zweck des § 141 k Abs. 2 a) AFG nicht zu vereinbaren sei. Erst die Geschäftsfortführung während der Sequestration habe zu einer Werthaltigkeit der zedierten Forderungen geführt.

Vor diesem Hintergrund ließen sich die Kreditinstitute auf solche Vereinbarungen mit den Sequestern ein, da andernfalls eine Konkursausfallgeld-Vorfinanzierung und damit die Fortführung der Geschäftstätigkeit nicht möglich gewesen wäre. In diesem Fall würde es dann zu einer insolvenzbedingten "Wertevernichtung" kommen, da die offenen Forderungen zumeist nicht mehr bezahlt werden. Neben der schlechteren Zahlungsmoral, die regelmäßig mit der im Insolvenzfall erfolgenden Offenlegung der Zession einhergeht, werden häufiger Einwendungen und Einreden aus der Rechtsbeziehung zum Zedenten auch gegenüber dem Zessionar erhoben (§§ 404, 406 BGB) und sind die Forderungen mit insolvenzbedingten Schadensersatzansprüchen aufrechnungsbehaftet.

Auch mit der Insolvenzordnung ändert sich an dieser dargestellten Rechtslage und den damit verbundenen Möglichkeiten zur Masseanreicherung mittels der aus der Fortführung resultierenden Erlöse nichts. Unabhängig davon, ob ein allgemeines Verfügungsverbot oder nur ein Zustimmungsvorbehalt (§ 21 Abs. 1 Nr. 2 Alt. 1 und 2 InsO) vom Gericht angeordnet wird, sind die Rechtshandlungen des Schuldners vor Verfahrenseröffnung gem. §§ 24 Abs. 1 i.V.m. 81, 82 InsO absolut unwirksam. Die erst nach Eröffnung des Insolvenzverfahrens entstehenden Forderungen werden auch künftig nicht von der Vorausabtretung erfaßt. Insoweit tritt § 91 Abs. 1 InsO an die Stelle des § 15 Abs. 1 KO.[708] Zudem übernimmt § 103 InsO den geltenden § 17 KO. Soweit danach der Rechtsgrund der Forderung zwar vor Verfahrenseröffnung begründet, der Vertrag selbst aber noch nicht von beiden Seiten vollständig erfüllt wurde, wird die Forderungsentstehung von der Erfüllungswahl des Insolvenzverwalters abhängen. Diese dann neu entstehenden Forderungen unterliegen jedoch nicht mehr der Forderungszession, da nunmehr wiederum § 91 Abs. 1 InsO entgegensteht.

4. Insolvenzgeld und seine Finanzierungsfunktion

Gegenstand nachfolgender Ausführungen soll eine problemorientierte Betrachtung der sich unter Geltung der Insolvenzordnung weiterhin ergebenden (theoretischen?) Möglichkeit der Vorfinanzierung von Insolvenzgeld unter dem Gesichtspunkt seiner Tauglichkeit als Finanzierungsinstrument für den vorläufigen Verwalter sein.[709]

---

[706] BSG, Urt. vom 22. 03. 1995 (Az.: 10 RAr 1/94), abgdr. in: ZIP 1995, S. 935 ff, 938; vgl. auch Durchführungsanweisung BfA mit Runderlaß vom 1995-05-11 (Az: IIIa 5-714k-A), abgdr. in: ZIP: 1995, S. 1053.

[707] Hierzu vgl. auch Krause in: ZIP 1998, S. 56 ff, 58 f.

[708] Häsemeyer, Insolvenzrecht (2. Aufl.), Rdnr. 18.43.

[709] Vgl. hierzu auch soeben unter Teil 2, B, II, 2, b).

a) Rechtslage nach der KO, VerglO, GesO

Durch das Gesetz vom 17. Juli 1974[710] wurde mit den §§ 141a-141n AFG die gesetzliche Konkursausfallgeldversicherung als ein gegenüber der Arbeitslosenversicherung eigenständiger Zweig der Sozialversicherung eingeführt. Danach hat der Arbeitnehmer gegenüber der Bundesanstalt für Arbeit einen Anspruch auf das geschuldete und nicht gezahlte Arbeitsentgelt [vermindert um die gesetzlichen Abzüge - § 141d Arbeitsförderungsgesetz (AFG)] für die letzten dem Insolvenzereignis (§ 141b Abs. 1 Satz 1, Abs. 3 AFG) vorausgehenden drei Monate, wobei der Tag der Gerichtsentscheidung über die Eröffnung des Verfahrens nicht mitgezählt wird. Mit der Stellung des Antrages auf Konkursausfallgeld gehen automatisch die von der Konkursausfallgeldversicherung erfaßten Ansprüche auf die Bundesanstalt für Arbeit über. Entgegen der mit § 59 Abs. 1 Nr. 3a KO vorgenommen Einstufung als Masseschulden, werden diese übergegangenen Ansprüche nur im Rang einer bevorrechtigten Konkursforderung gem. §§ 59 Abs. 2, 61 Abs. 1 Nr. 1 KO berichtigt. Die Finanzierung des Konkursausfallgeldes erfolgt über die Berufsgenossenschaften (vgl. §§ 186b ff AFG), die ihrerseits die gezahlten Beträge auf die Arbeitgeber umlegen, die bei ihnen Mitglied sind, so daß im Ergebnis Letztere das Konkursausfallgeld allein finanzieren.[711] Zusammen mit den Beiträgen zur gesetzlichen Unfallversicherung werden auch die Beiträge für die Konkursausfallgeldversicherung eingezogen.

Während die im Zuge der Reform des Insolvenzrechts mit Art. 93 EGInsO einhergehenden Änderungen der §§ 141a - 141 n AFG im wesentlichen redaktioneller Art waren, hat der Gesetzgeber mit dem Arbeitsförderungs-Reformgesetz (AFRG)[712] Veränderungen vorgenommen, die im Ergebnis eine Vorfinanzierung des Insolvenzgeldes im Vergleich zur bislang geltenden Rechtspraxis erheblich einschränken werden. Dies ist um so bedauerlicher, als durch die Rechtsprechung des BSG und die sich ihr anschließende Rechtsauffassung der Bundesanstalt für Arbeit, klare Richtlinien vorgegeben waren, die bei sachgerechter Anwendung die Vorfinanzierung des Konkursausfallgeldes zu einem geeigneten Mittel der Masseanreicherung gemacht haben. Dadurch war es möglich, den Betrieb während der Sequestration zeitweilig fortzuführen, ohne mit Personalkosten belastet zu sein. Dies wiederum führt dazu, daß die Möglichkeiten für eine übertragende Sanierung aus einem eröffneten Konkursverfahren nicht durch eine vorschnelle Schließung des Geschäftsbetriebes frühzeitig zunichte gemacht werden.[713]

Zusammen mit dem Umstand, daß die im Konkursantragsverfahren begründeten Verbindlichkeiten im eröffneten Verfahren lediglich einfache Konkursforderungen darstellen, war es bisher möglich, die aus der Fortführung resultierende Wertschöpfung zur späteren Masse zu ziehen. Auch durch eine Verwertung im Wege einer übertragenden Sanierung läßt sich i.d.R. ein höherer Erlös realisieren, als dies bei einer Einzelzerschlagung der schuldnerischen Vermö-

---

710 BGBl. I 1974, S. 1481 ff.

711 Kritisch zur Umlageverpflichtung der Arbeitgeber äußert sich Häsemeyer, Insolvenzrecht (2. Aufl.), Rdnr. 23.23.

712 Änderungen des SGB III durch das Gesetz zur Reform der Arbeitsförderung (Arbeitsförderungs-Reformgesetz - AFRG), veröffentlicht in: BGBl 1997, Teil 1 Nr. 20 S. 594 ff.

713 Krause in: ZIP 1998, S. 56 ff, 58; Kind in: InVo 1998, S. 57 ff, S. 62.

genswerte der Fall wäre. Letztlich trugen diese Maßnahmen dazu bei, auch die Chancen für die Eröffnung eines Konkursverfahrens zu erhöhen.[714]

In der besagten Entscheidung vom 22. März 1995 hat sich das BSG eingehend mit den in der Literatur vorgebrachten Einwendungen zur Praxis der Vorfinanzierung von Konkursausfallgeld auseinandergesetzt. Nach Auswertung der Materialien zum Gesetz über Konkursausfallgeld (Drittes Gesetz zur Änderung des AFG vom 17. Juli 1974) und zum 8. ÄndG-AFG vom 17. Dezember 1987 kam das BSG zum Ergebnis, daß:

"...das geltende Recht ... weder eine Handhabe dafür (bietet), die Vorfinanzierung des Kaug insgesamt zu unterbinden, noch dafür, sie auf Fälle *ernsthafter* Sanierungsbemühungen zu beschränken." (Unterstreichung vom Verfasser)[715]

An anderer Stelle heißt es weiter:

"Durch die Einfügung des Abs. 2a in § 141k AFG ... hat der Gesetzgeber ... schließlich klargestellt, daß er die Vorfinanzierung des Kaug durch Dritte nicht grundsätzlich, sondern lediglich bei Vorliegen eines Mißbrauchs untersagen will."

Eine mißbräuchliche Handhabung läge danach insbesondere vor, wenn die Vorfinanzierung des Konkursausfallgeldes dazu dient, dem Gemeinschuldner oder bestimmten Gläubigern Sondervorteile auf Kosten der Konkursausfallgeld-Versicherung zu verschaffen.[716] Hingegen sind die Einwände unbehelflich, die einen Mißbrauch darin sehen, daß:

- die Vorfinanzierung dazu beitragen kann, rückständiges Arbeitsentgelt in höherem Maße auflaufen zu lassen, indem die Konkurseröffnung verzögert wird,[717]

- zu Lasten der Umlagepflichtigen (§§ 186b ff AFG) die Konkursmasse auch zugunsten der sonstigen Massegläubiger (§§ 59, 60) dadurch gemehrt wird, daß der auf die Arbeitsverwaltung übergegangene Anspruch nunmehr im Rang einer bevorrechtigten Konkursforderung gem. § 61 Abs. 1 Nr. 1 KO zu berücksichtigen ist (§ 59 Abs. 1 Nr. 3a und e, Abs. 2 KO i.V.m. § 141m Abs. 1, 141n Abs. 2 Satz 1 AFG)[718],

- selbst im Falle einer bloßen Ausproduktion, die Personalkosten auf die Konkursausfallgeld-Versicherung verlagert werden[719],

---

714 So auch Wiester in: BB 1997, S. 949 ff, 950, der jedoch die Änderungen durch das AFRG bei seiner Bewertung zum künftigen Recht (a.a.O. S. 955) noch nicht eingearbeitet hat.

715 So aber noch BfA in ihrer jeweils durch Runderlaß (RE) geänderten Durchführungsanweisung (DA) zu § 141 ff AFG: RE 116/88 in: ZIP 1988, S. 1290 ff, Anm. 3.52; RE 111/89 in: Hanau/Kübler, Konkursausfallgeld, Kap. 4.1.; RE 111/92 in: ZIP 1992, S. 1279 ff, S. 1280; i.d.S. auch Hess in: GK-AFG § 141k, Rdnr. 57; Roeder in: Niesel, AFG, § 141k Rdnr. 8; Peters-Lange in: Gagel, AFG, § 141k Rdnr. 96 f.

716 Dieser Mißbrauchstatbestand ist allgemein anerkannt: BSG, Urt. vom 22. 03. 1995 (Az.: 10 RAr 1/94), in: ZIP 1995, S. 935 ff, 938; vgl. BfA mit RE vom 1995-05-11 (Az: IIIa 5-714k-A) in: ZIP: 1995, S. 1053, die sich der Rechtsprechung des BSG angeschlossen hat; Hanau/Kappus in: ZIP 1988, S. 885 ff, 887.

717 Dieckmann in: ZRP 1987, S. 420 ff, 421.

718 Peters-Lange in: Gagel, AFG, § 141k Rdnr. 85; a.A. Wiester in: BB 1997, S. 949 ff, 953.

719 Peters-Lange in: Gagel, AFG, § 141k Rdnr. 97; a.A. BSG, a.a.O., S. 935 ff, 938; Wiester in: BB 1997, S. 949 ff.

- durch die Vorfinanzierung insolvente Betriebe zu Lasten der (solventen) Konkurrenten eine Zeitlang weitergeführt oder sogar saniert werden[720],

- eine Vorfinanzierung vom Sequestrationszweck nicht gedeckt sei.[721]

Im Ergebnis war eine Vorfinanzierung des Konkursausfallgeldes nur noch in den eher seltenen Fällen der Verschaffung von Sondervorteilen zugunsten des Schuldners, an ihm beteiligten Dritten oder sonstigen Gläubigern unzulässig und konnte einen Bereicherungsanspruch gegenüber dem Sequester begründen. Bei den sonstigen Gläubigern kommen vor allem die Absonderungsberechtigten in Betracht, wenn ihnen die mit der Betriebsfortführung verbundene Wertschöpfung aufgrund ihrer Absonderungsrechte ungeschmälert zufließen würde.

Rechtstechnisch wurde die Vorfinanzierung des Konkursausfallgeldes, im Vorfeld der Entscheidung des BSG vom 08. April 1992[722], dergestalt abgewickelt, daß die Netto-Lohnforderungen darlehensweise durch eine die Vorfinanzierung übernehmende Drittbank, die bislang nicht mit dem Schuldner in Geschäftsbeziehung stand (§ 141k Abs. 2a AFG), an die Arbeitnehmer ausgezahlt wurden. Zur Besicherung dieser Darlehen traten die Arbeitnehmer ihren Lohnanspruch gegen den Arbeitgeber an die Bank ab. Diese wiederum meldete den mit Konkurseröffnung entstehenden Anspruch auf Konkursausfallgeld (§ 141b Abs. 1 AFG) innerhalb von zwei Monaten bei der zuständigen Arbeitsverwaltung an (§ 141k Abs. 1 Satz 1 AFG). Die Auszahlung erfolgte dann von der Bundesanstalt für Arbeit direkt an die Bank, die diese Gelder zur Rückführung der Darlehen verwendete. Mit seiner Entscheidung vom 08. April 1992 äußerte das BSG nun erstmals Bedenken hinsichtlich der Wirksamkeit dieser Abtretung vor dem Hintergrund der §§ 134, 400, 401 BGB i.V.m. 850 ff ZPO an. Es wurde jedoch darauf hingewiesen, daß eine Abtretung dann unbedenklich sei, wenn die Netto-Lohnforderungen der Arbeitnehmer im Wege eines Forderungskaufes von der Bank erworben werden und die Arbeitnehmer den vollen Gegenwert hierfür ausbezahlt erhalten.[723] Die Praxis hatte sich hierauf eingestellt, so dieses Modell der Abwicklung von Konkursausfallgeld-Vorfinanzierungen weitgehend angewendet wurde.

Das BSG hat in seinem Urteil vom 22. März 1995 die Rahmenbedingungen aufgestellt, innerhalb derer die Vorfinanzierung von Konkursausfallgeld auch für die Ansprüche der Arbeitnehmer, die erst nach Konkursantragstellung, während der Betriebsfortführung in der Sequestration, entstanden sind, rechtlich zulässig ist. Nachdem eine Vorfinanzierung nur noch in den eng begrenzten Ausnahmefällen eines evidenten Mißbrauchs zu Gunsten einzelner Gläubiger unzulässig gewesen ist, wurde sie weitgehend als Finanzierungsinstrument eingesetzt, um die für eine Verfahrenseröffnung benötigten Massekosten[724] gem. §§ 107 Abs. 1, 58

---

720 Kautza, SGb 1982, S. 515 ff, 535; Dieckmann in: ZRP 1987, S. 420 ff, 421; Uhlenbruck in: KTS 1994, S. 171 ff, 183 für das neue Recht vor dem AFRG.

721 Strasser, Vorfinanzierung, S. 135; Hase in: RWS-Forum 6, S. 33 ff, 39 f; a.A. Hanau/Kappus in: ZIP 1988, S. 885 ff, 889 und Fn. 29; Roeder in: Niesel, AFG, § 141k Rdnr. 10; Wiester in: BB 1997, S. 949 ff, 954.

722 BSG, Urt. vom 08.04.1992 (Az.: 10 RAr 12/91), in: ZIP 1992, S. 941 ff, 943 f.

723 BSG, Urt. vom 08.04.1992 (Az.: 10 RAr 12/91), in: ZIP 1992, S. 941 ff, 943; BSG, Urt. vom 22.03.1995 (Az.: 10 RAr 1/94), in: ZIP 1995, S. 935 ff, 936; Hanau/Kappus in: ZIP 1988, S. 885 ff, 886 m.w.N.

724 Insoweit war jedoch streitig, ob wegen § 60 KO auch die Masseschulden des § 59 Abs. 1 Nr. 1, 2 KO gedeckt sein mußten: vgl. hierzu: Kuhn/Uhlenbruck, KO, § 107 Rdnr. 1g) m.w.N.

Nr. 1, 2 KO zu erwirtschaften und die Voraussetzungen für eine übertragende Sanierung zu erhalten.[725]

b) Rechtslage nach der InsO

aa) Einleitung

Mit Inkrafttreten der Insolvenzordnung am 01. Januar 1999 sind die §§ 183 - 189 SGB III anzuwenden (Art. 83 AFRG), die für die Vorfinanzierung von Insolvenzgeld nicht unbedeutende Neuerungen beinhalten. Vergleicht man die neuen Bestimmungen mit den bislang geltenden §§ 141a - 141n AFG und den Änderungen gem. Art. 93 EGInsO, so läßt sich konstatieren, daß zwar die wesentlichen Grundgedanken übernommen wurden. Mit dem Wegfall des Dualismus von Vergleich und Konkurs wird der Anwendungsbereich der Konkursausfallgeld-Versicherung nunmehr auf alle Verfahrensarten erweitert.[726] Es werden daher künftig nicht nur die Fälle erfaßt werden, in denen nach Eröffnung des Insolvenzverfahrens die Liquidation oder übertragende Sanierung das Verfahrensziel darstellen, sondern auch Unternehmenssanierungen i.S. einer Reorganisation des Unternehmensträgers.

Diese Vorstellung mag den Gesetzgeber dazu veranlaßt haben, nach den mit Art. 93 EGInsO vorgenommen Änderungen, die Regelungen zum Insolvenzgeld erneut zu überarbeiten. Bereits in der Begründung des Regierungsentwurfs zu Art. 96 Nr. 14 (§ 141k) RegE EGInsO heißt es, daß die Bundesregierung im Lichte der praktischen Erfahrungen des § 141k Abs. 2a AFG prüfen wird, "ob die gesetzlichen Vorschriften über die Vorfinanzierung von Insolvenzgeld erneut geändert werden sollten". Dies vor dem Hintergrund, daß "es mit der marktwirtschaftlichen Ausrichtung der Insolvenzrechtsreform nicht vereinbar (wäre), wenn das Insolvenzausfallgeld durch eine Vorfinanzierung bei außergerichtlichen Sanierungsversuchen zur Subventionierung notleidender Unternehmen durch ihre umlagepflichtigen Wettbewerber zweckentfremdet würde."[727] In der Gesetzesbegründung zu § 187 RegE AFRG wird dann dieser Gedanke erneut aufgegriffen und festgestellt, daß " die Regelungen ... sich in der Verwaltungspraxis als unzureichend erwiesen (haben)."[728]

Dies veranlaßte den Gesetzgeber zur Schlußfolgerung, daß "... künftig ein Anspruch auf Insolvenzgeld ... nur noch dann bestehen (soll), wenn das Arbeitsamt der Übertragung oder Verpfändung zugestimmt hat."[729] In der verkündeten Fassung des § 188 Abs. 4 SGB III wird daher jegliche Vorfinanzierung von Lohn- und Gehaltsforderungen von der Zustimmung der jeweils zuständigen Arbeitsverwaltung abhängig gemacht. Einem Zustimmungsvorbehalt unterliegt damit grundsätzlich auch eine Vorfinanzierung für die nichterfüllten Arbeitsentgelt-

---

[725] Kind in: InVo 1998, S. 57 ff, 62.

[726] Fink, Finanzierung, Rdnr. 337.

[727] Begrdg. RegE zu Art. 96 Nr 14 (§ 141k) RegE EGInsO, abgedr. in: Balz/Landfermann, Die neuen Insolvenzgesetze, S. 654.

[728] BR-DS 550/96 vom 16. August 1996, S. 188.

[729] BR-DS 550/96 vom 16. August 1996, S. 188 f; Ein Zustimmungserfordernis befürwortete bereits der 10. Senat des BSG in seinem Urt. vom 22.03.1995 (Az.: 10 RAr 1/94), abgdr. in: ZIP 1995, S. 935 ff, 940.

forderungen aus dem Zeitraum vor Insolvenzantragstellung.[730] Dabei *darf* eine Zustimmung *nur* dann erteilt werden, "wenn Tatsachen die Annahme rechtfertigen, daß durch die Vorfinanzierung der Arbeitsentgelte ein erheblicher Teil der Arbeitsplätze erhalten bleibt." Weder im Gesetz selbst noch in der Gesetzesbegründung findet sich ein Hinweis darauf, wann die Arbeitsämter von dem Erhalt eines *erheblichen* Teils der Arbeitsplätze ausgehen dürfen. Angesichts der praktischen Tragweite dieser Regelung, war die Bundesanstalt für Arbeit hier gehalten, durch entsprechende *Durchführungsanweisungen (DA)* schnell für die nötige Rechtsklarheit zu sorgen.[731] Zwischenzeitlich hat der Präsident der Bundesanstalt für Arbeit die Durchführungsanweisungen zu den §§ 183 ff SGB III unter dem Az.: 71183 bis 71189, 71208 erlassen.

bb) Das Zustimmungserfordernis im Lichte der Durchführungsanweisung

(a) Die Anforderungen an eine "individuelle Vorfinanzierung"

Nach Ziffer 4.1 der DA läßt § 188 Abs. 4 SGB III eine "individuelle Vorfinanzierung grundsätzlich unberührt; die Arbeitnehmer können sich also nach wie vor (ggf. auch auf Empfehlung des vorläufigen Insolvenzverwalters) individuell ihre Ansprüche auf Arbeitsentgelt vor der Eröffnung des Insolvenzverfahrens vorfinanzieren lassen (§ 188 Abs. 1 SGB III)".

Welche Gestaltungsvarianten unter eine "individuelle Vorfinanzierung" subsumiert werden können, ist dieser allgemein gehaltenen Formulierung nicht sicher zu entnehmen. In Abgrenzung zur bisherigen Praxis der Vorfinanzierung von Konkursausfallgeld wird deutlich, daß eine Vorfinanzierung des Insolvenzgeldes für alle in die Fortführung des Geschäftsbetriebes eingebundenen Beschäftigten des Unternehmens über eine Rahmenvereinbarung mit einer bestimmten Bank damit nicht gemeint sein kann. Als Vorfinanzierer steht in diesem Fall nur ein Vertragspartner allen Arbeitnehmern gegenüber.[732] Damit würde der gesetzgeberische Zweck der frühzeitigen Einbindung der Arbeitsverwaltung im Vorfeld von Sanierungsbemühungen und der Verhinderung einer mißbräuchlichen Verwendung des Instrumentes der Insolvenzgeldvorfinanzierung umgangen werden.

Eine Individualität der Vorfinanzierung des Insolvenzgeldanspruches dürfte m.E. jedoch dann gegeben sein, wenn jeder Arbeitnehmer bei seiner Hausbank eine Vorfinanzierung, nach den vom BSG aufgestellten Anforderungen, konkret durchführt. Die Gewährung einer bloßen Kontoüberziehung reicht danach allerdings nicht aus; vielmehr bedarf es einer Abtretung des Entgeltanspruches an die Bank gemäß § 398 ff BGB, die dann auch als Dritte den Insolvenzgeldantrag stellt.

Daß die Initiative für eine solche individuelle Vorfinanzierung auch vom vorläufigen Insolvenzverwalter ausgehen kann, ist begrüßenswert. In welchem Umfang der vorläufige Insolvenzverwalter dann aber an der konkreten Umsetzung der Vorfinanzierung mitwirken kann,

---

730 So auch Kind in: InVo 1998, S. 57 ff, 62.
731 I.d.S. auch Fink, Finanzierung, Rdnr. 395.
732 Vgl. Ziff. 4.2 Abs. 3 der DA zu § 188 SGB III.

ohne daß die Grenze der Umgehung des § 188 Abs. 4 SGB III überschritten wird, läßt die Durchführungsanweisung jedoch offen. Ob eine "Empfehlung" des vorläufigen Insolvenzverwalters auch die Weitergabe eines von ihm entwickelten Vorfinanzierungsformulars (Abtretungsvereinbarung mit der Bank) an alle Arbeitnehmer zur Erleichterung der technischen Abwicklung umfaßt, läßt sich sicher kontrovers diskutieren, ist im Ergebnis aber zu bejahen. Dafür spricht, daß eben nicht alle Arbeitnehmer insolvenzerfahren sind, vor allem auch kleineren Hausbanken die konkrete Abwicklung nicht geläufig sein wird, was zu nicht unerheblichen zeitlichen Verzögerungen bei der Umsetzung der Vorfinanzierung führen kann. Unter diesen Umständen wäre auch nicht zu beanstanden, wenn ein von dem vorläufigen Insolvenzverwalter entwickeltes Merkblatt den Arbeitnehmern und Banken die Abwicklung erläutert und dieses Merkblatt den Arbeitnehmern zur Weitergabe ausgehändigt wird.

(b) Bereits entstandene Arbeitsentgeltansprüche

Das Zustimmungserfordernis erfaßt nach der gesetzlichen Regelung grundsätzlich auch die Arbeitsentgeltforderungen, die vor der Anordnung der vorläufigen Insolvenzverwaltung entstanden sind.

Nach der Durchführungsanordnung bestehen in der Regel aber "keine Bedenken, wenn die Zustimmung zur Vorfinanzierung für diejenigen Arbeitsentgeldansprüche erteilt wird, die bereits *vor* der Bestellung des vorläufigen Insolvenzverwalters entstanden sind", sofern "keine erhebliche Verminderung des Schuldnervermögens während der vorläufigen Insolvenzverwaltung droht ... und davon auszugehen ist, daß ein erheblicher Teil der Arbeitsplätze zumindest während des Insolvenzeröffnungsverfahrens erhalten bleibt."[733]

Die Arbeitsverhältnisse der entsprechenden Arbeitnehmer, für die die Vorfinanzierung durchgeführt werden soll, dürfen danach noch nicht gekündigt sein. Damit soll dem Umstand Rechnung getragen werden, daß dem vorläufige Insolvenzverwalter erfahrungsgemäß unmittelbar nach seiner Bestellung noch nicht alle notwendigen Informationen für eine konkrete zukünftige Unternehmensperspektive zur Verfügung stehen.

Mit dieser Regelung wird den Bedenken der Praxis an der Praktikabilität der gesetzlichen Regelung in § 188 Abs. 4 SGB III zumindest teilweise Rechnung getragen. Während nach der Neuregelung eine Zustimmung der Arbeitsverwaltung zur Vorfinanzierung der Arbeitsentgeltansprüche, die erst während der vorläufigen Insolvenzverwaltung entstehen, bei einer geordneten Ausproduktion ohne anschließende Übertragung des Geschäftsbetriebes nicht in Betracht kommen wird, können die Arbeitnehmer zumindest so ein Teil der Löhne und Gehälter kurzfristig erhalten. Gerade bei einer Ausproduktion, die der Masseschaffung dient, kommt der Motivation der Belegschaft eine maßgebliche Bedeutung zu. Diese Einschränkung des § 188 Abs. 4 SGB III ist daher auch vor dem gesetzgeberischen Ziel einer größeren Zahl eröffneter Insolvenzverfahren zu begrüßen und hilft dort entscheidend weiter, wo die Anordnung der vorläufigen Insolvenzverwaltung am Monatsende erfolgte und zu diesem Zeitpunkt bereits ein Monat an Löhnen und Gehältern rückständig war.

---

[733] Vgl. Ziff. 4.2 Abs. 14 der DA zu § 188 SGB III.

Ob dabei immer eine taggenaue Abgrenzung zwischen den vor- bzw. nach der Anordnung der vorläufigen Insolvenzverwaltung entstandenen Ansprüchen erforderlich ist, läßt sich der Durchführungsanweisung nicht entnehmen. Bei einer Anordnung der vorläufigen Insolvenzverwaltung erst in der Mitte des Monats wird aber differenziert werden müssen.

Für den Zeitraum vor Anordnung der vorläufigen Insolvenzverwaltung wird eine Zustimmung regelmäßig zu erteilen sein, für den Zeitraum danach sind in den ersten ein bis zwei Wochen sicher geringe Anforderungen an die Zustimmung der Arbeitsverwaltung zu stellen, da gesicherte Erkenntnisse zu den Sanierungsaussichten regelmäßig noch nicht vorliegen können.

(c) Anforderungen an die Prognoseentscheidung

Die strengen Anforderungen des § 188 Abs. 4 SGB III an eine Zustimmung der Arbeitsverwaltung für eine Vorfinanzierung von Insolvenzgeld betrifft nach den vorangestellten Ausführungen die Fälle, bei denen die Löhne und Gehälter nach Anordnung der vorläufigen Insolvenzverwaltung entstanden sind.

Dann sind nach der gesetzlichen Regelung konkrete Anhaltspunkte für den Erhalt eines erheblichen Teils der Arbeitsplätze darzulegen. Der Antragsteller hat glaubhaft zu machen, daß nach der wirtschaflichen Lage des Schuldners und der Verhältnisse seines Unternehmens, wie sie sich im Zeitpunkt der Entscheidung über die Zustimmung zur Vorfinanzierung darstellen bzw. künftig abzeichnen, der Erhalt eines erheblichen Teils der Arbeitsplätze überwiegend wahrscheinlich ist.[734] Dabei kann es sich nur um eine Prognoseentscheidung handeln, wobei Prognosen auch das Risiko ihrer Fehleinschätzung immanent ist. Tritt die Prognose nicht ein, hat dies auf die "Zugunstenentscheidung" keinen Einfluß, sofern nicht die Voraussetzungen des § 45 Abs. 2 Satz 3 SGB X vorliegen.[735]

Wann von dem Erhalt eines wesentlichen Teils der Arbeitsplätze ausgegangen werden kann, soll sich an den Mindestgrenzen des § 112a Abs. 1 Nr. 1 bis 4 BetrVG orientieren. Bei Betrieben mit in der Regel weniger als 20 Arbeitnehmern kommt es dabei auf den Einzelfall an.[736]

Ein wesentlicher Teil der Arbeitsplätze liegt danach bei etwa 10 bis 15 % der gesamten im Unternehmen beschäftigten Arbeitnehmer.

cc) Der Vorschuß auf Insolvenzgeld

Eine weitere Gesetzesänderung gilt es in diesem Zusammenhang zu würdigen. Gem. § 186 SGB III kann in Abweichung zur bislang geltenden Rechtslage ein Vorschuß auf den erst mit Insolvenzeröffnung entstehenden Insolvenzgeldanspruch (vgl. § 183 Abs. 1 Nr. 1 SGB III)

---

[734] Vgl. Ziff. 4.2 Abs. 6,7 der DA zu § 188 SGB III.
[735] Vgl. Ziff. 4.2 Abs. 13 der DA zu § 188 SGB III.
[736] Vgl. Ziff. 4.2 Abs. 8, 9 der DA zu § 188 SGB III.

bereits im Insolvenzeröffnungsverfahren ausgezahlt werden.[737] Diese Vorschußleistung setzt jedoch voraus, daß:

- das Insolvenzverfahren über das Vermögen des Arbeitgebers beantragt ist (§ 186 Nr. 1 SGB III)

- das Arbeitsverhältnis beendet ist (§ 186 Nr. 2 SGB III)

- die Anspruchsvoraussetzungen auf Insolvenzgeld mit hinreichender Wahrscheinlichkeit erfüllt werden (§ 186 Nr. 3 SGB III).

Mit den unter Nr. 2 und 3 enthaltenen Anforderungen kann die Vorschußleistung nicht als ein Ersatz für die nach der neuen Rechtslage erschwerte Vorfinanzierung von Insolvenzgeld angesehen werden. Dies ist um so bedauerlicher, als die Vorfinanzierung der Arbeitslöhne, neben dem damit verbundenen Motivationsschub für die Arbeitnehmer[738], in der Vergangenheit ein wesentliches Finanzierungsinstrument darstellte. Hinzu kommt, daß sich - wie bereits erörtert - auch für die Gewährung eines Massekredits im Insolvenzeröffnungsverfahren die Voraussetzungen unter Geltung der Insolvenzordnung nicht wesentlich verbessert haben.

Die Nr. 2 des § 186 SGB III trägt dabei erkennbar dem Umstand Rechnung, daß mit Beendigung des Arbeitsverhältnisses der Zeitraum, für den Insolvenzgeld beantragt werden kann, bereits feststeht.[739] Der Arbeitnehmer wird über die notwendigen Verdienstbescheinigungen verfügen, so daß die Höhe des nach der Gerichtsentscheidung zur Verfahrenseröffnung an den Arbeitnehmer auszuzahlenden Insolvenzgeldes kurzfristig bestimmt werden kann. Da erfahrungsgemäß die Bearbeitung der erst nach der Gerichtsentscheidung eingereichten Anträge auf Insolvenzgeld drei bis sechs Wochen in Anspruch nimmt, mußte der einzelne Arbeitnehmer oft erhebliche Zeit zuwarten, bis er sein Geld ausbezahlt bekommt. Für einen ausgeschiedenen Arbeitnehmer kommt zudem eine Vorfinanzierung von Insolvenzgeld nicht in Betracht. Eine Vorschußleistung bereits im Eröffnungsverfahren unter diesen Voraussetzungen ist daher grundsätzlich zu begrüßen.

Weniger glücklich ist jedoch die aus Nr. 3 des § 186 SGB III folgende Prognoseentscheidung. Andererseits dürfte diese Entscheidung nicht zu schwer fallen. Da sich die Prognose erkennbar auf § 183 SGB III bezieht, und danach eine Anspruch auf Insolvenzgeld sowohl im Falle der Verfahrenseröffnung als auch bei einer Abweisung mangels Masse in Betracht kommt, sind m.E. keine großen Hürden für eine Entscheidung der Arbeitsverwaltung gegeben.[740] Lediglich im Fall einer endgültigen Betriebseinstellung dürfte daher eine weitergehende Prüfung erforderlich sein. Hier gewinnt die Prognoseentscheidung an Bedeutung, da der Rückzahlungsanspruch gem. § 186 Satz 4 SGB III nur einen eingeschränkten Schutz gewährleistet.

---

737 Vgl. hierzu bereits: BSG Urt. vom 22.03.1995 (Az.: 10 RAr 1/94), in: ZIP 1995, S. 935 ff, 940; § 186 SGB III ist auf Beschlußempfehlung des Ausschusses für Arbeit und Sozialordnung aufgenommen worden (vgl. BT-Drucks. 13/6845 vom 29. Januar 1997, damals § 185a).

738 So deutlich Krause in: ZIP 1998, S. 56 ff, 57.

739 Kind in: InVo 1998, S. 57 ff, 61; vgl. auch Ziff. 2.1 Abs. 2 des § 186 SGB III der DA.

740 Dies setzt natürlich voraus, daß der Antrag auf Verfahrenseröffnung zunächst vom Gericht zugelassen wurde. Zu den Anforderungen an die Glaubhaftmachung vgl. Ziff. 2.1 Abs. 3, Ziff. 4 des § 186 SGB III der DA.

Immerhin trägt das Insolvenzrisiko dann die Bundesanstalt für Arbeit, wenn ungerechtfertigter Weise ein Vorschuß auf das Insolvenzgeld ausbezahlt wurde.

dd) Zwischenergebnis

Auf die Praxis der ab 01. Januar 1999 anzuwendenden Vorfinanzierung von Insolvenzgeld werden sich daher nachfolgende Neuerungen negativ auswirken:

- Bestellt das Gericht unmittelbar nach Stellung eines Insolvenzantrages einen vorläufigen Verwalter und ordnet es gleichzeitig ein allgemeines Veräußerungsverbot an (§ 21 Abs. 2 Nr. 1 und 2 Alt. 1 InsO), geht die Verwaltungs- und Verfügungsbefugnis auf den vorläufigen Verwalter über (§ 22 Abs. 1 Satz 1 InsO). Die Erstattungsansprüche der BfA haben gem. § 55 Abs. 2 Satz 2 InsO Masseschuldcharakter, sofern der vorläufige Verwalter das Unternehmen fortführt und hierfür die Arbeitsleistung der Arbeitnehmer in Anspruch nimmt. Für die Erfüllung dieser Masseverbindlichkeiten haftet auch der verfügungsbefugte vorläufige Verwalter gem. §§ 21 Abs. 2 Nr. 1, 61 InsO.

- Eine Vorfinanzierung von Insolvenzgeld für die nach Anordnung der vorläufigen Insolvenzverwaltung entstehenden Arbeitsentgeltansprüche wird künftig der Zustimmung durch die Arbeitsverwaltung bedürfen, die ihrerseits nur dann erteilt werden darf, wenn durch die Vorfinanzierung ein erheblicher Teil der Arbeitsplätze erhalten bleibt (§ 188 Abs. 4 SGB III). Unproblematisch wird eine Zustimmung regelmäßig nur für die im Zeitpunkt der Bestellung des vorläufigen Insolvenzverwalters rückständigen Löhne und Gehälter erteilt werden. Eine Ausnahme vom Zustimmungserfordernis gibt es nur dann, wenn der einzelne Arbeitnehmer eine individuelle Vorfinanzierung über seine Hausbank vornimmt.

- Vorschuß auf das erst entstehende Insolvenzgeld kann nunmehr zwar auch im Eröffnungsverfahren gewährt werden, jedoch muß das Arbeitsverhältnis hierfür bereits beendet sein (§ 186 SGB III).

- Nach Auffassung des Bundesministeriums für Arbeit und Soziales ist eine vorläufige Entscheidung über den Anspruch auf Insolvenzgeld gemäß § 328 Abs. 1 Satz 1 Nr. 3 SGB III nicht möglich, wenn im Zeitpunkt der Entscheidung feststeht, daß die Voraussetzungen für den Anspruch auf Insolvenzgeld nicht oder noch nicht vorliegen. DA 7 Abs. 5 zu § 186 SGB III wurde daher aufgehoben.

Auf zwei damit im Zusammenhang stehende Probleme wurde bereits hingewiesen.[741]

Mit der Aufwertung des sich nach Zahlung des Insolvenzgeldes ergebenden Erstattungsanspruches der Bundesanstalt zu einer Masseschuld gem. § 55 Abs. 2 Satz 2 InsO müssen die vorfinanzierten Beträge nach Verfahrenseröffnung vom Insolvenzverwalter als Masseschulden bedient werden. Die noch im Insolvenzeröffnungsverfahren geschaffene Liquidität führt daher

---

[741] Vgl. bereits oben: Teil 2, B, II, 2, b).

nur zu einem kurzfristigen Stundungseffekt[742] und nicht mehr zu einer dauerhaften Entlastung von Masseverbindlichkeiten. Die nach bislang geltendem Recht erfolgte Herabstufung dieser Erstattungsansprüche zu einfachen (wenn auch bevorrechtigten) Konkursforderungen gem. §§ 59 Abs. 1 Nr. 3a, Abs. 2 Satz 1, 61 Abs. 1 Nr. 1 KO wird es eben künftig nicht mehr geben. Unter diesen Voraussetzungen wird die Vorfinanzierung von Insolvenzgeld als ein Instrument der Masseanreicherung und damit auch der Unternehmensfinanzierung nur noch im Bereich der ersparten Lohnsteuer gem. § 3 Nr. 2 EStG Bedeutung erlangen. Auch dieser Finanzierungsspielraum scheint aber nicht auf Dauer gesichert, da in der Diskussion um eine Steuerreform auch die Besteuerung von Lohnersatzleistungen erwogen wird.[743]

Hinzu kommt, daß der verfügungsbefugte vorläufige Verwalter sich der Sanktionsgefahr des § 61 InsO ausgesetzt sieht, wenn er die von ihm begründeten Masseverbindlichkeiten nicht begleichen kann.[744] Eine Exculpation wird ihm vom Gesetzgeber nur eingeräumt, wenn er nachweisen kann, daß er bei Begründung der Verbindlichkeiten nicht erkennen konnte, daß die Masse voraussichtlich nicht zur Erfüllung ausreichen würde (§ 61 Satz 2 InsO).[745] Da die Personalkosten jedoch eine nicht unbeträchtliche Höhe annehmen können, wird er u.U. eher geneigt sein, die Schließung des gemeinschuldnerischen Geschäftsbetriebes beim Gericht zu beantragen (§ 22 Abs. 1 Satz 2 Nr. 2 InsO). Der Nachweis für die Gefährdung einer erheblichen Verminderung des Vermögens wird regelmäßig leichter zu führen sein, als mittels Planrechnungen die Erfüllbarkeit dieser Masseverbindlichkeiten. Eine Erleichterung tritt jedoch insoweit ein, als die bereits vor dem Insolvenzantrag rückständigen Arbeitsentgeltforderungen auch im Falle einer Vorfinanzierung nie zu Masseschulden werden können. Sie sind als Insolvenzforderungen des § 38 InsO zu behandeln.[746] Berücksichtigt man darüber hinaus, daß die Insolvenzordnung nach Auffassung des Autors die Aufnahme eines Massekredits nicht wesentlich fördert, scheint es eher zweifelhaft, ob unter diesen Umständen die gesetzlichen Regelungen zur Fortführungsverpflichtung des vorläufigen Verwalters und die von ihm begründeten Masseverbindlichkeiten tatsächlich dazu führen, daß mehr Verfahren eröffnet werden und für sie nicht gleich nach Verfahrenseröffnung die Masseunzulänglichkeit gem. §§ 208, 209 InsO durch das Insolvenzgericht angezeigt werden muß.

Die künftige Praxis der Insolvenzgeld-Vorfinanzierung wird auch durch den Zustimmungsvorbehalt seitens der Arbeitsverwaltung erheblich erschwert werden.[747]

Wie aufgezeigt entspricht es der Rechtsauffassung des BSG und der Bundesanstalt für Arbeit, daß eine Vorfinanzierung nicht mehr vom Nachweis ernsthafter und erfolgsversprechender Sanierungsbemühungen abhängt. Damit sollte eine Vorfinanzierung auch in den Fällen möglich sein, bei denen das Ziel der Betriebsfortführung während der Sequestration und ggf. noch im eröffneten Verfahren ausschließlich in einer geordneten Ausproduktion bestand. Der mit

---

742 Dieser Stundungseffekt ist aber nicht zinslos, da die Rückführung des Kaufpreises für den Ankauf der Lohnforderungen erst einige Zeit nach Verfahrenseröffnung erfolgen wird. Für diesen Zeitraum werden auf der Grundlage eines mit dem vorläufigen Verwalter zusätzlich geschlossenen Kreditvertrages Zinsen und Bearbeitungsgebühren berechnet, die die Masse zusätzlich belasten.

743 Diese Bedenken äußert auch Feuerborn in: KTS 1997, S. 171 ff, 195.

744 Kritisch hierzu Krause in: ZIP 1998, S. 56 ff, 62.

745 Zu den Anforderungen an den Sorgfaltsmaßstab vgl. Uhlenbruck in: Braun/Uhlenbruck, Unternehmensinsolvenz, 5. Teil, D, I, 10, S. 260.

746 Kind in: InVo 1998, S. 57 ff, 60.

747 So auch Fink, Finanzierung, Rdnr. 344 ff.

der Schließung des Geschäftsbetriebes einhergehende Verlust der Arbeitsplätze wird eine Zustimmung seitens der Arbeitsämter de lege ferenda jedoch ausschließen und eine Vorfinanzierung somit unmöglich machen.[748] Findet sich dann kein Kreditgeber bereit, die Fortführung des Geschäftsbetriebs zu finanzieren, werden selbst die für eine Verfahrenseröffnung notwendigen Kosten gem. § 54 InsO nicht immer darstellbar sein. Allein der Hinweis, daß die Neuregelung in § 188 Abs. 4 Satz 2 SGB III eine "erhebliche Verbesserung gegenüber dem bisherigen Abtretungsverbot an Insider"[749] darstellt, vermag die Notwendigkeit für ein Zustimmungserfordernis seitens der Arbeitsverwaltung nicht überzeugend zu begründen.

Die Zustimmungsregelung des § 188 Abs. 4 SGB III widerspricht auch der gesetzlichen Intention der Insolvenzordnung, durch eine Fortführungsverpflichtung für den vorläufigen Verwalter mit Verfügungsbefugnis die Chancen aufrechtzuerhalten, daß die Gläubiger im Berichtstermin auch über die Fortführung des Unternehmens beschließen können.[750] Muß der Geschäftsbetrieb bereits vorher geschlossen werden, da keine finanziellen Mittel mehr für die Bezahlung der Löhne und Gehälter vorhanden sind, steht zu befürchten, daß die Know how-Träger das Unternehmen verlassen und auch keine ausreichende Masse mehr für eine Verfahrenseröffnung geschaffen werden kann. Die Stillegung des Unternehmens wäre die Folge. Eine Entscheidung zur Frage der Fortführung des Geschäftsbetriebs würde sich unter diesen Umständen nicht mehr stellen.

Wenn der Gesetzgeber die Vorfinanzierung von Insolvenzgeld vom Erhalt eines erheblichen Teils der Arbeitsverhältnisse abhängig macht, muß dem entgegengehalten werden, daß zum Zeitpunkt der Vorfinanzierung eine sichere Prognose über das weitere Unternehmensschicksal und damit den Erhalt der Arbeitsplätze gar nicht möglich ist.[751] Ob Aussichten für eine Sanierung gegeben sind, soll der vorläufige Verwalter mit Verfügungsbefugnis ja gerade erst prüfen, sofern er vom Gericht hierzu als Sachverständiger gem. § 22 Abs. 1 Satz 2 Nr. 3 InsO bestellt wird. Zwar können Prognosen sich später auch als fehlerhaft erweisen. Sollte dies jedoch zur "Regel" werden, werden die Arbeitsämter sicher noch stringender die Prüfung der zur Glaubhaftmachung vorgetragenen Anhaltspunkte vornehmen.

Daß an den Erhalt eines erheblichen Teils der Arbeitsplätze gekoppelte Zustimmungserfordernis birgt zudem die Gefahr in sich, daß eine Vorfinanzierung nur noch in Fällen von Insolvenzen großer Unternehmen gestattet werden wird. Für die Vielzahl der mittleren oder kleineren Unternehmen, bei denen u.U. auch kein allgemeines Veräußerungsverbot angeordnet wird, steht zu befürchten, daß die Arbeitsämter von ihrer Zustimmungsbefugnis nur sehr restriktiv Gebrauch machen und damit die Sanierungschancen dieser Schuldner sich verschlechtern werden.[752] Die immer wieder positiv hervorgehobene Erleichterung der Aufnahme von Massekrediten bei Anordnung eines allgemeinen Veräußerungsverbotes wird sich unter diesen Umständen ebenfalls nicht eröffnen.

---

[748] So auch Kind in: InVo 1998, S. 57 ff, 63.

[749] Häsemeyer, Insolvenzrecht (2. Aufl.), Rdnr. 23.27.

[750] I.d.S. auch Casper, Personalabbau, Rdnr. 515 f; Fink, Finanzierung, Rdnr. 344; Krause in: ZIP 1998, S. 56 ff, 62.

[751] Vgl. auch Casper, Personalabbau, Rdnr. 515 f; Fink, Finanzierung, Rdnr. 345.

[752] Wie hier: Kind in: InVo 1998, S. 57 ff, 62 und Irschlinger in: HK-InsO, § 188 SGB III Rdnr. 14.

Welche Finanzierungsmöglichkeiten stehen dann aber noch für die Aufrechterhaltung des Geschäftsbetriebs und der Möglichkeit der Realisierung einer übertragenden Sanierung oder auch einer plangemäßen Abwicklung nach Eröffnung eines Insolvenzverfahrens (wenn es dazu überhaupt kommt) zur Verfügung? Diese Bedenken sollte die Bundesanstalt für Arbeit bei der von ihr an die untergeordneten Dienststellen herauszugebenden Durchführungsanweisung unbedingt beachten. Im Ergebnis sollte die Vorfinanzierung von Insolvenzgeld bereits dann zulässig sein, wenn die Betriebsfortführung durch den vorläufigen Insolvenzverwalter als solche zulässig ist.[753]

c) Einfluß der EuGH-Rechtsprechung

Schließlich gilt es im Zusammenhang mit der Darstellung der Vorfinanzierung von Insolvenzgeld noch auf die europäischen Tendenzen aufmerksam zu machen. Die Richtlinie 80/987/EWG des Rates vom 20. Oktober 1980[754] sieht vor, daß auf Gemeinschaftsebene den Arbeitnehmern im Falle der Zahlungsunfähigkeit ihrer Arbeitgeber ein Minderheitenschutz zu gewährleisten ist. Zu diesem Zweck enthält die Richtlinie spezielle Garantien für die Befriedigung rückständiger Lohn- und Gehaltsansprüche (Konkursausfallgeld). Art. 3 Abs. 2 der Richtlinie läßt den Mitgliedstaaten die Wahl unter drei Möglichkeiten für die Bestimmung des Zeitpunktes, ab dem rückwirkend die Garantieleistungen zu erbringen sind. Als solcher kann auch der Eintritt der Zahlungsunfähigkeit bestimmt werden. Die Zeiträume werden dann von Art. 4 Abs. 2 der Richtlinie konkretisiert. Konkursausfallgeld kann daher grundsätzlich auch für die letzten drei Monate vor dem *Eintritt der Zahlungsunfähigkeit* des Arbeitgebers gewährt werden. § 141b Abs. 1 AFG und nunmehr § 183 Abs. 1 SGB III gewähren (Konkurs-) Insolvenzgeld für die letzten dem Insolvenzereignis vorhergehenden drei Monate, wozu die Entscheidung des Gerichtes zur Verfahrenseröffnung gehört.

Hierzu hat der EuGH in seinem Urteil vom 10. Juli 1997[755] nunmehr festgestellt, daß der "Eintritt der Zahlungsunfähigkeit" gleichzusetzen wäre mit dem Antrag auf Eröffnung eines (Konkurs-) Insolvenzverfahrens zur gemeinsamen Gläubigerbefriedigung.

Die praktischen Konsequenzen wären weitreichend.[756] Als zentraler Stichtag für die Berechnung des Insolvenzgeldzeitraumes käme es auf den Insolvenzeröffnungsantrag an. Damit würden jedoch gerade die Zeiträume des Insolvenzeröffnungsverfahrens ausgenommen werden, wegen derer eine Vorfinanzierung gerade angestrebt wird.[757]

Sind die drei Monate im Zeitpunkt der Bestellung eines vorläufigen Verwalters noch nicht abgelaufen, dient die Vorfinanzierung - wie dargestellt - einer Betriebsfortführung, ohne je-

---

[753] So auch Fink, Finanzierung, Rdnr. 348; Hanau in: ZIP 1992, S. 1279 ff; Uhlenbruck, Das neue Insolvenzrecht, S. 55.

[754] Abgdr. in: Hanau/Kübler, Konkursausfallgeld, Kap.1.8.

[755] EuGH, Urt. vom 10.07.1997 (Az.: Rs C-373/95), abgdr. in: ZIP 1997, S. 1658 ff.

[756] Vgl. hierzu auch die Urteilsanmerkung von Wimmer in: ZIP 1997, S. 1635 ff.

[757] Vgl. hierzu Krause in: ZIP 1998, S. 56 ff, der eine unmittelbare Wirkung der Richtlinie in Bezug auf die Bestimmung des Referenzzeitraumes annimmt, eine Berücksichtigung der EuGH-Entscheidung im Wege richtlinienkonformer Auslegung aufgrund der eindeutig entgegenstehenden nationalen Regelungen aber ablehnt.

doch mit Personalkosten belastet (so zumindest nach bisherigem Recht) zu sein. Änderungen kann es ferner in den Fällen geben, bei denen das Arbeitsverhältnis bereits vor Verfahrenseröffnung gekündigt wurde.[758] Während § 141b Abs. 1 AFG generell die letzten drei Monate des Arbeitsverhältnisses als gesichert ansieht, sind nach der Rechtsprechung des EuGH auch hier nur die letzten drei Monate vor Insolvenzantragstellung geschützt.

Erkennbar stellt der EuGH zur Begründung seiner Auffassung allein auf den Arbeitnehmerschutz in Bezug auf die Sicherung der nicht erfüllten Lohn- und Gehaltsforderungen ab. Der EuGH stellt keine Überlegungen zu den Auswirkungen seiner Rechtsprechung auf eine Unternehmensfortführung während der Sequestration als ein Instrument zur Ermöglichung aussichtsreicher Sanierungen an.[759]

Im Ergebnis führt diese Rechtsprechung dazu, daß nicht nur eine Vorfinanzierung für diesen Zeitraum der Betriebsfortführung ausgeschlossen sein würde, sondern, daß ein Anspruch auf Insolvenzgeld nach der Gerichtsentscheidung zur Verfahrenseröffnung nur mehr für den Zeitraum vor Insolvenzantragstellung geltend gemacht werden kann. Dies hätte zur weiteren Folge, daß die Lohn- und Gehaltsforderungen während der Dauer der Betriebsfortführung im Insolvenzeröffnungsverfahren sofort aus der (gerade noch nicht) vorhandenen Masse bezahlt werden müßten. Andernfalls stünde den Arbeitnehmern ein Leistungsverweigerungsrecht zu, was einer Betriebsfortführung ersichtlich entgegenstehen würde.[760]

Fraglich ist aber, inwieweit sich ein Arbeitnehmer im Verhältnis zur Arbeitsverwaltung auf diese europäische Richtlinie direkt berufen kann und welche Auswirkungen eine unmittelbare Drittwirkung für die künftige Praxis der Insolvenzgeldsicherung haben würde. Mit diesen Fragen hat sich ausführlich Krause in: ZIP 1998, S. 56 ff befaßt. Er kommt zu dem Ergebnis, daß die Bestimmungen der Richtlinie hinsichtlich des Referenzzeitraumes hinreichend genau und unbedingt seien, so daß ihnen unmittelbare Wirkung im Verhältnis Staat – Bürger zukommen.[761] Was die Ausgestaltung der Garantieeinrichtung darüber hinaus angeht, seien die Vorschriften der §§ 183 ff SGB III allein maßgeblich, da der Richtlinie insoweit keine unmittelbare Drittwirkung zuerkannt werden kann.

Der Arbeitnehmer könne sich mithin darauf berufen, daß auch solche offenen Arbeitsentgeltansprüche über die Insolvenzgeldversicherung abgedeckt seien, die sich auf einen Zeitraum von drei Monaten vor der Insolvenzantragstellung beziehen.

Anders liest sich das hingegen in der Durchführungsanweisung der Bundesanstalt für Arbeit. Da die Entscheidung des EuGH lediglich den Besonderheiten des italienischen Rechts Rechnung tragen würde, seien keine gesetzgeberischen Folgerungen aus diesem Urteil zu ziehen und bleibe es bei der alleinigen Geltung der deutschen Regelungen mit den §§ 183 ff SGB III.[762]

---

758 Krause in: ZIP 1998, S. 56 ff, 57.
759 Vgl. hierzu näher: Krause in: ZIP 1998, S. 56 ff, 58.
760 So auch Wimmer in: ZIP 1997, S. 1635 ff, 1637.
761 Krause in: ZIP 1998, S. 56 ff, 60 f.
762 Vgl. Ziff. 2 der Vorbemerkung zur DA.

Zutreffend ist an dieser letztgenannten Auffassung, daß eine richtlinienkonforme Auslegung der nationalen Bestimmungen nach den europarechtlichen Vorgaben an dem eindeutig entgegenstehenden Inhalt der deutschen Regelungen nicht in Betracht kommt.[763] Daß das Urteil jedoch nur den Besonderheiten des italienischen Rechts Rechnung tragen soll und daher für die nationale Praxis der Insolvenzgeldsicherung keine Auswirkungen habe, überzeugt nicht. Auch der deutsche Gesetzgeber ist gehalten, diese Richtlinie anhand der Rechtsprechung des EuGH in nationales Recht umzusetzen (vgl. Art. 11 Abs. 1 der Richtlinie). Da das deutsche Recht auch im Fall einer Überlagerung durch das europäische Gemeinschaftsrecht jedoch nicht unwirksam wird, bleibt es bis zu einer Gesetzesänderung bei der zuvor dargestellten Konsequenz einer Weiterung des insolvenzgeldgeschützten Zeitraumes.

Abzulehnen ist auch die Auffassung von Wimmer, das europäische Recht zwinge den deutschen Gesetzgeber zu einer Verlegung des Referenzzeitraumes.[764] Der EuGH weist ausdrücklich darauf hin, daß es den Mitgliedstaaten gemäß Art 9 der Richtlinie nicht verwehrt sei, günstigere Bestimmungen zu erlassen oder anzuwenden, nach denen die Insolvenzausfallgeldversicherung auch für nichterfüllte Arbeitnehmerbezüge im Zeitraum von der Insolvenzantragstellung bis zur Gerichtsentscheidung über die Verfahrenseröffnung gelten soll.[765] Die Mitgliedstaaten sind lediglich gehalten, zumindest die offenen Arbeitsentgeltansprüche abzusichern, die in den drei Monatszeitraum vor Insolvenzantragstellung fallen. Aufgrund der derzeit geltenden nationalen gesetzlichen Regelungen sind demnach auch die drei Monate vor der Eröffnung des Insolvenzverfahrens über die Insolvenzgeldversicherung abgedeckt.

Bei einer m.E. notwendigen Anpassung des SGB III hinsichtlich der Bestimmung des Referenzzeitraumes dürfte eine begründete Hoffnung auf eine erweiternde gesetzliche Regelung wohl in absehbarer Zeit nicht bestehen, wenngleich die Umsetzung der gesetzgeberischen Ziele der Insolvenzordnung dies gebieten würde, da andernfalls die Sanierung des Schuldners als ein Ziel des künftigen Insolvenzrechts (§§ 1, 217 InsO) unter diesen Umständen erheblich erschwert werden würde.

Bis zur Novellierung bleibt es jedoch bei der bisherigen Praxis der Insolvenzgeldsicherung mit der dargestellten Erweiterung des insoweit geschützten Zeitraumes aufgrund europarechtlicher Vorgaben.

III. Der konkurrierende Plan - ein strategisches Mittel zur Verfahrensverzögerung?

Am Anfang dieses zweiten Teils der Arbeit[766] wurden bereits eingehend die Argumente für ein eigenes Planvorlagerecht des Verwalters (gestützt auf § 218 Abs. 1 InsO) in Abgrenzung zu der Vorlageverpflichtung bei einem Auftrag durch die Gläubigerversammlung gemäß §§ 157 Satz 2, 218 Abs. 2 InsO zusammengetragen. Der Verfasser hat aufgezeigt, daß auch ein im Auftrag der Gläubigerversammlung erarbeiteter Insolvenzplan den vom Verwalter, aufgrund seines eigenen Initiativrechts, vorgelegten Plan nicht oktroyiert. Unterstellt, der

[763] Krause in: ZIP 1998, S. 56 ff, 59, Fn.: 41 m.w.N.; vgl. zur richtlinienkonformen Auslegung auch Roth in: ZIP 1992, S. 1054 ff..

[764] Wimmer in: ZIP 1997, S. 1635 ff, 1637.

[765] EuGH Urt. vom 10.07.1997 (Az.: Rs C-373/95), abgdr. in: ZIP 1997, S. 1658 ff, 1662.

[766] Vgl. die Ausführungen oben: Teil 2, A, III, 3.

Schuldner hat auch einen Plan, ggf. bereits mit dem Antrag auf Eröffnung des Insolvenzverfahrens (§ 218 Abs. 1 Satz 2 InsO), eingereicht, können sich die Gläubiger grundsätzlich drei Planvorlagen zur Erörterung und Abstimmung ausgesetzt sehen.[767]

Noch schwieriger wird es, wenn zwar zunächst nur ein Plan vorliegt, für den der Erörterungs- und Abstimmungstermin vom Gericht bereits anberaumt wurde, der Schuldner in dieser Phase jedoch mit einer eigenen Planvorlage aufwartet, die den Gläubigern eine höhere Quote verspricht. Ein dahingehendes Initiativrecht ist von Gesetzes wegen nicht ausgeschlossen. Eine zeitliche Schranke ergibt sich nur aus § 218 Abs. 1 Satz 3 InsO, der gleichermaßen von Schuldner und Verwalter zu beachten ist. Für Letzteren gilt dies einschränkend nur für den Fall, daß seine Planvorlage auf ein Eigeninitiativrecht zurückzuführen ist. Planvorlagen, die erst *nach* dem Schlußtermin beim Gericht eingehen (Zugang erforderlich), bleiben im weiteren Verfahren ohne Berücksichtigung.[768] Nicht gemeint sind damit solche Pläne, die noch im Termin vorgelegt worden sind.

Das Problem verschärft sich noch, wenn der jeweilige Planinitiator u.U. mehrere Insolvenzpläne, mit jeweils verschiedenen Abwicklungsstrategien oder nur vereinzelten inhaltlichen Änderungen, vorlegt. Der Insolvenzordnung läßt sich ausdrücklich ein Verbot hierfür nicht entnehmen.

Die aufgezeigten Möglichkeiten verdeutlichen, daß in einem Fall mehrerer Planvorlagen Verfahrensverzögerungen möglich, ja geradezu immanent sind. Sucht man eine einfache Lösung der Konkurrenz der Planvorlagen (was jedoch nicht zwingend lege artis wäre), könnte man sich zunächst für ein Oktroy der Planvorlage des Verwalters aus eigenem Initiativrecht entscheiden. Wer sich dieser Auffassung nicht anschließt, kann sich dann auch nicht auf den Standpunkt stellen, daß die Zielvorgaben der Gläubigerversammlung zwangsläufig einem entgegenstehenden Plan des Verwalters oder des Schuldners die Grundlage entziehen, diese Pläne damit keiner Annahme im Erörterungs- und Abstimmungstermin fähig wären und daher vom weiteren Verfahren ausgeschlossen werden müßten.

Rechtsgrundlage für den Ausschluß solcher Planvorlagen könnte allenfalls § 231 Abs. 1 Nr. 2 InsO sein, wonach nur ein *offensichtlich* aussichtsloser Plan zurückzuweisen ist. Seinem Wortlaut nach bezieht sich § 231 Abs. 1 Nr. 2 InsO jedoch nur auf einen vom Schuldner vorgelegten Plan, so daß eine Rechtsgrundlage für eine Zurückweisung des vom Verwalter vorgelegten Plans nicht gegeben wäre.[769] Zudem kann nicht von vornherein ausgeschlossen werden, daß sich die Gläubiger im Erörterungs- und Abstimmungstermin doch noch umstimmen lassen, wenn sie beide inhaltlich abweichenden Planvorlagen des Verwalters im direkten Vergleich mit den unterschiedlichen Befriedigungsquoten vorliegen haben.

Man würde es sich auch zu einfach machen, wollte man jeden später eingereichten Planvorschlag des Schuldners (u.U. erst im Schlußtermin) als mißbräuchlich zurückweisen. Es ist

---

767 Voraussetzung ist selbstverständlich, daß das Gericht im Rahmen seiner Vorprüfung nach § 231 InsO nicht einen der Pläne bereits rechtskräftig zurückgewiesen hat. Für den Schuldner hätte dies die negative Konsequenz, daß er im weiteren Verfahren keinen Plan mehr vorlegen darf, sofern dies vom Verwalter und Gläubigerausschuß beantragt wird (§ 231 Abs. 2 InsO).

768 So auch Häsemeyer, Insolvenzrecht (2. Aufl.), Rdnr. 28.09.

769 Vgl. zu § 231 InsO schon oben: Teil 1, C, II.

keineswegs sicher, daß der Schuldner mit der späten Vorlage eine Verfahrensverzögerung erreichen möchte, wenngleich dies umgekehrt auch nicht ausgeschlossen werden kann. So ist denkbar, daß die Gläubiger mittels Insolvenzplan eine übertragende Sanierung realisieren wollen. Dem steht ein Eigensanierungsinteresse des Schuldners ersichtlich entgegen, was durchaus ein Indiz für eine Verfahrensverzögerungsstrategie ist. Andererseits kann die späte Planvorlage auch darauf beruhen, daß der Schuldner die für eine Reorganisation notwendigen liquiden Mittel erst nach längeren Verhandlungen mit Kreditinstituten, Lieferanten bzw. Kaufinteressenten sicherstellen konnte.[770] Das Gericht wird in diesen Fällen sorgfältig zu prüfen haben, welche Gründe für die späte Planvorlage ausschlaggebend waren.

1. Gesetzliche Regelung

Der Gesetzgeber hat das Planinitiativrecht in den §§ 218 i.V.m. 157 Satz 2 InsO abschließend normiert. Aus diesen Vorschriften läßt sich aber eine Antwort auf die hier interessierenden Fragen nicht direkt herleiten. Auch die Vorschriften über den Ablauf des Insolvenzplanverfahrens (§§ 231 - 253 InsO) enthalten ausdrücklich keine entsprechenden Regelungen. Dies muß um so mehr verwundern, als sich auch nach der Gesetz gewordenen Fassung des § 218 InsO, wie dargestellt, Konkurrenzprobleme ergeben können.

Soweit der Regierungsentwurf in § 294 RegE InsO noch vorsah, daß bei Vorliegen mehrerer Pläne (vgl. §§ 254, 255 RegE InsO) das Insolvenzgericht jeweils einen einheitlichen Erörterungs- und Abstimmungstermin für alle Planvorlagen anberaumen soll, ist diese Regelung nicht in die Insolvenzordnung übernommen worden.[771] Insoweit enthält die Insolvenzordnung eine empfindliche Lücke. Mit nachfolgenden Ausführungen soll ein Lösungsvorschlag unterbreitet werden, der es in der Praxis sowohl den Gerichten als auch den Beteiligten ermöglicht, sich auf diese Konstellation rechtzeitig einzustellen.

2. Mehrere Planvorlagen durch einen Planvorlageberechtigten?

Zunächst gilt es sich mit der Frage zu beschäftigen, ob es unter Geltung der Insolvenzordnung möglich ist, daß ein Planvorlageberechtigter mehrere Pläne gleichzeitig oder hintereinander einreichen kann. Nachdem die Insolvenzordnung in wesentlichen Teilen eine Adaption aus dem amerikanischen Chapter 11 BC - Verfahren ist, soll einleitend die Rechtslage nach amerikanischem Bundeskonkursrecht dargestellt werden.

---

770 So auch Maus, Der Insolvenzplan, Rdnr. 57, der das Problem vor dem Hintergrund des § 233 InsO erörtert hat.

771 Mit der Neuregelung der Planinitiativrechte in § 218 InsO habe sich das Bedürfnis für eine solche Norm vermindert: BT-Drucks. 12/7302, S. 184.

a) Regelungen im Chapter 11 BC

Die Gläubiger bleiben bei den folgenden Ausführungen außer Betracht, da es aufgrund der exklusiven 120 Tage Frist zumindest in kleineren Verfahren kaum zu Gläubigeranträgen kommt.[772]

Auch im Verfahren nach Chapter 11 BC findet sich zunächst keine ausdrückliche Regelung dafür, daß der Schuldner berechtigt wäre, mehrere Pläne gleichzeitig innerhalb der 120 Tage Frist einzureichen. Streng am Wortlaut des § 1121 (a) BC 11 orientiert, dürfte der Schuldner nur berechtigt sein, einen Plan vorzulegen ("The debtor may file *a* plan."). Ähnlich dem BGB enthält jedoch auch der Bankruptcy Code einen "allgemeinen Teil" ("general provisions" oder auch "rules of construction" genannt), dessen Rechtsnormen für die Auslegung des Gesetzes herangezogen werden. Mit § 102 (7) BC 11 gibt es eine Vorschrift, nach der ein Begriff im Singular auch den Plural umfaßt. Dies bedeutet, daß der Schuldner berechtigt ist, mehrere Pläne innerhalb der Exklusivfrist der 120 Tage vorzulegen.[773] Im weiteren Verfahrensgang werden dann alle Pläne den Gläubigern zur Abstimmung vorgelegt, denen ein vom Gericht angenommenes "disclosure statement" zugrunde liegt.[774] Im Ergebnis kann das Gericht jedoch nur einen Plan bestätigen [§ 1129 (c) BC 11], wobei auf die Revokationsbefugnis nach § 1144 BC 11 hingewiesen werden soll. Liegen die Voraussetzungen für eine Planbestätigung für mehrere Pläne vor, entscheidet das Gericht unter Berücksichtigung der Interessen der gesicherten und ungesicherten Gläubiger, welchem Plan es die Bestätigung gibt [§ 1129 (c) BC 11].[775]

b) Auslegung des § 218 InsO

Für die deutsche Rechtspraxis lassen sich hieraus nur eingeschränkt Erkenntnisse gewinnen. Dies liegt darin begründet, daß beide Insolvenzplanverfahren das Planinitiativrecht - ausgerichtet an den jeweiligen gesetzgeberischen Intentionen[776] - unterschiedlich ausgestaltet haben. Ein exklusives Planvorlagerecht des Schuldners wäre mit den Grundsätzen einer marktkonformen Insolvenzabwicklung und der Gläubigerautonomie nach deutschem Rechtsverständnis nicht zu vereinbaren. Dabei wird nicht verkannt, daß auch die Insolvenzordnung mit der Restschuldbefreiung dem Grundgedanken des "fresh start" amerikanischer Prägung zumindest teilweise folgt. Die Rechtfertigung des "fresh start" Gedankens beruht auf dem neuen Verständnis einer an den Markgesetzen orientierten Art der Masseverwertung, wobei den Gläubigern flexible Gestaltungsräume unter Einbindung des Schuldners eröffnet werden sollen.

---

772 Vgl. hierzu Terhart, Chapter 11, S. 130 f mit Hinweisen auf die Studien von Lo Pucki, Kerkman, Jensen-Conklin und für größere Verfahren Hotchkiss.

773 Vgl. hierzu Braun in: Braun/Uhlenbruck, Unternehmensinsolvenz, 7. Teil, L, III, 1, S. 640 f; Ginsberg, Volume 2, § 13.09 (b), S. 1206 Fn. 295 mit dem Hinweis auf: In re Werth, 29 B.R. (1983), S. 220 - 224, 222; Baird, Bankruptcy, S. 234.

774 Diese Vorgehensweise wird aus der Zusammenschau der §§ 1125 (b), 1129 (c) BC 11 entnommen: vgl. Ginsberg, Volume 2, § 13.09 (b), S. 1208; Terhart, Chapter 11, S. 129; Smid in: WM 1996, S. 1249 ff, 1252.

775 Vgl. auch Baird, Bankruptcy, S. 16.

776 Vgl. hierzu schon oben: Teil 2, A, I.

Sedis materiae des deutschen Rechtes für die Beantwortung der Frage nach der Berechtigung zu mehreren Planvorlagen ist auch hier wieder § 218 InsO.

Daß der Planeinreicher ein Interesse daran hat, mehrere alternative Planvorschläge zu unterbreiten, ist unstreitig. Andererseits muß unter dem Gesichtspunkt der Zeitkomponente/Verfahrensverkürzung berücksichtigt werden, daß noch so viele unterschiedliche Planentwürfe die Ergebnisse der Erörterung der Gläubiger (§ 235 InsO) nicht vorwegnehmen können. Änderungen des Planvorschlages werden sich nach der individuellen Diskussion unter den Beteiligten in der Regel als erforderlich erweisen. Gleichwohl wird der Planersteller auf solche Änderungen vorbereitet sein, um bereits im Erörterungs- und Abstimmungstermin die Voraussetzungen für eine Mehrheitsentscheidung zu Gunsten seines Planes zu schaffen.

Am Wortlaut des § 218 InsO orientiert, hat der Gesetzgeber ein ausdrückliches Verbot mehrerer Planvorlagen nicht statuiert. Wie sich bereits bei der Erörterung der Konkurrenz von originärem und derivativem Initiativrecht des Verwalters gezeigt hat, kann auch aus dem Wortlaut des § 218 Abs. 3 InsO, der insofern von der Aufstellung *des* Planes durch den Verwalter spricht, kein zwingender Rückschluß auf ein Verbot mehrerer Planvorlagerechte durch einen Planersteller gezogen werden. Dafür scheint auch der Wortlaut des § 231 Abs. 2 InsO zu sprechen, der von mehreren Planvorlagen des Schuldners ausgeht. Von den explizit geregelten Ausnahmetatbeständen in § 231 Abs. 2 InsO abgesehen, wäre eine Auslegung dahingehend, daß in allen anderen Fällen dem Schuldner mehrere Planvorlagen offenstehen, möglich. Zudem ist die Zurückweisung eines erneuten Planvorschlages immer an einen Antrag gebunden.

Genauer betrachtet setzt § 231 Abs. 2 InsO jedoch voraus, daß die erste Planvorlage des Schuldners bereits ihre "Erledigung" gefunden hat[777], indem:

- der Plan von den Gläubigern abgelehnt,

- vom Gericht nicht bestätigt oder

- vom Schuldner selbst nach der öffentlichen Bekanntmachung des Erörterungs- und Abstimmungstermines zurückgezogen worden ist.

Der Gesetzgeber will damit verhindern, daß der Schuldner sein Planvorlagerecht zur Verfahrensverzögerung mißbraucht, indem er erneut einen Plan vorlegt, für den das Planverfahren von Anfang bis Ende durchzulaufen wäre.[778] Die Gefahr einer Verzögerungsstrategie von Seiten des Verwalters sieht der Gesetzgeber hingegen nicht.

---

777 Von dieser Interpretation des § 231 Abs. 2 InsO geht auch Braun in: Braun/Uhlenbruck, Unternehmensinsolvenz, 7. Teil, L, III, 1, S. 641 aus; ebenso Haarmeyer/Wutzke/Förster, Kap. 5 Rdnr. 381, wenn er davon spricht, daß *nach* Zurückweisung des Planes durch das Gericht die Planvorlageberechtigten einen neuen Plan einreichen können, bei dem die geltend gemachten Mängel behoben sind. Für den Schuldner gelte dies aber nur unter den Voraussetzungen von § 231 Abs. 2 InsO.

778 Begrdr. RegE zu § 275 RegE InsO, abgdr. in Balz/Landfermann, Die neuen Insolvenzgesetze, S. 346.

Auch der Wortlaut des § 218 Abs. 1 Satz 1 InsO[779] spricht für einen Willen der Verfasser der Insolvenzordnung, daß ein mehrfaches gleichzeitiges oder hintereinander geschaltetes Planvorlagerecht nicht zulässig sein soll, bevor eine Entscheidung über den vorgelegten Plan getroffen worden ist.

Zusammenfassend läßt sich daher festhalten, daß jeder Planinitiator immer nur einen Plan zur Erörterung und Abstimmung durch die Gläubiger vorlegen kann. Erst wenn dieser Plan das Verfahren durchlaufen hat und über seine Annahme negativ entschieden wurde, kann ein neuer Plan vorgelegt werden, der die gerügten Mängel beseitigt hat. Für den Schuldner gelten hierbei jedoch die erschwerten Voraussetzungen des § 231 Abs. 2 InsO.

3. Verwalterplan contra Schuldnerplan

Ausdrücklich normiert sind in § 218 Abs. 1 Satz 1 InsO die Planinitiativrechte von Schuldner und Verwalter. Geht man davon aus, daß der Schuldner bereits mit der Stellung des Antrages auf Eröffnung eines Insolvenzverfahrens einen vorbereiteten Plan ("prepackaged plan") einreicht (§ 218 Abs. 1 Satz 2 InsO), so wird der Verwalter aus eigenem Recht nur dann einen Plan ausarbeiten und im Berichtstermin vorlegen, wenn seiner Auffassung nach eine andere Form der Masseverwertung für die Gläubiger günstiger ist.[780] In einem solchen Fall wird er jedoch zunächst versuchen, mit dem Schuldner eine Verständigung zu erzielen, daß dieser den von ihm eingereichten Plan zurückzieht. Dies insbesondere vor dem Hintergrund des § 231 Abs. 2 InsO. Schließlich wird es für den Schuldner selbst kaum zum Vorteil gereichen, wenn er entgegen den begründeten Annahmen des Verwalters weiterhin an seinem Plan festhält, da beim Verwalterplan von einer größeren Akzeptanzwahrscheinlichkeit bei den Gläubigern auszugehen ist. Andererseits kann sich eine Konkurrenzsituation dann ergeben, wenn der Schuldner bereits einen Plan eingereicht hat und der Verwalter im Berichtstermin mit der Ausarbeitung eines Insolvenzplans durch die Gläubigerversammlung beauftragt wird.[781]

a) Ausgangspunkt: einheitlicher Erörterungs- und einheitlicher Abstimmungstermin für alle Planvorlagen

Für die verfahrensmäßige Behandlung mehrerer konkurrierender Planvorlagen (vgl. §§ 254, 255 RegE InsO) im Erörterungs- und Abstimmungstermin hatte der Regierungsentwurf in § 294 RegE InsO noch vorgesehen, daß das Insolvenzgericht einen einheitlichen Erörterungs- und einen einheitlichen Abstimmungstermin für alle Planvorlagen anberaumen soll. Zum

---

779 Vgl. § 218 Abs. 1 Satz 1 InsO: "Zur Vorlage *eines* Insolvenzplans..."; Braun in: Braun/Uhlenbruck, Unternehmensinsolvenz, 7. Teil, L, III, 1, S. 641; i.d.S. auch Otte in: Kübler/Prütting, InsO, § 218 Rdnr. 7 f.

780 I.d.Z. sei an die Möglichkeit der Einsetzung eines vorläufigen Insolvenzverwalters mit den Befugnissen des § 22 Abs. 1 Satz 2 Nr. 3 InsO erinnert. Erst die Anordnung dieser Sicherungsmaßnahme wird häufig die Möglichkeit einer Sanierungsprüfung und Vorlage eines Insolvenzplans im Berichtstermin durch den Verwalter ermöglichen. vgl.: Burger/Schellberg in: WPg. 1995, S. 69 ff, 71; Groß in: WPK-Mitt. 1997, S. 2 ff, 6; Uhlenbruck in: GmbHR 1995, S. 195 ff, 209.

781 Nach Maus wird der Insolvenzplan mehr ein Instrument des Schuldners und weniger des Verwalters sein. Da Maus ein Eigeninitiativrecht des Verwalters nicht anerkennt, kann dieser "offiziell" erst im Berichtstermin beauftragt werden, was für aussichtsreiche Sanierungen oft zu spät sein wird: vgl. ders., Insolvenzplan, Rdnr. 27.

Ablauf der Termine im einzelnen führt die Entwurfsbegründung aus:[782] "Nähere Regelungen über den Ablauf dieser Termine werden im Gesetzentwurf nicht getroffen. Insbesondere wird die Reihenfolge offengelassen, in der über verschiedene Pläne abzustimmen ist. Diese Reihenfolge wird nach dem Inhalt der Pläne und den sonstigen Umständen des Einzelfalls vom Gericht festzulegen sein."

Diese Vorschrift ist jedoch nicht in die Insolvenzordnung übernommen worden (mit der Neuregelung der Planinitiativrechte in § 218 InsO habe sich das Bedürfnis für eine solche Norm vermindert[783]), so daß sich nunmehr die Frage stellt, ob der Rechtsgedanke des § 294 RegE InsO gleichwohl weitergelten soll (da der Gesetzgeber wohl die Konkurrenzmöglichkeit nicht gesehen hat) oder ob auf die Bestimmungen der Insolvenzordnung zurückgegriffen werden muß und welche Schlußfolgerungen sich für die praktische Anwendung ergeben werden.

b) Entscheidungskompetenz des Insolvenzgerichts zur Zurückweisung eines Planes

Haben der Schuldner und der Verwalter dem Insolvenzgericht einen eigenen Insolvenzplan vorgelegt, müssen beide Planvorschläge, mangels Vorliegen einer ausdrücklichen gesetzlichen Regelung über die verfahrensmäßige Behandlung konkurrierender Planinitiativen, das Insolvenzplanverfahren separat durchlaufen. Mit anderen Worten hat das Gericht grundsätzlich beide Planvorlagen isoliert im Verfahren zu behandeln und darf keinem Plan aufgrund eigenen Ermessens eine Vorrangstellung einräumen, indem es durch die Anberaumung und Ausgestaltung des Erörterungs- und Abstimmungstermines die Annahmen eines bestimmten Planes durch die Gläubiger verfahrenstechnisch steuert.[784]

Gleichzeitig ist das Insolvenzgericht auch nicht berechtigt, einen Plan vom Verfahren dadurch auszuschließen, daß es diesen unter Hinweis auf das Vorliegen eines zeitlich früheren Antrages auf Durchführung eines Insolvenzplanverfahrens zurückweist. Eine solche Entscheidungsbefugnis wäre mit der Stellung des Gerichtes als "Hüter der Rechtmäßigkeit" des Verfahrens nicht zu vereinbaren.[785] Die Tatbestände, unter deren Voraussetzungen das Gericht einen Plan zurückweisen bzw. dessen Bestätigung versagen kann sind explizit in der Insolvenzordnung geregelt.[786]

Eine über diese normierten Regelungen hinausgehende Entscheidungskompetenz würde überdies mit dem Grundsatz der Beteiligtenautonomie nicht in Einklang stehen und ist daher abzulehnen. Davon mit umfaßt sind auch etwaige Überlegungen, die Insolvenzgläubiger im Erörterungs - und Abstimmungstermin zu einer Alternativentscheidung zwischen den vorliegenden Pläne zu zwingen. Lediglich die Gläubiger haben es in der Hand, dem ihrer Ansicht nach günstigsten Plan ihre Zustimmung zu erteilen, wobei die Legitimation einer solchen Entscheidung an das Mehrheitserfordernis anknüpft. An diese von den Gläubigern getroffene Ent-

---

782 BT-Drucks. 1/92, S. 210.

783 BT-Drucks. 12/7302, S. 184.

784 So auch Schiessler, Der Insolvenzplan, S. 154; Flessner in: HK-InsO, § 235 Rdnr. 11.

785 Zur Stellung der Insolvenzgerichte und ihren eingeschränkten Befugnissen zur Rechtskontrolle vgl. die Ausführungen unter Teil 1, B, I.

786 Vgl. §§ 231, 249, 250, 251 InsO.

scheidung ist das Insolvenzgericht dann gebunden, so daß es eigene Erwägungen nicht an Stelle der Gläubigerentscheidung setzen darf.

Die verfahrensrechtliche Unabhängigkeit der einzelnen zur Abstimmung vorgelegten Insolvenzpläne[787] folgt bereits daraus, daß der Planinitiator mit seiner Planvorlage einen eigenen prozessualen Antrag auf Einleitung eines Insolvenzplanverfahrens gegenüber dem Gericht stellt. Es wurde im Zusammenhang mit der Darstellung des Planintiativrechts bereits ausgeführt[788], daß die Planvorlage als ein Antrag an das Gericht zu verstehen ist, den vorgelegten Plan entsprechend den gesetzlichen Regelungen zu überprüfen, den Gläubigergruppen im Rahmen des Erörterungs- und Abstimmungsverfahrens die Möglichkeit zu einer Mehrheitsentscheidung einzuräumen und die Bestätigung des Plans im Bestätigungsverfahren herbeizuführen. Die Planvorlage als Prozeßhandlung stellt mithin eine "erwirkende" Verfahrenshandlung[789] dar, mit dem Ziel, daß Gericht zu einer inhaltlich bestimmten Entscheidung zu veranlassen, wobei im Planverfahren dem Beschluß des Insolvenzgerichts vor allem legitimierende Bedeutung in bezug auf die mehrheitlich getroffene Gläubigerentscheidung zukommt.

Berücksichtigt man darüber hinaus, daß ein Bestätigungsbeschluß des Gerichtes (vgl. § 252 Abs. 1 InsO) über das Rechtsmittel der sofortigen Beschwerde (§ 253 InsO) aufgehoben werden kann, so wird deutlich, daß in einem solchen Fall andere Planvorlagen Bedeutung erlangen können. Vorangestellte Ausführungen verdeutlichen, daß das Insolvenzgericht *jeden* vorgelegten Plan so zu behandeln hat, als sei ein anderer Plan nicht vorgelegt worden.

Dieser wichtige Ansatzpunkt zu den Befugnissen des Gerichtes im Stellungsgefüge der Verfahrensorgane Gläubiger und Insolvenzgericht erlangt auch Bedeutung bei der Frage der Auslegung der Verfahrensvorschriften zum Ablauf der Abstimmung über mehrere Planvorlagen.

c) Gerichtliche Vorgehensweise bei Vorliegen mehrerer Pläne im Zeitpunkt des Erörterungs- und Abstimmungstermins

aa) Auswirkungen auf das Abstimmungsverhalten der Gläubiger

Ausgangspunkt ist zunächst die Frage, in wessen Befugnis die Gestaltung des Verfahrensablaufs bei Vorlage mehrerer Insolvenzpläne liegt. So kann es von ganz entscheidender Bedeutung für das Abstimmungsergebnis sein, ob der Abstimmungstermin darauf ausgerichtet ist, daß sich die Gläubiger für einen der zur Abstimmung gestellten Pläne entscheiden müssen. Braun hat aufgezeigt, daß dies nicht zu einer *Abstimmung über* einen Plan, sondern zu einer, taktischen Zwängen folgenden, *Wahl zwischen* zwei bzw. drei Plänen führen würde.[790] Gläu-

---

[787] Hiervon geht auch Braun ohne weiteres Eingehen auf die Problematik aus: ders in: Braun/Uhlenbruck, Unternehmensinsolvenz, 7. Teil, L, III, 3, S. 641; so auch Otte in: Kübler/Prütting, InsO, § 218 Rdnr. 37; Jaffe in: Wimmer, InsO, § 244 Rdnr. 43.

[788] Vgl. oben Teil 2, A, III, 1, a) und Teil 2, A, III, 3, d), aa).

[789] Vgl. Rosenberg/Schwab/Gottwald, Zivilprozeßrecht, § 64 Anm. 1; zum Vergleichsantrag vgl. Bley/Mohrbutter, VerglO, § 2 Rdnr. 28.

[790] Braun in: Braun/Uhlenbruck, Unternehmensinsolvenz, 7. Teil, L, III, 3, S. 642.

biger, die keinem der Pläne ihre Stimme geben wollten, wären unter diesen Voraussetzungen gezwungen, sich für einen der Pläne zu entscheiden, um wenigstens nur mit dem "geringsten Übel" belastet zu sein. Dies hat aber mit gläubigerautonomen Entscheidungsfindungsprozessen wenig zu tun, so daß einer dahingehenden Termingestaltung entgegen getreten werden muß. Andernfalls würde man die Beteiligten zu mißbräuchlichen Gestaltungsmöglichkeiten geradezu auffordern.

Es gilt darüber hinaus eine weitere Fallkonstellation zu betrachten. Ausschlaggebend für das Abstimmungsverhalten im Sinne einer "Vorentscheidung für einen Plan" kann nämlich auch die Reihenfolge der einzelnen Planvorlagen sein.[791] Gläubiger werden dabei grundsätzlich für den Plan A votieren, wenn er ihnen die höchste Quote in Aussicht stellt. Denkbar ist jedoch, daß eine der alternativen Planlösungen B und C zwar eine geringere Quote versprechen bzw. einen größeren Eingriff in die Absonderungsrechte vorsehen, gleichwohl diese "Rechtsbeeinträchtigungen" immer noch akzeptabel im Vergleich zur erwarteten Befriedigung nach den Vorschriften über die gesetzliche Liquidation erscheinen. Wird in einem solchen Fall über Plan A zuerst abgestimmt, kann sich der Planinitiator der Zustimmung dieser Gläubigergruppe gewiß sein. Wird hingegen über einen der Pläne B und C zuerst abgestimmt, könnte es dazu kommen, daß diese Gläubiger auch für Plan B und C votieren, wenn unsicher ist, ob auch Plan A mehrheitsfähig ist.

bb) Kompetenz des Insolvenzgerichts zur Termingestaltung

Vorangestellte Beispiele verdeutlichen, welche Möglichkeiten der Einflußnahme dem Entscheidungsträger auf das Abstimmungsergebnis und damit auf die Art der Masseverwertung zukommen. Um dem Grundsatz der optimalen Gläubigerbefriedigung bei autonomer Gestaltung auch des Verfahrens gerecht zu werden, erscheint es angezeigt, auch den Gläubigern die Gestaltung des Abstimmungsvorganges zu überlassen. Es gilt jedoch zu berücksichtigen, daß erhebliche Verfahrensverzögerungen drohen, sollten sich die Beteiligten nicht einigen können. Gegen eine solche Lösung spricht auch, daß der Gesetzgeber in § 235 InsO eine allgemeine Aussage hinsichtlich der Befugnis zur Gestaltung des Planannahme- und Planbestätigungsverfahrens getroffen hat.[792] Danach obliegt die Anberaumung des Erörterungs- und Abstimmungstermins und die Terminsleitung in der Hand des Insolvenzgerichts, wenngleich der eigentliche Abstimmungsvorgang in der Insolvenzordnung nicht ausdrücklich geregelt ist. Soweit die speziellen Bestimmungen der Insolvenzordnung nicht entgegenstehen, werden danach die allgemeinen Grundsätze des geltenden Rechts Anwendung finden.[793]

Ein weiteres Argument für die Gestaltungsbefugnis durch das Gericht läßt sich schließlich aus der Bestimmung des § 294 RegE InsO entnehmen, wenngleich diese Norm nicht übernommen worden ist. Nach § 294 RegE InsO sollte für alle Planvorlagen grundsätzlich ein einheitlicher Erörterungs- und Abstimmungstermin durchgeführt werden, wobei die Reihenfolge der Ab-

---

791 Vgl. hierzu Braun in: Braun/Uhlenbruck, Unternehmensinsolvenz, 7. Teil, L, III, 3, S. 642; Eidenmüller, Der Insolvenzplan als Vertrag, S. 164 ff, 176.

792 Eidenmüller, Der Insolvenzplan, S. 164 ff, 176.

793 So auch Schiessler, Der Insolvenzplan, S. 150; Heilmann/Smid, § 2 Rdnr. 94; Bley/Mohrbutter, VerglO, § 74 Rdnr. 3, 4.

stimmung vom Gericht anhand des jeweiligen Einzelfalls bestimmt werden sollte. Dieser Rechtsgedanke kann als Auslegungshilfe für § 235 InsO herangezogen werden.[794]

An dieser Stelle möchte ich noch einmal auf die amerikanische Regelung verweisen, wonach alle Pläne den Gläubigern zur Abstimmung vorgelegt werden, denen ein vom Gericht angenommenes "disclosure statement" zugrunde liegt. Dem Gericht kommt hinsichtlich der näheren Ausgestaltung des Ablaufs der Abstimmung ein "Gestaltungsspielraum" zu, was mit der verfahrensrechtlichen Stellung als "Schlichter" der Verfahrensbeteiligten vereinbar ist.[795] Für das deutsche Rechtsverständnis läßt dies den Schluß zu, daß es mit den Grundsätzen der Insolvenzordnung vereinbar ist, wenn dem Gericht die Kompetenz zur Termingestaltung eingeräumt wird. Im Insolvenzplanverfahren sollen Richter und Rechtspfleger lediglich "vermittelnd und schlichtend"[796] zwischen den Beteiligten die privatautonome Entscheidungsfindung unterstützen. Auch unter Berücksichtigung der nachvollziehbar geäußerten Bedenken[797] korrespondiert die Gestaltungsbefugnis des Insolvenzgerichts mit seiner Stellung im Insolvenzplanverfahren.[798] Dies gilt nicht zuletzt vor dem Hintergrund des die Insolvenzordnung gleichfalls prägenden Grundsatzes einer schnellen Verfahrensabwicklung, die andernfalls nach Auffassung des Autors nicht gewährleistet scheint.

cc) Vorschlag zur gerichtlichen Ermessensausübung bei der Termingestaltung

Es wurde festgestellt, daß die Gestaltung des Terminablaufs grundsätzlich in der Kompetenz des Insolvenzgerichtes liegt, welches bei der ihm obliegenden pflichtgemäßen Ermessensentscheidung die Umstände des Einzelfalles zu berücksichtigen hat.

Um die in der Literatur geäußerten Bedenken an der Praktikabilität, Übersichtlichkeit und Koordinierbarkeit des Erörterungs- und Abstimmungstermins bei Vorlage mehrerer Insolvenzpläne aufzugreifen, wäre es nach Auffassung des Autors sinnvoll, für jeden Planvorschlag einen gesonderten Erörterungs- und Abstimmungstermin durch das Gericht anzuberaumen.[799] In Ausübung seines Ermessens kann das Gericht dabei die Termine auch gem. §§ 235 Abs. 1 Satz 1 i.V.m. 4 InsO, 147 ZPO miteinander verbinden, was zumindest in ein-

---

794 Vgl. Schiessler, Der Insolvenzplan, S. 143 Fn. 13; Eidenmüller, Der Insolvenzplan als Vertrag, S. 164 ff, 176; Flessner in: HK-InsO, § 235 Rdnr. 11.

795 Heilmann/Smid, § 2 Rdnr. 94; Terhart, Chapter 11, S. 77; vgl. aber zu den Kompetenzen im Rahmen des gerichtlichen Bestätigungsverfahrens: Neumann, Gläubigerautonomie, S. 249 ff.

796 Vgl. hierzu schon oben Teil 1, B, I.

797 Eidenmüller, Der Insolvenzplan als Vertrag, S. 164 ff, 176; Heilmann/Smid, § 2 Rdnr. 94; Henckel in: KTS 1989, S. 477 ff, 482, 490 f.

798 Zustimmend auch Schiessler, Der Insolvenzplan, S. 154 f ("keine brauchbare Alternative zur Gestaltungsbefugnis des Gerichts"); Braun in: Braun/Uhlenbruck, Unternehmensinsolvenz, 7. Teil, L, III, 3, S. 641; Flessner in: HK-InsO, § 235 Rdnr. 15.

799 Anders jedoch Eidenmüller, Der Insolvenzplan, S. 164 ff, 177, der eine gleichzeitige Abstimmung über alle Planvorlagen favorisiert; so wohl auch Schiessler, Der Insolvenzplan, S. 154 f; Otte in Kübler/Prütting, InsO, § 235 Rdnr. 5 und Flessner in: HK-InsO, § 235 Rdnr. 11; differenzierter schon Braun in: Braun/Uhlenbruck, Unternehmensinsolvenz, 7. Teil, L, III, 3, S. 641, wenn er davon spricht, daß ein gemeinsamer Erörterungs- und Abstimmungstermin "empfehlenswert sei"; Smid läßt jedoch bereits Bedenken erkennen, ob aus dem Wortlaut des § 235 Abs. 1 InsO ("einen Termin zur Erörterung *des* Insolvenzplans") zwingend gefolgert werden kann, daß alle Planvorlagen immer in *einem* Termin erörtert werden müssen. ders. in: WM 1996, S. 1249 ff, 1254.

fach gelagerten Fällen in der Regel auch geboten erscheint. Dadurch wird eine an den Umständen des Einzelfalles orientierte notwendige Differenzierung gewährleistet.

Das in § 294 RegE InsO enthaltene Postulat bezieht sich erkennbar auf die noch nach dem Regierungsentwurf enthaltene Trennung zwischen Erörterungs- und Abstimmungstermin, so daß sein Rechtsgedanke der Trennung nach den jeweiligen Planvorlagen nicht entgegensteht. Zum anderen kann damit dem Umstand Rechnung getragen werden, daß es sich bei jeder einzelnen Planvorlage um einen eigenen Antrag an das Gericht zur verfahrensmäßigen Behandlung und Verbescheidung anhand der gesetzlichen Bestimmungen handelt. Das Gericht hat eben jeden Plan so zu behandeln, als würde zunächst ein anderer Plan nicht vorliegen.

Mit dieser grundsätzlich getrennten verfahrensmäßigen Behandlung kann einem weiteren Kritikpunkt Rechnung getragen werden. Auch wenn der Prioritätsgrundsatz nur bei Verfügungen im materiellen Recht seine Anwendung findet, wäre es einer geordneten Verfahrensabwicklung dienlich, wenn dem Grunde nach die verfahrensmäßige Behandlung der einzelnen Planvorlagen entsprechend der Reihenfolge ihres Eingangs beim Insolvenzgericht erfolgen würde, was nicht zuletzt auch der Rechtssicherheit dient.

Die Vorteile dieser Vorgehensweise liegen m.E. auf der Hand. Kein Gläubiger wird gezwungen, allein aus taktischen Erwägungen heraus seine Stimme für einen oder gar beide Planvorschläge abzugeben. Da eine Erörterung und Abstimmung über beide Pläne separat erfolgt, muß sich jeder Gläubiger darauf einstellen, als wäre dies der einzige Planvorschlag über den es zu entscheiden gilt. Daß dies dazu führen wird, daß ggf. beide Planvorschläge eine Mehrheit auf sich vereinen können mit der Folgeproblematik, wer in diesem Fall die Entscheidung treffen soll und anhand welcher Kriterien, wird nicht übersehen.[800] Da aber von taktischen Erwägungen weitgehend freigehaltene Entscheidungen der Gläubiger vorliegen, basiert die dann zu treffende gerichtliche Bestätigung eines Plans auf einer von diesen Zwängen freien gläubigerautonom getroffenen Entscheidung, was der Planbestätigung (trotz aller Bedenken) eine rechtsstaatliche Legitimation verleiht.

Soweit hiergegen mit dem Einwand einer unnötigen Verfahrensverzögerung zu rechnen ist, soll dem mit der Möglichkeit einer Verfahrensverbindung entgegengetreten werden. Immerhin schafft dies die notwendige Flexibilität[801], von der das Gericht aufgrund der pflichtgemäßen Ausübung seines Ermessens auch Gebrauch machen wird. Eine schnelle und am jeweiligen Plan orientierte Erörterung und Abstimmung schafft zudem Verfahrensverkürzungen, die bei umfangreichen Planvorschlägen mit ständigen Vergleichen zwischen den alternativen Planvorlagen nicht gewährleistet ist.

Andererseits kann eine solche Vorgehensweise nicht dazu führen, daß die Annahme auch des zweiten Plans zwingend die Annahme des ersten Plans außer Kraft setzt.[802] Inwieweit eine solche Lösung sich mittelbar aus den bestehenden Verfahrensvorschriften ergeben soll, erschließt sich dem Autor nicht. Chancengleichheit im hier verstandenen Sinn verlangt eine

---

800 Siehe hierzu unten: Teil 2, B, III, 3, d); i.d.S. auch Jaffe in: Wimmer, InsO, § 244 Rdnr. 45.

801 Da dem Gericht nach wie vor ein weiter Ermessensspielraum eingeräumt wird, führt dies auch nicht zu der von Schiessler zu Recht abgelehnten Schematisierung des Verfahrensablaufs: ders. in: Der Insolvenzplan, S. 154.

802 So aber Schiessler, Der Insolvenzplan, S. 154.

verfahrensmäßige Gleichbehandlung aller Planvorlagen, so daß vom Ausgangspunkt her jedem Plan die Möglichkeit der Annahme durch die Gläubiger und zur gerichtlichen Bestätigung durch das Gericht gewährleistet sein muß. Nachdem das Gericht einem Plan erst dann die Bestätigung geben wird, wenn auch die bis zu diesem Zeitpunkt vorliegenden weiteren Insolvenzpläne das Erörterungs- und Abstimmungsverfahren durchlaufen haben, ergibt sich für eine solche Auffassung kein Anhaltspunkt im Gesetz.

d) Annahme zweier Pläne durch die Gläubiger

In der Praxis der Insolvenzabwicklung sicher selten, aber dennoch nicht gänzlich ausgeschlossen (so zumindest wenn der Auffassung des Autors zur Termingestaltung gefolgt wird), ist die Tatsache, daß beide Planvorlagen von den Gläubigern angenommen worden sind. Mit Hilfe des Obstruktionsverbots (§ 245 InsO) ist es denkbar, daß bei veränderten Mehrheiten für die verschiedenen Planvorlagen die Zustimmungen der jeweils dissentierenden Gläubigergruppen fingiert werden.[803] Es stellt sich dann die Frage, an Hand welcher Kriterien das Gericht im Rahmen des Bestätigungsverfahrens zu entscheiden hat, welchem Plan es seine Zustimmung gibt. Daß dies nicht beide Pläne sein können, ist offensichtlich. Andernfalls käme es zu der "absurden Konsequenz"[804], daß beide Pläne u.U. rechtskräftig werden und die im gestaltenden Teil enthaltenen Wirkungen beider Pläne für und gegen alle Beteiligten eintreten würden (§ 254 Abs. 1 Satz 1 InsO). Bei sich diametral entgegenstehenden Regelungen wäre dies nicht nur unpraktikabel, sondern mit rechtsstaatlichen Grundsätzen einer geordneten Insolvenzabwicklung, auch unter dem Prinzip weitreichender Gläubigerautonomie, schlechterdings nicht zu vereinbaren.

aa) Kompetenz des Insolvenzgerichts zur Entscheidung im Bestätigungsverfahren

Haben die Gläubiger über alle Planvorlagen abgestimmt und kommt es im Ergebnis zur Annahme mehrere Pläne durch die Gläubiger, müssen diese Pläne nunmehr das gerichtliche Bestätigungsverfahren gemäß §§ 248 ff InsO durchlaufen. Liegen danach jedoch die Bestätigungsvoraussetzungen für alle zur Abstimmung gestellten Pläne vor, stellt sich die Frage, ob es letztlich der Entscheidungskompetenz des Insolvenzgerichts obliegen soll, welchem Plan die Bestätigung erteilt wird?[805]

Hierfür spricht zum einen, daß die Gläubiger ihre Willensäußerung zum Ausdruck gebracht haben und diese durch die gerichtliche Auswahlentscheidung nicht beeinträchtigt wird. Sofern

---

[803] Vgl. zu einem Beispielsfall: Eidenmüller, Der Insolvenzplan als Vertrag, S. 164 ff, 176 f.

[804] So Eidenmüller, Der Insolvenzplan als Vertrag, S. 164 ff, 177.

[805] Bejahend: Eidenmüller, Der Insolvenzplan als Vertrag, S. 164 ff, 177; Braun in: Braun/Uhlenbruck, Unternehmensinsolvenz, 7. Teil, L, III, 3, S. 643; Henckel in: KTS 1989, S. 477 ff, 482; Uhlenbruck/Brandenburg/Grub/Schaaf/Wellensiek in: BB 1992, S. 1734 ff, 1736; Heilmann/Smid, § 2 Rdnr. 94; Otte in: Kübler/Prütting, InsO, § 218, Rdnr. 37; einschränkend Jaffe in: Wimmer, InsO, § 244 Rdnr.49 ff; a.A. Flessner in: HK-InsO, § 248 Rdnr. 5, der die Voraussetzungen für eine Planbestätigung nach dem Wortlaut des § 248 InsO (Annahme *des* Plans) nicht gegeben sieht.

die Auswahlkriterien auf objektiver Grundlage bestimmt festgelegt werden, ist eine für die Gläubiger transparente Entscheidungsfindung gegeben.[806]

Andererseits muß auch berücksichtigt werden, daß den Gläubigern kein subjektives Recht dergestalt eingeräumt werden kann, daß sie Anspruch auf den für sie günstigsten Insolvenzplan haben.[807] Dies ergibt sich allein daraus, daß sich der Minderheitenschutz für die majorisierten Gläubiger an der Sicherstellung des Wertes im Falle einer Abwicklung nach den gesetzlichen Vorschriften orientiert. Sofern nicht alle Gläubiger vollständig befriedigt werden, dürfen einzelne Gläubiger keine Werte erhalten, die ihre Ansprüche übersteigen und müssen die ohne Plan gleichrangigen Gläubiger im Plan gleichgestellt werden (vgl. § 245 Abs. 2 Nr. 1, 3 InsO).

Im übrigen sind die Gläubiger in ihrer Entscheidung jedoch freigestellt, so daß die zustimmenden Gläubiger auch das Risiko des Scheiterns eines Plans tragen. Die Entscheidungsfindung letztlich in die Hände des Insolvenzgerichts zu legen dient vor allem auch einer zügigen und kostengünstigen Verfahrensabwicklung[808] und verleiht der autonom getroffenen Verwertungsentscheidung rechtsstaatliche Legitimation. Vor diesem Hintergrund dient die Auswahlentscheidung des Gerichtes anhand objektiver Kriterien auch der Unterstützung der privaten Entscheidungsfindung und stellt keine unzulässige Bevormundung der Beteiligten dar. Ihrer Entscheidung wird nicht vorgegriffen, sondern diese wird gleichsam vorausgesetzt.[809]

bb) Vorrang des weiterreichenden oder wirtschaftlich günstigsten Plans?

Mit der Forderung nach objektiven Auswahlkriterien wird dem Umstand Rechnung getragen, daß die Auswahl unter mehreren, von den Gläubigern angenommenen, Insolvenzplänen nicht von einem Beurteilungsspielraum (Tatbestandsseite) des Gerichts abhängig sein soll. Transparenz der Entscheidungsfindung verlangt klare und für die vom Insolvenzplan Betroffenen nachvollziehbare Kriterien. Ein Blick auf das Planverfahren soll dies verdeutlichen:

Die Insolvenzordnung hat die Tatbestände, unter denen das Insolvenzgericht befugt wäre, einen Plan zurückzuweisen, ausdrücklich normiert.[810] Eine darüber hinausgehende Kompetenz, insbesondere an Hand von Beurteilungsspielräumen, ist nicht vorgesehen und wäre auch mit dem Grundsatz der Gläubigerautonomie nicht zu vereinbaren. Dazu steht nicht im Widerspruch, daß dem Gericht ein Ermessen hinsichtlich der Gestaltung des Erörterungs- und Abstimmungstermins eingeräumt wird, da dieses Ermessen formeller, nicht jedoch materieller Natur ist.

---

[806] Vgl. zu den Vorteilen einer gerichtliche Entscheidungsfindung im Interesse einer größeren Transparenz: allg. Begrdg RegE, abgdr. in: Balz/Landfermann, Die neuen Insolvenzgesetze, S. 10.

[807] Schiessler, Der Insolvenzplan, S. 155.

[808] Allg. Begrdg RegE, abgdr. in: Balz/Landfermann, Die neuen Insolvenzgesetze, S. 10.

[809] Zur Stellung des Gerichtes vgl. bereits oben Teil 1, B, I. Für eine Entscheidung durch das Gericht haben sich auch Eidenmüller, Der Insolvenzplan als Vertrag, S. 164 ff, 177, Braun in: Braun/Uhlenbruck, Unternehmensinsolvenz, 7. Teil, L, III, 3, S. 642, Uhlenbruck/Brandenburg/Grub/Schaaf/Wellensiek in: BB 1992, S. 1734 ff, 1736 und Burger/Schellberg in: DB 1994, S. 1833 ff, 1837 und Otte in: Kübler/Prütting, InsO, § 218, Rdnr. 37 ausgesprochen. Das Gericht möglichst von wirtschaftlichen Entscheidungen freihalten will Flessner in: HK-InsO, § 248 Rdnr. 5.

[810] So auch Eidenmüller, Der Insolvenzplan als Vertrag, S. 164 ff, 177.

Auswahlkriterien, die einen Beurteilungsspielraum weitgehend ausschließen sollen, können sich nur an der Gläubigerentscheidung selbst orientieren. Maßgeblich hierfür wird das Abstimmungsverhalten der Gläubiger sein. Das Gericht kann daher nur dem Insolvenzplan die Bestätigung geben, der die größere Zustimmung der Gläubiger auf sich vereint. Unterschiedliche Auffassungen können sich dann allenfalls daraus ergeben, daß man zur Entscheidungsgrundlage die Anzahl der zustimmenden Gruppen macht oder auf die Kopf- und Summenmehrheiten insgesamt abstellt.

Wann ein Plan im Vergleich zum anderen Plan *weiterreichender* [811]oder *wirtschaftlich günstiger* [812]ist, läßt sich darüber hinaus zumeist nicht eindeutig bestimmen. Ob zum Beispiel ein Plan, der mehr Arbeitsplätze schafft bzw. erhält, weitergeht oder wirtschaftlich günstiger für die Gläubiger ist, als ein Plan, der eine höhere Quote vorsieht, kann schon mangels Vergleichbarkeit der beiden Faktoren nicht bestimmt werden. Zudem wird mit einer solchen Entscheidung nicht den unterschiedlichen Interessen der beteiligten Gläubiger Rechnung getragen. Ein Arbeitnehmer wird möglicherweise dem Erhalt seines Arbeitsplatzes in einer konjunkturschwachen Zeit und Branche einen weitaus höheren Stellenwert beimessen, als ein absonderungsberechtigter Gläubiger einer prozentual geringfügig höheren Quotenaussicht.

Wird auf das nominale Gesamtvolumen der in Aussicht gestellten Gläubigerbefriedigung abgestellt, so versagt eine Vergleichbarkeit dann, wenn bei konstantem Gesamtvolumen lediglich eine andere Verteilung auf zwei Gläubigergruppen erfolgt.[813] Diese Beispiele zeigen bereits, daß die Kriterien "weiterreichend" und "wirtschaftlich günstiger" nicht geeignet sind, eine verläßliche, für alle Beteiligten nachvollziehbare, Entscheidungsgrundlage zu bilden.

cc) Grundsatz der Gläubigerautonomie als Grundlage der Entscheidungsfindung

Das Verlangen nach objektiven und nachvollziehbaren Entscheidungskriterien dient der Verwirklichung des die Insolvenzordnung und insbesondere das Insolvenzplanverfahren prägenden Prinzips der Gläubigerautonomie, den das Gericht bei seiner Entscheidung gleichfalls zugrundezulegen hat. Die Bestimmung der Auswahlkriterien hat sich daher an diesem Grundsatz zu orientieren.

dd) Die Entscheidung nach der Summen- oder Kopfmehrheit

Braun hat sich für eine Entscheidung des Gerichts auf der Grundlage der Gruppenmehrheit ausgesprochen. Der Planlösung, dem die meisten Gruppen zugestimmt haben, sei der Vorzug einzuräumen.[814] Ersichtlich stellt er dabei auf die absolute Mehrheit der abstimmenden Gruppen ab, wie ein Vergleich mit § 245 Abs. 1 Nr. 3 InsO ergibt.

---

[811] Zur Begriffsbestimmung Braun in: Braun/Uhlenbruck, Unternehmensinsolvenz, 7. Teil, L, III, 3, S. 643.

[812] Hierauf stellt Henckel jedoch ab: ders. in: KTS 1989, S. 477 ff, 482; bei einer völligen und unlösbaren Patt-Situation stellt auch Jaffe in: Wimmer, InsO, § 244 Rdnr. 50 darauf ab, welcher Plan den Gläubigern wirtschaftlich am besten dient.

[813] Zutreffend Eidenmüller, Der Insolvenzplan als Vertrag, S. 164 ff, 177, Fn. 40.

[814] Braun in: Braun/Uhlenbruck, Unternehmensinsolvenz, 7. Teil, L, III, 3, S. 643.

Auch Eidenmüller sieht in der Gruppenmehrheit das entscheidende Abgrenzungskriterium. Dabei kann er sich zwei Lösungswege vorstellen. Neben der einfachen Gruppenmehrheit ist s.E. auch denkbar, daß (nur) der Plan gerichtlich bestätigt wird, der die absolute Mehrheit der Gruppen auf sich vereint (insoweit korrespondiert dies mit der Auffassung von Braun).[815]

Für die erste Variante scheint sich ein Anwendungsbereich m.E. jedoch nicht zu eröffnen. Da es zu der hier problematisierten Konkurrenz von zwei Planvorlagen nur kommen kann, wenn auch die Bestätigungsvoraussetzungen für beide Pläne an sich vorliegen, ist ein Abstellen auf eine einfache Gruppenmehrheit nicht möglich. Nach § 245 Abs. 1 Nr. 3 InsO verlangt der Gesetzgeber, daß die Mehrheit der abstimmenden Gruppen für den Plan votiert hat, wobei die fingierten Zustimmungen der nachrangigen Insolvenzgläubiger nach § 246 InsO hierbei keine Berücksichtigung finden sollen.[816] Haben daher nicht alle Gruppen dem Plan mit den geforderten Mehrheiten zugestimmt, ist für die Bestätigung eines Insolvenzplans Voraussetzung, daß die Zustimmung der dissentierenden Gläubigergruppen über das Obstruktionsverbot des § 245 InsO fingiert wird. Hintergrund ist, daß der Gesetzgeber die grundsätzliche Zustimmung *aller Gruppen* als Legitimationsgrundlage für eine von der gesetzlichen Regelung abweichenden Art der Masseverwertung fordert (vgl. § 244 Abs. 1 InsO). Da die Anwendung des Obstruktionsverbots aber bereits eine absolute Mehrheit verlangt, kann eine einfache Gruppenmehrheit allein nicht zu einer Planbestätigung und damit zu der von Eidenmüller untersuchten und hier in Frage stehenden Konstellation führen.

Mir erscheint jedoch auch ein Abstellen auf die absolute Gruppenmehrheit keine ausreichende Entscheidungsgrundlage zu sein. Damit wären mißbräuchliche Gestaltungsmöglichkeiten geradezu intendiert, da es in der Hand des jeweiligen Planerstellers liegen würde, durch strategische Gruppenbildungen die Entscheidung zu Gunsten seines Planvorschlags zu beeinflussen.[817] Zudem gilt es zu berücksichtigen, daß die einzelnen Gruppen sowohl von der Kopfzahl wie auch von den vertretenen Forderungssummen sehr unterschiedlich besetzt sein können, so daß eine Mehrheit der Gruppe für sich genommen nicht gewährleisten kann, daß auch eine mehrheitliche Entscheidung der Gläubiger vorliegt.

Zwar kann dem wiederum entgegengehalten werden, daß der Gesetzgeber selbst auch auf die Gruppenmehrheit als Legitimationsgrundlage abgestellt hat. Ein solches Argument würde jedoch nicht überzeugen, da die Abstimmung über den Plan ja bereits auf dieser Grundlage erfolgte. Hier geht es aber um eine Entscheidung zwischen zwei von den Gläubigergruppen angenommenen Plänen. Es kommt somit auf eine Gesamtschau beider Planvorlagen an, wobei letztlich das Gericht dem Plan die Bestätigung erteilen muß, dem die Mehrheit der Gläubiger zugestimmt hat.

---

815 Vgl. Eidenmüller, Der Insolvenzplan als Vertrag, S. 164 ff, 177 Fn. 41, wobei er auf die Einhaltung des Minderheitenschutzes verweist.

816 RA BT zu § 290 RegE InsO, abgdr. in: Balz/Landfermann, Die neuen Insolvenzgesetze, S. 362 f.

817 Auch Braun hat dieses Problem gesehen, es für seine Betrachtungen jedoch außen vor gelassen. ders. in: Braun/Uhlenbruck, Unternehmensinsolvenz, 7. Teil, L, III, 3, S. 643, Fn. 525. Bedenkt man, daß der Planersteller (auch vor dem Hintergrund des § 245 Abs. 1 Nr. 3 InsO) i.d.R. versuchen wird, die Anzahl der Gruppen möglichst klein zu halten, ist natürlich die praktische Relevanz dieser Manipulationsmöglichkeit als gering einzuschätzen. Die gesamte Problemdarstellung basiert jedoch darauf, daß die rechtliche Ausgestaltung des Planverfahrens und damit auch die hier zur Erörterung anstehenden Fragen nicht von der praktische Relevanz abhängig gemacht werden kann.

Sinnvollerweise sollte das Gericht daher auf die Kopf - und Summenmehrheiten insgesamt abstellen, da nur so die maßgebliche Meinungsbildung der Gläubiger sich erfassen läßt. Auch wenn Braun bei seiner Betrachtungsweise die Größe der Gruppe und die wirtschaftliche Betroffenheit berücksichtigt wissen will[818], werden damit keine genauen Entscheidungsparameter definiert, so daß es wider auf den vom Verfasser abgelehnten Beurteilungsspielraum des Gerichts hinauslaufen würde. Wenn auf die Summen- und Kopfmehrheit abgestellt wird, können folgende Konstellationen auftreten, wobei von zwei Planvorlagen (Plan A und B) ausgegangen werden soll:[819]

- *Plan A:* Kopf- und Summenmehrheit im Vergleich zu Plan B
  Das Insolvenzgericht wird Plan A bestätigen, da er die Mehrheit der Gläubiger auf sich vereint hat.

- *Plan A:* Kopfmehrheit
  Plan B: Summenmehrheit

Hier sollte das Insolvenzgericht auf die Summenmehrheit abstellen, da andernfalls der Stimme der Kleingläubiger (insbesondere der nachrangigen Gläubiger) im Verhältnis zu ihrer Forderungshöhe ein zu großer Einfluß beigemessen wird. Überdies kommt es nach dem Willen des Gesetzgebers auf die Stimmen der Gläubiger, gemessen am *Wert ihrer* in das Verfahren einbezogenen *Rechte*[820], an, was sich auch den Bestimmungen der Insolvenzordnung mittelbar entnehmen läßt (vgl. nur §§ 225, 246 InsO).

Das Abstellen auf die Kopf- und Summenmehrheit gewährleistet eine Entscheidung durch das Gericht, die auf der Grundlage des tatsächlichen Willens der Mehrheit der Gläubiger erfolgt. Dabei werden auch die Werte der den Beteiligten zustehenden Rechte mit berücksichtigt, so daß ein zu starker Einfluß der nur in geringerem Umfang betroffenen Kleingläubiger vermieden wird.

---

818 Vgl. ders. in: Braun/Uhlenbruck, Unternehmensinsolvenz, 7. Teil, L, III, 3, S. 643.
819 Das Problem aufwerfend, im Ergebnis aber offenlassend: Otte in: Kübler/Prütting, InsO, § 218 Rdnr. 37.
820 Allg. Begrdg. RegE, abgdr. in: Balz/Landfermann, Die neuen Insolvenzgesetze, S. 14.

3. Teil:

Die Gruppenbildung als strategische Mehrheitsbildung auch unter Berücksichtigung des Obstruktionsverbotes

Die Verfasser der Insolvenzordnung wollen den Plan als eine "privatautonome, den gesetzlichen Vorschriften entsprechende Übereinkunft der mitspracheberechtigten Beteiligten über die Verwertung des haftenden Schuldnervermögens" begreifen.[821] Unabhängig davon, ob man die privatautonome Übereinkunft als ein "Rechtsinstitut sui generis"[822], oder als "gesellschaftsähnlichen Verwertungsvertrag der Gläubiger mit Schuldnervorbehalt"[823] ansieht, ist nach beiden Ansichten eine Einigung der Gläubiger erforderlich. Reicht ein Planvorlageberechtigter einen Insolvenzplan ein, haben die Gläubiger daher über die Annahme oder Ablehnung dieses Plans nach Erörterung in der Gläubigerversammlung zu entscheiden. Der Gesetzgeber hat mit § 243 InsO vorgeschrieben, daß die Abstimmung durch die stimmberechtigten Gläubiger in Gruppen zu erfolgen hat, die vom Planinitiator gebildet worden sind, wobei diese Einigung der Gläubiger einer Mehrheitsentscheidung zugänglich ist (§ 244 InsO).

Wegen ihrer Bedeutung für das Insolvenzplanverfahren wird die Gruppenbildung mit dem Obstruktionsverbot in § 245 InsO auch als das "Herzstück" des Planverfahrens für den Planersteller bezeichnet. Das Gericht hat einem Plan, der nicht die Zustimmung aller Gläubigergruppen, wenngleich auch nur über die Zustimmungsfiktionen der §§ 245 f InsO, erlangen konnte, seine Bestätigung im Verfahren gemäß § 248 InsO zu versagen. Unabhängig von den teilweise in der Literatur geäußerten Bedenken hinsichtlich der Möglichkeiten für den Schuldner als Planinitiator zur mißbräuchlichen Gestaltung[824], bietet gerade das Institut der Gruppenbildung einen weitreichenden planerischen Gestaltungsspielraum, bindet Schuldner und Gläubiger gleichermaßen aktiv in das Planverfahren ein und wird dadurch dem Ziel des Planverfahrens nach optimaler Haftungsverwirklichung unter Gewährleistung der Gläubigerautonomie in besonderer Form gerecht.

Die Haftungsverwirklichung des schuldnerischen Vermögens wird so weitgehend in die Hände der Gläubiger gelegt, deren Rechtsstellung durch den zur Abstimmung gestellten Insolvenzplan beeinträchtigt werden (vgl. § 237 Abs. 2 InsO).

In diesem dritten Teil soll neben rechtsvergleichenden Elementen zum amerikanischen Vorbild der deutschen Regelungen vor allem für die Planersteller anhand von Gestaltungsmodel-

---

821 Allg. Begrdg. RegE, abgdr. in: Balz/Landfermann, Die neuen Insolvenzgesetze, S. 32.

822 Schiessler, Der Insolvenzplan, S. 22.

823 Braun in: Braun/Uhlenbruck, Unternehmensinsolvenz, 7. Teil, B, IV, 4, c), S. 467 ff; nach Eidenmüller ist der Plan ein Vertrag bzw. vertragsähnliches Gebilde: vgl. ders. in: Ott/Schäfer, S. 164 ff, 165 f, Fn. 10.

824 Vgl. nur Grub in: ZIP 1993, S. 393 ff, 398; Smid in: InVo 1997, S. 169 ff, 171; ders. in: DZWir 1994, S. 278 ff, 283; Smid/Rattunde, Insolvenzplan, Rdnr. 451; Henckel in: KTS 1989, S. 477 ff, 491 der daher nur eine Gruppeneinteilung durch das Gericht als sachgerecht ansieht; einschränkend auch Stürner in: Leipold, S. 41 ff, 45, der einer Manipulationsgefahr durch eine Vielzahl von Gruppen mit qualifizierten Mehrheitserfordernissen ohne allzu erleichterte Ersetzungsbefugnisse begegnen will; zum US-Recht vgl. Baird/Jackson, Cases, S. 656: "Manipulating classes for purpose of voting is inherent in the concept of classification".

len aufgezeigt werden, wie sich ihr Ziel der Mehrheitsgewinnung für die von ihnen erarbeiteten Pläne durch die Bildung von Gläubigergruppen nach den gesetzlichen Vorgaben realisieren läßt, ohne dem Vorwurf einer rechtsmißbräuchlichen Gestaltung ausgesetzt zu sein. Dabei gilt es sich mit Rechtsfragen auseinandersetzen, die in der einschlägigen Literatur aufgeworfen worden sind. Schließlich sollen Ausführungen zu den Prüfungskompetenzen des Insolvenzgerichts zur Frage der materiell ordnungsgemäßen Gruppenbildung sowie dem Vorliegen der Voraussetzungen des § 245 InsO erfolgen. Zunächst sollen jedoch dargestellt werden, welche Intentionen der Gesetzgeber mit dem Modell der Abstimmung über den Insolvenzplan durch die vom Planersteller zu bildenden Gruppen verfolgt und worin die Vorteile einer solchen Verfahrensstruktur liegen.

A. Die Gruppenbildung als strategische Mehrheitsbildung

I. Die Bedeutung der Gruppenbildung für das Planverfahren

1. Gesetzgeberische Intention und Vorteile der Gruppenbildung

Aufgrund der zahlreichen Gestaltungsmöglichkeiten in einem Insolvenzplan können die Vermögenspositionen jedes einzelnen Gläubigers verändert werden. Dabei kann sich die Veränderung positiv auswirken, wenn der Plan eine quotale Befriedigung der angemeldeten Forderung vorsieht, die im Falle der Zerschlagung als uneinbringlich und damit wertlos einzustufen gewesen wären. Andererseits erlaubt der Gesetzgeber, daß mittels Insolvenzplänen in die Rechtsposition der absonderungsberechtigten Gläubiger und der Insolvenzgläubiger eingegriffen werden kann (§ 223 Abs. 2, 224, 225 Abs. 2 InsO). Gerade die gesicherten Gläubiger sollen auf diesem Wege einen Finanzierungsbeitrag leisten, damit die geplanten Sanierungsmaßnahmen durchgeführt werden können. Jeder Gläubiger sollte sich daher vor seiner Zustimmung oder Ablehnung des Insolvenzplans Gedanken über seine wirtschaftliche Situation mit und ohne Insolvenzplan machen.

Entsprechend der gesetzgeberischen Intention, durch das Insolvenzplanverfahren den Wettbewerb um die beste Verwertungsart, abweichend vom Regelfall der Liquidation des Schuldnervermögens, zu fördern, nimmt der Gläubiger im Abstimmungstermin eine einzelwirtschaftliche Investitionsentscheidung vor.[825] Votiert der Gläubiger für die plangemäße Abwicklung i.S. einer Reorganisation des Schuldners, trifft er eine Investitionsentscheidung, im Fall eines negativen Votums trifft er eine Desinvestitionsentscheidung.[826] Mit seinem Abstimmungsverhalten verfolgt jeder Gläubiger das Ziel, einer Verwertung des Haftungsvermögens in seinem Sinne so nahe wie möglich zu kommen. Die Koordinierung des Entscheidungsprozesses durch die gesetzlich vorgeschriebene Bildung von Abstimmungsgruppen (§ 222 InsO) und die Regelungen zum Obstruktionsverbot gem. § 245 InsO sind deshalb er-

---

825 Allg. Begrdg. RegE, abgdr. in: Balz/Landfermann, Die neue Insolvenzordnung, S. 11.

826 Allg. Begrdg. RegE, abgdr. in: Balz/Landfermann, Die neue Insolvenzordnung, S. 11.

forderlich, damit individuell vorteilhafte Strategien nicht zu Lasten größerer Vorteile der Gläubigergesamtheit durchgesetzt werden können.[827]

Während im bislang geltenden Vergleichs- und Zwangsvergleichsrecht nur die nicht bevorrechtigten Konkursgläubiger als Vergleichsgläubiger in das Verfahren einbezogen wurden[828], sind de lege ferenda alle Gläubiger - mit Ausnahme der nicht beeinträchtigten Gläubiger und Aussonderungsberechtigten, gleichmäßig, d.h. unabhängig vom Inhalt und Rang ihrer Rechtspositionen, in das Insolvenzplanverfahren eingebunden. Die damit einhergehende Vielgestaltigkeit der Interessen macht es erforderlich, daß Gläubiger gleicher Rechtsstellung in einer Gruppe zusammengefaßt werden. Andernfalls wäre eine sachgerechte Differenzierung der Planinhalte und der Stimmrechte der Gläubiger ausgeschlossen, was erzwungene Vermögensverschiebungen contra legem geradezu herausfordern würde.

Unterschiedliche Rechtspositionen bedingen unterschiedliche Interessenlagen, die im Abstimmungsprozeß dann zu Konfliktsituationen führen können. Eine Mehrheitsentscheidung der Gläubiger kann daher nur dann zur Legitimation eines Insolvenzplans herangezogen werden, wenn Beteiligte mit weitgehend homogenen Interessen in einer Gruppe zusammengefaßt werden.[829] Bei einer gemeinsamen Abstimmung durch alle Gläubiger, ohne Berücksichtigung von Inhalt und Rang ihrer Rechtsposition bestünde zudem die Gefahr, daß einzelne Gläubiger mit großen Forderungsbeträgen (vor allem Kreditinstitute) das Abstimmungsergebnis zu Gunsten ihrer Einzelinteressen beeinflussen und damit eine suboptimale Verteilung des Haftungsvermögens bewirken.[830] Dies würde nicht zuletzt eine angemessene Teilhabe aller Gläubiger an dem mit der Planlösung zu realisierenden Verwertungserlös ausschließen.[831] Zudem wäre eine solche Regelung mit der gesetzgeberischen Intention der Förderung von Austauschprozessen unter den Gläubigergruppen im Interesse eines Wettbewerbs um die beste Verwertungsart nicht zu vereinbaren.

Ein weiterer Umstand kommt hinzu, dem nur durch eine an den unterschiedlichen Rechtsstellungen der Gläubiger orientierte Gruppenbildung Rechnung getragen werden kann. Mittels eines Insolvenzplans streben die Gläubiger eine Verbesserung ihrer Vermögensposition im Vergleich zur Abwicklung nach dem Regelinsolvenzverfahren (Zerschlagung) an. Als Korrelat für die auf einer Mehrheitsentscheidung beruhende plangemäße Abwicklung hat das Planverfahren daher einerseits sicherzustellen, daß kein Gläubiger gegen seinen Willen gegenüber der Liquidation wirtschaftlich schlechter gestellt wird. Andererseits kommt der unterschiedlichen Rechtsstellung des einzelnen Gläubigers bei einer konkursmäßigen Zwangsverwertung maßgebliche Bedeutung zu. Sinnvoller Weise können daher auch Gläubiger verschiedener Rangklassen nicht gemeinsam über den Plan abstimmen. Vielmehr wird der Plan sogar differenzierte Regelungen enthalten, die sich an den unterschiedlichen Rechtsstellungen der jeweiligen Gläubigergruppe orientieren. Der Gesetzgeber schafft die Voraussetzungen hierfür, in-

---

827 Drukarczyk in: DBW 52 (1992), S. 161 ff, 174 f; allg. Begrdg. RegE InsO, abgdr. in: Balz/Landfermann, Die neuen Insolvenzgesetze, S. 33.

828 Vgl. §§ 26 Abs. 1, 27 VerglO, 173, 191 KO; Flessner, Sanierung, S. 275.

829 I.d.S. auch Balz in: ZIP 1988, S. 273 ff, 285; allg. Begrdg. RegE InsO, abgdr. in: Balz/Landfermann, Die neuen Insolvenzgesetze, S. 33.

830 Franke in: ZfB 1986, S. 614 ff, 622; allg. Begrdg. RegE InsO, abgdr. in: Balz/Landfermann, Die neuen Insolvenzgesetze, S. 33; so auch bereits Begrdg. E.B. zu LS. 2.2.16, S. 183.

831 Allg. Begrdg. RegE, abgdr. in: Balz/Landfermann, Die neuen Insolvenzgesetze, S. 33.

dem er in § 222 Abs. 1 Satz 1 InsO verlangt, daß Gruppen zu bilden sind, wenn Gläubiger verschiedenen Ranges betroffen sind.[832]

Aus den Gruppen mit Gläubigern gleicher Rechtsstellung können schließlich wahlweise weitere Gruppen gebildet werden, wodurch den unterschiedlichen ökonomischen Interessen Rechnung getragen werden kann (§ 222 Abs. 2 InsO). Die Wahlgruppenbildung dient dabei vordringlich dem Ziel der wirtschaftlichen Effizienzsteigerung des Plans.[833] Auch dem bislang geltenden Vergleichsrecht war eine solche, wirtschaftliche Gesichtspunkte berücksichtigende, Differenzierung innerhalb einer Gruppe von Gläubigern bekannt (vgl. § 8 Abs. 2 VerglO, siehe auch § 181 Satz 2 KO). Da der Grundsatz der Gläubigergleichbehandlung innerhalb einer Gläubigergruppe Sonderkonditionen zugunsten einzelner Gläubiger verbietet (§ 226 InsO), ermöglicht die Bildung optioneller Gruppen, daß unterschiedlichen Interessen durch "Kompensationszahlungen" zwischen den einzelnen Gläubigergruppen Rechnung getragen werden kann.[834] Im Ergebnis erhöht sich dadurch die Wahrscheinlichkeit der Annahme des Insolvenzplans.

2. Die amerikanischen Wurzeln der deutschen Regelung

Es wurde bereits dargestellt, daß der deutsche Gesetzgeber ganz bewußt die Regelungen zur Gruppenbildung und zum Abstimmungsverfahren aus dem amerikanischen Recht adaptiert hat. Die soeben im Teil 3, A, I, 1 herausgearbeiteten Vorteile der Bildung von Abstimmungsgruppen haben verdeutlicht, daß ohne eine Zusammenfassung der Gläubiger mit gleicher Rechtsstellung in einer Gruppe, die weitergehende wahlweise Differenzierung nach den gleichartigen wirtschaftlichen Interessen und die Abstimmung innerhalb der Gruppen ein willkürliches Abstimmungsergebnis die Folge gewesen wäre. Der Gefahr der Dominanz und Beeinflussung des Abstimmungsergebnisses durch einzelne Inhaber großer Forderungen in ihrem Interesse kann so wirksam entgegengetreten werden.[835] Andernfalls stünde zudem zu befürchten, daß die Inhaber grundsätzlich gleichrangiger Kleinforderungen nicht angemessen am Abstimmungsprozeß beteiligt würden. Folgerichtig ist es gemäß § 222 Abs. 1 Satz 1 InsO Aufgabe jedes „Planarchitekten", für die Festlegung der Rechte der Beteiligten Gruppen zu bilden und diese als notwendigen Planinhalt in seinen Planentwurf aufzunehmen.

Insofern lehnt sich § 222 InsO an § 1123 (a)(1) BC 11 an, nach dem jeder Reorganisationsplan, ungeachtet anderer anwendbarer Nichtkonkursgesetze, folgendes beinhalten muß:[836]

- bezogen auf § 1122 BC 11 hat der Plan zwingend eine klare Einteilung der Forderungen ("claims"[837]), soweit es sich um andere als die dort näher bezeichneten bevorrechtigten

[832] Allg. Begrdg. RegE, abgdr. in: Balz/Landfermann, Die neuen Insolvenzgesetze, S. 33; Balz in: ZIP 1988, S. 273 ff, 285.
[833] Begrdg. zu § 265 RegE InsO, abgdr. in: Balz/Landfermann, Die neuen Insolvenzgesetze, S. 334.
[834] Vgl. Franke in: ZfB 1986, S. 614 ff, 623 f.
[835] Baird, Bankruptcy, S. 235.
[836] § 1123 (a) BC 11 enthält insgesamt 7 Absätze, wobei hier nur die Abs. 1 - 4 interessieren sollen.
[837] Zur Begriffsbestimmung vgl. § 101 (4) BC 11.

Forderungen handelt, und der Beteiligungsrechte ("class of interests"[838]) in Klassen vorzusehen [§ 1123 (a)(1) BC 11],[839]

- die genaue Bezeichnung aller Forderungsklassen oder der Klassen der Beteiligungsrechte, in deren Rechtspositionen durch den Plan nicht eingegriffen wird [§ 1123 (a)(2) BC 11],[840]

- die Angabe, inwieweit der Plan in die Rechte der Anspruchsinhaber bzw. Beteiligungsinhaber eingreift [§ 1123 (a)(3) BC 11].[841]

...

Schließlich statuiert § 1123 (a)(4) BC 11 die Verpflichtung zur Gleichbehandlung jeder Forderung oder jedes Beteiligungsrechtes, solange der jeweilige Forderungsinhaber nicht mit einer schlechteren Behandlung einverstanden ist.[842]

Die Parallelen zu den deutschen Regelungen sind offensichtlich. Auch nach dem amerikanischen Vorbild hat der Planersteller die Bildung von Abstimmungsgruppen vorzunehmen, so daß es weitgehend von seinen gestalterischen Fähigkeiten[843] abhängt, ob er letztlich eine Mehrheit für seinen Plan gewinnen kann. Entgegen § 245 Abs. 1 Nr. 3 InsO bedarf es zwar für die Anwendung des "cram down" nur der mehrheitlichen Zustimmung zumindest einer vom Plan betroffenen Gruppe [vgl. § 1129 (a)(10) BC 11].[844] Da jedoch Fehler bei der Gruppeneinteilung eine Bestätigung des Plans ausschließen, kommt der richtigen Klassifizierung der Gläubiger gleichwohl eine maßgebliche Bedeutung zu. In diesem Zusammenhang wird aufzuzeigen sein, daß der amerikanische Gesetzgeber die Anforderungen an die Rechtmäßigkeit einer vom Planarchitekten vorgenommenen Gruppeneinteilung nur unvollständig geregelt hat. Generalklauselartig findet sich allein in § 1122 (a) BC 11 der Hinweis, daß in einer Klasse nur die Ansprüche zusammengefaßt werden können, die "substantially similar" sind.[845]

3. Die Gruppenbildung als Ausdruck planerischer Gestaltungsfreiheit

Das Ziel eines jeden Planerstellers muß es sein, die Mehrheit der zur Abstimmung berechtigten Gläubiger für seinen Planentwurf zu gewinnen. Strategische Überlegungen spielen in diesem Zusammenhang eine bedeutende Rolle. Dabei ist die Gruppenbildung das entscheidende

---

838 Zur Auslegung vgl. Kemper, Chapter 11, S. 158, Fn.: 36 m.w.N.

839 Vgl. hierzu auch Baird/Jackson, Cases, S. 655 f, der die Gruppenbildung als zentralen Punkt in der Struktur von Chapter 11-Verfahren ansieht.

840 In der Gesetzesterminologie gleichbedeutend mit: " unimpairment claims or interests".

841 In der Gesetzesterminologie gleichbedeutend mit: " impairment claims or interests".

842 Hierzu vgl. Baird, Bankruptcy, S. 237 f; das Pendant zu § 1123 (a)(4) BC 11 ist im deutschen Recht § 226 InsO, vgl. hierzu oben: Teil 1, B, II, 2.

843 Zu einem Beispiel "legal manipulation" vgl. Ginsberg, Volume II, § 13.09 (d) S. 1210: existieren sowohl ungesicherte Lieferanten- und Bankgläubiger und wären die Lieferanten eher bereit einer Beeinträchtigung ihrer Rechte zuzustimmen, so ist es zunächst nicht zu beanstanden, wenn für beide Gläubiger jeweils eine Gruppe mit unterschiedlichen Quotenzuteilungen gebildet wird.

844 Vgl. hierzu Ginsberg, Volume II, § 13.09 (i), S. 1254; Vor Einführung des § 1129 (a)(10) BC 11 1984, entsprach es bereits geltender Rechtsprechung, daß die Zustimmungsfiktion einer Gruppe gem. § 1126 (f) keine ausreichende Basis für eine Mehrheitsentscheidung sein kann: In re Dreske, 25 B.R. (1982), S. 268 bis 271.

845 Ginsberg, Volume II, § 13.09 (d), S. 1209; vgl. auch Terhart, S. 132.

Steuerungsinstrument für eine Mehrheitsgewinnung. Der Gesetzgeber hat in § 245 Abs. 1 Nr. 3 InsO für die Anwendung des Obstruktionsverbotes die Zustimmung der Mehrheit der abstimmenden Gruppen zur Tatbestandsvoraussetzung erhoben.

Nach § 290 RegE InsO war nur die Zustimmung "mindestens einer Gruppe" erforderlich. Dem Rechtsausschuß des Bundestages schien jedoch die Zustimmung nur einer von vielen Gruppen eine zu schwache Grundlage für einen Plan zu sein.[846]

Bedenkt man, daß eine plangemäße Abwicklung i.S.e. "Pareto-Optimum" sich bereits dann als vorteilhaft erweist, wenn nur eine Gläubigergruppe gegenüber der Regelabwicklung bessergestellt wird und die restlichen Gläubiger zumindest nicht schlechter als bei ihr gestellt werden, erschließt sich der Sinn dieser Änderung nur schwer.[847] Nachdem für die Annahme des Insolvenzplans die Zustimmung aller Gläubigergruppen und damit regelmäßig auch die Anwendung des Obstruktionsverbotes erforderlich ist, wird die Relevanz der in § 245 Abs. 1 Nr. 3 InsO vorgenommenen Änderung deutlich.

Mit der in § 222 Abs. 1 und 2 InsO vorgesehenen Regelung eröffnen sich für den Planersteller eine Bandbreite von Gestaltungsmöglichkeiten. Dies ermöglicht ihm - im Rahmen des gesetzlich erlaubten - auf die jeweiligen Sonderinteressen der einzelnen Gläubiger zu reagieren. Vor allem die gem. § 222 Abs. 2 InsO eingeräumte Möglichkeit, aus der Gruppe der Gläubiger mit gleicher Rechtsstellung weitere Wahlgruppen von Gläubigern mit gleichartigen wirtschaftlichen Interessen zu bilden, läßt zahlreiche Gestaltungsmöglichkeiten zu. Positiv äußert sich in diesem Zusammenhang auch die Regelung in § 222 Abs. 3 Satz 2 InsO, wonach ausdrücklich die Bildung von Gruppen der Kleingläubiger als ein weiteres strategisches Mittel zur Mehrheitsgewinnung eingesetzt werden kann. Daß sich mit dem eingeräumten Gestaltungsspielraum auch das Potential etwaiger Manipulationen durch den Planersteller erhöht, läßt sich nicht von der Hand weisen.

An der Vorschrift des § 265 RegE InsO ist vielfach Kritik geübt worden, die sich trotz der veränderten Regelung in § 222 Abs. 2 InsO generalisieren läßt. So wurde die Gruppenbildung als unpraktikabel, zu kompliziert, zu anfällig und zu arbeitsaufwendig[848] angesehen, würden diese weitreichenden Gestaltungsmöglichkeiten Manipulationsversuchen seitens des Schuldners als Planersteller Vorschub leisten[849] und die Gläubigerautonomie unzulässigerweise zur Disposition des Planarchitekten stellen.[850] An anderer Stelle heißt es, daß die Festlegung der Abstimmungsgruppen zu kaum überwindbaren Schwierigkeiten führen würde.[851] Vor allem Smid spricht sich gegen die Abstimmung nach Gruppen aus, da er die Gefahr sieht, daß Minderheiten Mehrheiten majorisieren können.[852]

---

846 Vgl. Begrdg. RA BT, abgedr. in: Balz/Landfermann, Die neuen Insolvenzgesetze, S. 362.

847 Vgl. hierzu Balz in: ZIP 1988, S. 273 ff, 279 Fn. 71 m.w.N.

848 Uhlenbruck in: KTS 1992, S. 499 ff, 510, Gravenbrucher Kreis in: ZIP 1992, S. 657 ff, 658; ders. in: BB 1992 S. 1734 ff, 1737; Lange in: ZIP 1991, S. 850 ff, 853.

849 Siehe bereits Fn.: 824.

850 Smid in: InVo 1997, S. 169 ff, 174; ders. in: DZWir 1994, S. 278 ff, 283; Smid/Rattunde, Insolvenzplan, Rdnr. 471.

851 Henckel in: KTS 1989, S. 477 ff, 491.

852 Smid in: FS Pawlowski, S. 387 ff, 422 f; Smid/Rattunde, Insolvenzplan, Rdnr. 574 ff.

Gegen die vorgebrachten Einwände spricht zunächst, daß der Rechtsausschuß mit der Neuregelung in § 222 InsO auf die Kritik von der mangelnden Praktikabilität der Gruppenbildung gem. § 265 RegE InsO reagiert hat. § 265 RegE InsO sah noch zwingend vor, daß Gläubiger mit gleicher Rechtsstellung *und* gleichartigen wirtschaftlichen Interessen in einer Gruppe zusammenzufassen sind. Hinzu kam, daß in jedem Plan zwingend eine Gruppe der Absonderungsberechtigten, der nicht nachrangigen Insolvenzgläubiger und der einzelnen Rangklassen der nachrangigen Insolvenzgläubiger zu bilden waren. Aufgrund der Vielgestaltigkeit der wirtschaftlichen Interessen, wäre der Planersteller verpflichtet gewesen, jeweils einzelne Gruppen zu bilden.

Demgegenüber enthält § 222 InsO eine Einschränkung. Unter der Voraussetzung, daß die einzelnen Gruppen sachgerecht voneinander abgegrenzt werden können, steht es im Belieben des Planerstellers, aus den Gläubigern mit gleicher Rechtsstellung wahlweise Gruppen aus Gläubigern mit gleichartigen wirtschaftlichen Interessen zu bilden (§ 222 Abs. 2 InsO). Auch die Bildung von Pflichtgruppen ist insoweit eingeschränkt, als sie für die Absonderungsberechtigten und die nachrangigen Insolvenzgläubiger von einer plangemäßen Regelung abhängig sind (vgl. § 222 Abs. 1 Satz 2 Nr. 1 und 3 InsO). Eine Gruppe des Schuldners bzw. der an ihm beteiligten Gläubiger gibt es nicht.[853]

Darüber hinaus ist auch zu berücksichtigen, daß der Gesetzgeber Schranken der Gruppenbildung gesetzlich geregelt hat. Mit dem Erfordernis der sachgerechten Abgrenzung in § 222 Abs. 2 Satz 2 InsO, ist die Gruppenbildung einer Rechtmäßigkeitskontrolle durch das Gericht im Rahmen der Vorprüfung gem. § 231 Abs. 1 Nr. 1 InsO unterworfen. Rechtskontrolle bedeutet dabei ermessensunabhängige Überprüfung der gesetzlichen Anforderungen für eine ordnungsgemäße Klassifizierung der Gläubiger, so daß die Gruppeneinteilung gerade nicht dem Gericht verbleibt, was zu einer Einschränkung der Gläubigerautonomie führen würde.[854]

Wie bereits erwähnt, wird der Schuldner zudem darauf bedacht sein, bereits im Stadium der Planerstellung seine Vorstellungen von einer Gruppeneinteilung mit den Gläubigern abzustimmen, um einen breiten Konsens möglichst vor der Insolvenzantragstellung zu erreichen. Selbstverständlich sind auch Grauzonen der Gruppenbildung denkbar, denen die Gläubiger dann jedoch durch ein negatives Votum begegnen können.

Letztlich wird die Gestaltungsfreiheit auch dadurch eingeschränkt, daß anders als im amerikanischen Recht, zur Überwindung des Widerspruchs einer Gruppe nicht die Zustimmung einer Gruppe als ausreichende Legitimation für den Plan angesehen wird, sondern eine Mehrheit der abstimmenden Gläubigergruppen mit den erforderlichen Mehrheiten positiv für den Plan votieren muß. Soweit das Gesetz die Zustimmung einer Gruppe fingiert (§ 246 InsO), darf diese im Rahmen des § 245 Abs. 1 Nr. 3 InsO nicht mitberücksichtigt werden.[855] Die vorgebrachten Einwände können daher nicht überzeugen.[856]

---

[853] Im Gegensatz hierzu vgl. noch § 265 Abs. 2 RegE InsO: "Bei der Bildung von Gruppen der *Gläubiger* ...", während Abs. 1 noch von den Beteiligten spricht; siehe auch Begrdg. RegE zu § 265 RegE InsO, abgdr. in: Balz/Landfermann, Die neuen Insolvenzgesetze, S. 334.

[854] So aber Henckel in: KTS 1989, S. 477 ff, 491.

[855] RA BT zu § 290 RegE InsO, abgdr. in: Balz/Landfermann, Die neuen Insolvenzgesetze, S. 362.

[856] Mit der Kritik zutreffend auseinandergesetzt hat sich Schiessler, Der Insolvenzplan, S. 121 ff.

Dem kritischen Ansatz von Smid ist zuzugeben, daß der von ihm geschilderte Fall[857] dazu führen kann, daß eine numerische Minderheit (bezogen auf die Forderungshöhe), sofern sie nur die Mehrheit der Gruppen gem. § 245 Abs. 1 Nr. 3 InsO auf sich vereint, dem Plan negativ gegenüberstehende Gläubigergruppen (die die Forderungsmehrheit repräsentieren) majorisiert. Daß hierin auch ein gewisser Manipulationsspielraum liegt, wird nicht in Abrede gestellt.

Der Auffassung von Smid liegen dabei im Ausgangspunkt zwei Grundaussagen zugrunde, die einer kritischen Betrachtung unterzogen werden sollen.

Zum einen geht Smid davon aus, daß die "par conditio creditorum" auch im Insolvenzplanverfahren ihre Rechtfertigung hat. Dies unterstellt, würden die Regelungen zum Obstruktionsverbot, insbesondere § 245 Abs. 1 Nr. 2 InsO, aber das im bisherigen (Zwang-) Vergleichsrecht vorherrschende Regel- Ausnahmeverhältnis (vgl. §§ 181 Satz 2 KO, 8 Abs. 2 VerglO) zwischen Gläubigergleichbehandlung und hiervon abweichenden Vereinbarungen geradezu umkehren.[858] Im Insolvenzplanverfahren wird seines Erachtens die "par conditio creditorum" daher nur noch insoweit beachtet, als es um die Zustimmungsersetzung einer dissentierenden Gläubigergruppe geht.

Hiergegen läßt sich jedoch einwenden, daß im Insolvenzplanverfahren der Grundsatz der "par conditio creditorum" überhaupt nur eingeschränkt Geltung beanspruchen kann. Wie im ersten Teil der Arbeit bereits ausgeführt[859], hat der Gesetzgeber nur in § 226 InsO, und damit innerhalb einer Gläubigergruppe, ausdrücklich die Gleichbehandlung der Gläubiger zum Maßstab der Rechtmäßigkeit einer plangemäßen Regelung erhoben. Dies ist insofern konsequent, als die gesetzgeberische Intention das Insolvenzplanverfahren als eine Option zu einer von den gesetzlichen Bestimmungen abweichenden Art der Insolvenzabwicklung begreift (vgl. §§ 1 Satz 1, 217 InsO).

In der Gesetzesbegründung wird dann auch immer wieder betont, daß " der Zweck des neuen Rechtsinstituts es ist, den Beteiligten einen Rechtsrahmen für die einvernehmliche Bewältigung der Insolvenz im Wege von *Verhandlungen und privaten Austauschprozessen* zu ermöglichen."[860] Der Plan sei mithin "die privatautonome, ... Übereinkunft der mitspracheberechtigten Beteiligten über die Verwertung des haftenden Schuldnervermögens ... ."[861]

Anderes hat freilich im Rahmen der Abwicklung nach den gesetzlichen Bestimmungen zu gelten. Der Grundsatz der gleichmäßigen Befriedigung ist gerade das Herzstück des Konkurses als einer Gesamtvollstreckung des schuldnerischen Vermögens.[862] Die gemeinsame Einbindung aller nicht bevorrechtigten Konkursgläubiger bei den Mehrheitsbeschlüssen im Rahmen des bisher gesetzlich geregelten (Zwangs-)Vergleichsverfahrens nach der KO, VerglO und GesO intendiert dann gleichfalls die Notwendigkeit der materiellen Gläubigergleichbe-

857 Vgl. Smid/Rattunde, Insolvenzplan, Rdnr. 575, Smid in: FS Pawlowski, S. 387 ff, 422 f.
858 Smid/Rattunde, Insolvenzplan, Rdnr. 572 f, Smid in: FS Pawlowski, S. 387 ff, 420 f.
859 Vgl. Teil 1, B, II, 1 und 2.
860 Allg. Begrdg. RegE, abgdr. in: Balz/Landfermann, Die neuen Insolvenzgesetze, S. 30.
861 Allg. Begrdg. RegE, abgdr. in: Balz/Landfermann, Die neuen Insolvenzgesetze, S. 32.
862 Kuhn/Uhlenbruck, KO, § 3 Rdnr. 3.

handlung.[863] Indem sich der Gesetzgeber aber für die Einteilung und Abstimmung der Gläubiger in Gruppen entschieden hat, können vorhergehende Überlegungen eben nicht unreflektiert auf das Insolvenzplanverfahren angewandt werden.

Mit der Gruppenbildung soll den unterschiedlichen Interessen durch eine größere Flexibilität bei den inhaltlichen Ausgestaltungen der Rechte der Gläubiger in den jeweiligen Gruppen Rechnung getragen werden. Nur innerhalb einer Gruppe, wo Gläubiger gleicher Rechtsstellung zusammengeschlossen sind und gemeinsam mehrheitlich über den Plan abstimmen (§ 226 InsO), sind die Gläubiger gleich zu behandeln und hat die "par conditio creditorum" ihre Berechtigung. Vor diesem Hintergrund kann auch § 245 Abs. 2 Nr. 3 InsO nicht als Umkehrung eines Regel-Ausnahmeverhältnisses verstanden werden. Soweit er eine materielle Gleichbehandlung von gleichrangigen Gläubigern anordnet, ist dies eine spezielle Ausprägung des Grundsatzes von Treu und Glauben.

Wenn entgegen dem individuellen Votum der Gläubiger einer Gruppe die Zustimmung der dissentierenden Gruppe zum Plan ersetzt wird, läßt sich dies nur damit rechtfertigen, daß die Gläubiger mindestens den Liquidationswert bekommen (§ 245 Abs. 1 Nr. 1 InsO) und sie angemessen an dem plangemäß erwirtschafteten Mehrwert beteiligt werden (§ 245 Abs. 1 Nr. 2 i.V.m. Abs. 2 InsO). Die Verteilung dieses Mehrwertes kann sich dabei nur an der rangmäßigen Stellung der Gläubiger orientieren.[864]

Zum anderen stellt Smid erkennbar nur auf den Schutz der Mehrheit der Gläubiger ab. Dabei verkennt er jedoch, daß das Obstruktionsverbot auch dem Minderheitenschutz zu dienen bestimmt ist.[865] Einer Mehrheitsentscheidung kann nur dann eine hinreichende Legitimationswirkung zukommen, wenn bei der Entscheidungsfindung auch die Rechte der Minderheiten angemessen gewahrt sind. Warum soll ihren Interessen nicht Geltung verschafft werden können, wenn die Rechte der Mehrheiten so gesichert sind, daß sie durch den Insolvenzplan zumindest nicht schlechter als im Fall der Abwicklung nach dem Regelinsolvenzverfahren stehen und sie angemessen an dem zur Verteilung stehenden wirtschaftlichen Wert beteiligt werden?[866] Das Insolvenzplanverfahren bietet nur eine alternative Form der Insolvenzabwicklung mit dem Ziel einer pareto optimalen Verwertung des schuldnerischen Vermögens. Das ist aber bereits dann erreicht, wenn ein Gläubiger besser gestellt wird, als er im Falle einer Zerschlagung des Schuldnervermögens stünde.[867]

Zum anderen erscheint eine undifferenzierte gemeinsame Abstimmung über den Insolvenzplan aufgrund der Vielgestaltigkeit der individuellen Interessen nicht sachgerecht. Die jeweilige Zusammenfassung von Beteiligten gleicher Rechtsstellung in einer Gruppe und die weitere Differenzierung nach den wirtschaftlichen Interessen verhilft dem Grundsatz der Gläubigergleichbehandlung *innerhalb* der Gruppe (§ 226 InsO) zu seiner Geltung und legitimiert

---

863 Kuhn/Uhlenbruck, KO, § 181 Rdnr. 1; Bley/Mohrbutter, VerglO, § 8 Rdnr. 18.

864 Nur insoweit kann daher Smid gefolgt werden, wenn er von einer "Selbstverständlichkeit" der Regelung des § 245 Abs. 2 Nr. 3 InsO ausgeht: ders. in: Smid/Rattunde, Insolvenzplan, Rdnr. 566, Smid in: FS Pawlowski, S. 387 ff, 419.

865 Vgl. eingehend hierzu unten: Teil 3, B, II, 3.

866 I.d.S. auch die Argumentation von Braun in: Braun/Uhlenbruck, Unternehmensinsolvenz, J, II, 4, S. 623.

867 So frühzeitig bereits Balz in: ZIP 1988, S. 273 ff, 279; Allg. Begrdg. RegE, abgdr. in: Balz/Landfermann, Die neuen Insolvenzgesetze, S. 12.

Mehrheitsentscheidungen nach § 244 InsO.[868] Das Ziel des Insolvenzplanverfahrens, durch sinnvolle Verwertungsentscheidungen ein wirtschaftliches Optimum für die Gesamtheit der Gläubiger zu erreichen, läßt sich nur dann umsetzen, wenn solche Entscheidungen nicht durch individuelle Interessen einzelner Beteiligter blockiert werden.[869] Der Gesetzgeber hat mit der Ausgestaltung des Obstruktionsverbotes in § 245 InsO dafür Sorge getragen, daß auch die legitimen Interessen der negativ votierenden Gläubigergruppen gewahrt werden. Ein negatives Votum ist danach unbeachtlich und gilt die Zustimmung der Gruppe als erteilt, wenn sie:

- nicht schlechter als im Fall der Regelabwicklung gestellt wird (§ 245 Abs. 1 Nr. 1 InsO)

- keine andere Gruppe mehr als den Nominalwert ihrer Forderungen erhält (§§ 245 Abs. 1 Nr. 2 i.V.m. Abs. 2 Nr. 1 InsO) und

- kein nachrangiger Gläubiger, der Schuldner oder an ihm beteiligte Personen, wirtschaftliche Werte erhalten, bevor nicht die Forderungen der bevorrechtigten Gläubiger voll befriedigt sind (§§ 245 Abs. 1 Nr. 2 i.V.m. Abs. 2 Nr. 2 InsO) und

- die Gläubiger der dissentierenden Gruppe im Verhältnis zu gleichrangigen Gläubigern nicht schlechter gestellt werden (§§ 245 Abs. 1 Nr. 2 i.V.m. Abs. 2 Nr. 3 InsO).

In einer Zusammenschau mit der in § 222 Abs. 2 InsO vorgesehenen sachgerechten Abgrenzung der Gläubigergruppen nach gleichartigen wirtschaftlichen Interessen, ist der Kritik von Smid nicht zuzustimmen. Anders als die Regelungen im Chapter 11 BC hat der deutsche Gesetzgeber in § 222 Abs. 1 InsO zunächst zwingend die Bildung von Pflichtgruppen vorgesehen. Auch wenn mit dem Kriterium der "sachgerechten Abgrenzung" der wahlweise gebildeten Gruppen in § 222 Abs. 2 Satz 2 InsO ein unbestimmter Rechtsbegriff in das Gesetz aufgenommen wurde, der die Prüfung durch das Insolvenzgericht im Rahmen des § 231 Abs. 1 Nr. 1 InsO nicht erleichtert, gilt es doch zu bedenken, daß nicht dem Gericht die Tatsachenermittlung obliegt. Der jeweilige Planersteller hat die Abgrenzungskriterien in seinem Plan anzugeben (§ 222 Abs. 2 Satz 3 InsO).[870] Es bleibt abzuwarten, inwieweit in der gerichtlichen Praxis entsprechende Fallgruppen aufgestellt werden, anhand derer dieser unbestimmte Rechtsbegriff "mit Leben erfüllt wird".

Das in § 222 InsO normierte Gruppenbildungsmodell ist daher vor dem Hintergrund der Zielsetzung des Gesetzgebers nach Schaffung rechtlicher Rahmenbedingungen für die einvernehmliche Insolvenzabwicklung mittels eines Insolvenzplans sachgerecht und gibt dem Schuldner hinreichenden planerischen Gestaltungsspielraum im Interesse einer Mehrheitsfindung für seinen Plan.

---

868 Allg. Begrdg. RegE, abgdr. in: Balz/Landfermann, Die neuen Insolvenzgesetze, S. 33.
869 Allg. Begrdg. RegE, abgdr. in: Balz/Landfermann, Die neuen Insolvenzgesetze, S. 33.
870 Vgl. hierzu eingehend unten: Teil 3, A, III, 2, b).

II. Die Gruppenbildung in den USA

1. Der Grundsatz der "claim classification"

Auch im amerikanischen Konkursrecht bedarf es zur Legitimation eines Reorganisationsplans der gerichtlichen Bestätigung. Erforderlich hierfür ist, daß alle Gruppen mit den erforderlichen Mehrheiten den Plan ausdrücklich gebilligt haben[871] oder ihre Zustimmung im Wege des sogenannten "cram down" als erteilt gilt [§ 1129 (b) BC 11]. Die Anwendbarkeit der "cram down" Regel ihrerseits erfordert jedoch, daß mindestens eine "impaired class" dem Plan mit den erforderlichen Mehrheiten ausdrücklich zugestimmt hat, § 1129 (a)(10) BC 11. Die Zustimmungsfiktion einer "not impaired class" stellt nach der Intention des Gesetzgebers keine ausreichende Basis für einen Reorganisationsplan dar.

Ziel des jeweiligen Planarchitekten muß es daher sein, mindestens die Zustimmung einer Gruppe von Gläubigern zu erlangen, in deren Rechtspositionen durch den Plan eingegriffen wird.

Damit ist bereits das Stichwort der "claim classification" genannt. Es wurde bereits ausgeführt, daß § 1123 (a)(1) BC 11 zwingend vorschreibt, daß jeder Planersteller eine klare Einteilung der beteiligten Anspruchsarten, soweit es sich um andere als die dort näher bezeichneten bevorrechtigten Forderungen handelt, und der Beteiligungsrechte ("class of interests") in Klassen vorzunehmen hat und diese Klasseneinteilung sowie deren genaue Bezeichnung nach "impaired" oder "not impaired" sich aus dem Plan ergeben muß.[872] Die Notwendigkeit der Klasseneinteilung unter diesen Gesichtspunkten ergibt sich daraus, daß die Abstimmung der Gläubiger über den Plan nur in Gruppen möglich ist und die einzelnen Forderungsklassen auch unterschiedlich vom Gesetz behandelt werden.

Anhand welcher Kriterien der Planersteller die Klassifizierung der Gläubiger in einzelne Gruppen vorzunehmen hat, ergibt sich aus der Generalklausel des § 1122 (a) BC 11:

"...a plan may place a claim or an interest in a particular class only if such claim or interest is *substantially similar* to the other claims or interest of such class." (Unterstreichung vom Autor)

Worum es bei der Bildung von Abstimmungsgruppen im eigentlichen Sinn geht, kommt in § 1122 (a) BC 11 im Vergleich zur deutschen Regelung deutlicher zum Ausdruck. Nicht die "Gläubiger" werden in einer Gruppe zusammengefaßt, sondern Forderungen ("claims") werden einzelnen Gruppen zugeordnet.[873] Andernfalls würde es schwerfallen zu begründen, warum der nur teilweise gesicherte Gläubiger mit seinem nicht durch ein Sicherungsrecht gedeckten Teil der Forderung in die Gruppe der einfachen Insolvenzgläubiger einzuordnen ist,

---

[871] Bei "unimpaired classes" gilt deren Zustimmung gem. § 1126 (f) BC 11 als erteilt.

[872] § 1123 (a)(1)-(3) BC 11; Wann eine Forderungsklasse als "impaired" oder "unimpaired" gilt, bestimmt § 1124 BC 11.

[873] Baird, Bankruptcy, S. 235, Fn. 268.

während er mit dem voll einem Absonderungsrecht unterliegenden Forderungsteil der Gruppe der Absonderungsrechtsinhaber angehört.

Entscheidendes Kriterium für die Zusammenfassung einzelner Forderungen in einer Klasse ist mithin, daß die Forderungen ihrer Natur nach im wesentlichen vergleichbar sein müssen. Eine an diesem Merkmal ausgerichtete Klassifizierung dient vor allem dem Ziel, sicherzustellen, daß die in einer Gruppe erfaßten Gläubiger gleichbehandelt werden [vgl. § 1123 (a)(4) BC 11], was auch im Falle der Anwendbarkeit der "cram down" Regelung i.S.v. "discriminate unfairly" [vgl. § 1129 (b)(1) BC 11] erforderlich ist.[874] Gleichbehandlung ist jedoch nur dann sinnvoll, wenn die Klasse in ihrer Zusammensetzung homogen ist. Durch die Gruppenbildung soll zudem erreicht werden, daß eine repräsentative Meinung von Gläubigern mit ähnlichen Interessen über den Plan erlangt wird.[875]

Streng am Wortlaut orientiert, beschäftigt sich § 1122 (a) BC 11 jedoch allein mit der Frage, wann eine Forderung der einen oder der anderen Klasse zugeordnet werden muß. Er sagt jedoch nichts dazu, ob es dem Schuldner erlaubt ist, Forderungen, die "substantially similar" sind, auch in verschiedene Klassen einzuteilen. Diese Doppeldeutigkeit hat zu zahlreichen Streitigkeiten zwischen dem Schuldner und den betroffenen Gläubigern in Bezug auf die Rechtmäßigkeit einer im Plan enthaltenen Klassifizierung geführt.[876] Hierauf soll im folgenden noch näher eingegangen werden.

2. Die Kriterien für die Einteilung der Gläubigergruppen unter Chapter 11 BC

Der amerikanische Gesetzgeber hat den Maßstab für eine zulässige "claim classification" mit der substantiellen Vergleichbarkeit der Forderungen in § 1122 (a) BC 11 festgeschrieben, ohne jedoch näher zu definieren, was er darunter versteht.[877] Es war der Rechtsprechung und Literatur vorbehalten, zu bestimmen, was der Gesetzgeber mit "substantially similar" gemeint hat. In re AOV Indus., Inc. führte das Gericht aus, daß hierunter "(the) legal character of the claim as it relates to the assets of the debtor" zu verstehen sei.[878] Die Gruppeneinteilung soll sich demnach an der *rechtlichen Natur* der Forderung orientieren. Der Person des Gläubigers kommt dabei keine Bedeutung zu.

In § 1122 (b) BC 11 schränkt der Gesetzgeber jedoch diesen Grundsatz insoweit ein, als er ausdrücklich die Bildung einer Klasse von Kleinforderungen als zulässig erachtet, sofern dies der Verfahrensvereinfachung ("administration convenience") dient. Damit bieten sich für den Planersteller vor dem Hintergrund der "cram down" Regel des § 1129 (b) BC 11 aus strategischer Sicht zunächst grundsätzlich zwei Möglichkeiten, die Zustimmung zumindest einer Gruppe zu erlangen.

---

874 Johnston in: AmBLJ 1991, S. 213 ff, S. 276 Fn. 290; Baird, Bankruptcy, S. 235.
875 Weintraub/Resnick, 1987, 8-86; Terhart, Chapter 11, S. 132.
876 Jones in: UCLA Law Review 1994, S. 623 ff, 628; Collier Pamphlet Edition 1998, Part 1, § 1122, S. 1061.
877 So auch Smid in: InVo 1997, S. 169 ff, 174.
878 D.C. Cir. 1986, 792 F2d, S. 1140 ff, 1150; vgl. auch Smid in: InVo 1997, S. 169 ff, 174; Baird/Jackson, Cases, S. 665 zum Fall: In re Martin's Point Limited Partnership, 12 B.R. (1981), S. 721 - 729, 726 f. Ginsberg, Volume II, § 13.09 (d), S. 1211 und Fn. 323.

Beispielsweise kann der Schuldner Gläubigern, deren Forderungen lediglich einen Betrag von bis zu $ 250 oder weniger einnehmen, vollständige Bezahlung anbieten, um die Kosten für die schriftlichen Abstimmungen und eine Reihe von Forderungsprüfungen zu vermeiden und dem Störpotential dieser Kleingläubiger durch die Einlegung von Rechtsmitteln entgegenzuwirken. Weitere Folge wäre dann aber, daß die Zustimmung dieser Gläubigergruppe (da nicht mehr beeinträchtigt) als erteilt gilt [§ 1124 (3), 1126 (f) BC 11], was für die Anwendung des "cram down" eben nicht ausreichend ist. Daneben kann der Plan auch vorsehen, daß ein Teil der Gläubiger, deren Forderungen über $ 250 liegen, auf einen qualitativen Betrag ihrer Forderungen verzichtet und ein geringer Rest gleichfalls in voller Höhe an sie ausgezahlt wird.[879] Eine solche Vorgehensweise stellt sicher, daß der Schuldner zwei Gruppen bilden kann, deren Differenzierung nicht an bloß unterschiedlichen Dollarbeträgen orientiert ist. Im übrigen wäre solch eine Klassifizierung auch unzulässig, diente sie nur dazu, die Annahme des Plans zu erleichtern.[880]

Die Verwendung unbestimmter Rechtsbegriffe und die fehlende Beschreibung gesetzlich zulässiger bzw. nicht zulässiger Gruppenbildungen führten zu einer Reihe von Entscheidungen, deren Gegenstand vor allem die Frage der zulässigerweise vorgenommenen Klassifizierung der Gläubigerforderungen war. Auch wenn der Gesetzgeber mit § 1122 BC 11 nur eine unvollkommene Regelung getroffen hat, läßt sich der amerikanischen Rechtsprechung durchaus eine Strukturierung der Anforderungen an eine zulässige Klassifizierung entnehmen. Im Ausgangspunkt ist es wichtig zu verstehen, daß der Gesetzgeber mit § 1122 (a) BC 11 zwar verlangt, daß Forderungen, die in einer Gruppe zusammengefaßt sind, "substantially similar" sein müssen. Er sagt damit jedoch nicht, daß alle rechtlich ähnlichen Forderungen auch in einer Gruppe zwingend zusammengefaßt werden müssen.[881]

Deutlicher liest sich dies bei Baird/Jacksen, wenn es dort heißt: "In a word, an analysis that "all unsecured claims are equal" is simplistic and mischievous."[882] Folglich ist auch die herrschende Meinung in Literatur und Rechtsprechung - unter Bezugnahme auf die Gesetzesmaterialien - der Auffassung, daß weitere Differenzierungen unter den Gruppen von Gläubigern rechtlich gleicher Forderungen möglich sind, wobei sich die Zulässigkeit einer Differenzierung nach dem Forderungsgrund orientiert.[883]

Zur Begründung wird weiter darauf verwiesen, daß bei einem Zusammenschluß aller ungesicherten Forderungen in einer Klasse alle Gläubiger gleich zu behandeln wären (§ 1123 BC 11), was der Effektivität der gesetzlichen Regelungen im Interesse einer erfolgreichen Reorganisation entgegenstehen würde.[884]

---

[879] Vgl. zu diesem Beispiel: Ginsberg, Volume II, § 13.09(d), S. 1212.

[880] Kemper, Chapter 11, S. 157 und Fn. 31; In re 1000 International Building Association Ltd., 81 B.R. (1987), S. 125 ff; In re Mastercraft Record Plating Inc., 32 B.R. (1983), S. 106 ff.

[881] Jones in: UCLA Law Review 1994, S. 623 ff, 628; Collier Pamphlet Edition 1998, Part 1, § 1122, S. 1061; Broude, § 9.02, S. 9-12; Bienenstock, S. 670; Collier, Volume 5, § 1122, S. 1122-7.

[882] Baird/Jackson, Cases, S. 660.

[883] Vgl. House Report No. 595, 95th Cong, 1st Sess. 406 (1977), abgdr. in: Collier Pamphlet Edition 1998, Part 1, § 1122, S. 1061 und die Nachweise bei: Bienenstock, S. 671 f; Broude, § 9.02, S. 9-12; Baird/Jackson, Cases, S. 656 ff zum Fall U.S. Truck Co. und S. 668 ff; Collier, Volume 5, § 1122, S. 1122-10 f, 18 f.

[884] Collier, Volume 5, § 1122, S. 1122-18.

Im Ergebnis lassen sich folgende gesicherten Grundsätze für die Einteilung der Gläubiger aus der Rechtsprechung und Literatur herausstellen, die als gesichert angesehen werden können:[885]

- Die Gläubigerklassen sind nach oben nicht begrenzt, was häufig zur Folge hat, daß der Planersteller zahlreiche Gruppen bildet.[886]

- Von den gesicherten sind die ungesicherten Gläubiger zu trennen. Die Forderung nur teilweiser gesicherter Gläubiger ist in einen gesicherten und einen ungesicherten Teil aufzuteilen [§ 506 (a) BC 11], so daß dem Gläubiger dann in beiden Gruppen ein Stimmrecht eingeräumt wird. Einen Sonderfall regelt § 1111 (b)(2) BC 11, wonach der nur teilweise gesicherte Gläubiger sich auch dafür entscheiden kann, seine Forderung als voll gesichert behandeln zu lassen.[887] Eine solche Entscheidung erfordert jedoch die Zustimmung von mehr als der Hälfte der Gläubiger in der Gruppe, deren Forderungen 2/3 aller Forderungen der Klasse ausmachen.

- Innerhalb der Klasse der gesicherten Gläubiger wird regelmäßig eine Differenzierung für jede der gesicherten Forderungen vorzunehmen sein. Dies gilt sowohl für zwar rechtlich bzw. wirtschaftlich vergleichbare Forderungen, die sich aber auf einen unterschiedlichen Sicherungsgegenstand beziehen, als auch für Sicherheiten, die an demselben Sicherungsgegenstand bestellt wurden, jedoch mit unterschiedlichen Rangklassen. Dem Planersteller wird dadurch die Möglichkeit eröffnet, quasi für jeden gesicherten Gläubiger eine eigene Klasse zu bilden. Im Fall Commercial Western Fin. Corp. hat das Gericht beispielsweise entschieden, daß 333 Investoren mit gesicherten Ansprüchen an verschiedenen Eigentumsgegenständen nicht in einer Klasse zusammengefaßt werden können. Dem Argument des Verwalters, daß die Pfandrechte sämtlich anfechtbar und die Gläubiger daher als ungesicherte und damit "substantially similar" zu behandeln seien, ist das Gericht entgegengetreten. Solange der Verwalter nicht gegen alle gesicherten Gläubiger die Anfechtung erklärt habe, spräche die Vermutung der Wirksamkeit der Pfandrechtsbestellung für diese Gläubiger.[888] In der Konsequenz kann dies bedeuten, daß einzelne Gruppen lediglich aus einem Gläubiger bestehen und bei der Abstimmung zu berücksichtigen sind.[889]

- Nachdem sich in der Rechtsprechung der Bundesstaaten zunächst teilweise die Auffassung durchgesetzt hatte, daß die Gläubiger ungesicherter Forderungen in einer Klasse zusammengefaßt werden müßten, kann es als nunmehr herrschende Meinung aufgefaßt werden, daß eine Einteilung in unterschiedliche Klassen möglich ist.[890] Voraussetzung ist jedoch,

---

885 Vgl. auch die Beispielsfälle von Baird/Jackson in: Cases, S. 646 ff.

886 Bienenstock, S. 672; In re Planes Inc., 48 B.R. (1985), S. 698 – 704 (19 Gruppen); siehe auch Fn. 888, 893.

887 Nähere Ausführungen hierzu finden sich bei Braun in: Braun/Uhlenbruck, Unternehmensinsolvenz, 7. Teil, I, 1, c), S. 591; Weintraub/Resnick, Kap. 8.18, S. 8-83 f, Kap. 8.23(2), S. 8-105 f; Pusateri in: AmBLJ 1984, S. 129 ff.

888 Beispiel nach Weintraub/Resnick, 1987, 8-86: In re Commercial Western Fin. Corp., 9th Cir. 1985, 761 F2d 1329.

889 So deutlich Bienenstock, S. 669 und S. 606 Fn. 83 m.w.N.; vgl. generell auch Baird/Jackson, Cases, S. 665.

890 Einen instruktiven Überblick über die Argumentationen von Schuldnern und Gläubigern für und gegen eine differenzierende Behandlung und damit separate Klassifizierung von verschiedenen ungesicherten Forderungen findet sich bei Jones, UCLA Law Review 1994, S. 623 ff, 628 ff.

daß die Differenzierung "(must be) just and reasonable necessary to effectuate the plan".[891] Als Beispiel erwähnt Johnsten den Fall, daß ungesicherte Warenlieferanten und teilweise ungesicherte Bankgläubiger in zwei Gruppen eingeteilt werden können.[892] Eine große, ziffernmäßig nicht bestimmte Forderung aus einer unerlaubten Handlung darf nicht mit anderen Forderungen in einer Klasse der ungesicherten Gläubiger erfaßt werden.[893]

Schließlich bilden die Forderungen des "union pension found" (nicht zu verwechseln mit dem Pensionssicherungsverein deutscher Prägung) eine eigene Gruppe.[894] Die Gruppeneinteilung hat sich demnach zwar zufórderst an der rechtlichen Natur der Forderung auszurichten. Gleichwohl vertritt die überwiegende Auffassung, daß im Interesse größerer Flexibilität bei der Plangestaltung auch weitere Gruppierungen möglich sind, wenn vernünftige Gründe eine gesonderte Klasse und damit Behandlung rechtfertigen. In neueren Entscheidungen wird dann auch immer mehr darauf verwiesen, daß wirtschaftliche Kriterien ("reasonable business justification")[895] eine unterschiedliche Klassifizierung erlauben.

- Nicht so eindeutig stellt sich die Situation jedoch in den Fällen der meisten "single asset real estate plans" dar. Hier wird auch von den Obergerichten noch die Auffassung vertreten, daß beispielsweise die rechtliche Natur der "deficiency claims" und der ungesicherten "trade claims" ähnlich seien, was eine getrennte Klassifizierung nicht rechtfertige.[896] Bei näherer Betrachtung der zu den "single asset" Fällen ergangenen Entscheidungsgründe ist zu erkennen, daß die vom Planersteller vorgenommene Klassifizierung allein dem Ziel diente, zur Anwendung der "cram down"- Regelung des § 1129 (b) BC 11 zu kommen. Hierfür ist eben Voraussetzung, daß mindestens eine betroffene Gruppe dem Plan zugestimmt hat, § 1129 (a)(10) BC 11. Der Streit um die Zulässigkeit der unterschiedlichen Klassifizierung von Ausfallforderungen gesicherter Gläubiger und den übrigen ungesicherten Forderungen ist daher weniger ein Problem des § 1122 (a) BC 11, sondern vielmehr eine Frage der mißbräuchlichen Plangestaltung durch den Schuldner vor dem Hintergrund der Anforderungen an die Zustimmungsersetzung ablehnender Gruppen mittels "cram down".[897]

- Innerhalb der Gruppe der ungesicherten Gläubiger ist weiter danach zu differenzieren, ob es sich um vom Gesetz bevorrechtigte (vgl. § 507 BC 11) oder nicht bevorrechtigte Forderungen handelt. Für die vom Gesetz privilegierten Forderungen wäre dann eine eigenständige Gruppe zu bilden. In § 1123 (a)(1) BC 11 ist jedoch ausdrücklich normiert, daß öf-

891 Braun in: Braun/Uhlenbruck, Unternehmensinsolvenz, 7. Teil, I, 1, b), S. 590 m.w.N.; Bienenstock, S. 671 mit Hinweis auf House Report at 406; Senat Report at 118.

892 Johnston in: AmBLJ 1991, S. 213 ff, 276; eingeschränkt Baird, Bankruptcy, S. 236 ff, nachdem "their legal rights ... are the same". Zum Problem der Ausfallforderung bei single asset plans vgl. nachfolgende Ausführungen.

893 Weintraub-Resnick, 1987, 8-87.

894 Anderson in: AmBLJ 1984, S. 99 ff, 126; Smid in: InVo 1997, S. 169 ff, 175.

895 In re Troy Savings Bank v. Travelers Motor Inn Inc., 212 B.R. (1997), S. 485 ff, abgdr. in: AmBLJ 1998, S. 4; vgl. auch Jones, UCLA Law Review 1994, S. 623 ff, 634.

896 Vgl. Jones, UCLA Law Review 1994, S. 623 ff, 635 zum Fall Greyston III Joint Venture; vgl. aber Fn. 897, wo eine separate Gruppe der "deficiency claims" als zulässig angesehen wurde. Zu den "single asset plans" vgl. Teil 1, D, IV, 4, a).

897 Broude, § 9.02[3], S. 9-16.2; vgl. auch Baird, Bankruptcy, S. 236 f.

fentliche Forderungen, "involuntary gap claims"[898] und Steuerforderungen[899] individuell und daher nicht als eine Klasse im Plan zu behandeln sind.

Hinsichtlich der anderen in § 507 BC 11 privilegierten Forderungen sind jeweils einzelne Klassen zu bilden, da beispielsweise Lohnforderungen nicht vergleichbar sind mit Einlageforderungen i.S.d. § 507 (a)(6) BC 11.[900]

Angesichts der lediglich in Form einer Generalklausel geregelten Voraussetzungen für eine zulässige Gruppeneinteilung und der nicht immer einheitlichen Rechtsprechung hat Bienenstock versucht Fallgruppen aufzustellen.

Je nach Fallgestaltung empfiehlt er daher nachfolgende Klassifizierungen vorzunehmen, deren Vergleichbarkeit von den Gerichten auch anerkannt ist:[901]

- Verwaltungskosten des Verfahrens, eingeschlossen etwaige Honorarforderungen sowie die Forderungen, die aus der Aufrechterhaltung der Geschäftstätigkeit nach Antragstellung resultieren, §§ 502 (f), 507 (a)(1), 507(a)(2) BC 11,

- Bevorrechtigte Forderungen gem. § 507 (a)(3)-(6) BC 11,

- Bevorrechtigte Steuer- und Zollforderungen, § 507(a)(7) BC 11,

- Gesicherte Forderungen,

- Vor Antragstellung entstandene ungesicherte Forderungen, einschließlich derer, die bei nur teilweise gesicherten Gläubigern den ungesicherten Teil ausmachen,

- Gruppe der Beteiligungsrechte und Eigentümer des Schuldners,

Soweit Bienenstock für die Verwaltungskosten und die anderen bevorrechtigten Forderungen eine eigene Gruppe vorsehen will, scheint dies lediglich aus Vereinfachungsgründen und zum Zwecke einer größeren Transparenz geboten, da diese Forderungen ohnehin vollständig befriedigt werden müssen, bevor nachrangigen Forderungen im Plan ein Vermögenswert zugeteilt werden kann [vgl. § 1129 (a)(9) BC 11].[902]

Wie bereits erwähnt, ist die zulässige Einteilung der Gruppen eine Voraussetzung für die Bestätigung des Plans durch das Gericht. Prüfungsgegenstand ist dabei auch, ob die Klassifizierung allein zu dem Zweck vorgenommen wurde, bestimmte Gläubigergruppen besserzustellen, um sie damit zu einem positiven Votum für den Plan zu bewegen. Die Gerichte bewerten dieses Verhalten als Manipulation und daher unzulässige Umgehung der Vorausset-

---

898 Hierunter sind solche Forderungen zu verstehen, die nach Antragstellung, jedoch vor der Einsetzung eines Verwalters und der Gerichtsentscheidung ("order of relief"), im Rahmen des gewöhnlichen Geschäftsverkehrs durch den Schuldner entstanden sind: § 507 (a)(2) i.V.m. 502 (f) BC 11.

899 §§ 507 (a)(1), (a)(2), (a)(7) BC 11; vgl. hierzu auch Ginsberg, Volume II, § 13.09(d), S. 1212 f.

900 Ginsberg, Volume II, § 13.09(d), S. 1213.

901 Vgl. Bienenstock, S. 582 f.

902 Pearson/Nugent/Hesse, § 8.3, S. 8-3.

zungen der §§ 1122 (a), 1129 (a)(10) BC 11.[903] Da der Planersteller zumeist nicht wissen kann, wie das Gericht auf seine Gruppeneinteilung reagieren wird, kann er auch einen Antrag an das Gericht stellen, seinerseits Forderungsklassen zu bestimmen, selbst wenn ein Plan nicht vorgelegt wird.[904]

Insgesamt stellt sich die Gruppeneinteilung als ein wesentlicher Prozeß auf dem Wege zur Erlangung einer Mehrheit für den Reorganisationsplan dar. Da der Gesetzgeber den zulässigen Maßstab für eine Klassifizierung lediglich in Form einer Generalklausel festgelegt hat, ist es weitgehend der Rechtsprechung überlassen, die Grundsätze für eine ordnungsgemäße Gruppenbildung aufzustellen. Da es dem Planersteller primär darum geht, die Zustimmung mindestens einer Klasse von Gläubigern gem. § 1129 (a)(10) BC 11 zu erhalten, ist die Gefahr einer Manipulation von seiten des Planerstellers nicht von der Hand zu weisen. Aufgrund der teilweise erheblichen Zahl von Gläubigergruppen, was vor allem auf die Einteilung der gesicherten Gläubiger zurückzuführen ist, ergeben sich hohe Anforderungen an die Prüfungskompetenz der Gerichte. Nicht zuletzt die nur ungenügende gesetzliche Ausgestaltung der Gruppenbildung im Bankruptcy Code hat zahlreiche Kritiker aus den Reihen deutscher "Konkursrechtler" hervorgerufen, die ihre Kritik auf die Regelungen des § 222 InsO übertragen haben.[905] Inwieweit dieser Kritik aus Sicht des Verfassers zugestimmt werden kann, wurde teilweise in Teil 3, A, I, 3 bereits dargestellt.[906] Im Folgenden soll nun auf die Gruppenbildung nach den Vorstellungen des deutschen Gesetzgebers näher eingegangen werden.

III. Die Gruppenbildung in Deutschland

1. Die gesetzliche Regelung des § 222 InsO

a) Die Pflichtgruppen der Gläubiger unterschiedlicher Rechtsstellung

Im Gegensatz zur amerikanischen Regelung hat der deutsche Gesetzgeber - unabhängig von der in Amerika durch die Literatur und Rechtsprechung gefundenen Rechtslage zur "claim classification" - die Anforderungen an die Zulässigkeit der Gruppeneinteilung in § 222 InsO dezidiert geregelt. Aus der Gesetzessystematik ist erkennbar, daß der Gesetzgeber in § 222 Abs. 1 InsO Pflichtgruppen von Gläubigern mit unterschiedlicher Rechtsstellung vorgesehen hat, deren Bildung bei Vorliegen der Tatbestandsvoraussetzung zwingend geboten ist. Als "gesetzliche" Gruppen sind danach im Plan zu unterscheiden:

- absonderungsberechtigte Gläubiger (§§ 49 ff InsO), *sofern* in deren Rechte aus der Befriedigung der ihnen gewährten Sicherheiten durch den Plan eingegriffen wird (§ 223 InsO),

---

[903] Bienenstock, S. 671; Baird, Bankruptcy, S. 251, 236 f; Ginsberg, Volume II, § 13.09(d), S. 1212; Baird/Jackson, Cases, S. 659: In re Pine Lake Village Apartment Co., 19 B.R. (1982), S. 819 - 834.

[904] Rule 3013; Ginsberg, Volume II, § 13.09(d), S. 1213.

[905] Vgl. insoweit nur: Smid in: InVo 1997, S. 169 ff; Grub in: ZIP 1993, S. 393 ff, 398; Uhlenbruck, Brandenburg, Schaaf, Grub, Wellensiek in: BB 1992, S. 1734 ff, 1736; Henckel in: KTS 1989, S. 477 ff, 491.

[906] Siehe hierzu aber auch unten: Teil 3, A, III, 2, a), cc).

- nicht nachrangige Insolvenzgläubiger gemäß § 38 InsO,
- die einzelnen Rangklassen der nachrangigen Insolvenzgläubiger (§ 39 InsO), *soweit* deren Forderungen nicht gem. § 225 InsO als erlassen gelten.

Dieser Aufzählung läßt sich entnehmen, daß der Gesetzgeber das Differenzierungsmerkmal der "unterschiedlichen Rechtsstellung" an der Qualifizierung der Beteiligtenstellung im Insolvenzverfahren nach den §§ 38 ff InsO festmachen will. Dies ist insofern konsequent, als sich an dieser Unterscheidung auch die Beteiligtenrechte sowohl im Regelinsolvenz- als auch im Insolvenzplanverfahren, insbesondere die Eingriffsbefugnisse im Insolvenzplanverfahren gem. §§ 223 ff InsO, orientieren.

Aus den Gruppen mit Gläubigern gleicher Rechtsstellung *können* dann weitere Gruppen gebildet werden, in denen Gläubiger mit gleichen wirtschaftlichen Interessen zusammengefaßt werden (§ 222 Abs. 2 Satz 1 InsO). Dem Planersteller sind jedoch insofern Grenzen gesetzt, als in § 222 Abs. 2 Satz 2 InsO vorgesehen ist, daß die Gruppen sich sachgerecht voneinander abgrenzen lassen müssen. Die Kriterien hierfür sind im Plan anzugeben (§ 222 Abs. 2 Satz 3 InsO). Dabei betont das Gesetz in § 222 Abs. 3 InsO selbst die Zulässigkeit der Bildung einer Gruppe der Arbeitnehmer ("soll": vgl. § 222 Abs. 3 Satz 1 InsO) und der Kleingläubiger ("kann": vgl. § 222 Abs. 3 Satz 2 InsO).

Die verabschiedete Fassung des § 222 InsO enthält gegenüber § 265 RegE InsO eine wesentliche Neuerung, die auf Vorschlag des Rechtsausschusses des Deutschen Bundestages nach einer Sachverständigenanhörung eingebracht wurde. Die Verpflichtung zur Gruppenbildung gem. § 265 RegE InsO orientierte sich noch an der Gleichartigkeit der wirtschaftlichen Interessen, neben der Rechtsstellung der Beteiligten. So hätte der Planersteller *zwingend* zu differenzieren gehabt zwischen Gläubigern, deren Rechtsstellung zwar gleich, deren wirtschaftlichen Interessen aber ungleich gewesen wären.[907]

§ 222 InsO sieht demgegenüber eine *wahlweise* Gruppenbildung, orientiert an den verschiedenen wirtschaftlichen Interessen, aus den Gläubigern mit gleicher Rechtsstellung vor. Letztlich wird dies der maßgebliche Gestaltungsspielraum sein, den der Planersteller zum Zwecke der Mehrheitsfindung für seinen Plan einsetzen wird. Jede Gläubigergruppe stimmt dann gesondert über den Plan ab (§ 243 InsO). Der Plan hat sicherzustellen, daß innerhalb der Gruppe alle Gläubiger grundsätzlich gleich behandelt werden (§ 226 InsO), sofern nicht eine ausdrückliche Zustimmung aller betroffenen Beteiligten zu einer hiervon abweichenden Regelung vorliegt (§ 226 Abs. 2 InsO). Die einzelnen Gruppen können schließlich in völlig unterschiedlichem Umfang berücksichtigt werden.[908]

---

[907] Begrdg. zu § 265 RegE InsO, abgdr. in: Balz/Landfermann, Die neuen Insolvenzgesetze, S. 336; Insofern nicht scharf genug differenzierend Kämper, Chapter 11, S. 244.

[908] Bei dieser Betrachtung sollen die Anforderungen des § 245 InsO zunächst außen vor bleiben.

aa) Die Gruppe der Absonderungsberechtigten

Wer zur Gruppe der Absonderungsberechtigten gehört, ist in den §§ 49 - 51 InsO ausdrücklich geregelt. Wirtschaftliche Bedeutung kommt dabei vor allem § 51 InsO zu, mit dem der Gesetzgeber bestimmte Gläubiger einem Absonderungsberechtigten gleichgestellt hat.

An anderer Stelle[909] wurde bereits ausgeführt, daß entgegen der bisher geltenden Rechtslage nach der Konkursordnung dem Insolvenzverwalter das Verwertungsrecht hinsichtlich der beweglichen Sachen, an denen ein Absonderungsrecht besteht, gem. § 166 Abs. 1, 168 InsO obliegt. Gleichzeitig ist er befugt, abgetretene Forderungen des Schuldners einzuziehen oder in anderer Form zu verwenden (§ 166 Abs. 2 InsO). Dem gesicherten Gläubiger wird jedoch ein Eintrittsrecht in eine beabsichtigte Veräußerung (§ 168 Abs. 3 Satz 1 InsO) eingeräumt. Er ist zudem berechtigt, binnen einer Woche dem Verwalter eine günstigere Möglichkeit des Verkaufs anzuzeigen (§ 168 Abs. 1 Satz 2 InsO). Hinzu kommt, daß bei einer Verwertung durch den Verwalter die Insolvenzordnung ausdrücklich eine Beteiligung der absonderungsberechtigten Gläubiger an den Kosten für die Feststellung der Absonderungsrechte und deren Verwertung gem. § 170, 171 InsO vorsieht. Diese Neuregelung gegenüber dem bisherigen Konkurs- und Gesamtvollstreckungsrecht soll der Anreicherung von Masse dienen, um neben anderen Maßnahmen sicherzustellen, daß eine weitaus größere Zahl von Insolvenzverfahren eröffnungsfähig wird.[910]

Kritisch zu den §§ 170 f InsO hat sich vor allem Gottwald geäußert.[911] Er wendet insbesondere ein, daß ein Verfahrenskostenbeitrag nur dann Sinn mache, wenn er tatsächlich zu Ausfällen bei den gesicherten Gläubigern führen würde. Mit den Verfahrensbeiträgen soll dem Umstand Rechnung getragen werden, daß für die Feststellung und Bearbeitung von Absonderungsrechten durch den Verwalter erhebliche Bearbeitungskosten anfallen. Da es um die Wahrung der Rechte der gesicherten Gläubiger geht, entspricht es der Billigkeit, daß sie diese Kosten übernehmen. In der Begründung zum Regierungsentwurf[912] wird jedoch ausdrücklich eine dingliche Übersicherung in Höhe der in § 170 f InsO vorgesehenen Beträge zugelassen, so daß es im Ergebnis bei einer 100 %igen Befriedigung bleibt.

Zu einem Ausfall bei den gesicherten Gläubigern wird es nicht kommen, da zu erwarten ist, daß sowohl die Banken als auch die Lieferanten bei der Bewertung der ihnen für ihre Forderungen bestellten Sicherheiten von dieser Übersicherungsmöglichkeit Gebrauch machen. Das von der Kommission für Insolvenzrecht vorgeschlagene Verfahren wollte einer solchen Übersicherung bewußt entgegenwirken, indem es im Rahmen des Liquidationsverfahrens den Verfahrensbeitrag der Inhaber von Mobiliarsicherheiten im Falle einer Übersicherung auf 25 % (gegenüber sonst 20 % bzw. 15 %) vorsah.[913] Wirtschaftlich gesehen werden daher künftig

---

909 Vgl. oben: Fn. 269 mit Hinweis auf Gottwald in: Leipold, S. 197 ff: Die Rechtsstellung der dinglich gesicherten Gläubiger.

910 Gem. § 26 Abs. 1 InsO ist für die Eröffnung des Insolvenzverfahrens lediglich Voraussetzung, daß die Kosten des Verfahrens (§ 54 InsO) gedeckt sind. Masseanreicherung wird auch durch die Einbeziehung des Neuerwerbes des Gemeinschuldners gem. § 35 InsO erreicht.

911 Vgl. Gottwald in: Leipold, S. 197 ff, 205.

912 Begrdg. zum RegE zu § 195 RegE InsO, abgdr. in Balz/Landfermann, Die neuen Insolvenzgesetze, S. 282.

913 Vgl. E.B., Leitsatz: 3.3.2., S. 314.

auch weiterhin die ungesicherten Gläubiger die Verwertungskosten tragen, so daß die Regelung in den §§ 170 f InsO ihren gesetzgeberischen Anliegen nicht gerecht wird.

§ 222 Abs. 1 Satz 2 Nr. 1 InsO schreibt zwingend vor, daß der Planarchitekt in seinem Plan eine Gruppe der Absonderungsberechtigten zu bilden hat, *wenn* in deren Rechte durch den Plan eingegriffen wird. Die Berechtigung hierfür ergibt sich aus § 223 InsO.[914] Finden sich danach im Plan keine Regelungen in bezug auf die einem Absonderungsrecht unterliegenden Vermögensgegenstände des Schuldners, werden die Rechte der absonderungsberechtigten Gläubiger nicht berührt (§ 223 Abs. 1 InsO) und braucht der Plan auch keine eigene Gruppe für sie vorsehen.

In diesem Fall können die Absonderungsberechtigten auch nicht über den Insolvenzplan abstimmen, was sich den §§ 238 Abs. 2, 237 Abs. 2 InsO explizit entnehmen läßt.

Andernfalls, daß heißt bei einem Rechtseingriff, sind im gestaltenden Teil des Insolvenzplans die vorgenommenen Maßnahmen detailliert darzulegen. Ziel ist es, dem Absonderungsrechtsinhaber den Umfang des Rechtseingriffes transparent und nachvollziehbar zu machen. Die Bandbreite möglicher Beeinträchtigungen[915] läßt sich aus § 223 Abs. 2 InsO nicht vollständig entnehmen. Beispielhaft führt der Gesetzgeber auf, daß die Rechte zur Befriedigung aus den einem Absonderungsrecht unterliegenden Gegenständen gekürzt werden. Es kann auch vereinbart werden, daß der Gläubiger auf die Ausübung seiner Verwertungsrechte für einen bestimmten Zeitraum (Stundung) oder generell verzichtet. Verzichtet er hingegen nur auf einen Teil seiner Forderung, wird das Absonderungsrecht dann berührt, wenn der verbleibende Teil der Forderung kleiner ist als der Wert des Absonderungsrechtes. In Höhe des Differenzbetrages kann der gesicherte Gläubiger nicht mehr auf sein Sicherungsrecht zur Befriedigung für seine Forderung zurückgreifen.

Desweiteren sah § 266 Abs. 2, 3 RegE InsO expressis verbis auch den Austausch einer bestehenden Sicherheit durch eine andere als eine zulässige Maßnahme im Insolvenzplan an.[916] Um feststellen zu können, in welchem Umfange eine Rechtsbeeinträchtigung durch den Austausch der Sicherheit erfolgt, war in § 266 Abs. 3 InsO eine Bewertung sowohl der bisherigen als auch der neuen Sicherheit vorgesehen. Nachdem § 266 Abs. 2, 3 RegE InsO lediglich aufgrund einer redaktionellen Straffung[917] weggefallen war und § 223 Abs. 2 InsO nicht abschließend ist, stellt auch der Sicherheitenaustausch ein zulässiges Mittel im Insolvenzplan dar.

Damit sind jedoch die möglichen Gestaltungsformen noch nicht erschöpft. Insbesondere kann durch jedwede Art von Verfügung Einfluß auf die eingeräumten Sicherheiten genommen

---

914 Nach der bisherigen Rechtslage war ein Eingriff in das Absonderungsrecht auch im Vergleichs- bzw. Zwangsvergleichsrecht nur im Falle eines freiwilligen Verzichtes möglich: vgl. §§ 173 KO, 27 Abs. 1 Satz 1 VerglO, 16 Abs. 2, 3 Satz 2 GesO.

915 Zutreffend weist Braun daraufhin, daß der Eingriff in das Absonderungsrecht "die eigentliche qualitative Veränderung" sei, die durch den Insolvenzplan im Vergleich zur KO, VerglO und GesO ermöglicht wird. ders in: Braun/Uhlenbruck, Unternehmensinsolvenz, 7. Teil, H, I, 1, e), S. 580.

916 Wortlaut des § 266 RegE InsO, abgdr. in: Balz/Landfermann, Die neuen Insolvenzgesetze, S. 336 f.

917 So ausdrücklich Begrdg. zu § 266 RegE InsO, abgdr. in: Balz/Landfermann, Die neuen Insolvenzgesetze, S. 338; a.A. jedoch Schiessler, nach dem § 266 Abs. 3 RegE InsO ersatzlos weggefallen sein soll: ders. in: Der Insolvenzplan, S. 110, Fn. 19. Eine solche einschränkende Interpretation läßt sich der Begründung des RA BT zu § 266 RegE InsO jedoch nicht entnehmen: vgl. a.a.O S. 338.

werden (vgl. § 228 InsO).[918] Dabei kann im gestaltenden Teil des Plans lediglich die schuldrechtliche Verpflichtung zur Vornahme einer dinglichen Verfügung geregelt werden, da mit ihr bereits gestaltend auf die Rechtsbeziehung zwischen dem Gläubiger und Schuldner eingegriffen wird.[919]

Damit ist jedoch nicht automatisch die dingliche Wirksamkeit verbunden. § 228 InsO eröffnet nunmehr die Möglichkeit, auch die sachenrechtlichen Verhältnisse zum Gegenstand einer plangemäßen Regelung zu machen. Die für eine dingliche Rechtsänderung notwendigen Willenserklärungen können in den gestaltenden Teil des Plans aufgenommen werden. Mit rechtskräftiger Bestätigung des Plans durch das Insolvenzgericht, treten dann nicht nur die schuldrechtlichen Wirkungen gegen alle Beteiligten ein. Es gelten gleichzeitig die dinglichen Willenserklärungen als abgegeben (§ 254 Abs. 1 Satz 2 InsO). Erforderlich ist aber, daß dem sachenrechtlichen Bestimmtheitsgebot Rechnung getragen wird und die Rechte gem. § 28 GBO genau bezeichnet werden (§ 228 Satz 2 InsO). Unter diesen Voraussetzungen wäre beispielsweise die Einbringung der Absonderungsrechte in einen Pool, an dem die Absonderungsrechtsinhaber ihrem Anteil entsprechend beteiligt werden, eine weitere denkbare Gestaltungsvariante.[920]

Aus der jeder Zession, Sicherungsübereignung bzw. Pfandrechtsbestellung zugrundeliegenden Sicherungsabrede folgt bereits, daß das Absonderungsrecht nur in Höhe der jeweils zugrundeliegenden Forderung als Sicherheit verwendet werden kann.

Folgerichtig bestimmt daher 238 Abs. 1 InsO, daß das Stimmrecht nur in dem Umfange gewährt wird, wie auch das Absonderungsrecht reicht. Obwohl die Inhaber von Absonderungsrechten grundsätzlich im vollem Umfang ihrer persönlichen Forderung auch als Insolvenzgläubiger zu behandeln sind (vgl. §§ 38, 52 Satz 1 InsO), steht ihnen ein Stimmrecht als Insolvenzgläubiger nur insoweit zu, als sie auf die abgesonderte Befriedigung verzichten oder bei ihr ausgefallen sind (§§ 52 Satz 2, 237 Abs. 1 Satz 2 InsO). Übersteigt der Forderungsbetrag den gesicherten Teil der Forderung wird ihnen in Höhe des Ausfalls ein Stimmrecht als Insolvenzgläubiger eingeräumt. Sofern der Ausfall nicht endgültig feststeht oder der Gläubiger nicht auf das Absonderungsrecht verzichtet hat, ist der Ausfall im Wege einer Schätzung zu ermitteln (§ 237 Abs. 1 Satz 2 InsO). Im Streitfall entscheidet das Gericht (§§ 237 Abs. 1 Satz 1, 77 Abs. 2 Satz 2 InsO), daß bei seiner Bewertung von der gewählten Abwicklungsart auszugehen hat. Sieht der Plan eine Fortführung des Geschäftsbetriebs vor, sind daher "going concern" Werte zugrundezulegen.[921]

bb) Die Gruppe der "nicht nachrangigen" Insolvenzgläubiger

Nach bislang geltendem Recht wurden hierunter die nicht bevorrechtigten Konkursgläubiger gem. § 61 Abs. 1 Nr. 6 KO gefaßt. Mit dem Wegfall der Konkursvorrechte in der Insol-

---

918 So auch Hess/Obermüller, Insolvenzplan , Rdnr. 161.

919 Vgl. auch Begrdg. RegE zu § 271 RegE InsO, abgdr. in: Balz/Landfermann, Die neuen Insolvenzgesetze, S. 342 f

920 Riggert in: WM 1998, S. 1521 ff, 1524; Gottwald in: Gottwald, InsR-Hdb., § 46 Rdn. 6 und 15 ff; siehe auch unten: Teil 3, B, III, 1, c); Zu einem Bsp. vgl. Braun/Uhlenbruck, Musterplan, S. XVIII und XIX.

921 Begrdg. zu § 281 RegE InsO, abgdr. in: Balz/Landfermann, Die neuen Insolvenzgesetze, S. 353.

venzordnung wird der Kreis dieser Gläubiger nunmehr erweitert. In Abgrenzung zu § 39 InsO sind hierunter alle Insolvenzgläubiger gemäß § 38 InsO zu verstehen, die nicht dem Katalog des § 39 InsO zugeordnet werden können. Hierunter fallen dann auch die absonderungsberechtigten Gläubiger, sofern sie einen persönlichen Anspruch gegenüber dem Schuldner haben (§ 52 Satz 1 InsO). Während sie de lege lata keine Insolvenzgläubiger sind, werden sie künftig unter den Voraussetzungen des § 52 Satz 1 InsO als solche eingestuft. Andernfalls ließe sich auch nicht die dargestellte Differenzierung hinsichtlich ihrer Stimmberechtigung erklären.

Die nicht nachrangigen Insolvenzgläubiger sind die von der Insolvenz am stärksten betroffene Gruppe von Gläubigern des Schuldners. Sie werden häufig nur mit einer quotalen Befriedigung ihrer Forderungen rechnen können, wenn es zu einer Abwicklung nach dem Regelinsolvenzverfahren kommt. Ihr Interesse wird daher nicht selten auf eine Sanierung des Unternehmensträgers und Unternehmens als organisatorische Einheit gerichtet sein, wobei der Erfolg der ins Auge gefaßten Reorganisation nicht immer mit einer höheren Befriedigungsquote gleichgesetzt werden wird.[922] Soll die Sanierung erfolgreich sein, werden Eingriffe in die Rechte der nicht nachrangigen Gläubiger gleichwohl erforderlich sein. Inwieweit dies mittels Insolvenzplan möglich ist, läßt sich § 224 InsO entnehmen. Nahezu wörtlich übernimmt § 224 InsO die Regelung in § 223 Abs. 2 InsO. Die Forderungen können danach um Bruchteile gekürzt oder in vollem Umfange gestrichen, für einen bestimmten Zeitraum gestundet, gesichert oder aber anderen Regelungen unterworfen werden. Auch hier ist weiter erforderlich, daß die im Plan vorgesehenen Rechtsänderungen sich aus dem gestaltenden Teil des Insolvenzplans ergeben müssen, die notwendige für die betroffenen Gläubiger zu gewährleisten. Die Darstellung hat dabei zwischen den verschiedenen Gruppen von Gläubigern (vgl. § 222 Abs. 1 Nr. 2, Abs. 2 InsO) zu differenzieren. Auf die Beseitigung entsprechender Unklarheiten hat das Insolvenzgericht hinzuwirken.[923]

In welchem Umfange Insolvenzgläubiger bei der Abstimmung über den Insolvenzplan stimmberechtigt sind, ergibt sich aus §§ 237 Abs. 1 Satz 1, 77 Abs. 1 Satz 1, Abs. 2, Abs. 3 Nr. 1 InsO.[924]

cc) Die Gruppe der nachrangigen Insolvenzgläubiger

Obgleich die Insolvenzordnung die in § 61 Abs. 1 KO enthaltenen Konkursvorrechte abgeschafft hat, werden in § 39 InsO bestimmte Forderungen als nachrangig behandelt. Dies fügt sich insoweit systemkonform ein, als diese Forderungen nach Konkurs- und Vergleichsrecht von der Teilnahme am Verfahren ausgeschlossen waren (§§ 63 KO, 29 VerglO, 32 a Abs. 1 Satz 1 GmbHG).[925] Die Folge ist, daß ein eventuell erzielter Übererlös nach Abschluß des Verfahrens an den Schuldner auszukehren wäre. Künftig werden die Gläubiger dieser Forderungen zwar in das Verfahren einbezogen. Eine Berichtigung derselben erfolgt aber erst nach vollständiger Befriedigung aller Insolvenzforderungen. Nur der dann verbleibende Überschuß steht zur Verteilung unter den nachrangigen Insolvenzgläubigern zur Verfügung. Sinn und Zweck dieser Regelung ist eine Privilegierung der nachrangigen Gläubiger vor dem Schuld-

---

922 I.d.S. auch Warrikoff in: KTS 1997, S. 527 ff, 545.

923 Begrdg. zu § 267 RegE InsO, abgdr. in: Balz/Landfermann, Die neuen Insolvenzgesetze, S. 338.

924 Vgl. hierzu näher Schiessler, Der Insolvenzplan, S. 146 ff.

925 Eine Ausnahme gilt insoweit nur für das Nachlaßkonkursverfahren: vgl. § 226 Abs. 1, 2 KO.

ner. Der nach Verteilung an die Masse- und Insolvenzgläubiger verbleibende Übererlös soll nicht an den Schuldner ausbezahlt werden, bevor nicht die Forderungen gem. § 39 InsO getilgt sind.[926]

Mit der verbesserten Rechtsstellung dieser Forderungen im Verfahren korrespondieren aber auch verfahrensmäßige Nachteile. So können die Forderungen erst nach einer Aufforderung durch das Insolvenzgericht, unter Hinweis auf den Nachrang und unter Angabe der Rangstelle (vgl. § 174 Abs. 3 Sätze 1 und 2 InsO), angemeldet werden. Ohne eine zumindest quotale Befriedigungsaussicht wird das Gericht hiervon jedoch keinen Gebrauch machen. Im Insolvenzplanverfahren gelten die Forderungen der nachrangigen Gläubiger zudem als erlassen, sofern im Insolvenzplan keine abweichende Regelung getroffen wurde (§ 225 InsO).

In letzterem Fall ist zwingend eine Gruppe der nachrangigen Insolvenzgläubiger zu bilden und hat der gestaltende Teil des Plans für jede dieser Gruppen die in § 224 InsO bestimmten Angaben zu enthalten (§ 225 Abs. 2 InsO).

Für die Frage des Abstimmungsverhaltens muß berücksichtigt werden, daß diese Gläubiger bei einer Zerschlagungslösung regelmäßig leer ausgehen. Folglich werden die Gläubiger dieser Gruppe einem Plan, der ihnen auch nur eine geringe Quote verspricht, ihre Zustimmung nicht verwehren. Werden andererseits die Forderungen der Gläubiger mit dem Rang des § 39 Abs. 1 Nr. 1 und 2 InsO im Plan erlassen oder gelten sie gem. § 225 Abs. 1 InsO als erlassen, so gilt ihre Zustimmung gem. § 246 Nr. 1 InsO als erteilt. Voraussetzung für eine Zustimmungsersetzung ist mithin, daß der Plan diesen Gläubigern nichts zuteilt und sämtliche Hauptforderungen nicht vollständig befriedigt werden. In diesem Fall teilt der Plan über die Hauptforderungen hinaus keine wirtschaftliche Werte zu, die dann auf die Forderungen der nachrangigen Gläubiger zu verteilen wären (vgl. § 39 Abs. 1 InsO).[927] Ein Bedürfnis für eine Abstimmung dieser Gläubiger stellt sich daher zumeist nicht.

Andererseits gilt es zu beachten, daß für eine gerichtliche Bestätigung des Plans u.U. die Anwendung des Obstruktionsverbots erforderlich ist. Dies würde jedoch voraussetzen, daß die Mehrheit der abstimmenden Gruppen dem Plan mit den erforderlichen Mehrheiten zugestimmt hat (§ 245 Abs. 1 Nr. 3 InsO). Fingierte Zustimmungserklärungen bleiben hierbei unberücksichtigt[928], so daß es zum Zwecke der Erlangung einer weiteren positiven Zustimmungserklärung auf den ersten Blick für den Planersteller sinnvoll sein kann, eine Gruppe von nachrangigen Gläubigern im Plan vorzusehen und ihnen eine Quote anzubieten (§ 222 Abs. 1 Satz 2 Nr. 3 InsO). Einer Bestätigung des Plans wird dann gleichwohl noch § 245 Abs. 1 Nr. 2 i.V.m. Abs. 2 Nr. 2 InsO entgegenstehen.

Danach erfordert eine Zustimmungsersetzung einer den Plan ablehnenden Gruppe, daß die im Fall einer Abwicklung ohne Insolvenzplan nachrangigen Gläubigergruppen keine wirtschaftlichen Werte nach dem Plan zugeteilt erhalten. Nur wenn der Plan alle "bevorrechtigten" Gläubiger zu 100 % befriedigt, könnte die Zustimmung einer dissentierenden Gruppe ersetzt werden. Dies wird jedoch nur in Ausnahmefällen greifen. Unter diesen Umständen wird es

---

926 Begrdg. RegE zu § 46 RegE InsO, abgdr. in: Balz/Landfermann, Die neuen Insolvenzgesetze, S. 120.

927 Begrdg. RegE zu § 291 RegE InsO, abgdr. in: Balz/Landfermann, Die neuen Insolvenzgesetze, S. 364; Drukarczyk in: ZIP 1989, S. 341 ff, 351.

928 RA BT zu § 290 RegE InsO, abgdr. in: Balz/Landfermann, Die neuen Insolvenzgesetze, S. 362.

regelmäßig bei einem Forderungserlaß gem. § 225 InsO bleiben mit der weiteren Folge, daß der Plan eine entsprechende Gruppe nicht vorsehen *muß* (§ 222 Abs. 1 Satz 2 Nr. 3 InsO). Sieht er sie dennoch vor (da mit einem ablehnenden Votum einer Gruppe nicht gerechnet wird), ist eine Abstimmung der Gläubiger im Rang des § 39 Abs. 1 Nr. 1 und 2 InsO entbehrlich, da die Hauptforderungen auch nach dem Plan regelmäßig nicht voll befriedigt werden.[929]

Für Geldstrafen und die diesen in § 39 Abs. 1 Nr. 3 InsO gleichgestellten Forderungen bleibt es bei der Regelung des Vergleichsrechtes, wonach die Haftung des Schuldners nach Beendigung des Verfahrens für diese Forderungen weder eingeschränkt noch ausgeschlossen werden kann (§ 225 Abs. 3 InsO).[930]

Schließlich gilt die Zustimmung der Gruppen mit dem Rang *nach* § 39 Abs. 1 Nr. 3 InsO als erteilt, wenn kein *Insolvenzgläubiger (§ 38 InsO)* durch den Plan besser gestellt wird, als die Gläubiger dieser Gruppen (§ 246 Nr. 2 InsO). Einer Abstimmung der Gläubiger von Schenkungsversprechen bzw. kapitalersetzenden Leistungen bedarf es also nicht, wenn diese Gläubiger hinsichtlich der Befriedigungsquote mit der am höchsten begünstigsten Gruppe der nicht nachrangigen Gläubiger gleichgestellt werden. Diese rangwidrige Begünstigung führte in der Literatur zu der irrigen Auffassung, daß damit Reichtumsverschiebungen zugunsten der Gläubiger eigenkapitalersetzender Forderungen gem. § 32a Abs. 1 und 3 GmbHG möglich seien. Dies ist mit Schiessler zutreffend abzulehnen[931], da der materielle Mindeststandart der Befriedigung nicht an § 246 InsO, sondern an § 245 InsO zu messen ist. § 246 InsO regelt nur die Frage einer Zustimmungsersetzung im Abstimmungsverfahren, enthält jedoch keine Regelung darüber, mit welchen Quoten die Gläubiger dieser Gruppe befriedigt werden müssen. Die Mindestquote bestimmt sich allein nach dem Obstruktionsverbot des § 245 InsO. In bezug auf die nachrangigen Gläubiger muß dabei vor allem § 245 Abs. 1 Nr. 2 i.V.m. Abs. 2 Nr. 2 InsO beachtet werden.

Mit anderen Worten setzen Reichtumsverschiebungen zugunsten von Gläubigern eigenkapitalersetzender Leistungen voraus, daß für sie eine Gruppe im Plan gebildet wird. Erst dann kommt überhaupt eine Beteiligung nachrangiger Gläubiger an der Planabstimmung in Betracht. Voraussetzung wäre dafür jedoch, daß ihre Forderungen nicht gem. § 225 InsO als erlassen gelten (§ 222 Abs. 1 Satz 2 Nr. 3 InsO). Und selbst wenn es auf ihre Zustimmung zum Plan ankommt und es für die Planbestätigung der Anwendung des Obstruktionsverbots bedarf, müssen erst alle absonderungsberechtigten und nicht nachrangigen Gläubiger zu 100 % befriedigt sein, bevor nachrangigen Gläubiger überhaupt ein Vermögenswert zugeteilt werden darf (§ 245 Abs. 1 Nr. 2 i.V.m. Abs. 2 Nr. 2 InsO). Daß sie dann aber am plangemäß erwirtschafteten Wert beteiligt werden, entspricht bereits der gesetzlichen Intention, wie sie in § 39 InsO zum Ausdruck kommt.

---

929 Bei dieser Betrachtung bleibt außen vor, daß es u.U. notwendig sein wird, auch diesen Gläubigergruppen eine geringe Quote zuzuteilen, da andernfalls zu befürchten steht, daß einzelne Gläubiger einen Antrag gem. § 251 InsO stellen oder aber zeitraubendende kostenintensive Rechtsmittelverfahren anstrengen werden. Auch wenn im Ergebnis das Rechtsmittel nicht durchgreift, wird die plangemäße Umsetzung verhindert und erhöht sich das Risiko des Scheiterns des Plans. In Amerika werden daher Schuldnern häufig Beteiligungen am Verwertungserlös zugesprochen: vgl. LoPucki/Whitford in: AmBLJ 1991, S. 625 ff, 626 f.

930 Vgl. näher Begrdg. zu § 268 RegE InsO, abgdr. in: Balz/Landfermann, Die neuen Insolvenzgesetze, S. 340; Hess/Obermüller, Insolvenzplan, Rdnr. 171.

931 Hierzu vgl. Drukarzcyk in: ZIP 1989, S. 341 ff, 351 und die Kritik von Schiessler, Der Insolvenzplan, S. 164.

b) Die fakultative Bildung von *Wahlgruppen*

Zur Steigerung der wirtschaftlichen Effektivität des Plans mit dem Ziel, dem wirtschaftlichen Optimum der Verwertung des schuldnerischen Vermögens im Interesse aller Verfahrensbeteiligten nahezukommen, kann es erforderlich sein, auch die Gläubiger gleicher Rechtsstellung nicht notwendiger Weise gleich zu behandeln. Es leuchtet ohne weiteres ein, daß beispielsweise die Interessen der verschiedenen Absonderungsrechtsinhaber an einer Fortführung des schuldnerischen Unternehmens bzw. seiner Zerschlagung davon abhängen, an welchem Vermögenswert ihr Sicherungsrecht besteht, wie hoch der ungesicherte Forderungsanteil und der Grad der wirtschaftlichen Abhängigkeit des einzelnen Lieferanten vom Schuldner ist.[932]

Für den Fall, daß der Schuldner als Produzent von chargen- oder auftragsbezogenen bzw. saisonal bedingten Produkten häufig ein Marktteilnehmer unter vielen anderen ist, wurde die wirtschaftliche Abhängigkeit bereits in die Betrachtung miteinbezogen.[933] Der Verlust eines Anbieters kann von den Abnehmern sofort durch Aufnahme einer neuen Geschäftsbeziehung kompensiert werden. Inwieweit diese absonderungsberechtigten Gläubiger dann an einem Fortbestand des Schuldners interessiert sind, wird nicht selten auch von der Dauer und dem Umfang einer bewährten Geschäftsbeziehung abhängen. Aber nicht nur bei den Absonderungsrechtsinhabern, sondern auch unter den Insolvenzgläubigern gibt es vielfältige Interessengegensätze, die jeweils das Abstimmungsverhalten unterschiedlich beeinflussen.

Es erscheint daher sachgerecht, wenn dem Planersteller die Möglichkeit eingeräumt wird, innerhalb der einzelnen Pflichtgruppen des § 222 Abs. 1 InsO eine weitere Differenzierung der Gläubiger nach unterschiedlichen wirtschaftlichen Interessen vorzunehmen und Gläubiger mit gleichartigen wirtschaftlichen Interessen in separate Gruppen einzuteilen (§ 222 Abs. 2 Satz 1 InsO).[934] Daß dabei die Gruppen sachgerecht voneinander abzugrenzen und die Kriterien hierfür im Plan anzugeben sind, hat der Gesetzgeber ausdrücklich in § 222 Abs. 2 Sätze 2 und 3 InsO für die Zulässigkeit dieser Wahlgruppen zur Tatbestandsvoraussetzung erhoben.

Eine nähere Auseinandersetzung mit der wahlweisen Bildung dieser Gläubigergruppen erfolgt im Teil 3, A, III, 2. Insbesondere soll aufgezeigt werden, was unter sachgerechter Abgrenzung zu verstehen sein wird, da dies ein Prüfungskriterium des Insolvenzgerichts im Rahmen des § 231 Abs. 1 Nr. 1 InsO darstellt.

c) Die besonderen Abstimmungsgruppen der Arbeitnehmer und Kleingläubiger

Der Gesetzgeber hat mit § 222 Abs. 3 InsO die Bildung einer Gruppe der Arbeitnehmer sowie Kleingläubiger ausdrücklich als besondere Gruppen im Insolvenzplan anerkannt. Systematisch handelt es sich hierbei um Insolvenzgläubiger gem. § 38 InsO, für die in § 222 Abs. 1 Satz 2 Nr. 2 InsO bereits eine Pflichtgruppe im Plan vorzusehen ist. § 222 Abs. 1 InsO soll

---

932 I.d.S. auch Begrdg. RegE zu § 265 RegE InsO, abgdr. in: Balz/Landfermann, Die neuen Insolvenzgesetze, S. 334.

933 Vgl. bereits oben: Teil 2, B, I und B, I, 1, c), bb), (d).

934 Eine im Gegensatz zu § 265 RegE InsO in das Ermessen des Planerstellers gestellte Aufgliederung von Gläubigern gleicher Rechtsstellung in mehrere Gruppen hatte bereits Franke für sinnvoll erachtet: ders. in: FS Helmrich, S. 627 ff, 635.

jedoch nur einen Mindeststandart der Einteilung in bestimmte Gruppen gewährleisten, ausgerichtet an der jeweiligen unterschiedlichen Rechtsstellung der beteiligten Gläubiger. Für die Einordnung der Gruppe der Arbeitnehmer und Kleingläubiger als Hauptgruppen i.S.d. § 222 Abs. 1 InsO[935] spricht auch, daß Gruppen der absonderungsberechtigten Gläubiger und der nachrangigen Gläubiger nur bei Vorliegen bestimmter Voraussetzungen zwingend gebildet werden müssen. Es kann daher vorkommen, daß im Plan überhaupt nur eine Gruppe der nicht nachrangigen Gläubiger gebildet werden muß (§§ 222 Abs. 1 Satz 2 Nr. 2, 224 InsO). Indem der Gesetzgeber in § 222 Abs. 3 InsO die Zulässigkeit einer Gruppe der Arbeitnehmer und Kleingläubiger expressis verbis betont und der Plan eine Gruppe der Arbeitnehmer sogar regelmäßig vorsehen "soll", ist eine unterschiedliche Behandlung verschiedener Gläubigergruppen gleichwohl möglich. Erforderlich ist freilich, daß der Planersteller die nicht zwingend vorgeschriebenen Hauptgruppen der Arbeitnehmer und Kleingläubiger gem. § 222 Abs. 3 Satz 1 und 2 InsO in seinem Plan vorsieht. Für die übrigen nicht nachrangigen Gläubiger wäre dann eine eigene Gruppe zu bilden.

Für die Arbeitnehmer stellt der Eintritt der Insolvenz jeweils eine besondere Situation dar[936] und zwar unabhängig davon, daß sie als Insolvenzgläubiger hinsichtlich ihrer rückständigen Lohn- und Gehaltsforderungen auftreten. Diese abweichende Interessenlage folgt daraus, daß die Arbeitsverhältnisse regelmäßig über den Zeitpunkt der Verfahrenseröffnung hinaus fortbestehen und nur - sofern keine kürzere Kündigungsfrist vereinbart ist - mit einer Frist von drei Monaten zum Monatsende gekündigt werden können (§ 113 Abs. 1 Satz 2 InsO).[937]

Der Plan *soll* daher eine weitere Hauptgruppe der Arbeitnehmer vorsehen, wenn ihre Forderungen nicht nur unerheblich sind. Arbeitnehmer, deren Löhne und Gehälter für einen Zeitraum rückständig sind, der nicht von der Insolvenzgeldversicherung[938] abgedeckt wird (dann erst zählen sie überhaupt zu den Insolvenzgläubigern), sind insoweit mit wesentlichen Forderungen beteiligt. Beziehen sich die Rückstände aber beispielsweise nur auf Urlaubsgeldansprüche oder andere tarif- bzw. einzelvertraglich vereinbarte Sonderleistungen, stellt sich die Frage, wann von einer "nicht unerheblichen Forderung" auszugehen ist. Der einzelne Arbeitnehmer empfindet den Ausfall dieser Beträge u.U. als eine erhebliche wirtschaftliche Einbuße, während die Forderungen in bezug auf die Gesamtverbindlichkeiten des Schuldners eher unbedeutend sind. Um die vom Gesetzgeber betonte Sonderstellung der Arbeitnehmer nicht leer laufen zu lassen, kann die wesentliche Betroffenheit daher nur aus der individuellen Sicht der Arbeitnehmer bestimmt werden. Unter diesen Umständen müssen Planersteller regelmäßig eine Gruppe von Arbeitnehmern bilden.

Auch für die Kleingläubiger sieht der Gesetzgeber eine besondere Behandlung in einer separaten Gruppe als gerechtfertigt an. Fraglich ist jedoch, wann ein Kleingläubiger vorliegt. In der Gesetzesbegründung zu § 265 RegE InsO liest man hierzu, daß allein aus Gründen der Praktikabilität und damit der Verfahrensvereinfachung bei der Abstimmung über den Insolvenzplan es zweckmäßig sein kann, Gläubiger mit Forderungen bis zu einer bestimmten Höhe vollständig zu befriedigen. "Andernfalls könnte zweifelhaft sein, ob allein die geringe Höhe

---

935 I.d.S. auch Schmidt-Räntsch, InsO, § 222 Rdnr. 6; Otte in: Kübler/Prütting, InsO, § 222 Rdnr. 7.

936 Begrdg. RegE zu § 265 RegE InsO, abgdr. in: Balz/Landfermann, Die neuen Insolvenzgesetze, S. 335 f.

937 Begrdg. zu § 265 RegE InsO, abgdr. in: Balz/Landfermann, Die neuen Insolvenzgesetze, S. 336; Otte in Kübler/Prütting, InsO, § 222 Rdnr. 12.

938 Vgl. hierzu (auch zur Frage des Einflusses der EuGH-Rechtsprechung) oben: Teil 2, B, II, 4.

ein besonderes wirtschaftliches Interesse im Sinne des Absatzes 1 Satz 1 begründet."[939] Der Gesetzgeber hat sich mit der Regelung in § 222 Abs. 3 Satz 2 InsO am amerikanischen Vorbild orientiert. In § 1122 (b) BC 11 wird das Ziel der Verfahrensvereinfachung sogar ausdrücklich zum Tatbestandmerkmal erhoben.

Ausgerichtet an dem gesetzgeberischen Zweck der Vereinfachung des Verfahrens kann eine Gruppe von Kleingläubigern dann gebildet werden, wenn sich dadurch die Zahl der am Verfahren beteiligten Gläubiger deutlich reduziert. Indem die Kleingläubiger vollständig befriedigt werden können, nehmen sie als nicht beeinträchtigte Gläubiger auch nicht mehr an der Abstimmung über den Insolvenzplan teil (§ 237 Abs. 2 InsO). Die für die Einordnung in die Gruppe der Kleingläubiger maßgeblichen Zuordnungskriterien können daher zum einen die Forderungshöhe sein. Braun möchte die Grenze hier bei DM 1.000,00 ziehen.[940] Eine starre Grenze halte ich jedoch nicht für angebracht, da sie der Individualität jeden Falles nicht gerecht wird. Andererseits kann auch bei einem darüber liegenden Betrag dem gesetzgeberischen Anliegen entsprochen werden, wenn sich die Zahl der den anderen Klassen zuzuordnenden Gläubiger dadurch erheblich reduziert (mindestens 10 %).[941]

Insgesamt ist die Regelung zu begrüßen. Sie trägt dem Umstand Rechnung, daß die Kleingläubiger einerseits zwar wenig zu verlieren haben, ein Forderungsausfall für diese Gläubiger aber u.U. gleichbedeutend mit der eigenen Insolvenz sein kann. Andererseits kann ihnen wegen der Mehrheitsregelung in § 244 Abs. 1 Nr. 1 InsO ein großer Einfluß auf die Annahme des Plans und damit ein erhebliches Störpotential zukommen.[942] Mit § 222 Abs. 3 Satz 2 InsO kann der Planersteller die Interessen der Kleingläubiger angemessen berücksichtigen und mit der Verringerung des Arbeitsaufwandes auch zur Beschleunigung des Verfahrens beitragen.

Aufgrund der systematischen Einordnung der Arbeitnehmer- und Kleingläubigergruppe zu § 222 Abs. 1 InsO wird im weiteren zu klären sein, ob auch bei diesen Hauptgruppen (Unter-) gruppen vorgesehen werden dürfen.

2. Die Bildung von Wahlgruppen

a) Wirtschaftliche oder rechtliche Betrachtungsweise als Differenzierungskriterium bei der Bildung von Abstimmungsgruppen

Im Zusammenhang mit der vom Gesetzgeber in § 222 Abs. 2 InsO eröffneten Möglichkeit, aus den Hauptgruppen des § 222 Abs. 1 Satz 2 InsO optionell weitere Gruppen zu bilden, ist auf die von Smid aufgeworfene Frage einer "korrigierenden Auslegung des § 222 InsO" ein-

---

939 Begrdg. zu § 265 RegE InsO, abgdr. in: Balz/Landfermann, Die neuen Insolvenzgesetze, S. 336. Erinnert sei jedoch daran, daß die noch in § 265 Abs. 1 Satz 1 RegE InsO enthaltene Gruppenbildung nach einer Empfehlung des RA BT nur in veränderter Form in § 222 InsO übernommen wurde, so daß es sich bei den Gruppen der Kleingläubiger nicht um (Unter)-gruppen i.S.d. § 222 Abs. 2 InsO handelt.

940 Braun in: Nerlich/Römermann, InsO, § 222 Rdnr. 87; Hess in: InsO, § 222 Rdnr. 64, orientiert sich an der Regelung in § 511a ZPO und will die Grenze bei 1.500,00 DM ziehen.

941 Braun in: Nerlich/Römermann, InsO, § 222 Rdnr. 87.

942 Smid in: InVo 1997, S. 169 ff, 178; Smid/Rattunde, Insolvenzplan, Rdnr. 496.

zugehen.[943] Im Ausgangspunkt ist dabei zu differenzieren zwischen dem Abgrenzungskriterium der *Gleichartigkeit der wirtschaftlichen Interessen* und der Frage, ob im Rahmen der Prüfung gem. § 231 Abs. 1 Nr. 1 InsO das Gericht im Wege einer Gesamtschau eine wertende Betrachtung der Gruppenbildung in Bezug auf eine manipulative Gruppeneinteilung seitens des Planerstellers vorzunehmen hat. Letzter Punkt bleibt einer späteren Erörterung vorbehalten.

aa) "Substantielle Vergleichbarkeit" nach amerikanischem Recht

Im Teil 3, A, II wurde bereits dargestellt, anhand welcher Kriterien im amerikanischen Konkursrecht die Klassifizierung der Gläubiger in einzelne Gruppen zu erfolgen hat. Der Maßstab für eine zulässige "claim classification" wird in dem generalklauselartigen § 1122 (a) BC 11 mit der substantiellen Vergleichbarkeit der Forderungen festgeschrieben.

Eine nähere Begriffsbestimmung findet sich im Gesetzestext nicht, so daß es der Gerichtspraxis oblag, diesen Begriff im Wege des Fallrechts näher zu definieren und Fallgruppen aufzustellen. In re AOV Indus., Inc. führte das Gericht aus, daß hierunter "(the) legal character of the claim as it relates to the assets of the debtor" zu verstehen sei.[944] Der Schwerpunkt der Differenzierung soll sich demnach an der Natur der Forderung orientieren. Entscheidendes Kriterium für die Zusammenfassung einzelner Forderungen in einer Klasse ist mithin, daß die Forderungen ihrer Rechtsnatur nach im wesentlichen vergleichbar sein müssen. Gleichzeitig wird darauf abgestellt, auf welchen Vermögensgegenstand sich die Forderungen der Gläubiger beziehen. Die herausgearbeiteten und dargestellten Fallgruppen belegen, daß die Gruppeneinteilung die unterschiedliche rechtliche Qualität der Forderungen berücksichtigt und daß dem zweiten Merkmal Bedeutung im Zusammenhang mit der Einteilung der gesicherten Gläubiger zukommt. Ergebnis war, daß nahezu jeder Gläubiger, dessen Sicherungsrecht sich auf einen anderen Vermögenswert erstreckt bzw. dessen Sicherheit eine andere Rangstelle im Vergleich zu den Sicherheiten der übrigen Gläubiger einnimmt, eine eigene Gruppe bilden kann.

Obwohl danach alle rechtlich gleichgestellten Forderungen auch in einer Gruppe zusammenzufassen sind, entspricht es der überwiegenden Auffassung in Rechtsprechung und Literatur, daß eine weitergehende Differenzierung nach wirtschaftlichen Kriterien zulässig sein soll. Voraussetzung ist jedoch, daß die separate Klassifizierung aus Gläubigern gleicher Rechtsstellung "(must be) just and reasonable necessary to effectuate the plan". Eine getrennte Gruppenbildung rechtlich gleicher Forderungen wird von den Gerichten dann auch daraufhin untersucht, ob sie allein zum Zwecke der Erlangung einer zustimmenden Klasse vorgenommen wurde. Hat nicht mindestens eine "impaired class" für den Plan votiert [§ 1129 (a)(10) BC 11], kann die Zustimmung einer ablehnenden Klasse über die "Cram down"-Regelung in § 1129(b) BC 11 nicht ersetzt werden. Das Gerichte müßte dem Plan die Bestätigung versagen.

---

943 Vgl. Smid in: InVo 1997, S. 169 ff, 175 ff; Smid/Rattunde, Insolvenzplan, Rdnr. 480 ff.

944 D.C. Cir. 1986, 792 F2d, S. 1140 ff, 1150; vgl. auch Smid in: InVo 1997, S. 169 ff, 174; Baird/Jackson, Cases, S. 665 zum Fall: In re Martin`s Point Limited Partnership, 12 B.R. (1981), S. 721 - 729. Ginsberg, Volume II, § 13.09 (d), S. 1211 und Fn. 323.

Diese Interpretation der "substantially similar" Regelung in § 1122 (a) BC 11 dient dem Ziel, den gesetzlich festgeschriebenen Grundsatz der Gläubigergleichbehandlung [§ 1123 (a)(4) BC 11] innerhalb einer Gruppe wirksam dadurch umsetzen, daß die einzelnen, in einer Gruppe zusammengefaßten Forderungen, homogen zueinander sind. Auf diesem Prinzip basiert letztendlich auch die Anwendbarkeit der "cram down" Regelung i.S.v. "fair and equitable" nach § 1129 (b)(1) BC 11.[945] Mehrheitsentscheidungen der vom Plan betroffenen Gläubigergruppen lassen sich auch nur dann legitimieren, wenn eine repräsentative Meinung von Gläubigern mit ähnlichen Interessen in einer Gruppe über den Plan abgestimmt hat.[946]

bb) Das Kriterium des "gleichartigen wirtschaftlichen Interesses"

Auch nach dem Willen des deutsche Gesetzgebers hat die Gruppeneinteilung sich primär an der Rechtsnatur der Forderung auszurichten. Sind Gläubiger mit unterschiedlichen Rechtsstellungen betroffen, sind im Plan zwingend Gruppen zu bilden (§ 222 Abs. 1 Satz 1 InsO). Allein diese grundsätzliche Regelung genügte dem Gesetzgeber nicht. Er ging noch einen Schritt weiter und verlangt unter bestimmten Voraussetzungen die Bildung der in § 222 Abs. 1 Satz 2 Nr. 1 - 3 InsO vorgesehenen Pflichtgruppen. Die Einteilung orientiert sich dabei an den in §§ 38 ff InsO vorgenommenen Differenzierungen nach den unterschiedlichen Forderungskathegorien und den Absonderungsrechtsinhabern. Sowohl im allgemeinen Regelinsolvenzverfahren als auch im Insolvenzplanverfahren werden die Gläubiger mit den unterschiedlichen Rechtsstellungen dann auch differenziert behandelt.

Darüber hinaus eröffnet § 222 Abs. 2 InsO die Möglichkeit, aus den Gruppen gleichrangiger Gläubiger weitere (Unter-)gruppen zu bilden, in denen Gläubiger mit gleichartigen wirtschaftlichen Interessen zusammengefaßt werden. Manipulationsbestrebungen des Planerstellers (damit soll der Schuldner angesprochen sein) soll dadurch begegnet werden, daß die einzelnen Wahlgruppen sich sachgerecht voneinander abgrenzen lassen müssen.[947] Nicht das Gericht hat die Gründe hierfür darzustellen, sondern der Planarchitekt selbst hat die Kriterien für seine im Plan vorgesehenen Abstimmungsgruppen anzugeben (§ 222 Abs. 2 Satz 3 InsO).

Die Regelung in § 222 Abs. 2 InsO soll dabei ausdrücklich den in § 8 Abs. 2 VerglO, 181 KO enthaltenen Lösungsansatz ausbauen.[948] Gemeint ist damit, daß grundsätzlich allen Vergleichsgläubigern gleiche Rechte i.S.e. objektiv betrachteten wirtschaftlichen Gleichwertigkeit der Vermögensposition[949] zu gewähren sind. Zwar erlaubte auch das bislang geltende Vergleichsrecht eine unterschiedliche Behandlung, jedoch mit dem Mangel[950], daß dies nur in Form einer Zurücksetzung erfolgen konnte, die ihrerseits wiederum von der Zustimmung einer qualifizierten Mehrheit der zurückgesetzten Gläubiger abhängig war (§ 8 Abs. 2 VerglO).

Welche Gründe letztlich eine sachgerechte Abgrenzung und damit die Bildung gesonderter Abstimmungsgruppen gem. § 222 Abs. 2 InsO erlauben, kann nicht abschließend normiert

---

945 Johnston in: AmBLJ 1991, S. 213 ff, 276 Fn. 290.
946 Weintraub/Resnick, 1987, 8-86; Terhart, Chapter 11, S. 132; Baird, Bankruptcy, S. 235.
947 Begrdg. RegE zu § 265 RegE InsO, abgdr. in: Balz/Landfermann, Die neuen Insolvenzgesetze, S. 335.
948 Allg. Begrdg. RegE, abgdr. in: Balz/Landfermann, Die neuen Insolvenzgesetze, S. 34.
949 Bley/Mohrbutter, VerglO, § 8 Rdnr. 18.
950 Allg. Begrdg. RegE, abgdr. in: Balz/Landfermann, Die neuen Insolvenzgesetze, S. 34.

werden.[951] Die Kriterien haben sich am konkreten Verwertungsziel zu orientieren.[952] In der allgemeinen Gesetzesbegründung[953] finden sich beispielhaft nachfolgende Kriterien, die eine differenzierte Behandlung nach den Vorstellungen des Gesetzgebers rechtfertigen:

- Differenzierung zwischen den bereits bei Verfahrensbeginn fälligen und den als fällig fingierten Forderungen gem. § 41 Abs. 1 InsO (eine Fiktion zum Zwecke der Aufrechnung ist jedoch von Gesetzes wegen ausgeschlossen: vgl. § 95 Abs. 1 Satz 2 InsO),

- Differenzierung zwischen betragsmäßig feststehenden und lediglich dem Grunde nach feststehenden Forderungen,

- Differenzierung nach der Stellung eines Gläubigers als Eigentümer oder als mit dem Schuldner in Wettbewerb stehenden Unternehmens, wobei auch eine nur mittelbare Eigentümerstellung bereits eine besondere wirtschaftliche Interessenlage begründen kann,

- Differenzierung nach der Art der bestellten Sicherheiten: persönliche oder dingliche Sicherheiten,

- Differenzierung nach der Person des Sicherungsnehmers trotz gleichartiger Sicherheit: dingliche Sicherheit am Grundstück eines Dritten oder des Schuldners,

- Differenzierung nach dem Rechtsgrund einer Forderung: Vertrag oder Delikt

- Differenzierung nach den besonderen Interessen einzelner Gläubiger, wie etwa die Aufrechterhaltung einer langfristig bewährten Geschäftsbeziehung,

Darüber hinaus sind weitere Differenzierungskriterien denkbar, wie etwa nach der Art des von einem Kreditinstitut eingeräumten Darlehens (Kontokorrentkredit oder Festdarlehen).[954] Aus der Gruppe der ungesicherten Gläubiger lassen sich Lieferanten, Dienstleister, ungesicherte Banken und Werkunternehmer voneinander abgrenzen und in jeweils gesonderte Abstimmungsgruppen fassen.

cc) Notwendigkeit einer korrigierenden Auslegung des § 222 InsO?

Aus einer Betrachtung des amerikanischen Reorganisationsverfahrens[955], insbesondere der amerikanischen Judikatur zur "claim classification" gem. § 1122 (a)(b) BC 11, zieht Smid nunmehr die Schlußfolgerung, daß eine "korrigierende Auslegung" des § 222 Abs. 2 InsO

---

951 Allg. Begrdg. RegE, abgdr. in: Balz/Landfermann, Die neuen Insolvenzgesetze, S. 34.

952 Allg. Begrdg. RegE, abgdr. in: Balz/Landfermann, Die neuen Insolvenzgesetze, S. 34.

953 Allg. Begrdg. RegE, abgdr. in: Balz/Landfermann, Die neuen Insolvenzgesetze, S. 34; Begrdr. RegE zu § 261 RegE InsO, a.a.O., S. 332.

954 Otte in: Kübler/Prütting, InsO, § 222, Rdnr. 20; Braun in: Braun/Uhlenbruck, Unternehmensinsolvenz, 7. Teil, I, I, 2, c); weitere Bsp. bei Braun in: Nerlich/Römermann, InsO, § 222 Rdnr. 80; Hess, InsO, § 222, Rdnr. 63 ff.

955 In der von Smid gebrauchten Terminologie wird er als "aktionenrechtlicher Konkurs*prozeß*" in dem durch die Reform des 19. Jahrhunderts in Deutschland und Österreich überwundenen Sinn bezeichnet: ders. in: InVo 1997, S. 169 ff, 173; in: FS Pawlowski, S. 387 ff, 391; Smid/Rattunde, Insolvenzplan, Rdnr. 467.

erforderlich, ja geradezu zwingend geboten sei. Anders als der Gesetzeswortlaut des § 222 Abs. 2 InsO ausdrücklich vorgibt, hat sich eine sachgerechte Differenzierung zwischen den verschiedenen Gläubigergruppen nicht an der Gleichartigkeit der *wirtschaftlichen* Interessen, sondern allein an der *rechtlichen* Struktur der Forderung zu orientieren.[956]

Zur Begründung seiner Auffassung führt er an, daß das geltende Vergleichsrecht, und damit die dieses Rechtsinstitut ablösende Insolvenzordnung, der Verwirklichung des Grundsatzes der Gläubigergleichbehandlung (par conditio creditorum) dient. Erfolgt jedoch die Klassifizierung der Gläubiger allein oder zumindest maßgeblich auf der Grundlage einer wirtschaftlichen Sichtweise, sieht er die konkursliche Gleichbehandlung der Gläubiger nachhaltig zur Disposition des Schuldners als Planarchitekten gestellt.[957] Ein solches Verfahren würde geradezu Manipulationen durch den Planersteller zum Zwecke einer Mehrheitsfindung für seinen Plan intendieren. Gläubigergleichbehandlung ließe sich nur dort wirksam durchsetzen, wo die Gläubiger verfahrensrechtlich in einer Gläubigergemeinschaft (die Parallelen zur Qualifizierung der Gesamtheit der Gläubiger in der Insolvenz als Schicksals- und Verlustgemeinschaft sind offensichtlich[958]) "zwecks Bündelung der Exekution" zusammengeschlossen seien. Eine sachgerechte Klassifizierung der Gläubigergruppen hat demzufolge die Individualität der Forderungen und Sicherheiten außer Betracht zu lassen.

Die unter diesen Voraussetzungen möglichen Differenzierungen seien "durch die Typen unterschiedlicher Stellung von Gläubigern begrenzt".[959]

Darüber hinaus sieht Smid in einer an § 222 Abs. 2 InsO ausgerichteten, weiteren Aufspaltung von Inhabern rechtlich strukturell gleichartiger Forderungen die Gefahr einer Entwertung der Verfahrensteilnahmerechte der betroffenen Gläubiger. Durch eine s.E. nach willkürliche, sachlich nicht gebotene Erhöhung der Zahl der Abstimmungsgruppen kann der Angehörige in eine Minderheitenlage gebracht werden, die er im Rahmen einer Gläubigerversammlung nicht haben würde.[960]

Soweit sich Smid dagegen wendet, daß zum einen die Abstimmung über den Plan in Gruppen und zum anderen die Neuregelung in § 222 InsO zu einer ungerechtfertigten Einschränkung der Gläubigerautonomie führen, wurde hierzu bereits im Teil 3, A, I, 3. Stellung genommen. Insofern soll auf die dortigen Ausführungen verwiesen werden.

Ergänzend ist auszuführen, daß die von Smid vorgenommene "korrigierende Auslegung"[961] in ihrer Intention zu einer Abschaffung des § 222 Abs. 2 InsO führen würde. Wenn er sich gegen eine, wie er es nennt, "Fragmentierung in Kleinstgruppen" wendet und auch bei der Bildung von (Unter-)gruppen auf rechtliche Unterscheidungskriterien abstellen will, wäre entgegen der

---

956 Smid in: InVo 1997, S. 169 ff, 176; Smid/Rattunde, Insolvenzplan, Rdnr. 480.

957 Smid in: InVo 1997, S. 169 ff, 174; ders in: FS für Pawlowski, S. 387 ff, 322 f; Smid/Rattunde, Insolvenzplan, Rdnr. 471.

958 Vgl. oben: Teil 1, B, II.

959 Hierzu und zu Vorstehendem vgl. Smid in: InVo 1997, S. 169 ff, 176; Smid/Rattunde, Insolvenzplan, Rdnr. 482.

960 Smid in: InVo 1997, S. 169 ff, 178 mit dem Hinweis auf § 245 Abs. 1 Nr. 3 InsO; Smid/Rattunde, Insolvenzplan, Rdnr. 495: zur gegenteiligen Auffassung des Autors vgl. bereits oben: Teil 3, A, I, 3.

961 Dies ist ein Terminus, der sich nicht unter die anerkannten Auslegungsmethoden subsumieren läßt.

vom Gesetzgeber in § 222 InsO vorgesehenen Konzeption eine Wahlgruppenbildung entbehrlich. Damit würde er m.E. jedoch außer acht lassen, daß gerade die mannigfachen Interessengegensätze der Gläubiger in der Insolvenz es erforderlich machen kann, aus den Gläubigern gleicher Rechtsstellung nochmals nach den verschiedentlich vertretenen Interessen zu differenzieren. Dabei findet sich auch in der Gesetzesbegründung ausdrücklich der Hinweis, daß sich die Entscheidung des einzelnen Gläubigers für oder gegen eine Reorganisation des Schuldners nicht allein an den mittels Insolvenzplan in Aussicht gestellten Zahlbeträgen festmachen läßt.[962] Solange es vernünftige, wirtschaftlich nachvollziehbare Interessen sind, entspricht es auch der Intention eines an der Gläubigerautonomie ausgerichteten Insolvenzplanverfahrens, diese Interessen mit in die Waagschale werfen zu können. Ohnehin wird der Gläubiger bei der Suche nach verbündeten Gläubigern auch diese Argumente vorbringen, um ggf. eine in seinem Interesse liegende Gruppenentscheidung herbeizuführen. Wenn aber der einzelne Gläubiger seine Interessen in der Diskussion und Abstimmung ohnehin vertritt, worin soll dann ein Eingriff in die Gläubigerautonomie zu sehen sein?

Das Gegenteil ist der Fall. Würde man den einzelnen Gläubiger in einer Gruppe rechtlich Gleichgestellter immer zwingend einbinden, könnte er seine der Mehrheit u.U. entgegenstehenden wirtschaftlichen Interessen nicht durchsetzen. Der Gesetzgeber führt insoweit als Beispiel an, daß auch der Fortbestand einer bewährten langfristigen Geschäftsbeziehung ein rechtlich schützenswertes Interesse darstellt. Insofern konsequent eröffnet er die *Möglichkeit*, diesen Gegebenheiten durch die Bildung einer eigenständigen Abstimmungsgruppe Rechnung zu tragen. Andererseits muß auch berücksichtigt werden, daß die Reform des Insolvenzrechts vor allem den wirtschaftlichen Marktgegebenheiten Rechnung tragen wollte. Unter diesen Prämissen ist es auch als rechtlich nicht zu beanstandendes Interesse zu werten, wenn einzelne Gläubiger das Sanierungskonzept für einen Wettbewerber nicht unterstützen wollen. Mit der von Smid allein vorzunehmenden Differenzierung anhand der rechtlichen Natur der Forderung würden diese Interessengegensätze nur sehr eingeschränkt innerhalb einer Gläubigergruppe Berücksichtigung finden können, womit ein Verlust an Marktkonformität korrespondiert.

Die Auffassung von Smid läßt sich auch nicht mit einem Rückgriff auf die im amerikanischen Recht geltende Praxis der Gruppenbildung begründen. So findet bereits der Ausgangspunkt von Smid in der amerikanischen Literatur und Rechtsprechung keinen Rückhalt. Seiner Ansicht nach zeigt das nordamerikanische Vorbild, "daß eine allein oder doch primär an wirtschaftlichen Maßstäben orientierte Fragmentierung der Gläubigergemeinschaft in Abstimmungsgruppen nicht zu tragen vermag."[963] Der Gesetzgeber verlangt in § 1122 (a) BC 11, daß die Forderungen in einer Klasse "substantially similar" sein müssen. Die Einordnung der Forderungen in einer Gruppe orientiert sich danach zunächst immer an der rechtlichen Natur der Forderung.

Die Darstellungen im Teil 3, A, II, III, 2, a), aa) haben gezeigt, daß die Einordnung der dem deutschen Recht entsprechenden Absonderungsrechte nach dem unterschiedlichen rechtlichen Rang vorgenommen wird. Im Ergebnis ist nahezu jeder gesicherter Gläubiger einer eigenen Gruppe zuzuordnen, wenn seine Rechte entweder im Rang bezüglich des gleichen Siche-

---

[962] Allg. Begrdg. RegE, abgdr. in: Balz/Landfermann, Die neuen Insolvenzgesetze, S. 34.

[963] Smid/Rattunde, Insolvenzplan, Rdnr. 480.

rungsgegenstandes ungleich sind oder sich auf einen anderen Gegenstand beziehen. Eine weitergehende Differenzierung anhand unterschiedlicher wirtschaftlicher Interessen wird von der Rechtsprechung hingegen bei den ungesicherten Forderungen zugelassen, um dem Planersteller genügend Flexibilität bei der inhaltlichen Ausgestaltung des Plans einzuräumen. Die entwickelten Fallgruppen belegen jedoch, daß die Gerichte die zumeist vom Schuldner vorgenommene Klassifizierung sehr kritisch im Hinblick auf die Anwendbarkeit der "cram down"-Regel des § 1129 (b) BC 11 betrachten. Eine Aufteilung rechtlich gleichartiger Forderungen in unterschiedliche Gruppen darf daher nicht allein stimmrechtsorientiert sein.

Keinesfalls läßt sich daher die Aussage von Smid bestätigen, daß die Gruppeneinteilung allein oder doch primär nach wirtschaftlichen Kriterien erfolgt. Bei "single asset real estat plans" werden Differenzierungen nach wirtschaftlichen Interessen sogar weitgehend von der höchstrichterlichen Rechtsprechung abgelehnt.

Demgegenüber läßt die deutsche Regelung in § 222 InsO sogar einen größeren Gestaltungsspielraum zu. In § 222 Abs. 2 InsO wird ausdrücklich die Bildung weiterer Gruppen aus den Gläubigern gleicher Rechtsstellung in das Belieben des Planerstellers gestellt. Der Gesetzgeber versucht dabei dem Risiko einer mißbräuchlichen Nutzung dieses Gestaltungspotentials durch den Planersteller durch die in § 222 Abs. 2 InsO vorgesehenen Schranken für die Gruppenbildung zu begegnen. Mit dem Erfordernis der sachgerechten Abgrenzung in § 222 Abs. 2 Satz 2 InsO ist die Gruppenbildung einer Rechtmäßigkeitskontrolle durch das Gericht im Rahmen der Vorprüfung gem. § 231 Abs. 1 Nr. 1 InsO unterworfen. Rechtskontrolle bedeutet ermessensunabhängige Überprüfung der gesetzlichen Anforderungen für eine ordnungsgemäße Klassifizierung der Gläubiger, so daß die Gruppeneinteilung gerade nicht dem Gericht vorbehalten bleibt, was zu einer Einschränkung der Gläubigerautonomie führen würde.[964]

Der Planersteller selbst hat in seinem Plan anzugeben, anhand welcher Kriterien er die Einteilung rechtlich gleichgestellter Gläubiger in unterschiedliche Abstimmungsgruppen vorgenommen hat. Das Gericht prüft dann, ob die *im Plan enthaltenen* Kriterien sachgerecht sind (§ 231 Abs. 1 Nr. 1, 222 Abs.2 Sätze 2 und 3 InsO). Nicht hingegen obliegt dem Gericht die eigenständige Ermittlung der insofern möglichen Abgrenzungskriterien. Im Insolvenzplanverfahren gilt nicht der Amtsermittlungsgrundsatz, sondern der Beibringungsgrundsatz der ZPO gem. § 4 InsO.[965] In diesem Sinn obliegt dem Insolvenzgericht also lediglich eine reine Rechtskontrolle, die jedoch erforderlich ist, um Manipulationen von Seiten des Planerstellers *allein* zum Zweck der Erlangung einer Gruppenmehrheit (§ 245 Abs. 1 Nr. 3 InsO) entgegentreten zu können. Damit wird aber die Gläubigerautonomie nicht eingeschränkt. Es wird später noch aufzuzeigen sein, daß dem Gericht - entgegen der Auffassung von Smid - auch keine darüber hinausgehende Prüfungskompetenz i.d.S. zukommt, daß es im Rahmen einer Gesamtschau zu prüfen hat, ob die Gruppeneinteilung aus strategischen Gesichtspunkten heraus erfolgte.

---

964 So aber Henckel in: KTS 1989, S. 477 ff, 491; wie hier Otte in: Kübler/Prütting, InsO, § 222, Rdnr. 8.

965 Anders als für das Regelinsolvenzverfahren, wo das Gericht gem. § 5 InsO alle für des Insolvenzverfahren bedeutsamen Umstände zu ermitteln hat, obliegt dies im Insolvenzplanverfahren dem Planersteller. Dies erklärt sich aus der Natur des Plans heraus, der als Antrag an das Gericht verstanden werden kann, einen vorgelegten Plan entsprechend den Vorschriften des Planverfahrens zu behandeln und seinerseits die Voraussetzungen für einen, den gesetzlichen Normen entsprechenden, Plan zu schaffen. vgl. hierzu auch Braun in: Braun/Uhlenbruck, Unternehmensinsolvenz, J, II, 4, c), S. 622 sowie unten: Teil 3, B, II, 5, a).

Solange sich der Planersteller an die gesetzlichen Vorgaben des § 222 Abs. 1, 2 InsO hält, ist es ihm auch möglich, strategischen Ziele zu verfolgen.

Hinzu kommt, daß - wie bereits erwähnt - der Schuldner aus eigenem Antrieb heraus versuchen wird, im Stadium der Planerstellung auch seine Vorstellungen von einer Gruppeneinteilung mit den Gläubigern abzustimmen, um einen breiten Konsens möglichst vor der Insolvenzantragstellung zu erreichen. Eine mißbräuchliche Gestaltung des Instruments der Gruppenbildung allein zu dem Zweck der Erlangung einer Gruppenmehrheit für den Plan steht daher nur in Ausnahmefällen zu befürchten, denen die Gläubiger dann jedoch durch ein negatives Votum begegnen können.

Auch ist nicht zu erwarten, daß es zu der von Smid befürchteten Vielzahl von Abstimmungsgruppen nach amerikanischen Vorbild kommen wird. Der Planersteller wird zunächst bestrebt sein, die Anzahl der Gruppen so niedrig wie möglich zu halten, um leichter die Mehrheit der zustimmenden Gruppen gem. § 245 Abs. 1 Nr. 3 InsO und damit die Anwendbarkeit des Obstruktionsverbotes zu erlangen.[966] Wird dem Planautor beispielsweise bereits bei der Planerstellung bekannt, daß die Absonderungsrechtsinhaber im Abstimmungstermin mit "nein" votieren werden, kann auch bei Verfolgung einer Minimalstrategie nur die Bildung von mindestens drei Gruppen erfolgversprechend sein, um dem Mehrheitserfordernis des § 245 Abs. 1 Nr. 3 InsO Rechnung zu tragen. Zwar wird der Planinitiator von der in sein Belieben gesetzten Möglichkeit der Bildung von Wahlgruppen gleichartig wirtschaftlich Interessierter gem. § 222 Abs. 2 InsO Gebrauch machen, wenn er sich nicht sicher sein kann, ob sich in den von ihm gebildeten Gruppen jeweils eine Mehrheit für den Plan ausspricht. Je mehr Gruppen er aber bildet, desto weniger wird es ihm möglich sein, zuverlässige Vorhersagen über das Abstimmungsverhalten der einzelnen Gläubigergruppen treffen zu können (dies gilt nicht, wenn eine Gruppe nur aus einem Gläubiger besteht). Wenden sich dann aber mehrere Gruppen gegen seinen Plan, sind die Voraussetzungen des Obstruktionsverbots für jede ablehnende Gruppe zu prüfen, was der gewünschten Differenzierung bei der Beteiligung der einzelnen Gruppen am Verwertungserlös entgegenstehen kann (vgl. nur das Gleichbehandlungsgebot in § 245 Abs. 2 Nr. 3 InsO).

Smid vertritt darüber hinaus die Auffassung, daß die Bildung weiterer Abstimmungsgruppen gem. § 222 Abs. 2 InsO zu einer "Entwertung der Verfahrensteilnahmerechte der betroffenen Gläubiger" führen würde, was mit Art. 103 Abs. 1 und Art. 14 GG unvereinbar wäre. Er bezieht sich dabei auf § 245 Abs. 1 Nr. 3 InsO, nachdem es möglich sein kann, daß durch die Anwendung des Obstruktionsverbotes eine numerische Minderheit von Gläubigern (sowohl nach Kopf- als auch nach Summenmehrheit berechnet) die Annahme des Insolvenzplans bewirken kann, sofern sie nur die Mehrheit der Gruppen gem. § 245 Abs. 1 Nr. 3 InsO auf sich vereint[967].

Hierzu ist anzumerken, daß die betroffenen majorisierten Gläubiger gleichwohl im Erörterungs- und Abstimmungsverfahren ihre Auffassungen zum Plan im einzelnen darlegen und versuchen können, auf das Abstimmungsverhalten der in ihrer Entscheidung noch unsicheren

---

966 So auch Braun in: Braun/Uhlenbruck, Unternehmensinsolvenz, 7. Teil, I, II, 2, b); einschränkend Otte in: Kübler/Prütting; InsO, § 222 Rdnr. 24.

967 Smid/Rattunde, Insolvenzplan, Rdnr. 492 f, 574 f; Smid in: FS Pawlowski, S. 387 ff, 422 f; .

Gläubiger Einfluß zu nehmen.[968] Hinzu kommt, daß die Insolvenzordnung den Gläubigern Teilnahmerechte auch über ihre Organe der Gläubigerversammlung und des Gläubigerausschusses gewährt. So können die Gläubiger selbst den Verwalter mit der Ausarbeitung eines Insolvenzplans beauftragen und ihm dabei Ziele und Inhalt vorgeben (§ 157 Satz 2 InsO). Mitwirkungsrechte werden dem Gläubigerausschuß auch in den Fällen der §§ 231 Abs. 2, 232 Abs. 1 Nr. 1, 233 Satz 2 InsO gewährt. Schließlich entscheiden die Gläubiger selbst über die Annahme oder Ablehnung der mittels Insolvenzplan verfolgten alternativen Abwicklung des Schuldnervermögens.

Die Argumente, die dabei für eine Einteilung der Gläubiger in Abstimmungsgruppen sprechen, wurden zu Beginn des 3. Teils der Arbeit bereits eingehend dargestellt.[969] Entscheidend ist, daß das Ziel des Insolvenzplanverfahrens, durch sinnvolle Verwertungsentscheidungen ein wirtschaftliches Optimum für die Gläubiger zu erreichen, sich nur dann umsetzen läßt, wenn solche Entscheidungen nicht an den Partikularinteressen Einzelner scheitern.[970] Mit der Ausgestaltung des Obstruktionsverbotes in § 245 InsO hat der Gesetzgeber Sorge getragen, daß auch die legitimen Interessen der negativ votierenden Gläubigergruppen gewahrt werden. Dabei werden dann nicht die Verfahrensteilnahmerechte einzelner Gläubiger eingeschränkt. Lediglich der Stimme der majorisierten Gläubiger wird keine Rechtsfolge beigemessen.[971] Als ein grundrechtlich relevanter Eingriff in die Vermögensposition dieser Gläubiger gem. Art. 14 GG kann dies nicht gewertet werden. Der Insolvenzplan als Rechtsinstitut sui generis bzw. Verwertungsvertrag stellt lediglich eine von der Regelinsolvenz abweichende Art der Masseverwertung *zur Verfügung*. Die den Gläubigern hierin zugewiesenen Befriedigungsquoten sind unter wirtschaftlichen Gesichtspunkten und im Lichte des Art. 14 GG lediglich als Chancen auf eine bessere Befriedigung als im Falle der Regelabwicklung zu bewerten, denen ein grundrechtlicher Schutz verwehrt wird.[972]

Werden durch das Obstruktionsverbot[973] einzelne Gläubiger mit ihrem Votum nicht gehört, so hat eine Mehrheitsentscheidung sicherzustellen, daß die überstimmten Gläubiger so gestellt werden, wie sie ohne Insolvenzplan gestanden hätten und daß sie angemessen am wirtschaftlichen Wert beteiligt werden. Nur in diesem Umfang können die subjektiven Vermögenspositionen der einzelnen Gläubiger Grundrechtsschutz genießen. Mit Drukarzcyk läßt sich dies wie folgt zusammenfassen: "Ein Insolvenzplan hat ... die Eigenschaften der Vorinsolvenzrechte zu beachten."[974] Diesem Erfordernis trägt dann auch § 245 Abs. 1 Nr. 1, Nr. 2 i.V.m. Abs. 2 InsO Rechnung.

Neben einer grundsätzlich positiven Bewertung des Gruppenbildungsmodells gem. § 222 InsO wird teilweise sogar geltend gemacht, daß der Gesetzgeber den Gerichten zu weitgehen-

---

968 Mit Braun stellt dies die stärkste Form der Teilnahme am Verfahren dar: ders. in: Braun/Uhlenbruck, Unternehmensinsolvenz, J, II, 4, b), S. 622.

969 Siehe oben: Teil 3, A, I, 3.

970 Allg. Begrdg. RegE, abgdr. in: Balz/Landfermann, Die neuen Insolvenzgesetze, S. 33.

971 So auch Braun in: Braun/Uhlenbruck, Unternehmensinsolvenz, J, II, 4, b), S. 622 f: instruktiv auch der hergestellte Bezug zum Wahlrecht: "Niemand hat je behauptet, daß, wer an Wahlen teilnimmt, seines Wahlrechts beraubt würde, nur weil derjenige, den er wählt, nicht gewinnt."

972 Vgl. hierzu Papier in: Maunz-Dürig, GG, Art. 14 Rdnr. 101.

973 Eidenmüller begreift die Funktion des Obstruktionsverbotes als die "Antwort auf das Spannungsverhältnis zwischen Wertschöpfung und Wertbeanspruchung": in: Der Insolvenzplan als Vertrag, S. 164 ff, 180.

974 Drukarzcyk in: DBW 52 (1992), S. 161 ff, 176.

de Kontrollaufgaben zugewiesen hat und man diese lediglich auf Fälle evidenten Rechtsmißbrauchs beschränken sollte.[975] Damit würde dann sogar ein noch weitgehender Gestaltungsspielraum für den Planersteller einhergehen. Hierzu wurde im 1. Teil der Arbeit bereits herausgearbeitet, daß Rechtskontrolle durch das Gericht als Korrelat zur weitgehenden Gläubigerautonomie sinnvoll ist und vom Gesetzgeber auch sachgerecht umgesetzt wurde.

dd) Zusammenfassung

Zusammenfassend bleibt festzuhalten, daß die deutsche Regelung des § 222 InsO im Vergleich zur nordamerikanischen Rechtspraxis einerseits deutlich großzügiger dem Planersteller die Möglichkeit für eine Einteilung der Gläubiger in unterschiedliche Gruppen eröffnet. Andererseits enthält die Insolvenzordnung Kontrollmechanismen, die die in der Literatur geäußerten Bedenken von einer "Fragmentierung der Gläubigergemeinschaft in Abstimmungsgruppen" deutlich in den Hintergrund treten lassen. Einerseits unterliegt die Gruppenbildung einer Rechtskontrolle durch das Gericht. Andererseits ist für die Anwendbarkeit des Obstruktionsverbots in der Gesetz gewordenen Fassung des § 245 Abs. 1 Nr. 3 InsO die ausdrückliche Zustimmung einer Mehrheit von Gruppen für den Plan normiert.[976] Hinzu kommt, daß die Voraussetzungen des Obstruktionsverbots wesentlich präziser formuliert worden sind, als dies im Chapter 11 BC der Fall ist. Dort sind die Anforderungen an die Tatbestandsmerkmale "diskriminate unfairly" und "fair and equitable" des § 1129 (b)(1) BC 11 im wesentlichen dem Richterrecht entsprungen.[977]

Positiv äußert sich schließlich, daß nicht allein der Schuldner zur Planvorlage berechtigt ist, sondern auch der Insolvenzverwalter aus eigenem Recht ein Planinitiativrecht ausüben kann. Eine mißbräuchliche Gruppeneinteilung steht bei ihm aber gerade nicht zu befürchten.

Insgesamt erscheint daher die in § 222 Abs. 2 InsO vorgesehene Möglichkeit einer sachgerechten Abgrenzung der Gläubigergruppen nach gleichartigen wirtschaftlichen Interessen als gelungen, um den Entscheidungsprozeß unter der Vielzahl von Gläubigern zu strukturieren und den mannigfachen Interessengegensätzen angemessen Rechnung zu tragen. Der damit verbundene Entlastungseffekt hinsichtlich der Transaktionskosten[978] ist nur ein Vorteil, den eine solche Gruppenbildung zu erreichen vermag. Vor diesem Hintergrund vermag der Autor einen Anwendungsbereich bzw. die Notwendigkeit einer "korrigierenden Auslegung" nicht zu erkennen.[979]

ee) Schlußfolgerung für die Bildung von Einzelgläubigergruppen

Im Ergebnis ist aus den vorangestellten Ausführungen die Schlußfolgerung zu ziehen, daß es bei der im Teil 3, B, III, 2, a), bb) dargestellten gesetzlichen Konzeption einer Möglichkeit für

---

975 Vgl. Eidenmüller, Der Insolvenzplan als Vertrag, S. 164 ff, 178 ff, 190.
976 Bork, Der Insolvenzplan, S. 473 ff, 485.
977 So auch Bork, Der Insolvenzplan, S. 473 ff, 485.
978 Eidenmüller, Der Insolvenzplan als Vertrag, S. 164 ff, 178 ff.
979 Auch Hess wendet sich gegen die Auffassung von Smid, wenngleich ohne eingehende Begründung: ders. in: Hess, InsO, § 222 Rdnr. 39; Hess/Obermüller, Insolvenzplan, Rdnr. 154 a.

den Planersteller zur Differenzierung der Gläubiger nach der Gleichartigkeit der wirtschaftlichen Interessen verbleibt. Die vom Gesetzgeber in der Gesetzesbegründung bereits dargestellten Differenzierungskriterien belegen, daß sich auch bei der Gruppenbildung nach der Insolvenzordnung Parallelen zur amerikanischen Rechtspraxis darstellen lassen. So wird es ausdrücklich als zulässig erachtet, daß innerhalb der Gruppe der Absonderungsrechte nach der Art der gewährten Sicherheit (persönliche, dingliche) und dem Vermögenswert, an dem die Sicherheit bestellt worden ist, unterschieden werden kann. Dies schließt es ein, daß die Gruppe der Lieferantengläubiger neben der Gruppe der Finanzierungsgläubiger (Banken) weiter nach der Art der Lieferantensicherheit (Verlängerungs-, Erweiterungs- und Verarbeitungsformen des Eigentumsvorbehalts) unterteilt wird. Ein Beispiel für die Vielzahl der Gestaltungsmöglichkeiten findet sich insoweit bei Braun.[980]

Im folgenden werden weitere Beispiele für eine zulässige Gruppenbildung aufgeführt, die sich teilweise auch aus anderen gesetzlichen Bestimmungen unmittelbar entnehmen lassen:

- Für Gläubiger, die maßgeblich an einer Betriebsübernahmegesellschaft[981] im Fall einer übertragenden Sanierung mittels Insolvenzplan beteiligt sind, kann es zweckmäßig sein, eine eigene Gruppe im Plan vorzusehen. Gleiches gilt auch für die Gläubiger, denen Anteilsrechte zur Befriedigung ihrer Forderungen am reorganisierten Unternehmen übertragen werden.[982] Dadurch wird die Möglichkeit eröffnet, die finanzielle Stellung solcher Beteiligter in bezug auf das zur Verteilung anstehende Massevermögen im Verhältnis zu den Gläubiger gleicher Rechtsstellung und gleichen liquidationsmäßigen Ranges angemessen zu berücksichtigen. Da diesen Gläubigern mit der Beteiligung am neuen Unternehmen auch dessen zukünftige Erträge und Gewinne anteilig zufließen, werden ihre Beteiligungsquoten am Verwertungserlös typischerweise niedriger als die der anderen Gläubiger gleicher Rechtsstellung sein.[983]

- Regelmäßig wird auch der Pensionssicherungsverein eine eigene Gruppe bilden. Die Zulässigkeit hat der Gesetzgeber ausdrücklich in § 9 Abs. 4 Satz 1 BetrAVG in der Fassung des Art. 91 Nr. 4 d EGInsO normiert. Ein Anwendungsfall findet sich in § 7 Abs. 4 Sätze 2 und 5 BetrAVG in der Fassung nach § 91 Nr. 2 EGInsO. Danach kann im Plan vorgesehen werden, daß der Pensionssicherungsverein die Rentenlast zunächst selbst voll erbringt, ab einem bestimmten Zeitpunkt jedoch der alte Unternehmensträger die Leistungen wieder übernimmt (§ 7 Abs. 4 Satz 2, 3 BetrAVG n.F.). Es *soll* sogar im Plan vorgesehen werden, daß bei nachhaltiger Besserung der wirtschaftlichen Situation des Arbeitgebers die Leistungen wieder von ihm zu erbringen sind (§ 7 Abs. 4 Satz 5 BetrAVG n.F.).

- Die vorerwähnte beispielhafte Darstellung von Braun für mögliche Gruppenbildungen unter den Voraussetzungen des § 222 Abs. 2 InsO hat gezeigt, daß Banken häufig verschiedenen Gruppen zuzuordnen sein werden. Neben ihrer Position als Absonderungsrechtsin-

---

980 Braun in: Braun/Uhlenbruck, Unternehmensinsolvenz, 7. Teil, I, 2, c), S. 596; dies. in: Musterplan, S. 75; Braun in: Nerlich/Römermann, InsO, § 222 Rdnr. 97 ff.

981 Zur Begriffsbestimmung vgl. Groß, Sanierung, S. 55.

982 In diesem Fall wird gem. § 230 Abs. 2 InsO verlangt, daß die Zustimmungserklärung jedes Gläubigers dem Plan zwingend als Anlage beigefügt wird. Damit soll verhindert werden, daß einem Gläubiger eine Beteiligung aufgezwungen wird.

983 Vgl. hierzu auch allg. Begrdg. RegE, abgdr. in: Balz/Landfermann, Die neuen Insolvenzgesetze, S. 37.

haber können sie hinsichtlich des nicht gesicherten Teils ihrer Forderungen auch der Gruppe der nicht bevorrechtigten Gläubiger angehören. Für eine Bank sollte eine eigene Gruppe auch dann gebildet werden, wenn sie neben ihrer Position als Finanzierungsgläubigerin auch als Aktionärin am Unternehmen beteiligt ist. Dann partizipiert sie am künftigen Unternehmenserfolg, was es rechtfertigt, ihr im Plan insoweit eine geringere Befriedigungsquote zuzuweisen.[984]

- Innerhalb der Gruppe der nicht nachrangigen Insolvenzgläubiger können auch die Gläubiger mit Ansprüchen nach dem ProdHaftG[985], UmweltHG oder anderen spezialgesetzlich geregelten Schadensersatzansprüchen eine eigenständige Gruppe bilden.

- Nicht zu beanstanden wäre auch, wenn für die öffentliche Hand (Arbeitsamt in bezug auf die gezahlten Beträge aus der Insolvenzgeldversicherung, Finanzamt, Sozialversicherungsträger) eine eigene Gruppe im Plan vorgesehen wird.[986]

- Auch für Monopolversorger (Energie, Wasser, Kommunikation)[987] stellen sich andere wirtschaftliche Erwägungen wie für sonstige Lieferanten, was für eine eigene Abstimmungsgruppe spricht.

Im Zusammenhang mit der Gruppenbildung hat Warrikoff[988] auf einen weiteren Aspekt aufmerksam gemacht. Seiner Auffassung nach spricht nichts gegen eine Kombination von Individualabsprachen mit einzelnen Gläubigern außerhalb des Insolvenzplanverfahrens und der Gruppenbildung nach der Insolvenzordnung. Soweit er sich auf die absonderungsberechtigten Gläubiger bezieht, kann dem sicher gefolgt werden. Das Gesetz sieht zwar eine Gruppe der Absonderungsrechtsinhaber in § 222 Abs. 1 Satz 2 InsO vor. Da aber bei Nichteingriff in deren Rechte eine Gruppe andererseits auch nicht gebildet werden muß, läßt sich nach Sinn und Zweck des § 222 Abs. 1 InsO nichts gegen eine solche Kombination einwenden. Zwar sind auch die absonderungsberechtigten Gläubiger Beteiligte im einheitlichen Insolvenzverfahren. Unabhängig von dem Verwertungsrecht des Verwalters und der Beteiligung an den Kosten der Feststellung und Verwertung bleiben ihre Rechte jedoch auch im Regelinsolvenzverfahren nominell unberührt. Soll dann aber in einem Insolvenzplan eine insoweit abweichende Regelung getroffen werden (vgl. §§ 217, 1 Satz 1 InsO), können die Rechte der Absonderungsrechtsinhaber auch unberührt bleiben und Vereinbarungen außerhalb des Planverfahrens mit ihnen getroffen werden.[989] Ob ein solcher Plan annahmefähig sein wird, entscheiden die Gläubiger.

Die Rechtfertigung von Einzelabsprachen ergibt sich zweifelsohne auch für die *Aussonderungsberechtigten* (§ 47 InsO), da sie keine Insolvenzgläubiger sind und für sie demzufolge auch keine Gruppe im Plan vorgesehen werden kann. Für eine Fortführung des Geschäftsbetriebes können aber auch die einem Aussonderungsrecht unterliegenden Gegenstände unerläßlich sein. In einem solchen Fall ist es in bezug auf mögliche Ablösungsbeträge notwendig,

---

984 So auch Landfermann in: BB 1995, S. 1649 ff, 1655.
985 Landfermann in: BB 1995, S. 1649 ff, 1655; Flessner in: HK-InsO, § 222 Rdnr. 11.
986 Warrikoff in: KTS 1997, S. 527 ff, 547; Maus, Der Insolvenzplan, Rdnr. 44.
987 Warrikoff in: KTS 1997, S. 527 ff, 546.
988 Warrikoff in: KTS 1997, S. 527 ff, 543 f.
989 Vgl. hierzu auch § 226 Abs. 3 InsO und die Anm. von Hess/Obermüller, Insolvenzplan , Rdnr. 145 ff.

einvernehmliche Lösungen mit diesen Gläubigern zu erzielen. Gleichwohl wird dies nur dann erforderlich sein, wenn die Gegenstände auf dem Markt nicht zu günstigeren Konditionen eingekauft werden können.

Für nicht nachrangige Insolvenzgläubiger stellt sich die Berechtigung von Individualabsprachen jedoch anders dar. Für sie ist gem. § 222 Abs. 1 Satz 2 Nr. 2 InsO zwingend im Plan eine Gruppe vorzusehen. Im Zusammenhang mit § 226 Abs. 3 InsO sind daher ihre Rechte im Plan abschließend zu regeln. Für Sonderabsprachen/Individualvereinbarungen ist danach kein Raum, soweit es hierbei um Regelungen geht, die sich aus der Beteiligtenstellung des Gläubigers im Insolvenzplanverfahren ergibt.

b) Sachgerechte Abgrenzung - Anforderungen an das Insolvenzgericht bei der Prüfung im Rahmen des § 231 InsO[990]

Dem Planersteller stehen weitgehende Gestaltungsspielräume bei der Einteilung der Gläubiger in die einzelnen Abstimmungsgruppen zur Verfügung. Es wäre dabei praxisfern zu glauben, der Planersteller würde die ihm vom Gesetz eingeräumten Möglichkeiten, im Interesse einer Mehrheitsfindung für seinen Planvorschlag, nicht auch zu strategischen Zwecken nutzen. Vor diesem Hintergrund stellt sich die Frage, ob der Gesetzgeber diesen Erwägungen durch eine entsprechende Ausgestaltung der Kontrolle durch das Gericht hinreichend Rechnung getragen hat. Die insoweit einschlägige Rechtsnorm kann nur § 231 Abs. 1 Nr. 1 InsO sein. Hiernach hat das Insolvenzgericht zwingend im Wege einer Vorprüfung den Plan einer Kontrolle daraufhin zu unterwerfen, ob die Anforderungen an die Gruppenbildung gem. § 222 InsO eingehalten worden sind. Dies wiederum setzt voraus, daß:

- der Plan Gläubiger unterschiedlicher Rechtsstellung in unterschiedlichen Hauptgruppen zusammenfaßt (§ 222 Abs. 1 Satz 1 InsO),

- die Pflichtgruppen des § 222 Abs. 1 Satz 2 Nr. 1 - 3 InsO bei Vorliegen der Voraussetzungen im Plan enthalten sind,

- die vom Planersteller wahlweise gebildeten Gruppen des § 222 Abs. 2 InsO sich sachgerecht voneinander abgrenzen lassen.

Nicht hingegen hat das Gericht zu prüfen, ob der Plan auch eine Gruppe der Arbeitnehmer gebildet hat. Dem Wortlaut des § 222 Abs. 3 Satz 1 InsO ("sollen") zufolge, ergibt sich keine Verpflichtung für den Planersteller hierzu, woraus dann eine Prüfungsbefugnis des Gerichts resultieren würde.[991] Ausdrücklich in das Ermessen des Planautors ist die Bildung von Kleingläubigergruppen gem. § 222 Abs. 3 Satz 2 InsO gestellt.

---

[990] Zu § 231 InsO vgl. schon oben: Teil 3, A, III, 2, b).

[991] Unzutreffend insoweit Smid in: InVo 1997, S. 169 ff, 176; auch Haarmeyer/Wutzke/Förster scheinen unter den Voraussetzungen des § 222 Abs. 3 Satz 1 InsO von einer Verpflichtung zur Bildung einer Arbeitnehmergruppe, auszugehen: dies., InsO, Kap. 9 Rdnr. 13; so auch Hess, InsO, § 222 Rdnr. 18; Hess/Obermüller, Insolvenzplan, Rdnr. 156 ("ist"); Zur Auffassung des Autors vgl. Begrdg. zu § 265 RegE InsO, abgdr. in: Balz/Landfermann, Die neuen Insolvenzgesetze, S. 336 ("regelmäßig": dies schließt eine generelle Handhabung aber gerade aus).

In der Konsequenz seines kritischen Ansatzes zur Gruppenbildung in einem Insolvenzplan nimmt Smid eine Auslegung des § 231 Abs. 1 Nr. 1 InsO vor. Seiner Ansicht nach wäre es mit dem "Postulat der insolvenzrechtlichen Verfahrensökonomie" unvereinbar, wenn die Prüfung des Gerichts gem. § 231 Abs. 1 Nr. 1 InsO am engen Wortlaut des § 231 Abs. 1, 2 InsO halt machen und damit auf eine "materielle Überprüfung möglichen Mißbrauchs der Gruppenbildung"[992] verzichten würde. Im Sinne einer "Gesamtschau" soll "das durch den Plan vorgesehene Ensemble von Gläubigergruppen insgesamt daraufhin "wertend" betrachtet werden, ob die Art der Einteilung in Gruppen geeignet ist, dissentierenden Gläubigern die Geltendmachung ihres Einspruches gegen den Plan zu erschweren."[993] Damit will er gewährleisten, daß einer mißbräuchlichen Gestaltung der Gruppen durch den Planersteller aus rein strategischen Gesichtspunkten Vorschub geleistet wird.

Zutreffend ist daran zunächst, daß der Planersteller im Bewußtsein eines negativen Votums seitens der Pflichtgruppen versuchen wird, anhand der verschiedenen wirtschaftlichen Interessen weitere Wahlgruppen zu bilden, um eine Mehrheit von zustimmenden Gruppen gem. § 245 Abs. 1 Nr. 3 InsO für seinen Plan zu erlangen. Es muß jedoch gefragt werden, ob solch ein strategisches Verhalten immer als gegen Treu und Glauben (§ 242 BGB) verstoßend zu bewerten ist, mit der Folge, daß das Gericht diesen Plan gem. § 231 Abs. 1 Nr. 1 InsO zurückzuweisen habe.

Ausdrücklich enthält § 231 Abs. 1 Nr. 1 InsO keinen Hinweis auf eine solche Auslegung. Vielmehr werden die Prüfungsanforderungen an formalen Kriterien festgemacht, wie sie auch dem Wesen einer Vorprüfung immanent sind. Insgesamt entspricht es der Intention des Gesetzgebers, daß mit § 231 InsO lediglich verhindert werden soll, daß das Planverfahren zur Verfahrensverschleppung vom Schuldner mißbraucht wird. Der Verwirklichung dieser Zielsetzung dient es, wenn u.a. offensichtlich aussichtslose Planvorhaben bzw. solche, bei denen die formalen Kriterien zur Planaufstellung bzw. zum Planinhalt nicht eingehalten wurden, bereits in einem frühen Stadium zurückgewiesen werden.

Auch aus § 222 InsO läßt sich die Auffassung von Smid nicht herleiten. Der Gesetzgeber hat die Anforderungen an eine zulässige Klassifizierung der Gläubiger streng formal geregelt und dem Gericht insoweit auch kein Ermessensspielraum eingeräumt. Ein solches Ermessen wäre überdies mit dem auch von Smid vertretenen Grundsatz der Gläubigerautonomie nicht zu vereinbaren. Dem Ziel der Insolvenzordnung nach "Deregulierung" entspricht es in besonderem Maße, wenn dem Planersteller "größtmögliche Flexibilität (im Rahmen der vom Gesetz vorgegebenen Grenzen) bei der Differenzierung der Planwirkungen"[994] (Klammerzusatz stammt vom Verfasser) eingeräumt wird. Dies schließt aber auch die Verfolgung strategischer Nebenziele ein, sofern - wie dargestellt - die gesetzlichen Vorgaben des § 222 InsO eingehalten werden.

Hat hingegen der Planersteller die Abstimmungsgruppen *allein* aus taktischen Erwägungen heraus (beispielsweise zur Mehrheitserlangung nach § 245 Abs. 1 Nr. 3 InsO) gebildet, *ohne* im Plan anzugeben, anhand welcher sachgerechter Kriterien er die Einteilung vorgenommen

---

992 Beide Zitate finden sich bei Smid in: InVo 1997, S. 169 ff, 176; vgl. auch in: FS Pawlowski, S. 387 ff, 406 ff; Smid/Rattunde, Insolvenzplan, Rdnr. 485.

993 Smid in: InVo 1997, S. 169 ff, 177; Smid/Rattunde, Insolvenzplan, Rdnr. 491.

994 Allg. Begrdg. RegE, abgdr. in: Balz/Landfermann, Die neuen Insolvenzgesetze, S. 34.

hat, so ergibt sich die Notwendigkeit einer Zurückweisung des Plans gem. § 231 Abs. 1 Nr. 1 InsO bereits eindeutig aus dem Wortlaut des § 222 Abs. 2 InsO. Einer "wertenden Gesamtschau" bedarf es hierfür nicht. Im Ergebnis hat das Gericht die Klassifizierung der Gläubiger allein an den oben bereits herausgestellten Tatbestandsvoraussetzungen des § 222 Abs. 1 und 2 InsO zu überprüfen. Dabei ist das Gericht auf die im Plan enthaltenen Abgrenzungskriterien beschränkt. Mit dem Beibringungsgrundsatz unvereinbar wäre es, wenn sich das Gericht an die Stelle des Planarchitekten stellen würde, um zu prüfen, ob sich die vorgenommene Einteilung nicht aus anderen Erwägungen heraus rechtfertigen läßt. Allein dem Planersteller obliegt es, die Sachgerechtheit der Abstimmungsgruppen durch Angabe der hierfür maßgeblichen Kriterien im Plan zu belegen.

Insofern hat das Gericht zu kontrollieren, ob:

- der Plan überhaupt Abgrenzungskriterien enthält: andernfalls wäre dem Planersteller gemäß § 231 Abs. 1 Nr. 1 InsO aufzugeben, diesen Mangel innerhalb einer angemessenen Frist zu beheben. Nach fruchtlosem Verstreichen der gesetzten Frist wäre der Plan endgültig zurückzuweisen.

- die im Plan enthaltenen Kriterien auch die vom Planersteller vorgenommenen Klassifizierungen rechtfertigen: andernfalls wäre auch hier wieder dem Planersteller die Möglichkeit zur Nachbesserung zu geben.

Ein Plan, der diesen Anforderungen gerecht wird, kann nicht mit den von Smid vorgebrachten Erwägungen zurückgewiesen werden.[995] Um Wiederholungen an dieser Stelle zu vermeiden, soll ergänzend auf die vorherigen Ausführungen verwiesen werden, mit denen der Verfasser dargelegt hat, daß die Insolvenzordnung die Schranken für ein mißbräuchliches Verhalten des Planerstellers hinreichend normiert hat. Es darf schließlich niemals außer Acht gelassen werden, worum es bei einer plangemäßen Abwicklung geht. Der Gesetzgeber hat dies in den §§ 1 Satz 1 und 217 InsO ausdrücklich festgeschrieben. Es geht um eine von der Regelabwicklung abweichende Art der Masseverwertung, von dem die Gesamtheit der Gläubiger innerhalb des gesetzlichen Rahmens eigenverantwortlich Gebrauch machen kann. Im Interesse einer pareto optimalen Verwertung des Schuldnervermögens, soll der Plan das Ergebnis von privatautonomen Verhandlungen und Austauschvorgängen sein.[996] Solange dabei gewährleistet ist, daß kein Beteiligter schlechter als im Falle der Regelabwicklung gestellt wird und dissentierende Gläubigergruppen angemessen am wirtschaftlichen Wert beteiligt werden (vgl. § 245 Abs. 1 Nr. 2, Abs. 2 InsO), ist ein "Höchstmaß an Differenzierung und Individualisierung des Planinhalts"[997] zuzulassen. Dies schließt dann auch taktische Erwägungen mit ein, solange die gesetzlichen Schranken gewahrt sind.

---

[995] Gegen eine Inhaltskontrolle der Gruppenbildung im Rahmen des § 231 Abs. 1 Nr. 1 InsO hat sich auch Hess/Obermüller, Insolvenzplan, Rdnr. 154a ausgesprochen; ; i.d.S. auch Flessner in: HK-InsO, § 222, Rdnr. 12, 14.

[996] Allg. Begrdg. RegE, abgdr. in: Balz/Landfermann, Die neuen Insolvenzgesetze, S. 12.

[997] Allg. Begrdg. RegE, abgdr. in: Balz/Landfermann, Die neuen Insolvenzgesetze, S. 12.

c) Zulässigkeit der Wahlgruppenbildung bei den Gruppen der Arbeitnehmer und Kleingläubiger?

Es stellt sich nunmehr die Frage, ob auch die Gruppen der Arbeitnehmer und Kleingläubiger gem. § 222 Abs. 3 InsO einer weiteren Differenzierung anhand der unterschiedlichen wirtschaftlichen Interessen i.S.d. § 222 Abs. 2 Satz 1 InsO zugänglich sind.

aa) Wortlaut des § 222 Abs. 3 InsO

Streng am Wortlaut des § 222 Abs. 3 Satz 2 InsO orientiert, findet sich direkt im Gesetz der Hinweis auf die Zulässigkeit der Bildung mehrerer Grupp*en* von Kleingläubigern.

bb) Systematische Stellung des § 222 Abs. 3 InsO

Gegen eine weitere Differenzierung der Gruppen der Arbeitnehmer und Kleingläubiger anhand der unterschiedlichen wirtschaftlichen Interessen scheint jedoch die Systematik des § 222 InsO zu sprechen. Der Gesetzgeber hat die Zulässigkeit der Bildung besonderer Gruppen der Arbeitnehmer und Kleingläubiger in dem Abs. 3 des § 222 InsO geregelt. Seinem Wortlaut nach bezieht sich § 222 Abs. 2 InsO, der insofern die Voraussetzungen für eine Wahlgruppenbildung enthält, allein auf die Gläubiger "mit gleicher Rechtsstellung" und damit ausdrücklich nur auf den Abs. 1 des § 222 InsO.[998] Dieser systematische Zusammenhang zwischen Abs. 2 und Abs. 1 des § 222 InsO ließe ggf. auf den Willen des Gesetzgebers schließen, daß er zwar mit der Bildung einer eigenen Gruppe sowohl für die Arbeitnehmer als auch die Kleingläubiger auf die Möglichkeit einer besonderen Behandlung dieser Gläubiger verweisen wollte, einer weiterreichenden Wahlgruppenbildung jedoch ablehnend gegenüberstand. Erhärten ließe sich diese Argumentation mit dem Wortlaut des § 222 Abs. 3 InsO, dem kein Hinweis auf die Zulässigkeit einer Wahlgruppenbildung gem. § 222 Abs. 2 InsO zu entnehmen ist.

cc) Teleologische Auslegung

Die besseren Argumente sprechen jedoch gegen eine solche Auffassung und lassen eine Wahlgruppenbildung gem. § 222 Abs. 2 InsO auch bei den Gläubigergruppen der Arbeitnehmer und Kleingläubiger zu.

Hierfür läßt sich anführen, daß es sich bei den Arbeitnehmern und Kleingläubigern systematisch um Insolvenzgläubiger gem. § 38 InsO handelt, für die in § 222 Abs. 1 Satz 2 Nr. 2 InsO zwingend die Bildung einer Gruppe im Plan vorgesehen ist. In der Gesetzesbegründung[999] findet sich zudem der Hinweis darauf, daß mit der Regelung in § 222 Abs. 3 InsO ausschließ-

---

[998] I.d.S. dann auch Smid in: InVo 1997, S. 169 ff, 178 f, wenn er darauf hinweist, daß es sich bei den Gruppen des § 222 Abs. 3 InsO bereits um von Gesetzes wegen bestimmte Gruppen handelt.

[999] Begrdg. RegE zu § 265 RegE InsO, abgdr. in: Balz/Landfermann, Die neuen Insolvenzgesetze, S. 335 f.

lich auf die besondere Situation der Gruppe der Arbeitnehmer und Kleingläubiger im Rahmen eines Insolvenzverfahrens hingewiesen werden sollte. Ihre Interessenlagen weichen in der Regel von der anderer Insolvenzgläubiger ab, was es als gerechtfertigt erscheinen läßt, eine besondere Behandlung der Arbeitnehmer und Kleingläubiger ausdrücklich als zulässige Form der Klassifizierung von Gläubigern gleicher Rechtsstellung anzusehen.

Hinzu kommt, daß der Gesetzgeber in § 222 Abs. 1 InsO nur einen Mindeststandard der Einteilung in bestimmte Gruppen gewährleisten wollte, ausgerichtet an der jeweiligen unterschiedlichen Rechtsstellung der beteiligten Gläubiger. Vor diesem Hintergrund kommt § 222 Abs. 3 InsO allein deklaratorischer Charakter zu[1000], mit der weiteren Folge, daß er systematisch dem Abs. 1 des § 222 InsO zuzuordnen ist. Dann ist es aber auch konsequent, Wahlgruppenbildungen zuzulassen.[1001]

Für die Einordnung der Gruppe der Arbeitnehmer und Kleingläubiger als Hauptgruppen i.S.d. § 222 Abs. 1 InsO spricht auch, daß Gruppen der absonderungsberechtigten Gläubiger und der nachrangigen Gläubiger nur bei Vorliegen bestimmter Voraussetzungen zwingend gebildet werden müssen. Es kann daher vorkommen, daß der Plan überhaupt keine Gruppen enthält, wenn lediglich die Rechte der nicht nachrangigen Gläubiger vom Plan berührt werden (§§ 222 Abs. 1 Satz 2 Nr. 2, 224 InsO). Unter den Voraussetzungen des § 222 Abs. 3 InsO wäre dann gleichwohl eine unterschiedliche Behandlung verschiedener Gläubigergruppen möglich, wenn der Planersteller die nicht zwingend vorgeschriebenen Hauptgruppen der Arbeitnehmer und Kleingläubiger in seinem Plan vorsieht. Für die übrigen nicht nachrangigen Gläubiger wäre dann eine eigene Gruppe zu bilden.

dd) Wahlgruppen der Arbeitnehmer und Kleingläubiger

Arbeitnehmer und Kleingläubiger gehören systematisch zur Gruppe der nicht nachrangigen Insolvenzgläubiger gem. § 38 InsO. Gleichwohl weichen die Interessen der Arbeitnehmer von den der übrigen Insolvenzgläubiger regelmäßig ab. Um die Durchführung des Verfahrens zu vereinfachen kann auch die volle Befriedigung von Gläubigern mit Forderungen geringer Höhe zweckmäßig sein.[1002] Diesen Umständen hat der Gesetzgeber mit § 222 Abs. 3 InsO - wie aufgezeigt - Rechnung getragen. Aber auch innerhalb der Gruppe der Arbeitnehmer und Kleingläubiger ist ein Konsens in bezug auf die Strategie der Verwertung des Schuldnervermögens und den damit korrespondierenden eigenen Forderungen nicht immer feststellbar. Die Gründe hierfür können vollkommen unterschiedlicher Natur sein.

Arbeitnehmer, deren Arbeitsverhältnis bereits gekündigt ist bzw. zur Beendigung ansteht, werden einer Fortführungsentscheidung anders gegenüberstehen als dies bei Arbeitnehmern der Fall ist, die mit der Aufrechterhaltung des Geschäftsbetriebs auch die langfristige Siche-

[1000] So auch Schiessler, Der Insolvenzplan, S. 118.

[1001] Für eine Wahlgruppenbildung auch Hess/Obermüller, Insolvenzplan, Rdnr. 154a; Warrikoff in: KTS 1997, S. 527 ff, 545, wenn er auf die Möglichkeit der Bildung einer besonderen Arbeitnehmergruppe mit zeitlich begrenzter Unternehmenszugehörigkeit verweist; Groß in: WPK-Mitt. 1997, S. 2 ff, 11; Braun in: Braun/Uhlenbruck, Unternehmensinsolvenz, C, I, 4, b), S. 476; ders. in: Nerlich/Römermann, InsO, § 222 Rdnr. 95; Maus, Der Insolvenzplan, Rdnr. 43; Otte in: Kübler/Prütting, InsO, § 222, Rdnr. 7.

[1002] Begrdg. RegE zu § 265 RegE InsO, abgdr. in: Balz/Landfermann, Die neuen Insolvenzgesetze, S. 336.

rung ihres Arbeitsverhältnisses verbinden. Das Interesse an der Auszahlung eines möglichst großen Teils der ausstehenden Forderungen wird für die Arbeitnehmer mit nur noch zeitlich begrenzter Unternehmenszugehörigkeit dabei im Vordergrund stehen.[1003]

Wiederum anders stellt sich die Situation dar, wenn im Wege eines "Management Buy Out" (MBO)[1004] das bisher arbeits- oder dienstvertraglich an das Unternehmen gebundene Management als künftiger (Mit-)Eigentümer eines Unternehmens auftritt.[1005] Denkbar ist dies im Fall der Realisierung einer übertragenden Sanierung mittels Übertragungsplans, wo sich das alte Management an einer bereits existierenden Übernahmegesellschaft durch Anteilskauf beteiligt oder eine eigene Gesellschaft zum Zwecke des Erwerbs der "assets" gründet. Ähnliche Konstellationen sind vorstellbar, wenn die plangemäße Lösung eine Reorganisation des Schuldners zum Ziele hat.

Ist eine Reorganisation des Schuldners geplant, werden in der Mehrzahl aller Fälle jedoch die Arbeitnehmer vordringlich daran interessiert sein, weiter im alten Unternehmen beschäftigt zu bleiben. Besteht die Möglichkeit eines langfristigen Erhalts des Arbeitsplatzes werden die Arbeitnehmer dann auch häufig zu Zugeständnissen hinsichtlich ihrer ausstehenden, nicht über das Insolvenzgeld abgedeckten, Lohn- und Gehaltsansprüche sowie ihrer sonstigen arbeitsrechtlichen Ansprüche bereit sein.

Anlaß für eine Differenzierung innerhalb der Gruppe der Arbeitnehmer kann auch die plangemäße Einbeziehung von Arbeitnehmer unterschiedlicher Standorte sein, wobei der vorgelegte Plan für die einzelnen Standorte des schuldnerischen Unternehmens unterschiedliche Lösungen bereit hält. Beispielhaft sei nur an eine teilweise Betriebsstillegung zu denken, weil sich die Aufrechterhaltung eines Standortes aus leistungswirtschaftlichen und/oder finanzwirtschaftlichen Gründen nicht rechnet.

Insofern wurde im Zusammenhang mit der Darstellung möglicher leistungswirtschaftlicher Maßnahmen darauf hingewiesen, daß die veränderte Situation am Markt dazu führen kann, daß eine Neupositionierung der im Unternehmen hergestellten Produkte notwendig ist. Muß im Zuge dessen ein Betriebsteil stillgelegt werden, wird es in der Regel nicht möglich sein, die Arbeitnehmer in den anderen Teilbetrieben weiter zu beschäftigen. Der Grund hierfür liegt auf der Hand. Häufig bilden die Personalkosten einen Hauptkostenfaktor, an dem eine finanzwirtschaftliche Sanierung ansetzt. Eine sinnvolle und erfolgversprechende Reorganisation des Schuldners wird daher regelmäßig auch mit dem Abbau von Arbeitsplätzen verbunden sein. Vor diesem Hintergrund bleibt zu erwarten, daß sich diese Arbeitnehmer möglicherweise gegen einen Reorganisationsplan stellen werden. Sofern die übrigen Arbeitnehmer dann jedoch die Mehrheit auch nach der Summe der Forderungen bilden, wird der Planersteller die voraussichtlich mit nein votierenden Arbeitnehmer (trotz der unterschiedlichen wirtschaftlichen Interessen) gerade nicht separieren, sondern sie in einer Gruppe mit den übrigen Arbeitnehmern zusammenfassen, um sie innerhalb der Gruppe zu majorisieren. Dieses Vorgehen stellt sich nach den vorab dargestellten Grundsätzen für eine zulässige Gruppenbildung als strategische Option dar und wäre nach der Auffassung von Smid sogar geboten. Im Falle einer

---

1003 Warrikoff in: KTS 1997, S. 527 ff, 545.

1004 Vgl. hierzu eingehend: Holzapfel/Pöllath, Recht und Praxis des Unternehmenskaufs, Rdnr. 267a ff; Hitschler in: BB 1990, S. 1877 ff.

1005 Maus, Der Insolvenzplan, Rdnr. 43.

Minderheitenlage der übrigen Arbeitnehmer wird der Planarchitekt, sofern die den ausscheidenden Arbeitnehmern angebotene quotale Befriedigung sie nicht zu einem positivem Votum bewegen kann, überhaupt keine eigene Gruppe der Arbeitnehmer bilden. Zusammen mit den nicht nachrangigen Insolvenzgläubigern werden die Arbeitnehmer dann über den Insolvenzplan abstimmen.

Berücksichtigt man, daß zu den Kleingläubigern neben den Kleingewerbetreibenden sicher auch die Gläubiger von Unterhaltsforderungen gem. § 40 InsO gezählt werden müssen[1006], sind bereits mögliche Differenzierungskriterien aufgezeigt. Daneben werden auch Einteilungen nach unterschiedlichen Forderungshöhen mit gestaffelter quotaler Befriedigung[1007] nicht zu beanstanden sein, wenn sachliche Unterscheidungskriterien vorliegen. Werden die Forderungen ungesicherter Kleingläubiger bis zu einer bestimmten Höhe jedoch voll befriedigt, nehmen sie an der Abstimmung über den Insolvenzplan nicht teil, da sie in ihren Rechten nicht beeinträchtigt sind (§ 237 Abs. 2 InsO).[1008]

d) Die Geltung der "par conditio creditorum" innerhalb der Wahlgruppen?

Im Zusammenhang mit der (Unter-)gruppenbildung soll an dieser Stelle kurz auf die Frage eingegangen werden, ob der in § 226 InsO ausgestaltete Grundsatz der Gleichbehandlung der Gläubiger innerhalb einer Gruppe auch bei der Bildung der Wahlgruppen gem. § 222 Abs. 2 InsO zu beachten ist. Die Problematik stellt sich, nachdem der Wortlaut des § 226 Abs. 1 InsO lediglich auf die "Gruppe" als solches verweist. Zwar verwendet die Insolvenzordnung nicht die Termini "Pflicht- und Wahlgruppe". In § 222 InsO sind jedoch die gesetzlichen Anforderungen für die Zulässigkeit der Klassifizierung der Gläubiger sowohl nach der Rechtsstellung als auch der Gleichartigkeit der wirtschaftlichen Interessen unterschiedlich ausgestaltet.

Die Antwort auf die Frage läßt sich mit einem Blick auf die Rechtsfolgen finden. Würde man die Auffassung vertreten, § 226 Abs. 1 InsO würde sich ausschließlich auf die Hauptgruppen gem. § 222 Abs. 1 InsO beziehen, käme man zu dem sinnwidrigen Ergebnis, daß die Gläubiger aller Wahlgruppen, die aus den Gläubigern gleicher Rechtsstellung (und damit einer Pflichtgruppe) gebildet wurden, gleich behandelt werden müßten. Die weitere Differenzierung der Gläubiger gleicher Rechtsstellung anhand der Vielgestaltigkeit der wirtschaftlichen Interessenlagen wäre damit entbehrlich, was erkennbar nicht im Interesse des Gesetzgebers gelegen war. Mithin bezieht sich § 226 InsO ausschließlich auf die Wahlgruppen des § 222 Abs. 2 InsO. Nur innerhalb einer Wahlgruppe sind die Gläubiger gleich zu behandeln. Verschiedene Wahlgruppen gestatten demgegenüber auch eine unterschiedliche Behandlung.

1006 So bereits Smid in: InVo 1997, S. 169 ff, 178; Smid/Rattunde, Insolvenzplan, Rdnr. 501.

1007 Warrikoff in: KTS 1997, S. 527 ff, 546.

1008 Begrdg. zu § 281 RegE InsO, abgdr. in: Balz/Landfermann, Die neuen Insolvenzgesetze, S. 353. Ein solches Vorgehen wurde zum Beispiel im Vergleichsverfahren über das Vermögen des Kölner Bankhauses I.D. Herstatt KGaA i.L. für ca. 30000 Kleingläubiger gewählt, deren Forderungen nicht mehr als TDM 20 betrugen und die aus dem vom Bundesverband deutscher Banken gegründeten "Feuerwehrfond" voll befriedigt wurden: vgl.: Künne in: KTS 1975, S. 178 ff, 182.

B. Zulässigkeit strategischer Entscheidungen zur Mehrheitsbildung durch den Planinitiator ?

I. Die Abstimmung in Gruppen

1. Die stimmberechtigten Gläubiger: teleologische Auslegung des § 237 InsO?

a) Ausgangsfall zur Problemdarstellung

Zur gerichtlichen Bestätigung des Insolvenzplans ist es erforderlich, daß alle im Plan vorgesehenen Gruppen mit den erforderlichen Mehrheiten gem. § 244 InsO ihre Zustimmung zum Plan erteilt haben. Unter den Voraussetzungen des § 245 InsO kann dabei die Zustimmung einer negativ votierenden Gruppe ersetzt werden, um wirtschaftlich sinnvolle Planlösungen nicht an dem Widerstand einer Gruppe scheitern zu lassen.[1009]

Im Vorfeld der eigentlichen Abstimmung sind im Erörterungs- und Abstimmungstermin (§ 235 InsO) zunächst die Stimmrechte der einzelnen Gläubiger gem. §§ 237 f i.V.m. 77 InsO festzustellen[1010] (§ 235 Abs. 1 Satz 1 InsO). Zu entscheiden ist dabei, ob und wenn ja in welcher Höhe dem jeweiligen Gläubiger ein Stimmrecht zusteht. Wie sich aus den §§ 237 f InsO ergibt, ist hierbei nach der Stellung des Gläubigers als Absonderungsrechtsinhaber oder Insolvenzgläubiger zu differenzieren. Die nachfolgenden Ausführungen sollen sich auf ein Problem konzentrieren, welches in der bisherigen insolvenzrechtlichen Literatur erstmals von Braun aufgeworfen wurde.[1011]

Braun ging es dabei um die Frage, wann ein Gläubiger durch eine Regelung im Insolvenzplan als beeinträchtigt i.S.d. § 237 Abs. 2 InsO anzusehen und ihm daher ein Stimmrecht in der Gläubigerversammlung (Erörterungs- und Abstimmungstermin gem. § 235 InsO) einzuräumen sei. Hintergrund seiner Problemdarstellung war der von ihm zugrundegelegte Fall, daß in den Kreditverträgen der Banken regelmäßig eine Bestimmung enthalten ist, daß mit Eintritt des Verzugs die gesamte Forderung fällig gestellt wird (vertragliche Verfallklausel).[1012] Insoweit handelt es sich um eine abweichende Fälligkeitsregelung i.S.d. § 609 BGB.

Sobald sich der Schuldner im Verzug mit der vertraglich geschuldeten Leistung befindet, hat dies zur Konsequenz, daß die Ratenzahlungsvereinbarung zwischen Darlehensgeber und Darlehensnehmer aufgehoben wird und der Bank der gesamte Darlehensrückforderungsanspruch als sofort fällige Forderung zusteht. Spätestens mit der Eröffnung des Insolvenzverfahrens tritt der Verzug ein (vgl. auch § 41 Abs. 1 InsO). Sieht der Insolvenzplan dann zwar eine vollständige Befriedigung, eingeschlossen der gesamten Zinsen für den Zeitraum nach Verfahrenseröffnung, zugunsten der Bank vor, soll die Befriedigung jedoch nach den ursprünglich im Kreditvertrag vorgesehenen Ratenvereinbarungen erfolgen, liegt trotz nominal vollständiger Be-

---

[1009] Begrdg. RegE zu § 290 RegE InsO, abgdr. in: Balz/Landfermann, Die neuen Insolvenzgesetze, S. 361.

[1010] Vgl. hierzu bereits Teil 3, A, III, 1, a), aa) und bb); Schiessler, Der Insolvenzplan, S. 146 ff; Hess/Obermüller, Insolvenzplan, Rdnr. 132 ff; Haarmeyer/Wutzke/Förster, InsO, Kap. 9, Rdnr. 13 f.

[1011] Braun in: Braun/Uhlenbruck, Unternehmensinsolvenz, 7. Teil I, 2, a), S. 592 ff.

[1012] Vgl. hierzu Canaris, HGB-Bankvertragsrecht, Rdnr. 1339.

friedigung eine "Beeinträchtigung" der Bank als Gläubigerin gem. § 237 Abs. 2 InsO vor. Vor diesem Hintergrund ergebe sich nunmehr die Frage nach einer teleologischen Auslegung des § 237 Abs. 2 InsO.

b) "Forderungsbeeinträchtigung" im Sinne der gesetzlichen Regelung

aa) Begriffsbestimmung durch teleologische Auslegung

Der Gesetzgeber hat mit § 237 Abs. 2, 238 Abs. 2 InsO festgelegt, daß diejenigen Gläubiger, deren subjektive Rechtspositionen durch den Plan nicht beeinträchtigt werden, auch nicht über die Annahme oder Ablehnung desselben mitentscheiden sollen. Andernfalls stünde zu befürchten, daß sie mit ihren Forderungen wesentlichen Einfluß auf das Abstimmungsergebnis haben können, obwohl der Plan ihre Rechte unberührt läßt.

§ 237 Abs. 2 InsO ist insofern Ausfluß der grundsätzlich marktwirtschaftlichen Ausrichtung der Insolvenzordnung und insbesondere des Insolvenzplanverfahrens. Wenn der Gesetzgeber den Gläubigern aber die Möglichkeit einräumen will, daß sie gläubigerautonom darüber entscheiden sollen, ob sie eine von der Regelabwicklung abweichende Art der Masseverwertung auf der Grundlage eines Insolvenzplans wollen, "muß grundsätzlich das Urteil derjenigen Personen maßgeblich sein, deren Vermögenswerte auf dem Spiel stehen und die deshalb die Folgen von Fehlern zu tragen haben."[1013] Hiermit korrespondiert dann auch die Forderung, daß der Umfang der verfahrensrechtlichen Teilhabe des einzelnen Gläubigers sich nach Maßgabe des Wertes seiner in das Verfahren einbezogenen Rechte zu bestimmen hat.[1014] Dadurch soll erreicht werden, daß eine Fehlentscheidung begünstigende negative externe Effekte minimiert und damit auch höhere Transaktionskosten vermieden werden.[1015]

Bereits im bislang geltenden Vergleichsrecht fand sich eine dem § 237 Abs. 2 InsO entsprechende Bestimmung, wonach die Vergleichsgläubiger, deren Kapitalforderungen nach dem Vergleichsvorschlag nicht beeinträchtigt wurden, auch kein Stimmrecht zuerkannt erhielten (§ 72 Abs. 1 VerglO).[1016]

Es stellt sich daher die Frage, wann eine Forderung als beeinträchtigt anzusehen ist. Auch insoweit ist bei der teleologischen Auslegung des § 237 Abs. 2 InsO die gesetzgeberische Intention des Planverfahrens zu berücksichtigen. Wie in den §§ 1, 217 InsO zum Ausdruck kommt, soll der Insolvenzplan den Beteiligten eine von der Regelabwicklung (Liquidation bzw. übertragende Sanierung) abweichende Art der Masseverwertung im Interesse einer pareto-optimalen Haftungsverwirklichung des Schuldnervermögens an die Hand geben. Dieser Bezug zur Regelinsolvenzabwicklung ist bei der Bestimmung einer Forderungsbeeinträchtigung zu berücksichtigen.

[1013] Allg. Begrdg. RegE, abgdr. in: Balz/Landfermann, Die neue Insolvenzordnung, S. 14.
[1014] Allg. Begrdg. RegE, abgdr. in: Balz/Landfermann, Die neue Insolvenzordnung, S. 11, 14.
[1015] Vgl. Franke in: ZfB 1986, S. 614 ff, 620.
[1016] Auf diese Bestimmung wurde in der Gesetzesbegründung dann auch ausdrücklich Bezug genommen: vgl.: Begrdg. RegE zu § 281 RegE InsO, abgdr. in: Balz/Landfermann, Die neue Insolvenzordnung, S. 353.

Von einer Forderungsbeeinträchtigung, d.h. eine Verschlechterung der Vermögensposition, ist mithin auszugehen, wenn die *nach dem Plan* dem einzelnen Gläubiger in Aussicht gestellten Vermögenswerte gegenüber den Befriedigungsquoten zurückbleiben, die dem Gläubiger im Falle der Regelabwicklung für seine Forderungen und Rechte zugeflossenen wären.[1017]

Für die Prüfung einer "Forderungsbeeinträchtigung" ist immer auf den Planinhalt abzustellen, den der Plan im Zeitpunkt seines Wirksamwerdens (rechtskräftige Bestätigung durch das Insolvenzgericht: vgl. § 254 Abs. 1 Satz 1 InsO) äußert.[1018] Der Eintritt des Insolvenzereignisses und der Zeitraum bis zur rechtskräftigen Bestätigung des Plans an sich können dabei keine Rechtsbeeinträchtigungen darstellen. Andernfalls gäbe es überhaupt keine Forderungen, die durch den Plan nicht beeinträchtigt würden.[1019] Dies bedeutet aber auch, daß die Planregelung bei der Bestimmung der den einzelnen Gläubigergruppen zuzuteilenden Quote von der Forderung auszugehen hat, wie sie im Zeitpunkt der Verfahrenseröffnung bestanden hat. Zwar geht auch Braun von der bei Insolvenzeröffnung bestehenden Forderung aus, er nimmt jedoch eine Einschränkung insoweit vor, als er die "Forderung" ohne insolvenzbedingt ausgelöste Veränderungen der Anspruchsgrundlagen begreifen will.[1020]

Zunächst gilt festzuhalten, daß der Gesetzgeber mit § 41 Abs. 1 InsO eine Bestimmung aufgenommen hat, nach der nicht fällige Forderungen als fällig gelten. § 41 InsO lehnt sich ausdrücklich an die bislang geltenden Regelungen der §§ 65 KO, 30 VerglO an.[1021] Von seinem Anwendungsbereich sind dabei auch Tilgungskredite in Form eines Annuitätendarlehens erfaßt.[1022] Eines Rückgriffs auf die vertraglich vereinbarte Verfallsklausel bedarf es daher nur, wenn der Kreditvertrag bereits vor Verfahrenseröffnung unter Bezugnahme auf diese Klausel beendet worden war.

Braun vertritt nunmehr die Auffassung, daß veränderte Rechtspositionen, die sich allein aufgrund von Gestaltungserklärungen oder Verfallsabreden für den Fall des Eintritts der Insolvenz des Schuldners zugunsten der Gläubiger ergeben, bei der Frage nach dem Vorliegen eines Rechtseingriffes dann außer Betracht bleiben müssen, wenn der Gläubiger durch den Insolvenzplan in den "Status quo" seiner ursprünglichen Rechtsposition gesetzt wird. Eine am Sinn und Zweck des § 237 Abs. 2 InsO orientierte Auslegung müsse daher zu dem Ergebnis kommen, daß mit dem in § 237 Abs. 2 InsO verwendeten Begriff der "Forderung" nur die "ursprüngliche Vertragsforderung" gemeint sein kann.[1023]

[1017] Positiv formuliert findet sich eine Def. auch bei Schiessler, Der Insolvenzplan, S. 149; zum bisherigen Vergleichsrecht vgl.: Bley/Mohrbutter, VerglO, § 72 Rdnr. 7, 11.

[1018] So auch Braun in: Braun/Uhlenbruck, Unternehmensinsolvenz, 7. Teil, I, 2, a), S. 593; zum bisherigen Vergleichsrecht vgl.: Bley/Mohrbutter, VerglO, § 72 Rdnr. 11.

[1019] So überzeugend Braun in: Braun/Uhlenbruck, Unternehmensinsolvenz, 7. Teil, I, 2, a), S. 593; I.d.S. auch Bley/Mohrbutter, VerglO, § 72 Rdnr. 14.

[1020] Braun in: Braun/Uhlenbruck, Unternehmensinsolvenz, 7. Teil, I, 2, a), S. 593.

[1021] Begrdg. RegE zu § 48 RegE InsO, abgdr. in: Balz/Landfermann, Die neuen Insolvenzgesetze, S. 122.

[1022] Canaris, HGB-Bankvertragsrecht, Rdnr. 1259; Obermüller, Bankpraxis, Rdnr. 5.270; Kilger/K. Schmidt, Insolvenzgesetze, § 65 KO Anm. 2 (dort auch zur Regelung beim Kontokorrentkredit); K. Schmidt in: JZ 1976, S. 756 ff, 761; Glück, Der Einfluß des Konkurses, S. 12; I.d.S. auch BGH, Urt. vom 10.12.1959 (Az.: VII ZR 210/58), abgdr. in: MDR 1960, S. 301 ff; a.A. Luther, Darlehen im Konkurs, S. 113 f.

[1023] Braun in: Braun/Uhlenbruck, Unternehmensinsolvenz, 7. Teil, I, 2, a), S. 594.

Damit läßt Braun jedoch die gesetzliche Wertung des § 41 Abs. 1 InsO außer Betracht, die aufgrund der Einheitlichkeit des Verfahrens auch für das Insolvenzplanverfahren Geltung beansprucht. Treten die Verzugsfolgen erst durch die Verfahrenseröffnung ein, ist eben nicht mehr auf die vertragliche Vereinbarung abzustellen, sondern auf die gesetzliche Regelung in § 41 InsO. In der Kommentarliteratur zu §§ 65 KO, 30 VerglO findet sich dann auch der Hinweis, daß die Fälligkeitsregelungen nur für das Konkurs- bzw. Vergleichsverfahren gelten und mit rechtskräftiger Bestätigung des Vergleichs bzw. Abschluß des Konkursverfahrens endgültig sind. Kommt es aber weder zum Vergleichs- noch zum Konkursverfahren, bleiben die Forderungen gem. dem zugrundeliegenden Rechtsverhältnis betagt.[1024] Ziel dieser Regelung ist eine beschleunigte Durchführung des Verfahrens unter Beteiligung der Gläubiger nicht fälliger Forderungen. Jeder Fälligkeitsaufschub soll ausgeräumt werden. Auch soll vermieden werden, daß die zur Tilgung der erst später fällig werdenden Forderungen benötigten Beträge bis zu diesem Zeitpunkt zurückbehalten werden.[1025]

Dieser Gedanke ist aber ohne weiteres auf das Insolvenzplanverfahren übertragbar. Dem steht auch nicht die in den §§ 1, 217 InsO zum Ausdruck kommende gesetzliche Intention des Planverfahrens, als einer von der Regelabwicklung abweichenden Verwertung des Schuldnervermögens, entgegen, was eine andere Auslegung des § 237 Abs. 2 InsO rechtfertigen würde. Nicht die Art der Verwertung steht im Blickpunkt des § 237 Abs. 2 InsO, sondern die Frage, wem das Recht eingeräumt werden soll, über den Insolvenzplan mit abzustimmen. Daß der Gläubiger einer betagten Forderung, der nach dem Insolvenzplan in die Rechtslage ohne Ordnungsverfahren versetzt wird, von der Abstimmung ausgeschlossen sein soll, leuchtet nicht ein. Der Gesetzgeber will mit § 41 Abs. 1 InsO ausdrücklich die ursprünglich betagten Forderungen auch für den Zeitraum nach Abschluß des Insolvenzplanverfahrens als sofort fällig behandelt wissen. Dann wird aber der Gläubiger, dessen Forderungen nicht sofort nach rechtskräftiger Bestätigung des Plan befriedigt werden (§ 254 Abs. 1 Satz 1, 257 Abs. 1 Satz 1 InsO), in seiner vom Gesetzgeber geschaffenen Rechtsposition beeinträchtigt. Rechtlich wird seine Forderung gestundet, was nach § 224 InsO einen Rechtseingriff darstellt.

Den von Braun angesprochenen Verfallsklauseln kommt daher lediglich in den verbleibenden Fällen Bedeutung zu, in denen der Schuldner bereits vor Verfahrenseröffnung mit den Ratenzahlungen in Verzug geraten war. Dann aber lag der fälligkeitsauslösende Umstand schon vor der Verfahrenseröffnung, so daß ein Rückgriff auf § 41 Abs. 1 InsO nicht möglich ist. Der Gläubiger nimmt mit seiner bereits fälligen Forderung als der "ursprünglichen Vertragsforderung"[1026] am Insolvenzplanverfahren teil und ist insofern auch stimmberechtigt.

bb) Rechtliche Schlußfolgerungen für den Ausgangsfall

Für den Ausgangsfall bedeutet dies, daß die Bank einen Eingriff in ihre Rechtsposition allein damit begründen kann, daß mit der Eröffnung des Insolvenzverfahrens die gesamte Forderung

---

[1024] Bley/Mohrbutter, VerglO, § 30 Rdnr. 4; Böhle-Stammschräder/Kilger, VerglO, § 30 Anm. 3; Kilger/K. Schmidt, Insolvenzgesetze, KO, § 65 Anm. 4; Kuhn/Uhlenbruck, KO, § 65 Rdnr. 2.

[1025] Bley/Mohrbutter, VerglO, § 30 Rdnr. 2; Böhle-Stammschräder/Kilger, VerglO, § 30 Anm. 1; Kilger/K. Schmidt, Insolvenzgesetze, KO, § 65 Anm. 2; Kuhn/Uhlenbruck, KO, § 65 Rdnr. 1; Lent in: Jaeger, KO, § 65 Rdnr. 1.

[1026] I.d.S. will Braun den Begriff der "Forderung" gem. § 237 Abs. 2 InsO verstanden wissen.

auf einmal fällig geworden ist. Eingeschränkt gilt dies jedoch nur für den Fall, daß der Insolvenzplan die vermögensrechtliche Position der Bank, die ihr mit Verfahrenseröffnung von Gesetzes wegen zukommt, abweichend regelt. Von einer Veränderung im vorerwähnten Sinn ist auch auszugehen, wenn der Plan zwar die Zahlung der gesamten Kreditsumme, einschließlich der in der Vergangenheit entstandenen Zinsen vorsieht, für die Zukunft die Bank jedoch in die Rechtslage vor Verfahrenseröffnung versetzt wird. Mit dem Eingriff in die Vermögensposition der Bank korrespondiert ein Stimmrecht in der Gläubigerversammlung über die Annahme oder Ablehnung des vorgelegten Insolvenzplans.

Der vertraglich vereinbarten Fälligkeitsregelung kann unter diesen Umständen allenfalls dann Bedeutung zukommen, wenn der verzugsauslösende Umstand unabhängig vom Insolvenzereignis bereits eingetreten war. Aber auch in diesem Fall wäre die ursprüngliche Vertragsforderung schon fällig gewesen. Hat der Plan dann die Höhe der Tilgungsraten und daher die vertragliche Laufzeit wie beim ursprünglichen Kreditvertrag geregelt, ist hierin ein stimmrechtsauslösender Rechtseingriff zu sehen. Die Bank würde im Ergebnis schlechter stehen, als sie ohne Insolvenzplan gestanden hätte, da ihre "ursprüngliche Vertragsforderung" sofort zur Zahlung fällig gewesen wäre.

2. Mehrheitserfordernisse zur Planannahme

Eine plangemäße Insolvenzabwicklung bedarf zu ihrer Legitimation der Zustimmung durch die Gläubiger und den Schuldner (vgl. § 247 InsO) als den "Vertrags"parteien des Insolvenzplans. Die Gläubiger haben - wie aufgezeigt - in den vom Planersteller gebildeten Gruppen gem. § 243 InsO über die Annahme des Plans zu entscheiden. Damit hat sich der Gesetzgeber ausdrücklich gegen eine Gesamtabstimmung aller vom Plan beeinträchtigten Gläubiger entschieden. Ein Plan gilt erst dann als angenommen, wenn *alle* Gruppen ihre Zustimmung zum Plan mit den gem. § 244 Abs. 1 InsO notwendigen Mehrheiten erteilt haben. Die Zustimmung kann dabei ausdrücklich erklärt oder unter den strengen Voraussetzungen des § 245 Abs. 1, 2 InsO fingiert werden. Für die Annahme durch den Schuldner sieht § 247 Abs. 2 InsO ebenfalls die Möglichkeit der Zustimmungsersetzung vor.

An der Bestimmung des § 244 InsO (bzw. § 289 RegE InsO) ist vielfach Kritik geübt worden, die sich im wesentlichen auf die gegenüber dem geltenden Recht veränderten Mehrheitsverhältnisse konzentriert.[1027] Selbst bei den Kritikern besteht jedoch weitgehende Übereinstimmung in bezug auf den konzeptionellen Ansatz des Gesetzes, daß zur Bewältigung der Insolvenz und als Mittel zur Entscheidungsfindung auf Mehrheitsentscheidungen nicht verzichtet werden kann.[1028] Inwieweit diesen Bedenken aus Sicht des Verfassers beigetreten werden kann, soll Gegenstand nachfolgender Darstellung sein.

[1027] Grub in: ZIP 1993, S. 393 ff, 398; Henckel in: KTS 1989, S. 477 ff, 484 f; Smid in: FS Pawlowski, S. 387 ff, 422 f; Smid/Rattunde, Insolvenzplan, Rdnr. 574 ff; Jelinek in: Leipold, S. 21 ff, 25 f; Stürner in: Leipold, S. 41 ff, 45, 47, 49; Kübler in: RWS-Forum 3, S. 61 ff, 75.

[1028] Henckel in: KTS 1989, S. 477 ff, 484 f; Jelinek in: Leipold, S. 21 ff, 24 ff; Stürner in: Leipold, S. 41 ff, 47, der sich zwar gegen das Obstruktionsverbot ausspricht, an einer Mehrheitsentscheidung jedoch festhalten will, wenn auch nur bei einer qualifizierten Mehrheit nach Köpfen und Summen. Mehrheitsentscheidungen werden auch befürwortet von: Balz in: ZIP 1988, S. 273 ff, 286; Drukarczyk in: DBW 52 (1992), S. 161 ff, 175 f.

a) Mehrheitserfordernisse im bisherigen Vergleichs- und Konkursrecht

Bereits in seiner Begründung zu § 289 RegE InsO weist der Gesetzgeber darauf hin, daß die in § 244 InsO vorgesehenen Abstimmungsmehrheiten in Anlehnung an die bislang geltenden Bestimmungen der §§ 74 Abs. 1 VerglO, 182 Abs. 1 KO und 16 Abs. 4 Satz 3 GesO in die Insolvenzordnung aufgenommen wurden.[1029]

Zur Annahme eines (Zwangs-) Vergleichs nach der VerglO und KO war eine einfache Mehrheit der im Termin *anwesenden stimmberechtigten* [1030]Gläubiger erforderlich (Kopfmehrheit). Zusätzlich wurde verlangt, daß die Gesamtsumme der Forderungen der zustimmenden Gläubiger mindestens 75 % der Forderungen der stimmberechtigten Gläubiger beträgt (Summenmehrheit). Unter der Voraussetzung, daß den Vergleichsgläubigern weniger als die Hälfte ihrer Forderungen gewährt wurde, erhöhte sich die Summenmehrheit auf vier Fünftel der Forderungen, § 74 Abs. 3 VerglO. Für die Berechnung der Summenmehrheit wurde demnach nicht nur auf die Forderungen der anwesenden Gläubiger abgestellt, sondern generell auf die Forderungen der stimmberechtigten Gläubiger. Hiervon abweichend regelte § 16 Abs. 4 Satz 3 GesO, daß bei der Bestimmung der Summenmehrheit allein von den anwesenden Gläubigern auszugehen war.[1031]

Auch während der Reformdiskussion zur Schaffung eines neuen Insolvenzrechts wurde zunächst ein von der Regelung in § 244 InsO abweichender Abstimmungsmodus vertreten. Auf der Grundlage gesetzlich festgelegter Gruppen (vgl. E.B. - Leitsatz: 2.2.16) sah der Vorschlag der Insolvenzrechtskommission verschiedene Abstimmungsmehrheiten für die unterschiedlichen Gruppen in Leitsatz 2.2.17 Abs. 2 E.B. vor:[1032]

- für die Gruppe der Sicherungsgläubiger 80 % der Gesamtsumme der durch ein Sicherungsrecht gedeckten Forderungen,

- für die Gruppe der von Forderungskürzungen betroffenen ungesicherten Gläubiger 60 % der Gesamtsumme der Forderungen,

- für die Gruppe der von Forderungskürzungen betroffenen im Unternehmen verbleibenden Arbeitnehmer 80 % der Gesamtsumme der Forderungen.

Bei der Mehrheitsberechnung sollte gem. Leitsatz 2.2.17 Abs. 3 E.B. nur auf die anwesenden bzw. schriftlich abstimmenden Gläubiger abgestellt werden. Da nach Leitsatz 2.2.17 Abs. 4 E.B. aber passives Verhalten unberücksichtigt bleiben sollte, stellte Abs. 3 auf die Gesamtsumme der an der Abstimmung teilnehmenden Forderungen ab (so nunmehr auch § 244 Abs. 1 InsO). Bereits die Ablehnung einer Gruppe sollte zur Einleitung eines Liquidationsverfahrens von Amts wegen führen, sofern nicht eine zulässige Wiederholung der Abstimmung gem. Leitsatz 2.2.19 E.B. beantragt worden wäre. Auf das Kriterium einer Kopfmehrheit wurde gänzlich verzichtet.

[1029] Begrdg. RegE zu § 189 RegE InsO, abgdr. in: Balz/Landfermann, Die neuen Insolvenzgesetze, S. 360.

[1030] Ein Stimmrecht wurde nur den nicht bevorrechtigten Gläubgern gewährt: vgl. §§ 173, 191 Abs. 2 KO, 25 ff, 71 f VerglO, 16 Abs. 4 Satz 4 GesO.

[1031] Hess/Binz/Wienberg, GesO, § 16 Rdnr. 56.

[1032] Vgl. E.B. - Leitsatz: 2.2.17, S. 184.

Im amerikanischen Chapter 11 - Verfahren ist eine klassenweise Abstimmung über den Insolvenzplan erforderlich. Für die Annahme durch eine Eigentümerklasse bedarf es gem. § 1126 (d) BC 11 einer 2/3-Betragsmehrheit. Gläubigerklassen haben dem Plan gem. § 1126 (c) BC 11 mit einfacher Kopf- und einer 2/3 Summenmehrheit zuzustimmen.

b) Summen- und Kopfmehrheit im Insolvenzplanverfahren

Vorhergehende Ausführungen haben verdeutlicht, welche verschiedenen Gestaltungsvarianten sich dem Gesetzgeber der Insolvenzordnung eröffnet haben. Als Variablen der verschiedenen Abstimmungsmodelle sind dabei die verwendeten Bezugsgrößen (anwesende oder abstimmende Gläubiger), die unterschiedliche Kombination von Kopf- und Summenmehrheiten und die Höhe der jeweiligen Mehrheiten zu bezeichnen. Die Verfasser der Insolvenzordnung haben auf keines der dargestellten Modelle zurückgegriffen, sondern sich für die in § 244 Abs. 1 InsO enthaltene Regelung entschieden. Danach ist zur Annahme des Plans durch die Gläubiger erforderlich, daß:

- die Mehrheit der *abstimmenden* Gläubiger dem Plan zustimmt (Kopfmehrheit: § 244 Abs. 1 Nr. 1 InsO) und

- die Summe der Ansprüche der zustimmenden Gläubiger mehr als die Hälfte der Summe der Ansprüche der abstimmenden Gläubiger beträgt (Summenmehrheit: § 244 Abs. 1 Nr. 2 InsO).

Entgegen der bislang geltenden Rechtslage im (Zwangs-) Vergleichsverfahren nach der VerglO, KO, GesO wird in § 244 Abs. 1 InsO bei der Bestimmung der Kopf- und Summenmehrheit nicht mehr auf die *anwesenden*, sondern auf die *abstimmenden* Gläubiger abgestellt. Zudem wird auf das Erfordernis einer qualifizierten Summenmehrheit verzichtet und statt dessen eine einfache Mehrheit der Forderungen der zustimmenden Gläubiger (mehr als 50 % der Summe der Ansprüche der abstimmenden Gläubiger) als ausreichende Legitimationsgrundlage für die Annahme des Insolvenzplans angesehen.

Mit der in § 244 Abs. 1 InsO vorgesehenen Regelung wird die Annahme eines Insolvenzplans durch die Gläubiger erleichtert. Ziel des Gesetzgebers[1033] ist es, die von der Regelabwicklung abweichende Verwertung des Schuldnervermögens mittels Insolvenzplan als echte Alternative gleichberechtigt neben die Verwertungsformen der Liquidation bzw. übertragenden Sanierung zu stellen. Zur Verwirklichung dieser gesetzgeberischen Intention ist es erforderlich, die Annahme des Plans nicht durch eine entsprechende Ausgestaltung der Verfahrensregeln zu erschweren. Als Korrelat für die wesentlich vereinfachten Annahmevoraussetzungen sind mit den §§ 245, 251 InsO Bestimmungen aufgenommen worden, die einen notwendigen, aber auch hinreichenden Schutz der überstimmten Minderheiten gewährleisten.

[1033] Vgl. Begrdg. RegE zu § 289 RegE InsO, abgdr. in: Balz/Landfermann, Die neuen Insolvenzgesetze, S. 360; befürwortend, wenn auch ohne Begründung, Hess in: Hess/Obermüller, Der Insolvenzplan, Rdnr. 204.

Sowohl die Bestimmung des § 289 RegE InsO (§ 244 InsO) an sich, als auch die Gesetzesbegründung sind nicht ohne Kritik geblieben.

Es wird zum einen geltend gemacht, daß das Abstellen auf die Mehrheit der abstimmenden Gläubiger bei der Kopf- und Summenmehrheit nicht nur zu einer Begünstigung des Schuldners führen[1034], sondern auch die an der Abstimmung nicht teilnehmenden Gläubiger in unzulässiger Weise benachteiligen würde.[1035] Bei Letzteren handelt es sich regelmäßig um Gläubiger, die auch nach dem Plan nur mit einer geringeren Quote rechnen können. Aufgrund ihrer geringen Forderungshöhe sei es diesen Gläubigern zumeist verwehrt, hinreichenden Einfluß auf das Abstimmungsergebnis zu nehmen. Daß sie unter diesen Umständen von der Teilnahme an einem Abstimmungsvorgang Abstand nehmen, rechtfertige eine Sanktion ihres passiven Verhaltens nicht. Es bestünde dadurch die Gefahr, daß Großgläubiger den Abstimmungsvorgang dominieren und damit auch Partikularinteressen gegenüber den schützenswerten Belangen der Kleingläubiger durchsetzen könnten. Gerade der Schutz auch der Kleingläubiger müsse jedoch eine vordringliche Aufgabe des Verfahrens sein. Da der Gesetzgeber nicht mehr auf die Mehrheit der Stimmberechtigten abstelle, sondern auf die Mehrheit der abstimmenden Gläubiger, sei notwendigerweise der innere Gehalt (die Legitimationswirkung) eines solchen Mehrheitsbeschlusses geringer als ein Beschluß der Mehrheit der Stimmberechtigten. Dies folge daraus, daß die Mehrheit der Abstimmenden regelmäßig eine Minderheit in bezug auf die Stimmberechtigten darstellen würde.[1036]

Hierzu ist anzumerken, daß Mehrheitsentscheidungen grundsätzlich ihre Legitimation daraus herleiten, daß jedem stimmberechtigten Gläubiger ein Stimmrecht zuerkannt wird, mit dem er sich an der Abstimmung beteiligen kann. Zutreffend ist zwar, daß die Entscheidung eines Gläubigers von diesem Recht Gebrauch zu machen, in vielen Fällen auch von Wirtschaftlichkeitserwägungen und den Möglichkeiten seines Einflußpotentials geprägt sein wird. Nimmt er aufgrund dessen an der Abstimmung nicht teil, begibt er sich freiwillig einer ihm vom Gesetz gewährten Rechtsposition, mit dem möglichen Ergebnis einer von ihm nicht gewollten Mehrheitsentscheidung. Obgleich ein solches Verhalten weniger schutzwürdig ist, werden Kleingläubiger im Insolvenzplanverfahren nicht schutzlos gestellt.[1037] Die Bestimmungen der §§ 245 Abs. 1 Nr. 1, 251 Abs. 1 Nr. 2 InsO stellen sicher, daß der Plan auch den Gläubigern noch so geringer Forderungen mindestens den hypothetischen Liquidationswert im Falle einer Regelabwicklung nach den allgemeinen Verfahrensvorschriften zuerkennt. Die Konkursquote ist mithin einer Mehrheitsentscheidung nicht zugänglich.[1038] Mehrheitsentscheidungen, die auf dieser Grundlage zwar eine Minderheit binden, aber nicht zu Investitionsentscheidungen zwingen, sind dann auch nicht zu beanstanden. [1039]Mit dem Obstruktionsverbot ist zudem eine dem insolvenzrechtlichen Rang des Gläubigers angemessene Beteiligung am Verwertungserlös garantiert.

1034 Grub in: ZIP 1993, S. 393 ff, 398.

1035 Hierzu und nachfolgend vgl.: Henckel in: KTS 1989, S. 477 ff, 491 f.

1036 Jelinek in: Leipold, S. 21 ff, 25.

1037 So auch Schiessler, Der Insolvenzplan, S. 158 ff, der sich eingehend und im Ergebnis zutreffend mit dem Abstimmungsmodus auseinandergestzt hat.

1038 Hierauf basiert auch die Legitimation einer Mehrheitsentscheidung: vgl.: Häsemeyer, Insolvenzrecht (2. Aufl.), Rdnr. 2.44.

1039 Drukarczyk in: DBW 52 (1992), S. 161 ff, 175; Balz in: ZIP 1988, S. 273 ff, 279.

Auch die Verfahrensteilnahmerechte gewähren den Kleingläubigern zahlreiche Möglichkeiten auf das Abstimmungsergebnis Einfluß zu nehmen. So können sie über den Gläubigerausschuß (§ 67 Abs. 2 Satz 1 a.E. InsO) bereits bei der Aufstellung eines Verwalterplans mitwirken (§ 218 Abs. 3 InsO) und über die Stellungnahmen zum Plan gem. §§ 232 Abs. 1 Nr. 1, 248 Abs. 2 InsO auch ihre Interessen zum Ausdruck bringen. Darüber hinaus bietet sich ihnen die Möglichkeit, im Rahmen des Erörterungstermins Einwände gegen den Plan geltend zu machen.

Schließlich dient die in § 244 Abs. 1 InsO vorgesehene Kombination von Summen- und Kopfmehrheit[1040] gerade auch dem Minderheitenschutz. Unabhängig von der Forderungshöhe bedarf der Plan der Zustimmung der Mehrheit der abstimmenden Gläubiger (§ 244 Abs. 1 Nr. 1 InsO). Diese Regelung schützt Kleingläubiger vor einer klassenbeherrschenden Dominanz der Großgläubiger, so daß Kleingläubigern zumindest innerhalb der Gruppe ein wesentlicher Einfluß zuerkannt wird. Ausdruck des möglichen Einflußpotentials der Kleingläubiger ist auch der gegen die Aufnahme einer Kopfmehrheit vorgebrachte (und berechtigte) Einwand, Kopfmehrheiten würden die Gefahr eines "Erpressungspotentials" in sich bergen. Es bestünde die Gefahr, daß sich Kleingläubiger ihre Zustimmung zum Plan durch die Gewährung ungerechtfertigter Sondervorteile "abkaufen" lassen. Mit diesem Argument hat die Insolvenzrechtskommission in ihrem Vorschlag auf eine zusätzliche Kopfmehrheit verzichtet.[1041] Es gilt jedoch zu bedenken, daß das hieraus erwachsende Störpotential immer auch von der Höhe der für die Annahme des Plans erforderlichen Mehrheiten abhängig ist. Indem § 244 Abs. 1 InsO nur eine *einfache* Kopf- und Summenmehrheit erfordert, ist die "Macht", und damit das Druckpotential, der Kleingläubiger eher als gering zu bewerten.[1042]

Mit dem Erfordernis einer zusätzlichen Kopfmehrheit werden höhere Anforderungen an die Annahme des Plans gestellt, was dazu beiträgt, die "Richtigkeit" der getroffenen Entscheidung zu erhöhen.[1043] Franke[1044] hat in diesem Zusammenhang die Wechselwirkung zwischen Kopf- und Summenmehrheiten anhand der zwei Kriterien, Minimierung des Einflusses von Schätzfehlern und Minimierung externer Effekte bei der Frage nach der günstigeren Abwicklungsalternative, aufgezeigt. Er ist dabei zum Ergebnis gelangt, daß, ausgehend vom Modell weitgehend homogener Gruppenbildungen und unterstellter gleicher Schätzqualität bei den Gruppenmitgliedern, sich der Einfluß von Schätzfehlern bei einer Abstimmung nach Köpfen minimiert. Unterstellt man jedoch, daß Gläubiger mit hohen Forderungssummen mehr Sorgfalt auf die Schätzung nach der besseren Abwicklungsart verwenden, sollte sich "die Stimmrechtsverteilung um so stärker nach dem finanziellen Engagement richten, je größer die Unterschiede in der Schätzqualität sind". Im Ergebnis befürwortet er daher zutreffend eine, wie in § 244 InsO vorgesehen, Kombination von Kopf- und Summenmehrheit.

Schließlich wendet Jelinek gegen die Mehrheitsanforderungen des § 244 InsO ein, daß die legitimierende Wirkung des Plans geringer ist, wenn bei der Kopf- und Summenmehrheit nur auf die abstimmenden Gläubiger abgestellt wird. Richtig ist zwar, daß es zu dem Fall kommen

---

1040 Generell gegen eine Kopfmehrheit und für eine Gesamtabstimmung Kübler in: RWS-Forum 3, S. 61 ff, 75; Rümker in: RWS-Forum 3, S. 135 ff, 146 f m.w.N.

1041 Siehe Begrdg. E.B. zu Leitsatz: 2.2.17, S. 186.

1042 So auch Schiessler, Der Insolvenzplan, S. 160.

1043 Schiessler, Der Insolvenzplan, S. 160.

1044 Franke in: ZfB 1986, S. 614 ff, 624.

kann, daß die Zahl der abstimmenden Gläubiger geringer als die Zahl der stimmberechtigten Gläubiger ist. Während nach dem (Zwangs-)Vergleichsrecht die Stimmen der sich an der Abstimmung nicht beteiligten Gläubiger aber als Ablehnung fingiert wurde, vermeidet § 244 Abs. 1 InsO eine solche Fiktion und stellt die Legitimation des Plans auf die Grundlage der sich tatsächlich an der Abstimmung beteiligenden Gläubiger. Das Ergebnis einer solchen Abstimmung widerspiegelt nicht irgendeine fiktive Stimmrechtsausübung, sondern die Auffassung der abstimmenden Gläubiger. Passives Verhalten hat unberücksichtigt zu bleiben. Das Gesetz bietet jedem die Möglichkeit sich an der Abstimmung (auch durch einen Vertreter) zu beteiligen. Wer seine Rechtsposition nicht wahrnimmt, ist nicht schutzwürdig und muß sich der Entscheidung der abstimmenden Gläubiger unterwerfen. Seiner Stimme kann unter diesen Umständen keine Bedeutung zukommen.

Die Kritik an dem Abstimmungsmodus gem. § 244 InsO richtet sich auch gegen die Höhe der erforderlichen Mehrheiten. § 244 Abs. 1 InsO sieht sowohl für die Kopf- als auch für die Summenmehrheit lediglich eine einfache Mehrheit (größer als 50 %) vor. Die erleichterten Annahmevoraussetzungen tragen wesentlich dazu bei, daß im Interesse einer pareto optimalen Haftungsverwirklichung die Abwicklung des Schuldnervermögens mittels Insolvenzplan als gleichwertige Alternative zur Zwangsverwertung nach den allgemeinen Vorschriften der §§ 159 ff InsO zur Verfügung gestellt wird. Das trägt letztlich zur Verbesserung der Sanierungschancen insolventer Unternehmen bei.[1045] Größere Mehrheiten würden hingegen eine Zerschlagung des Unternehmens begünstigen, so daß bei der dargestellten Zielsetzung sich einfache Mehrheiten gleichsam zwingend ergeben.[1046] Nach Henckel würde die mit einfachen Mehrheiten verbundene geringere materielle Richtigkeitsgewähr jedoch "Kontrollmechanismen" erfordern, die der Gesetzgeber mit dem Obstruktionsverbot des § 245 InsO und dem Minderheitenschutz des § 251 InsO aber nur unzureichend vorgesehen habe. Verfahrensregeln haben zudem sicherzustellen, daß "die Entscheidung in hohem Maße konsensfähig ist und die großen Gläubiger die kleinen nicht majorisieren."[1047]Dies mache es erforderlich, größere Mehrheiten für die Annahme des Plans vorzusehen.[1048]

Hiergegen läßt sich anführen, daß der Gesetzgeber mit dem Erfordernis der Kopf- neben der Summenmehrheit bereits eine zusätzliche Annahmevoraussetzung für den Insolvenzplan geschaffen hat, die der materiellen Richtigkeitsgewähr der Gläubigerentscheidung dienlich ist. Die Ausführungen haben zudem verdeutlicht, daß Kopfmehrheiten gerade auch einer Majorisierung der Kleingläubiger durch die Inhaber großer Forderungssummen entgegenwirken.

Unabhängig von der Forderungshöhe wird jedem Gläubiger formal eine Stimme zugewiesen (1 Kopf = 1 Stimme), mit der er sich an der Abstimmung beteiligen kann. Damit wird allen

---

[1045] Vgl. Begrdg. RegE zu § 289 RegE InsO, abgdr. in: Balz/Landfermann, Die neuen Insolvenzgesetze, S. 360; Landfermann in: BB 1995, S. 1649 ff, 1655.

[1046] So Henckel in: FS Merz, S. 197 ff, 211 f; a.A. Franke in: ZfB 1986, S. 614 ff, 625 ff: s.E. bietet eine qualifizierte Mehrheit größere Erfolgschancen für eine Reorganisation. Seiner Untersuchung lag jedoch die Vermutung zugrunde, daß regelmäßig zerschlagungsreife Unternehmen insolvent würden. Damit würden individuelle Schätzfehler einhergehen, die zu einer höheren Wahrscheinlichkeit der Reorganisation führen würden.

[1047] Henckel in: KTS 1989, S. 477 ff, 485.

[1048] Henckel in: FS Merz, S. 197 ff, 212; gänzlich gegen das Obstruktionsverbot und Minderheitenschutzbestimmungen, dafür aber für eine Gesamtabstimmung: Kübler in: RWS-Forum 3, S. 61 ff, 75; Rümker in: RWS-Forum 3, S. 135 ff, 146 f, Stürner in: Leipold, S. 41 ff, 47 ff.

Gläubigern formal der gleiche Einfluß auf das Abstimmungsergebnis eingeräumt.[1049] An anderer Stelle wurde bereits darauf hingewiesen, daß Mehrheitsentscheidungen, basieren sie nun auf einer Gesamt- oder auf einer Gruppenabstimmung, notwendig sind, wolle man den Schutz der überstimmten Minderheit nicht zur Disposition einer Mehrheit stellen. Dieser Grundsatz gewinnt vor allem im Bereich der Gesamtvollstreckung Bedeutung, wo es um die Haftungsverwirklichung im Interesse aller Gläubiger geht. Im Folgenden wird noch ausgeführt, daß das Obstruktionsverbot neben dem Minderheitenschutz auch den Schutz der Mehrheit der Gläubiger bezweckt[1050], so daß es seine Berechtigung unabhängig von der Frage der Höhe der jeweils erforderlichen Mehrheiten bei der Abstimmung über den Insolvenzplan herleitet.

Insgesamt ist festzuhalten, daß die Kombination von einfacher Kopf- und Summenmehrheit bei einer Abstimmung in Gruppen als gelungen anzusehen ist, um der gesetzgeberischen Zielsetzung nach einer gleichberechtigten Abwicklung mittels Insolvenzplan gerecht zu werden. Dem Schutz der Minderheit vor einer Majorisierung durch Großgläubiger ist mit der Aufnahme der Kopfmehrheit hinreichend Rechnung getragen worden. Gleichzeitig wird unter den Voraussetzungen des § 245 InsO die Mehrheit vor den Partikularinteressen einzelnen Gläubiger geschützt, wenn deren Ablehnung gegen den Plan einer sinnvollen Verwertung entgegenstehen würde.

II. Das Obstruktionsverbot

Der Gesetzgeber verlangt für die Annahme des Insolvenzplans durch die Gläubiger die Zustimmung sämtlicher im Plan enthaltenen Gruppen (vgl. § 244 Abs. 1 InsO: "in jeder Gruppe"). Auch wenn § 222 InsO darauf hinwirken soll, daß die am Verfahren beteiligten Gläubiger möglichst in homogene Gruppen eingeteilt wrden, deren Interessen dann durch eine entsprechende Gestaltung im Plan Rechnung getragen werden kann, wird eine Einstimmigkeit unter den Gruppen nicht immer zu erreichen sein.[1051] Das Erfordernis der Einstimmigkeit unter den Abstimmungsgruppen birgt daher die Gefahr in sich, daß einzelne Gläubigergruppen versuchen werden, hieraus Kapital zu schlagen. Mit anderen Worten käme diesen Gläubigerklassen ein erhebliches Störpotential zu. Es würden schließlich ungerechtfertigte Reichtumsverschiebungen drohen, die mit einer geordneten Insolvenzabwicklung nicht zu vereinbaren wären.[1052]

Ein ablehnendes Votum allein aus schikanösen[1053] oder rein taktischen Erwägungen heraus, könnte der Bestätigung eines auch für die dissentierenden Gläubiger wirtschaftlich sinnvollen Plans entgegenstehen. Denkbar wäre beispielsweise, daß eine Gruppe von Lieferanten sich gegen einen Reorganisationsplan wendet, um einen lästigen Konkurrenten vom Markt zu verdrängen.[1054]

1049 So auch Schiessler, Der Insolvenzplan, S. 162.
1050 Vgl. nachfolgend Teil 3, B, II, 3.
1051 Für das Mehrheitsprinzip auch Flessner in: HK-InsO, § 245, Rdnr. 4.
1052 I.d.S. auch Smid in: InVo 1996, S. 314 ff, 315; Balz, Sanierung von Unternehmen, S. 44.
1053 I.d.S. auch Hax in: RWS-Forum 3, S. 21 ff, 32.
1054 Braun in: Braun/Uhlenbruck, Unternehmensinsolvenz, 7. Teil, J, S. 605.

Auch bietet das Einstimmigkeitsprinzip ein hohes Erpressungspotential im Interesse einer besseren Befriedigungsquote, was unter marktwirtschaftlichen Bedingungen nicht akzeptabel sein kann. Es stellt sich daher die Frage, welche Regelungen die Insolvenzordnung vorsieht, um das negative Votum einer Abstimmungsgruppe überwinden zu können, wenn der Plan auch ihrem Interesse dient. Das amerikanische Bundeskonkursrecht bildete insoweit das Vorbild für die deutsche Bestimmung des Obstruktionsverbotes in § 245 InsO. Es wird daher zunächst dargestellt, unter welchen Voraussetzungen die Zustimmung einer ablehnenden Gruppe nach dem Chapter 11 Verfahren des Bankruptcy Code ersetzt werden kann. Im Anschluß hieran wird die deutsche Regelung daraufhin untersucht, inwieweit sie dem gesetzgeberischen Anliegen nach Schaffung der Rahmenbedingung für eine neben der Liquidation gleichwertigen Form der Insolvenzabwicklung durch Reorganisation des Schuldners mittels Insolvenzplan praktisch gerecht werden kann.

1. "Cram down" - das amerikanische Vorbild

Für das in § 245 InsO normierte Obstruktionsverbot stand die "cram down" Vorschrift im Reorganisationsverfahren nach dem Chapter 11 des U.S. Bankruptcy Code Pate. Die Prüfung des "cram down" ist in das gerichtliche Planbestätigungsverfahren eingebunden. Neben der Annahme durch die Gläubiger bedarf der Reorganisationsplan der Genehmigung durch den "Bankruptcy Court" nach § 1129 BC 11. Es soll daher zunächst dargestellt werden, welche Voraussetzungen an eine Plangenehmigung durch die amerikanischen Konkursgerichte gestellt werden.

Das Gericht hat einen vorgelegten Plan zu bestätigen, wenn die Voraussetzungen des § 1129 (a) BC 11 erfüllt sind. Die Prüfung erfolgt von Amts wegen, wobei dem Gericht kein Ermessensspielraum eingeräumt ist. § 1129 (a) (1) - (13) BC 11 knüpft die Genehmigung an 13 Voraussetzungen.[1055] Dabei beziehen sich die ersten 6 Bedingungen auf die Einhaltung wichtiger Verfahrensgrundsätze. § 1129 (a)(7) BC 11 enthält eine Vorschrift für den Schutz der in einer Gruppe überstimmten Gläubiger, den sog. "best interest of creditor test". Die Nr. 8 und 10 des § 1129 (a) BC 11 bestimmen, in welchem Umfang die gerichtliche Bestätigung von der Annahme des Plans durch die Gläubiger abhängt. Schließlich hat das Gericht zu prüfen, ob der Plan " feasible", d.h. durchführbar erscheint, § 1129 (a)(11) BC 11.[1056] Es muß demnach unwahrscheinlich sein, daß der einmal bestätigte Plan durch eine Liquidation oder eine erneute Reorganisationsmaßnahmen abgelöst wird.

a) "Best interest of creditor test"

Wird der Plan nicht von allen Gläubigern angenommen [§ 1129 (a)(7)(A)(i) BC 11] ist er nur dann bestätigungsfähig, wenn den überstimmten Mitgliedern einer Gruppe eine Mindestposition in Höhe der hypothetischen Liquidationsquote garantiert ist. Jeder Gläubiger bzw. Eigenkapitalinhaber, der dem Plan nicht zugestimmt hat, muß mindestens soviel erhalten, wie er bei

---

1055 Eine deutsche Übersetzung liefert Kemper, Chapter 11, S. 166 f.

1056 Vgl. hierzu bereits oben: Teil 1, B, IV, 2; Möhlmann in: KTS 1997, S. 1 ff, S. 38.

einer Liquidation nach Chapter 7 BC erhalten hätte, § 1129 (a)(7)(A)(ii) BC 11.[1057] Damit will der Gesetzgeber sicherstellen, daß die Verwertung der Insolvenzmasse nach dem Plan eine bessere Verwertungsmöglichkeit darstellt als eine Zerschlagung im Liquidationsverfahren gem. Chapter 7 BC, wenngleich eine Besserstellung nicht Bestätigungsvoraussetzung ist.[1058] §§ 251 Abs. 1 Nr. 2 und 245 Abs. 1 Nr. 1 InsO sind die entsprechenden Regelungen des deutschen Insolvenzplanverfahrens, mit dem Unterschied, daß die Versagung der Planbestätigung wegen eines Verstoßes gegen § 251 InsO immer einen dahingehenden Antrag des Gläubigers erfordert.

In der amerikanischen Praxis der Insolvenzabwicklung gestaltet sich die Wahrung des "best interest test" vor allem dadurch schwierig, daß die Gerichte für die Bestimmung des Liquidationswertes grobe Schätzungen als ausreichend ansehen. Hinzu kommt, daß sie dazu neigen, bei dem hypothetischen Liquidationsverfahren von einer Einzelveräußerung der Vermögenswerte auszugehen.[1059] Eine "going concern" Bewertung findet regelmäßig nicht statt. Unter diesen Voraussetzungen kann der "best interest test" nur dazu dienen, Insolvenzplänen die Bestätigung zu versagen, bei denen nicht einmal der Einzelzerschlagungswert garantiert wird.[1060]

b) Anforderungen an eine Zustimmungsersetzung

Die Bestätigung des Plans setzt gem. § 1129 (a)(8) BC 11 voraus, daß alle beeinträchtigten Gläubigerklassen den Plan angenommen haben. Ist dies nicht der Fall, hat aber mindestens eine Gruppe dem Plan zugestimmt [vgl. § 1129 (a)(10) BC 11], kann sich das Gericht unter den Voraussetzungen des § 1129 (b) BC 11 über das ablehnende Votum einer Gruppe hinwegsetzen und den Plan trotzdem bestätigen ("cram down"). Die Bezeichnung "cram down", ist der Umgangssprache entliehen und beschreibt das Verhalten einer Mutter, die ihrem unwilligen Kind seine Speisen aufzwingt.

Im Gegensatz zur deutschen Regelung des Obstruktionsverbots in § 245 InsO ist die gerichtliche Zustimmungsersetzung in § 1129 (b) BC 11 von einem Antrag des Planerstellers abhängig, wird also nicht amtswegig fingiert.

Wird der Plan nicht von allen Gläubigerklassen angenommen, setzt die Planbestätigung voraus, daß:

- mindestens eine "impaired class" dem Plan zugestimmt hat, wobei es sich nicht um eine Gruppe der "insider"[1061] handeln darf, § 1129 (a)(10) BC 11,

---

1057 Terhart, Chapter 11, S. 100 f; Möhlmann in: KTS 1997, S. 1 ff, 39; Kemper, Chapter 11, S. 169; Ginsberg, Volume 2, § 13.11[f], S. 1245 ff; Collier, Volume 5, § 1129.02, S. 1129-34 ff.

1058 Baird, The Elements of Bankruptcy, S. 243; Ginsberg, Volume 2, § 13.11[f], S. 1246.

1059 Baird, The Elements of Bankruptcy, S. 243; Sieht der Plan eine Befriedigung erst nach drei Jahren vor, ist für den Vergleich zum hypothetischen Liquidationswert eine Diskontierung auf den Zeitpunkt der Planbestätigung vorzunehmen, vgl. Ginsberg, Volume 2, § 13.11[f], S. 1247 f.

1060 Kemper, Chapter 11, S. 170; Terhart, Chapter 11, S. 100 f.

1061 Unter "insider" sind im wesentlichen die Führungsorgane des Schuldners sowie die Partner des Unternehmens zu verstehen, § 101 (31) BC 11.

- die Mitglieder der ablehnenden Gruppe nicht unfair durch den Plan diskriminiert werden ("discriminate unfairly"), Gleichbehandlungsgebot des § 1129 (b)(1) BC 11,

- der Plan den wirtschaftlichen Wert der am Verfahren beteiligten Rechte für die gegen einen Plan votierenden Abstimmungsgruppen angemessen berücksichtigt, der Plan mithin billig und gerecht ("fair and equitable") ist, § 1129 (b)(1)(2) BC 11.

aa) "Discriminate unfairly"

Wann eine nicht gerechtfertigte Diskriminierung einer Gläubigergruppe vorliegt, hat der Gesetzgeber nicht näher in § 1129 BC 11 bestimmt. Aus den Gesetzesmaterialien läßt sich jedoch entnehmen, daß dies dann der Fall ist, wenn die den Plan ablehnende Gläubigergruppe weniger erhält als andere Gruppen mit "legal similar claims against the debtor".[1062] Obwohl einige Gerichte hieraus geschlossen haben, daß *jede* unterschiedliche Behandlung von Gruppen mit gleicher Rangstellung eine Zustimmungsersetzung ausschließen würde[1063], ist überwiegend anerkannt, daß *nur* eine *nicht gerechtfertigte* Ungleichbehandlung verboten ist.[1064] Teilweise haben die Gerichte die Gründe, die eine Ungleichbehandlung rechtfertigen, in einem Katalog zusammengestellt. Danach müssen folgende Bedingungen vorliegen, um den Anforderungen an eine gerechtfertigte Ungleichbehandlung zu genügen:[1065]

- für die Ungleichbehandlung müssen vernünftige Gründe vorgetragen werden,

- die Planumsetzung durch den Schuldner wäre ohne die Diskriminierung nicht möglich,

- der Schuldner hat die Diskriminierung in gutem Glauben ("good faith") vorgeschlagen,

- Ausmaß und Grund der Ungleichbehandlung stehen in einem angemessenen Verhältnis zueinander.

In der Praxis gibt dieses Tatbestandsmerkmal nur selten Anlaß für die Versagung der Planbestätigung, was nicht zuletzt auch daran liegt, daß die Probleme regelmäßig nicht bei den Gruppen der gesicherten Gläubiger auftreten. Die bereits dargestellten Kriterien bei der Bildung von Abstimmungsgruppen aus den Reihen der gesicherten Gläubiger lassen es nur in seltenen Fällen zu, einen Vergleich mit ähnlichen Gläubigerklassen anzustellen.[1066]

1062 House Report No. 595, 95th Cong., abgdr. in: Collier, Volume 5, § 1129.03, S. 1129-67 ff, 1129-69; vgl. auch 124 Cong. Rec. H 11,103 (1978) S. 17,420, abgdr. in: Collier Pamphlet Edition 1998, Part 1, § 1129, S. 1128 ff; Klee in: ABLJ (Volume 53) 1979, S. 133 ff, 141 f; Friedman in: Cardozo Law Review (Volume 14) 1993, S. 1495 ff, 1502.

1063 So z.Bsp. in re Granada Wines, Inc., 26 B.R. (1983), S. 131 - 134, 134.

1064 Ginsberg, Volume 2, § 13.12[d], S. 1263; Jones in: UCLA Law Review 42, S. 623 ff, 632.

1065 Jones in: UCLA Law Review 42, S. 623 ff, 632 mit Hinweis auf: In re 11, 111, Inc., 117 B.R. (1990), S. 471 - 480, 478; Friedman in: Cardozo Law Review (Volume 14) 1993, S. 1495 ff, 1503 mit Hinweis auf: In re Buttenwood Partners Ltd., 111 B.R. (1990), S. 57 - 66, 63; In re Nelson, 133 B.R. (1991), S. 786 - 795, 793 f.

1066 Vgl. hierzu näher die Darstellung bei Friedman in: Cardozo Law Review (Volume 14) 1993, S. 1495 ff, 1502 ff.

bb) "Fair and equitable"

Weitere Voraussetzung für eine Zustimmungsersetzung mittels "Cram down" ist, daß der Plan in Ansehung jeder einzelnen ablehnenden Klasse billig und gerecht ("fair and equitable") sein muß. Teilweise lassen sich die einzelnen Anforderungen dem § 1129 (a)(2) BC 11 direkt entnehmen, teilweise sind sie aber auch auf Richterrecht zurückzuführen.

Die Voraussetzungen für eine angemessene Beteiligung der Mitglieder einer ablehnenden Gruppe am Verteilungserlös sind unterschiedlich für die Klassen der gesicherten, ungesicherten Gläubiger und Eigentümer ausgestaltet.

(a) Die Gruppe der ungesicherten Gläubiger und Teilhaber

Ob der Plan "fair and equitable" ist, beurteilt sich bei einer ablehnenden Klasse der ungesicherten Gläubiger oder der Inhaber von Teilhaberrechten im wesentlichen nach den selben Voraussetzungen. Ihre Zustimmung zum Plan ist danach entbehrlich, wenn:

- der Plan für die Mitglieder der Gruppe der ungesicherten Gläubiger Vermögenswerte ("property") zuteilt, die dem Barwert ihrer anerkannten Forderung zum Zeitpunkt des Inkrafttretens des Plans entsprechen, § 1129 (b)(2)(B)(i) BC 11,

- die Mitglieder der Gruppe der Alteigentümer Vermögenswerte erhalten, die dem Liquidations-, dem Rückkaufswert oder dem tatsächlichen Wert des Teilhaberrechts im Zeitpunkt des Inkrafttretens des Plans entsprechen, wobei der höhere Wert maßgeblich ist [§ 1129 b)(2)(C)(i) BC 11]. Hinter "property" können sich Barzahlungen oder andere Vermögenswerte (z.Bsp. Wertpapiere) verbergen. Eine Barabfindung ist daher nicht zwingend vorgeschrieben.

- die im Plan vorgesehene Befriedigung der ablehnenden Gruppe der ungesicherten Gläubiger und Teilhaber, und *nur*[1067] dieser Klassen, nicht gegen den Grundsatz der "absolute priority rule" verstößt.[1068] Sofern die Mitglieder dieser Gruppen keine vollständige Befriedigung erhalten, darf der Plan keiner rangniedrigeren Gruppe etwas zuteilen [§ 1129 b)(2)(B)(ii) und (b)(2)(C)(ii) BC 11]. Eine rangniedrigere Gruppe darf demnach erst dann eine Quote auf ihre Forderung erhalten, wenn die vorrangige Gruppe zu 100 % befriedigt worden ist. Im Ergebnis muß daher die außerkonkurslich geltende Rangfolge unter den Anspruchsinhabern beachtet werden.[1069] Aus dem auf der "legal history" beruhenden Fallrecht ist ein weiteres, ungeschriebenes, Tatbestandsmerkmal der "absolute priority rule" entwickelt worden.

1067 Collier, Volume 5, § 1129.03, S. 1129-75; Ginsberg, Volume 2, § 13.12[d], S. 1264.

1068 Vgl. hierzu Terhart, Chapter 11, S. 139; Kemper, Chapter 11, S. 176 f; Ginsberg, Volume 2, § 13.12[d], S. 263ff; Collier, Volume 5, § 1129.03, S. 1129-75 ff; Klee in: AMBLJ (Volume 64) 1990, S. 229 ff.

1069 Terhart, Chapter 11, S. 101 ff.

Danach darf einer übergeordneten Gruppe nicht mehr als 100 % ihrer Rechte gewährt werden, bevor nicht alle rangniedrigeren Forderungsklassen voll befriedigt sind.[1070]

(b) Die Gruppe der gesicherten Gläubiger

Für die Gruppe der gesicherten Gläubiger sind die Anforderungen des "fair and equitable test" in § 1129 (b)(2)(A)(i) - (iii) BC 11 normiert. Auch hier ist zu beachten, daß das Gericht die Prüfung des "fair ad equitable test" nur hinsichtlich der Gruppen von gesicherten Gläubigern vornehmen darf, die den Plan abgelehnt haben. Es stehen danach drei Möglichkeiten für den Planersteller zur Auswahl, wie er die gesicherten Gläubiger plangemäß abfinden kann, um ggf. auch deren ablehnendes Votum mittels "Cram down" überwinden zu können. Allen drei Möglichkeiten liegt der Gedanke zugrunde, daß die gesicherten Gläubiger keine Vermögenseinbußen hinnehmen müssen und das ihnen der Gegenstandswert ihrer Rechte garantiert werden soll.[1071]

Gem. § 1129 (b)(2)(A)(i) BC 11 kann der Plan zunächst vorsehen, daß die dem Gläubiger gewährten Sicherungsrechte fortbestehen. Dabei ist es unerheblich, ob der Sicherungsgegenstand beim Schuldner verbleibt oder an einen Dritten veräußert wird. Zusätzlich ist jedoch erforderlich, daß der Plan Barzahlungen[1072] an die gesicherten Gläubiger vorsieht, die dem Wert der festgestellten Forderungen entsprechen, mindestens aber den Wert der Sicherheiten erreichen. Der Sicherungsgegenstand kann jedoch auch, unter Verlust des Sicherungsrechtes, veräußert werden. Für diesen Fall muß dem Gläubiger als Ausgleich für den Verlust seiner Sicherheit ein Pfandrecht am Verwertungserlös zugesprochen werden. Gleichzeitig müssen auch hier die Barzahlungen im Wert der Forderung/Sicherheit im Plan vorgesehen sein [§ 1129 (b)(2)(A)(ii) BC 11].[1073] Als dritte Variante kann dem Gläubiger im Falle eines Verkaufs des Sicherungsgutes ein gleichwertiger Ersatz ("indubitable equivalent") für sein verloren gegangenes Sicherungsrecht eingeräumt werden [§ 1129 (b)(2)(A)(iii) BC 11]. Der Gesetzgeber hat nicht näher bestimmt, wann er von einem gleichwertigen Ersatz ausgeht. Richter Learned Hand sagte einmal, daß der vom Gesetzgeber verlangte "indubitable equivalent" eine "completely compensatory" indiziere.[1074] Praktisch ist es jedoch äußert schwierig zu ermitteln und vom Einzelfall abhängig, ob dem Gläubiger ein vollwertiger Ersatz gegeben wurde.

Unstreitig kann ein ablehnendes Votum ersetzt werden, wenn dem Gläubiger das Sicherungsgut herausgegeben bzw. ihm eine andere Sicherheit bestellt wird. Im letzteren Fall, muß dann aber ggf. eine Ausgleichszahlung in Höhe der Wertdifferenz zur ursprünglichen Sicherheit im Plan vorgesehen sein.[1075]

1070 Klee in: AMBLJ (Volume 64) 1990, S. 229 ff, 231 ff; ders. in: AMBLJ (Volume 53) 1979, S. 133 ff, 142; Collier, Volume 5, § 1129.03, S. 1129-75 f; Friedman in: Cardozo Law Review (Volume 14) 1993, S. 1495 ff, 1505.

1071 So auch Kemper, Chapter 11, S. 138.

1072 Ginsberg, Volume 2, § 13.12[e], S. 1266.

1073 Vgl. hierzu näher Friedman in: Cardozo Law Review (Volume 14) 1993, S. 1495 ff, 1530 ff.

1074 Vgl. Klee in: AMBLJ (Volume 53) 1979, S. 133 ff, 156, Fn. 147; Friedman in: Cardozo Law Review (Volume 14) 1993, S. 1495 ff, 1532, Fn. 166; Ginsberg, Volume 2, § 13.12[e], S. 1267.

1075 Einzelheiten siehe bei Ginsberg, Volume 2, § 13.12[e], S. 1267 f m.w.N; Senate Report No. 95-95th Cong., 2d Sess. 127-128, abgdr. in: Collier Pamphlet Edition 1998, Part 1, § 1129, S. 1136 ff, 1139 f.

Im Ergebnis sind die Sicherungsrechte der Gläubiger also (zwangs-)vergleichsfest. Liegen die Voraussetzungen des § 1129 BC 11 vor und hat der Schuldner einen Antrag zur Überwindung eines ablehnenden Votums einer Gläubigerklasse gestellt, erfährt der Plan mit der gerichtlichen Planbestätigung seine Rechtsverbindlichkeit. Die Rechtswirkungen des Plans erstrecken sich dann auch auf die Gläubigergruppen, die gegen den Plan gestimmt haben.

2. Voraussetzungen des Obstruktionsverbots im Überblick

Im Rahmen des gerichtlichen Bestätigungsverfahrens gem. § 248 InsO hat das Gericht zu prüfen, ob der Plan von den Gläubigern gem. §§ 244 ff InsO angenommen worden ist. Hat auch nur eine Abstimmungsgruppe dem Insolvenzplan widersprochen, prüft das Gericht insbesondere, ob ihre Zustimmung nach dem Obstruktionsverbot gem. § 245 InsO ersetzt werden kann. Eines gesonderten Antrages des Planerstellers, wie dies gem. § 1129 (b)(1) BC 11 erforderlich ist, bedarf es nicht.

In *formeller* Hinsicht ist hierfür zunächst Voraussetzung, daß die Mehrheit der abstimmenden Gruppen[1076] dem Plan mit den erforderlichen Mehrheiten gem. § 244 Abs. 1 InsO zugestimmt hat (§ 245 Abs. 1 Nr. 3 InsO). Das amerikanische Bundeskonkursrecht sieht in der Zustimmung nur einer Gruppe eine ausreichende Basis für die Insolvenzabwicklung auf der Grundlage eines Reorganisationsplans. Der Grunde hierfür liegt in der gegenüber dem deutschen Insolvenzrecht anderen gesetzlichen Grundausrichtung. Der amerikanische Gesetzgeber sieht die Reorganisation des Schuldners als ein primäres Ziel an. Die gesetzlichen Bestimmungen sind daher auch so ausgestaltet, daß sie die Annahme eines Sanierungsplans nicht unnötig erschweren. Hinzukommt, daß der Vorteil eines Sanierungsplans sich bereits dann zeigt, wenn auch nur eine Gruppe von Gläubigern besser gestellt wird, als sie bei einer Liquidation nach den Vorschriften des Chapter 7 BC stehen würde. In der Begründung des Regierungsentwurfs zu § 290 RegE InsO findet sich dieser Ansatz wieder[1077], wenngleich die Regelung nicht in die Insolvenzordnung übernommen wurde.

Gruppen, deren Zustimmung gem. § 246 InsO fingiert wird, können im Rahmen des § 245 Abs. 1 Nr. 3 InsO nicht berücksichtigt werden.[1078] Hat sich keine Gruppenmehrheit positiv für den Plan entschieden, ist der Anwendungsbereich des Obstruktionsverbotes nicht eröffnet und muß das Gericht dem Plan wegen des Einstimmigkeitsgebotes in § 244 InsO seine Bestätigung versagen.

Auch hier erfährt die Bestimmung des Obstruktionsverbots gegenüber dem amerikanischen Recht eine Veränderung. Dort genügt es für die Anwendung der "cram down rule", daß mindestens eine Gruppe nicht vom Plan betroffen ist und ihre Zustimmung gem. § 1126 (f) BC 11 per gesetzlicher Regelung fingiert wird. Dagegen spricht jedoch, daß die Annahme des Plans, und damit auch die Frage der Anwendbarkeit des Obstruktionsverbotes, den Gruppen vorbe-

---

1076 In § 290 Abs. 1 Nr. 3 RegE InsO war noch vorgesehen, daß nur eine Gruppe dem Plan zugestimmt haben muß.

1077 Begrdg. RegE zu § 290 RegE InsO, abgdr. in: Balz/Landfermann, Die neuen Insolvenzgesetze, S. 362; Balz in: ZIP 1988, S. 273 ff, 279.

1078 RA BT zu § 290 RegE InsO, abgdr. in: Balz/Landfermann, Die neuen Insolvenzgesetze, S. 362.

halten bleiben muß, deren Rechte vom Plan betroffen sind. Der deutsche Gesetzgeber ist hier zurecht in einem entscheidenden Punkt nicht seinem amerikanischen Vorbild gefolgt.[1079]

Daneben müssen die in § 245 Abs. 1 Nr. 1 und 2, Abs. 2 InsO normierten *materiellen* Voraussetzung erfüllt sein. Der Plan hat daher:

- für die Gläubiger der ablehnenden Gruppe mindestens den Liquidationswert, wie er ihnen ohne Plan zugeflossen wäre, vorzusehen (§ 245 Abs. 1 Nr. 1 InsO), die Gläubiger dürfen dabei *voraussichtlich* nicht schlechter durch den Plan gestellt werden[1080]

- die Gläubiger dieser Gruppe angemessen am wirtschaftlichen Wert zu beteiligen, der auf der Grundlage des Plans den Beteiligten zufließen soll (§ 245 Abs. 1 Nr. 2 InsO). Wann eine *angemessene Beteiligung* vorliegt, wird in Abs. 2 des § 245 InsO anhand sehr formaler Kriterien bestimmt. Bezogen auf die anderen Gläubigergruppen darf nach dem Plan:

    * kein Gläubiger mehr als 100 % seiner Forderung erhalten (§ 245 Abs. 2 Nr. 1 InsO),
    * weder der Schuldner bzw. an ihm beteiligte Personen noch ein nachrangiger Gläubiger einen wirtschaftlichen Wert erhalten (§ 245 Abs. 2 Nr. 2 InsO),
    * kein gleichrangiger Gläubiger einer anderen Gruppe besser gestellt sein (§ 245 Abs. 2 Nr. 3 InsO).

Die drei in § 245 Abs. 2 InsO formulierten Voraussetzungen müssen kumulativ vorliegen, um zu einer Anwendung des Obstruktionsverbotes gegenüber einer den Plan ablehnenden Gläubigergruppe kommen zu können.

3. Mehrheits- oder Minderheitenschutz ?

Zur Vermeidung eines schrankenlosen Vetorechts gegen einen für andere Gruppen vorteilhaften Plan, der auch die eigenen legitimen Interessen angemessen wahrt,[1081] wurde § 245 InsO zusätzlich in das Gesetz aufgenommen. Das Modell der Insolvenzrechtskommission sah eine solche Regelung noch nicht vor. Der Wille des Gesetzgebers drückt sich bereits in der Überschrift "Obstruktionsverbot" aus: Im Rechtswörterbuch wird unter Obstruktion "eine radikale Form der Opposition" verstanden.[1082] Sofern die Voraussetzungen des § 245 InsO vorliegen, wird das negative Votum einer Gläubigergruppe als mißbräuchlich bewertet, mit der Folge, daß die Zustimmung dieser Gruppe als erteilt gilt. In diesem Sinne schützt das Obstruktionsverbot die Mehrheit vor den Partikularinteressen Einzelner und verhilft einem Plan, der wirtschaftlich im Interesse der Mehrheit liegt, zum Erfolg.

Indem der Gesetzgeber auf das Mehrheitsprinzip für die Abstimmung innerhalb der Gruppe abstellt, bringt er gleichzeitig zum Ausdruck, daß auch innerhalb einer homogenen Gruppe Interessengegensätze regelmäßig vorkommen werden. Mehrheitsentscheidungen führen dann

---

1079 So auch bereits Balz mit seiner Empfehlung in: ZIP 1988, S. 273 ff, 287.

1080 § 245 Abs. 1 Nr. 1 InsO zuletzt geändert durch das EGInsOÄndG vom 1998-12-19, BGBl. I, 3836, 3839: vgl. zur Beschlußempfehlung des Rechtsausschusses ZIP 1998, S. 2190 ff.

1081 Allg. Begrdg. RegE, abgdr. in: Balz/Landfermann, Die neuen Insolvenzgesetze, S. 14, 35.

1082 Vgl. Creifeld, S. 905.

zur Bindung einer Minderheit von Gläubigern mit entgegenstehenden Interessen an die von der Mehrheit gewollte Abwicklungsform. Diese Bindung darf jedoch nicht dazu führen, daß der Minderheit eine Investitionsentscheidung aufgezwungen wird, die sie schlechter als bei einer Abwicklung ohne Plan stellen und ihr damit ein Vermögensopfer auferlegen würde.[1083] In wirtschaftlichen Dingen hat eben auch eine Mehrheit nicht mehr recht als eine Minderheit. Zudem garantieren Mehrheitsentscheidungen keineswegs das "pareto optimum" der Haftungsverwirklichung.[1084] In dem Umfange, wie sie aber marktwirtschaftliche Entscheidungsstrukturen fördern, kann ihnen ihre Berechtigung nicht abgesprochen werden. Aus diesem Grund ist die Bindungswirkung durch eine Mehrheitsentscheidung gerechtfertigt, solange sichergestellt ist, daß der überstimmten Minderheit wertmäßig als Untergrenze der Erlös bleibt, der ihr im Falle einer Abwicklung nach den gesetzlichen Vorschriften zugeflossen wäre. Diesen Grundsatz hat der Gesetzgeber mit § 251 Abs. 1 Nr. 2 InsO für den einzelnen Gläubiger innerhalb der Gruppe normiert.

Der Grundsatz hat jedoch auch dann Geltung zu beanspruchen, wenn es um die Frage geht, ob ein ablehnendes Veto einer Gruppe von Gläubigern als rechtsmißbräuchlich zu bewerten ist. In § 245 Abs. 1 Nr. 1 InsO findet sich eine Regelung, wonach die Gläubiger einer dissentierenden Gruppe durch den Plan nicht schlechter gestellt werden dürfen, als wenn es zu einer Abwicklung ohne ihn gekommen wäre (Werterhaltungsgrundsatz).

Die Insolvenzordnung greift damit auf den "best interest of creditor test" in § 1129 (a)(7) BC 11 zurück, wenngleich sich die Ausgestaltung in § 245 Abs.1 Nr. 1 InsO nur auf Mitglieder der ablehnenden Gruppe bezieht. § 251 Abs. 1 Nr. 2 InsO ergänzt diesen Minderheitenschutz jedoch im Sinne der amerikanischen Regelung, da er auch für die überstimmten Mitglieder innerhalb einer für den Plan votierenden Gruppe den Liquidationswert als Untergrenze jeder plangemäßen Regelung normiert. Allerdings bedarf es für den Minderheitenschutz des § 251 InsO eines Antrages des Gläubigers, während § 1129 (a)(7) BC 11 von Amts wegen geprüft wird. Hinzu kommt, daß § 245 Abs. 1 Nr. 2 i.V.m. Abs. 2 InsO eine angemessen Teilhabe der ablehnenden Gruppen am wirtschaftlichen Wert verlangt (Gleichbehandlungsgrundsatz). Die Bestimmungen in § 245 Abs. 1 Nr. 1 und Nr. 2 InsO sind damit auch Ausdruck eines in § 245 InsO enthaltenen Minderheitenschutzes. Anders als in § 251 InsO bezieht er sich jedoch nicht auf den einzelnen Gläubiger, sondern auf die jeweilige Gruppe von Gläubigern.[1085]

Vorhergehende Ausführungen haben den dogmatischen Hintergrund der Regelungen zum Obstruktionsverbot des § 245 InsO verdeutlicht. Entgegen einer in der Literatur vertretenen Mindermeinung kann weder dem Wortlaut noch der Gesetzesbegründung entnommen werden, daß der Gesetzgeber mit § 245 InsO zum Ziel hatte, die Rechtsposition einer den Plan ablehnenden Gruppe als "wirtschaftlich wertlos" zu bewerten.[1086]

[1083] Hax in: RWS-Forum 3, S. 21 ff, 32; Drukarczyk in: DBW 52 (1992), S. 161 ff, 175; Balz in: ZIP 1988, S. 273 ff, 278 f.

[1084] Balz in: ZIP 1988, S. 273 ff, 278.

[1085] So auch Braun in: Braun/Uhlenbruck, Unternehmensinsolvenz, 7. Teil, J, II, 1, S. 610; Warrikoff in: KTS 1997, S. 527 ff, 550; Otte in: Kübler/Prütting, InsO, § 245 Rdnr. 50 ff, 67.

[1086] So aber Smid/Rattunde, Insolvenzplan, Rdnr. 517 f; Smid in: InVo 1996, S. 314 ff, 315; ders. in: FS Pawlowski, S. 387 ff, 395.

Gerade mit dem in § 245 Abs.1 Nr. 1 und 2 InsO zum Ausdruck kommenden Minderheitenschutz soll sichergestellt werden, daß auch die wirtschaftlichen Rechtspositionen der sich gegen eine Abwicklung des Schuldnervermögens mittels Insolvenzplan aussprechenden Gläubigergruppen gewahrt werden muß. Andernfalls kann dem Plan keine Legitimationswirkung beigemessen und müßte seine Bestätigung vom Insolvenzgericht versagt werden. Insofern kann man das Obstruktionsverbot dogmatisch nur als eine besondere Ausformung des unsere Rechtsordnung prägenden Grundsatzes von "Treu und Glauben" (§ 242 BGB) begreifen. Ein schutzwürdiges Eigeninteresse[1087] an der Verhinderung eines im Interesse der Mehrheit liegenden Plans kann nicht bestehen, wenn die negativ votierende Abstimmungsgruppe nicht schlechter als im Liquidationsfall gestellt und sie zudem angemessen am wirtschaftlichen Mehrwert beteiligt wird.[1088] Unter diesen Bedingungen ist eine plangemäße Insolvenzabwicklung auf der Basis eines marktkonformen Entscheidungsprozesses dann auch einer gesetzlichen Liquidation überlegen.[1089]

Im Ergebnis ist festhalten, daß die Aufnahme des Obstruktionsverbotes sowohl dem Schutz der Mehrheit dient als auch die Interessen der Minderheit, die sich gegen den Plan gewendet hat, angemessen berücksichtigt.

4. Forderungsmehrheit als ungeschriebenes Tatbestandsmerkmal für eine Obstruktionsentscheidung?

Der Wortlaut des § 245 Abs. 1 Nr. 3 InsO läßt vermuten, daß die Prüfung dieses Tatbestandsmerkmals durch das Insolvenzgericht einfach und daher an erster Stelle erfolgen kann. Rein formal wird für die Anwendung des Obstruktionsverbotes zunächst verlangt, daß sich die Mehrheit der abstimmenden Gruppen positiv für den zur Abstimmung gestellten Insolvenzplan ausgesprochen hat. Daß hierbei die über § 246 InsO ersetzten Zustimmungen nachrangiger Insolvenzgläubiger keine Berücksichtigung finden können, wurde bereits erwähnt.

Als Ergebnis seiner kritischen Analyse der Vorschriften zum Insolvenzplanverfahren will Smid jedoch ein weiteres ungeschriebenes Tatbestandsmerkmal in den § 245 Abs. 1 Nr. 3 InsO hinein interpretiert wissen. Obstruktionsentscheidungen sollen nur dann eine hinreichende Legitimationsgrundlage für einen Insolvenzplan darstellen können, wenn sich tatsächlich eine Mehrheit der Gläubiger - orientiert an der Summe der Forderungsbeträge - zugunsten der plangemäßen Abwicklung entschieden hat. Es sei daher notwendig, *neben* der numerischen Zahl der Abstimmungsgruppen die Mehrheit der Forderungsbeiträge - wie sie für die Beschlüsse der Gläubigerversammlungen erforderlich sind - gem. § 76 Abs. 2 InsO als ungeschriebene Voraussetzung zu verlangen.[1090] Mit dem Rückgriff auf die Mehrheitsentscheidungen in der Gläubigerversammlung will er der "Gefahr" begegnen, daß eine numerische Min-

---

1087 Heinrichs in: Palandt, BGB, § 242 Rdnr. 50 ff; Roth in: Münchner Kommentar, BGB, § 242 Rdnr. 447 ff.

1088 In der Begrdg zu § 245 InsO ist dann auch lediglich die Rede vom Fehlen eines "vernünftigen Grundes": Begrdg. RegE zu § 290 RegE InsO, abgdr. in: Balz/Landfermann, Die neuen Insolvenzgesetze, S. 361.

1089 Allg. Begrdg., abgdr. in: Balz/Landfermann, Die neuen Insolvenzgesetze, S. 12.

1090 Smid/Rattunde, Insolvenzplan, Rdnr. 578 ff; Smid in: InVo 1996, S. 314 ff, 319; ders. in: FS Pawlowski, S. 387 ff, 425, 440; i.d.S. offenbar auch Otte in: Kübler/Prütting, InsO, § 245 Rdnr. 55.

derheit von Gläubigern gem. § 244 Abs. 1 Nr. 1 und 2 InsO die Annahme des Plans bewirken kann, sofern sie nur die Mehrheit der Abstimmungsgruppen auf sich vereint.[1091]

Im Vordergrund der Argumentation von Smid steht der Schutz der Mehrheit der Gläubiger. Dabei verkennt Smid jedoch, daß das Obstruktionsverbot auch dem Minderheitenschutz zu dienen bestimmt ist[1092], so daß die Rechtspositionen der Gläubiger, die in ihrer Gesamtheit eine Minderheit darstellen, gleichwertigen Schutz genießen müssen, wenn andererseits die Rechte der Mehrheiten gem. § 245 Abs. 1 Nr. 1, 2 i.V.m. Abs. 2 InsO gesichert sind. Unter diesen Voraussetzungen ist das Ziel eines Insolvenzplans nach einer optimalen Verwertung des Massevermögens schon dann erreicht, wenn ein Gläubiger besser gestellt wird, als er im Falle einer Zerschlagung des Schuldnervermögens stünde.[1093]

Die ursprüngliche Fassung des § 290 Abs. 1 Nr. 3 RegE InsO sah daher auch vor, daß die Zustimmung einer Abstimmungsgruppe für die Anwendung des Obstruktionsverbotes ausreichen würde. Dafür, daß dem Rechtsausschuß des Bundestages die Zustimmung nur einer Gruppe als eine ungenügende Grundlage für einen Plan erschien, spricht, daß der auf einer breiteren Basis zustimmender Gläubiger beruhende Plan sich bei seiner Durchführbarkeit einer mehrheitlichen Unterstützung erfreuen wird. Die Realisierbarkeit des Plans und damit letztlich die von ihm vorgesehenen Befriedigungsquoten erhöhen sich und helfen so mit, ein nachträgliches Scheitern des Plans zu verhindern.

Nach Smid habe der Gesetzgeber die Problematik des § 245 Abs. 1 Nr. 3 InsO gar nicht gesehen. Die ursprüngliche Fassung des § 290 Abs. 1 Nr. 3 RegE InsO hätte sich nur auf die Nr. 1 und 2 des § 290 Abs. 1 RegE InsO bezogen. Soll aber "eine Obstruktionsentscheidung auch ohne die inhaltlichen (materiellen) Voraussetzungen des § 245 Abs. 1 Nr. 1 und Nr. 2 InsO ergehen können, muß deren Legitimation an die Verfahrensstruktur des Insolvenzverfahrens angebunden werden."[1094] Gegen diese Argumentation spricht schon, daß die Zustimmungsersetzung einer negativ votierenden Gruppe unzweifelhaft an das kumulative Vorliegen der Voraussetzungen des § 245 Abs. 1 Nr. 1 - 3 InsO gebunden ist. Jeglichen Überlegungen, die sich von diesem Grundsatz entfernen, sind bereits durch den eindeutigen Wortlaut des Gesetzgebers die Grundlagen entzogen.

Zur Begründung seiner Auffassung verweist Smid schließlich auf die in § 244 Abs. 1 Nr. 1 und 2 InsO festgelegten Abstimmungsmehrheiten sowie die amtliche Begründung zu § 289 RegE InsO.[1095] Der Gesetzgeber habe dort selbst ausgeführt, daß die in § 244 Abs. 1 Nr. 1 und 2 InsO verlangten Mehrheiten sich im Ausgangspunkt an dem überkommenen Recht des gerichtlichen (Zwangs-)Vergleichsverfahrens orientierten.[1096] Daraus zieht Smid den rechtlichen Schluß, daß die gesetzgeberische Intention dahin gehe, die Mehrheitsregelung in § 244 Abs. 1 Nr. 2 InsO über den eindeutig festgeschriebenen Geltungsbereich innerhalb einer Gruppe auch auf das Gesamtabstimmungsergebnis zu erstrecken. Das Obstruktionsverbot könne daher nur

---

1091 Vgl. Smid/Rattunde, Insolvenzplan, Rdnr. 574 ff; Smid in: FS Pawlowski, S. 387 ff, 422 f.

1092 Vgl. eingehend hierzu unten: 3. Teil, B, II, 3; vgl. auch bereits unten: 3. Teil, A, I, 3, wo sich der Verfasser mit der Auffassung von Smid im Zusammenhang mit der Gruppenbildung kritisch auseinander gesetzt hat.

1093 Vgl. hierzu Balz in: ZIP 1988, S. 273 ff, 279.

1094 Smid/Rattunde, Insolvenzplan, Rdnr. 578; Smid in: FS Pawlowski, S. 387 ff, 424 f.

1095 Smid/Rattunde, Insolvenzplan, Rdnr. 579; Smid in: FS Pawlowski, S. 387 ff, 425.

1096 Begrdg. RegE zu § 289 RegE InsO, abgdr. in: Balz/Landfermann, Die neuen Insolvenzgesetze, S. 360.

dann Anwendung finden, wenn neben der Mehrheit der Abstimmungsgruppen auch die numerische Mehrheit der abstimmenden Gläubiger gem. § 76 Abs. 2 InsO für den Plan votiert habe.

Hiergegen spricht zunächst der eindeutige Wortlaut des § 245 Abs. 1 Nr. 3 InsO. Hätte der Gesetzgeber eine Summenmehrheit verlangen wollen, hätte eine Ausgestaltung wie in § 244 InsO nahegelegen. Anhaltspunkte für eine gesetzgeberische Lücke lassen sich auch aus der Gesetzesbegründung nicht herleiten. Es gilt zudem zu beachten, daß die Anlehnung an das geltende Recht nur im *Ausgangspunkt* und nur für das eigentliche Abstimmungsverfahren erfolgen sollte. Für eine Obstruktionsentscheidung ist jedoch erst dann Raum, wenn die Gläubiger in den einzelnen Gruppen ihre Stimme abgegeben haben. Nur das bereits gefundene Abstimmungsergebnis einer dissentierenden Gruppe wird ersetzt, wenn wenigstens die Mehrheit der Gruppen im übrigen für den Plan sich ausgesprochen hat. Schließlich würde die Auffassung von Smid sich gegen den vom Gesetzgeber ausdrücklich normierten Abstimmungsmodus in Gruppen richten. Die Anwendung des Obstruktionsverbotes - auch in dem von Smid zugrundegelegten Fall - stellt sich unter diesen Voraussetzungen nicht als eine Umkehrung einer von der Mehrheit der Gläubiger getroffenen Entscheidung dar.

Im Ergebnis ist ein Plan auch dann hinreichend durch die Entscheidung der Gläubiger in Gruppen legitimiert, wenn die Anzahl der positiv für den Plan votierenden Gläubiger numerisch die Minderheit darstellt. Für die Aufnahme eines ungeschriebenen Tatbestandmerkmals in § 245 Abs. 1 Nr. 3 InsO lassen sich weder die Gesetzesmaterialien noch praktische Erwägungen heranziehen. Die Auffassung von Smid vermag daher nicht zu überzeugen.

5. Die Vergleichsrechnung im Rahmen des Schlechterstellungsverbots

Nicht nur während der Reformdiskussion, sondern auch nach der Verkündung der Insolvenzordnung erwies sich das Obstruktionsverbot als die umstrittenste Regelung im Rahmen des Insolvenzplanverfahrens.[1097] Hauptkritikpunkt ist dabei das in § 245 Abs. 1 Nr. 1 InsO geregelte Schlechterstellungsverbot. So wird zum einen der ökonomische Ansatzpunkt als Gradmesser der Bewertung einer ablehnenden Haltung gegenüber der Planlösung als rechtsmißbräuchlich in Frage gestellt.

Außer der Wertrealisierung gäbe es durchaus andere achtenswerte Motive, die für sich genommen gegen eine Reorganisation mittels Insolvenzplan sprechen und sich zudem einer ökonomischen Bewertung entziehen würden.[1098]

Bezweifelt wird denn auch die Praktikabilität des vom Gericht durchzuführenden Wertevergleichs zwischen der plangemäßen Abwicklung und der Stellung der Gläubiger der dissentierenden Gruppe im Fall der Durchführung des Regelinsolvenzverfahrens. Weder der Liquidationswert noch der Planwert im Fall der Unternehmensfortführung seien exakt bestimmbar. Vielmehr können sie nur im Wege von Schätzungen ermittelt werden, die naturgemäß Pro-

---

[1097] Schiessler hat sich eingehend mit dieser Kritik auseinandergesetzt. Ihm ist dabei nicht nur im Ergebnis zuzustimmen: ders. in: Der Insolvenzplan, S. 168 ff; vgl. zur Kritik auch Otte in: Kübler/Prütting, InsO § 245 Rdnr. 59 ff.

[1098] Baur/Stürner, Zwangsvollstreckungsrecht II, Insolvenzrecht, § 4 Rdnr. 4.47; Stürner spricht insoweit auch von "einer Verkürzung des Rechtsgedankens auf Wertrealisierung": ders. in: Leipold, S. 41 ff, 46.

gnoseelemente und Wertungen beinhalten würden.[1099] Es stünde daher zu erwarten, daß die hieraus resultierenden Schwierigkeiten bei der Bestimmung sowohl der Liquidations- wie auch der Planwerte durch das Gericht nur mit Hilfe von Sachverständigen zu bewältigen sein werden.[1100] Rechtsstreitigkeiten über die einzelnen Bewertungen wären geradezu intendiert und würden nicht nur zu erheblichen Verfahrensverzögerungen führen, sondern auch die Kosten des Verfahrens sprunghaft ansteigen lassen.[1101] Ein Verfahren, welches "unnötig und exzessiv Kosten verursacht", kann jedoch seiner Aufgabe der Haftungsverwirklichung zugunsten der Gläubiger nur eingeschränkt (wenn überhaupt) nachkommen.[1102]

Nachfolgende Ausführungen zu den einzelnen Tatbestandsvoraussetzungen des § 245 Abs. 1, 2 InsO werden sich unter anderem mit diesen von der Literatur geäußerten Bedenken gegen das Obstruktionsverbot auseinandersetzen und die Praktikabilität der Regelungen als Voraussetzung für die Annahme und Realisierung wirtschaftlich sinnvoller Planlösungen untersuchen. Dabei soll auch der Frage nachgegangen werden, ob der "Abschied vom allgemeinen Obstruktionsverbot für Gläubiger" bei veränderten Mehrheitsverhältnissen für die Annahme des Plans die richtige Schlußfolgerung aus der geübten Kritik sein kann.

a) Amtsermittlungsgrundsatz contra Beibringungsgrundsatz im Planverfahren

Den Kritikern am Obstruktionsverbot ist zunächst darin beizupflichten, daß die Insolvenzgerichte bei den im Rahmen des § 245 Abs. 1 Nr. 1 InsO anzustellenden Vergleichsrechnungen je nach Einzelfall mit einem erheblichen Verfahrensaufwand rechnen müssen. Dabei werden auch völlig neue Anforderungen an die Sachkunde der Richter und Rechtspfleger gestellt. Wirtschaftliche Bewertungen, die unzweifelhaft bei der Prüfung des Schlechterstellungsverbots erforderlich sind, lassen sich bei entsprechendem Sachverstand sicher leichter und regelmäßig besser treffen.[1103] Die Schwierigkeiten wären jedoch ungleich größer, würde der in § 5 Abs. 1 Satz 1 InsO niedergelegte Amtsermittlungsgrundsatz auch für das Insolvenzplanverfahren Anwendung finden. Dem Gericht obläge dann im Rahmen des gerichtlichen Planbestätigungsverfahrens unter anderem die Ermittlung der für die Prüfung der Voraussetzungen des Obstruktionsverbotes notwendigen Tatsachen. Die damit einhergehenden weiteren Verfahrensverzögerungen würden häufig das Scheitern jeglicher Sanierungsbemühungen zu Lasten der Mehrheit der Gläubiger zur Folge haben. Es stellt sich daher zunächst die Frage, ob der Amtsermittlungsgrundsatz auch für das Insolvenzplanverfahren gilt.

[1099] Smid/Rattunde, Insolvenzplan, Rdnr. 585 ff; Smid in: FS Pawlowski, S. 387 ff, 328 ff; Drukarczyk in: DBW 52 (1992) S. 161 ff, 176 f; Haarmeyer/Wutzke/Förster, InsO, Kap. 9 Rdnr. 20; Uhlenbruck in: KTS 1992, S. 499 ff, 510; ders. in: Das neue Insolvenzrecht, S.109; Baur/Stürner, Zwangsvollstreckungsrecht II, Insolvenzrecht, § 4 Rdnr. 4.47; Stürner in: Leipold, S. 41 ff, 46.

[1100] Stürner befürchtet in diesem Zusammenhang zahlreiche "Sachverständigenschlachten", die ein "Labyrinth von Bewertungstheorien" hervorrufen werden: ders. in: Leipold, S. 41 ff, 47.

[1101] Uhlenbruck in: KTS 1992, S. 499 ff, 510; ders. in: Das neue Insolvenzrecht, S. 118.

[1102] Smid/Rattunde, Insolvenzplan, Rdnr. 543 ff; Smid in: FS Pawlowski, S. 387 ff, 406 ff.

[1103] So auch Braun in: Braun/Uhlenbruck, Unternehmensinsolvenz, 7. Teil, J, II, 4, a), S. 622, der sich auch gegen die Argumentation von Smid wendet, daß "Gerichte gewöhnlich aufgrund juristischer Kriterien entscheiden" und "Recht anwenden, ohne dabei zu kalkulieren": Smid/Rattunde, Insolvenzplan, Rdnr. 523.

Für die Anwendung des Amtsermittlungsgrundsatzes spricht der bereits erwähnte § 5 Abs. 1 Satz 1 InsO, der den §§ 75 KO, 2 Abs. 2 Satz 2 GesO und 116 VerglO angelehnt ist.[1104] Im Zusammenhang mit dem die Insolvenzordnung prägenden Grundsatz der Einheitlichkeit des Verfahrens mit seiner von der jeweiligen Abwicklungsart unabhängigen, einheitlichen Verfahrensstruktur[1105], läßt sich anführen, daß § 5 Abs. 1 Satz 1 InsO auch für das Insolvenzplanverfahren Geltung beansprucht. Den Ausführungen von Smid liegt ebenfalls die Geltung der Amtsermittlungsmaxime im Insolvenzplanverfahren zugrunde. Gleichzeitig zieht er aus den sich daraus ergebenden Problemen die Konsequenz einer "korrigierenden Auslegung" des § 245 InsO.[1106] Hat demnach die "Mehrheit der Gläubiger"[1107] den Plan abgelehnt, hat das Gericht dem Plan die Bestätigung zu versagen, ohne Ermittlungen dahingehend anzustellen, ob die Voraussetzungen des § 245 Abs. 1 Nr. 1 InsO vorliegen würden.[1108]

Im Falle eines vom Schuldner vorgelegten Plans wäre das Gericht jedoch verpflichtet, den Schuldner mit einem von ihm beantragten Sachverständigengutachten zu den Voraussetzungen des § 245 Abs. 1 Nr. 1 InsO zu hören, sofern dieser einen entsprechenden Kostenvorschuß erbringen würde.[1109]

Richtig hieran ist sicher die Tatsache, daß das Insolvenzgericht nicht verpflichtet sein kann, amtswegige Ermittlungen zum Vorliegen der Voraussetzungen des § 245 Abs. 1 Nr. 1 InsO vorzunehmen. Dies läßt sich damit begründen, daß sich der Wortlaut des § 5 Abs. 1 Satz 1 InsO nur auf das "Insolvenz*verfahren*" i.S.d. Regelinsolvenzabwicklung bezieht. Entscheiden sich die Gläubiger jedoch zu einer hiervon abweichenden Art der Masseverwertung mittels Insolvenzplan (vgl. §§ 1 Satz 1 a.E, 217 InsO), hat über § 4 InsO der Beibringungsgrundsatz der ZPO Geltung zu beanspruchen. Dies erklärt sich schon aus der Natur des Plans heraus, der als *Antrag* an das Gericht verstanden werden kann, einen vorgelegten Plan entsprechend den Vorschriften des Planverfahrens zu behandeln und seinerseits die Voraussetzungen für einen, den gesetzlichen Normen entsprechenden, Plan zu schaffen. Ein Insolvenzplanverfahren setzt dann auch immer eine entsprechende Planinitiative voraus.

Anders als beim Regelinsolvenzverfahren treffen die Gläubiger eine privatautonome Entscheidung zu dem vom Verwalter oder Schuldner vorgelegten Insolvenzplan. Das Gesetz stellt lediglich einen Rechtsrahmen zur Verfügung, innerhalb dessen die Verfahrensbeteiligten im Wege von Verhandlungen und Austauschprozessen zu einer einvernehmlichen Insolvenzbewältigung mittels Insolvenzplan kommen können. Dementsprechend ist auch die Verfahrensstruktur von den Verfassern der Insolvenzordnung ausgestaltet worden. Dem Gericht obliegt eben nur eine Rechts*kontrolle*[1110], mit der jedoch eine Tatsachenermittlung durch das Ge-

---

1104 Begrdr. zu § 5 RegE InsO, abgdr. in: Balz/Landfermann, Die neuen Insolvenzgesetze, S. 74; so auch Flessner in: HK-InsO, § 245 Rdnr. 14 f, wenngleich nicht in der Konsequenz wie Smid..

1105 Allg. Begrdg. RegE, abgdr. in: Balz/Landfermann, Die neuen Insolvenzgesetze, S. 19.

1106 Smid/Rattunde, Insolvenzplan, Rdnr. 598.

1107 Aufgrund der von ihm zu § 245 Abs. 1 Nr. 3 InsO vertretenen "korrigierenden Auslegung" kann unter "Mehrheit der Gläubiger" nur die Mehrheit i.S.v. § 76 Abs. 2 InsO gemeint sein (unabhängig davon, ob diese Mehrheit auch die Mehrheit der Gruppen auf sich vereint): Smid/Rattunde, Insolvenzplan, Rdnr. 613.

1108 Smid/Rattunde, Insolvenzplan, Rdnr. 600 ff; Smid in: FS Pawlowski, S. 387 ff, 435 f.

1109 Smid/Rattunde, Insolvenzplan, Rdnr. 609 ff; Smid in: FS Pawlowski, S. 387 ff, 438 f.

1110 Siehe hierzu bereits Teil 1, B, I.

richt nicht zu vereinbaren wäre. Ein Blick auf § 231 Abs. 1 Nr. 1 InsO verdeutlicht dies.[1111] Erfüllt die Planvorlage nicht die vom Gesetz vorgegebenen inhaltlichen Voraussetzungen oder sind die Vorschriften über das Planvorlagerecht mißachtet, hat das Gericht dem jeweiligen Planersteller zunächst Gelegenheit zur Mängelbeseitigung zu geben und nicht von Amts wegen zu ermitteln, ob die Voraussetzungen in Wirklichkeit vorgelegen haben.[1112]

Wäre der Gesetzgeber vom Amtsermittlungsgrundsatz im Insolvenzplanverfahren ausgegangen, hätte viel dafür gesprochen, die noch im Regierungsentwurf enthaltenen §§ 258 - 262 RegE InsO zu übernehmen.

§ 259 RegE InsO sah insoweit zwingend die Aufstellung einer Vergleichsrechnung, wie sie auch bei § 245 Abs. 1 Nr. 1 InsO erforderlich ist, vor, was die Tatsachenermittlung durch das Gericht vereinfacht und dadurch Zeit und Kosten gespart hätte. Daß die §§ 258 - 262 RegE InsO jedoch bei der Endfassung der Insolvenzordnung vom federführenden Rechtsausschuß mit dem Hinweis, daß der jeweilige Planersteller von sich aus den abstimmenden Gläubigern die entsprechenden Informationen vorlegen wird, gestrichen wurden, spricht für die hier vertretene Auffassung.

Das Gericht hat demnach im Rahmen des § 245 Abs. 1 Nr. 1 InsO lediglich eine Subsumtionsentscheidung zu treffen. Allein dem Planersteller obliegt die Aufgabe, dem Gericht darzulegen, daß die Voraussetzungen des Obstruktionsverbotes vorliegen. Kann er dies nicht, *darf* das Gericht von sich aus keine Ermittlungen aufnehmen, sondern hat den Plan unter den Voraussetzungen des § 250 InsO zurückzuweisen.[1113]

Zu Recht wird daher fast einstimmig verlangt, daß bereits in dem zur Abstimmung vorgelegten Plan eine Vergleichsrechnung im darstellenden Teil (vgl. § 220 Abs. 2 InsO) enthalten sein soll, aus welchem sich alternativ die jedem Gläubiger zufließende prognostizierte Quote im Falle einer Verwertung nach den Regelungen des allgemeinen Insolvenzverfahrens ergibt.[1114] Technisch läßt sich dies dadurch umsetzen, daß in der als Anlage dem Plan beizufügenden Vermögensübersicht gem. § 229 Satz 1 InsO eine weitere Spalte aufgenommen wird, aus der sich die Zerschlagungswerte für die einzelnen Vermögensgegenstände ergeben.[1115]

[1111] So auch Braun in: Braun/Uhlenbruck, Unternehmensinsolvenz, 7. Teil, J, II, 4, c), S. 624 und Hess, InsO, § 248, Rdnr. 8.

[1112] Vgl. in diesem Zusammenhang auch § 250 InsO; einschränkend Flessner in: HK-InsO, § 245 Rdnr. 14 f, 20 ("*braucht* ... keine zusätzlichen Tatsachen zu ermitteln".

[1113] So deutlich auch Otte in: Kübler/Prütting, InsO, § 245 Rdnr. 66.

[1114] I.d.S. Bork, Einführung, Rdnr. 317: Er geht zu Recht davon aus, daß bei der Bestimmung der Zerschlagungswerte als Untergrenze des Minderheitenschutzes zunächst von den bei einer Einzelveräußerung zu realisierenden Erlöse auszugehen sei. Nur wenn sich eine Gesamtveräußerung des Betriebes als konkrete, nachweisbare Alternative der Regelabwicklung durch Einzelveräußerung ergibt, können going-concern-Werte zugrundegelegt werden.; Burger/Schellberg in: DB 1994, S. 1833 ff, 1834; dies. in: WPg. 1995, S. 69 ff, 75; Haarmeyer/Wutzke/Förster, InsO, Kap. 5, Rdnr. 369, Kap. 9, Rdnr. 29; Braun in: Braun/Uhlenbruck, Unternehmensinsolvenz, 7. Teil, E, II, 1, d), S. 538; ders. in: Nerlich/Römermann, InsO, § 245 Rdnr. 7; RA BT zu § 259 RegE InsO, abgdr. in: Balz/Landfermann, Die neuen Insolvenzgesetze, S. 333; Schiessler, Der Insolvenzplan, S. 185.

[1115] In der Vermögensübersicht gem. § 229 Satz 1 InsO sollten die einzelnen Vermögensgegenstände in Anlehnung an das Bilanzgliederungsschema der §§ 264 ff HGB in einheitlichen Gruppen zusammengefaßt werden: vgl. auch Braun in: Braun/Uhlenbruck, Unternehmensinsolvenz, 7. Teil, E, II, 1, c), S. 537 und beispielhaft in: Musterplan, S. 88 f.

Ergänzend wäre es weiter sinnvoll, wenn dem Plan auch eine hierauf aufbauende gruppenbezogene Vergleichsrechnung beigefügt ist, aus der sich die Befriedigungsquoten für die im Plan vorgesehenen Gruppen mit und ohne Plan ergeben. Immerhin stellt § 245 InsO generell auf einen gruppenbezogenen Vergleich ab.[1116] Damit geht dann einher, daß die Gerichte nur für den Fall einen Sachverständigen einschalten werden, indem die vom Planersteller vorgelegten Zahlen nicht unstreitig gestellt und daher einer Plausibilität unterzogen werden müssen. Dies läßt die insoweit vorgebrachten Bedenken deutlich in den Hintergrund treten.

Im Ergebnis darf das Insolvenzgericht keine amtswegigen Ermittlungen zum Vorliegen der Tatbestandsvoraussetzungen des § 245 Abs. 1 Nr. 1 InsO vornehmen, soweit es um die Aufklärung von Tatsachen geht. Entgegen der Auffassung von Smid stellt sich dies aber nicht als Ergebnis einer "korrigierenden Auslegung" dar, sondern folgt allein daraus, daß der in § 5 Abs. 1 Satz 1 InsO niedergelegte Amtsermittlungsgrundsatz generell nicht auf das Insolvenzplanverfahren angewendet werden kann.

b) Ermittlung der Vergleichssachverhalte - ausgehend vom Ziel des Insolvenzplanes

Im Vorfeld der eigentlichen Bewertungsprüfung stellt sich für das Insolvenzgericht die Aufgabe, die für die Prüfung des § 245 Abs. 1 Nr. 1 InsO erforderlichen Vergleichssachverhalte gegenüberzustellen.[1117] Grundsätzlich sind dabei die Situationen bei einer plangemäßen Abwicklung mit einer solchen ohne Plan miteinander zu vergleichen. Die Gläubiger einer ablehnenden Gruppe dürfen dann bei Umsetzung des Insolvenzplans nicht schlechter stehen, als sie bei einer Abwicklung nach dem Regelinsolvenzverfahren stehen würden.

Ausgehend von den im ersten Teil der Arbeit vorgestellten möglichen Planinhalten hat das Gericht zunächst zu bestimmen, welche Prämisse (Planziel) dem konkret zur Überprüfung vorgelegten Insolvenzplan zugrundeliegt. Berücksichtigt man noch, daß das Regelinsolvenzverfahren zwei Möglichkeiten der Insolvenzabwicklung kennt, die Liquidation in Form der Einzelzerschlagung bzw. im Wege einer übertragenden Sanierung, ergeben sich im wesentlichen die nachfolgend aufgeführten Vergleichssachverhalte:

Regelinsolvenzverfahren	**Abwicklung gemäß Insolvenzplan**
Einzelzerschlagung	- Eigensanierung des Rechtsträgers und Fortführung des schuldnerischen Unternehmens - Übertragende Sanierung mittels Übertragungsplans - Einzelzerschlagung mittels Liquidationsplans
Übertragende Sanierung	- Eigensanierung des Rechtsträgers und Fortführung des schuldnerischen Unternehmens - Übertragende Sanierung mittels Übertragungsplans - Einzelzerschlagung mittels Liquidationsplans

1116 Zu einem Beispiel siehe Maus, Der Insolvenzplan, Rdnr. 61 ff.

1117 Braun in: Braun/Riggert/Kind, S. 148.

Da die Verwertung nach den gesetzlichen Vorschriften der §§ 156 ff InsO als Regelfall die Einzelzerschlagung kennt, darf das Gericht bei seiner Prüfung des § 245 Abs. 1 Nr. 1 InsO nur dann von einer übertragenden Sanierung ausgehen, wenn sich hierfür konkrete Anhaltspunkte ergeben haben. Dies kann beispielsweise dann der Fall sein, wenn dem Verwalter bzw. dem Gericht Kaufinteressenten namhaft geworden sind, die ihrerseits bereits ein konkretes Angebot zum Erwerb sämtlicher Aktivvermögenswerte (hierzu zählen dann auch die immateriellen Vermögenswerte) vorgelegt haben.[1118] Selbst wenn noch kein abschließendes Angebot vorliegt, wäre in jedem Fall der Nachweis erforderlich, daß konkrete Verkaufsverhandlungen als Alternative zur plangemäßen Abwicklung geführt werden, deren Erfolg überwiegend wahrscheinlich ist. Als Vergleichswert wäre in diesem Fall von dem Kaufpreis auszugehen, der dem aktuellen Verhandlungsstand entspricht.

Stehen die Verhandlungen kurz vor dem Abschluß, sollte das Gericht mit seiner Entscheidung zuwarten, will es nicht Gefahr laufen, sich möglicherweise Amtshaftungsansprüchen auszusetzen. Liegt ein konkretes Angebot für die Übernahme sämtlicher Aktiva nicht vor und sind auch noch keine dahingehenden Gespräche bzw. Verhandlungen geführt worden, darf das Gericht nicht von einer fiktiven Veräußerbarkeit des Unternehmens in seiner Gesamtheit ausgehen. Andernfalls würde der in den §§ 245 Abs. 1 Nr. 1, 251 Abs. 1 Nr. 2 InsO normierte Schutz der Minderheiten unterlaufen werden, da eine Sicherstellung des Liquidationswertes nicht gewährleistet wäre.[1119]

c) Bestimmung der Liquidationswerte

aa) Im Fall einer Einzelveräußerung

Die Angabe der Zerschlagungswerte neben den plangemäßen Befriedigungsaussichten dient zum einen als Hilfe für die Gläubiger bei ihrer Entscheidung für oder gegen eine Abwicklung mittels Insolvenzplan. Zum anderen geben sie dem Gericht die entsprechenden Informationen, um die Bewertungen im Rahmen des Bestätigungsverfahrens gem. §§ 245, 251, 248 InsO sachgerecht treffen zu können.

Die Ermittlung des Liquidationswertes hat stichtagsbezogen auf den Zeitpunkt der Verfahrenseröffnung zu erfolgen. Dabei sind nur die "wahren Werte"[1120] der einzelnen Vermögensgegenstände zu ermitteln, die im Falle einer Einzelzerschlagung auf dem Markt erzielt werden könnten. Handelsbilanzielle Bewertungsregeln haben außer Betracht zu bleiben, da andernfalls stille Reserven zum Beispiel nicht aufgedeckt würden. Gerade deren Offenlegung kann jedoch bei einem Grundstück bzw. einer größeren, einen erheblichen Wert repräsentierenden Maschine, zu bedeutsamen Wertdifferenzen führen. Auch Halbfertigerzeugnisse weisen unter bilanziellen Gesichtspunkten zwar regelmäßig noch einen Vermögenswert auf. Im Falle einer Liquidation ohne zumindest zeitweilige Unternehmensfortführung zum Zwecke der Fertig-

1118 Braun in: Braun/Riggert/Kind, S. 149; Otte in: Kübler/Prütting, InsO, § 245 Rdnr. 7.

1119 So auch Braun in: Braun/Uhlenbruck, Unternehmensinsolvenz, 7. Teil, J, II, 2, b), aa), S. 612.

1120 Pink, Insolvenzrechnungslegung, S. 34 ff. Insoweit entspricht die Vermögensrechnung systematisch der Überschuldungsrechnung im Rahmen des § 19 InsO: vgl. auch Schmidt-Räntsch, InsO, § 19 Rdnr. 2; Begrdg. RegE zu § 23 RegE InsO, abgdr. in: Balz/Landfermann, Die neuen Insolvenzgesetze, S. 93.

stellung äußert sich ihr "wahrer Wert" jedoch häufig nurmehr in einem Schrottwert, da ein Abnehmer auf dem Markt zumeist nicht vorhanden ist.

Für die Vergleichsrechnung im Rahmen des § 245 Abs. 1 Nr. 1 InsO kann das Gericht auf die Vermögensübersicht des § 153 Abs. 1 InsO zurückgreifen. Als statistische Zeitpunktrechnung[1121] auf den Tag der Eröffnung des Insolvenzverfahrens liefert sie eine Gegenüberstellung der Aktiva und der Passiva. Bei der Gliederung der Verbindlichkeiten sind Absonderungsrechte gesondert auszuweisen (§ 153 Abs. 1 Satz 2 Halbsatz 2 InsO). Dabei sollten die Absonderungsrechte den einzelnen Aktivvermögenswerten zum Zwecke der besseren Vergleichbarkeit konkret zugeordnet werden, obwohl der Gesetzgeber dies nicht ausdrücklich verlangt.

Die Aktiva werden gem. § 153 Abs. 1 Satz 2 Halbsatz 1 InsO nach den Grundsätzen des § 151 Abs. 2 InsO bewertet. Verkörpert der Vermögensgegenstand einen unterschiedlichen Wert, je nachdem, ob das Unternehmen fortgeführt oder stillgelegt wird, sind beide Werte in der Vermögensübersicht anzugeben. Beide Alternativen können sich auch auf einen einzelnen Betriebsteil beziehen, so daß nicht für jeden Vermögensgegenstand zwangsläufig zwei Werte angegeben werden müssen. Die vom Gesetzgeber vorgenommene scharfe Trennung zwischen der Bewertung der Vermögensgegenstände bei einer Stillegung des Geschäftsbetriebes und einer Unternehmensfortführung zwingt zu der Auslegung, daß der Stillegungswert den Wert repräsentiert, der im Falle einer Regelabwicklung zu erzielen gewesen wäre. Dies kann dann aber neben dem Einzelzerschlagungswert auch der Verwertungserlös bei einer übertragenden Sanierung sein, sofern sich hierfür konkrete Anhaltspunkte ergeben haben. Auch bei einer übertragenden Sanierung steht am Ende immer die Stillegung des alten Geschäftsbetriebes und die Liquidation des alten Rechtsträgers. Es wird nur der Betrieb bzw. das Unternehmen als organisatorische Einheit erhalten und auf einen neuen, u.U. bereits bestehenden, Rechtsträger übertragen.

Sofern der Geschäftsbetrieb nur zeitweilig zum Zweck der Ausproduktion aufrechterhalten bleibt, kann dies nur Einfluß auf die Höhe des Wertes der Vermögensgegenstände bei einer Regelabwicklung nehmen. Hieraus läßt sich ableiten, daß die Angabe des Fortführungswertes nur dann möglich ist, wenn eine Unternehmensfortführung auf Dauer geplant ist, was die Kenntnis von einer entsprechenden Fortführungs-/Planhypothese voraussetzt.

Vor diesem Hintergrund bietet sich ein Rückgriff auf die Vermögensrechnung des § 153 InsO vor allem dann an, wenn im Zeitpunkt der Insolvenzantragstellung ein prepacked Plan bereits vorgelegen hat.[1122] In diesem Fall enthält die Vermögensübersicht des § 153 InsO bereits die Angabe der Zerschlagungswerte und eine Bewertung going concern, sofern der Plan von einer Fortführung des Geschäftsbetriebes ausgeht. Bei einer zeitlichen Nähe zwischen Insolvenzer-

---

1121 So für die Konkurseröffnungsbilanz gem. § 124 KO: Pink, Insolvenzrechnungslegung, S. 59. Die Vergleichsrechnung gem. § 153 InsO ähnelt dann auch der Konkurseröffnungsbilanz des § 124 KO: Begrdg. RegE zu § 172 RegE InsO, abgdr. in: Balz/Landfermann, Die neuen Insolvenzgesetze, S. 260.

1122 Zu einem anderen Fall, wo zwar von Anfang an von den Verfahrensbeteiligten deutlich gemacht wurde, daß sie eine Fortführungslösung unterstützen würden, der Plan im Zeitpunkt der Erstellung der Vermögensübersicht des § 153 InsO jedoch noch nicht vorlag und demzufolge die Angabe der Fortführungswerte ersichtlich "unscharf" sein mußte, vgl: Braun/Uhlenbruck, Musterplan, S. 69, 71 i.V.m. Anlagen A 10, S. 88 und A 14, S. 128 (jeweils Spalte B): beide Fortführungswerte differieren aufgrund einer Bestandsveränderung an Roh-, Hilfs- und Betriebsstoffen.

öffnungszeitpunkt und dem Zeitpunkt der Wirksamkeit des Plans (hierauf baut die Angabe der Vermögenswerte in der Vermögensübersicht des § 229 Satz 1 InsO auf), können die Wertangaben (going concern unterstellt) im Vermögensverzeichnis des § 153 InsO u.U. wenig von denen im Vermögensverzeichnis, welches zusammen mit dem Plan eingereicht wird, abweichen. Je länger das Insolvenzplanverfahren jedoch dauert, desto eher wird sich die Notwendigkeit einer Neubewertung in der Vermögensübersicht des § 229 InsO ergeben. Dies läßt sich allein damit begründen, daß bei einer bis zur Planwirksamkeit erfolgenden Geschäftsfortführung sich der Anfangsbestand an Roh-, Hilfs- und Betriebsstoffen verändert haben wird, ggf. neues betriebsnotwendiges Anlagevermögen zugekauft oder nicht notwendiges Anlagevermögen veräußert worden ist.[1123]

Selbstverständlich können die in der Vermögensübersicht angegebenen Regelabwicklungswerte nur geschätzt werden. Soweit hiergegen vorgebracht wird, daß damit Prognosen und Wertungen verbunden sind, die einer Kontrolle nur eingeschränkt und regelmäßig nur durch Sachverständige zugänglich sind, ist dem grundsätzlich zuzustimmen.

bb) Im Fall einer Gesamtveräußerung

Nur für den Fall einer sich konkret darstellenden Möglichkeit der Gesamtverwertung durch übertragende Sanierung des Geschäftsbetriebes können als Liquidationswerte auch "Fortführungswerte" in Ansatz gebracht werden.[1124] Es stellt sich dann jedoch die Frage, nach welcher Methode diese "Fortführungswerte" als Stillegungswerte i.S.d. § 151 Abs. 2 Satz 2 InsO zu ermitteln sind.

Zunächst bietet sich für die Bestimmung des Zerschlagungswertes ein Rückgriff auf die *Ertragswertmethode* an. Für sie ist aber gerade der zukünftige Ertragswert die wesentliche Komponente der Unternehmensbewertung. Kommt es jedoch zur Liquidation eines chronisch ertragsschwachen Unternehmens (mithin bei Eintritt der Insolvenz) durch Gesamtveräußerung, tendiert der Ertragswert gegen Null. Das Ertragswertverfahren ist daher nicht geeignet, den Liquidationswert bei einer übertragenden Sanierung sachgerecht zu ermitteln. Da sich gleichwohl eine, wenn auch nur zeitweilige, Fortführung des Unternehmens bei wirtschaftlicher Betrachtung und unter veränderten Vorzeichen lohnen kann, hat eine Bewertung vielmehr nach dem *Substanzwert* (der gleichfalls einen Liquidationswert verkörpert) zu erfolgen. Diese Methode zur Bestimmung des Unternehmenswertes geht dann auch - im Gegensatz zur Ermittlung des Liquidationswertes - von der Prämisse der Unternehmensfortführung aus. Würde man auch bei der Ermittlung des Fortführungswertes die Ertragswertmethode anwenden, käme man zu dem sinnwidrigen Ergebnis[1125], daß der Fortführungswert (hier als Liquidationswert bei unterstellter Regelabwicklung) gleich der Befriedigungsquote im Falle plange-

---

[1123] Vgl. den Beispielsfall in: Fn. 1122.

[1124] Vgl. zur Parallelvorschrift für den Minderheitenschutz: Begrdg. RegE zu § 298 RegE InsO, abgdr. in: Balz/Landfermann, Die neuen Insolvenzgesetze, S. 369.

[1125] So auch Braun in: Braun/Uhlenbruck, Unternehmensinsolvenz, 7. Teil, J, II, 2, b), aa), (1), S. 613.

mäßer Abwicklung wäre.[1126] Eine Vergleichsrechnung wäre unter diesen Umständen nicht mehr möglich.

Mit anderen Worten läßt sich festhalten, daß der Fortführungswert im Falle einer übertragenden Sanierung regelmäßig nicht dem Planwert entsprechen wird. Das Gegenteil würde nur dann gelten, wenn vollkommene Märkte unser Wirtschaftssystem bestimmen würden. Da dies aber nicht der Fall ist[1127], muß berücksichtigt werden, daß die anzusetzenden Einzelveräußerungspreise bei einer übertragenden Sanierung regelmäßig geringer sind, als sie bei plangemäßer Abwicklung sein würden. Dafür spricht, daß bei einer übertragenden Sanierung vor allem ein psychologischer Werteverfall eintritt. Ausschlaggebend in diesem Zusammenhang können auch "Know how - Effekte" sein, so wenn der bisherige Unternehmensinhaber oder einzelne Arbeitnehmer über spezielle Kenntnisse verfügen und daher das Know how im Unternehmen verkörpern. Eine Reorganisation unter der Regie des alten Inhabers und mit dem arbeitnehmerspezifischen Know how würde sich daher positiv auf das Bewertungsergebnis auswirken.

Wie die Liquidations- basiert auch die Substanzwertberechnung auf einer *Einzelbewertung* der Vermögensgegenstände. Welche Werte in Ansatz zu bringen sind, hängt davon ab, welchen Preis der Erwerber im Rahmen des Gesamtkaufpreises für die einzelnen Gegenstände bezahlen würde.[1128] Die Substanzwertermittlung geht dabei nicht von den Anschaffungs- bzw. Herstellungskosten aus, sondern von dem am Bewertungsstichtag maßgeblichen Wiederbeschaffungs- oder Reproduktionswert. Diesem Reproduktionswert liegen die Kosten zugrunde, die entstehen würden, wenn ein Betrieb mit gleicher Leistungsfähigkeit wie derjenigen des zu bewertenden Unternehmens errichtet werden würde.[1129] Mit der durchzuführenden Neubewertung sämtlicher Vermögenswerte (aber auch der Passiva) geht die Aufdeckung der stillen Reserven einher. Da der Substanzwertberechnung die Prämisse der Unternehmensfortführung zugrundeliegt, kann bei der Bestimmung des Kaufpreises auch ein im Unternehmen verkörperter Geschäftswert (Goodwill oder Firmenwert), neben der Summe der Einzelveräußerungspreise, in Ansatz gebracht werden.[1130]

d) Der Ertragswert als Vergleichsgröße

Sowohl bei der Einzel- als auch bei der Gesamtveräußerung kann eine Vergleichsrechnung nur dann eine ausreichende Basis für die Gewährleistung des Minderheitenschutzes gem.

1126 So aber im Ergebnis Warrikoff, wenn er davon ausgeht, daß die in der Vermögensübersicht des § 229 InsO ausgewiesene Bewertung derjenigen des § 153 InsO, sofern dort Fortführungswerte anzugeben sind, entsprechen würde: ders. in: KTS 1997, S. 527 ff, 537.

1127 I.d.S. auch Eidenmüller in: Ott/Schäfer, S. 145 ff, 152 ff.

1128 So auch Piltz, Unternehmensbewertung, S. 34 ff, 203, 207 ff, 213 unter Hinweis auf BGH, Urteil vom 14.01.1980 (Az.: II ZR 218/78), abgdr. in: DB 1980, S. 966 ff, wonach auch nicht bilanzierungspflichtige immaterielle Wirtschaftsgüter (Firmenwert, Kundenstamm u.ä.) zu bewerten sind; Maus, Der Insolvenzplan, S. 707 ff Rdnr. 62, der zutreffend darauf hinweist, daß für die Einzelzerschlagungswerte auf die Vermögensübersicht nach § 153 InsO zurückgegriffen werden kann. Die individuellen Ermittlungen werden bei größeren Unternehmungen bereits durch einen vom vorläufigen Insolvenzverwalter beauftragten Sachverständigen erfolgen (zum Masseschuldcharakter vgl. § 55 Abs. 2 Satz 1 InsO).

1129 Vgl. Lausterer, Unternehmensbewertung, S. 65 f; Piltz, Unternehmensbewertung, S. 34 ff, 203 ff.

1130 Hierzu vgl. Lausterer, Unternehmensbewertung, S. 117; Piltz, Unternehmensbewertung, S. 197.

§§ 245 Abs. 1 Nr. 1, 251 Abs. 1 Nr. 2 InsO bieten, wenn sie auf objektiver Grundlage unter angemessener Berücksichtigung risikoimmanenter Faktoren für eine Unternehmensfortführung erstellt wurde. Der vom Gericht anzustellende Vergleich zwischen der Befriedigungsquote der Gläubiger ohne Plan und bei plangemäßer Verwertung des haftenden Schuldnervermögens kann dann nur auf der Grundlage einer auf den Bewertungsstichtag diskontierten prognostizierten Ertragserwartung für die Zukunft erfolgen. Von der Rechtsprechung wird hierfür überwiegend das Ertragswertverfahren angewandt.[1131]

Die Abzinsung (Kapitalisierung) des prognostizierten Zukunftsertrages ermöglicht dabei die Ermittlung einer Barwertvergleichsgröße auf den jeweiligen Bewertungsstichtag. Nicht betriebsnotwendiges Vermögen, das nicht dem eigentlichen Unternehmenszweck dient, ist aus der Ertragswertprognose zu eliminieren, unter Liquidationsgesichtspunkten zu bewerten und anschließend dem Ertragswert zuzuschlagen.

Diese Vorgehensweise schließt jedoch nicht Bewertungsfehler bei der Ermittlung der in der Zukunft liegenden Erträge aus. Möglichen Risikofaktoren wird durch Erhöhung des Basiszinssatzes für das "allgemeine Unternehmerrisiko" sowie weiteren Zu- und Abschlägen[1132] Rechnung getragen mit dem Ziel, die Bewertungsfehler weitgehend zu minimieren bzw. zu kompensieren. Das Ertragswertverfahren ist jedoch nicht unumstritten, gerade wegen seiner notwendigen Risikozuschläge. Mit neuen Finanzierungstheorien (insbesondere dem Capital Asset Pricing Model - CAPM) versucht die Betriebswirtschaftslehre den Risikozuschlag exakter zu bestimmen. Ob sich diese Theorien durchsetzen, muß abgewartet werden.[1133]

e) Zusammenfassung der Ergebnisse

Eine Bewertung der vom Gesetzgeber bei der Prüfung des Obstruktionsverbotes in § 245 Abs. 1 Nr. 1 InsO zur Tatbestandsvoraussetzung erhobenen Vergleichsrechnung kann nicht losgelöst von den hiergegen erhobenen Einwendungen[1134] erfolgen.

In der Tat stellt dann auch der vom Gericht durchzuführende Wertevergleich zwischen der Stellung der Gläubiger der dissentierenden Gruppe bei plangemäßer Abwicklung und Durchführung des Regelinsolvenzverfahrens hohe Anforderungen an die Prüfungskompetenz der Gerichte. Daß diese gleichwohl nur dann zum Tragen kommen, wenn die im Plan enthaltenen Angaben zum Liquidations- bzw. Fortführungs- und Planwert nicht unstreitig gestellt werden, wurde bereits erwähnt.

[1131] BayObLG, Beschl. v. 11.12.1995 (Az.: 3Z BR 36/91), abgdr. in: NJW-RR 1996, S. 1125 ff, 1126; Eidenmüller in: Ott/Schäfer, S. 145 ff, 158; Flessner, Sanierung, S. 112, 253 f; Eilenberger, Finanzwirtschaft, Kapitel 2, S. 206 ff; auch der BGH anerkennt die Bedeutung der Ertragswertberechnung, geht jedoch davon aus, daß der Tatrichter nicht an eine bestimmte Wertermittlungsmethode gebunden ist, weshalb im Einzelfall die Anwendung einer anderen Methode gerechtfertigt sein kann: vgl.: BGH, Urt. vom 24.05.1993 (Az.: II ZR 36/92), abgdr. in: DB 1993, S. 1614 ff, ZIP 1993, S. 1160 ff; vgl. generell auch zur Entwicklung der Rechtsprechung: Lausterer, Unternehmensbewertung, S. 109 ff.

[1132] Vgl. hierzu Piltz, Unternehmensbewertung, S. 27, 174 ff, m.w.N. zur Rspr.; Lausterer, Unternehmensbewertung, S. 147 ff; Helbling, Unternehmensbewertung, S. 398 ff.

[1133] Zur Kritik am CAPM-Modell vgl. Baetge/Krause in: BFuP 1994, S. 433 ff.

[1134] Vgl. oben: Teil 3, B, II, 5, Fn.: 1098 - 1102.

Die Bedenken gegen die praktische Durchführbarkeit treten vor allem dadurch ganz entscheidend in den Hintergrund, daß nicht dem Gericht die Ermittlung der für den anzustellenden Vergleich maßgeblichen Tatsachen obliegt. Es wurde aufgezeigt, daß vielmehr der jeweilige Planersteller sicherzustellen hat, daß dem Gericht die Prüfung des Schlechterstellungsverbotes möglich ist. Verzögerungen und zusätzliche Kosten, die auf einem diesbezüglichen Versäumnis des Planersteller beruhen, liegen dann nicht in der Konzeption des Obstruktionsverbotes begründet.

Lassen sich aus den dem Plan beigefügten Anlagen zwar die Befriedigungsquoten der Gläubiger im Fall der Regelinsolvenz bzw. bei plangemäßer Abwicklung entnehmen, werden die angegebenen Liquidations- bzw. Planwerte aber nicht unstreitig gestellt, wird die Einschaltung von Sachverständigen regelmäßig notwendig sein. Den damit verbundenen zeitlichen Verzögerungen kann jedoch dadurch begegnet werden, daß die Beauftragung des Sachverständigen bereits vor dem Erörterungs- und Abstimmungstermin erfolgt.[1135] Diese Vorgehensweise wird sich in den Fällen anbieten, wo sich bereits in der Phase der Abstimmung der Planregelungen mit den maßgeblich beteiligten Gläubigergruppen abzeichnet, daß nicht alle Gruppen dem Plan zustimmen und Differenzen in Bezug auf die zugrundegelegten Liquidations- bzw. Planwerte deutlich werden.

Zur Verfahrensstraffung kann gleichfalls beitragen, wenn der Plan bereits mit Insolvenzantragstellung vorgelegt wird. In diesem Fall kann die Einholung eines Sachverständigengutachtens, das sich konkret mit den im Plan angegebenen Werten befaßt, unmittelbar nach Verfahrenseröffnung erfolgen, so daß dem Gericht noch im Erörterungs- und Abstimmungstermin eine Prüfung des Obstruktionsverbotes möglich wäre. Soweit Hess[1136] darauf hinweist, daß die Gerichte von der Einholung der Sachverständigengutachten nur restriktiv Gebrauch machen sollen, kann dem nicht gefolgt werden. Sind die im Plan enthaltenen Wertangaben nicht unstreitig gestellt und sieht sich das Gericht außer stande, die Prüfung aus eigener Kompetenz vorzunehmen, läßt sich die Einholung eines Sachverständigengutachtens nicht vermeiden. Keinesfalls kann sie von der Höhe der anfallenden Kosten abhängig gemacht werden. Andernfalls wäre die Sachgerechtheit der Bestätigungsentscheidung nicht mehr gewährleistet.

Soweit darüber hinaus der ökonomische Ansatz des Obstruktionsverbotes in Frage gestellt wird, ist dem entgegenzuhalten, daß bereits das bislang geltende Recht bei der Prüfung, ob der Vergleich "den gemeinsamen Interessen der Vergleichsgläubiger widerspricht" (vgl. §§ 79 Nr. 4 VerglO, 188 Abs. 1 Nr. 2 KO, 16 Abs. 5 Satz 3 GesO), einen Wertevergleich verlangte. Das Gericht prüfte dabei, ob die Gläubiger im Falle der konkursmäßigen Verwertung des Schuldnervermögens besser gestellt waren.[1137] Gelangte das Gericht zu dem Ergebnis, daß der ermittelte Liquidationserlös (auch insoweit enthielt die Schätzung Prognoseelemente) größer als die Vergleichsquote war, setzte es sich auch über die Mehrheit der Gläubiger hinweg und versagte dem Vergleich seine Bestätigung.

[1135] Vgl. hierzu auch Haarmeyer/Wutzke/Förster, InsO, Kap. 9, Rdnr. 20.

[1136] Hess/Obermüller, Insolvenzplan, Rdnr. 225.

[1137] Bley/Mohrbutter, VerglO, § 79 Rdnr. 11; Kilger/K.Schmidt, Insolvenzgesetze, § 79 VerglO Anm. 5, § 188 KO Anm. 2b; Kuhn/Uhlenbruck, KO, § 188 Rdnr. 4; Uhlenbruck in: Gottwald, InsR-Hdb. § 20 Rdnr. 20. Auf diese Bestimmungen hat auch der Gesetzgeber ausdrücklich Bezug genommen: Begrdg. zu § 290 RegE InsO, abgdr. in: Balz/Landfermann, Die neuen Insolvenzgesetze, S. 361 f.

Berücksichtigt man, daß gem. § 116 VerglO die Prüfung und damit zusammenhängend auch die Ermittlung der Tatsachengrundlagen von Amts wegen durch das Gericht zu erfolgen hatte, ist eine Schlechterstellung durch die neue Regelung in § 245 InsO gegenüber dem überkommenen Recht nicht zu erkennen.[1138]

Die geübte Kritik an der Praktikabilität der Vergleichsberechnung im Rahmen der Prüfung des Schlechterstellungsverbots tritt zudem durch die zuletzt geänderte Fassung des § 245 Abs. 1 Nr. 1 InsO durch das EGInsOÄndG vom 19. Dezember 1998 deutlich in den Hintergrund. Mit dem Abstellen auf eine "voraussichtliche" Schlechterstellung wird der anzustellenden Wertevergleich erleichtert, der Beurteilungsspielraum des Gerichts bei der Prüfung der Voraussetzungen für einen begründeten Widerspruch gegen den Plan und damit auch der Spielraum für eine Zustimmungsersetzung nach § 245 Abs. 1 InsO erweitert.[1139]

Aber selbst in dem Fall, wo es durch die Einschaltung von Sachverständigen zu nicht unbedeutenden zeitlichen Verzögerungen und höheren Kosten kommt, stellt sich die Frage, ob der "Abschied vom allgemeinen Obstruktionsverbot für Gläubiger"[1140] bei veränderten Mehrheitsverhältnissen für die Annahme des Plans die richtige Schlußfolgerung aus der geübten Kritik sein kann.

Die Antwort auf diese Frage läßt sich aus der Funktion des Obstruktionsverbotes herleiten. Mit der grundsätzlichen Möglichkeit, die Zustimmung einer den Plan ablehnenden Gläubigergruppe zu ersetzen, kommt der Zustimmungsersetzung Bedeutung bereits im Vorfeld der eigentlichen Planabstimmung zu. Das Obstruktionsverbot fördert wesentlich die Verhandlungsbereitschaft der Gläubiger für einvernehmliche Lösungen im Interesse einer zügigen Verfahrensabwicklung und erleichtert damit die Durchsetzung konsensfähiger Reorganisationspläne.[1141] Die Verhandlungen werden zudem dadurch strukturiert, als die Bestimmung des § 245 InsO die wirtschaftlichen Eckwerte möglicher Plangestaltungen normiert.[1142] Die Mindestanforderungen an den Plan werden durch das Verbot der Schlechterstellung in § 245 Abs. 1 Nr. 1 InsO und die Höchstgrenze der plangemäßen Befriedigung durch die Begrenzung auf 100 % der Forderungen in § 245 Abs. 1 Nr. 2 i.V.m. Abs. 2 Nr. 1 InsO festgeschrieben. Indem dadurch die Erwartungen der Gläubiger frühzeitig auf realistische Befriedigungsquoten begrenzt werden, lassen sich Zeit und Kosten sparen.

Die soeben dargestellten Vorteile würden bei einer Streichung des Obstruktionsverbotes hinfällig. Soweit als Ersatz eine Erhöhung der Abstimmungsmehrheiten gefordert wird, ließen sich zwar die Schwierigkeiten im Zusammenhang mit dem Wertvergleich und damit Zeit und Kostennachteile vermeiden. Doch was wäre die Konsequenz? Reorganisationspläne würden seltener zustande kommen.[1143] Damit verbunden wäre eine Ausweitung der ohnehin bestehen-

---

1138 I.d.S auch Funke in: FS Helmrichs, S. 627 ff, 635.

1139 Otte in: Kübler/Prütting, § 245 Rdnr. 63.

1140 Stürner in: Leipold, S. 41 ff, 47 f; Baur/Stürner, Zwangsvollstreckungsrecht II, Insolvenzrecht, § 4 Rdnr. 4.47.

1141 Drukarczyk in: DBW 52 (1992), S. 161 ff, 176; Burger/Schellberg in: DB 1994, S. 1833 ff, 1836; Groß in: WPK-Mitt. 1997, S. 2 ff, 12; Otte in: Kübler/Prütting, InsO,§ 245 Rdnr. 63.

1142 Drukarczyk in: DBW 52 (1992), S. 161 ff, 176.

1143 I.d.S. auch Landfermann mit seinem Hinweis, daß die geringeren Mehrheitserfordernisse Sanierungen erleichtern werden: ders. in: BB 1995, S. 1649 ff, 1655.

den taktischen Störpotentiale[1144], um überhaupt noch eine Zustimmung zum Plan erhalten zu können. Schließlich wäre das vom Gesetzgeber angestrebte Reformziel einer Gleichstellung sämtlicher Verwertungsarten zugunsten der Liquidation nach dem Regelinsolvenzverfahren verschoben. Die bereits dem bislang geltenden Recht innewohnende Tendenz zur Zerschlagung[1145] würde auch die Insolvenzabwicklung unter Geltung der Insolvenzordnung bestimmen. Daß dies unter marktwirtschaftlichen Gesichtspunkten abzulehnen, mit dem Grundsatz der optimalen Haftungsverwirklichung nicht zu vereinbaren ist und nicht zuletzt auch das Prinzip der Gläubigerautonomie in sein Gegenteil wendet, liegt auf der Hand. Die sicher bestehenden Gefahren, die aus einer zeitlichen Verzögerung für die Realisierung einer plangemäßen Abwicklung sich ergeben, lassen sich bei bewußter Gestaltung und engem Zusammenwirken zwischen Planersteller, Gläubiger und Gericht in hinnehmbaren Grenzen halten. Mit Eidenmüller ist im übrigen daran festzuhalten, daß zur Sicherstellung der Einhaltung der "Spielregeln" ein bestimmtes Niveau an Transaktionskosten unvermeidlich ist.[1146] Auf den Zusammenhang zwischen der Größe eines Verfahrens, der damit verbundenen Komplexität möglicher Reorganisationspläne und der hierfür in Ansatz zu bringenden Kosten soll an dieser Stelle nur der Vollständigkeit halber hingewiesen werden. Schließlich gilt es auf die bereits erwähnte, vom Gesetzgeber ausdrücklich für zulässig erachtete, Möglichkeit der Aufnahme von salvatorischen Klauseln hinzuweisen, was schwierige Vergleichsrechnungen unter Einholung kostenintensiver Sachverständigengutachten erübrigt.[1147]

Unter diesen Gesichtspunkten gibt es keine hinlängliche Alternative für die Notwendigkeit der Zustimmungsersetzung einer dissentierenden Gläubigergruppe durch das Obstruktionsverbot des § 245 InsO. Wer sich im Interesse einer besseren Haftungsverwirklichung für eine marktwirtschaftliche Ausrichtung der Insolvenzgesetzgebung und damit die Möglichkeit einer von der gesetzlichen Liquidation abweichenden Form der Insolvenzbewältigung mittels Insolvenzplan ausspricht, kommt an der Regelung des Obstruktionsverbotes in der Ausgestaltung des § 245 InsO nicht vorbei.

6. Angemessene Beteiligung der Gläubiger

a) Die Tatbestandsvoraussetzungen im Überblick

Neben dem Schlechterstellungsverbot enthält § 245 Abs. 1 Nr. 2 InsO die zweite materielle Tatbestandsvoraussetzung für die Anwendung des Obstruktionsverbots. Danach müssen die Gläubiger der negativ votierenden Gruppe angemessen an dem Mehrwert beteiligt werden, der auf der Grundlage des Plans allen Beteiligten zufließen soll. Was unter "angemessener Beteiligung" zu verstehen ist, hat der Gesetzgeber in § 245 Abs. 2 Nr. 1 - 3 InsO abschließend ("liegt vor") definiert.[1148] Drei Bedingungen müssen hierfür *kumulativ* erfüllt sein:

[1144] Drukarczyk in: DBW 52 (1992), S. 161 ff, 177.
[1145] Allg. Begrdg. RegE, abgdr. in: Balz/Landfermann, Die neuen Insolvenzgesetze, S. 11 f.
[1146] Eidenmüller, Der Insolvenzplan als Vertrag, S. 164 ff, 187 f.
[1147] Vgl. bereits oben: Teil 1, B, IV, 2, b); Braun in: Nerlich/Römermann, InsO, § 245 Rdnr. 17.
[1148] Braun in: Braun/Riggert/Kind, S. 151.

- die Gläubiger einer *anderen* Gruppe dürfen nur bis *zu 100 % ihrer Forderungen* befriedigt werden (§ 245 Abs. 2 Nr. 1 InsO) und

- weder ein Gläubiger, der ohne Plan *nachrangig* wäre und demzufolge auch nicht mit einer Befriedigung hätte rechnen können, noch der Schuldner dürfen einen wirtschaftlichen Wert erhalten (§ 245 Abs. 2 Nr. 2 InsO) und

- kein Gläubiger, der ohne Plan *gleichrangig* wäre, darf besser gestellt werden, als die Gläubiger der ablehnenden Gruppe (§ 245 Abs. 2 Nr. 3 InsO).

Ist nur eine der Voraussetzungen nicht erfüllt, hat das Gericht dem Plan seine Bestätigung zu versagen. Ein Beurteilungsspielraum ist nicht gegeben, da die Entscheidungsgrundlagen für die Insolvenzgerichte bei der Prüfung des § 245 Abs. 1 Nr. 2 i.V.m. Abs. 2 InsO gesetzlich objektiviert, d.h. regelmäßig frei von Prognosen und Wertungen sind. Mit dieser Formalisierung wird die Prüfung erheblich vereinfacht.[1149] Anders, wenn auch nicht deutlich schwerer, stellt sich die Situation freilich dar, wenn die Zuwendungen an die Gläubiger nicht in Geld erfolgen. Hierauf wird später noch näher einzugehen sein.

Durch die Vorgabe fester Entscheidungskriterien hat der deutsche Gesetzgeber letztlich die im amerikanischen Chapter 11 BC enthaltenen, komplizierten Regelungen der "Crame Down rule" nicht unreflektiert übernommen. Nach dem amerikanischen Vorbild ist für die beantragte Bestätigung durch das Gericht erforderlich, daß die Gläubiger der den Plan ablehnenden Gruppe nicht in ungerechtfertigter Weise durch den Plan diskriminiert ("discriminate unfairly") und angemessen ("fair and equitable") am wirtschaftlichen Wert beteiligt werden.

Wie bereits aufgezeigt, differenziert das Gesetz beim "fair and equitable" Standard jedoch zwischen den einzelnen Gruppen von gesicherten und ungesicherten Gläubigern[1150] sowie Alteigentümern. Hinzu kommt, daß sich die Prüfungsanforderungen an das Gericht für die Frage des Vorliegens einer ungerechtfertigten Diskriminierung nicht aus direkt dem Gesetz entnehmen lassen und daher der Rechtsfindung amerikanischer Gerichte unterfallen.[1151]

§ 245 Abs. 1 Nr. 2, Abs. 2 InsO vermeidet diese Rechtsunsicherheit, führt die amerikanische Regelung auf ihren Grundgedanken zurück und wendet ihn einheitlich auf alle Abstimmungsgruppen an. Die vom deutschen Gesetzgeber getroffene Wertentscheidung berücksichtigt denn auch die Rangfolge der Forderungen und die Tatsache, daß erst alle nicht nachrangigen Forderungen zu 100 % befriedigt sein müssen, bevor dem Schuldner ein Wert zufließen soll. Im Ergebnis kann sich kein Gläubiger dagegen wehren, daß seine Forderungen nicht zu 100 % bedient werden, vorrangige Gläubiger jedoch mehr erhalten, wenn auch nicht mehr als 100 % ihrer Forderungen (§ 245 Abs. 2 Nr. 2 InsO). Im Vergleich zu Gläubigern nachrangiger Gruppen ist auch der Einwand ausgeschlossen, daß der Plan nur eine 100 %ige Befriedigungsquote erhält, während der über dem Liquidationswert liegende Plangewinn dazu verwendet wird, Gläubiger nachrangiger Gruppen zu befriedigen.

[1149] Smid/Rattunde, Insolvenzplan, Rdnr. 568; Smid in: FS Pawlowski, S. 387 ff, 419; Funke in: FS Helmrich, S. 627 ff, 635.

[1150] Zum Beispiel gilt der Grundsatz der "absolute priority rule" nur bei den Klassen von ungesicherten Forderungen und Alteigentümern; generell vgl. Teil 3, B, II, 1, b), bb), (a).

[1151] Vgl. zum Beispiel: In re Buttenwood Partners Ltd., 111 B.R. (1990), S. 57 - 66, 63.

Der Wortlaut des § 245 Abs. 2 InsO ("Gläubiger einer Gruppe") scheint die Interpretation nahezulegen, daß die Prüfung der Tatbestandsvoraussetzung "angemessene Beteiligung" auf einen Einzelvergleich der Gläubiger untereinander abstellt. Dagegen spricht jedoch der in § 226 Abs. 1 InsO geregelte Gleichbehandlungsgrundsatz der Gläubiger innerhalb einer Gruppe. Aus einer systematischen Zusammenschau der §§ 226 Abs. 1, 245 Abs. 2 und 251 Abs. 1 Nr. 2 InsO folgt, daß der Schutz des einzelnen Gläubigers gegen eine Beeinträchtigung seiner Rechte allein durch § 251 Abs. 1 Nr. 2 InsO gewährleistet wird. Nur soweit der jeweilige Gläubiger durch den Plan schlechter als bei einer Liquidation ohne Insolvenzplan stehen würde, hat das Gericht auf Antrag des Gläubigers dem Plan seine Bestätigung zu versagen. In der Gesetzesbegründung findet sich zudem ausdrücklich der Hinweis darauf, daß der individuelle Schutz des Gläubigers über alle Gruppen hinweg nicht so weit zu reichen braucht, wie der einer einzelnen Gruppe von Gläubigern.[1152]

Für § 245 Abs. 2 Nr. 1 InsO bedeutet dies, daß die Nennbeträge der festgestellten Forderungen für jede zustimmende Gruppe ermittelt und mit dem Gesamtwert der den Gläubigern dieser Gruppe zugewiesenen Befriedigungsquote verglichen werden müssen. Liegt diese dann über dem Gesamtbetrag der Forderungen wäre der Anwendungsbereich des § 245 InsO nicht eröffnet und der Plan mangels Zustimmung aller Gläubigergruppen nicht bestätigungsfähig. § 245 Abs. 2 InsO stellt somit insgesamt auf einen gruppenbezogenen Vergleich bei der Prüfung der Voraussetzungen ab.

Von einer angemessenen Beteiligung der Gläubiger der ablehnenden Gruppe kann gem. § 245 Abs. 2 Nr. 2 InsO auch dann nicht ausgegangen werden, wenn ein Gläubiger, der mit Nachrang zu befriedigen wäre, oder der Schuldner bzw. an ihm beteiligte Personen einen wirtschaftlichen Wert erhalten. Mit Nachrang zu befriedigende Gläubiger sind die nicht nachrangigen Insolvenzgläubiger gegenüber den Absonderungsberechtigten bzw. die nachrangigen Gläubiger (§ 39 InsO) gegenüber den nicht nachrangigen Insolvenzgläubigern gem. § 38 InsO. Das Verbot der Bevorzugung nachrangiger Gläubiger gem. § 39 InsO gegenüber Insolvenzgläubigern fügt sich systemkonform in die von der Insolvenzordnung vorgesehene rangmäßige Berücksichtigung dieser Forderungen ein.

Im Gegensatz zum bisherigen Vergleichs- und Konkursrecht[1153] werden zwar die Forderungen nachrangiger Gläubiger einheitlich in das Verfahren einbezogen. Gleichwohl wäre nicht einzusehen, daß diesen Gläubigern ein Vermögenswert zugewiesen wird, wenn noch nicht einmal die Forderungen der nicht nachrangigen Insolvenzgläubiger zu 100 % befriedigt werden.[1154] § 39 Abs. 1 InsO sieht daher eine Befriedigung erst "nach den übrigen Forderungen der Insolvenzgläubiger" vor. Für das Insolvenzplanverfahren wird dieser Grundsatz von § 225 InsO aufgenommen, wonach die Forderungen der nachrangigen Gläubiger als erlassen gelten,

---

[1152] Begrdg. zu § 298 RegE InsO, abgdr. in: Balz/Landfermann, Die neuen Insolvenzgesetze, S. 368 f.

[1153] Für die Forderungen des § 39 Abs. 1 Nr. 1, 2, 3 InsO vgl.: §§ 29, 83 Abs. 2 VerglO, 63, 193 KO; für die Forderungen des § 39 Abs. 1 Nr. 4, 5 InsO vgl.: §§ 29, 83 Abs. 1 VerglO, 32 a Abs. 1 GmbHG: Gläubiger ausgeschlossener Forderungen können nur auf den Neuerwerb nach Abschluß des Konkursverfahrens zugreifen. Die Forderungen des § 39 Abs. 1 Nr. 4 InsO unterlagen den Wirkungen des bestätigten Vergleichs (§ 83 Abs. 1 VerglO), während sie von einem Zwangsvergleich unberührt blieben. Die Forderungen des § 39 Abs. 1 Nr. 1, 2 InsO unterlagen nach h.M. im (Zwangs-)vergleich den gleichen Regelungen: Kuhn/Uhlenbruck, KO, § 193 Rdnr. 3; Bley/Mohrbutter, VerglO, § 83 Rdnr. 7; zu § 39 Abs. 1 Nr. 5 InsO vgl. Lutter/Hommelhoff, GmbHG, § 32 a/b Rdnr. 74; Kuhn/Uhlenbruck, KO, § 193 Rdnr. 3.

[1154] Begrdg. RegE zu § 268 RegE InsO, abgdr. in: Balz/Landfermann, Die neuen Insolvenzgesetze, S. 339.

sofern der Plan keine hiervon abweichende Regelung enthält. Aber selbst wenn nachrangige Gläubiger eine Quote auf ihre Forderungen erhalten, hat sich ihre rangmäßige Stellung bei der Verteilung des plangemäß erwirtschafteten Mehrwerts niederzuschlagen.

Nicht nachrangige Insolvenzgläubiger dürfen bei nicht vollständiger Befriedigung auch nicht durch eine Begünstigung des Schuldners oder der an ihm beteiligten Personen[1155] benachteiligt werden. Eine Schuldnerbegünstigung steht insbesondere bei einer Fortführung des Unternehmens durch den Schuldner zu befürchten. Ob ihm dann ein Wert zufließt, läßt sich nach dem Willen des Gesetzgebers aus einem Vergleich zwischen dem "noch vorhandenen Wert des Unternehmens" (gemeint sein kann nur der Wert im Zeitpunkt der Verfahrenseröffnung) und der Gesamtsumme der vom Schuldner nach dem Plan zu erbringenden Leistungen bestimmen. Ist der Unternehmenswert größer als die zu erbringenden Leistungen, wäre eine Benachteiligung der Gläubiger anzunehmen.[1156]

b) "Angemessene Beteiligung" als Ausformung des Prinzips der Gleichbehandlung der Gläubiger?

Die gesetzgeberische Forderung nach einer angemessenen Beteiligung der Gläubiger einer dissentierenden Abstimmungsgruppe verlangt in § 245 Abs. 2 Nr. 3 InsO eine *materielle Gläubigergleichbehandlung*. Gleichrangige Gruppen sind im Plan gleichmäßig zu befriedigen. Es wurde bereits ausgeführt, daß § 245 Abs. 2 Nr. 3 InsO keine dem § 226 InsO vergleichbare Ausformung des Prinzips der "par conditio creditorum", sondern eine spezialgesetzliche Regelung des Grundsatzes von Treu und Glauben ist.[1157] Eines Rückgriffs auf die allgemeine Norm in § 242 BGB bedarf es daher nicht.

Das Erfordernis einer angemessenen Beteiligung der Gläubiger einer negativ votierenden Gruppe ist vor dem Hintergrund der dargestellten Notwendigkeit eines Obstruktionsverbotes zu begreifen. Wenn der Plan schon gegen den ausdrücklich erklärten Willen der Mehrheit von Gläubigern einer Gruppe bestätigt werden soll, dann bedarf es einer entsprechenden Ausgestaltung des Obstruktionsverbotes. Wird den Gläubigern einer sich gegen den Plan aussprechenden Gruppe im Plan mindestens der Liquidationswert gewährleistet und werden sie darüber hinaus noch angemessen am Verwertungserlös bei plangemäßer Abwicklung beteiligt, ist eine Ablehnung des Plans als wider Treu und Glauben zu werten. Die Gläubiger dieser Gruppe werden bei plangemäßer Abwicklung im Ergebnis mindestens gleich, wenn nicht sogar besser als bei einer Abwicklung nach den gesetzlichen Vorschriften gestellt. Mit den anderen Gläubigergruppen gleichen Ranges werden sie zudem gleichgestellt.

Prüfungsmaßstab bei § 245 Abs. 2 Nr. 3 InsO sind die jeweiligen Befriedigungsquoten der im Plan vorgesehenen Abstimmungsgruppen. Dieser scheinbar einfach zu führende Vergleich, wird sich zumindest in den Fällen als schwieriger erweisen, in denen zwar die Befriedigungs-

---

[1155] Über die Beteiligungsverhältnisse sollte der darstellende Teil des Plans (§ 220 InsO) Aussagen enthalten: vgl. hierzu auch die nicht übernommene Regelung in § 261 RegE InsO, abgedr. in: Balz/Landfermann, Die neuen Insolvenzgesetze, S. 330; Braun/Uhlenbruck, Musterplan, S. 13 f, 22.

[1156] Vgl. Begrdg. RegE zu § 290 RegE InsO, abgdr. in: Balz/Landfermann, Die neuen Insolvenzgesetze, S. 362; Maus, Der Insolvenzplan, Rdnr. 71; Otte in: Kübler/Prütting, InsO, § 245 Rdnr. 21.

[1157] Vgl. hierzu eingehend bereits oben: Teil 1, B, II, 1.

quoten prozentual gleich hoch sind, der Zahlungszufluß jedoch zu unterschiedlichen Zeitpunkten (zum Beispiel aufgrund von Stundungen) erfolgt. Um dann jedoch einen zum Bewertungsstichtag vergleichbaren Wert zu erhalten, müssen spätere Zahlungen auf diesen Zeitpunkt abgezinst werden. Allein die Tatsache, daß sich mit längerer Zahlungsdauer auch das Risiko eines möglichen Scheiterns des Plans[1158] erhöht, macht eine korrigierende Bewertung durch entsprechende Diskontierung der Zahlbeträge unumgänglich. Wie auch schon im Vergleichsrecht kann es demzufolge nicht auf eine schematisierte Gleichbehandlung ankommen, sondern ist nach der "wirtschaftlichen Gleichwertigkeit" der Befriedigung zu fragen.[1159]

Kommt es unter den dargestellten Grundsätzen zu einer von den Voraussetzungen des § 245 Abs. 2 InsO abweichenden Verteilung der Vermögenswerte, kann der Plan nur dann vom Gericht bestätigt werden, wenn *alle* Gläubigergruppen sich mit dieser Regelung einverstanden erklären. Wendet sich auch nur eine Gruppe dagegen, wird das Gericht dem Plan seine Bestätigung versagen.

c) Beurteilungsschwierigkeiten des Gerichtes bei Stundungen und Zuwendungen, die nicht nur in Geld erfolgen

Im Zusammenhang mit der Darstellung des § 245 Abs. 1 Nr. 1 InsO wurde bereits auf die Schwierigkeiten hingewiesen, die sich im Rahmen der vom Gericht vorzunehmenden Errechnung der Erfüllungsquote der Gläubigeransprüche bei plangemäßer Abwicklung einerseits und Vermögensverwertung ohne Insolvenzplan andererseits regelmäßig ergeben werden. Ähnliche Probleme werden künftig auch bei der Prüfung des Gleichbehandlungsgebots gem. § 245 Abs. 2 Nr. 3 InsO auftreten, wenn der Plan Vermögenswerte zuordnet, die nicht explizit als *Zahlungsgrößen* ausgewiesen sind.

Beispielsweise kann im Plan vorgesehen sein, daß einzelne Gläubiger, die zweckmäßigerweise dann in einer gesonderten Gruppe zusammenzuschließen sind[1160], an Stelle eines Zahlbetrages Anteilsrechte[1161] an dem mittels Insolvenzplan zu reorganisierten Unternehmen bzw. an der Übernahmegesellschaft im Fall einer übertragenden Sanierung mittels Übertragungsplan erhalten. Vorstellbar ist auch eine Regelung, daß sich Lieferantengläubiger zu großzügigen Forderungsverzichten im Gegenzug zur Gewährung günstiger Bedingungen bei künftigen Lieferbeziehungen bereit erklären. Die Palette möglicher Gestaltungsvarianten ist weitreichend. Eine besondere betriebswirtschaftliche Sachkunde beim jeweiligen Planersteller, den Richtern und Rechtspflegern ist notwendig, um eine sachgerechte Bewertung der den Gläubigern zugewiesenen Vermögenswerte und die Transformation in vergleichbare Zahlungsgrößen vornehmen zu können.

Bewertungskorrekturen werden aber nicht nur dann erforderlich sein, wenn der Plan Vermögenswerte in verschiedener Art und Weise zuteilt, sondern auch dann, wenn unterschiedliche Zahlungszeitpunkte im Plan vorgesehen sind. Ein Rückgriff allein auf die Nominalwerte wäre

---

1158 Daß der Gesetzgeber auch von dieser Möglichkeit ausgegangen ist, verdeutlicht ein Blick auf die §§ 255 Abs. 2 und 266 InsO.

1159 Bley/Mohrbutter, VerglO, § 8 Rdnr. 18; Kilger/K.Schmidt, Insolvenzgesetze, § 8 VerglO Anm. 1.

1160 Begrdg. RegE zu § 261 RegE InsO, abgdr. in: Balz/Landfermann, Die neuen Insolvenzgesetze, S. 332.

1161 Zu einem Bewertungsbeispiel vgl. Maus, Der Insolvenzplan, Rdnr. 65 ff.

mit dem Grundsatz der Gläubigergleichbehandlung nicht zu vereinbaren. Immerhin läßt eine rein numerische Betrachtung die kalkulatorischen Kosten des Kapitaleinsatzes (Opportunitätskosten)[1162] vollkommen unberücksichtigt. Zu den Opportunitätskosten zählen beispielsweise die bei einer alternativen Investition erreichbaren Renditen. Es versteht sich von selbst, daß ein Zahlungszufluß zum Zeitpunkt t_0 anders zu bewerten ist, als wenn die Zahlung erst zum Zeitpunkt t_1 (ein Jahr später) oder gar t_3 (drei Jahre später) erfolgt. Schließlich bliebe der Einfluß steuerlicher Normen auf die Barwerte (Bruttokapitalwerte) ohne Ansatz und würde das Risiko des Scheiterns des Planes bei einem längeren Zahlungsziel nicht in adäquater Weise berücksichtigt werden. Berücksichtigt man, daß "die meisten Menschen grundsätzlich risikoavers"[1163] sind, kommt der Sicherheit des Zahlungszuflusses aber entscheidende Bedeutung zu. Nicht zuletzt stellt auch die Inflation einen Bewertungsfaktor dar, der maßgeblichen Einfluß auf den Bruttokapitalwert haben kann.

Um dennoch Werte vergleichen zu können, ist es daher erforderlich, alle vom Plan zugewiesenen wirtschaftlichen Werte einheitlich in Bezug auf einen definierten Stichtag zu bewerten. Dies macht ggf. eine zweistufige Ermittlung erforderlich. Zunächst müssen die bewertungsrelevanten Zahlungen festgelegt werden. Anschließend erfolgt eine Diskontierung auf der Grundlage des ermittelten Kapitalisierungszinsfußes und werden weiterer Zu- und Abschläge auf den Bewertungsstichtag vorgenommen. Die Darstellung im Einzelnen würde den Rahmen dieser Ausführungen sprengen und soll daher der einschlägigen betriebswirtschaftlichen Literatur vorbehalten bleiben.[1164] Immerhin läßt sich sagen, daß mit dem Rückgriff auf Elemente der Unternehmensbewertung nach der Ertragswertmethode, trotz der ihr innewohnenden Risiken, die Voraussetzungen für eine Vergleichbarkeit bei der Prüfung des Obstruktionsverbotes gewährleistet sind.[1165]

d) Das Gleichbehandlungsgebot im Lichte der par conditio creditorum und des Minderheitenschutzes

Die bisherigen grundsätzlichen Ausführungen zu dem das Regelinsolvenzverfahren beherrschenden Prinzip der "par conditio creditorum" und dem in § 245 Abs. 2 Nr. 3 InsO geregelten Gleichbehandlungsgebot haben bewußt eine Fallkonstellation unberücksichtigt gelassen, die sich im Zusammenhang mit Obstruktionsentscheidungen stellt. Worum es geht soll anhand eines Beispielsfalls erläutert werden:

Ein vom Schuldner eingereichter Plan sieht 5 Gruppen vor: eine Gruppe mit absonderungsberechtigten Gläubigern G1 (§ 222 Abs. 1 Nr. 1 InsO), zwei Gruppen von nicht nachrangigen Gläubigern G2 und G3, eine Gruppe von Arbeitnehmern G4 und eine Gruppe von Kleingläubigern G5, deren Forderungen nicht mehr als DM 5.000,-- betragen. Der Plan sieht unterschiedliche Befriedigungsquoten für die einzelnen Gruppen vor. Dabei werden u.a. den Gläubigern der Gruppe G 2 weniger zugeteilt, als den Gläubigern der Gruppe G3 und G4. Bei der

---

1162 Vgl. hierzu Drukarczyk, Unternehmensbewertung, S. 7 - 11.

1163 Eidenmüller in: Ott/Schäfer, S. 145 ff, 150.

1164 Vgl. Drukarczyk, Unternehmensbewertung; Piltz, Unternehmensbewertungen; Lausterer, Unternehmensbewertung; Helbling, Unternehmensbewertung, um nur eine kleine Auswahl zu nennen.

1165 So auch Braun in: Braun/Uhlenbruck, Unternehmensinsolvenz, 7. Teil, J, II, 2, b), aa), (2), S. 614; ders. in: Nerlich/Römermann, InsO, § 245 Rdnr. 12 m.w.N.

Abstimmung über den Plan votiert neben den Gruppen G1, G4 und G5 auch die Gruppe G2 für den Plan, während die Gruppe G3 gegen den Plan stimmt. Ein Gläubiger der Gruppe G2, dessen ablehnendes Votum innerhalb der Gruppe überstimmt wurde, fühlt sich vor allem dadurch ungerechtfertigt behandelt, daß die Gläubiger der Gruppe G3 - G5, die bei einer Abwicklung ohne Plan gleichrangig mit ihm zu befriedigen wären, mehr erhalten sollen als er.

Zur Lösung des Falles muß vorangestellt werden, daß die Gruppenbildung gerade auch dazu dient, den Bedürfnissen des jeweiligen Einzelfalls entsprechend, eine ungleiche Beteiligung der Abstimmungsgruppen am Verwertungserlös im Plan vorzusehen.[1166] Damit geht jedoch einher, daß einzelne Gläubiger, die bei einer Abwicklung ohne Plan gleichrangig zu befriedigen wären, unterschiedliche Befriedigungsquoten erhalten. Der Plan könnte danach für die Gläubiger der Gruppe G2 lediglich das vorsehen, was sie im Fall der Zerschlagung (Regelabwicklung) erhalten hätte - im Extremfall als überhaupt nichts, während andere gleichrangige Gruppen am Verwertungserlös beteiligt werden, der ihre Liquidationsquote übersteigt. Daß sich die Mitglieder der Gruppe G2 mit einer solchen unangemessenen Beteiligung zufrieden geben und mehrheitlich für den Plan stimmen, kann darin begründet liegen, daß sich die einzelnen Gläubiger später mit dem sanierten Schuldner gute Geschäfte versprechen, der einen derzeitigen Verzicht am Erlös sinnvoll erscheinen läßt.

Auch wenn nun ein Gläubiger der Gruppe G2 nicht mit dieser Lösung einverstanden ist, wäre sein Veto unbeachtlich, da er durch die Mehrheit der anderen Gruppenmitglieder majorisiert wird. Im vorliegenden Fall müßte das Insolvenzgericht zwar prüfen, ob die Zustimmung der ablehnenden Gruppe über das Obstruktionsverbot des § 245 InsO in Betracht kommt. Dem überstimmten Gläubiger verhilft das aber nicht zu seinem Ziel. Das Gericht müßte dem Plan die Bestätigung erteilen, da die Voraussetzungen des § 245 InsO erfüllt sind:

- den Gläubigern der ablehnenden Gruppe G3 wird mindestens der Liquidationswert zugesprochen (§ 245 Abs. 1 Nr. 1 InsO)

- die Mehrheit der abstimmenden Gruppen hat sich für den Plan ausgesprochen (§ 245 Abs. 1 Nr. 3 InsO)

- die Gläubiger der ablehnenden Gruppe G3 sind angemessen am wirtschaftlichen Mehrwert beteiligt, da

  * die Gläubiger keiner andere Gruppe mehr als 100 % ihrer Forderungen erhalten
  * weder eine nachrangige Gruppe noch der Schuldner einen Vermögenswert erhalten
  * die Gläubiger der Gruppe G3 sogar besser gestellt wären als die andere gleichrangige Gläubigergruppe G2 und die Gruppen G4, G5 nicht besser als die ablehnende Gruppe gestellt sind (vgl. § 245 Abs. 2 Nr. 3 InsO).

Die Zustimmung der Gruppe G3 zum Plan wird daher ersetzt. Daß die Gruppe G2 in diesem Fall schlechtergestellt ist, bleibt unberücksichtigt, da die Voraussetzungen des Obstruktionsverbots immer nur in Bezug auf die den Plan ablehnende Gruppe geprüft werden. Auch über § 251 InsO ist eine Korrektur nicht möglich, sofern der überstimmte Gläubiger zumindest das

---

[1166] So ausdrücklich allg. Begrdg. RegE, abgdr. in: Balz/Landfermann, Die neuen Insolvenzgesetze, S. 33 f.

erhalten hat, was er bei einer Abwicklung ohne Plan erhalten hätte. § 226 InsO greift ebenfalls nicht ein, wenn unterstellt wird, daß innerhalb der Gruppe G2 die Gläubiger gleichgestellt sind.

In der Konsequenz würde dies bedeuten, daß der einzelne Gläubiger im Vergleich zu anderen Gläubigern benachteiligt wird. Es stellt sich daher die Frage, ob eine solche Lösung mit dem Grundsatz der par conditio creditorum bzw. dem Gleichheitsgebot des § 245 Abs. 2 Nr. 3 InsO vereinbar ist und den Schutz einer überstimmten Minderheit angemessen berücksichtigt?

Braun sieht die Antwort auf diese Frage in einer teleologischen Auslegung des § 251 InsO. Seiner Auffassung nach kann im Rahmen von § 251 InsO "nicht jede Ungleichbehandlung ... zulässig sein."[1167] Nur bei Vorliegen sachlicher, die Ungleichbehandlung rechtfertigender, Gründe könne der "par conditio creditorum" Rechnung getragen werden. Zwar enthält dieser Grundsatz keine "starre Gleichbehandlung". Zumindest verlange er aber in seiner Ausprägung, die er durch Art. 3 GG gefunden hat, daß Gleiches gleich, Ungleiches ungleich zu behandeln ist. Die par conditio creditorum sei ein ungeschriebener Grundsatz, der auch die Insolvenzordnung weiterhin beeinflußt und daher den einzelnen Gläubiger zumindest vor Willkür schützen müsse.[1168]

Bei der Beantwortung dieser Frage kommen drei Grundaussagen zum Tragen. So wurde bislang mehr theoretisch herausgestellt, daß die "par conditio creditorum" im Insolvenzplanverfahren nur eingeschränkt Anwendung finden kann, soweit es um die Gleichstellung der Gläubiger innerhalb einer Gruppe gem. § 226 InsO geht.[1169] § 245 Abs. 1 Nr. 2 i.V.m. Abs. 2 Nr. 3 InsO ist daher auch nicht als eine Ausprägung dieses Grundsatzes zu verstehen, obgleich er eine materielle Gleichbehandlung von Gläubigern, bezogen auf die jeweiligen Gruppen, statuiert. Schließlich gilt im Insolvenzplanverfahren nicht der Amtsermittlungs-, sondern der Beibringungsgrundsatz der Zivilprozeßordnung.

Bezogen auf den hier interessierenden Fall ist festzuhalten, daß eine Verletzung des § 226 InsO gerade nicht vorliegt. Vielmehr erhält der überstimmte Gläubiger innerhalb seiner Gruppe die gleiche Befriedigungsquote, wie auch seine übrigen Gruppenmitglieder. Unabhängig davon wäre es jedoch mit der marktwirtschaftlichen Ausgestaltung des Insolvenzplanverfahrens nicht zu vereinbaren, wenn eine Gleichstellung aller Gläubiger über alle Gruppen hinweg zur Annahmevoraussetzung gemacht worden wäre. Ein Höchstmaß an Differenzierung und Individualisierung des Planinhalts[1170] wird von den Verfassern der Insolvenzordnung gefordert. Voraussetzung hierfür ist, daß der einzelne Gläubiger keinen Anspruch darauf haben kann, im Vergleich zu den Gläubigern anderer Gruppen gleichgestellt zu werden. Es würde dem Wesen von privatautonomen Verhandlungen und Austauschvorgängen als Legitimation für einen Insolvenzplan widersprechen, wenn der Grundsatz der Gleichbehandlung der Gläubiger uneingeschränkt im Planverfahren Anwendung finden würde.

1167 Braun in: Braun/Uhlenbruck, Unternehmensinsolvenz, 7. Teil, J, II, 3, c), S. 620.

1168 Braun in: Braun/Uhlenbruck, Unternehmensinsolvenz, 7. Teil, J, II, 3, c), S. 620.

1169 Hierzu vgl. bereits ausführlich oben: Teil 1, B, II, 2.

1170 Allg. Begrdg. RegE, abgdr. in: Balz/Landfermann, Die neuen Insolvenzgesetze, S. 10, 12.

Anders als bei einem gesetzlich geregelten Insolvenzverfahren, wo alle Gläubiger gleichmäßig an der Verteilung des Verwertungserlöses teilhaben, sollen die Gläubiger im Planverfahren autonom darüber entscheiden, ob sie eine von den gesetzlichen Bestimmungen abweichende Verwertung des Schuldnervermögens mittels Insolvenzplan realisieren wollen, mit dem Ziel, dem wirtschaftlichen Optimum der Haftungsverwirklichung so nahe wie möglich zu kommen. Das pareto optimum ist dann auch bereits erreicht, wenn ein Gläubiger besser gestellt wird, als er im Falle einer Zerschlagung des Schuldnervermögens stünde[1171], sofern nur gewährleistet ist, daß alle übrigen Gläubiger nicht schlechter als bei einer Abwicklung ohne Plan stehen. Jede übermäßige Einschränkung der planerischen Gestaltungsfreiheit würde der Realisierung dieses Ziels entgegenwirken und damit dem Plan seine Legitimationswirkung entziehen.

Im vorliegenden Fall kann auch nicht von einer Verletzung des § 245 Abs. 1 Nr. 2 i.V.m. Abs. 2 Nr. 3 InsO ausgegangen werden. Als spezielle Ausprägung des Grundsatzes von Treu und Glauben soll das Obstruktionsverbot ein Korrelat zu der vom Gesetz vorgegebenen Abstimmung der Gläubiger in Gruppen auf der Grundlage der Mehrheitsverhältnisse des § 244 InsO sein. Der Gesetzgeber will mit dem Insolvenzplanverfahren den Beteiligten einen Rechtsrahmen zur Verfügung stellen[1172], der es ihnen ermöglicht, abweichend von der gesetzlichen Zerschlagung auf eine Reorganisation des Unternehmensträgers und damit die Fortführung des Geschäftsbetriebs hinzuwirken. Daß der Gesetzgeber mit der Ausgestaltung der §§ 217 ff InsO die Voraussetzungen geschaffen hat, um die Eigensanierung des Schuldners den Gläubigern tatsächlich als gleichwertige Alternative der Insolvenzabwicklung zur Verfügung zu stellen, wurde im Verlaufe dieser Arbeit herausgestellt. Zur Umsetzung dieser Zielsetzung tragen der gruppenbezogene Abstimmungsmodus auf der Grundlage von Mehrheitsentscheidungen bei.

Das Obstruktionsverbot ergänzt diese Regelungen, indem es verhindert, daß eine Gruppe einen Plan zu Fall bringen kann, obwohl er wirtschaftlich sinnvoll ist und die Gläubigerinteressen (auch der ablehnenden Gruppe) angemessen wahrt. In einem vermögensorientierten Verfahren setzt die Wahrung der Gläubigerinteressen aber nur voraus, daß den Gläubigern der ablehnenden Gruppe mindestens der Liquidationswert verbleibt und sie angemessen an einem plangemäßen Mehrwert beteiligt sind. Nur in diesem Umfang ist ein Schutz der Minderheit vor einer Bindung der von einer Mehrheit der Gläubiger mit entgegenstehenden Interessen getragenen Planlösung und ein Schutz der Mehrheit vor den Partikularinteressen Einzelner erforderlich.[1173] Haben sich die Gläubiger innerhalb der Gruppen jedoch mehrheitlich für den Plan ausgesprochen, bedarf es keines Rückgriffs auf die Regelungen zum Obstruktionsverbot. Weder ist sein Anwendungsbereich eröffnet, noch gibt es eine Notwendigkeit, in die von den Gläubiger privatautonom getroffene Entscheidung hoheitlich einzugreifen. Der individuelle Schutz des einzelnen Gläubigers ist im erforderlichen und hinreichenden Umfang durch die Minderheitenschutzbestimmung des § 251 InsO und das Gleichbehandlungsgebot des § 226 InsO gewahrt.

1171 So frühzeitig bereits Balz in: ZIP 1988, S. 273 ff, 279; allg. Begrdg. RegE, abgdr. in: Balz/Landfermann, Die neuen Insolvenzgesetze, S. 12.

1172 Allg. Begrd. RegE InsO, abgdr. in: Balz/Landfermann, Die neuen Insolvenzgesetze, S. 12.

1173 Vgl. hierzu bereits oben: Teil 3, B, II, 3.

Im Zusammenhang mit der Beantwortung der Ausgangsfrage gewinnt auch die Feststellung an Bedeutung, daß das Gericht nicht befugt ist, entgegen dem eindeutigen Wortlaut des § 245 Abs. 1 InsO ("wenn die erforderlichen Mehrheiten *nicht*[1174]erreicht worden sind"), von Amts wegen zu prüfen, ob nicht gleichwohl die Voraussetzungen des § 245 Abs. 1 Nr. 2 i.V.m. Abs. 2 Nr. 3 InsO in Bezug auf eine zustimmende Gruppe vorliegen. Damit würde es in unzulässiger Weise in die privatautonom getroffene Entscheidung der Mehrheit der Gläubiger eingreifen und die Zielsetzungen, die der Gesetzgeber mit dem Insolvenzplanverfahren verbindet, konterkarieren.

Eine so verstandene Prüfungskompetenz der Gerichte würde nahezu jeden Insolvenzplan zum Scheitern bringen und dadurch eine vom Gesetzgeber gerade nicht gewollte Regel- Ausnahme Situation in Bezug auf die Verwertungsmöglichkeiten schaffen.

Für den Ausgangsfall bedeutet dies im Ergebnis, daß sich der Gläubiger nicht erfolgreich auf seine Schlechterstellung gegenüber den im Fall einer Regelabwicklung gleichgestellten Gläubigern anderer Gruppen berufen kann. Eine Ungleichbehandlung könnte er nur bei einem Verstoß gegen die §§ 226, 251 InsO mit Erfolg geltend machen. Für eine Erweiterung des Anwendungsbereichs des § 251 InsO in dem Sinn, daß auf Antrag eines in seiner Gruppe überstimmten Gläubigers, das Gericht den Plan auf seine Willkürfreiheit zu untersuchen habe, ist kein Raum. Andernfalls würde die Gläubigerautonomie unzulässig eingeschränkt und die vom Gesetzgeber gewollte Flexibilität bei der Plangestaltung untergraben werden. Überdies würde die von Braun verlangte Prüfung eines Willkürverbotes hinsichtlich der Behandlung des einzelnen Gläubigers nahezu jeden Plan zum Scheitern bringen bzw. die Planbestätigung zeitlich hinausschieben. Das Risiko des Scheiterns einer Planumsetzung steigt jedoch, je länger die Planbestätigung und damit dessen Umsetzung hinausgeschoben wird.

III. Strategische Überlegungen zur Gruppenbildung

1. Mehrheitsgewinnung innerhalb der Gruppe - der Zeitfaktor als strategisches Instrument auch aus der Sicht der absonderungsberechtigten Gläubiger

a) Mehrheitsgewinnung - Ziel des Planerstellers

Bevor der Plan vom Gericht bestätigt werden kann, bedarf es seiner Annahme durch *alle* im Plan vorgesehenen Gruppen. Für die Zustimmung einer Gruppe verlangt der Gesetzgeber in § 244 Abs. 1 InsO, daß die Mehrheit der abstimmenden Gläubiger (einfache Kopfmehrheit) dem Plan zugestimmt hat und die Summe der Ansprüche der zustimmenden Gläubiger mehr als die Hälfte der Forderungssummen der abstimmenden Gläubiger (einfache Summenmehrheit) beträgt.

Vor diesem Hintergrund muß es das Ziel eines jeden Planerstellers sein, zumindest die Mehrheit der Gruppen (vgl. § 245 Abs. 1 Nr. 3 InsO) von der Vorteilhaftigkeit der ins Auge gefaß-

[1174] Kursivstellung stammt vom Autor.

ten plangemäßen Verwertung des Schuldnervermögens zu überzeugen. Gelingt ihm das, kann mit Hilfe des Obstruktionsverbots die Zustimmung einer sich gegen den Plan aussprechenden Gruppe ersetzt werden, unterstellt, die Voraussetzungen des § 245 InsO liegen im übrigen vor.

Der Schlüssel für eine erfolgreiche Mehrheitsgewinnung innerhalb einer Abstimmungsgruppe wird regelmäßig in der Zusammensetzung der jeweils vom Planersteller gebildeten Gruppen liegen. Strategische Überlegungen werden nicht selten sowohl die Bildung der Abstimmungsgruppen als auch die Zuordnung der einzelnen Gläubiger zu den jeweiligen Gruppen maßgeblich beeinflussen. Aber auch hierbei sind dem Planinitiator Grenzen gesetzt. Einerseits wird er versuchen, die Anzahl der Gruppen möglichst klein zu halten, um leichter die Mehrheit der zustimmenden Gruppen gem. § 245 Abs. 1 Nr. 3 InsO und damit die Anwendbarkeit des Obstruktionsverbotes zu erlangen.[1175] Wird dem Planautor beispielsweise bereits bei der Planerstellung bekannt, daß die Absonderungsrechtsinhaber im Abstimmungstermin mit "nein" votieren werden, kann auch bei Verfolgung einer Minimalstrategie nur die Bildung von mindestens drei Gruppen erfolgversprechend sein, um dem Mehrheitserfordernis des § 245 Abs. 1 Nr. 3 InsO Rechnung zu tragen.

Andererseits wird der Planersteller um so schwerer vorhersagen können, ob sich innerhalb der von ihm gebildeten Gruppen eine Mehrheit der Gläubiger für den Plan entscheiden wird, je mehr Gläubiger unterschiedlicher wirtschaftlicher Interessen in einer Gruppe zusammengeschlossen sind. U.U. wird der Planersteller daher von der in sein Belieben gesetzten Möglichkeit der Bildung von Wahlgruppen gleichartig wirtschaftlich Interessierter gem. § 222 Abs. 2 InsO Gebrauch machen.

Bei der Vielgestaltigkeit der im Rahmen der privatautonomen Verhandlungen vertretenen wirtschaftlichen Interessen, muß sich der Planinitiator über diese Interessen zunächst Klarheit verschaffen. Hintergrund ist, daß mit Eintritt der Insolvenz und Eröffnung des Insolvenzverfahrens die Entscheidungsträger wechseln. Der Schuldner verliert mit Verfahrenseröffnung die Verwaltungs- und Verfügungsbefugnis über das zur Insolvenzmasse gehörende Schuldnervermögen (§ 80 Abs. 1 InsO).[1176] Sie geht, stellvertretend für die Gläubiger, auf den Insolvenzverwalter über. War es daher vor Insolvenzeintritt noch der Schuldner, der bestimmen konnte, ob es zu einer Stillegung oder Fortführung seines Unternehmens nach Durchführung von finanz- und/oder leistungswirtschaftlichen Maßnahmen kommt, sind es mit Insolvenzeröffnung nunmehr die Gläubiger, die hierüber befinden (vgl. § 156 f InsO). Als Träger der Verwertungsentscheidung in den vom Planersteller gebildeten Abstimmungsgruppen, sind es auch die Gläubiger, die über Annahme oder Ablehnung eines Insolvenzplans und damit auch über das weitere "Schicksal" des insolventen Unternehmensträgers abstimmen.

Eine sinnvolle, mehrheitsorientierte Gruppenbildung setzt daher die Kenntnis der von den verschiedenen Gläubigergruppen in einem Insolvenzverfahren vertretenen Interessen voraus. Die jeweiligen Präferenzen nehmen Einfluß auf die Verhandlungen der Gläubiger im Rahmen der Planaufstellung sowohl über die zu bildenden Gruppen, die notwendig werdenden Eingrif-

---

1175 So auch Riggert in: WM 1998, S. 1521 ff, 1524; Braun in: Braun/Uhlenbruck, Unternehmensinsolvenz, 7. Teil, I, 2, b), S. 602; zweifelnd Otte in: Kübler/Prütting, InsO, § 245 Rdnr. 22.

1176 Eine Einschränkung gilt selbstverständlich dann, wenn die Eigenverwaltung gem. §§ 270 ff InsO auf Antrag des Schuldners vom Gericht angeordnet wird.

fe in deren Rechtspositionen, als auch über die zur Verteilung anstehenden (prognostizierten) Verwertungs- bzw. Fortführungserlöse.

b) Ziele der Gläubiger

In der Phase der Planaufstellung und der damit im Zusammenhang stehenden Einteilung der Gläubiger in die einzelnen Gruppen hat der Planersteller zu prognostizieren, welche Gläubiger sich für bzw. gegen seinen Plan entscheiden werden. Dabei wird die Einschätzung nicht allein an den im Plan vorgesehenen Befriedigungsquoten festgemacht werden können. Auch wenn in der Mehrzahl der Fälle die Entscheidung der Gläubiger für oder wider einen Plan von der Höhe der nach dem Plan versprochenen Zahlungen abhängen wird[1177], läßt sich dies nicht verallgemeinern. Der Gesetzgeber hat bereits in der Allgemeinen Begründung zum Regierungsentwurf der Insolvenzordnung ausdrücklich darauf hingewiesen, daß nicht jeder Gläubiger die Wirtschaftlichkeit einer plangemäßen Abwicklung, insbesonders einer Eigensanierung des Schuldners, an den Zahlungen von Seiten des Schuldners mißt. Auch andere vorteilhafte externe Wirkungen können maßgebliche Entscheidungsfaktoren darstellen. Als Beispiel wird die Fortsetzung einer langfristigen und bewährten Geschäftsbeziehung angeführt.[1178] Unabhängig von diesen individuellen Präferenzen, lassen sich jedoch allgemeine Interessenlagen konstatieren, die regelmäßig als "Basisgrößen bei der Entscheidungsfindung" zu berücksichtigen sein werden.

Nachfolgende Ausführungen sollen dabei die speziellen Regelungen des Insolvenzplanverfahrens, so zum Beispiel die Eingriffsbefugnisse gem. § 223 InsO, unberücksichtigt lassen, soweit nicht direkt auf sie verwiesen wird. Welche Beteiligten aufgrund welcher Intentionen die Umsetzung von Sanierungskonzepten unterstützen oder ablehnen, soll vielmehr allgemein dargestellt werden.

aa) Ziele der absonderungsberechtigten Gläubiger

Bei absonderungsberechtigten Gläubigern werden Fortführungsentscheidungen regelmäßig von der Wechselbeziehung zwischen ihrer Stellung als Inhaber von Forderungen und den zu ihrer Sicherung bestellten Absonderungsrechten (Grundpfandrechten, Pfandrechten an beweglichen Gegenständen bzw. Forderungen, Sicherungsübereignungen oder Sicherungsabtretungen u.a.) geprägt sein. Dabei kommt es maßgeblich auf die Art und die Qualität der Sicherungsrechte sowie die verschiedenen Absonderungsrechtsinhaber an.

Empirische Untersuchungen belegen, daß gesicherte Gläubiger (hier vor allem Kreditinstitute) an einer Sanierung dann kein Interesse zeigen, wenn der erwartete Verwertungserlös ihrer Sicherungsgüter den Wert der Forderungen deckt.[1179] Aber selbst wenn nicht die gesamte Forderung werthaltig gesichert ist und daher bei einer Liquidation des Schuldnervermögens ein

---

[1177] Hierfür spricht auch, daß naturgemäß jeder Gläubiger in der Insolvenz versucht, den persönlichen Vorteil zu maximieren, was vor allem bei außergerichtlichen Sanierungen häufig Trittbrettfahrereffekte intendiert.

[1178] Vgl. Allg. Begrdg. RegE, abgdr. in: Balz/Landfermann, Die neuen Insolvenzgesetze, S. 34.

[1179] Vgl. zum Ganzen Hesselmann/Stefan, Sanierung oder Zerschlagung, S. 75; Eidenmüller in: Ott/Schäfer, S. 145 ff, 148; Warrikoff in: KTS 1997, S. 525 ff, 544.

Ausfall droht, stehen Kreditinstitute einer Fortführungsentscheidung eher restriktiv gegenüber, selbst wenn der prognostizierte Fortführungserlös höher als der Liquidationswert sein würde.[1180] Statistischen Erhebungen zufolge können selbst umfänglich gesicherte Gläubiger bei einer Zerschlagung nicht mit einer vollen Befriedigung rechnen. So beträgt der Wertverfall bei Grundstücken durchschnittlich 34 %, bei beweglichen Sachen 22 % und bei Forderungen 60 %. Hieraus resultieren dann auch Befriedigungsquoten der Kreditinstitute von nur ca. 79 %, der Warenlieferanten und übrigen Sicherungsgläubiger von sogar nur 62,5 %.[1181]

Die Haltung der Kreditinstitute läßt sich vor diesem Hintergrund allein damit begründen, daß sie zwar einerseits die von ihnen ausgereichten Mittel mit größtmöglicher Befriedigungsquote zurückerhalten wollen, andererseits die Alternative einer Fortführung sich aus ihrer Perspektive im Vergleich zur Realisierung ihrer Sicherungsrechte als zu risikoreich erweist. Im Ergebnis bedeutet dies, daß Kreditinstitute regelmäßig das mit dem Schuldner bestehende Kreditengagement beenden, ihre Sicherheiten in Anspruch nehmen und den Verwertungserlös zur schnellen Rückführung der offenen Forderungen verwenden werden. Damit wird dann auch das Risiko vermieden, welches im Fall einer Fortführung des Geschäftsbetriebes für die bestehenden Sicherungsrechte existiert.

Etwas anderes kann sich jedoch dann ergeben, wenn die verhafteten Sicherungsgüter auch mittelfristig wertbeständig sind und ein Wertverfall bei einer späteren Verwertung daher nicht zu befürchten steht.[1182] Ist nur eine Bank im Rahmen der Insolvenzabwicklung involviert, kann sich dies ebenfalls positiv im Sinne einer Sanierungsförderung auswirken, da nur ihre Interessen in einem Sanierungskonzept angemessen berücksichtigt werden müssen. Als weitere Faktoren bei der Frage einer Sanierungsunterstützung können auch die Größe des Kreditinstituts, regionale Strukturförderungen, bisherige Kundenbeziehung und nicht zuletzt politische Einflüsse eine Rolle spielen.[1183] Schließlich wird auch dem Bild der Bank in der Öffentlichkeit erhebliche Bedeutung beigemessen.

Die Interessen der Lieferanten können sich hiervon jedoch unterscheiden. Sie erhoffen sich von der Aufrechterhaltung des Geschäftsbetriebs unter der Regie des alten Unternehmensträgers häufig auch den Fortbestand einer u.U. bereits langfristig bestehenden Kundenbeziehung. Ein Abbruch der Geschäftsbeziehung ist nicht selten mit einer Lücke im Abnehmerkreis verbunden, was sich vor allem dann negativ auswirken kann, wenn der Schuldner bislang entweder der einzigste oder aber der größte Abnehmer von Warenlieferungen war. Daß kurzfristig ein gleichwertiger Abnehmer gefunden werden kann, läßt sich vielfach nicht sicher bestimmen. Im Fall einer erfolgversprechenden Sanierung würde sich die Suche nach einem neuen Kunden daher erübrigen, was nicht nur mit Zeit- sondern auch Kostenvorteilen verbunden ist.[1184] Künftige Absatz- und damit Umsatzsicherung und die Hoffnung, insolvenzbedingt ein-

---

1180 So auch bereits Swoboda in: Betriebswirtschaftslehre, S. 374 ff, 384 f. Nach Auffassung des Gesetzgebers sind Absonderungsberechtigte "als potentiell gesicherte Gläubiger" bei einem höheren Fortführungserlös eher an einer Fortführung interessiert: vgl. Begrdg. RegE zu § 266 RegE InsO, abgdr. in: Balz/Landfermann, Die neuen Insolvenzgesetze, S. 337. M.E. wird dabei jedoch nicht genügend differenziert zwischenden den verschiedenen Gruppen von Absonderungsberechtigten.

1181 Vgl. Gessner, Praxis der Konkursabwicklung, S. 175 f.

1182 Vgl. auch Drukarczyk in: ZfB 1983, S. 328 ff, 343; Franke in: ZfB 1986, S. 614 ff, 619.

1183 Eine Übersicht über maßgebliche Entscheidungsfaktoren geben Hesselmann/Stefan, Sanierung oder Zerschlagung, S. 148 f.

1184 Hesselmann/Stefan, Sanierung oder Zerschlagung, S. 76.

tretende Verluste in naher Zukunft ausgleichen zu können, stellen gleichfalls gewichtige Entscheidungsfaktoren zugunsten einer Unterstützung von Sanierungsvorhaben dar.

Anders kann sich die Situation für die Lieferanten darstellen, wo der Schuldner als Anbieter von chargen- oder auftragsbezogenen bzw. saisonal bedingten Produkten aufgetreten ist.[1185] Das Schuldnerunternehmen als Produzent solcher Warengruppen ist dann häufig ein Marktteilnehmer unter vielen anderen, so daß der Verlust eines Anbieters von den Abnehmern sofort durch Aufnahme einer neuen Geschäftsbeziehung kompensiert werden kann. Sicher spielt aber auch in diesem Fall die Dauer einer bewährten Geschäftsbeziehung und deren Umfang für die Entscheidung der Abnehmerseite zur Unterstützung der Sanierungsbemühungen des Schuldners eine nicht unbedeutende Rolle.

Für die Lieferanten ist das Risiko bei einer künftigen Geschäftsbeziehung zudem geringer einzustufen, da sie neue Warenlieferungen entweder nur unter Eigentumsvorbehalt veräußern oder sogar von einer Bezahlung im voraus abhängig machen.

Nicht zuletzt ist daran zu denken, daß Absonderungsrechte, soweit sie sich auf Halbfertigerzeugnisse beziehen, häufig erst im Rahmen einer (wenn auch nur zeitweiligen) Fortführung des Geschäftsbetriebes werthaltig gemacht werden können. Ohne eine solche Fortführung käme diesen Vermögenswerten allenfalls ein Schrottwert zu, was dem Sicherungsbedürfnis der Absonderungsrechtsinhaber ersichtlich entgegensteht.[1186] Der in den Halbfertigerzeugnissen verkörperte Rohstoff- und Verarbeitungswert kann unter diesen Umständen nicht als Sicherungswert realisiert werden.

bb) Ziele der nicht nachrangigen Insolvenzgläubiger

Nicht nachrangige Gläubiger, wozu auch absonderungsberechtigte Gläubiger mit ihrem nicht gesicherten Teil der Forderung zählen (vgl. §§ 52, 237 Abs. 1 Satz 2 InsO), sind die am meisten von der Insolvenz Betroffenen. Sie können auch unter Geltung der Insolvenzordnung im Falle einer Abwicklung nach den gesetzlichen Vorschriften häufig nur mit einer quotalen Befriedigung rechnen. Sofern die Sanierung des Unternehmensträgers und Unternehmens als organisatorischer Einheit daher eine höhere Befriedigungsquote in Aussicht stellt, werden nicht nachrangige Gläubiger entsprechende Sanierungsbemühungen unterstützen und zu Eingriffen in ihre Rechtspositionen bereit sein (§ 224 InsO).[1187]

Verallgemeinern läßt sich dies gleichwohl nicht. So werden die Gläubiger bei ihrer Entscheidung unter anderem abwägen, ob eine höhere Befriedigungsquote zu einem späteren Zeitpunkt ihren Präferenzen eher entspricht, als die Chance, relativ schnell einen geringen Anteil am Verwertungserlös zu erhalten.[1188] Für Gläubiger mit gleichfalls angespannter Vermögenslage wird der Grundsatz "schnelles Geld ist gutes Geld" bedeutsam sein und ihr Abstim-

---

[1185] So auch Braun in: Braun/Uhlenbruck, Unternehmensinsolvenz, 7. Teil, N, I, 1, S. 654.

[1186] I.d.S. auch Begrdg. RegE zu § 266 RegE InsO, abgdr. in: Balz/Landfermann, Die neuen Insolvenzgesetze, S. 337, wenn dort von einer Erhöhung der Sicherheiten bei einer Fortführung des Unternehmens gesprochen wird; vgl. auch Braun in: Musterplan, XXIV, 12a).

[1187] Warrikoff in: KTS 1997, S. 525 ff, 545.

[1188] So auch Riering, Betriebsfortführung, S. 37.

mungsverhalten beeinflussen. Auch solche Gläubiger können jedoch für eine Insolvenzplanlösung gewonnen werden, sofern ihnen der Insolvenzplan kurzfristige Zahlungen verspricht. Insolvenzplanverfahren werden überdies regelmäßig schneller abgeschlossen sein als ein Liquidationsverfahren nach den allgemeinen Vorschriften. Hinzukommt, daß der Plan auch dem einzelnen Gläubiger den Liquidationswert garantieren muß (§ 251), so daß sich bereits der zeitliche Vorteil eines Insolvenzplanverfahrens positiv i.S.e. Abstimmung für den Plan äußern kann.

Ausschlaggebend wird nicht zuletzt auch sein, welche Risikobereitschaft der einzelne Gläubiger mitbringt. Risikoaverse Gläubiger werden sich eher gegen eine Sanierungslösung entscheiden und mit einer geringeren Befriedigungsquote vorlieb nehmen als dies bei risikofreudigen Gläubigern der Fall ist. Schließlich lassen sich die für die Verteilung an die Gläubiger vorgesehenen Mittel, sofern sie aus den künftigen Umsatzerlösen aufgebracht werden sollen, allenfalls prognostizieren. Auch unter weitgehender Berücksichtigung möglicher Risikofaktoren bei der Ertragswertberechnung lassen sich zukünftige Unternehmensgewinne nie sicher vorhersagen, da viele exogene Faktoren im Zeitablauf unerwartet auftreten können.

Unabhängig davon, ob Lieferanten nun als Absonderungsberechtigte oder als Insolvenzgläubiger am Insolvenzplanverfahren teilnehmen, wird eine Insolvenzquote für sie weit weniger wichtig sein als die Fortführung des Geschäftsbetriebes unter der Regie des alten Rechtsträgers. Gleiches gilt dabei für Dienstleistungsgläubiger, auch wenn ihnen für einen Teil ihrer Forderungen ein Zurückbehaltungsrecht (§ 51 Nr. 3 InsO i.V.m. §§ 369 - 372 HGB) oder ein Pfandrecht (§ 50 Abs. 1 InsO) zusteht und sie daher Absonderungsrechtsinhaber sind. Die Zusicherung künftiger Liefer- und Leistungsmöglichkeiten zu bisherigen oder gar günstigeren Konditionen sowie der Erwerb von Anteilen am reorganisierten Unternehmen können gewichtige Argumente für die Unterstützung von Sanierungsplänen bei sogar teilweisem Verzicht auf ihre Forderungen sein.[1189]

cc) Ziele der nachrangigen Insolvenzgläubiger

Die Bedeutung des Abstimmungsverhaltens nachrangiger Insolvenzgläubiger wird nur in den seltenen Ausnahmefällen relevant werden, bei denen sämtliche "bevorrechtigte" Gläubiger vollständig befriedigt werden. Einer Zustimmungsersetzung gem. § 246 Nr. 1 InsO bedarf es dann nicht. Aber selbst wenn die Zustimmung nachrangiger Gläubiger ersetzt wird, könnte der Insolvenzplan nicht bestätigungsfähig sein. Würde nämlich auch nur eine Gruppe von Absonderungsberechtigten oder nicht nachrangigen Insolvenzgläubigern bei der Abstimmung über den Plan mit "nein" votieren, könnte ihre Stimme wegen § 245 Abs. 1 Nr. 2 i.V.m. Abs. 2 Nr. 2 InsO nicht ersetzt werden, sofern nachrangigen Gläubigern im Plan ein Vermögenswert zugeteilt wird, bevor alle vorrangigen Gruppen vollständig befriedigt sind.

Unterstellt, es würde keine Gruppe gegen den Plan stimmen, gilt zu berücksichtigen, daß nachrangige Gläubiger bei einer Zerschlagung regelmäßig leer ausgehen (§ 39 Abs. 1 InsO). Sie werden daher einem Plan, der ihnen eine noch so geringe Quote verspricht, ihre Zustimmung regelmäßig nicht verweigern.

1189 So auch Warrikoff in: KTS 1997, S. 525 ff, 546.

dd) Ziele der Arbeitnehmerschaft

Mit dem Eintritt der "Insolvenz" geht eine Situation einher, in der die Existenz des schuldnerischen Unternehmens in seiner Funktion als Arbeitgeber gefährdet ist. Der Verlust von Arbeitsplätzen droht, weil es entweder zu einer Liquidation des Unternehmens kommt oder infolge leistungswirtschaftlicher Sanierungsmaßnahmen ein Personalabbau vorgenommen werden muß. Da die Insolvenz zumeist Folge der bestehenden Zahlungsschwierigkeiten des Unternehmens ist, besteht für die Arbeitnehmer ein Lohnausfallrisiko für die von ihnen bereits geleisteten Dienste. Mit der Insolvenzgeldversicherung verringert sich dieses Risiko jedoch insoweit, als die letzten drei Monate vor dem Zeitpunkt der Gerichtsentscheidung zur Verfahrenseröffnung von der Bundesanstalt für Arbeit in Höhe von 100 % des Nettolohnanspruches gezahlt werden.[1190]

Die Interessen der Arbeitnehmer werden in der Insolvenz ihres Arbeitgebers daher vordergründig darauf gerichtet sein, ihren Arbeitsplatz und damit ihre wirtschaftliche Existenzfähigkeit zu erhalten. Aufgrund der derzeitigen Lage auf dem Arbeitsmarkt wird es nicht nur für ältere Arbeitnehmer zunehmend schwerer, einen geeigneten Ersatzarbeitsplatz zu finden. Hinzu kommt, daß nicht nur der Verlust des Arbeitsplatzes, sondern auch ein Arbeitsplatzwechsel regelmäßig mit zusätzlichen Kosten verbunden ist, was zu nachhaltigen finanziellen Belastungen führen kann.[1191] Als Beispiele seien genannt:

* Verlust von vermögenswerten Vorteilen, die den sozialen Status der Arbeitnehmer im Unternehmen bestimmt haben,
* Einkommensverluste infolge Arbeitslosigkeit,
* Verlust der beruflichen Stellung ("berufliche Dequalifikation"), womit ein geringeres Einkommen korrespondiert,
* Wohnortwechsel infolge anderen Arbeitsplatzes und damit verbundener Veränderung der Transportkosten, Mietzahlungen u.ä.

Arbeitnehmer, deren Arbeitsplatz im reorganisierten Unternehmen erhalten bleibt, werden daher zumeist auch auf eine quotale Befriedigung ihrer noch offenen, nicht von der Konkursausfallgeldversicherung (künftig Insolvenzgeldversicherung) gedeckten Forderungen und auf sonstige, aus ihrem Arbeitsverhältnis resultierenden Ansprüche ganz oder teilweise verzichten.

Anders stellt sich dies freilich für die Arbeitnehmer dar, die unabhängig von oder gerade wegen der Insolvenz ihres Arbeitgebers in naher Zukunft das Unternehmen verlassen. Sie werden auf einer bestmöglichen Befriedigung ihrer Forderungen bestehen, da für sie der Erhalt des Unternehmens zukünftig nicht mehr von Interesse ist.[1192] Die gleiche Interessenlage finden wir auch bei den Arbeitnehmern vor, deren Arbeitsverhältnis aufgrund Umstrukturierungsmaßnahmen (Teilbetriebsstillegungen u.a.) oder aus finanzwirtschaftlichen Erwägungen her-

---

1190 Vgl. hierzu schon: Teil 2, B, II, 4, insbesondere zur Rechtslage durch die EuGH-Rechtsprechung.

1191 Zu den finanziellen Nachteilen im einzelnen vgl. Rieger, Unternehmensinsolvenz, S. 192 ff; grundsätzlich auch Hesselmann/Stefan, Sanierung oder Zerschlagung, S. 75.

1192 Warrikoff in: KTS 1997, S. 525 ff, 545.

aus (nicht selten stellen die Personalkosten den Kostenfaktor Nr. 1 im Unternehmen dar) gekündigt werden muß.

Der Planersteller wird die divergierenden Interessen der jeweiligen Arbeitnehmergruppen zum Anlaß nehmen, die Stimmen der ablehnenden Arbeitnehmer, wenn sie zahlenmäßig die Minderheit darstellen, bei Bildung nur einer Gruppe von Arbeitnehmern zu majorisieren. Stellen sie hingegen die Mehrheit dar, wird er zwei Arbeitnehmergruppen bilden, um so zumindest eine weitere zustimmende Gruppe zu gewinnen (vgl. § 245 Abs. 1 Nr. 3 InsO).[1193]

c) Möglichkeiten zur Mehrheitsgewinnung absonderungsberechtigter Gläubiger im Vorfeld der Insolvenz

aa) Rechtliche Probleme und wirtschaftliche Interessen gesicherter Gläubiger als Motor für eine gemeinsame Interessenwahrnehmung

Wie sich gezeigt hat, sind es vor allem die Kreditinstitute, die einer Fortführung des Geschäftsbetriebes eher restriktiv gegenüberstehen. Da sie aber zumeist Inhaber hoher Forderungen und umfänglicher Absonderungsrechte sind, werden sie regelmäßig die Summenmehrheit bei nur einer Gruppe von Absonderungsberechtigten auf sich vereinen. Sofern der Plan einen Eingriff in die Rechte der Absonderungsberechtigten vorsieht, wird zur Erlangung der gem. § 244 Abs. 1 InsO erforderlichen Stimmenmehrheit innerhalb dieser Gruppe auch ein positives Votum der Kreditinstitute erforderlich sein. Gelingt dies nicht, käme nur eine Zustimmungsersetzung mittels Obstruktionsverbotes in Betracht, wobei insbesondere die Voraussetzungen des § 245 Abs. 1 Nr. 2 i.V.m. Abs. 2 InsO vorliegen müßten.

Da Kreditinstitute die von ihnen ausgereichten Mittel mit größtmöglicher Befriedigungsquote zurückerhalten wollen und sie die Chance hierfür bei einer Fortführung des Geschäftsbetriebes im Vergleich zur Realisierung ihrer Sicherungsrechte durch sofortige Zerschlagung als zu risikoreich ansehen, müssen sie von der Wertbeständigkeit ihrer Sicherungsrechte und einer besseren Befriedigungsaussicht im Fall einer Reorganisation mittels Insolvenzplan überzeugt werden. In diesem Zusammenhang ist bedeutsam, daß Kreditinstituten die Durchsetzung ihrer Absonderungsrechte im Fall einer Abwicklung nach dem Regelinsolvenzverfahren durch Kollision und damit verbundene Abgrenzungsschwierigkeiten mit den Sicherungsrechten der Eigentumvorbehaltslieferanten erschwert sein kann. Solche Probleme werden sich zwar weniger bei den Sicherungsrechten am Anlagevermögen des Schuldners ergeben.

Dennoch können sich Abgrenzungsprobleme ergeben, wenn Herstellerklauseln der Lieferanten mit antizipierten (Teil-)Sicherungsübereignungen an den neu hergestellten Sachen kollidieren.[1194] Da aber Banken auch auf das Umlaufvermögen als Kreditsicherungsmittel zurückgreifen und Sicherungsrechte wie Eigentumsvorbehalt und Forderungszessionen sich durch mangelnde Offenkundigkeit auszeichnen[1195], können sich im Verhältnis zu Lieferanten Ab-

---

[1193] Zur Zulässigkeit einer Wahlgruppenbildung bei Arbeitnehmern vgl. Teil 3, A, III, 1, c) und 2, c).
[1194] vgl. Gottwald in: Gottwald, InsR-Hdb., § 46 Rdnr. 6.
[1195] Bohlen, Sicherheiten-Pool, S. 8 f.

grenzungsschwierigkeiten ergeben. Überschneidungen sind schließlich auch bei den Sicherungsrechten mehrerer Kreditinstitute untereinander denkbar; so zum Beispiel, wenn der Schuldner mehreren Banken gleichartige Sicherheiten bestellt hat und erst ermittelt werden muß, auf welche Gegenstände des Anlage- bzw. Umlaufvermögens und zugunsten welcher Bank sich die einzelnen Sicherungsrechte beziehen.

Für Lieferantengläubiger sind die rechtlichen und tatsächlichen Schwierigkeiten bei der individuellen Durchsetzung ihrer Absonderungsrechte noch ungleich größer als bei den Geldkreditgebern. Sie ergeben sich vor allem dadurch, daß die Geltendmachung eines verlängerten Eigentumsvorbehalts voraussetzt, daß er genügend bestimmbar ist und sich von den Sicherungsrechten anderer Warenkreditgeber abgrenzen läßt. Dabei ist der Vorbehaltslieferant für alle Tatsachen beweispflichtig, die zur Durchsetzung des von ihm geltend gemachten Absonderungsrechtes erforderlich sind. Soweit den Absonderungsberechtigten zur erleichterten Durchsetzung ihrer Sicherungsrechte von der Rechtsprechung ein Auskunftsanspruch gegenüber dem Konkursverwalter eingeräumt wird, hilft dieser dann nicht, wenn der Schuldner über keine aussagekräftigen Unterlagen bzw. Aufzeichnungen verfügt.[1196] Angesichts der Vielfalt möglicher Vermischungs- und Vermengungstatbestände (§§ 947, 948 BGB) in Abgrenzung zu den von § 950 BGB erfaßten Verarbeitungsfällen und der Kollision von Verarbeitungsklauseln (Herstellerklauseln) mehrerer Lieferanten sind die mit der dargestellten Beweislast verbundenen Probleme vorstellbar.

bb) Sicherheiten-Pool und Sicherheiten-Treuhand als Instrumente einer Mehrheitsgewinnung

Im Interesse einer bestmöglichen Durchsetzung und Verwertung der vom Schuldner bestellten Sicherheiten ist es daher sinnvoll, daß sich Kreditinstitute und Lieferanten zur gemeinsamen Rechtsausübung zusammenschließen. Ein abgestimmtes, koordiniertes Vorgehen der zur Absonderung berechtigten Gläubiger bereits frühzeitig im Vorfeld der eigentlichen Insolvenzantragstellung bietet nicht nur erhebliche Kostenvorteile, sondern ermöglicht in vielen Fällen erst eine Sanierung des krisenbedrohten Unternehmens. Mit der Aufrechterhaltung des Geschäftsbetriebs ist dann auch die Möglichkeit für die Fertigstellung von Halbfertigfabrikaten und damit einer Aufwertung der Sicherungsrechte verbunden. Nicht zuletzt wird der in das Halbfertigprodukt eingegangene Rohstoff- und Verarbeitungswert erst auf diese Weise voll realisiert.

Vor diesem Hintergrund übernahm in der bisherigen Praxis der Insolvenzabwicklung häufig ein von den Kreditversicherern initiierter Lieferantenpool bzw. ein Bankenpool in der Rechtsform einer Gesellschaft bürgerlichen Rechts gem. §§ 705 ff BGB die Wahrung der Rechte der gesicherten Gläubiger.[1197] Es kann davon ausgegangen werden, daß sich diese Praxis auch un-

---

[1196] Zu den Beweisschwierigkeiten vgl. eingehend: Schröter/Graf v. Westphalen, Sicherheiten-Poolverträge, S. 100 ff; Burgermeister, Sicherheitenpool, S. 113 ff; Bohlen, Sicherheiten-Pool, S. 28 ff; Kuhn/Uhlenbruck, KO, § 4 Rdnr. 15, 17.

[1197] Auf eine eingehende Darstellung zum Wesen und Ausgestaltung von Sicherheiten-Poolverträge sowie der damit verbundenen rechtlichen Probleme soll an dieser Stelle verzichtet werden, da es den Umfang dieser Arbeit sprengen würde. Eine zusammenfassende Darstellung gibt Gottwald in: Gottwald, InsR-Hdb., § 46. Weitergehende Ausführungen mit entsprechenden Mustervereinbarungen, finden sich bei Bohlen, Der Siter Geltung der Insolvenzordnung fortsetzen wird.[1198] Die Vorteile, die sich bei dieser Form der koordinierten Verwertung bisher im Rahmen von Konkursverfahren gezeigt haben, können auch für das Insolvenzplanverfahren nutzbar gemacht werden:

- *Die Sanierung des Unternehmens wird gefördert*:

  Eine Sanierung kann zum einen dadurch gefördert werden, daß neue Kredite, entweder in Form von Geld- oder Warenkrediten, bereitgestellt werden.[1199] Mit der Poolbildung werden jedem beigetretenen Sicherungsnehmer genau festgelegte Beteiligungen an dem in den Pool eingebrachten Sicherheiten zugesprochen. Unsicherheiten, die sich aus der Konkurrenz mit Sicherungsrechten anderer Gläubiger ergeben, werden ebenso beseitigt wie Beweisschwierigkeiten. Eine einheitliche Geltendmachung durch den Pool bzw. einen vom ihm bestellten Treuhänder erspart zum Beispiel den einzelnen Lieferanten als Miteigentümer im Fall von § 947 Abs. 1 BGB den Nachweis ihrer Miteigentümerquote.[1200] Im Bewußtsein der Wertbeständigkeit der eingebrachten Sicherheiten sind Waren und Geldkreditgeber eher bereit, Forderungen weiter zu stunden oder gar neue Kredite zu bewilligen.

  Zum anderen gewährleistet eine Bündelung der Interessen, daß nicht durch individuelles Verhalten jedes einzelnen Sicherungsnehmers der Bestand des häufig für eine Unternehmensfortführung benötigten Anlage- bzw. Umlaufvermögens "auseinandergenommen" wird.[1201] Die Nichtgeltendmachung von Aus- bzw. Absonderungsrechten hält die Vermögensgegenstände des Schuldners zusammen und stellt dadurch sicher, daß im Fall einer späteren Gesamtveräußerung an eine Auffanggesellschaft durch übertragende Sanierung letztlich auch ein Firmenwert (Goodwill) realisiert werden kann.

  Eine Eigensanierung des Schuldners dient schließlich dem Erhalt des Unternehmens als "Umsatzträger", einem, wie gezeigt, primären Interesse vor allem der gesicherten Lieferantengläubiger.

- *Eine Fortführung des Geschäftsbetriebes unter Nutzung der einem Absonderungsrecht unterliegenden Vermögenswerte bringt Vorteile für die Masse und liegt damit letztlich im Interesse der ungesicherten Gläubiger*:

  Es wurde bereits erwähnt, daß erst durch eine Aufrechterhaltung der Geschäftstätigkeit bestehende Sicherungsrechte an Halbfertigerzeugnissen werthaltig gemacht werden. Der aus einem späteren Verkauf resultierende Fortführungserlös verkörpert nicht nur den darin enthaltenen Rohstoffwert, sondern auch einen Verarbeitungswert. Sofern sich die Lieferanten in ihren Verarbeitungsklauseln nur in Höhe des Wertes der von ihnen gelieferten Materialien gesichert haben, käme der darüber hinaus realisierte Verarbeitungswert der Masse und

---

cherheiten-Pool, Burgermeister, Der Sicherheitenpool im Insolvenzrecht und bei Schröter/Graf v. Westphalen, Sicherheiten-Poolverträge der Banken und Warenlieferanten; vgl. auch Bankrechts-Hdb., Band II, § 79 Rdnr. 20 ff, jeweils mit weitergehender Literatur aus Rspr. und Schriftum.

1198 Zur Möglichkeit, daß Absonderungsberechtigte ihre Sicherheiten in einen Pool einbringen vgl. bereits Begrdg. RegE zu § 266 RegE InsO, abgdr. in: Balz/Landfermann, Die neuen Insolvenzgesetze, S. 337.

1199 Bohlen, Sicherheiten-Pool, S. 48 f.

1200 Obermüller, Bankpraxis, Rdnr. 6.139; Kuhn/Uhlenbruck, KO, § 4 Rdnr. 15, 17.

1201 Bohlen, Sicherheiten-Pool, S. 56 f.

damit auch den ungesicherten Gläubigern zu Gute. Von einem weiteren Massezufluß ist dann auszugehen, wenn mehr erlöst wird, als den Poolmitgliedern aufgrund ihres Sicherungsrechtes wegen der zugrundeliegenden Forderungen zusteht.[1202] In diesem Zusammenhang gilt darauf hinzuweisen, daß ein "Unter-Deckung-Nehmen" von Forderungen zum Zwecke der Befriedigung einer nicht oder nicht ausreichend besicherten Forderung unzulässig ist.[1203] Hiervon zu unterscheiden sind jedoch die im Innenverhältnis der Poolmitglieder getroffenen freien Vereinbarungen hinsichtlich der Verteilung des aus der Sicherheitenverwertung sich ergebenden Erlöses.

- *Die Voraussetzungen für die Eröffnung und Weiterführung eines Insolvenzverfahrens werden durch eine Pool-Bildung häufig erst ermöglicht:*[1204]

Die bisherige Rechtspraxis unter alleiniger Geltung der KO, VerglO und GesO zeigte, daß eine große Anzahl der beantragten Konkurs- bzw. Gesamtvollstreckungsverfahren nicht eröffnet werden konnte, da eine ausreichende, die Kosten des Verfahrens deckende Masse nicht vorhanden war (vgl. §§ 107, 58 KO).[1205] Eine Abweisung mangels Masse konnte dann nur unterbleiben, wenn ein Vorschuß zur Deckung der in § 58 Nr. 1 und 2 KO bezeichneten Massekosten geleistet wurde (§ 107 Abs. 1 Satz 2 KO). Masseschuldner und ungesicherte Konkursgläubiger hatten regelmäßig kein Interesse, diesen Vorschuß aufzubringen.

Auch ein einzelner gesicherter Gläubiger ist nur im Ausnahmefall an der Durchführung eines Insolvenzverfahrens interessiert, wenn seine erwartete Befriedigungsquote bei einer geordneten Verwertung im Rahmen eines Ordnungsverfahrens auch unter Berücksichtigung der von ihm erbrachten Vorschußleistung größer als bei einer Verwertung außerhalb eines Insolvenzverfahrens wäre.

Anders stellt sich die Ausgangssituation hingegen für den Sicherheiten-Pool dar. Zum einen liegt das Verwertungsverfahren zentral in seiner Hand (sofern der Insolvenzverwalter von seinem Verwertungsrecht gemäß § 166 InsO keinen Gebrauch macht), so daß die Befriedigungsquote für die einzelnen Poolmitglieder regelmäßig höher ausfallen wird, als dies für den einzelnen Sicherungsnehmer ohne Pool gelten würde. Ein geordnetes Verfahren unter Einbeziehung des Insolvenzverwalters trägt hierzu maßgeblich bei. Als Beispiel sei nur erwähnt, daß sich der Einzug offener Forderungen, an denen Ansprüche aufgrund verlängerten Eigentumsvorbehalts bestehen, bei Insolvenzeintritt erfahrungsgemäß sehr schwierig gestaltet. Bohlen hat die Situation trefflich dahingehend formuliert, daß die "Ausnutzung von Mängelrügen, Forderungsnachlässen, Minderungsansprüchen und Schadensersatzansprüchen, die im normalen Geschäftsbetrieb auf ein erträgliches Maß reduziert wird, ... in der Insolvenz (ausufert)."[1206] Der Insolvenzverwalter ist häufig besser in der Lage, diesen Einwendungen entgegenzutreten, da er auch Einblick in die gemeinschuldnerischen Geschäftsunterlagen nehmen kann. In der bisherigen Praxis wurde der Forderungs-

---

1202 Vgl. hierzu Bohlen, Sicherheiten-Poolvertrag, S. 53.

1203 Zu den Einzelheiten und insbesondere auch zu ggf. vereinbarten Saldenausgleichen, vgl. Obermüller, Bankpraxis, Rdnr. 6.142 ff, 6.154 ff; Schröter/Graf v. Westphalen, S. 28 ff; Gottwald in: Gottwald, InsR-Hdb. § 46 Rdnr. 23.

1204 Bohlen, Sicherheiten-Pool, S. 58 ff.

1205 Vgl. Einleitung, A zu dieser Arbeit.

1206 Bohlen, Sicherheiten-Pool, S. 60.

einzug daher zumeist zentral durch den Konkursverwalter, gegen eine Beteiligung der Masse am Einzugserlös, vorgenommen. Die Belastung der Poolmitglieder mit dem für die Verfahrenseröffnung benötigten Massekostenvorschuß tritt demgegenüber in den Hintergrund.

Nach der Insolvenzordnung sind die Voraussetzungen für die Eröffnung eines Insolvenzverfahren zwar deutlich erleichtert (vgl. §§ 26, 54 InsO). Die dargestellten Vorteile eines Ordnungsverfahrens werden jedoch auch unter Geltung der Insolvenzordnung Anreiz für die Bildung eines Sicherheiten-Pools sein. Im Zusammenhang mit den erleichterten Voraussetzungen für eine Verfahrenseröffnung spricht der Gesetzgeber auch die Vorteile einer Verfahrenseröffnung zum Zwecke der außergerichtlichen Koordinierung des Vorgehens der Absonderungsberechtigten an.[1207]

- *Schließlich sprechen Kostengründe für einen Zusammenschluß der absonderungsberechtigten Gläubiger zur gemeinsamen Durchsetzung und Verwertung ihrer Sicherungsrechte.*

Sofern der Schuldner als Planersteller in seinem Plan einen Eingriff in die Rechte der Absonderungsberechtigten gem. § 223 InsO erwägt und daher zwingend im Plan eine eigene Gruppe für sie bilden muß (§ 222 Abs. 1 Nr. 1 InsO), sollte er die gesicherten Gläubiger bereits frühzeitig in die Planaufstellung einbeziehen. Dadurch wird ihnen die Möglichkeit eröffnet, sich zur gemeinsamen Interessenwahrnehmung in einem Pool zusammenzuschließen. Andernfalls steht zu befürchten, daß für eine Abstimmung der gesicherten Gläubiger untereinander und mit dem Planersteller im laufenden Insolvenzplanverfahren nicht genügend Zeit verbleibt.[1208] Ein ablehnendes Votum bei der Abstimmung über den Plan könnte die Folge sein, so daß der Plan nur bei einer Zustimmungsersetzung unter den Voraussetzungen des Obstruktionsverbotes bestätigungsfähig wäre.

Auch wenn es letztlich mit Hilfe des § 245 InsO gelingen sollte, die Planbestätigung zu erlangen, werden sich erfolgversprechende Sanierungen regelmäßig nur mit Hilfe der gesicherten Gläubiger realisieren lassen. So ist die Aufrechterhaltung des Geschäftsbetriebes über den Planzeitraum hinweg bis zur rechtskräftigen Planbestätigung unverzichtbare Voraussetzung für eine erfolgversprechende Reorganisation des Schuldners. Dafür bedarf es jedoch der Weiterbelieferung mit Material. Erklären sich die bisherigen Lieferanten hierzu nicht bereit, müssen neue Geschäftspartner akquiriert werden. Neben den damit verbundenen zusätzlichen Kosten, gehen auch Rabattverluste oder der Verlust anderer Sonderkonditionen einher, die sich aufgrund einer bereits langjährigen Geschäftsbeziehung ergeben haben. Ob Kreditinstitute, die bislang in keiner geschäftlichen Beziehung mit dem Gemeinschuldner gestanden haben, künftig zur Vergabe der darüber hinaus dringend benötigten Kredite bereit sein werden, erscheint angesichts des nur bedingt tauglichen Instrumentes der Kreditrahmenregelung gem. § 264 ff InsO, als ein Instrument zur Finanzierung von Fortführungsplänen, zumindest fraglich.

Die §§ 264 ff InsO gewähren dem Kreditrahmengläubiger lediglich ein Konkursvorrecht gegenüber Insolvenzgläubigern, worunter Absonderungsberechtigte entgegen dem ver-

---

[1207] Begrdg. RegE zu § 30 RegE InsO, abgdr. in: Balz/Landfermann, Die neuen Insolvenzgesetze, S. 103.
[1208] So auch deutlich Riggert in: WM 1998, S. 1521 ff, 1523.

meintlich ausdrücklichen Wortlaut des § 52 InsO nicht subsumiert werden können. Im Ergebnis bedeutet dies, daß eine Beeinträchtigung der Rechtsstellung der absonderungsberechtigten Gläubiger durch eine Rückstufung ihrer Befriedigung aus den eingeräumten Absonderungsrechten mittels einer Kreditrahmenregelung nicht möglich ist. Da das Schuldnervermögen regelmäßig vollumfänglich als Sicherheit für benötigte Kredite vergeben wurde, als Neusicherungsmittel daher nur noch die aus der Fortführung resultierenden Forderungen zur Verfügung stehen und Forderungen von Insolvenzgläubigern nach dem Plan im Falle einer Folgeinsolvenz wohl kaum bestehen werden, kann § 264 InsO seiner Funktion nicht gerecht werden. Abhilfe kann hier aber eine plangemäße Regelung schaffen. So ist denkbar, daß der Plan ein aufschiebend bedingtes Vorabbefriedigungsrecht an den einem Absonderungsrecht unterliegenden Vermögenswerten des Schuldners für den Ausfall des Kreditrahmengläubigers vorsieht.[1209] Die gesetzliche Grundlage für diesen Eingriff in die Absonderungsrechte bildet § 223 Abs. 2 InsO, da Absonderungsrechte auch "sonstigen Regelungen" unterworfen werden können. Im Plan sind dann der Umfang und die Art der Absonderungsrechte, in die eingegriffen werden soll, genau anzugeben. Mit dieser Konstruktion läßt sich die gewünschte Finanzierungsfunktion des § 264 InsO letztlich herbeiführen.

Die Aufstellung eines Insolvenzplans hat daher notwendigerweise unter Einbeziehung der zur Absonderung berechtigten Gläubiger zu erfolgen. Werden sie dann bereits vor Insolvenzantragstellung von dem beabsichtigten Sanierungsvorhaben und der Erstellung eines "prepacked plans" unterrichtet, können sich - je nach Lage des Einzelfalls - die Banken bzw. Lieferanten untereinander zu einem Pool zusammenschließen. Möglich ist aber auch, daß Kreditversicherer, handelnd sowohl im eigenen Namen als auch im Namen der von ihnen vertretenen Lieferanten, und Banken eine Sicherheitenabgrenzungsvereinbarung[1210] vornehmen, um Sicherheitenkollissionen wirksam begegnen zu können. Alternativ oder zusätzlich bietet sich an, einen Sicherheitentreuhänder zu beauftragen, der die jeweiligen Interessen noch stärker wahrnehmen kann.[1211] Sofern die Sicherheiten daher auf den Pool als Gesellschaft bürgerlichen Rechts gem. §§ 705 ff BGB übertragen werden, ist eine Weiterübertragung von der Gesamthand weiter auf einen "Poolführer" als Sicherheitentreuhänder denkbar und empfehlenswert. Er ist dinglich als Träger aller Rechte, die zum Treugut gehören, anzusehen. Schuldrechtlich ist er im Innenverhältnis gegenüber den Treugebern verpflichtet, die an ihn nach dem Plan zu bewirkenden Leistungen an diese entsprechend dem vereinbarten Verteilungsschlüssel auszukehren.

Möglich ist aber auch, daß die aus der Fortführung des Geschäftsbetriebs resultierenden Forderungen auf einen Treuhänder übertragen werden, der sie dann als Sicherheit für Neu-

---

1209 So auch Braun, Der Kreditrahmen gem. § 264 InsO, Rdnr. 34 ff, 43 ff.

1210 Vgl. hierzu, insbesondere zu den Bedenken der Kreditwirtschaft an Sicherheitenabgrenzungsvereinbarungen: Obermüller, Bankpraxis, Rdnr. 6.149; Schröter/Graf v. Westphalen, Sicherheiten-Poolverträge, S. 110 ff. Um das gemeinsame Vorgehen mit dem Ziel der Reorganisation des Schuldners zu koordinieren, ist der Abschluß von Poolverträgen, an denen sich neben den Lieferanten auch die Banken beteiligen, sinnvoll.

1211 So auch Riggert in: WM 1998, S. 1521 ff, 1524; Zur Rechtsnatur und Ausgestaltung vgl. Bankrechts-Hdb., Band II, § 97 Rdnr. 20 ff; Zum Wesen und Dogmatik von Treuhandvereinbarungen eingehend Henssler in: AcP 1996, S. 37 - 87; Gottwald in: Gottwald, InsR-Hdb. § 46 Rdnr. 2; vgl. auch Begrdg. RegE zu § 266 RegE InsO, abgdr. in: Balz/Landfermann, Die neuen Insolvenzgesetze, S. 337: Die Regelung des § 266 Abs. 3 des RegE InsO wurde aus Gründen der "redaktionellen Straffung" gestrichen.

kreditgeber oder für die Gewährleistung der auch vom Plan sicherzustellenden Liquidationsquote (vgl. §§ 245 Abs. 1 Nr. 1, 251 Abs. 1 Nr. 2 InsO) bereithält.[1212]

Im Vorfeld der eigentlichen Insolvenzantragstellung ist unter Beachtung vorstehender Ausführungen bereits eine frühzeitige Abstimmung zwischen den gesicherten Gläubigern über das weitere Vorgehen im Insolvenzplanverfahren möglich. Insbesondere für die absonderungsberechtigten Lieferanten lassen sich - wie schon nach bislang geltendem Recht - auf diese Weise die Schwierigkeiten, die sich im Zusammenhang mit dem Bestimmtheitserfordernis ergeben, vermeiden. Daß dies im Interesse einer gesteigerten Verhandlungsbereitschaft der Lieferanten zu begrüßen ist, liegt auf der Hand. Wurde von den Poolmitgliedern ein "Poolführer" als Sicherheitentreuhänder bestimmt und die Vollrechtsübertragungen vorgenommen, steht dem Planersteller, wie auch dem Insolvenzverwalter, nur mehr ein Verhandlungspartner als Interessenwahrnehmer aller absonderungsberechtigten Gläubiger gegenüber. Dies gilt selbstverständlich nur dann, wenn alle Absonderungsberechtigten sich dem Sicherheiten-Pool angeschlossen haben.

Unter diesen Umständen werden sich die eingangs dargestellten Vorteile einer Poolbildung im Konkursverfahren nach bisherigem Recht auch für eine Reorganisation des Schuldners mittels Insolvenzplan nutzen lassen. Ein gemeinsames, koordiniertes Vorgehen aller absonderungsberechtigten Gläubiger bei einer Fortführung des Geschäftsbetriebes durch den alten Rechtsträger gewährleistet den Kreditinstituten nicht nur die Wertbeständigkeit, sondern generell eine optimale Nutzung und damit Verwertung der ihnen bestellten Sicherheiten. Für die Lieferantengläubiger ergeben sich Beweiserleichterungen im Zusammenhang mit der Verwertung der unter Verlängerungs- und Erweiterungsformen stehenden Eigentumsvorbehaltsrechte. Im Ergebnis läßt sich so eine Mehrheit innerhalb der Gruppe der absonderungsberechtigten Gläubiger für eine plangemäße Sanierung des Schuldners gewinnen, was die Prüfung der Voraussetzungen des Obstruktionsverbotes entbehrlich macht.

2. Mehrheitsgewinnung außerhalb der Gruppe

a) Maßnahmen des Planinitiators

Der Planersteller wird vor dem Hintergrund der für die Anwendung des Obstruktionsverbots erforderlichen Mehrheit der abstimmenden Gruppen (vgl. § 245 Abs. 1 Nr. 3 InsO) seine strategischen Überlegungen zur Bildung und Zusammensetzung der einzelnen Abstimmungsgruppen an diesem Erfordernis orientieren. Gleichzeitig wird er neben den in § 222 Abs. 1 InsO vorgeschriebenen Pflichtgruppen (jeweils bestehend aus Gläubigern gleicher Rechtsstellung) - je nach Lage des Einzelfalls - von der ihm gem. § 222 Abs. 2 InsO eingeräumten Option zur Bildung von Wahlgruppen Gebrauch machen. Innerhalb der einzelnen Plichtgruppen können danach eigene Gruppen von Gläubigern mit gleichartigen wirtschaftlichen Inter-

---

1212 So auch Braun in: Braun/Uhlenbruck, Unternehmensinsolvenz, 7. Teil, H, II, 5, b), S. 588 f. Zu einem weiteren Anwendungsfall im Zusammenhang mit Kreditrahmenregelungen vgl. Braun, Der Kreditrahmen gem. § 264 InsO, Rdnr. 43 ff.

essen im Plan vorgesehen werden, wenn sachliche Gründe eine Differenzierung rechtfertigen.[1213] Daß es sich bei Vorliegen der Voraussetzungen des § 222 Abs. 2 InsO nicht um eine mißbräuchliche manipulative Plangestaltung handelt, mit der die konkursliche Gleichbehandlung der Gläubiger nachhaltig zur Disposition des Schuldners als Planinitiator gestellt wird und die Verfahrensteilnahmerechte der Gläubiger verletzt werden[1214], wurde bereits eingehend im 3. Teil, A, III, 2, a), cc) dargestellt.

Der denkbar einfachste Weg zur Erlangung der Planbestätigung wäre, wenn der Planinitiator nur eine Gruppe von Gläubigern im Plan vorsehen müßte, innerhalb derer er die erforderlichen Kopf- und Summenmehrheiten darstellen kann. § 222 Abs. 1 InsO eröffnet ihm dazu die Möglichkeit. Eine Gruppe von Absonderungsberechtigten muß nur bei einem Eingriff in deren Rechte gem. § 223 Abs. 2 InsO gebildet werden. Hintergrund ist das in § 223 Abs. 1 InsO normierte Regel - Ausnahme Verhältnis. Grundsätzlich werden danach Absonderungsrechte vom Insolvenzplan nicht berührt, es sei denn der Plan sieht ausdrücklich etwas Abweichendes vor. Gelten die Forderungen nachrangiger Gläubiger gem. § 225 Abs. 1 InsO als erlassen, ist auch für sie eine Gruppe, entsprechend den einzelnen Rangklassen des § 39 InsO, nicht zwingend vorgeschrieben (§ 222 Abs. 1 Satz 2 Nr. 3 InsO). Nach der Systematik des Planverfahrens bedarf es aber mindestens einer Gruppe, innerhalb derer die Mehrheitsregel des § 244 InsO Anwendung findet. Dem Wortlaut des § 222 Abs. 1 Satz 2 Nr. 2 InsO zufolge, hat der Plan dann auch zwingend eine Gruppe nicht nachrangiger Gläubiger zu enthalten, ohne daß dies von weiteren Voraussetzungen abhängig wäre.

Der Planersteller wird jedoch nur dann von dieser strategischen Möglichkeit nur einer Gruppe Gebrauch machen, wenn er sicher sein kann, die erforderlichen Mehrheiten für seinen Plan zu erhalten. Je größer die Unsicherheit hierüber ist, desto schwerer wird es für den Planersteller vorherzusagen, ob sein Plan vom Gericht bestätigt werden wird. Unter Umständen wird es daher gleichwohl erforderlich sein, von der in das Belieben des Planerstellers gesetzten Möglichkeit der Bildung von Gruppen gleichartig wirtschaftlich Interessierter gem. § 222 Abs. 2 InsO Gebrauch zu machen.

Sofern das Planziel jedoch einen Eingriff in die Absonderungsrechte notwendig macht und daher neben den einfachen Insolvenzgläubigern auch zwingend eine Gruppe mit Absonderungsrechtsinhabern im Plan vorzusehen ist (§ 222 Abs. 1 Satz 2 Nr. 1 InsO), sieht sich der Planautor einer veränderten Ausgangslage gegenüberstehen. Zu Beginn jeglicher strategischer Überlegungen und Maßnahmen steht dann die Frage, ob eine der beiden Gruppen von Gläubigern sich gegen eine plangemäße Reorganisation des Schuldners aussprechen wird. Wenn der Planinitiator damit rechnen muß, kann die von ihm verfolgte "Minimalstrategie" allein dahingehen, mindestens drei Gruppen im Plan zu bilden.[1215] Andernfalls wäre der Anwendungsbereich des Obstruktionsverbots nicht eröffnet, da nur auf diesem Wege dem Mehrheitserfordernis des § 245 Abs. 1 Nr. 3 InsO Rechnung getragen wird.

Um das befürchtete negative Votum überwinden zu können, kann der Planersteller zum Beispiel neben der Gruppe der Absonderungsberechtigten und der nicht nachrangigen Insolvenz-

---

1213 Vgl. hierzu bereits oben: Teil 3, A, III, 2.

1214 So aber Smid/Rattunde, Insolvenzplan, Rdnr. 574 ff, Smid in: FS Pawlowski, S. 387 ff, 422 f; ders. in: InVo 1997, S. 169 ff, 178.

1215 So bereits Braun in: Braun/Uhlenbruck, Unternehmensinsolvenz, 7. Teil, I, II, 2, b), S. 603.

gläubiger eine Gruppe von Kleingläubigern bilden, denen er eine Befriedigungsquote von 90 % anbietet. In diesem Fall wird zu erwarten sein, daß die Kleingläubiger mehrheitlich für den Plan votieren, folglich sich eine Mehrheit von Gruppen für den Plan entscheidet (§ 245 Abs. 1 Nr. 3 InsO) und damit die Zustimmung der ablehnenden Gruppe ersetzt werden kann. Andererseits *soll* der Plan auch eine Gruppe von Arbeitnehmer unter den Voraussetzungen des § 222 Abs. 3 Satz 1 InsO vorsehen, deren Zustimmung bei Erhalt ihres Arbeitsplatzes gleichfalls sicher scheint.

Ist zusätzlich damit zu rechnen, daß sich auch innerhalb der Gruppe der nicht nachrangigen Insolvenzgläubiger keine Mehrheit für den Plan finden läßt, wird der Planersteller von der Möglichkeit der Wahlgruppenbildung gem. § 222 Abs. 2 InsO Gebrauch machen. Ziel ist es, die voraussichtlich negativ abstimmenden Gläubiger in einer Gruppe zu isolieren, um bei einer Mehrheit positiv votierender anderer Gruppen ihre Zustimmung mittels Obstruktionsverbot ersetzen zu können.[1216]

Eine weitere strategische Option gilt es im Zusammenhang mit der Mehrheitsfindung außerhalb der Gruppen zu erwähnen. Absonderungsrechte sichern grundsätzlich auch die fälligen Zinsen für den Zeitraum nach Eröffnung des Insolvenzverfahrens (§ 50 Abs. 1 InsO). Der Gesetzgeber hat hier die Regelungen der Konkurs- und Vergleichsordnung übernommen.[1217] Der realisierte Sicherheitenerlös wird dabei zunächst auf die Hauptforderung, dann auf die Zinsen und zuletzt auf die Kosten angerechnet. Das Interesse der Absonderungsrechtsgläubiger besteht nun darin, ihre Sicherungsrechte für die Befriedigung ihrer Forderungen vollumfänglich (und damit auch für ihre Zinsforderungen nach Verfahrenseröffnung) einzusetzen. Dies läßt sich grundsätzlich auf zwei Wegen darstellen:

Variante A:

In die Absonderungsrechte wird plangemäß eingegriffen und eine Pflichtgruppe gemäß § 222 Abs. 1 Satz 2 Nr. 1 InsO gebildet. Der Plan sieht vor, daß die Absonderungsrechte durch Geldzahlungen abgegolten werden. Bei der Berechnung der Höhe der Absonderungsrechte sind auch die Zinsen nach Verfahrenseröffnung teilweise berücksichtigt. Soweit mit dem Abgeltungsbetrag nicht alle Forderungen beglichen werden, die Absonderungsrechtsinhaber mit ihren Ausfallforderungen daher grundsätzlich als Insolvenzgläubiger oder als nachrangige Insolvenzgläubiger am Planverfahren teilnehmen würden, wird vereinbart, daß diese Forderungen erlassen sind.[1218]

Variante B:

In das Absonderungsrecht wird nicht eingegriffen. Der dem Absonderungsrecht unterliegende Vermögensgegenstand soll freihändig verwertet werden. In Realisierung des Absonderungsrechtes erhält der Gläubiger den Verwertungserlös in Anrechnung auf seine Kreditforderung einschließlich der aufgelaufenen Zinsen bis zu einem bestimmten Zeitpunkt nach Verfahren-

---

1216 So auch Braun in: Braun/Uhlenbruck, Unternehmensinsolvenz, 7. Teil, I, II, 2, b), S. 603; Maus, Der Insolvenzplan, Rdnr. 44.

1217 Vgl. §§ 48, 49 Nr. 2 KO, 27 Abs. 1 VerglO und Begrdg. RegE zu § 57 RegE InsO, abgdr. in: Balz/Landfermann, Die neuen Insolvenzgesetze, S. 128.

1218 Siehe hierzu Braun/Uhlenbruck, Musterplan, S. 79 f, Fn.: 62.

seröffnung. Gleichzeitig wird im Plan geregelt, daß die Forderungen nachrangiger Gläubiger erlassen sind. Dabei wird klargestellt, daß der Absonderungsrechtsinhaber nicht auf seine Zinsforderungen bis zum vereinbarten Zeitpunkt nach Verfahrenseröffnung verzichtet, soweit diese Zinsen über den Verwertungserlös Deckung finden.[1219]

Mit beiden Varianten wird dem Sicherungsbedürfnis der Absonderungsberechtigten entsprochen und läßt sich gleichzeitig verhindern, daß eine weitere Gruppe der nicht nachrangigen Gläubiger gemäß § 222 Abs. 1 Satz 2 Nr. 3 InsO für die nach Verfahrenseröffnung anfallenden Zinsen (sie stellen grundsätzlich nachrangige Forderungen i.S.d. § 39 Abs. 1 Nr. 1 InsO dar) gebildet werden muß. In Variante A sind die Zinsen bei der Berechnung des Absonderungsrechtes und bei Variante B werden sie beim Abgeltungsbetrag berücksichtigt. Die Zinsen nach Verfahrenseröffnung fallen damit als nachrangige Forderungen weg, mit der Folge, daß auch im Plan eine Gruppe der nachrangigen Insolvenzgläubiger nicht gesondert vorgesehen werden muß.[1220] Selbst wenn im Rang nachfolgende nachrangige Gläubigergruppen gegen einen Plan votieren würden, wäre eine Zustimmungsersetzung über das Obstruktionsverbot möglich. Das materielle Gleichbehandlungsgebot des § 245 Abs. 1 Nr. 2, Abs. 2 Nr. 3 InsO wäre hier nicht verletzt, da es nur für Gläubiger gleicher Rangstellung anwendbar ist.

b) Veränderte Vorzeichen für die beteiligten Gläubiger?

Die Insolvenzordnung sieht entgegen § 255 Abs. 1 Nr. 1 RegE InsO kein originäres Planinitiativrecht der Gläubiger mehr vor. Kommt es nicht zu einer Planvorlage durch den Schuldner oder den Insolvenzverwalter aus eigenem Recht gem. § 218 Abs. 1 InsO, müssen die Gläubiger bis zum Berichtstermin warten, um den Verwalter mit der Erstellung eines Insolvenzplans unter Vorgabe bestimmter Ziele beauftragen zu können (§ 157 Sätze 2, 3 InsO). Die Gläubiger sind daher grundsätzlich in eine Passivrolle gedrängt. Sie können die Gruppenbildung als einen wesentlichen Faktor zur Mehrheitsbildung für oder wider einen Insolvenzplan nicht unmittelbar beeinflussen. Die Gruppenbildung obliegt allein dem Planersteller. Lediglich über die Gläubigerversammlung können sie dem Verwalter zusammen mit dem Planauftrag entsprechende Vorgaben machen.

Unter strategischen Gesichtspunkten bieten sich für die Gläubiger demnach nur zwei Perspektiven. Sie können zunächst versuchen, Einfluß auf die Gruppenbildung durch den Planersteller zu nehmen. Es liegt auf der Hand, daß dies nicht für jede am Verfahren beteiligte Gläubigergruppe gleichermaßen möglich sein wird. Sofern der Plan eine Fortführungslösung anstrebt, kommt absonderungsberechtigten Gläubigern, hier insbesondere Kreditinstituten und Lieferanten, ein weitaus größerer Gestaltungs- und Mitbestimmungsspielraum zu, als dies zum Beispiel für die Gruppe der einfachen Insolvenzgläubiger der Fall sein wird. Im Zusammenhang mit der Darstellung der von den Gläubigergruppen im Planverfahren vertretenen Interessen[1221] wurde bereits erwähnt, daß eine Fortführung des Geschäftsbetriebes nur auf der Grundlage einer Sicherung der gegenwärtigen und künftigen Lieferbeziehungen möglich ist. Auf die Gruppe der Lieferanten ist der Planersteller daher besonders angewiesen. Ähnlich

---

[1219] Auch hierzu vgl.: Braun/Uhlenbruck, Musterplan, S. 61, 84, Fn.: 68.

[1220] Zu den weiteren Vorteilen dieser Planregelung vgl.: Braun/Uhlenbruck, Musterplan, S. 80, 84, Fn.: 62, 68.

[1221] Vgl. oben: Teil 3, B, III, 1, b), aa) - dd).

verhält es sich mit den Geldkreditgebern. Ohne Zuführung neuer Kreditmittel wird die angestrebte Reorganisation nicht erfolgreich sein. Vielfach wird bereits die Weiterbelieferung mit Material nur bei einer Bezahlung im Voraus erfolgen, obwohl die ersten Fortführungserlöse zumeist erst Wochen später fakturiert werden können.

In dieser Situation eröffnen sich für die Geldkreditgeber und Lieferanten zahlreiche Möglichkeiten der aktiven Einflußnahme und Mitgestaltung des gemeinschuldnerischen Plans. Bereits im Vorfeld der Insolvenz können die Sanierungsgespräche begleitet und gestalterische Vorschläge bei der Planaufstellung unterbreitet werden. In welchem Umfang sich letztlich der Einfluß konkret im Plan niederschlägt, wird sowohl vom Verhandlungsgeschick der jeweiligen Interessenvertreter der Geld- bzw. Warenkreditgeber als auch von der Kooperationsbereitschaft des Planerstellers abhängen.[1222]

Für die übrigen Gläubiger bleibt regelmäßig nur die Möglichkeit, frühzeitig gegenüber dem Planersteller zu signalisieren, daß man die vorgenommene Gruppeneinteilung nicht mit den gesetzlichen Vorgaben des § 222 InsO vereinbar hält und beim Insolvenzgericht eine Überprüfung gem. § 231 Abs. 1 Nr. 1 InsO anzuregen gedenkt. Das hieraus ggf. resultierende Einflußpotential ist dennoch eher als gering einzuschätzen, da den Gläubigern ein Rechtsbehelf gegen die Nichtzurückweisung des Plans gem. § 231 InsO nicht gewährt wird. Eine sofortige Beschwerde ist nur in den gesetzlich vorgesehenen Fällen zulässig, § 6 Abs. 1 InsO. Allein der Vorlageberechtigte ist grundsätzlich rechtsmittelbefugt, aber auch nur insoweit, als er sich gegen einen Planzurückweisungsbeschluß mit der sofortigen Beschwerde wenden kann (so ausdrücklich § 253 InsO).

Gelingt es nicht in gewünschtem Maße Einfluß auf die Gruppenbildung zu nehmen, sollte der Gläubiger versuchen, sich mit den Angehörigen der eigenen und der anderen Gruppen über eine gemeinsame Strategie zu verständigen. Der Erfolg einer Abstimmung mit anderen Gruppen hängt davon ab, ob zumindest im Grundsatz ein gemeinsames Interesse darstellbar und ob eine Verständigung im Vorfeld des Erörterungs- und Abstimmungstermins überhaupt möglich ist.[1223]

Schwierigkeiten ergeben sich vor allem dadurch, daß bereits die Feststellung der eigenen Gruppenmitglieder kaum möglich ist. § 152 InsO verlangt zwar vom Insolvenzverwalter, daß er ein Gläubigerverzeichnis zu erstellen hat, aus dem sich gem. § 152 Abs. 2 Satz 2 InsO Name, Anschrift, Grund und Betrag der jeweiligen Forderung zu ergeben hat. Im Plan selbst ist hingegen eine Verpflichtung zur Bezeichnung des einzelnen Gläubigers nicht gesetzlich verankert. Für die Prüfungspflicht des Gerichtes gem. § 251 Abs. 1 Nr. 2 InsO empfiehlt sich gleichwohl, ein Gläubigerverzeichnis, gegliedert nach den einzelnen im Plan vorgesehenen Gruppen, aufzunehmen. Spätestens im Erörterungs- und Abstimmungstermin muß ein solches Verzeichnis ohnehin erstellt sein, da andernfalls eine getrennte Stimmabgabe jeder einzelnen Gruppe nicht gewährleistet wäre.[1224] Ein sorgfältig ausgearbeiteter Plan wird daher auch ein Gläubigerverzeichnis enthalten, so daß die Gläubiger nach der Niederlegung des Plans (§ 234 InsO) sich über ihre Gruppenzugehörigkeit informieren können.[1225] Ob dann aber noch genü-

---

1222 Riggert in: WM 1998, S. 1521 ff, 1524.

1223 I.d.S. auch Braun in: Braun/Uhlenbruck, Unternehmensinsolvenz, 7. Teil, N, II, 2, S. 660.

1224 Siehe hierzu auch Braun/Uhlenbruck, Musterplan, S. 9.

1225 So auch Braun/Uhlenbruck, Musterplan, S. 2.

gend Zeit verbleibt, um einen gemeinsamen Gruppenkonsens zu finden, muß ernsthaft bezweifelt werden.

Die dargestellten Schwierigkeiten bei der Suche nach "Verbündeten" innerhalb der eigenen Gruppe und aus anderen Gruppen werden sich aber nicht für alle beteiligten Gläubiger gleich ergeben. Geldkreditgeber und Warenlieferanten werden sich im Vergleich zu einfachen Insolvenzgläubigern schneller zur gemeinsamen Interessenwahrnehmung organisieren können. Banken werden sich in Bankenpools und Warenkreditgeber in den von den Kreditversicherern initiierten Lieferantenpools zusammenschließen, wobei durch die Einsetzung eines Sicherheitentreuhänders[1226] die Interessen noch stärker gebündelt werden. Auch für die Gruppe der Arbeitnehmer ist die Ausgangssituation vergleichbar günstig. Ihre Interessen werden durch den Betriebsrat bzw. die Gewerkschaftsvertreter bereits frühzeitig und konzentriert wahrgenommen.[1227]

Schwieriger hingegen stellt sich die Situation der Insolvenzgläubiger dar. Werden sie vom Planersteller nicht frühzeitig, am besten noch vor Insolvenzantragstellung, in die Plangestaltung eingebunden, werden sie häufig erst im Berichtstermin die Einzelheiten der plangemäßen Regelung, insbesondere die Zuordnung der einzelnen Gläubiger zu den vom Planersteller gebildeten Gruppen, vermittelt bekommen. Wer mit dem vorgeschlagenen Plan dann nicht einverstanden ist, sollte in der Gläubigerversammlung darauf hinwirken, den Verwalter mit der Erstellung eines konkurrierenden Plans zu beauftragen. Da, wie gezeigt, der Zeitkomponente bei der Erstellung und Umsetzung eines Reorganisationsplans maßgebliche Bedeutung zukommt, kann dieses Vorgehen bereits die Verhandlungsbereitschaft des Planerstellers entscheidend beeinflussen.

Das Element Zeit kann auch dann verhandlungstaktisch eingesetzt werden, wenn die Gläubiger einer Gruppe rechtzeitig gegenüber dem Planersteller zu erkennen geben, daß sie mit der plangemäßen Regelung vor dem Hintergrund der Anforderungen, die an eine Zustimmungsersetzung mittels Obstruktionsverbots geknüpft sind, nicht einverstanden sind.[1228] Bewertungsstreitigkeiten drohen, die zumindest in größeren Verfahren häufig auch die Einschaltung von Sachverständigen erforderlich machen.

Mit jedem Zeitverlust, geht zudem die Gefahr des Scheiterns der ins Auge gefaßten plangemäßen Abwicklung des Schuldnervermögens einher. Die sich hieraus ergebenden Verhandlungspositionen können dann zielgerichtet zur Änderung des Plans in einzelnen Punkten im Interesse aller Beteiligten genutzt werden.

Zusammenfassend läßt sich feststellen, daß die Gläubiger nur dann entscheidend Einfluß auf die Planinhalte und das Abstimmungsverhalten sowohl der eigenen als auch anderer Gruppen nehmen können, wenn sie aktiv das Planverfahren mitgestalten. Für Geld- bzw. Warenkreditgeber stellt sich die Situation vergleichsweise günstiger dar, da sie sich zum einen schneller organisieren und zum anderen für die Realisierung eines Sanierungskonzeptes zumeist unentbehrlich sein werden. Ihnen ist daher die Möglichkeit eröffnet, den gemeinschuldnerischen

---

1226 Vgl. auch Riggert in: WM 1998, S. 1521 ff, 1524.

1227 Braun in: Braun/Uhlenbruck, Unternehmensinsolvenz, 7. Teil, N, II, 2, S. 660.

1228 Braun in: Braun/Uhlenbruck, Unternehmensinsolvenz, 7. Teil, N, II, 3, S. 661.

Plan während seiner Entstehung zu begleiten und auch eigene gestalterische Vorschläge zu unterbreiten. Aber auch für die Mehrzahl der einfachen Insolvenzgläubiger ergeben sich Einflußmöglichkeiten, die allerdings voraussetzen, daß die Gläubiger sich aus ihrer vom Gesetzgeber geschaffenen Passivrolle begeben.

4. Teil

Thesenartige Zusammenfassung

20 Jahre nach Einsetzung der Kommission für Insolvenzrecht ist nunmehr das vorläufige Ende der Reformbemühungen um ein einheitliches Insolvenzrecht erreicht. Am 01. Januar 1999 sind die Insolvenzordnung und das Einführungsgesetz zu ihr in Kraft getreten. Damit wird auf dem Gebiet des Insolvenzrechts eine einheitliche gesetzliche Grundlage sowohl für die alten als auch die neuen Bundesländer geschaffen. Die bisherige Rechtsspaltung durch das Nebeneinander von Konkursordnung, Vergleichsordnung und Gesamtvollstreckungsordnung wurde überwunden. Das neue Gesetz regelt gleichermaßen die Abwicklung insolventer Unternehmen wie die von natürlichen Personen.

Die Ziele, die sich der Gesetzgeber gesetzt hat, sind groß. So heißt es in § 1 InsO: "Das Insolvenzverfahren dient dazu, die Gläubiger eines Schuldners gemeinschaftlich zu befriedigen, indem das Vermögen des Schuldners verwertet und der Erlös verteilt *oder* in einem Insolvenzplan eine abweichende Regelung, ***insbesondere zum Erhalt des Unternehmens*** getroffen wird. Dem redlichen Schuldner wird Gelegenheit gegeben, sich von seinen restlichen Verbindlichkeiten zu befreien." (Unterstreichungen stammen vom Autor)

Die in § 1 InsO dargestellten Ziele basieren auf einem neuen Verständnis des Insolvenzrechts. Es ging dem Gesetzgeber nicht mehr darum, insolvente und damit im Wettbewerb unterlegene Unternehmen aus dem Wirtschaftskreislauf herauszunehmen. Mit einem den marktwirtschaftlichen Gegebenheiten angepaßten Insolvenzrecht wird den Gläubigern ein rechtlicher Rahmen zur Verwirklichung der Vermögenshaftung des Schuldners zur Verfügung gestellt. Sie werden künftig in einem "Wettbewerb um die beste Verwertungsart" die optimale Verwertungsform des verhafteten Schuldnervermögens bestimmen, ohne dabei Marktgesetze außer Kraft zu setzen. Flexible Insolvenzabwicklung durch Deregulierung ist das Leitbild, an dem die künftige Praxis der Insolvenzabwicklung sich orientiert. Die Aufsicht und Mitwirkung der Gerichte ist dabei auf ein notwendiges Minimum beschränkt.

Mit dem Insolvenzplan als einem "universellen Instrument der Masseverwertung" tritt nunmehr an die Stelle des bislang geltenden Vergleichs und Zwangsvergleichs ein in Deutschland bislang unbekanntes Rechtsinstitut. Auf der Grundlage einer Mehrheitsentscheidung können die Gläubiger eine konkrete Gestaltung der Abwicklung, insbesondere auch die Eigensanierung des insolventen Unternehmens, festlegen, mit dem Ziel, sich aus den Erträgen des fortgeführten Unternehmens zu befriedigen. Die Reorganisation des sanierungswürdigen und sanierungsfähigen Schuldners kann aber nur dann aussichtsreich sein, wenn sie auf einer fundierten betriebswirtschaftlichen Planrechnung basiert. Diese Nahtstelle zwischen Betriebswirtschaft und Rechtsanwendung stellt neue Herausforderungen an Gerichte und Verwalter. Das aus dem amerikanischen Reorganisationsverfahren des Chapter 11 des Bankruptcy Code adaptierte Insolvenzplanverfahren sieht sich aber auch zahlreichen kritischen Stimmen aus der Literatur ausgesetzt. Vor allem die praktische Umsetzbarkeit wird in Zweifel gezogen. Die vorliegende Arbeit hat das Insolvenzplanverfahren unter dem Gesichtspunkt der vorgebrachten Einwände näher betrachtet, auf seine Möglichkeiten und Risiken untersucht und Lösungsansätze aufgezeigt.

Im folgenden werden die wichtigsten Untersuchungsergebnisse der Arbeit thesenartig zusammengefaßt. Dabei orientiert sich die Gliederung an der Reihenfolge der Ausführungen.

1. Die vor dem Inkrafttreten der Insolvenzordnung geltende **Rechtspraxis** war durch einen Anstieg der Insolvenzanträge, die hohe Anzahl der mangels Masse abgelehnten Eröffnungsanträge, geringe Konkursquoten für die Gläubiger und die Bedeutungslosigkeit des Vergleichsverfahrens und des Zwangsvergleichs nach der Konkursordnung geprägt. Ursächlich hierfür war die dem geltenden Konkursrecht innewohnende Zerschlagungstendenz und der Verfahrensdualismus von Konkurs- und Vergleichsverfahren. Einer effizienten Verwertung oder Weiternutzung des Schuldnervermögens standen die zahlreichen Einfluß- und Mitwirkungsrechte des Schuldners im Rahmen eines Vergleichsverfahrens entgegen.

2. Im Interesse einer besseren Haftungsverwirklichung für die Gläubiger liegt das Ziel eines modernen, funktionierenden Insolvenzrechtes in der optimalen Allokation der im Unternehmen gebundenen wirtschaftlichen Ressourcen. Dieses Ziel läßt sich nur mit einer **marktkonformen Insolvenzabwicklung** realisieren. Das Insolvenzrecht ist ein "zentraler Bestandteil des Wirtschaftsprivatrechts". Die Liquidation sowie alle Spielarten einer vergleichsweisen Insolvenzbereinigung werden dabei in einem einheitlichen Insolvenzverfahren zusammengefaßt.

3. Mit dem **Insolvenzplan** wird den Verfahrensbeteiligten erstmals ein Instrument an die Hand gegeben, mit dem sie eine von den allgemeinen Vorschriften abweichende Art der Masseverwertung, insbesondere eine Eigensanierung des Schuldners, verwirklichen können. Die Reorganisation mittels Insolvenzplan, die Liquidation und die übertragende Sanierung stehen dabei als **gleichberechtigte Verwertungsarten** nebeneinander.

4. Einem sozial- und gesellschaftspolitischem Anliegen entsprechend wird dem redlichen Schuldner mit dem Restschuldbefreiungsverfahren gem. §§ 286 ff InsO künftig die Möglichkeit einer **endgültigen Schuldenbereinigung** eingeräumt. Damit erhält er die Chance und den Anreiz für einen wirtschaftlichen Neuanfang. Verbraucher und Kleingewerbetreibende müssen dafür zuvor das Verbraucherinsolvenzverfahren nach den §§ 304 ff InsO durchlaufen. Die Entscheidung über die Restschuldbefreiung muß hoheitlich erfolgen. Sie setzt neben der Einhaltung gesetzlich bestimmter Obliegenheiten voraus, daß der Schuldner über die Dauer der Wohlverhaltensperiode den pfändbaren Teil seines Einkommens den Gläubigern zur Befriedigung ihrer Ansprüche zur Verfügung stellt.

   Für juristische Personen, Personengesellschaften und nichtrechtsfähige Vereine ist eine Restschuldbefreiung nicht vorgesehen. Gleiches gilt für persönlich haftende Gesellschafter im Insolvenzverfahren über das Vermögen der Gesellschaft. In diesem Fall kann ihnen lediglich im Insolvenzplanverfahren eine Befreiung vom unbegrenzten Nachforderungsrecht der Gläubiger erteilt werden.

Der Insolvenzplan soll die Belange der Verfahrensbeteiligten abschließend regeln. Enthält der Plan daher keine Aussagen zur Restschuldbefreiung, erlangt sie der Schuldner, ohne an die starren Vorgaben der §§ 286 ff InsO gebunden zu sein.

5. Gläubigerautonomie, Gläubigergleichbehandlung und der Minderheitenschutz sind die beherrschenden Verfahrensgrundsätze des Insolvenzplanverfahrens.

Im Gegensatz zu dem auf Schuldnerschutz ausgerichteten amerikanischem Reorganisationsverfahren nach dem Chapter 11 BC ist das Insolvenzplanverfahren **gläubigerorientiert**. Ein der **Rechtskontrolle durch das Gericht** unterliegender Minderheitenschutz stellt sicher, daß die Interessen der im übrigen am Verfahren beteiligten ("betroffenen") Personen hinreichend berücksichtigt werden. Es entspricht marktgerechter Insolvenzabwicklung, wenn Richter und Rechtspfleger daher lediglich als Moderatoren fungieren die privatautonome Entscheidungsfindung unterstützen.

Die **Gleichbehandlung der Gläubiger** gilt im Insolvenzplanverfahren nur innerhalb einer Gläubigergruppe gem. § 226 InsO und ist insofern das Korrelat zum Mehrheitserfordernis innerhalb der jeweiligen Gruppe bei der Abstimmung über den Plan. Soweit § 245 Abs. 2 Nr. 3 InsO eine materielle Gleichbehandlung von gleichrangigen Gläubigern anordnet, ist dies eine spezielle Ausprägung des Grundsatzes von Treu und Glauben und nicht der "par conditio creditorum". Mit der Gruppenbildung soll gerade den unterschiedlichen Interessen der am Verfahren Beteiligten Rechnung getragen werden. Dies erfordert aber ein Höchstmaß an Flexibilität bei der inhaltlichen Ausgestaltung der Rechte der Gläubiger in den einzelnen Gruppen.

In einem gläubigerorientierten Verfahren ist die **Gewährleistung eines Minderheitenschutzes** unerläßlich. Der Minderheitenschutz des einzelnen, in seiner Gruppe überstimmten, Gläubigers reicht dabei nicht soweit, wie der Schutz der Minderheit einer in der Abstimmung unterlegenen Gruppe. Der einzelne Gläubiger braucht keine angemessene Beteiligung an dem durch den Plan realisierten Mehrwert erlangen. Um sicherzustellen, daß ihm aber mindestens der Liquidationswert seiner Rechte verbleibt, empfiehlt sich regelmäßig die Aufnahme einer **salvatorischen Klausel**. Mit ihr werden zusätzliche Leistungen an widersprechende Beteiligte vorgesehen, um den Mindeststandard des § 251 Abs. 1 Nr. 1 InsO sicherzustellen.

6. Plangemäße Abwicklung durch privatautonome Übereinkunft der mitspracheberechtigten Beteiligten fördert Effizienz und Marktkonformität. Damit korrespondiert jedoch für die dem Plan nicht zustimmenden Gläubiger eine Wertgarantie ihrer Rechte in Höhe des Liquidationswertes. Sofern daher die Möglichkeit des Scheiterns eines Planes nicht von der Hand zu weisen ist, entspricht es einer am Sinn und Zweck der §§ 245, 251 InsO orientierten Auslegung, daß dem Gericht im Rahmen des Bestätigungsverfahrens eine **materielle Prüfungspflicht hinsichtlich der "Machbarkeit" (entspricht der "feasibility" amerikanischer Prägung) i.S.v. Realisierbarkeit des Plans** zukommt. Nur so läßt sich ein Minderheitenschutz als Korrelat zur Gläubigerautonomie interessengerecht ausgestalten.

7. Eine Zurückweisung des vom Verwalter vorgelegten Plans gemäß § 231 Abs. 1 Nr. 1 InsO erfolgt nicht allein wegen eines Verstoßes gegen das Mitwirkungsgebot der in § 218 Abs. 3 InsO genannten "besonders interessierten Personen". Insofern besteht nur ein behebbarer Mangel.

8. Das Insolvenzplanverfahren wird insgesamt marktwirtschaftlichen Anforderungen mit dem Ziel einer schnellen Verfahrensbeendigung gerecht. Es stellt einen rechtlichen Rahmen zur Verfügung, innerhalb derer die Gläubiger privatautonom über die Form und die Art der Verwertung des Schuldnervermögens entscheiden sollen. Dem Insolvenzgericht kommt als "Hüter der Rechtsordnung" eine verfahrensleitende Funktion zu, in der es auf eine Rechtskontrolle beschränkt ist. Als Verfahrensabschnitte sind zu unterscheiden: die Planvorlage, die Vorprüfung des Plans durch das Gericht, der Erörterungs- und Abstimmungstermin, das Planbestätigungsverfahren und die Planüberwachung nach Abschluß des Verfahrens. Lücken des Gesetzgebers lassen sich durch eine am Sinn und Zweck der Normen orientierte Auslegung schließen.

   Bei der Festlegung des **Erörterungs- und Abstimmungstermins** ist dem Insolvenzgericht ein Ermessensspielraum einzuräumen. Ausgehend von den Planprämissen hat das Gericht entweder den Eingang der erforderlichen Stellungnahmen gem. § 232 Abs. 1 InsO zunächst abzuwarten oder den Termin sofort nach Zulassung des Insolvenzplans anzuberaumen.

   Der Planinitiator ist befugt, einzelne Regelungen des Plans im Erörterungstermin zu ändern. Zahlenmäßige und substanzielle Änderungen sind solange zulässig, wie der "Kern des Plans" erhalten bleibt und somit kein "neuer Plan" zur Abstimmung gestellt wird. Ist ein gesonderter Abstimmungstermin bestimmt worden, ist im Interesse einer Verfahrensverkürzung und zum Schutz der von ihrem Recht zur schriftlichen Abstimmung Gebrauch machenden Gläubiger eine erneute Erörterung der vorgenommenen Änderungen ausgeschlossen.

   Jeder Plan bedarf zu seiner Bestätigung der **Zustimmung des Schuldners**. Ein ablehnendes Votum des Schuldners ist unbeachtlich, wenn er nicht schlechter als bei der Regelabwicklung gestellt wird. Insofern ist § 247 Abs. 2 Nr. 2 InsO jedoch **restriktiv auszulegen**. Der Widerspruch des Schuldners ist nur dann beachtlich, wenn ihm auch nach Verteilung der bei der Fortführung realisierten Erträge, anhand der gesetzlichen Rangfolge, tatsächlich ein Übererlös zustehen würde. Dies ist nicht bereits dann der Fall, wenn ein Gläubiger mehr als 100 % seiner Forderung erhält, wenn in Höhe des Mehrwertes ein anderer Gläubiger auf seine Forderung verzichtet hat.

9. Die Ermöglichung privatautonomer Entscheidungs- und Gestaltungsprozesse ist Ausdruck der mit der Insolvenzordnung und insbesondere den Bestimmungen zum Insolvenzplanverfahren angestrebten Deregulierung des Insolvenzrechts. Solange dem Hauptzweck der optimalen Haftungsverwirklichung bei gleichzeitiger Vollabwicklung des Schuldnervermögens unter Wahrung der Vermögensrechte der einzelnen Beteiligten Rechnung getragen wird, ist ein **Höchstmaß an Differenzierung und Individualisierung der Planinhalte** zuzulassen. Sämtliche Verwertungsarten stehen den Beteiligten dabei gleichrangig zur Verfügung.

Mit einem **Liquidationsplan** eröffnen sich Gestaltungsmöglichkeiten in Bezug auf die Auflösungsgeschwindigkeit und Auflösungsintensität der Vermögenswerte im Vergleich zur Liquidation nach den allgemeinen Regeln. Dadurch ist eine marktgerechte Verwertung der Teile des Anlage- und Umlaufvermögens gewährleistet und wird Notverkäufen entgegengewirkt.

Die übertragende Sanierung ist eine besondere Form der Liquidation des gemeinschuldnerischen Unternehmens und Gegenstand eines **Übertragungsplans**. Der Übertragungsplan hat im Vergleich zu einer übertragenden Sanierung nach dem Regelinsolvenzverfahren Vorteile:

- wenn in die Rechte der Absonderungsberechtigten eingegriffen werden soll,
- wenn eine Restschuldbefreiung gem. § 227 InsO angestrebt wird,
- wenn Eingriffe in die gesellschaftsrechtlichen Verhältnisse des Schuldners erforderlich sind,
- da er den Insolvenzverwalter vor den Haftungsrisiken für die Festlegung eines nicht dem tatsächlichen Wert des Unternehmens entsprechenden Kaufpreises bewahrt,
- da in ihm eine von den Regeln des allgemeinen Insolvenzverfahrens abweichende Verteilung des Verwertungserlöses vorgenommen werden kann.

Unter marktstrategisch günstigen Bedingungen wird das **pareto optimum der Haftungsverwirklichung** häufig allein in der Erhaltung und Fortführung des gemeinschuldnerischen Unternehmens auf der Grundlage eines **Sanierungsplans** liegen. Insoweit lassen sich die Vorteile freier Sanierungen (größere Akzeptanz durch einvernehmliche Regelungen, Vermeidung indirekter Transaktionskosten) im Rahmen eines Insolvenzplanverfahrens nutzen. Gleichzeitig können die Schwierigkeiten, die sich durch individuelle Verhandlungsstrategien einzelner Gläubiger ergeben, vermieden werden. Das gesetzlich geregelte Insolvenzplanverfahren nach den §§ 217 ff InsO tritt daher als eine echte Alternative neben die weiterhin bestehende Möglichkeit einer freien Sanierung außerhalb eines Insolvenzverfahrens (sofern nicht eine Insolvenzantragspflicht besteht).

Die zentrale Figur des Planverfahrens ist dabei der Verwalter, dem als unabhängiger Dritter die Funktion eines Sachverständigen zukommt. Neben den erwähnten Liquidations-, Übertragungs- und Eigensanierungsplänen sind weitere Gestaltungsformen in einem Insolvenzplan möglich. Vor allem **Moratoriumspläne** und **Mischformen** der dargestellten Plantypen werden die Rechtspraxis bestimmen. **Bedingte Pläne** bieten sich an, wenn gesellschaftsrechtliche Beschlüsse zum Gegenstand plangemäßer Gestaltung gemacht werden sollen.

Jeder Insolvenzplan muß die für seine Umsetzung notwendigen finanz- und/oder leistungswirtschaftlichen Maßnahmen im darstellenden Teil ausweisen. Vor allem Reorganisationspläne verlangen eine klare Differenzierung danach, ob es sich um finanz- und/oder leistungswirtschaftlich determinierte Pläne handelt.

10. Mit seiner marktwirtschaftlichen Ausrichtung verfolgt das neue Gesetz vor allem ökonomische Ziele im Interesse einer besseren Gläubigerbefriedigung. Die hierfür notwendige **Vorverlagerung der Insolvenzantragstellung** wird durch eine Reihe von Anreizen für

den Schuldner gefördert. Das Insolvenzplanverfahren gibt dem Schuldner die Aussicht auf ein ökonomisches Überleben. Seinem Planinitiativrecht kommt verfahrenslenkende Funktion zu, da er mit der Planvorlage gleichzeitig die Eigenverwaltung beantragen kann und er damit weiterhin verwaltungs- und verfügungsbefugt bleibt. Ein Insolvenzantrag bereits in der Phase der erst drohenden Zahlungsunfähigkeit verschafft ihm eine strategisch günstigere Ausgangsposition in den bevorstehenden Verhandlungen mit den Gläubigern, verleiht seinem Planvorschlag eine größere Akzeptanzwahrscheinlichkeit und hilft ihm bei der Erlangung der Restschuldbefreiung mittels Insolvenzplan.

11. Das **Planinitiativrecht** ist nicht dem amerikanischen Vorbild nachgestaltet. Während jenes dem Schuldner ein exklusives Planvorlagerecht innerhalb der ersten 120 Tage nach Antragstellung einräumt, ist nach der Insolvenzordnung neben dem Schuldner auch der Verwalter planvorlageberechtigt. Dem Verwalter als zentraler Figur des Verfahrens wird dabei ein eigenständiges (originäres), nicht an einen Beschluß der Gläubigerversammlung gebundenes, Planinitiativrecht eingeräumt. In einem die Gläubigerautonomie betonenden deutschen Insolvenzverfahren müssen auch die Gläubiger das Recht zu einer Planvorlage haben. Sie können daher über ihr Organ der Gläubigerversammlung den Verwalter mit der Erstellung eines Plans beauftragen und ihm dabei auch die Ziele vorgeben. Ein von der Gläubigerversammlung in Auftrag gegebener Plan kann aber den vom Verwalter, aufgrund seines eigenen Planinitiativrechts, ausgearbeiteten Insolvenzplan nicht oktroyieren. Sein Plan steht vielmehr neben dem Plan der Gläubigerversammlung zur Erörterung, Abstimmung und Annahme durch die Gläubiger.

12. Indem der deutsche Gesetzgeber den zeitlichen Ablauf eines Insolvenzplanverfahrens festgelegt hat, lassen sich Verfahrensverzögerungen, wie sie die amerikanische Rechtspraxis kennt, vermeiden. Dadurch wird aber der **Faktor Zeit zum Gradmesser für jede Planrealisierung**. Ausgangspunkt einer vorausschauenden Planung muß daher eine Zeitprognose sein. Sie hat den Zeitpunkt der Auslösung der Insolvenz durch die Stellung des Eröffnungsantrages, die Dauer des Planverfahrens und den Zeitraum der Planumsetzung einzubeziehen. Je nach Verfahrensabschnitt obliegt es unterschiedlichen Beteiligten, konkreten Einfluß auf die zeitliche Abfolge einzelner Maßnahmen zu nehmen.

Der Gesetzgeber hat durch eine Modifizierung der bisherigen Insolvenzantragsgründe, die Neuschaffung der "drohenden Zahlungsunfähigkeit" sowie durch weitere Maßnahmen die rechtlichen Rahmenbedingungen geschaffen, um dem Schuldner Anreiz für eine **frühzeitigere Verfahrensauslösung** zu gegeben. Gerade von ihr wird der Erfolg einer ins Auge gefaßten Eigensanierung des Schuldners abhängen.

Die Komplexität der Aufgaben, die dem jeweiligen Planinitiator bei der Erstellung eines Sanierungskonzeptes obliegen, macht es geradezu notwendig, bereits im Vorfeld der eigentlichen Insolvenzantragstellung ein Sanierungskonzept auszuarbeiten. Damit wird gleichzeitig die Möglichkeit eröffnet, die wesentlichen Planziele und die zu deren Umsetzung erforderlichen Maßnahmen mit den mehrheitsbildenden Gläubigern abzustimmen. Ziel ist es, eine möglichst sichere Prognose hinsichtlich der Annahmefähigkeit des so erarbeiteten Plans zu erreichen. Ein taugliches Mittel ist hierfür der **"prepackaged plan"**, der sich vor allem bei leistungswirtschaftlich determinierten Sanierungslösungen als sinnvoll erweist.

Solche Pläne erfordern auf der Zeitachse eine klare Strukturierung der einzelnen Abläufe, beginnend von der Erstellung des Sanierungskonzeptes bis hin zu seiner Umsetzung. Es gilt eine Vielzahl unterschiedlicher Beteiligteninteressen auf ein gemeinsames Ziel, die Reorganisation des Schuldners, zu fokussieren. Dabei muß das schuldnerische Unternehmen während der Phase der Planerstellung dergestalt umorganisiert werden, daß sowohl die Aufrechterhaltung des Geschäftsbetriebes als auch der Planungsprozeß an sich gewährleistet sind. Dies wird um so eher gelingen, wenn der Schuldner nicht dem Druck, der regelmäßig mit der Eröffnung eines Insolvenzverfahrens verbunden ist, ausgesetzt ist. Mittels prepacked - Verfahren können die sich aus der frühzeitigen Einbindung der Beteiligten in den Planungsprozeß ergebenden positiven Möglichkeiten für die Erarbeitung eines letztlich marktgängigen Plankonzeptes genützt werden.

13. Zur Sicherung und Erhaltung der Vermögensmasse sowie zur Verhinderung einer nachteiligen Veränderung der Vermögenslage des Schuldners sind unmittelbar nach Insolvenzantragstellung **Sicherungsmaßnahmen** durch das Gericht anzuordnen. Das Gericht trifft seine Entscheidung nach pflichtgemäßen Ermessen und orientiert am jeweiligen Einzelfall.

    Die Bestellung eines vorläufigen Verwalters wird bei einer Fortführungsmöglichkeit zur Verhinderung einer vorschnellen Schließung des Geschäftsbetriebes angeordnet werden. Dabei sollte die gleichzeitige Anordnung des allgemeinen Veräußerungsverbotes nicht als Regelfall verstanden werden. Eine sinnvolle Alternative bietet vielmehr der vorläufige Verwalter ohne Verwaltungs- und Verfügungsbefugnis, wenn die Rechtshandlungen des Schuldners einem **Zustimmungsvorbehalt durch den vorläufigen Verwalter** unterliegen.

    Die Erarbeitung dieses Sanierungskonzeptes hat im Lichte des Fortführungspostulats unmittelbar nach der Bestellung des vorläufigen Verwalters zu erfolgen. Ihm kommt dann die Aufgabe zu, eine Insolvenzursachenanalyse durchzuführen, eine Lagebeurteilung des Unternehmens anhand der zur Verfügung stehenden Analysetechniken vorzunehmen, um letztendlich ein Sanierungskonzept zu erarbeiten und mit den Beteiligten zu erörtern. Bei voller Ausnutzung des Insolvenzgeldzeitraumes von maximal drei Monaten lassen sich zumindest die Sanierungsaussichten prüfen und die Grundlagen für ein Sanierungskonzept erstellen, so daß der Verwalter bereits im Berichtstermin einen ausgearbeiteten Sanierungsplan vorlegen kann. Auch ohne einen prepacked plan des Schuldners lassen sich im Ergebnis aussichtsreiche Sanierungskonzepte zeitnah erarbeiten und umsetzen.

14. Die Sicherstellung der **Fortführungsfinanzierung** wird zu einer zentralen Aufgabe für den vorläufigen Insolvenzverwalter. Mit der Privilegierung der durch den verfügungsbefugten vorläufigen Verwalter begründeten Verbindlichkeiten zu Masseschulden wird zwar die Aufnahme von Massekrediten erleichtert, was im Interesse einer Unternehmenssanierung zu befürworten ist. Andererseits wird die spätere Insolvenzmasse in größerem Umfange durch Masseschuldansprüche verringert, womit ein erhöhtes Risiko des Eintritts der Masseunzulänglichkeit verbunden ist. Im Ergebnis wird dies wieder zur bislang gel-

tenden Rechtspraxis führen, daß die Kreditinstitute auch weiterhin die Kreditvergabe von der Stellung hinreichender Sicherheiten abhängig machen werden. Auch unter diesem Gesichtspunkt stellt sich die Frage, ob die Einsetzung eines vorläufigen Verwalters mit Verfügungsbefugnis künftig den Regelfall darstellen sollte.

Grundsätzlich stehen auch die einer Globalzession unterliegenden, und erst nach Anordnung des allgemeinen Veräußerungsverbotes entstehenden, Forderungen nicht zur Masseanreicherung zur Verfügung. Es bedarf daher einer jeweils einvernehmlichen Regelung mit den Sicherungsnehmern, daß die Fortführungserlöse vollumfänglich zur Masse gezogen werden können.

15. Während bislang bei sachgerechter Anwendung der vom Bundessozialgericht und der Bundesanstalt für Arbeit aufgestellten Richtlinien die **Vorfinanzierung des Konkursausfallgeldes** ein geeignetes Mittel zur Masseanreicherung und zur Ermöglichung einer übertragenden Sanierung darstellt, wird dies künftig erheblich eingeschränkt sein. Dazu tragen das an den Erhalt eines erheblichen Teils der Arbeitsplätze gekoppelte Zustimmungserfordernis durch die Arbeitsämter und die Aufwertung der durch die Weiterbeschäftigung der Arbeitnehmer im Rahmen des Antragsverfahrens entstehenden Lohn- und Gehaltsforderungen zu Masseschulden bei. Im Hinblick auf die hochgesteckten Ziele der Insolvenzordnung könnte der vorläufige Verwalter ohne Verwaltungs- und Verfügungsbefugnis, aber unter Anordnung eines Zustimmungsvorbehaltes, eine echte Alternative sein.

16. Die vorliegende Arbeit hat auch aufgezeigt, daß der Gesetzgeber (bewußt oder unbewußt) das Planinitiativrecht nicht in einer gebotenen Konsequenz normiert und daher eine von der Literatur und Rechtsprechung auszugestaltende Gesetzeslücke hinterlassen hat. Gerade im Bereich **konkurrierender Planvorlagen** fehlt in der Insolvenzordnung eine gesetzliche Regelung zur ihrer verfahrensmäßigen Behandlung. Die hier vertretene Auffassung sieht für jeden Planvorschlag einen gesonderten Erörterungs- und Abstimmungstermin vor. Dabei obliegt es der Ermessensentscheidung des Gerichtes, ob es die Termine miteinander verbindet.

    Bei **Annahme zweier Pläne** durch die Gläubiger obliegt es der Entscheidungskompetenz der Insolvenzgerichte, welchem Plan sie die Bestätigung erteilen. Grundlage der Auswahlentscheidung sollte nicht die absolute Gruppenmehrheit für einen der Planvorschläge, sondern eine Gesamtschau beider Planvorlagen auf der Grundlage der Kopf- und Summenmehrheiten sein.

17. Die **Gruppenbildung mit dem Obstruktionsverbot** in § 245 InsO ist das "Herzstück" des Planverfahrens. Sie ist das entscheidende Steuerungsinstrument für eine Mehrheitsgewinnung unter den Gläubigern und somit Ausdruck einer vom Gesetzgeber eingeräumten planerischen Gestaltungsfreiheit. Strategische Überlegungen spielen dabei eine nicht unbedeutende Rolle. Die Regelungen des amerikanischen Reorganisationsverfahrens im Chapter 11 des Bankruptcy Code standen Pate für die deutschen Vorschriften zur Gruppenbildung und dem Obstruktionsverbot.

18. Der amerikanische Gesetzgeber hat zunächst deutlicher zum Ausdruck gebracht, worum es bei der Bildung von Abstimmungsgruppen geht. Nicht die "Gläubiger" werden in einer Gruppe zusammengefaßt, sondern Forderungen ("claims") werden einzelnen Gruppen zugeordnet. Dennoch sind die Anforderungen an die Rechtmäßigkeit einer vom Planersteller vorgenommenen Gruppeneinteilung unvollständig im Bankruptcy Code geregelt. Lediglich generalklauselartig findet sich der Hinweis im Gesetz, daß nur substantiell vergleichbare Forderungen in einer Gruppe zusammengefaßt werden können. Auch wenn sich der amerikanischen Rechtsprechung und Literatur eine Strukturierung der Anforderungen an eine zulässige Klassifizierung entnehmen läßt, sind Rechtsstreitigkeiten hierüber nicht ausgeschlossen und Verfahrensverzögerungen immanent. An die Prüfungskompetenz der Gerichte werden angesichts der teilweise erheblichen Zahl von Gläubigergruppen, was vor allem auf die Einteilung der gesicherten Gläubiger zurückzuführen ist, hohe Anforderungen gestellt.

19. Die deutsche Regelung des § 222 InsO eröffnet dagegen deutlich großzügiger dem Planersteller die Möglichkeit, Gläubiger in unterschiedliche Gruppen einzuteilen. Gleichzeitig enthält die Insolvenzordnung Kontrollmechanismen, die die in der Literatur geäußerten Bedenken von einer "Fragmentierung der Gläubigergemeinschaft in Abstimmungsgruppen" deutlich in den Hintergrund treten lassen. Die Gruppenbildung unterliegt einer **Rechtskontrolle durch das Gericht**, wobei dieses auf die Prüfung der im Plan enthaltenen Abgrenzungskriterien beschränkt ist. Darüber hinaus ist für die Anwendbarkeit des Obstruktionsverbots die ausdrückliche Zustimmung einer **Mehrheit von Gruppen** für den Plan erforderlich. Die Voraussetzungen des Obstruktionsverbots sind wesentlich präziser als beim us-amerikanischen Vorbild formuliert worden. Positiv äußert sich weiter, daß nicht allein der Schuldner zur Planvorlage berechtigt ist, sondern auch der **Insolvenzverwalter aus eigenem Recht ein Planinitiativrecht** ausüben kann. Eine mißbräuchliche Gruppeneinteilung steht bei ihm aber gerade nicht zu befürchten.

20. Insgesamt erscheint die in § 222 Abs. 2 InsO vorgesehene Möglichkeit einer sachgerechten Abgrenzung der Gläubigergruppen nach gleichartigen wirtschaftlichen Interessen als gelungen, um den Entscheidungsprozeß unter der Vielzahl von Gläubigern zu strukturieren und den mannigfachen Interessengegensätzen angemessen Rechnung zu tragen.

Das Gruppenbildungsmodell gibt dem Planersteller hinreichenden planerischen Gestaltungsspielraum im Interesse einer Mehrheitsfindung für seinen Plan.

21. Zur Vermeidung eines schrankenlosen Vetorechts gegen einen für andere Gruppen vorteilhaften Plan, der auch die eigenen legitimen Interessen angemessen wahrt, wurde § 245 InsO in das Gesetz aufgenommen. Sofern die Voraussetzungen des § 245 InsO vorliegen, wird das negative Votum einer Gläubigergruppe als mißbräuchlich bewertet, mit der Folge, daß die Zustimmung dieser Gruppe als erteilt gilt. In diesem Sinne **schützt** das Obstruktionsverbot **die Mehrheit** vor den Partikularinteressen Einzelner und verhilft einem Plan, der wirtschaftlich im Interesse der Mehrheit liegt, zum Erfolg.

22. Das Obstruktionsverbot läßt sich als eine besondere Ausformung des unsere Rechtsordnung prägenden Grundsatzes von "Treu und Glauben" (§ 242 BGB) begreifen. Ein schutzwürdiges Eigeninteresse an der Verhinderung eines im Interesse der Mehrheit liegenden Plans kann nicht bestehen, wenn die negativ votierende Abstimmungsgruppe

nicht schlechter als im Liquidationsfall gestellt und sie zudem angemessen am wirtschaftlichen Mehrwert beteiligt wird. Dieser Werterhaltungsgrundsatz ist Ausdruck eines in § 245 InsO enthaltenen **Minderheitenschutzes**. Anders als in § 251 InsO, bezieht er sich nicht auf den einzelnen Gläubiger, sondern auf die jeweilige Gläubigergruppe.

23. Im Insolvenzplanverfahren gilt über § 4 InsO der **Beibringungsgrundsatz der ZPO**. Das Insolvenzgericht ist daher nicht verpflichtet, amtswegige Ermittlungen zum Vorliegen der Voraussetzungen des Obstruktionsverbots vorzunehmen. Entgegen der Auffassung von Smid ist dies aber nicht das Ergebnis einer "korrigierenden Auslegung", sondern folgt allein daraus, daß der in § 5 Abs. 1 Satz 1 InsO niedergelegte Amtsermittlungsgrundsatz generell keine Anwendung im Insolvenzplanverfahren findet.

24. Durch die Ausgestaltung des Obstruktionsverbots werden die wirtschaftlichen Eckwerte möglicher Plangestaltungen normiert. Als Mindestbefriedigungsquote ist jeder dissentierenden Gruppe der Regelabwicklungswert im Plan zu gewährleisten. Bei der vorzunehmenden **Vergleichsrechnung** wird der Liquidationswert unterschiedlich ermittelt, je nachdem, ob eine Einzelzerschlagung oder eine Gesamtveräußerung der Vermögenswerte im Falle eines allgemeinen Insolvenzverfahrens erfolgt wäre.

    Bei einer hypothetischen Einzelzerschlagung werden die "wahren Werte" unter Aufdeckung stiller Reserven zu Grunde gelegt. Handelsbilanzielle Bewertungsregeln kommen nicht zur Anwendung. Im Fall einer Gesamtveräußerung erfolgt die Bewertung nach der **Substanzwertmethode**, nicht nach der Ertragswertmethode. Der so ermittelte Regelabwicklungswert wird dann mit dem über das Ertragswertverfahren prognostizierten Planwert verglichen.

25. Eine Zustimmungsersetzung erfordert weiter, daß die Gläubiger der dissentierenden Gruppe angemessen am plangemäß erwirtschafteten Mehrwert beteiligt sind. Durch die Vorgabe fester Entscheidungskriterien für die Angemessenheit der Beteiligung werden die Rechtsunsicherheiten, die sich in der Praxis des us-amerikanischen Chapter 11 BC zeigen, vermieden, werden die us-amerikanischen Regelungen auf ihren Grundgedanken zurückgeführt und wird dieser einheitlich auf alle Gläubigergruppen angewendet. Die von dem deutschen Gesetzgeber getroffene Wertentscheidung berücksichtigt dann auch die Rangfolge der Forderungen und die Tatsache, daß erst alle nicht nachrangigen Forderungen zu 100 % befriedigt sein müssen, ehe dem Schuldner ein Vermögenswert zufließen kann.

26. Sowohl beim Wertevergleich als auch bei der Prüfung des Gleichbehandlungsgebots im Rahmen des Obstruktionsverbotes werden künftig Probleme vor allem dann auftreten, wenn der Plan Vermögenswerte zuordnet, die nicht explizit als Zahlungsgrößen ausgewiesen sind. Selbst wenn zwar die Befriedigungsquoten prozentual gleich hoch sind, der Zahlungszufluß jedoch zu unterschiedlichen Zeitpunkten erfolgen soll, werden sich Schwierigkeiten auftun. Eine Betrachtung allein der ermittelten Nominalwerte wäre dabei mit dem Grundsatz der Gläubigergleichbehandlung nicht zu vereinbaren, da wesentliche Bewertungsfaktoren unberücksichtigt bleiben würden. Eine "schematische Gleichbehandlung" verbietet sich. Es ist vielmehr nach einer "wirtschaftlichen Gleichwertigkeit der Befriedigung" zu fragen.

Werden daher die im Plan, d.h. seinen Anlagen, angegebenen Liquidations- bzw. Planwerte nicht unstreitig gestellt , wird die **Einschaltung von Sachverständigen** regelmäßig notwendig sein. Den damit verbundenen zeitlichen Verzögerungen kann durch die Beauftragung des Sachverständigen bereits vor dem Erörterungs- und Abstimmungstermin begegnet werden. Diese Vorgehensweise wird sich in den Fällen anbieten, wo sich bereits in der Phase der Abstimmung der Planregelungen mit den maßgeblich beteiligten Gläubigergruppen abzeichnet, daß nicht alle Gruppen dem Plan zustimmen werden.

27. Die Anwendung des Obstruktionsverbotes setzt voraus, daß bei der Abstimmung sich eine Gruppenmehrheit für den Plan ausgesprochen hat. Insolvenzplanung ist daher immer auch eine mehrheitsorientierte Planung. **Strategische Überlegungen** werden sowohl die Bildung der Abstimmungsgruppen als auch die Zuordnung der einzelnen Gläubiger zu den jeweiligen Gruppen bestimmen.

28. Eine erfolgversprechende mehrheitsorientierte Gruppenbildung verlangt die Kenntnis der von den verschiedenen Gläubigergruppen vertretenen Interessen.

- **Kreditinstitute** wollen als Absonderungsberechtigte die von ihnen ausgereichten Mittel mit größtmöglicher Befriedigungsquote zurückerhalten. Übersteigt der erwartete Verwertungserlös ihrer Sicherungsgüter den Wert ihrer Forderungen stehen Banken einer Fortführungslösung eher restriktiv gegenüber. Aber auch wenn der Wert ihrer Sicherheiten hinter den Forderungen zurückbleibt, der prognostizierte Fortführungserlös sogar den Liquidationswert übersteigt, wird die Alternative einer Fortführung des Geschäftsbetriebes im Vergleich zur Sicherheitenverwertung häufig als zu risikoreich angesehen. Anders stellt sich die Situation dar, wenn die verhafteten Sicherungsgüter auch mittelfristig wertbeständig sind.

  Da eine Reorganisation des Schuldners immer auch ein Finanzierungsproblem ist, kommt den Geldkreditgebern ein erhöhtes planerisches Einfluß- und Gestaltungspotential zu, wird die Aufstellung eines Insolvenzplans zweckmäßigerweise unter Einbeziehung der zur Absonderung berechtigten Gläubiger vor dem eigentlichen Erörterungs- und Abstimmungstermin erfolgen.

- **Lieferanten** stehen einer Fortführungslösung eher positiv gegenüber, sofern es sich nicht um Anbieter von chargen- oder saisonal bedingten Produkten handelt. Die Aufrechterhaltung einer u.U. bereits langfristig bestehenden Kundenbeziehung, die damit verbundene künftige Absatzsicherung und die Hoffnung, insolvenzbedingt eingetretene Verluste in naher Zukunft ausgleichen zu können, stellen gewichtige Entscheidungsfaktoren zugunsten einer Fortführungslösung dar. Überdies stellen Absonderungsrechte, die sich auf Halbfertigerzeugnisse beziehen, im Zerschlagungsfall kaum einen Wert dar. Erst durch ihre Fertigstellung bei einer Fortführung des Geschäftsbetriebes läßt sich der in den Halbfertigerzeugnissen verkörperte Rohstoff- und Verarbeitungswert als Sicherungswert realisieren.

- Für **nicht nachrangige Insolvenzgläubiger** wird sowohl die Höhe der Befriedigungsquote als auch der Zeitpunkt des Zahlungszuflusses maßgebliches Entscheidungskriterium für oder wider einen Insolvenzplan sein. Aber auch durch die Zusicherung künftiger Liefer- und Leistungsbeziehungen zu den bisherigen oder gar günstigeren Konditionen lassen sich diese Gläubiger für eine Sanierungslösung gewinnen. Allgemeine Aussagen über das Gläubigerverhalten lassen sich jedoch nicht treffen, da ausschlaggebend für eine bestimmte Entscheidung auch die Risikobereitschaft des einzelnen Gläubigers ist.

- Die Bedeutung des Abstimmungsverhaltens **nachrangiger Gläubiger** wird nur in den Ausnahmefällen relevant, wenn sämtliche "bevorrechtigte Gläubiger" vollständig befriedigt werden. Sofern Ihnen dann auch nur eine geringe Quote angeboten wird, werden sie diesem Plan ihre Zustimmung nicht verweigern.

- Arbeitnehmer sind bestrebt, ihren Arbeitsplatz und damit ihre wirtschaftliche Existenzfähigkeit zu erhalten. Diejenigen Mitarbeiter, deren Arbeitsplatz im reorganisierten Unternehmen erhalten bleibt, werden daher zumeist auch unter ganzem oder teilweisem Verzicht auf eine quotale Befriedigung ihrer nicht durch das Insolvenzgeld gesicherten Forderungen für eine plangemäße Sanierung des alten Rechtsträgers votieren.

29. Die Gruppenbildung erfolgt durch den Planeinreicher, d.h. den Schuldner, den Insolvenzverwalter aus eigenem Recht oder im Auftrag der Gläubigerversammlung. Gläubiger werden daher nur dann entscheidend Einfluß auf die Planinhalte und das Abstimmungsverhalten sowohl der eigenen als auch anderer Gruppen nehmen können, wenn sie aktiv das Planverfahren mitgestalten. Für Geld- bzw. Warenkreditgeber stellt sich die Situation vergleichsweise günstiger dar, da sie sich zum einen schneller organisieren und zum anderen für die Realisierung eines Sanierungskonzeptes zumeist unentbehrlich sein werden. Ihnen ist daher die Möglichkeit eröffnet, den Plan während seiner Entstehung zu begleiten und eigene gestalterische Vorschläge zu unterbreiten. Aber auch für die Mehrzahl der einfachen Insolvenzgläubiger ergeben sich Einflußmöglichkeiten, die allerdings voraussetzen, daß die Gläubiger sich aus ihrer vom Gesetzgeber geschaffenen Passivrolle begeben.

30. Um die Mehrheit der gesicherten Gläubiger innerhalb ihrer Gruppen für eine bestimmte Planlösung zu gewinnen, ist eine frühzeitige Abstimmung zwischen den gesicherten Gläubigern untereinander und mit dem Planersteller über die Planinhalte und das weitere Vorgehen im Insolvenzplanverfahren notwendig. Die Vorteile einer Poolbildung der Waren- und Geldkreditgeber im Konkursverfahren nach bisherigem Recht lassen sich auch für eine Reorganisation des Schuldners mittels Insolvenzplan nutzen. Ein gemeinsames, koordiniertes Vorgehen aller absonderungsberechtigten Gläubiger bei einer Fortführung des Geschäftsbetriebes durch den alten Rechtsträger gewährleistet den Kreditinstituten nicht nur die Wertbeständigkeit, sondern generell eine optimale Nutzung und damit Verwertung der ihnen bestellten Sicherheiten. Für die Lieferantengläubiger ergeben sich Beweiserleichterungen im Zusammenhang mit der Verwertung der unter Verlängerungs- bzw. Erweiterungsformen stehenden Eigentumsvorbehaltsrechte.

    Im Ergebnis läßt sich so eine Mehrheit innerhalb der Gruppe der absonderungsberechtigten Gläubiger für eine plangemäße Sanierung des Schuldners gewinnen, was ggf. die Prüfung der Voraussetzungen des Obstruktionsverbotes entbehrlich macht.

31. Lieferanten- und/oder Bankenpools, die Bestellung von Sicherheitentreuhändern und Sicherheitenabgrenzungsvereinbarungen sind taugliche Instrumentarien, um unter den Gruppen eine Mehrheit für die angedachte Planlösung zu gewinnen.

Auf die Mehrheitsgewinnung außerhalb einer Gruppe kann der Planersteller durch eine strategische Gruppenbildung Einfluß nehmen. Im Ausgangspunkt wird der Planeinreicher eine möglichst kleine Zahl von Gruppen bilden (im günstigsten Fall nur eine), da so nur wenige Gruppen für die Darstellung der Mehrheit erforderlich sind.

Läßt sich dies wegen der erwarteten ablehnenden Haltung von mehrheitsbestimmenden Absonderungsberechtigten und nicht nachrangigen Insolvenzgläubigern nicht realisieren, wird der Planersteller von der Möglichkeit der Wahlgruppenbildung des § 222 Abs. 2 InsO Gebrauch machen. Aus Gläubigern gleicher Rechtsstellung wird er Gruppen bilden, in denen Gläubiger mit gleichartigen wirtschaftlichen Interessen zusammengefaßt sind und von deren positiven Abstimmungsverhalten er ausgehen kann.

Ausblick

Mit der Insolvenzordnung sind die Rahmenbedingungen für eine wirtschaftlich effiziente Masseverwertung geschaffen. In einem einheitlichen Insolvenzverfahren stehen den Gläubigern und dem Schuldner sämtliche Verwertungsformen gleichrangig zur Verfügung. Eigensanierungen unter Beibehaltung des bisherigen Rechtsträgers durch finanz- und/oder leistungswirtschaftliche Maßnahmen werden nur im Einklang mit der Haftungsverwirklichung begünstigt. Die Auseinandersetzung mit den in den Vereinigten Staaten gemachten Erfahrungen in dem auf Schuldnerschutz ausgerichteten Reorganisationsverfahren unter Chapter 11 BC haben dazu geführt, daß der deutsche Gesetzgeber nicht unreflektiert die amerikanischen Regelungen adaptiert hat. Eine marktgerechte, auf Gläubigerautonomie basierende Ausrichtung der künftigen Insolvenzpraxis wird mehr Verteilungsgerechtigkeit bewirken und damit zu einer effizienteren Masseverwertung führen. Gläubigergestaltungsfreiheit darf dabei nicht schrankenlos gewährt werden. Die Investitionsfreiheit des Einzelnen ist durch die Ausgestaltung eines effektiven Minderheitenschutzes sicherzustellen. Dissentierenden Beteiligten ist eine Mindestbefriedigungsquote in Höhe des hypothetischen Liquidationswertes ihrer Rechte zu garantieren.

Es liegt an der Wirtschaftswissenschaft Bewertungstheorien zu entwickeln, die den Fortführungswert eines insolventen Schuldnerunternehmens sicherer bestimmen, als dies gegenwärtig mit der Ertragswertmethode möglich ist.

Der Erfolg der Sanierungsbemühungen wird dabei wesentlich von der Zeitkomponente bestimmt. Vorbereiteten Plänen ("prepacked plans"), die bereits mit Insolvenzantragstellung beim Gericht eingereicht werden, wird auch in Deutschland maßgebliche Bedeutung zukommen. Schuldnerberatung im Vorfeld der eigentlichen Insolvenzantragstellung gewinnt mit diesen strategischen Optionen eine nicht zu unterschätzende Bedeutung. Für die Berufsstände der Rechtsanwälte, Steuerberater und Wirtschaftsprüfer eröffnen sich unter diesen Gesichtspunkten neue Möglichkeiten der Mandantenbetreuung. Das Verständnis dieser Berufszweige als Anbieter von Dienstleistungen wird stärker den je in den Vordergrund rücken. Marktkonforme Insolvenzabwicklung wird auch den Wettbewerb unter den Vertretern dieser Berufsstände fördern, bietet aber gleichzeitig neue Möglichkeiten des Zusammenwirkens bei der Erstellung von Sanierungskonzepten.

Die gesetzlichen Voraussetzungen sind geschaffen, um den Insolvenzplan zu einem tauglichen Mittel der Insolvenzabwicklung werden zu lassen. Es liegt nun an der Praxis, die vorhandenen Möglichkeiten zu ergreifen, um die Insolvenz nicht als "schwarzes Loch" zu begreifen, sondern als Option für einen gläubiger- und schuldnergerechten Neuanfang nutzbar zu machen.

LITERATURÜBERSICHT

Anderson, John C.:
Classification of Claims and Interests in Reorganisation Cases Under the New Bankruptcy Code, in: AmBLJ 1984, S. 99 - 128,
Zit.: Anderson in: AmBLJ 1984, S. 99 ff, S. ...
App, Michael:
Die Insolvenzordnung, Bonn 1995
Zit.: App, Insolvenzordnung, Rdnr. ...
Arnold, Hans:
Das Insolvenzverfahren für Verbraucher und Kleingewerbetreibende nach der Insolvenzordnung von 1994, in: DGVZ 1996, S. 129 - 136,
Zit.: Arnold in: DGVZ 1996, S. 129 ff, S. ...
Baetge, Jörg / Krause, Clemens:
Die Berücksichtigung des Risikos bei der Unternehmensbewertung: Eine empirisch gestützte Betrachtung des Kalkulationszinses, in: BFuP 1994, S. 433 - 456,
Zit.: Baetge/Krause in: BFuP 1994, S. 433 ff, S. ...
Baird, Douglas G.:
"The uneasy case for corporate reorganizations" in: The journal of legal studies 15 (1986), S. ...
Baird, Douglas G.:
The Elements of Bankruptcy, Westbury, New York, 1992,
Zit.: Baird, Bankruptcy, S. ...
Baird, Douglas G./ Jackson, Thomas H.:
Cases, Problems, and Materials on Bankruptcy, Bosten, Toronto 1985,
Zit.: Baird/Jackson, Cases, S. ...
Balz, Manfred:
Sanierung von Unternehmen oder von Unternehmensträgern?, Köln, 1986,
Zit.: Balz, Sanierung von Unternehmen, S. ...
Balz, Manfred:
Ziele des Reformentwurfs in: Kübler, Bruno (Hrsg.): Neuordnung des Insolvenzrechts, RWS-Forum 3, Köln 1989, S. 1 - 19,
Zit.: Balz in: RWS-Forum 3, S. 1 ff, S. ...
Balz, Manfred:
Ziele der Insolvenzordnung, in: Kölner Schrift zur Insolvenzordnung, 1997, S. 3 - 21,
Zit.: Balz, Ziele der Insolvenzordnung, S. 3 ff, Rdnr. ...
Balz, Manfred:
Aufgaben und Struktur des künftigen einheitlichen Insolvenzverfahrens, in: ZIP 1988, S. 273 - 294,
Zit.: Balz in: ZIP 1988, S. 273 ff, S. ...
Balz, Manfred:
Logik und Grenzen des Insolvenzrechts, Zugleich eine Besprechung von Jackson: "The Logik and Limits of Bankruptcy", in: ZIP 1988, S. 1438 - 1445,
Zit.: Balz in: ZIP 1988, S. 1438 ff, S. ...

Balz, Manfred / Landfermann, Hans-Georg:
Die neuen Insolvenzgesetze, mit Einleitung, Begründung des Regierungsentwurfes, Bericht des Rechtsausschusses des Deutschen Bundestages sowie ergänzenden Hinweisen, Verweisungen und Sachverzeichnis, Düsseldorf 1995,
Zit.: Balz/Landfermann, Die neuen Insolvenzgesetze, S. ...
Balz, Manfred / Landfermann, Hans-Georg:
Ablauf eines künftigen Insolvenzverfahrens, in: BB 1995, S. 1649 ff,
Zit.: Balz/Landfermann in: BB 1995, S. 1649 ff, S. ...
Bankrecht und Bankpraxis:
Loseblattwerk in 4 Bänden, Köln, 1979,
Zit.: Herget in: BuB 1979, Rdnr. ...
Bankrechts-Handbuch:
hrsg. von: Schimansky, Herbert / Bunte, Hermann-Josef / Lwowski, Hans-Jürgen, Band II, München, 1997,
Zit.: Bankrechts-Hdb., § ...Rdnr. ...
Baumbach, Adolf / Duden, Konrad / Hopt, Klaus:
Handelsgesetzbuch: Mit GmbH & Co. Handelsklauseln, Bank- und Börsenrecht, Transportrecht (ohne Seerecht), 29, neu bearb. u. erw. Aufl., München, 1995,
Zit.: Hopt in: HGB § ... Rdnr. ...
Baumbach, Adolf / Hueck, Götz:
GmbHG, Kommentar, 16. Auflage, München, 1996
Zit.: Baumbach/Hueck, GmbHG, § ... Rdnr. ...
Baur, Fritz / Stürner, Rolf:
Zwangsvollstr.-Konkurs- und Vergleichsrecht. Ein Lehrbuch. Band II, Insolvenzrecht,
Zit.: Baur/Stürner, Zwangsvollstreckungsrecht II, Insolvenzrecht, § ... Rdnr. ...
Beiträge zum neuen Insolvenzrecht:
Vorträge und Diskussionen zum 13. Münsterischen Tagungsgespräch des Münsteraner Gesprächskreises Rechnungslegung und Prüfung e.V. am 5. Juni 1997, hrsg. von Jörg Baetge, Düsseldorf, 1998
Bienenstock, Martin J.:
Bankruptcy Reorganisation, 5. Auflage, New York, 1987,
Zit.: Bienenstock, S. ...
Bley, Erich / Moorbutter, Jürgen:
Vergleichsordnung, Großkommentar, 4. neubearbeitete Auflage, Erster Band: §§ 1 bis 81, Berlin, New York, 1979,
Zit.: Bley/Moorbutter, VerglO, § ... Rdnr. ...
Blumers, Wolfgang:
Fortführung und Nutzung von Verlusten nach dem neuen Umwandlungssteuergesetz, in: DStR 1996, S. 691 - 696,
Zit.: Blumers in: DStR 1996, S. 691 ff, S. ...
Böckenförde, Björn:
Unternehmenssanierung, Kompaktes Wissen für Führungskräfte, 2., neubearbeitete Auflage, Stuttgart, 1996,
Zit.: Böckenförde, Unternehmenssanierung, S. ...

Böhle-Stamschräder, A. / Kilger, Joachim:
Vergleichsordnung, Kommentar, bearb. von Joachim Kilger, 11. neubearb. Aufl. d. von A. Böhle-Stamschräder begr. und bis zur 9. Aufl. fortgef. Werkes, München, 1986,
Zit.: Böhle-Stamschräder/Kilger, VerglO, § ... Anm. ...
Bohlen, Edgar:
Der Sicherheiten-Pool: Die Untersuchung der Rechtswirksamkeit des Sicherheiten-Pools unter Berücksichtigung wirtschaftlicher Aspekte, Bielefeld, 1984,
Zit.: Bohlen, Sicherheiten-Pool, S. ...
Bork, Reinhard:
Die Wirkungen des Insolvenzplans nach §§ 290 - 305 RefE, in: Leipold, S. 51 - 65,
Zit.: Bork in: Leipold, S. 51 ff, S. ...
Bork, Reinhard:
Einführung in das neue Insolvenzrecht, Tübingen 1995,
Zit.: Bork, Einführung, Rdnr. ...
Bork, Reinhard:
Der Insolvenzplan, in: ZZP 1996, S. 473 - 486,
Zit.: Bork, Der Insolvenzplan, S. 473 ff, S. ...
Bork, Reinhard:
§ 55 Abs. 2 InsO, § 108 Abs. 2 InsO und der allgemeine Zustimmungsvorbehalt, in: ZIP 1999, S. 781 - 786,
Zit.: Bork in: ZIP 1999, S. 781 ff, S. ...
Braun, Eberhard:
Der Kreditrahmen gem. § 264 InsO als Finanzierungsinstrument des Sanierungsplans: „Papiertiger oder weiterer Kostenbeitrag" für absonderungsberechtigte Gläubiger? in: Kölner Schrift zur Insolvenzordnung, 1997, S. 89 - 875,
Zit.: Braun, Der Kreditrahmen gem. § 264 InsO, Rdnr. ...
Braun, Eberhard:
Das Kernstück der neuen Insolvenzrechtsreform: Der Sanierungsplan - Entstehungshintergrund, Regelungsstruktur, Verfahrensspielräume - in: Steuerrecht, Gesellschaftsrecht, Berufsrecht: Festschrift zum 15-jährigen Bestehen der Fachrichtung Steuern und Prüfungswesen der Berufsakademie Villingen-Schwenningen, hrsg. von Ulrich Sommer, Freiburg im Breisgau, 1995, S. 333 - 342,
Zit.: Braun in: FS Sommer, S. 333 ff, S.
Braun, Eberhard:
Die Prüfung von Sanierungskonzepten, in: WPg 1989, S. 683 - 694,
Zit.: Braun in: WPg 1989, S. 683 ff, S ...
Braun, Eberhard / Riggert, Rainer / Kind, Thomas:
Die Neuregelungen der Insolvenzordnung in der Praxis, Schwerpunkte für Richter, Rechtspfleger, Gläubiger und andere Verfahrensbeteiligte mit Musterverfügungen, Stuttgart u.a. 1999,
Zit.: Braun/Riggert/Kind, S. ...
Braun, Eberhard / Uhlenbruck, Wilhelm:
Unternehmensinsolvenz: Grundlagen, Gestaltungsmöglichkeiten, Sanierung mit der Insolvenzordnung, Düsseldorf 1997,
Zit.: Bearb. in: Braun/Uhlenbruck, Unternehmensinsolvenz, Gliederungspkt., S. ...

Braun, Eberhard / Uhlenbruck, Wilhelm:
Muster eines Insolvenzplans: leistungswirtschaftlicher Reorganisationsplan gem. §§ 217 ff InsO; Beispiel mit Erläuterungen, Anlagen zum Plan, Arbeitspapieren und Fragebogen zur Erhebung der notwendigen Daten, Düsseldorf 1998,
Zit.: Braun/Uhlenbruck, Musterplan, S. ...
Broude, Richard F.:
Reorganisations under chapter 11 of the Bankruptcy Code, New York 1995,
Zit.: Broude, § ... S. ...
Bruchner, Helmut:
Restschuldbefreiung, in: WM 1992, S. 1268,
Zit.: Bruchner in: WM 1992, S. 1268
Bull, Leland L.:
Der Bankruptcy Reform Act - das neue amerikanische Konkursgesetz von 1978, in: ZIP 1980, S. 843 - 851,
Zit.: Bull in: ZIP 1980, S. 843 ff, S. ...
Bundesministerium der Finanzen:
Kriterien für die Entscheidung über einen Antrag auf außergerichtliche Schuldenbereinigung (§305 Abs. 1 Nr.1 InsO), Az.: IV D 6 – S 1900 – 45/98, in: Bundessteuerblatt 1998 – Teil I, S. 1497 – 1499,
Zit.: Bundesministerium für Finanzen, in: Bundessteuerblatt 1998 – Teil I, S. 1497 ff, S. ...
Bundesministerium der Finanzen:
Behandlung von Ansprüchen aus dem Steuerschuldverhältnis im Insolvenzverfahren, Az.: IV A 4 – S 0550 – 28/98, in: Bundessteuerblatt 1998 – Teil I, S. 1500 – 1507,
Zit.: Bundesministerium für Finanzen, in: Bundessteuerblatt 1998 – Teil I, S. 1500 ff, S. ...
Bundesministerium der Justiz (Hrsg.):
Erster Bericht der Kommission für Insolvenzrecht, Köln, 1985,
Zit.: Begrdg. E.B. zu Leitsatz (LS.) ..., S. ...
Bundesministerium der Justiz (Hrsg.):
Diskussionsentwurf, Gesetz zur Reform des Insolvenzrechts, Köln, 1988,
Zit.: Diskussionsentwurf in A ...
Burger, Anton:
Das deutsche „einheitliche Insolvenzverfahren" unter besonderer Berücksichtigung des Insolvenzplans, in: Seicht (Hrsg.): Gläubigerschutz, Betriebswirtschaftslehre und Recht: Festgabe für Otmar Koren zum 75. Geburtstag, Wien 1993, S. 363 - 396,
Zit.: Burger in: Seicht, S. 363 ff, S. ...
Burger, Anton / Schellberg, Bernhard:
Der Insolvenzplan im neuen Insolvenzrecht, in: DB 1994, S. 1833 - 1837,
Zit.: Burger/Schellberg, in: DB 1994, S. 1833 ff, S. ...
Burger, Anton / Schellberg, Bernhard:
Die Auslösetatbestände im neuen Insolvenzrecht, in: BB 1995, S. 261 - 266,
Zit.: Burger/Schellberg, in: BB 1995, S. 261 ff, S. ...
Burger, Anton / Schellberg, Bernhard:
Der Insolvenzverwalter im neuen Insolvenzrecht, in: WPg. 1995, S. 69 - 81,
Zit.: Burger/Schellberg, in: WPg. 1995, S. 69 ff, S. ...

Burger, Anton / Schellberg, Bernhard:
Zur Vorverlagerung der Insolvenzauslösung durch das neue Insolvenzrecht, in: KTS. 1995, S. 563 - 577,
Zit.: Burger/Schellberg, in: KTS 1995, S. 563 ff, S. ...
Burgermeister, Udo:
Der Sicherheitenpool im Insolvenzrecht, in: Beiträge zum Insolvenzrecht, Band 8, (1. Auflage, zgl. Heidelberg, Univ., Diss., 1989), 2. Auflage, Köln, 1996,
Zit.: Burgermeister, Sicherheitenpool, §. ..., S. ...
Caspers, Georg:
Personalabbau und Betriebsänderung im Insolvenzverfahren: Die Neuregelungen zum Kündigungsschutz und zur Mitbestimmung bei Betriebsänderungen durch die Insolvenzordnung und das Arbeitsrechtliche Beschäftigungsförderungsgesetz 1996, in: Beiträge zum Insolvenzrecht, Band 18, Köln 1998,
Zit.: Caspers, Personalabbau, Rdnr. ...
Castendiek, Johann H.:
Probleme der durch einstweilige Verfügung und im Konkurseröffnungsverfahren angeordneten Sequestration, zugl. Heidelberg, Univ., Diss., 1968,
Zit.: Castendiek, S. ...
Collier on Bankruptcy:
hrsg. von Lawrence P. King u.a., Fifteenth Edition, Volume 5, New York u.a., Dezember 1989,
Zit.: Collier, Volume 5, § ... S. ...
Collier Pamphlet Edition:
Part 1, Bankruptcy Code, INCLUDING TEXT and LEGISLATIVE HISTORY OF THE BANKRUPTCY REFORM ACT OF 1978, hrsg. von Lawrence P. King u.a., New York u.a., 1998,
Zit.: Collier Pamphlet Edition 1998, Part 1, § ... S. ...
Dieckmann, Albrecht:
Bedeutungswandel beim Konkursausfallgeld: Lehren aus dem „Maxhüttenkonkurs" für ein neues Insolvenzrecht?, in: ZRP 1987, S. 420 - 422,
Zit.: Dieckmann, in: ZRP 1987, S. 420 ff, S. ...
Döbereiner, Stephan:
Die Restschuldbefreiung nach der Insolvenzordnung, in: Schriften zum deutschen und europäischen Zivil-, Handels- und Prozeßrecht, Band 175, zugl. Regensburg, Univ., Diss., 1996/97, Bielefeld, 1997,
Zit.: Döbereiner, Restschuldbefreiung, S. ...
Döbereiner, Stephan:
Das Schuldenbereinigungsverfahren nach der neuen Insolvenzordnung, in: JA 1996, S. 603 - 607,
Zit.: Döbereiner in: JA 1996, S. 603 - 607
Drukarczyk, Jochen:
Kreditverträge, Mobiliarsicherheiten und Vorschläge zu ihrer Reform im Konkursrecht, in: ZfB 1983, S. 328 - 349,
Zit.: Drukarczyk in: ZfB 1983, S. 328 ff, S. ...

Drukarczyk, Jochen:
Insolvenzrecht als Versuch marktkonformer Gestaltung von Verwertungsentscheidungen und Verteilungsregeln, in: ZIP 1989, S. 341 - 351,
Zit.: Drukarczyk in: ZIP 1989, S. 341 ff, S. ...
Drukarczyk, Jochen:
Unternehmensbewertung, 1. Auflage, München 1996,
Zit.: Drukarczyk, Unternehmensbewertung, S. ...
Drukarczyk, Jochen:
Zahlungsunfähigkeit, drohende Zahlungsunfähigkeit und Überschuldung als Insolvenzauslöser, in: Kölner Schrift zur Insolvenzordnung, S. 57 - 95,
Zit.: Drukarczyk, Insolvenzauslöser, S. 57 ff, S. ...
Drukarczyk, Jochen:
Theorie und Politik der Finanzierung, 2. Auflage, München 1993,
Zit.: Drukarczyk, Theorie und Politik, S. ...
Drukarczyk, Jochen:
Insolvenzrechtsreform: Reformkonzeptionen und aktueller Stand, zugleich Besprechung des Referentenentwurfs (1989) und des Regierungsentwurfs einer Insolvenzordnung (1991), in: DBW 52 (1992), S. 161 - 182,
Zit.: Drukarczyk in: DBW 52 (1992), S. 161 ff, S. ...
Drukarczyk, Jochen:
Soll das Insolvenzrecht eine Reform zulassen?, in: W. Gerke (Hrsg.): Planwirtschaft am Ende - Marktwirtschaft in der Krise?, Stuttgart, 1994, S. 109 - 137,
Zit.: Drukarczyk in: Gerke (1994), S. 109 ff, S. ...
Drukarczyk, Jochen / Schürer, Andreas:
Überschuldungsprüfung auf Abwegen? – Anmerkungen zum Beitrag von Möhlmann, DStR 1998, S. 1843 ff. - ,
Zit.: Drukarczyk, Überschuldungsprüfung, in: DStR, S. 646 ff, S. ...
Eickmann, Dieter:
Anmerkung zum Urteil des OLG Düsseldorf vom 10.05.1984 (Az.: 8 U 172/83), in: ZIP 1984, S. 728 - 731,
Zit.: Eickmann, in: ZIP 1984, S. 728 ff, S. ...
Eidenmüller, Horst:
Insolvenzbewältigung durch Reorganisation in: Ott/Schäfer (Hg.): Effiziente Verhaltenssteuerung und Kooperation im Zivilrecht, Beiträge zum V. Travemünder Symposium zur ökonomischen Analyse des Rechts, Tübingen 1997, S. 145 - 172,
Zit.: Eidenmüller in: Ott/Schäfer, Insolvenzbewältigung, S. 145 ff, S. ...
Eidenmüller, Horst:
Der Insolvenzplan als Vertrag, in: Jahrbuch für neue politische Ökonomie, Band 15, 1996, S. 164 - 192,
Zit.: Eidenmüller, Der Insolvenzplan als Vertrag, S. 164 ff, S.
Eilenberger, Guido:
Betriebliche Finanzwirtschaft: Einführung in die Finanzpolitik und das Finanzmanagement von Unternehmungen; Investition und Finanzierung, 5. gründlich überarb. und erw. Auflage, München u.a. 1994,
Zit.: Eilenberger, Finanzwirtschaft: Kap.... S. ...

Fachausschuß Recht des Instituts für Wirtschaftsprüfer:
Entwurf einer Verlautbarung: Anforderungen an Sanierungskonzepte, in: FN-IDW 9/1991, S. 319 - 324,
Zit.: FR in: FN-IDW 1991, S. 319 ff, S. ...
Fachausschuß Recht des Instituts für Wirtschaftsprüfer:
Entwurf einer Verlautbarung: Empfehlung zur Überschuldungsprüfung bei Unternehmen, in: FN-IDW 8/1995, S. 314 - 318,
Zit.: FR in: FN-IDW 1995, S. 314 ff, S. ...
Feuerborn, Sabine:
Rechtliche Probleme der Unternehmensfortführung durch den Sequester und den vorläufigen Insolvenzverwalter, in: KTS 1997, S. 171 - 210,
Zit.: Feuerborn, in: KTS 1997, S. 171 ff, S. ...
Fink, Paul:
Maßnahmen des Verwalters zur Finanzierung in der Unternehmensinsolvenz den vorläufigen Insolvenzverwalter, in: KTS 1997, S. 171 - 210,
Zit.: Feuerborn, in: KTS 1997, S. 171 ff, S. ...
Flessner, Axel:
Sanierung und Reorganisation. Insolvenzverfahren für Großunternehmen in rechtsvergleichender und rechtspolitischer Untersuchung, Tübingen 1982,
Zit.: Flessner, Sanierung, S. ...
Förster, Karsten:
Vorläufige Verwaltung: Die ersten Beschlüsse liegen vor!, in: ZinsO 2/1999, S. 76 – 77,
Zit.: Förster in: ZinsO 1999, S. 76 f, S. ...
Franke, Günter:
Zur Festlegung von Abstimmungsgruppen im Insolvenzverfahren, in: ZfB 1986, S. 614 - 630,
Zit.: Franke in: ZfB 1986, S. 614 ff, S. ...
Franke, Günter / Hacks, Heinrich:
Finanzwirtschaft des Unternehmens und Kapitalmarkt, 3. Auflage, Berlin u.a., 1994,
Zit.: Franke/Hacks, Finanzwirtschaft, S. ...
Friedman, Jack:
WATH COURTS DO TO SECURED CREDITORS IN CHAPTER 11 CRAM DOWN, in: Cardoso Law Review (Volume 14), 1993, S. 1495 - 1544,
Zit.: Friedman in: Cardoso Law Review (Volume 14) 1993, S. 1495 ff, S. ...
Früh, Hans-Joachim:
Anforderungen an den Wirtschaftsprüfer im Vorfeld der Insolvenz, in: WPg. 1995, S. 794 - 803,
Zit.: Früh in: WPg. 1995, S. 794 ff, S. ...
Funke, Rainer:
Der Insolvenzplan des Entwurfes der Insolvenzordnung im Lichte der Erfahrung mit dem Amerikanischen Reorganisations- und Schuldenregulierungsrecht, in: FS für Helmrich, S. 627 - 641,
Zit.: Funke in: FS für Helmrich S. 627 ff, S. ...

Funke, Rainer:
Das Warten hat sich gelohnt: Die Insolvenzrechtsreform vor dem Abschluß, in: WM 1994, S. 452,
Zit.: Funke in: WM 1994, S. 452
Gagel, Alexander (Hrsg.):
Arbeitsförderungsgesetz: Kommentar, Band II §§ 134 - 251, München 1996,
Zit.: Bearbeiter in: Gagel, AFG, §. ... Rdnr. ...
Gemeinschaftskommentar zum Arbeitsförderungsgesetz (GK-AFG):
129. Ergänzungslieferung, Stand: Mai 1994, Neuwied u.a.,
Zit.: Bearbeiter in: GK-AFG, §. ... Rdnr. ...
Gerhardt, Walter:
Zielbestimmung und Einheitlichkeit des Insolvenzverfahrens, in: Leipold, S. 1-7,
Zit.: Gerhardt in: Leipold, S. 1 ff, S. ...
Gerhardt, Walter:
Verfügungsbeschränkungen in der Eröffnungsphase und nach Verfahrenseröffnung, in: Kölner Schrift zur Insolvenzordnung, S. 159 - 182,
Zit.: Gerhardt, Verfügungsbeschränkungen, S. 159 ff, Rdnr. ...
Gessner, Volkmar / Rhode, Barbara / Strate, Gerhard / Ziegert, Klaus:
Die Praxis der Konkursabwicklung in der Bundesrepublik Deutschland: eine rechtssoziologische Untersuchung, hrsg. v. Bundesministerium der Justiz, Köln, 1978,
Zit.: Gessner, Praxis der Konkursabwicklung, S. ...
Gilsen, Stuart C. / Kose, John / Lang, Larry H.P.:
Troubled debt restructurings: An empirical study of privat reorganisation of firms in default, in: Journal of Financial Economics (JFE), Bd. 27, S. 315 - 353,
Zit.: Gilsen/Kose/Lang in: JFE, Bd. 27, S. 315 ff, S. ...
Ginsberg, Robert E.:
Bankruptcy: Text, Statutes, Rules, Second Edition, Volume 1, Volume 2, Supplement 1991,
Zit.: Ginsberg, Bankruptcy, Volume ..., § ... S. ...
Gless, Sven-Erik:
Unternehmenssanierung: Grundlagen-Strategien-Maßnahmen (zugl. Berlin, Univ., Diss., 1995),Wiesbaden, 1996,
Zit.: Gless, Unternehmenssanierung, S. ...
Glück, Karl-Ludwig:
Der Einfluß des Konkurses auf die von §§ 65, 69, 70 KO betroffenen Forderungen, , zugl. Diss, Heidelberg, Univ., 1970,
Zit.: Glück, Der Einfluß des Konkurses, S. ...
Gottwald, Peter:
Die Interessengemeinschaft der Gläubiger eines insolventen Schuldners, in: Habscheid, Walter J. u.a. (Hrsg.), Freiheit und Zwang: Rechtliche, wirtschaftliche und gesellschaftliche Aspekte, Festschrift für Hans Giger, S. 195 - 211, Bern, 1989,
Zit.: Gottwald in: FS Giger., S. 195 ff, S. ...
Gottwald, Peter:
Rechtliche Möglichkeiten der Unternehmenssanierung im Insolvenzfall, in: KTS 1984, S. 1 - 26,
Zit.: Gottwald in: KTS 1984, S. 1 ff, S. ...

Gottwald, Peter (Hrsg.):
Insolvenzrechtshandbuch, München 1990,
Zit.: Bearbeiter in: Gottwald, InsR-Hdb. §. ... Rdnr. ...
Gottwald, Peter:
Die Rechtsstellung dinglich gesicherter Gläubiger, in: Leipold, S. 197 - 209,
Zit.: Gottwald in: Leipold, S. 197 ff, S. ...
Gravenbrucher Kreis:
"Große" oder "kleine" Insolvenzrechtsreform?, in: ZIP 1992 S. 657 - 661,
Zit.: Gravenbrucher Kreis in: ZIP 1992, S. 657 ff, S. ...
Gravenbrucher Kreis:
Alternativentwurf des Gravenbrucher Kreises zum Regierungsentwurf einer Insolvenzordnung, in: ZIP 1993 S. 625 - 632, Zit: Gravenbrucher Kreis in: ZIP 1993 S. 625 ff, S. ...
Groß, Paul J.:
Sanierung durch Fortführungsgesellschaften, 2. Auflage, Köln, 1988,
Zit.: Groß, Sanierung, S. ...
Groß, Paul J.:
Schwerpunkte der neuen Insolvenzordnung, in: WPK-Mitt. 1997, S. 2 - 14,
Zit.: Groß in: WPK-Mitt. 1997, S. 2 ff, S. ...
Groß, Paul J.:
Grundsatzfragen der Unternehmenssanierung, in: DStR 1991, S. 1572 - 1576,
Zit.: Groß in: DStR 1991, S. 1572 ff, S. ...
Grub, Volker:
Überjustizialisierung und die Eigenverwaltung des Pleitiers, in: WM 1994, S. 880 f,
Zit.: Grub in WM 1994, S. ...
Grub, Volker:
Handlungsspielräume des Insolvenzverwalters, in: Kübler, Bruno (Hrsg.): Neuordnung des Insolvenzrechts, RWS-Forum 3, Köln 1989, S. 79 - 95,
Zit.: Grub, in: RWS-Forum 3, S. 79 ff, S. ...
Grub, Volker:
Der Regierungsentwurf der Insolvenzordnung ist sanierungsfeindlich, in: ZIP 1993, S. 393 - 398,
Zit.: Grub in: ZIP 1993, S. 393 ff, S. ...
Haarmeyer, Hans / Wutzke, Wolfgang / Förster, Karsten:
Handbuch zur Insolvenzordnung, InsO/EGInsO, München 1997,
Zit: Haarmeyer/Wutzke/Förster, InsO, Kap...., Rdnr:...
Haarmeyer, Hans:
Anhörung zum Regierungsentwurf vom 28.04.1993, in: ZIP 1993, S. 883 f,
Zit: Haarmeyer in: ZIP 1993, S. ...
Haberhauer, Stefanie / Meeh, Günther:
Aufgaben des vorläufigen Insolvenzverwalters zwischen Antrag und Eröffnung des Insolvenzverfahrens, in: DStR 1995, S. 1442 - 1447,
Zit.: Haberhauer/Meeh in: DStR 1995, S. 1442 ff, S. ...
Haberhauer, Stefanie / Meeh, Günther:
Handlungsspielraum des Insolvenzverwalters im eröffneten Insolvenzverfahren, in: DStR 1995, S. 2005 - 2011,
Zit.: Haberhauer/Meeh in: DStR 1995, S. 2005 ff, S. ...

Häsemeyer, Ludwig:
Insolvenzrecht, Köln u.a., 1992,
Zit.: Häsemeyer, Insolvenzrecht (1. Aufl.), S. ...
Häsemeyer, Ludwig:
Insolvenzrecht, 2. ,neubearb. Aufl., Köln u.a., 1998,
Zit.: Häsemeyer, Insolvenzrecht (2. Aufl.), Rdnr. ...
Hanau, Peter:
Bundesanstalt für Arbeit zur Kaug-Vorfinanzierung, in: ZIP 1992, S. 1279 - 1280,
Zit.: Hanau/Kappus, in: ZIP 1992, S. 1279 f, S. ...
Hanau, Peter / Kappus, Matthias:
Gebräuche und Mißbräuche bei der Vorfinanzierung von Konkursausfallgeld, in: ZIP 1988, S. 885 - 892,
Zit.: Hanau/Kappus, in: ZIP 1988, S. 885 ff, S. ...
Hanau, Peter / Kübler, Bruno:
Konkursausfallgeld - Kaug, RWS-Dokumentation 8, Köln, 1990,
Zit.: Hanau/Kübler, Konkursausfallgeld, S. ...
Handelsgesetzbuch:
Großkommentar, begrd. von Hermann Staub. Weitergeführt von Mitgliedern d. Reichsgerichts. Neubearb. von Dieter Brüggemann, Berlin, New York, 1981, Band 3, Teil 3: Bankvertragsrecht - 3. Auflage, 2. Bearb., 1981,
Zit.: Canaris, HGB-Bankvertragsrecht, Rdnr. ...
Hanisch, Hans:
Rechtszuständigkeit der Konkursmasse - Die Wiederentdeckung selbständiger Rechtsbeziehungen der Konkursmasse in rechtsvergleichender Sicht, Frankfurt am Main, 1973 (zugl. Freiburg, Uni., Habilitationsschrift), in: Schriftenreihe der Gesellschaft für Rechtsvergleichung,
Zit.: Hanisch, Rechtszuständigkeit, S. ...
Hase, Peter:
Die Bundesanstalt für Arbeit aus eigener Sicht, in: Die Bundesanstalt für Arbeit in der Insolvenzpraxis, hrsg. von Alexander Gagel, RWS-Forum 6, 1991, S. 33 - 44,
Zit.: Hase in: RWS-Forum 6, S. 33 ff, S. ...
Hax, Herbert:
Die ökonomischen Aspekte der neuen Insolvenzordnung, in: Kübler, Bruno (Hrsg.): Neuordnung des Insolvenzrechts, RWS-Forum 3, Köln 1989, S. 21 - 39,
Zit.: Hax in: RWS-Forum 3, S. 21 ff, S. ...
Hax, Herbert / Marschdorf, Hans-Joachim:
Anforderungen an ein Insolvenzrecht aus betriebswirtschaftlicher Sicht, in: BFuP 1983, S. 112 - 130,
Zit.: Hax/Marschdorf in: BFuP 1983, S. 112 ff, S. ...
Heidelber Kommentar zur Insolvenzordnung
Von Dieter Eickmann ... , Heidelberg, 1999,
Zit.: Bearbeiter in: HK-InsO, § ..., Rdnr. ...
Heilmann, Hans/Smid, Stefan:
Grundzüge des Insolvenzrechts. Eine Einführung in die Grundfragen des Insolvenzrechts und die Probleme seiner Reform, 2. völlig neubearbeitete Auflage, München 1994,
Zit: Heilmann/Smid, § ..., Rdnr. ...

Helbling, Carl:
Unternehmensbewertung und Steuern: Unternehmensbewertung in Theorie und Praxis, insbesondere die Berücksichtigung der Steuern aufgrund der Verhältnisse in der Schweiz und in der Bundesrepublik Deutschland, 8. nachgeführte Auflage, Düsseldorf, 1995
Zit.: Helbling, Unternehmensbewertung, S. ...
Henckel, Wolfram:
Deregulierung im Insolvenzverfahren, in: KTS 1989, S. 477 - 499,
Zit.: Henckel in: KTS 1989, S. 477 ff, S. ...
Henckel, Wolfram:
Insolvenzrechtsreform zwischen Vollstreckungsrecht und Unternehmensrecht, in: Gerhardt, Walter u.a. (Hrsg.), Festschrift für Franz Merz, Köln, 1992, S. 197 - 215,
Zit.: Henckel in: FS Merz 1992, S. 197 ff, S. ...
Henning, Kai:
Die praktische Umsetzung des Verbraucherinsolvenzverfahrens, in: InVo 1996, S. 288 - 291,
Zit.: Henning in: InVo 1996, S. 288 - 291
Henssler, Martin:
Treuhandgeschäfte - Dogmatik und Wirklichkeit, in: ACP 1996, S. 37 - 87,
Zit.: Henssler in: ACP 1996, S. 37 ff, S. ...
Herbert, Ulrich:
Die Sequestration im Konkursantragsverfahren, in: Europäische Hochschulschriften, Reihe 2: Rechtswissenschaft, Band: 778, Frankfurt am Main u.a., 1989, zugl. Regensburg, Univ., Dissertation, 1988,
Zit.: Herbert, Sequestration, S. ...
Hermanns, Michael:
Der Insolvenzplan als Sanierungsplan - Grundzüge und betriebswirtschaftliche Aspekte - in: DStR 1997, S. 1178 - 1181,
Zit.: Hermanns in: DStR 1997, S. 1178 ff, S. ...
Hess, Harald:
Kommentar zur Konkursordnung, 5. Auflage, Neuwied u.a., 1995
Zit.: Bearbeiter in: Hess, KO, §. ... Rdnr. ...
Hess, Harald:
Kommentar zur Insolvenzsordnung, mit EGInsO, bestehend aus 3 Bänden, Band 1, Heidelberg, 1999
Zit.: Hess, InsO, §. ... Rdnr. ...
Hess, Harald / Binz, Fritz / Wienberg, Rüdiger:
Gesamtvollstreckungsordnung: Kommentar zum Konkursrecht für die Länder Brandenburg, Mecklenburg-Vorpommern, Sachsen, Sachsen-Anhalt und Thüringen, 2. Auflage, Neuwied u.a., 1993
Zit.: Hess/Binz/Wienberg, GesO, § ... Rdnr. ...
Hess, Harald / Obermüller, Manfred:
Die Rechtsstellung der Verfahrensbeteiligten nach der Insolvenzordnung, Heidelberg, 1995,
Zit.: Hess/Obermüller, Verfahrensbeteiligte, Rdnr. ...

Hess, Harald / Obermüller, Manfred:
Insolvenzplan, Restschuldbefreiung und Verbraucherinsolvenz, Heidelberg, 1998,
Zit.: Hess/Obermüller, Insolvenzplan, Rdnr. ...
Hess, Harald / Weis, Michaela:
Der Insolvenzplan nach der InsO, in: InVo 1996, S. 91 - 93,
Zit.: Hess/Weis in: InVo 1996, S. 91 ff, S. ...
Hess, Harald / Weis, Michaela:
Das Verbraucherinsolvenzverfahren nach der InsO, in: InVo 1996, S. 113 - 117,
Zit.: Hess/Weis in: InVo 1996, S. 113 - 117
Hess, Harald / Weis, Michaela:
Massekredite im Rahmen der Insolvenzordnung, in: InVo 1996, S. 225 - 227,
Zit.: Hess/Weis in: InVo 1996, S. 225 ff, S. ...
Hess, Harald / Weis, Michaela:
Die Ausweitung der Insolvenzeröffnungstatbestände nach der InsO, in: InVo 1996, S. 29 - 30,
Zit.: Hess/Weis in: InVo 1996, S. 29 f, S. ...
Hess, Harald / Weis, Michaela:
Die Rechtsstellung der vorläufigen Insolvenzverwalterin / des vorläufigen Insolvenzverwalters nach der Insolvenzordnung, in: InVo 1997, S. 141 - 144,
Zit.: Hess/Weis in: InVo 1997, S. 141 ff, S. ...
Hesselmann, Stephan / Stefan, Ute:
Sanierung oder Zerschlagung insolventer Unternehmen: betriebswirtschaftliche Überlegungen und empirische Ergebnisse, in: Schriften zur Mittelstandsforschung, N.F., Nr. 39, Stuttgart, 1990,
Zit.: Hesselmann/Stefan, Sanierung oder Zerschlagung, S. ...
Heyer, Hans Ulrich:
Der „Null-Plan" im Verbraucherinsolvenzverfahren, in: JR 1996, S. 314 - 317,
Zit.: Heyer in: JR 1996, S. 314 - 317
Hitschler, Werner:
Leveraged (Management-)Buyouts: Bestimmungsfaktoren, Finanzierung und rechtliche Gestaltungsmöglichkeiten in der Bundesrepublik Deutschland, in: BB 1990, S. 1877 - 1883,
Zit.: Hitschler in: BB 1990, S. 1877 ff, S. ...
Holzapfel, Hans-Joachim / Pöllath, Reinhard:
Recht und Praxis des Unternehmenskaufs: Rechtliche und steuerliche Aspekte, 7. Auflage, Köln 1994, RWS-Skript 135,
Zit.: Holzapfel/Pöllath, Recht und Praxis des Unternehmenskaufs, Rdnr. ...
Hopt, Klaus:
Vom Aktien- und Börsenrecht zum Kapitalmarktrecht? - Teil 1: Der international erreichte Stand des Kapitalmarktrechts - , in: Zeitschrift für das gesamte Handelsrecht (ZHR), S. 201 - 235,
Zit.: Hopt, in: ZHR 1976, S. 201 ff, S. ...
Jaeger, Ernst:
Lehrbuch des deutschen Konkursrechts, 8. Auflage, Berlin, 1932 (Nachdruck Berlin 1973),
Zit.: Jaeger, Lehrbuch, § ... Rdnr. ...

Jaeger, Ernst:
Konkursordnung mit Einführungsgesetz, Zweiter Band: §§ 208 - 244, begrd. von Ernst Jaeger, 8. Auflage, bearb. von Friedrich Lant, Ulrich Klug, Wolfram Henckel, Günther Jahr, Berlin, New York, 1973,
Zit.: Bearbeiter in: Jaeger, KO, § ... Rdnr. ...
Jaeger, Ernst / Henckel, Wolfram:
Konkursordnung, Großkommentar, §§ 1 - 42, Register, begrd. von Ernst Jaeger, 9. völlig neu bearbeitete Auflage, bearb. von Wolfram Henckel, Berlin, New York, 1997,
Zit.: Jaeger/Henckel, KO, §. ...Rdnr. ...
Jauernig, Othmar:
Zwangsvollstreckungs- und Insolvenzrecht, 20., völlig neubearbeitete und erweiterte Auflage, München, 1996,
Zit.: Jauernig, Zwangsvollstreckungs- und Insolvenzrecht, §. ... S. ...
Jelinek, Wolfgang:
Kompetenzverteilung zwischen Insolvenzverwalter und Insolvenzgläubigern, in: Leipold, S. 21 - 29,
Zit.: Jelinek in: Leipold, S. 21 ff, S. ...
Johnston, Bradley J.:
The Bankruptcy Bargain, in: AmBLJ 1991, S. 213 - 309,
Zit.: Johnston in: AmBLJ 1991, S. 213 ff, S. ...
Jones, Gregory K.:
THE CLASSIFICATION AND CRAM DOWN CONTROVERSY IN SINGLE ASSET BANKRUPTCY CASES: A NEED FOR THE REPEAL OF BANKRUPTCY CODE SECTION 1129(A)(10), in: UCLA Law Review 42/1994, S. 623 - 650,
Zit.: Jones in: UCLA Law Review 1994, S. 623 ff, S. ...
Jordan, Andreas:
Reorganisationsverfahren in der Insolvenzrechtsreform: das im Rahmen der Insolvenzrechtsreform vorgeschlagene Reorganisationsverfahren in betriebswirtschaftlicher Sicht, zugl. Diss., Göttingen, Univ. 1992, Reihe Wirtschaftswissenschaften - Band 379, Frankfurt am Main, 1993,
Zit.: Jordan, Reorganisationsverfahren, S. ...
Kautz, Oliver A.:
Die gesellschaftsrechtliche Neuordnung der GmbH im künftigen Insolvenzrecht, in: Europäische Hochschulschriften, Reihe 2: Rechtswissenschaft, Band: 1712, Frankfurt am Main u.a., 1995, zugl. Regensburg, Univ., Dissertation, 1994,
Zit.: Kautz, in: Europäische Hochschulschriften, S. ...
Kautza, Hans-Peter:
Mißbrauch der Konkursausfallversicherung? - Stellung und Haftung des Sequesters u.a. bei allgemeinem Veräußerungs-Verbot nach § 106 KO im Konkurs-Antragsverfahren, in: SGb 1982, S. 515 - 538,
Zit.: Kautza in: SGb 1982, S. 515 ff, S. ...
Kemper, Martin:
Die U.S.- amerikanischen Erfahrungen mit „Chapter 11“: Ein Vergleich mit dem Insolvenzplan der neuen Insolvenzordnung, in: Europäische Hochschulschriften, Reihe 2: Rechtswissenschaft, Band: 1860, zugl. Regensburg, Univ., Diss., 1995, Frankfurt am Main u.a., 1996,
Zit.: Kemper, Chapter 11, S. ...

Kilger, Joachim / Schmidt, Karsten:
Konkursordnung: mit Gesamtvollstreckungsordnung, 16. neubearb. Auflage, München 1993,
Zit.: Kilger/K. Schmidt, KO, § ..., Anm. ...
Kilger, Joachim:
Die Finanzierung von Unternehmen in Insolvenzverfahren, in: ZIP 1988, S. 409 - 415,
Zit.: Kilger in: ZIP 1988, S. 409, S. ...
Kind, Thomas:
Die Bedeutung der Regelungen der InsO und des AFRG vom 24.3.1997 für die Praxis der Vorfinanzierung von Insolvenzgeld, in: InVo 1998, S. 57 - 63,
Zit.: Kind in: InVo 1998, S. 57 ff, S. ...
Klee, Kenneth N.:
All You Ever Wanted to Know About Cram Down Under the Bankruptcy Code, in: ABLJ (Volume 53), 1979, S. 133 - 171,
Zit.: Klee in: ABLJ (Volume 53) 1979, S. 133 ff, S. ...
Klee, Kenneth N.:
Cram Down II, in: ABLJ (Volume 64), 1990, S. 229 - 244,
Zit.: Klee in: ABLJ (Volume 64) 1990, S. 229 ff, S. ...
Klein, Werner / Paarsch, Angelika:
Aufbau eines Restrukturierungskonzeptes, in: BFuP 1994, S. 177 - 189,
Zit.: Klein/Paarsch in: BFuP 1994, S. 177 ff, S. ...
Kölner Schrift zur Insolvenzordnung:
Das neue Insolvenzrecht in der Praxis, Arbeitskreis für Insolvenz- und Schiedsgerichtswesen e.V. (Hrsg.), 1997
Krause, Rüdiger:
Europarechtliche Vorgaben für das Konkursausfallgeld, in: ZIP 1998, S. 56 - 62,
Zit.: Krause in: ZIP 1998, S. 56 ff, S. ...
Krug, Peter:
Der Verbraucherkonkurs, in: KTS-Schriften zum Insolvenzrecht, Band 7, zugl. Hall, Univ., Diss., 1996, Köln u.a., 1998
Zit.: Krug, Der Verbraucherkonkurs
Kübler, Bruno M.:
Die Stellung der Verfahrensorgane im Lichte der Gläubigerautonomie, in: Kübler, Bruno (Hrsg.): Neuordnung des Insolvenzrechts, RWS-Forum 3, Köln 1989, S. 61 - 78,
Zit.: Kübler in: RWS-Forum 3, S. 61 ff, S. ...
Kübler, Bruno M. / Prütting, Hans:
InsO: Kommentar zur Insolvenzordnung, Band I und II, Köln 1998,
Zit.: Bearbeiter in: Kübler/Prütting, InsO, §. ... Rdnr. ...
Künne, Karl:
Der Herstatt-Vergleich, in: KTS 1975, S. 178 - 191,
Zit.: Künne in: KTS 1975, S. 178 ff, S. ...
Kuhn, Georg/Uhlenbruck, Wilhelm:
Konkursordnung: Kommentar, 11. überarb. Aufl., München 1994,
Zit: Kuhn/Uhlenbruck, KO, § ..., Rdnr. ...

Landfermann, Hans-Georg:
Der Ablauf eines künftigen Insolvenzverfahrens, in: BB 1995, S. 1649 - 1657,
Zit.: Landfermann in: BB 1995, S. 1649 ff, S. ...
Landfermann, Hans-Georg:
Wesentliche Abweichungen des neuen Insolvenzrechts vom geltenden Recht, in: Beiträge zum neuen Insolvenzrecht, S. 1 - 16,
Zit.: Landfermann in: Beiträge zum neuen Insolvenzrecht, S. 1 ff, S. ...
Lange, Paul:
Diskussionsanstöße für die deutsche Insolvenzrechtsreform aus dem englischen Recht, in: ZIP 1991, S. 850 - 857,
Zit.: Lange in: ZIP 1991, S. 850 ff, S. ...
Lausterer, Martin:
Unternehmensbewertung zwischen Betriebswirtschaftslehre und Rechtsprechung, in: Studien zum Handels-, Arbeits- und Wirtschaftsrecht, Band 55, zugl. München, Univ., Diss., 1996, 1. Auflage, Baden-Baden, 1997,
Zit.: Lausterer, Unternehmensbewertung, S. ...
Leipold, Dieter (Hrsg.):
Insolvenzrecht im Umbruch. Analysen und Alternativen. Würzburger Arbeitstagung der Vereinigung der Zivilprozesslehrer zum Referentenentwurf einer Insolvenzordnung, Köln, 1991 (KTS- Schriften zum Insolvenzrecht 1)
Leipold, Dieter:
Die Reform des Insolvenzrechts auf dem Prüfstand der Dogmatik: Einführung und Diskussionsbericht, in: Leipold; S. 273 - 287,
Zit.: Leipold in: Leipold, S. 273 ff, S. ...
LoPucki, Lynn M. / Whitford, William C.:
Preemptive Cram Down, in: AmBLJ 1991, S. 625 - 647,
Zit.: LoPucki/Whitford in: AmBLJ 1991, S. 625 ff
Loritz, Karl-Georg:
Einbeziehung der nachrangigen Insolvenzgläubiger, in: Leipold; S. 91 - 100,
Zit.: Loritz in: Leipold, S. 91 ff, S. ...
Lüke, Wolfgang:
Persönliche Haftung des Verwalters in der Insolvenz, 2. neubearbeitete Auflage, RWS-Skript 267, Köln, 1996,
Zit.: Lüke, Rdnr. ...
Lutter, Walter:
Darlehen im Konkurs, in: Studien zum Handels-, Arbeits- und Wirtschaftsrecht, Band 14, zugl. Diss., Tübingen, Univ., 1989, 1. Auflage, Baden-Baden, 1990,
Zit.: Lutter, Darlehen im Konkurs, S. ...
Lutter, Markus / Hommelhoff, Peter:
GmbH-Gesetz: Kommentar, 14., neubearb. und erw. Auflage, Köln, 1995,
Zit.: Lutter/Hommelhoff, GmbHG, § ... Rdnr. ...
Maier, Werner / Krafft, Gernot M.:
Verbraucherinsolvenzen und Restschuldbefreiung nach der Insolvenzordnung, in: BB 1997, S. 2173 - 2181,
Zit.: Maier/Krafft in: BB 1997, S. 2173 - 2181

Maunz, Theodor / Dürig, Günter u.a.:
Kommentar zum Grundgesetz in 4 Bänden, Band II, Art. 14 - 37, 33. ergänzende Lieferung, November 1997,
Zit.: Bearbeiter in: Maunz-Dürig, GG, Art. ... Rdnr. ...
Maus, Karl-Heinz:
Der Insolvenzplan, in: Kölner Schrift zur Insolvenzordnung, 1997, S. 707 - 733,
Zit: Maus, Der Insolvenzplan, Rdnr. ...
Maus, Karl-Heinz:
Sanierungskonzepte als Voraussetzung für den Kauf von Krisenunternehmen, in: Der Betrieb 1991, S. 1133 - 1134,
Zit: Maus in: DB 1991, S. 1133 ff, S. ...
Medicus, Dieter:
Kreditsicherung durch Verfügung über künftiges Recht, in: JuS 1967, S. 385 - 393,
Zit.: Medicus in: JuS 1967, S. 385 ff, S. ...
Möhlmann, Thomas:
Grundzüge der US-amerikanischen Berichterstattung im insolvenzrechtlichen Reorganisationsverfahren, in: KTS 1997, S. 1 - 48,
Zit.: Möhlmann in: KTS 1997, S. 1 ff, S. ...
Möhlmann, Thomas:
Die Überschuldungsprüfung nach der neuen Insolvenzordnung, in: DStR 1998, S. 1843 – 1848,
Zit.: Möhlmann in: DStR 1998, S. 1843 ff, S. ...
Mönning, Rolf-Dieter:
Betriebsfortführung in der Insolvenz, Köln, 1997,
Zit.: Mönning, Betriebsfortführung, Rdnr. ...S. ...
Mönning, Rolf-Dieter:
Betriebsfortführung oder Liquidation - Entscheidungskriterien, in: Prütting (Hrsg.), Insolvenzrecht 1996, RWS-Forum 9, 1997, S. 43 - 71,
Zit.: Mönning in: RWS-Forum 9, S. 43 ff, S. ...
Mohrbutter, Harro:
Handbuch der Insolvenzverwaltung, hrsg. von Harro Mohrbutter, 7. neubearbeitete und erweiterte Auflage, Köln u.a., 1996,
Zit.: Bearbeiter in: Moorbutter, Handbuch, §. ..., Anm. ...
Moxter, Adolf:
Grundsätze ordnungsgemäßer Unternehmensbewertung, 1. Auflage, Wiesbaden 1976,
Zit.: Moxter, Unternehmensbewertung, S. ...
Münchner Kommentar zum BGB:
mit Gerichtsverfassungsgesetz und Nebengesetzen, hrsg. von Gerhard Lüke, Alfred Walchshöfer, Band 2 §§ 241 - 432, 3. Auflage, München, 1992,
Zit.: Bearbeiter in: Münchner Kommentar, BGB, § ... Rdnr. ...
Nerlich, Jörg / Römermann, Volker:
Insolvenzordnung: Kommentar, hrsg. von Jörg Nerlich; Volker Römermann, München 1999,
Zit.: Bearbeiter in: Nerlich/Römermann, InsO, §. ..., Rdnr. ...

Neumann, Friedrich:
Die Gläubigerautonomie in einem künftigen Insolvenzverfahren - Eine rechtsvergleichende Betrachtung - in: Zeitschriften zum deutschen und europäischen Zivil-, Handels- und Prozeßrecht, Bielefeld 1995,
Zit.: Neumann, Gläubigerautonomie, S. ...

Newiger, Nicolaus:
Die neue Insolvenzordnung und ihre Auswirkungen auf die Kreditwirtschaft (Teil 1), in: Sparkasse, 1994, S. 492 - 498,
Zit.: Newiger in: Sparkasse 1994, S. 492 ff, S. ...

Niesel, Klaus:
Arbeitsförderungsgesetz, hrsg. von Klaus Niesel, 2. Auflage, München 1997,
Zit.: Bearbeiter in: Niesel, AFG, §. ... Rdnr. ...

Obermüller, Manfred:
Auswirkungen des Wahlrechts des Insolvenzverwalters auf Zessionen und Avale, in: Kölner Schrift zur Insolvenzordnung S. 751 - 773,
Zit.: Obermüller, Zession, Rdnr. ...

Obermüller, Manfred:
Insolvenzrecht in der Bankpraxis, 5., vollst. überarb. und erw. Auflage des zuletzt u.d.T. „ Handbuch Insolvenzrecht für die Kreditwirtschaft“ erschienenen Werkes, Köln, 1997,
Zit.: Obermüller, Bankpraxis, Rdnr. ...

Obermüller, Manfred:
Auswirkungen der Insolvenzrechtsreform auf Kreditgeschäfte und Kreditsicherheiten, Teil I und Teil II, in: WM 1994 S. 1829 - 1837 (Teil I) und 1869 - 1875 (Teil II),
Zit.: Obermüller in: WM 1994, Teil: ..., S. ...

Obermüller, Manfred / Hess, Harald:
InsO: Eine systematische Darstellung der Insolvenzordnung unter Berücksichtigung kreditwirtschaftlicher und arbeitsrechtlicher Aspekte, Heidelberg, 1995,
Zit.: Obermüller/Hess, InsO, Rdnr. ...

Palandt
Bürgerliches Gesetzbuch, 58. neubearbeitete Auflage, München 1999,
Zit.: Bearbeiter in: Palandt, BGB, § ... Rdnr. ...

Pape, Gerhard:
Muß es eine Restschuldbefreiung im Insolvenzverfahren geben?, in: ZRP 1993, S. 285 - 290,
Zit.: Pape, in: ZRP 1993, S. 285 ff, S. ...

Pape, Gerhard:
Zu den Schwierigkeiten des Sequesters ohne Verwaltungsmacht, in: ZIP 1994, S. 89 -96,
Zit.: Pape, in: ZIP 1994, S. 89 ff, S. ...

Pape, Gerhard:
Fallbeispiel zur Schuldenbereinigung und Restschuldbefreiung, in: ZInsO 1998, S. 126 - 130,
Zit.: Pape, in: ZInsO 1998, S. 126 ff, S. ...

Pearson, John K. / Nugent, Robert E. / Hesse, Mary Patricia:
Drafting Bankruptcy Reorganisation Plans, Second Edition, Volume 1, New York u.a., 1993,
Zit.: Person/Nugent/Hesse, Drafting Bankruptcy, § ... S. ...

Piltz, Detlef J.:
Unternehmensbewertung in der Rechtsprechung, 3. Auflage, Düsseldorf 1994,
Zit.: Piltz, Unternehmensbewertung, S. ...

Pink, Andreas:
Insolvenzrechnungslegung. Eine Analyse der konkurs-, handels- und steuerrechtlichen Rechnungslegungspflichten des Insolvenzverwalters, Düsseldorf, 1995,
Zit.: Pink, Insolvenzrechnungslegung, S. ...

Post, Manfried:
Sanierung durch Fortführungsgesellschaften - Typen und Begriffe, in: DB 1984, S. 280 - 282,
Zit.: Post in: DB 1984, S. 280 ff, S. ...

Protokoll der 74. Sitzung des 6. Rechtsausschusses:
am Mittwoch, dem 28. April 1993, abgdr. in: Deutscher Bundestag, 12. Wahlperiode 1990, Rechtsausschuß, Protokolle Nr. 74 - 77, 1993.

Pusateri, James A. / Swartz, Lloyd C. / Shaiken, Mark A.:
Section 1111 (b) of the Bankruptcy Code: How Much Does the Debtor Have to Pay and When Should the Creditor Elect?, in: AmBLJ 1984, S. 129 - 149,
Zit.: Pusateri in: AmBLJ 1984, S. 129 ff, S. ...

Rechtswörterbuch:
begrd. von Carl Creifeld. Hrsg. von Hans Kaufmann. Bearb. von Dieter Guntz u.a., 14., neubearbeitete Auflage, München, 1997,
Zit.: Creifeld, S. ...

Rieger, Reinhard:
Unternehmensinsolvenz, Arbeitnehmerinteressen und gesetzlicher Arbeitnehmerschutz, in: Regensburger Beiträge zur Betriebswirtschaftlichen Forschung, Stuttgart, 1988,
Zit.: Rieger, Unternehmensinsolvenz, S. ...

Riering, Berthold:
Die Betriebsfortführung durch den Konkursverwalter: Zur konkursrechtlichen Bewältigung wirtschaftlicher Probleme, in: Münsterische Beiträge zur Rechtswissenschaft, Band 23, Berlin, 1987,
Zit.: Riering, Betriebsfortführung, S. ...

Riggert, Rainer:
Strategische Probleme aus der Sicht absonderungsberechtigter Banken, in: WM 1998, S. 1521 - 1525,
Zit.: Riggert in: WM 1998, S. 1521 ff, S. ...

Risse, Winfried:
Betriebswirtschaftliche Aspekte der Sanierung durch Unternehmensfortführung nach der Insolvenzordnung, in: KTS 1994, S. 465 - 491,
Zit.: Risse in: KTS 1994, S. 465 ff, S. ...

Roht, Wulf-Henning:
„Video"-Nachlese oder das (immer noch) vergessene Gemeinschaftsrecht, in: ZIP 1992, S. 1054 – 1057,
Zit.: Roht in: ZIP 1992, S. 1054 ff, S. ...

Rosenberg, Leo / Schwab, Karl Heinz / Gottwald, Peter:
Zivilprozeßrecht, 15. Auflage, München, 1993,
Zit.: Rosenberg/Schwab/Gottwald, Zivilprozeßrecht, §. ... Anm. ...

Rümker, Dietrich:
Die kreditwirtschaftlichen Aspekte der neuen Insolvenzordnung, in: Kübler, Bruno (Hrsg.): Neuordnung des Insolvenzrechts, RWS-Forum 3, Köln 1989, S. 135 - 155,
Zit.: Rümker in: RWS-Forum 3, S. 135 ff, S. ...

Schedlbauer, Hans:
Sanierungsfähigkeitsprüfung - eine Herausforderung für die Beratungspraxis, in: DStR 1993, S. 218 - 222,
Zit.: Schedlbauer in: DStR 1993, S. 218 ff, S. ...

Schiessler, Wolfram:
Der Insolvenzplan, in: Schriften zum deutschen und europäischen Zivil-, Handels- und Prozeßrecht, Band 174, Bielefeld 1997,
Zit.: Schiessler, Der Insolvenzplan, S. ...

Schlagheck, Markus:
Optimale Gestaltung des Körperlichen Verlustabzuges, in: GmbHR 1995, S. 869 - 876,
Zit.: Schlagheck in: GmbHR 1995, S. 869 ff, S. ...

Schmidt, Karsten:
Möglichkeiten der Sanierung von Unternehmen durch Maßnahmen im Unternehmens- Arbeits-, Sozial- und Insolvenzrecht. Unternehmens- und insolvenzrechtlicher Teil, in: Verhandlungen des 54. Deutschen Juristentages, München, 1982, Band 1, Teil D,
Zit.: K. Schmidt, Gutachten zum 54. DJT, S. 11 ff, S. ...

Schmidt, Karsten:
Organverantwortlichkeit und Sanierung im Insolvenzrecht der Unternehmen, in: ZIP 1980, S. 328 - 337,
Zit.: K. Schmidt in: ZIP 1980, S. 328 ff, S. ...

Schmidt, Karsten:
Überschuldungstatbestand, in: JZ 1982, S. 165 - ,
Zit.: K. Schmidt in: JZ 1982, S. 165 ff, S. ...

Schmidt, Karsten:
Darlehen, Darlehnsversprechen und Darlehnskrediteröffnung im Konkurs, in: JZ 1976, S. 756 - 763,
Zit.: K. Schmidt in: JZ 1976, S. 756 ff, S. ...

Schmidt, Karsten:
Die übertragende Sanierung - Bestandsaufnahmen und Ausblicke an der Schwelle der Insolvenzrechtsreform, in: Leipold, S. 67 - 89,
Zit.: K. Schmidt in: Leipold, S.67 ff, S. ...

Schmidt-Räntsch, Ruth (Bearb.):
Insolvenzordnung mit Einführungsgesetz, Erläuternde Darstellung des neuen Rechts anhand der Materialien, Einführung, Text (InsO, EGInsO), umfangreiche Erläuterungen, Materialien, Paragraphensynopsen, ausführliches Stichwortverzeichnis, Köln 1995,
Zit.: Schmidt-Räntsch, Insolvenzordnung mit Einführungsgesetz, § ..., Rdnr. ...

Schmidt-Räntsch, Ruth:
Das neue Verbraucherinsolvenzverfahren, in: MDR 1994, S. 321 - 326,
Zit.: Schmidt-Räntsch in: MDR 1994, S. 321 - 326

Scholz, Franz:
Kommentar zum GmbHG: mit Nebengesetzen und den Anhängen Konzernrecht sowie Umwandlung und Verschmelzung / Scholz. Bearb. von Georg Crezelius u.a., Band 1, §§ 1 - 44, 8. neubearb. und wesentlich erw. Auflage, Köln, 1993,
Zit.: Bearbeiter in: Scholz, GmbHG, § ... Rdnr. ...

Scholz, Franz Josef:
Verbraucherkonkurs u. Restschuldbefreiung nach der neuen Insolvenzordnung, in: DB 1996, S. 765 - 770,
Zit.: Scholz in: DB 1996, S. 765 - 770

Scholz, Franz Josef:
Restschuldbefreiung für Verbraucher, in: MDR 1992, S. 817 - 819,
Zit.: Scholz in: MDR 1992, S. 817 - 819

Schröter, Jürgen / Graf von Westphalen, Friedrich:
Sicherheiten-Poolverträge der Banken und Warenlieferanten, WM-Skript 107, Frankfurt am Main, 1986,
Zit.: Schröter/Graf v. Westphalen, Sicherheiten-Poolverträge, S. ...

Schwerdtner, Peter:
Der Sozialplan im Eröffnungsverfahren und nach der Verfahrenseröffnung, in: Kölner Schrift zur Insolvenzordnung, 1997, S. 1127 - 1153,
Zit.: Schwerdtner in: Kölner Schrift zur Insolvenzordnung, S. 1127 ff, S. ...

Serick, Rolf:
Mobiliarsicherheiten im Diskussionsentwurf zur Reform des Insolvenzrechts - Möglichkeiten der Enteignung von Vorbehaltslieferanten zum Nulltarif, in: ZIP 1989, S. 409 - 421,
Zit.: Serick in: ZIP 1989, S. 409 ff, S. ...

Serick, Rolf:
Eigentumsvorbehalt und Sicherungsübertragung, Monographie in 5 Bänden, Band IV - Verlängerungs- und Erweiterungsformen des Eigentumsvorbehaltes und der Sicherungsübertragung, Erster Teil: Verlängerungsformen und Kollisionen, Heidelberg 1976,
Zit.: Serick in: Eigentumsvorbehalt, Band IV, §. ..., S. ...

Smid, Stefan:
Grundzüge des neuen Insolvenzrechts, in: DZWir 1994, S. 278 - 286,
Zit.: Smid in: DZWir 1994, S. 278 ff, S. ...

Smid, Stefan:
Kontrolle der sachgerechten Abgrenzung von Gläubigergruppen im Insolvenzplanverfahren (§§ 231 Abs. 1 Nr. 1, 222 Abs. 2 InsO), in: InVo 1997, S. 169 - 179,
Zit.: Smid in: InVo 1997, S. 169 ff, S. ...

Smid, Stefan:
Gerichtliche Bestätigung des Insolvenzplans trotz Versagung seiner Annahme durch Abstimmungsgruppen von Gläubigern - Zur Reichweite des sogenannten Obstruktionsverbots gem. § 245 InsO. Zugleich ein Beitrag zu den Maßstäben der „Obstruktionsentscheidung" des Insolvenzgerichts gem. § 245 InsO nach künftigem Recht - , in: Smid, Stefan / Fehl, Norbert (Hrsg.), Recht und Pluralismus, Festschrift für Hans-Martin Pawlowski, Berlin, 1997, S. 387 - 441,
Zit.: Smid in: FS Pawlowski, S. 387 ff, S. ...
Smid, Stefan:
Funktionen des Sequesters und Aufgaben des Insolvenzgerichts in der Eröffnungsphase nach der verabschiedeten InsO, in: WM 1995, S. 785 - 790,
Zit.: Smid in: WM 1995, S. 785 ff, S. ...
Smid, Stefan:
Zum Recht der Planinitiative gem. § 218 InsO, in: WM 1996, S. 1249 - 1254,
Zit.: Smid in: WM 1996, S. 1249 ff, S. ...
Smid, Stefan:
Zum „Obstruktionsverbot" - § 245 InsO, in: InVo 1996, S. 314 - 320,
Zit.: Smid in: InVo 1996, S. 314 ff, S. ...
Smid, Stefan:
Salvatorische Klauseln als Instrument zur Abwehr von Widersprüchen gegen den Insolvenzplan, in: ZInsO 1998, S. 347 - 352,
Zit.: Smid in: ZInsO 1998, S. 347 ff, S. ...
Smid, Stefan:
Erste Erfahrungen mit dem Insolvenzeröffnungsverfahren nach den §§ 21 ff InsO, Bemerkungen zu den Beschlüssen des AG Neuruppin vom 5.1.1999 – 15 IN 4/99**, des AG Düsseldorf vom 7.1.1999 – 503 IN 4/99*** und des AG Krefeld vom 21.1.1999 – 92 IN 3/99 in: DZWIR 1999, S. 105 - 109,
Zit.: Smid in: DZWIR 1999, S. 105 ff, S. ...
Smid, Stefan / Rattunde, Rolf:
Der Insolvenzplan: Handbuch für das Sanierungsverfahren nach dem neuen Insolvenzrecht mit praktischen Beispielen und Musterverfügungen, Stuttgart, Berlin, Köln, 1998,
Zit.: Smid/Rattunde, Insolvenzplan, Rdnr. ...
Statistisches Bundesamt, Wiesbaden:
Insolvenzstatistik 1996: ZIP-Report in: ZIP 1997, S. 1766 - 1768,
Zit.: Statistisches Bundesamt in: ZIP 1997, S. ...
Statistisches Bundesamt, Wiesbaden:
Insolvenzstatistik 1997: ZIP-Report in: ZIP 1998, S. 1981 - 1983,
Zit.: Statistisches Bundesamt in: ZIP 1998, S. ...
Statistisches Bundesamt, Wiesbaden:
Statistisches Jahrbuch 1996 für die Bundesrepublik Deutschland, Redaktionsschluß 1. Juli 1996, Stuttgart, 1996,
Zit.: Statistisches Bundesamt in: Statistisches Jahrbuch 1996, S. ...
Statistisches Bundesamt, Wiesbaden:
Konjunktur aktuell, Heft 4/98, Stuttgart, 1998,
Zit.: Statistisches Bundesamt, Konjunktur aktuell, Heft 4/98, S. ...

Stürner, Rolf:
Aufstellung und Bestätigung des Insolvenzplanes, in: Leipold, S. 41 - 49,
Zit.: Stürner in: Leipold, S. 41 ff, S. ...

Sundermeier, Bernd / Wilhelm, Andreas:
Strategie zur Sicherung von Bankkrediten im Lichte des neuen Insolvenzrechts, in: DStR 1997, S. 1127 - 1134,
Zit.: Sundermeier/Wilhelm, in: DStR 1997, S. 1127 ff, S. ...

Strasser, Ulrich:
Vorfinanzierung des Konkursausfallgeldes: Mißbrauch der Konkursausfallversicherung? in: Reihe Rechtswissenschaft, Band 130, zugl. Freiburg, Univ., Diss., 1991, Pfaffenweiler, 1992,
Zit.: Strasser, Vorfinanzierung, S. ...

Swoboda, Peter:
Die Prüfung der Sanierungsfähigkeit von Unternehmen, in: Betriebswirtschaftslehre mittelständischer Unternehmen: wissenschaftliche Tagung d. Verb. d. Hochschullehrer für Betriebswirtschaft e.V., hrsg. von Horst Albach, Stuttgart, 1984, S. 374 - 388,
Zit.: Swoboda in: Betriebswirtschaftslehre, S. 374 ff, S. ...

Teller, Horst:
Rangrücktrittsvereinbarungen zur Vermeidung der Überschuldung bei einer GmbH, 2. Auflage, 1996,
Zit.: Teller, Rangrücktrittsvereinbarungen, S. ...

Temme, Ulrich:
Die Eröffnungsgründe der Insolvenzordnung, in: Schriften zum Zivilrecht, Band 9, zugl. Münster, Univ., Diss., 1997, Münster, 1997
Zit.: Temme, Eröffnungsgründe, S. ...

Terhart, Peter:
Chapter 11 Bankruptcy Code: Eine Alternative für Deutschland?, in: Regensburger Beiträge zur betriebswirtschaftlichen Forschung, Frankfurt am Main u.a., 1996, zugl. Diss., Regensburg, Univ., 1995,
Zit.: Terhart, Chapter 11, S. ...

Thomas, Heinz / Putzo, Hans:
Zivilprozeßordnung: mit Gerichtsverfassungsgesetz und den Einführungsgesetzen, dem Brüsseler EWG-Übereinkommen und dem Luganer Übereinkommen über die gerichtliche Zuständigkeit und die Vollstreckung gerichtlicher Entscheidungen in Zivil- und Handelssachen sowie dem Anerkennungs- und Vollstreckungsausführungsgesetz, 21. neubearb. Aufl., München, 1998,
Zit.: Thomas/Putzo, ZPO, § ... Rdnr. ...

Timm, Wolfram / Keil, Tilo:
Bericht über die Diskussion und die Podiumsdiskussion, in: RWS-Forum 3, S. 173 - 179,
Zit.: Timm/Keil, in: RWS-Forum 3, S. 173 ff, S. ...

Trödle, Herbert / Fischer, Thomas:
Strafgesetzbuch und Nebengesetze,
49., neubearb. Auflage des von Otto Schwarz begründeten und in der 23 - 37. Auflage von Eduard Dreher bearbeiteten Werkes, München 1999,
Zit.: Trödle/Fischer, StGB, §. ... Rdnr. ...

Uhlenbruck, Wilhelm:
Das neue Insolvenzrecht. Insolvenzordnung und Einführungsgesetz nebst Materialien mit Praxishinweisen, Berlin 1994,
Zit.: Uhlenbruck, Das neue Insolvenzrecht, S. ...

Uhlenbruck, Wilhelm:
Erfahrungen mit dem geltenden Insolvenzrecht - Eine kritische Bestandsaufnahme, in: BFuP 1983, S. 96 - 111,
Zit.: Uhlenbruck in: BFuP 1983, S. 96 ff, S. ...

Uhlenbruck, Wilhelm:
Das Bild des Insolvenzverwalters - Der Versuch einer Orientierung im Widerstreit vielfältiger Interessen, in: KTS 1998, S. 1 - 29,
Zit.: Uhlenbruck in: KTS 1998, S. 1 ff, S. ...

Uhlenbruck, Wilhelm:
Sanierung und Reorganisation als drittes Insolvenzverfahren in einem künftigen Recht?, in: KTS 1981, S. 513 ff,
Zit.: Uhlenbruck in: KTS 1981, S. 513 ff, S. ...

Uhlenbruck, Wilhelm:
Neukredite in einem künftigen reformierten Insolvenzverfahren, in: ZBB 1992, S. 284 - 286,
Zit.: Uhlenbruck in: ZBB 1992, S. 284 ff, S. ..

Uhlenbruck, Wilhelm:
Probleme der Betriebsfortführung im Rahmen eines Insolvenzverfahrens, in: Festschrift für Hans Hanisch, hrsg. von Eltje Aderhold u.a., Köln u.a., 1994, S. 281 - 291,
Zit.: Uhlenbruck in: FS Hanisch, S. 281 ff, S. ...

Uhlenbruck, Wilhelm:
Betriebswirtschaftliche Aspekte der Insolvenzrechtsreform 1994 - Anspruch und Rechtswirklichkeit, in: Unternehmenssicherung und Unternehmensentwicklung, hrsg. von Rainer Elschen, Stuttgart, 1996, S. 210 - 228,
Zit.: Uhlenbruck, Unternehmenssicherung, S. 210 ff, S. ...

Uhlenbruck, Wilhelm:
Die Rechtsstellung des vorläufigen Insolvenzverwalters, in: Kölner Schrift zur Insolvenzordnung, S. 239 - 274,
Zit.: Uhlenbruck in: Kölner Schrift zur InsO, S. 239 ff, Rdnr. ...

Uhlenbruck, Wilhelm:
Zum Regierungsentwurf einer Insolvenzordnung und dem Entwurf eines Einführungsgesetzes, in: KTS 1992, S. 499 - 520,
Zit: Uhlenbruck in: KTS 1992, S. 499 ff, S. ...

Uhlenbruck, Wilhelm:
Probleme des Eröffnungsverfahrens nach dem Insolvenzrechts-Reformgesetz 1994, in: KTS 1994, S. 169 - 183;
Zit.: Uhlenbruck in: KTS 1994, S. 169 ff, S. ...

Uhlenbruck, Wilhelm:
Zur Krise des Insolvenzrechts, in: NJW 1975, S. 897 - 903,
Zit.: Uhlenbruck in: NJW 1975, S. 897 ff, S. ...

Uhlenbruck, Wilhelm:
Die neue Insolvenzordnung (II), in: GmbHR 1995, S. 195 - 211,
Zit.: Uhlenbruck in: GmbHR 1995, S. 195 ff, S. ...

United States Code Annotated:
Title 11, Bankruptcy §§ 701 - 1160,
Zit.: U.S.C.A. §. ..., S. ...
Warrikoff, Alexander:
Die Möglichkeiten zum Unternehmenserhalt nach dem neuen Insolvenzrecht, in: KTS (Zeitschrift für Insolvenzrecht) Heft 4, 1996, S. 489 - 504,
Zit.: Warrikoff in: KTS 1996, S. 489 ff, S. ...
Warrikoff, Alexander:
Gestaltungsmöglichkeiten im Insolvenzplan, in: KTS (Zeitschrift für Insolvenzrecht) 1997, S. 527 - 552,
Zit.: Warrikoff in: KTS 1997, S. 527 ff, S. ...
Warrikoff, Alexander:
Die Stellung der Arbeitnehmer nach der neuen Insolvenzordnung, in: BB 1994, S. 2338 - 2346,
Zit.: Warrikoff in: BB 1994, S. 2338 ff, S. ...
Weintraub, Benjamin / Resnick, Alan N.:
Bankruptcy Law Manual, Boston, New York, 1986,
Zit.: Weintraub/Resnick, Kap. ... S. ...
Weintraub, Benjamin / Resnick, Alan N.:
Bankruptcy Law Manual, 1987 Cumulative Supplement Boston, New York, 1987,
Zit.: Weintraub/Resnick, 1987, Page ...
Welzel, Peter:
Die Umsatzsteuer als Masseverbindlichkeit: ein Vergleich der Konkursordnung mit der ab 1.1.1999 geltenden Insolvenzordnung, zugl. Regensburg, Univ., Diss., 1996, Stuttgart, 1997,
Zit.: Welzel, Umsatzsteuer, S. ...
Wenzel, Frank:
Die „Restschuldbefreiung“ in den neuen Bundesländern: zur Sanierung natürlicher Personen durch erweiterten Vollstreckungsschutz, in: Beiträge zum Insolvenzrecht, Band 14, Köln, 1994,
Zit.: Wenzel, Restschuldbefreiung, S. ...
Wiester, Roland:
Das Konkursausfallgeld: Instrument zur Masseanreicherung ?: Zur Vorfinanzierung von Konkursausfallgeld im Insolvenzeröffnungsverfahren nach geltendem und künftigen Recht, in: BB 1997, S. 949 - 955,
Zit.: Wiester in: BB 1997, S. 949 ff, S. ...
Wimmer, Klaus:
Die Auswirkungen der EuGH-Rechtsprechung auf die Vorfinanzierung von Konkursausfallgeld, in: ZIP 1997, S. 1635 - 1637,
Zit.: Wimmer in: ZIP 1997, S. 1635 ff, S. ...
Wimmer, Klaus (Hrsg.):
Frankfurter Kommentar zur Insolvenzordnung, hrsg. von Klaus Wimmer, Bearb. von: Martin Ahrens ..., Neuwied, 1999,
Zit.: Bearb. in: Wimmer, InsO, § ... Rdnr. ...
Wirtschaftsprüfer-Handbuch 1992:
Handbuch für Rechnungslegung, Prüfung und Beratung, Band II, Düsseldorf, 1992,
Zit.: WP-Hdb. Band II S. ..., Rdnr. ...

Wöhe, Günter:
Einführung in die Allgemeine Betriebswirtschaftslehre, 19., überarb. und erw. Auflage, unter Mitarbeit von Ulrich Döring, München 1996,
Zit.: Wöhe, Betriebswirtschaftslehre, S. ...

Zöller, Richard:
Zivilprozeßordnung: mit Gerichtsverfassungsgesetz und den Einführungsgesetzen, mit internationalem Zivilprozeßrecht, Kostenanmerkungen, begrd. von Richard Zöller. Bearb. von Reinhold Geimer u.a., 20. neubearb. Aufl., Köln, 1997,
Zit.: Bearbeiter in: Zöller, ZPO, § ... Rdnr. ...